献给中华民族的伟大复兴!

中国科技与文明的起源和进化

第一卷 中国科技与文明的起源

第 4 册

人类文字同源新论

数字卦进化万年史

邓宏海 著

时代出版传媒股份有限公司
安徽教育出版社

图书在版编目（CIP）数据

人类文字同源新论：数字卦进化万年史／邓宏海著．—合肥：安徽教育出版社，2017

（中国科技与文明的起源和进化）

ISBN 978-7-5336-8590-4

Ⅰ.①人… Ⅱ.①邓… Ⅲ.①文字-起源-研究 Ⅳ.①H02

中国版本图书馆CIP数据核字（2017）第057665号

人类文字同源新论：数字卦进化万年史
RENLEI WENZI TONGYUAN XINLUN：SHUZIGUA JINHUA WANNIANSHI

出 版 人：郑　可
质量总监：张丹飞
策划编辑：杨多文
责任编辑：周大勤　李桂荣
装帧设计：张鑫坤
责任印制：王　琳

出版发行：时代出版传媒股份有限公司　安徽教育出版社
地　　址：合肥市经开区繁华大道西路398号　邮编：230601
网　　址：http://www.ahep.com.cn
营销电话：(0551)63683011，63683013
排　　版：安徽时代华印出版服务有限责任公司
印　　刷：安徽联众印刷有限公司

开　　本：787×1092　1/16
印　　张：38
字　　数：550千字
版　　次：2017年7月第1版　2017年7月第1次印刷
定　　价：190.00元

（如发现印装质量问题，影响阅读，请与本社营销部联系调换）

凡　例

一　书系结构层次

本书系依次分卷、册、部、章、节。每节的结构层次按级划分,不同级别的标题用不同的数字符号:一级标题用"一二三……"标示,二级标题用"(一)(二)(三)……"标示,三级标题用"1.2.3.……"标示,四级标题用"(1)(2)(3)……"标示。

二　引文出处、注释

本书的引文出处注释,在每一部分后参考文献中,按作者姓名的拼音字母顺序,就其类别分以下几种方式分别注明:

(一)考古发掘报告,在引文结束处注明其统一编号(F×),册后按全书统一顺序编入附录,著录格式如下:

专著:F序号.作者.出版年.书名.出版地:出版者.起始页码—终止页码.

连续出版物:F序号.作者.出版年.文章题目.刊名,卷(期):起始页码—终止页码.

(二)中文古籍经典,在引文结束处注明[作者:《××××》(书名)]。

(三)近现代文献,在其作者姓名后注明(出版年),或在引文结束处注明(作者 出版年);在参考文献中,中外文分别使用不同标准:

1. 中文文献,按中国标准以著者—出版年制组织,就其情况分别注明。

2. 外文文献,按芝加哥国际通用标准,就其情况分别用其原文注明。

三　图、表

图、表按所在章节顺次编号;每一插图内又按图件排列顺序编号,以确保图与文配套。

四　本书所用"刻划纹"这样的行业术语、"返朴归真""记数""记时""刻划""划线"这样的专业概念,与通用词典上的同音词不同。

序

我学生时代很崇拜李约瑟,是他的巨著《中国科学技术史》给了我选择科学研究生涯以很大的影响。我崇拜他不仅是因为他作为一个外国人却这么关心中华科技史;也不仅是他通晓汉语语言、熟悉中华历史和文化,作为生物化学家和胚胎学家,他居然一专多能,触类旁通;而且是感激他帮我们洗刷了"欧洲文明中心论"对中华民族和华夏文化的许多偏见和羞辱,让我们挽回了华夏文化的自信心。这是一个正直科学家对世界科学史的杰出贡献。

面对李约瑟的鸿篇巨制《中国科学技术史》和他提出的难题,作为一个中国人感慨良多。在感激他的同时我们也问心有愧。他在论证"就技术的影响而言,在文艺复兴之时和之前,中国占据着一个强大的支配地位"的基础上曾提出过两个难题:为什么中国古代科技处于世界领先地位?为什么其领先世界的古代科学和文明没有在中国导致近代科学和文明?这实际上是在对我们说:中国科技与文明史中间的这一段,我帮你们写了;但其前后这两段就靠你们自己来写了。他甚至指责:"中国学者自己就经常忽视其祖先的贡献。"正是在他的问责之下,我们这些炎黄子孙愧对祖先而遭世人鞭挞的局面日趋沉重。他提出这两大难题已过去了半个多世纪,可一直看不到能与之相对应的答案。最近,我看到久别重逢的朋友邓宏海送来的《中国科技与文明的起源和进化》书稿目录及样章,不禁为之一震;经审阅其第一卷4册,足见其内容充实、证据确凿、分析透彻、论述严谨,我兴奋不已;我感到这下我们中国人终于对这两大难题交上了一份认真的答卷。为此,我非常愿意推荐这套书出版并为之作序。

自李约瑟提出这两大难题以来,国内外学者议论纷纷,争鸣不休。但求解这两大难题,不是靠泛泛议论就可交差的。这就是李约瑟生前没发现满意答案的原因。既然他是在对各国大量文献材料进行系统比较研究的基础上,以对中国古代科技处于世界领先地位的实证,来提出这两大难题的,那么对这两大难题的解答,也必须在对各国出土材料进行系统比较研究的基础上,以对中国科技与文明起源和进化过程的实证来予以展示。邓宏海的这套书正是这样做的,因此,我认为这是我们中国人做出的第一份认真的答卷。

作为生物化学家和胚胎学家的李约瑟,他突破了只有通过大学历史学学位考试的人才能撰写科学史的行规,以其《中国科学技术史》表明,先前的一个博学多才的生物学家大可在科学史领域内成绩斐然。在李约瑟跨学科史学研究之伟大成就的鼓舞下,邓宏海把进化生态学原理和生态系统方法用来研究各种古代器物,他不仅看到器物的"森林",而且还看到其"森林"的演替过程;他不仅研究一种器物由原生形态进化到顶级群落及至异化形态的演替过程,而且研究各种器物之间及其与人类文化因素之间的协同进化关系,以其间各种类型的协同进化关系甚至数量关系,来对器物的结构和功能做出可被充分验证的解读,从而把有客观标准的验证甚至数学证明引入史学研究,来破解史前遗存材料中的"无字天书"。这样就把李约瑟对中国科技思想的追踪,由其所追到的最早文献而继续追溯至其源头。如李约瑟对"贾宪三角""大衍术"、不定解析法、微积分、二进制记数、各种天文历法器具和技术等等的追踪,只追到他所能见到的最早文献就打止了;而邓宏海的研究则把李约瑟停下来的追踪继续下去,直至追溯到这些科技的源头。因此,邓宏海的这套书不仅以大量系统的考古出土材料对中国科技与文明起源和进化过程的实证认真地回答了李约瑟难题,而且还超越了李约瑟研究中国科技史的思路,把对中国科技思想进化过程的追踪由近古3000年推前到远古10万年之前。

科学技术是人类在认识自然、改造自然、利用自然和品味自然的生产与生活中所系统积累的知识、技能、经验和智慧,包括有文字记载的或言传身教的智慧与技巧。与李约瑟的研究有所不同的是,邓宏海研究的这些课题都涉及无文字可考的史前。为此,他学习达尔文用生物化石材料的系统化来探索物种起源的进化论方法,通过20多年坚持不懈的努力,一边考察西方考古学各前沿学科的进展,一边潜心于收集和整理国内外考古发掘材料,摸索适合中国考古出土材料系统化的方法,将中国各地400多个先秦遗址出土的标记材料梳理成4大类及其28亚类实物证据链,以空前大量而系统的证据来充分验证每种史前器物、图案、纹样和符号由原始形态到高级形态的进化谱系。如他考察八卦的起源,就把有关考古出土的各种标记材料梳理成验证原始八卦到原始数字卦、五进制数字卦、十进制数字卦乃至阴阳符号卦之进化系谱的实物证据链,从而对八卦起源和进化的上万年过程做出充分论证。又如他对阴阳观的探源,也是以验证原始偶奇数对偶到个别阴阳对偶、到特殊阴阳对偶、到一般阴阳观、到阴阳宇宙观直到阴阳哲学之进化系谱的实物证据链,来充分论证阴阳观的起源和进化1.2万年史。因此,他开展的认识进化考古研究,是在把各种古史传说和神话在新老材料的对证中返朴归真,在为重建科学的中华文明上下五千年史打基础。

邓宏海的研究与李约瑟的研究之间的另一个不同点是,李约瑟研究的结论有文字记载的先后年代作证,从而可立即得到世界的公认;而邓宏海的研究就没有这样的便利。在这方面,他又是向达尔文取经。达尔文对"物种起源"的论证之所以得到世界公认,不仅是靠其古生物材料的收集和系统化,而且是以他系统化古生物材料积累所得到的古生物进化顺序与高等生物胚胎发育顺序的吻合为坚实基础的。恩格斯之后的大哲学家和历史学家对此都予以高度评价。邓宏海把这一重要的方法论原理应用到中国科技探源中来,努力从各地考古出土材料的系统化中,核实其实物证据链所展示的器物、图案、纹样和符号进化的历史顺序与其高级形态所体现的逻辑顺序是否吻合。

如李约瑟追踪中国天文历法的起源,只追到殷商的古四分历。邓宏海接着追踪古四分历的起源,他先从甲骨文的有关记载中找到殷商四分历编制的逻辑顺序,随后从有关考古出土材料的系统化中寻求旧石器时代以降历法进化的历史顺序,终于发现二者是完全吻合的,从而证实了中国的天文历法同其他文明古国一样,是从最简单的月相观察起步而经历了十万年的进化才形成古四分历的。又如为探索易经的起源,他先分析易经的高级形态——《周易》数、象、辞一体的逻辑顺序,再从有关出土材料的系统化中去确定易学由作为卦数表达的原始民生实用科技,进化成图像描绘的先民宇宙认知系统,直到成熟文字记载的易经所经过的历史顺序,结果发现二者的顺序也是完全一致的,这就证实了原始易学经历了7000年的进化过程才成为易经。这样一来,他对中国科技与文明起源和进化过程的论证,不仅是建立在大量而系统的考古出土材料作充分验证的坚实基础之上,而且在历史与逻辑的一致中经受了时间考验和长期社会实践的检验。

两者之间还有一个不同点是,李约瑟在准备和开展这项研究中已享有崇高的学术和政治地位,拥有较优厚的经济和人力资源,得到了政府、院校和众多人士的支持;而邓宏海的研究全部靠他一己之力单独进行。他曾为其研究项目四处奔走呼吁,到处找合作单位,向国家多个有关部门申请立项。但不幸的是,他四处碰壁,申报处处被拒。在这样孤立无援、清平寂寞的境况下,支撑他把这项研究坚持下来的力量,除了他对中华民族复兴大业的梦想外,就是向达尔文和李约瑟这些生物科学巨匠学习;既学习他们不畏艰难险阻、矢志不移追求真理的精神,也学习用他们的理论和方法,从全球地域广度、百万年时间跨度来探索科技起源,为填补一系列学术空白做贡献。他向这些生物科学巨匠学习的经验值得我们生物科学和生态学学者借鉴。一些科学发达国家的史学界,近些年来兴起了新的跨生物学—史学学科分支,如进化考古学、认识进化考古学、文化与环境协同进化史学、复杂系统在历史研究中的应用等,为现代科学技术在史学研究中的应用并实现其现代化开辟了无限广阔的前景。这些年来,这些国家在经济危机重重、国债累累之际,仍拨巨款开展用现代科技研究古代科技特别是中国的古代科技。为什么？他们从这类研究中，连连获取新理论、新技术，所得收益远远超过其投入。由此可见，我们生物科学和生态学学者在中国科技史领域是大有作为的。

邓宏海教授是我的老朋友，他是一位勤劳、聪颖又多产的系统生态学家。他出国前在国内开展的一系列区域和农业生态系统研究至今仍不失其指导意义。但出国20多年来却默默无闻，没想到他竟在埋头耕耘那千万年中国人类生态演化的沃土，谋划中国科技探源的浩大工程，获得了这一鸣惊人的丰硕成果。中国科技史其实就是一部中华民族生态文明的进化史。邓宏海的这套书超越了李约瑟研究中国科技史的思路，把对中国科技思想进化历程的追踪由近古3000年推前到远古10万年之前的中华生态文明演化史。这是他对中华生态文明研究的重大贡献，也是他在为重新认识中华民族无比丰富的生态文化遗产、为重建科学的中华生态文明上下五千年史做准备。他用生态哲学、系统生态和进化生物学的方法将李约瑟开启的中华科技史学又向前推进了一大步。这套书是当前落实中共十八届三中全会精神，系统推进生态文明建设、实现中华民族伟大复兴战略的一部重要参考书。

邓宏海告诉我，他这套书仅仅是拉开中国科技探源的浩大工程序幕的前奏，其出版只是为了抛砖引玉；他希望吸引越来越多的科技工作者同历史文化学者投入到这项研究中来，把他已开头的研究工作继续进行和发展下去，将李约瑟论证的中国古代科技成就从亘古源头开始的全部真相展现在世人面前。万事开头难，有邓宏海教授的良好开端，中国科技探源工程就有了一个正确的方向。我们相信，中国科技工作者将会写出对李约瑟难题的第二份、第三份……第N份认真的答卷，为系统弘扬中华生态文明，持续增强民族凝聚力和自信心，复兴中华民族曾雄冠世界的科技创新能力，做出无愧于华夏祖先的贡献。

王如松

中国工程院院士　中国科学院生态环境研究中心研究员

2014年4月24日

自序

科技探源,是人类起源、农业起源、文明起源三大战略性研究领域面临的核心课题。近300年来,随着研究手段的日益更新、新证据的不断发现和研究视野的日渐拓宽深入,世界学界探讨这三大领域的学派越来越多,争论日趋激烈,各种理论、假设和模式层出不穷,而其进一步深入拓展,都达到了取决于科技起源研究深入展开的高度。近些年在实证研究累累硕果的基础上兴起的总趋势是,越来越多的实物证据都在证实中国著名考古学家苏秉琦以毕生考证所得出的这个结论:"中国两半块和世界两半块的衔接,大头在中国。世界上没有哪一个像中国如此之大的国家有始自百万年前至今不衰不断的文化发展大系,即中国有超百万年的文化根系,上万年的文明起步。"这个重新认识人类进化史和世界文明史的总趋势的兴起,适应了当今人类应对种种空前危机的需要,对人类进化的前途和世界发展的远景正产生着越来越大的影响。君不见英国著名历史学家汤因比(Arnold Joseph Toynbee,1889—1975)所著《历史研究》七巨册?他以历史学家特有的历史责任感,用如此鸿篇巨制来谆谆劝说世人的,就是如何吸取中华文明持续进化的经验来实现全人类文明进化的持续不断。这就是当今人类进化和世界文明发展总趋势所面临的总课题。

其实,中华文化何以成为世界上唯一连续进化百万年而延续至今的文化?中华文明何以成为世界上唯一连续进化上万年而发展至今的文明?这既是全球华人世世代代期盼解答的问题,也一直是困扰古今中外学界的老大难问题。自2500年前管子提出"万年之国,必有万年之宝"(《管子》)的命题以来,历代学者多是绕过这个命题来从各自角度阐述这些问题。直到20世纪70年代,现代国际学界有关领域的几位大师,在做出其划时代贡献之余仍在强调这些问题。如作为现代世界科技史家之代表的李约瑟博士(1965),从科技史的角度看待这个问题,提出了"为什么中国古代科技处于世界领先地位"的难题;作为现代中国考古学家之代表的苏秉琦教授(1997),把这问题分成"中国文化和文明连绵不断的奥秘和轨迹及中国统一多民族国家是如何形成的"两大课题;现代易学大师南怀瑾先生(2009)则从"易经是中国文化根源的根源"的立场出发,把这问题具体化成易源考古的一系列问题:"易经总结的文化思想、哲学科学,为什么在上古时期就达到这样高的程度?所谓'伏羲画八卦'的卦是怎样画的?是不是我们现在这样画的?八卦是否就是中国先古文字的开始?"……

最近,党中央发出"中国梦"之时代最强音以后,世人求解这些问题的渴望就更加迫切,以致中国社会科学院考古研究所所长王巍先生(2012,2013)宣布:这些问题是"'为中华民族续写家谱'的重大课题。这不仅是我个人的梦想,而且是全体考古人的历史使命";"作为世界四大文明古国之一中国的学者,对自己文明的一些基本问题如果不拿出较为系统的见解,确是令人汗颜的事情"。问题的紧迫性已提到这等地步了,总得有人不畏艰难来奋力求解了。

所有这些中华文化寻根与中国科技探源问题,都一直摆在我们炎黄子孙的面前,已经摆了2500多年了,这种局面再不突破,当今炎黄子孙愧对祖先而遭世人唾弃的局面就更加沉重。李约瑟(1965)早就指责:"中国学者们自己就经常忽视其祖先的贡献。"20多年前正是在这句话的问责下,我才痛下决心以余生全部精力来求解这些问题。在比较各种起源研究的成功先例中我感悟到:这些问题之所以至今不得解决,对拥有无比丰富的考古发掘材料之积累的中国来说,绝不是因为缺乏实证材料,而是由于缺乏对这些材料的系统整理。为填补所有这些学科共有的这一空白,20多年来,我一边考察西方考古学各前沿学科的进展,一边潜心于收集和整理国内考古发掘材料,摸索适合中国考古出土材料系统化的方法,将中国各地400多个先秦遗址出土的标记材料梳理成4大类及其28亚类实物证据链,陈述在总标题为《中国科技与文明的起源和进化》8卷32册中,以空前大量而系统的证据来回答这些问题。

这样按百万年、十万年、两万年和一万年,在逻辑与历史的一致中分段写出人类认识进化史,不仅是在全国,就是在全世界也是第一次。正因为如此,我深知迄今本人所做的一切,仅仅是这个巨大工程序幕拉开前的准备工作,要做的工作远远超过我之所能,要走的路远远超过我的生命。于是,我渴求本书读者、支持者、批评者及后继人来一起努力,超越西人研究中国科技史的思路,为恢复中国科学思想源流的真相,让中华先民的发明创造重见天日;为从根源到支流系统地弘扬中华文化,在正本清源的坚实基础上建设文化强国;为奠定中华民族复兴大业之首要基础而挺起支撑"中国梦"的脊梁——民族科技创新能力的复兴,而共同奋斗。

这部书能这样出版,我第一个要感谢的是中国工程院院士、中国科学院生态环境研究中心研究员王如松先生,他对本书的评价和推荐,是代表中华民族的脊梁,对我这20多年来的埋头耕耘所给予的最高奖励!获此殊荣,吾不虚此生也!此外还要感谢两位:一位是中国科学技术大学科技考古与科学史系的张居中教授,他对本书的评价给了我难得的鼓励和支持;另一位是这部书的策划编辑杨多文先生,书上自以为较精彩的片段,包括这序言,是在他提出问题后我重新构思改写而成的。

邓宏海

2013年8月15日于北京

目 录

前言   001

第一部分　数字卦只起源于中国的独特背景   009

第一章　原始符号体系   011
    第一节　原始体内符号：语言   013
    第二节　原始体外符号：非文字人工记忆系统   017
    第三节　原始体内与体外符号的协同进化   029

第二章　中国数字的起源和进化   048
    第一节　原始计数工具与数量概念的起源和进化   049
    第二节　奇偶数概念的起源和进化   069
    第三节　中国数字的起源和进化   081
    第四节　世界各类古数字系统的比较   110

第二部分　数字组合文字：数字卦的起源和进化   119

第三章　新石器时代早期的数字卦   121
    第一节　原始数字卦：数字一与二组成的数字卦   122
    第二节　早期数字卦：五进位制数字组成的数字卦   153
    第三节　伏羲数字卦在后世的复兴   170

第四章　新石器时代早中期的数字卦   185
    第一节　十进位制数字卦在长江流域的流行   186

第二节	十进位制数字卦流传到各地	195
第三节	神农数字卦向成熟文字演变	206

第五章 新石器时代中晚期至铜石并用时代的数字卦　215

第一节	日出入方位数字卦在西北的流行	217
第二节	日出入方位数字卦流传到各地	226
第三节	黄帝数字卦向成熟文字演变	242

第六章 铜石并用时代到青铜时代的数字卦　253

第一节	数字卦进化的新局面	254
第二节	数字卦全面向成熟文字演变	274
第三节	数字卦继续在各地作文字行用	280

第七章 青铜时代的数字卦　292

第一节	夏商周三代数字卦进化中的新事物	293
第二节	夏代数字卦加速向甲骨文字进化	297
第三节	商代后期上层文化中数字卦基本被甲骨文字取代	301
第四节	商代民间继续行用数字卦文字	306

第八章 青铜时代到铁器时代的数字卦　317

第一节	数字卦的功用向占筮集中	318
第二节	数字卦文字仍未被成熟文字完全取代	321
第三节	数字卦表达继续向一与六或八集中	324
第四节	数字卦继续在边远地区作文字行用	327

第九章 铁器时代数字卦向符号卦转变　336

第一节	数字卦本身被符号卦取代	336
第二节	数字卦文字仍继续在少数边远地区行用	338

第十章　数字卦是中国史前各地农业氏族共用的原文字　　　342

第三部分　数字卦向东西方成熟文字演变　　　359

第十一章　数字卦向成熟象形文字和字母文字的转化　　　361
 第一节　策筹算器、数字和数字卦与成熟文字形成　　　364
 第二节　数字卦的图案化和美术体　　　373
 第三节　数字卦与卦象文字　　　391
 第四节　数字卦与古汉文　　　418
 第五节　数字卦与古彝文　　　443
 第六节　数字卦与苏美尔楔形文字　　　450
 第七节　数字卦与古埃及象形文字　　　465
 第八节　数字卦与腓尼基拼音字母文字　　　475

第十二章　数字卦是人类共同的始祖文字　　　508
 第一节　人类文字的本质属性及其进化过程的规律性　　　509
 第二节　各种古文字的共同特征及其来由：同源于数字卦　　　513
 第三节　数字卦是唯一能为史前人类创造文字提供全部启示和借鉴的符号系统　　　517
 第四节　数字卦成为人类文字共同始祖是自然和社会选择的必然结果　　　526

附录　本册依据的考古发掘报告　　　543

索引　　　586

Contents

Preface	001
Chapter 1 The Primitive Symbolic System	011
1.1 Primitive Internal Symbols	013
1.2 Primitive External Symbols	017
1.3 The Co-evolution of Internal and External Symbols	029
Chapter 2 The Origin of Chinese Numerals	048
2.1 Primitive Counters and the Origin of Rod Numerals	049
2.2 The Origin of Odd and Even Numbers	069
2.3 The Evolution of Chinese Numerals	081
2.4 Ancient Numeral Notation Systems in the World	110
Chapter 3 Numeral Groups in the Early Neolithic China	121
3.1 The Primitive Fuxi Gua: Binary Numeral Groups	122
3.2 The Early Fuxi Gua: Pentax Numeral Groups	153
3.3 Universal Uses of Fuxi Gua in Ancient China	170
Chapter 4 Numeral Groups in the Early-mid Neolithic China	185
4.1 The Shennong Gua: Decimal Numeral Groups	186
4.2 Popularization of Shennong Gua in Prehistorical China	195
4.3 From Shennong Gua to Pictographic Characters	206
Chapter 5 Numeral Groups in The Mid-late Neolithic and Chalcolithic China	215
5.1 The Huangdi Gua: V and/or ∧-based Numeral Groups	217

5.2	Popularization of Huangdi Gua in Prehistorical China	226
5.3	From Huangdi Gua to Pictographic Characters	242

Chapter 6 Numeral Groups in the Chalcolithic China — 253

6.1	Clan Signs as Pictographs contained Numeral Groups	254
6.2	Advanced Transformation of Numeral Groups into Pictographic Characters	274
6.3	Continuous Uses of Numeral Groups as Writings	280

Chapter 7 Numeral Groups in the Bronze Age China — 292

7.1	The New Stage of the Evolution of Numeral Groups	293
7.2	Numeral Groups and Pictographic Characters in Xia Dynasty	297
7.3	The Substitution of Oracle-bone Inscription Characters for Numeral Groups	301
7.4	Continuous Folk Uses of Numeral Groups as Writings	306

Chapter 8 Numeral Groups in the Bronze and Iron Age China — 317

8.1	The Functions of Numeral Groups Focused on Divinations	318
8.2	Numeral Groups Remained in Oracle-bone Inscriptions	321
8.3	The Numerals in Numeral Groups Concentered on 一 and 八 or ∧	324
8.4	Continuous Folk Uses of Numeral Groups as Writings in Remote Regions	327

Chapter 9 The Transformation of Numeral Groups into Trigrams and Hexagrams — 336

9.1	The Substitution of Trigrams and Hexgrams for Numeral Groups	336
9.2	Continuous Folk Uses of Numeral Groups as Writings in Some Regions	338

Chapter 10 Numeral Groups were Proto-Characters Used Commonly by

                 Prehistorical Chineses   342

Chapter 11 From Numeral Groups to Pictographic and Alphabetic Writings   361

   11.1 Counting-rods, Rod-numerals, Numeral Groups and Pictograms   364

   11.2 Patterns and Picture Writings of Numeral Groups   373

   11.3 Numeral Groups and Gua-based Pictograms   391

   11.4 From Numeral Groups to Ancient Chinese Characters   418

   11.5 From Numeral Groups to Ancient Yi-national Characters   443

   11.6 From Numeral Groups to Sumerian Pictographs   450

   11.7 From Numeral Groups to Ancient Egyptian Pictographs   465

   11.8 From Numeral Groups to Phoenicia Alphabetic Writing   475

Chapter 12 The Numeral Group System Was the Oldest Ancestor of Ancient

                 Writing Systems in the World   508

   12.1 The Essance of All Ancient Writing Systems and the Stages of

        Their Evolution   509

   12.2 The Common Properties of All Ancient Writing Systems   513

   12.3 Only the Numeral Group System Could Provide All Essentials for

        Inventing A Writing System   517

   12.4 The Historical Necessity of the Transformation from the

        Numeral Group System to Ancient Writing Systems   526

Appendix The Archaeological Excavation Reports on which This Book Is Based   543

Index   586

前　言

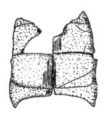

自摩尔根(1877)把文字定义为人类由野蛮进入文明的主要标志以来,文字起源一直是文明起源研究的核心课题。迄今各国学者对这个课题的探讨,实质上是在研究世界最古的三种文字——苏美尔和巴比伦的楔形文字、古埃及的象形文字和中国的甲骨文字之间的渊源关系。其结果是:西方学者按这些文字已知发明顺序,排列苏美尔楔形文字在公元前3200年,埃及象形文字在公元前3050年,甲骨文仅在公元前1500年,而提出"西来说"(Gelb 1963);与此对立的是,一些中国学者提出的"多源说",即主张东西古文字各有其来源,并将对这些古文字之共同渊源的追溯视为"可笑的荒谬";但也不得不承认:"它们都由图画演进为文字,有许多地方总是相类的,我们可由之得到文字进化上若干共同的原则。"(唐兰1988)

为寻找中国古文字的来源,学者们着眼于考古发现,鉴于迄今从"新石器时代的陶器上发现了600多个刻划文字,但年代不过五六千年,显然还不能推翻西来说"。有的学者把在宁夏灵武水洞沟旧石器时代遗址西北部之大麦地发现的距今16000至10000年的"岩画文字",看成"是中国现存最古老汉字的祖先"(Li Xiangshi 2007),但这种说法把文字起源当成脱离社会历史发展过程的偶然现象,更难驳倒"西来说"。真的是中国的考古材料尚不足以推翻"西来说"？绝对不是！是迄今沿用的考证方法还不能将迄今富积的出土材料系统化成无比强大的实物证据链来颠覆"西来说"。

随着文字起源研究日趋深入到其具体进化过程,越来越多的考古出土材料所组成的实物证据链揭示:尽管已分别进化为成熟文字体系的这三种古文字之间据说是"罕见同物同形字",但它们都肇端于数字的发明和使用(Besserat 1996,拱玉书等2009)。这就同现代信息系统发展趋势对接起来,而暴露出人工记忆系统进化的辩证法:数字—文字—数字,从而使"西来说"和"多源说"都陷入进退两难的境地:不仅同日趋深入研究过去的考古学的发展相冲突,而且同日益面向未来的现代科学的发展相抵触。更使二者遭受颠覆性冲击的是,近来众多学者通过对古彝文与世界古文字的比较研究,证实古彝文与排列前五位的世界古文字——苏美尔文、埃及文、中国甲骨文、玛雅文、哈拉般文具有同源性(赵德静 2010)。这就给当今全球学界提出了一个全新的课题:既然所有这些古文字具有同源性,那么,它们的共同起源是什么？这就是本册的主题,本册就是要跟随人工记忆系统进化本来就沿着进行的辩证轨迹,来追溯人类文字发生的最早源头。

"西来说"和"多源说"都面临的另一个不得其解的大死结是:新石器时代中国农业和陶器的发展都跑在古埃及和两河流域文化之前,刻划符号在各种器物上的出现也更早、更丰富且最呈连续进化系列,为何文字的发明却反而落后？两河流域的楔形文字和古埃及的圣书字在距今5000年左右就已经很成熟了,而同样成熟的中国甲骨文只在距今3000多年前才出现,不仅比中东那两个古文明起源中心落后近两千年,而且比考古学家们证明的中国史前文化已有开始有共同认知体系的6000年前要晚3000年(王仁湘 1999)。如果古中国文字的发明果真是这么落后,那么,先民构建和维持这共同认知体系的思想交流,何以能克服这两千多年的时间间隔和数千里的空间距离？即使从中国文明史来看,就是拱先生们(2009)所说的:"如果把商代甲骨文视为文字的发端,那么,汉字不是稍晚于国家而已,而是晚于国家形成的时间大约700年。一个没有成熟文字的国家在黑暗中度过700余年,然后突然茅塞顿开,创制了成熟文字,这实在不合乎逻辑,令人难以想象。"

解决这些死结的唯一出路,是从各国史前各类人工记忆系统之进化过程的实际出发,通过考古出土符号材料的系统化,对各类符号的进化过程做系统研究,在考古学证据同古籍有关记载相对证的基础上,恢复非文字人工记忆符号向古文字进化过程的原貌。其实,所有这些古文字的起源和进化的总根系,同中华文化在百万年间的持续进化有着千丝万缕的联系;从本书第一卷的头三册就可看出中华文化和中国科技的连续进化对确保全人类文字起源和进化的前仆后继是何等重要!

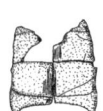

本卷第一册从球形器演变过程所证实的中华文化的百万年历史根系来看,距今10万年以降陆续出现的物件记事、契刻记事、图画记事和图画文字这四大类人工记忆系统都是非文字的,记录了东方人类认识进化史前史的四大阶段,随之而来的便是古文字,即成熟文字记忆系统所记录的历史阶段。成熟文字记忆系统是由这些非成熟文字人工记忆系统进化而来的,只记录了最近5000多年的文明史,而这些非成熟文字人工记忆系统的连续进化,不仅将其文化基因遗传给了成熟文字记忆系统,而且包含了占时间跨度95％的史前进化信息;而中国的非成熟文字人工记忆系统在世界上独一无二地连续进化了上十万年。因此,中国非成熟文字人工记忆系统进化研究,不仅对建立科学的中国史前史能做出决定性贡献,而且也把握着科学理解文字起源到成熟文字体系形成之进化过程的关键。因此,中国非成熟文字人工记忆系统进化研究,不仅对中国文化寻根与科技探源,对科学地认识整个人类精神文化进化史,而且对攻克文字起源研究中的一系列老大难问题,具有无比重要意义。本册将在非成熟文字人工记忆系统进化研究的基础上,开展文字起源到成熟文字体系形成之进化过程的研究。

本卷第二册对中国天文历法的溯源,发现作为中国天文历法之源头和基础的伏羲八卦,原来是记录四面八方和四时八节之物候天象的数字。张政烺、李学勤诸位先生对数字卦的研究(张政烺1980、2004,徐锡台1981,张光裕1981,饶宗颐1993,李学勤1995,李零2002,蔡运章2004),为证实这一发现提供了充分而系统的考古学证据,使我们有充足的依据相信:作为易卦早期形态的伏羲卦是数字组合,即所说的数字卦;《周易》古经中的符号卦,由数字卦演变而来。数字卦如何进化成符号卦?它们本身又从何而来?它们的进化如何带动中国文字的起源和进化?这是本册要探讨的课题。

本卷第三册通过考证远古中国的四大发明,以大量而系统的考古出土材料证实了中国原始科技,依宇宙物质运动五种形式——力学、物理、化学、生物学和思维科学,顺次通过直接的感性认识飞跃到理性认识,而发展出作为民生实用科技的易学;经过伏羲、神农和黄帝三个时代的持续发展之后,易学随文明的兴起而在神化中逐渐实现哲学化,数字卦相应地实现由简单—复杂—简单的抽象化直至上升成阴(--)阳(—)爻概括的哲学符号体系,从而使总结易学的最终版本《周易》在人类认识进化史上最先达到人类的精神世界与宇宙的物质世界的完全统一,而极大地扩宽了人的精神世界,并使之与外在的物质世界一样而无所不包、无边无际。既然《周易》古经达到了数(符号卦所配之数字)、象(符号卦所象之事物的形象)、辞(卦、爻辞)的完整统一而成为易经的高级形态,那么,其内容和形式的形成必经历了一个由数到数图并用,再到数、图、文合用的过程。正如高等生物的胚胎发育会展示其由低等生物进化而来的历史一样,《周易》古经本身的数、象、辞三位一体也展现其由数、图、文进化而来的历史。这意味着易卦曾以卦数、卦图、卦文三种形态存在。与此相呼应,中国文字的起源和进化也确实是:各地先秦遗址中出土的符号材料中,以相同数字刻划出现的频率最早、最高;继相同的数字之后,相同的契刻和图画逐渐增多;由契刻和图画进而发展成象形文字。(张光裕1981)中国文字的进化经历了一个由数字刻划为主到数字契刻和图画与象形文字混用再到象形文字为主的过程。看来,文字的数字起源和易卦的数字起源,是同一过程的两个方面。史实是不是如此?本册将做出回答。

莱布尼茨(Gotfried Wilhelm Leibniz,1646—1716)早就揭示了易卦同数学、科学

和文字起源之间的内在逻辑联系,指出"易六十四卦给予普通文字的发明以重大启示,使思想与数发生关系",并说"伏羲找到了一种独特的表达文字、算术、抽象和记数的方式"(Leibniz 1686、1716,Aiton 1985,Widmaier 1990)。作为近代伟大的数学家、哲学家和逻辑学家,他的这些含义非常深刻的教导,不仅是对中国和东方,而且对全世界整个人类的文字、数学和科学的起源和进化研究,都有普遍而深远的指导意义。与他的这些教导相呼应,由数字卦发展起来的易经六十四卦符号系统,不经翻译而可连通全球一切语言和理性思维的事实,使越来越多的西方学者认识到:"易卦是一切语言的原型(prototype)。这不仅是因为它最古老,而且也由于它是最准确的符号系统,还由于它连续不断地被应用到今天。"(Bonvecchio 1998)易卦是一切语言之原型的历史地位,必然导致卦数文字为一切文字之原型,而同数字卦进化史相印证。由数字卦材料的系统化所恢复的人类文字进化史真相,必将改写世界文字史,为在全球范围内科学地认识文字起源和发展过程开辟道路。

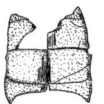

我体会莱布尼茨所指的"易六十四卦给予普通文字的发明以重大启示"中至少有一点,即易六十四卦的符号组合原理,不论是对笔画组合而成的象形文字,还是字母组合而成的拼音文字,都是具有最基本的指导和示范作用;而且六十四卦的符号组合原理早在这两类文字发展到成熟之前就以数字组合而成的数字卦在日常行用中屡屡展现,向各地先民反复演示了如何将有限的符号元件组合成表达各种思维和语言的无限多个复合符号的实例,直接启发后人将世代通用的数字卦及其卦象文字选择性剪接成各自喜闻乐见的象形、象事、象意、象声符号,作字根、部件或元件来构造、繁殖和孳乳象形文字,继而在成熟象形文字高度发展的基础上由数字卦的简体或变形直接构成字母而组成拼音文字,从而使得这两类文字分别在东、西方加速地发展和成熟起来。史前东、西方大地上文字发生和发展的事情究竟是不是这样?数字卦的发现标志着易卦起源及其史前发展研究,走出了假说演绎的序幕,而进入实证研究的新阶段,即在新出土材料和人类学材料与古代文献相结合的基础上,以充分而系统的证据论证:数字卦

为何和如何起源？原始理性思维概念为何和如何以数字卦的形式出现并趋向构成数、象、辞三位一体的易经体系？这一过程何以带动东、西方文字的起源和进化？本册正是通过对迄今搜集到的中国和世界各地考古出土符号材料及有关调查资料做系统的分析和综合，以从中梳理出来的实物证据链来解答这些问题。

参考文献

Aiton, E.J. 1985. *Leibniz, A Biography*. Bristol & Boston: Adam Hilger, 245—248.

Bonvecchio, C. 1998. *Attending and Articulating*. The Magic of the Tortoise, Eranos Munich, 61.

Gelb, Ignace J. 1963. *A Study of Writing*. University of Chicago Press, Chicago, 1—269.

Leibniz, G.W. 1716. Discours sur la theologie naturelle des Chinois. Loosen and Vonessen (ed.), 1968. D.J. Cook and H. Rosemont (English translation): *Gotfried Wilhelm Leibniz Writings on China*. Open Court Publishing Company, Chicago, 1994, 75—138.

Leibniz, G. W. 1686. Letter to Arnauld, In Gerbardt, C. I. (ed): Leibniz, Gottfried Wilhelm, Philosophischen Schriften, 7 vols. Berlin, 1875—90, 48—58; Reprinted Hildesheim 1965, 330—340.

Li Xiangshi. 2007. Cliff carvings may rewrite history of Chinese characters. Xinhua News Agency, 5-18-2007.

Morgan, Lewis H.LL.D. 1877. *Ancient Society*. First published: in 1877, by MacMillan & Company, London. 摩尔根, 路易斯·亨利: 古代社会[M].北京:商务印书馆,1—11.

Schmandt-Besserat, Denise. 1996. *How Writing Came About*. University of Texas Press, Austin, 1—220.

Widmaier, R. (ed.) 1990. *Leibniz Korrespondiert mit China: der Briefwechsel mit den Jesuit enmissionaren* (1689—1714). Frankfurt am Main: Vittorio Klostermann, 134—143.

蔡运章.2004.商周筮数易卦释例[J].考古学报(2):131—155.

拱玉书,颜海英,葛英会.2009.苏美尔、埃及及中国古文字比较研究[M].北京:科学出版社,144—170.

李零.2000.中国方术考[M].北京:东方出版社,258—261.

李学勤.1995.周易经传溯源[M].台北:丽文文化事业股份有限公司,169—229.

饶宗颐.1983.殷代易卦及有关占卜诸问题[A]//饶宗颐史学论著选[C].上海:上海古籍出版社,31—55.

唐兰.1988.中国文字学[M].香港:太平书局,1—63.

王仁湘.1999.关于史前中国一个认知体系的猜想[J].华夏考古(4):32—57.

徐锡台.1981.周原考古记[J].香港中文大学:中国文化研究所学报(12):153—183.

张光裕.1981.从新出土材料重新探索中国文字的起源及相关的问题[J].香港中文大学:中国文化研究所学报(12):91—151.

张政烺.1980.试释周初青铜器铭文中的易卦[J].考古学报(4):403—415.

张政烺.2004.易辨,帛书《六十四卦》跋[A]//张政烺文史论集[C].北京:中华书局,70—691.

赵德静(世界文化地理研究院新闻组).2010.古彝文是世界六大古文字之一[J/OL]. http://222.210.17.136/mzwz/news/2/z_2_20853.html,2010-02-13,09:16.

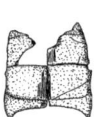

第一部分

数字卦只起源于中国的独特背景

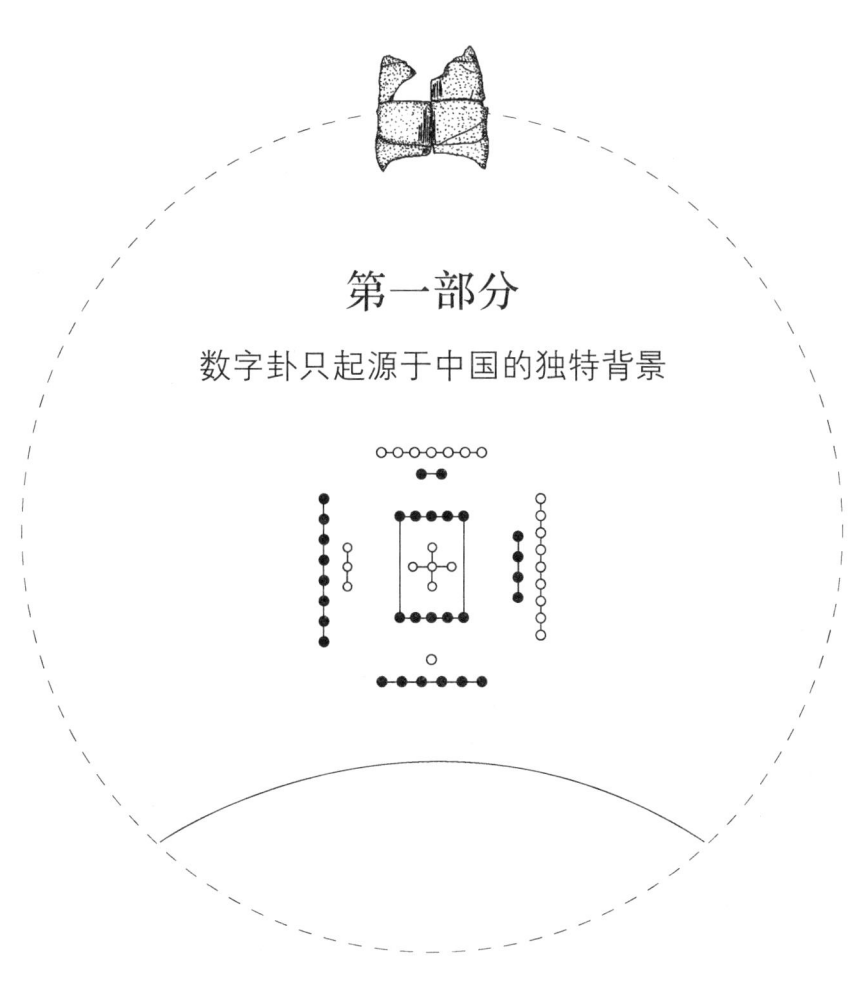

第一章　原始符号体系

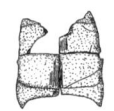

　　类人猿生活在群体社会里，作为群体的一员，同其他成员的感官进行交流，是维持其生存和繁衍必不可少的活动；而感官间的交流离不开符号。在他们感官的相互作用中，其影响任何感官的任何活动都具有作为符号或成为符号的可能。因而人类从类人猿那里遗传来的最原始的符号，是由人体感官活动所形成的符号，即体内符号。由于视觉、听觉与味觉、嗅觉、触觉等不同，能够在较大距离上传递信息，而后三者则要求双方的紧密接触；视觉符号能以空间距离作为主要的结构力量，听觉符号能以时间间隔作为主要的结构力量，分别使形与音成为符号构成的主要媒介。因此，视觉和听觉符号在类人猿社会中便已构成最基本、最丰富并且最贴切的符号系统（赫尔德1772）。

　　当类人猿进化成人类时，使用和制作工具的集体劳动要求日益强化相互交流，他们既要通过听觉器官接收信号，然后再通过发音器官传达信号，也要通过视觉器官接收信号，然后再通过手或身体的某个部位的描画动作来传达信号。他们在生产实践中不仅使用听觉器官将劳动工具和劳动对象发出的声音记忆下来，而且他的视觉器官同样将劳动对象和劳动工具印刻在大脑皮层上；在与其他的人进行交流时，他们既可以用声音来表达,也可以用身体的各种动作,主要是用手势来表达。前一种符号根源于人类的听觉器官和发音器官,后一种符号则根源于人类的视觉器官和体姿,特别是手势。听说系统的有声语言符号与视姿系统的有形符号,是人类表达思维的两种最基本的符号类别,是人类进行交际的两个同时产生、并行发展而协同进化的符号系统。随着人手在使用和制作工具的劳动中逐渐进化及其带动的人脑的进化,其使用和制作的工具及其作用之对象的种类、结构和功能日趋多样复杂,所要用来予以表达的手势符号也跟着多样复杂,导致出现了模仿或模拟手势符号的物件符号、契刻符号和图画符号。由此,人类的体内符号就自然而然地转化成了体外符号。世界各地旧石器时代遗址的考古出土计数物件、刻划骨器和岩画等材料表明,从旧石器时代中、晚期以降,人类已开始利用其体外符号开展交流;换句话说,人类已开始以体内符号与体外符号相结合的符号体系,而在信息交流方式上同动物界明确地区分开来。

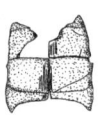

人类符号能力的发展直接表现为符号所能表达的思维类型的演变。随着直立人进化成智人而导致科技、艺术和宗教思维的发生,人类的符号系统才从根本上突破动物本能符号的局限,而开辟逐渐向高层次发展的无限广阔的前景。纵观迄今人类符号系统的演变史,西方符号学家们将整个符号系统分为三个层次:中间是语言学的领域。在中间之外有两个极端:一端是次语言学领域,另一端是超语言学领域(Geertz 1974)。这三者正好与黑格尔所做的日常意识、知解力的思维和玄学思维的区分大致吻合(Hegel 1835),而各自见长于不同的文化领域:科学主要采用的是语言符号,宗教主要借助于超语言符号,日常意识和艺术所直接采用的一般是次语言符号。为了考察这几个层次之符号的认识进化过程,很有必要将它们同人类的认识过程结合起来。

既然人类的视姿符号系统和听说符号系统都来源于人类对客观世界具体事物的认识,而人类乃至每个人对每类事物的认识都有一个从感性认识到理性认识直到实践、再到感性认识到理性认识直到实践这样周而复始、循环往复的过程,那么,人类就必然有用来表达自己在此过程中实现感性思维到理性思维之飞跃的符号:感性思维符号和理性思维符号。这样一来,按人类认识客观世界的方式划分,人类的符号系统就包括:感性思维符号、理性思维符号、形象思维符号(即艺术符号)和幻觉思维符号(即宗教符号)。随着人类对客观世界认识的纵深发展,他们对客观世界的理性认识逐渐抽象化,而由科学层次上升到理论数学乃至哲学的高度,与此相伴随的人类符号体系也跟着出现抽象化,在科学语言符号之上发生高层理论数学乃至哲学语言的符号。哲学符号的出现,大大扩宽了人的精神世界,并使这一世界与外在的物质世界一样无边无际。由此看来,人类符号系统在总体上的进化是一个先积累实物外在感性认识直到实现其向理性认识的飞跃,然后再逐渐超脱实物外在感性、递减具体性而趋进实物内在理性、增强抽象性的过程。这一过程是与人类认识的进化相同步而处于协同进化之中。本章就按这几类符号范畴来考察原始社会符号体系的状况。

第一节　原始体内符号:语言

人类是从动物本能语言出发,来创造表达自己思维的语言符号的。赫尔德的《论语言的起源》说:"当人还是动物的时候,就已经有了语言。"作为社会动物的人,不仅过着群居生活,而其要从事制作和使用工具的社会劳动,彼此关系日趋密切,无论是在生活中、生产中,还是交往中,都要进行思维、感情或意图交流,以传授经验、协调动作、交换感情或交涉事务等等,都不仅要使用听觉器官将劳动工具和劳动对象发出的声音记忆下来,而且要用视觉器官将劳动对象和劳动工具的形象记忆下来;在与其他的人进行交流时,他们既可以用声音来表达,也可以用身体的各种动作,主要是手势来表达。身体姿势和手势形象的表达比声音更直感、更能动,正如匈牙利电影艺术理论家巴拉兹(1986)所言:"面部表情和手势比之语言文字更是内在冲动的直接反应。"因而,旧石器时代人类突破动物本能语言局限而发生的人类语言符号,首先是手势语言,然后才出现口头语言。手势语言是借助手指伸屈或挥动手臂的不同姿势动作,来描绘其视觉器官所见到的劳动对象和劳动工具的形象,以表达其感觉所引起的一定思维——感性认识。只在劳动工具和劳动对象的种类增多及其结构和功能的复杂化,而使得手势语言不足以表达其感性思维时,人们的口头语言才逐渐发生和发展起来。因此,在感性思维语言占统治地位的原始人类的语言符号系统中,手势语言是占主导地位的最基本的组成部分。这对追溯人类文字的起源特别重要。忽视原始语言的这个根本特性,就无法理解手势语言模仿化、模拟化而成的物件符号、契刻符号和图画符号与口头语言之间存在的天然血缘关系,从而也就难以探索到文字起源的真相。

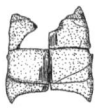

既然口头语言是初民利用听觉器官将其手使用劳动工具作用于劳动对象所发出的声音记忆下来的结果,而世界上分布于各地的人类越是原始,其使用和制作的劳动工具及其作用对象就越是相同的多,从而发出的相同声音也多,那么,各地原始语言之间必然出现同义词声母相同的现象。于是,世界各地语言学家们在对各民族语言的追根溯源中发现:越来越多的证据似乎在暗示着,在远古时期,各地不同语系的确是从一种最古老的"母语"分化发展而来,以至他们在汉语中找到了既能与藏缅语系,又能与苗瑶语系、侗台语系及南岛、阿尔泰语系的亲缘关系,甚至发现在古老的汉语与希伯来语之间有着浓厚的血脉联系(Molly 2008,艾童 2010)。

手势语主导口语这个原始语言系统的根本特性,是由猿人到人类的进化过程所决定的。当猿人进化成直立人后,手被最早地分化出来,然后口腔和喉咙才能形成一个直角,进而为语言的产生提供了物质条件。列维-布留尔(1922)分析大量的田野考察材料的结论是:"在大多数原始社会中都并存着两种语言:一种是有声语言,另一种是手势语言。应不应当这样假定:这两种语言并存,彼此不发生任何影响;或者相反,同一种思维由这两种语言来表现,而这种思维又是这两种语言的基础? 后一种看法似乎更易于被接受,事实也确证了这个看法。喀申着重指出了有声语言和由手的动作表现的语言之间存在的那些相互关系。他指出,东南西北的次序和配置、数词的形成,在朱尼人那里来源于一定的手的运动。"为了证明"手势语言"根源于思维,布留尔又从手与脑的联系来说明用手说话可以无须依赖于听说器官,并指出:"手与脑是这样密切联系着,以至手实际上构成了脑的一部分。文明的进步是由脑对于手以及反过来手对于脑的相互影响而引起的"。在符号上差别如此巨大的两种语言(一种语言是由手势构成的,另一种是由分音节的声音构成的),在其结构和表现事物、动作、状态的方法上则又彼此相近。更有甚之,布留尔还认为有一部分分音节语言的表达是由"手语概念"决定的。他说:"用手势语言说话的人拥有大量现成的视觉运动联想供自由支配,而当人或物的观念在他的意识中出现时,这观念立刻就让这些联想发生作用。我们可以说,他是在描写它们的同时就想象着它们了。因而,他的分音节语言也只能够这样来描写。在原始人的语言中,给轮廓、形状、姿势、位置、运动方法赋予的意义,总之,给人和物的看得见的特点赋予的意义,即来源于此;按物的姿势(立、坐、躺)来对它们进行的分类等也来源于此。"

作为动物语言到人类语言的过渡阶段,感性思维语言是人类最早用以思维交流的接近自然的符号。在黑格尔的历史哲学看来,人类从蒙昧时代向文明时代过渡的漫长时期,无疑以感性认识产生的日常意识占优势,这时主要是交流感情,传达主体个人方面的本能欲望、直接感受、心理意向等;人们还完全不能深入事物的内在联系和本质以及它们的理由、原因、目的等等;只满足于按照事物的表面现象、偶然状态去看待事物。这是一种混沌的主要是感性的把握方式。与之相应,人们较多地凭借表情、手势、身体姿态来表达这些日常意识,其次才用到一些单独而不能明确表示某一概念的词语。这就从哲学上解释了原始语言系统的这个根本特性。

随着直立人进化成智人,智人从对月相的观察和计数中开始形成最直观的概念——数量概念,人类认识便开始走上了由感性向理性进化的征途,原始人类的感性思维语言也开始了逐渐发展出理性思维语言的过程。人们对每种事物认识,都要经历从感性认识到理性认识的循环往复的过程,都要经过由具体到特殊再到一般的一系列中介阶段,其思维表达语词也都由表象具体到逐渐抽象。如人类学家发现,在加利福尼亚的印第安人的话语中,"既没有类,也没有种:各样橡树、松树、草都有自己单独的名字"。(列维-布雷尔1922)人们通过理性思维去了解外在世界的原因和结果、目的和手段等内在关系,按照事物的内在联系和依存关系来认识事物,也就需要有确切的语词概念、规范的语法规则去表述它,于是形成同理性思维准确对应的规范性言语。这类理性思维语言,具有严格的概念和概念间的逻辑关系。任何科学的命题就要用这种语言来表达,所有科学性、知识性作品的言语就属于这一类。尽管自旧石器时代中晚期以降,智人在摸索月相7天一大变的周期中开始形成数量概念,但他们的数量概念还只能同模拟月相的石球相联系,即使是到旧石器时代晚期,智人们的数量概念已扩展到木棍或蓍杆或骨锥、刻划、串珠直至图画,但代表一般数量概念的语言符号和刻划符号才刚出现。因此,旧石器时代的人类,在语言上基本处于以手势语言为主导的感性思维符号时代,即人类用这类符号来积累其对自然界的感性认识之材料的时代。

由此看来,作为人类语言进化过程的初始阶段,原始人类语言起源和史前发展的历史,是语词与实践活动、感情活动相结合的历史,同现代语言学家们看到的"语言发展的历史是语词与实践活动、感情活动相脱离的历史"正好相反。他们只看到:在史前社会向文明社会的过渡中,人们所用的语词经历了逐渐抽象化的过程,形成了一个基本上共语义的体系。与语言的这种抽象化过程相适应的是,人们所用的文字出现了由象形文字向形声文字转化的过程,形成了形声字日益占主导地位,甚至完全由形声字组成的文字体系。于是,自古以来的文字标准都说"文字是记录语言的符号",如《说文解字·序》曰:"依类象形谓之文,形声相益谓之字,独体为文,合体为字。"《〈尚书·序〉正义》云:"言者意之声,书者言之记。"既然以是否记录语言为文字标准,而同手势及其模仿化、固定化而成的物件符号、契刻符号和图画符号相匹配的原始语言的音响形象不能保存下来,从而所有的这些史前符号材料被人为地排除于文字起源和进化过程之外,使随世界各地文明兴起而展露的成熟文字系统显得是突然出现而蒙上重重神秘色

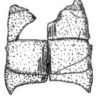

彩，以至世界各国文字起源研究都面临着因无法推知文明语言的早期音响形象，而在人类非文字人工记忆系统与文字记忆系统之间留下的似乎是不可跨越的鸿沟。在人类文字起源和进化的历史长河中，如何找到跨越这条鸿沟的桥梁，是解开各国文字起源之谜的关键。

第二节　原始体外符号：非文字人工记忆系统

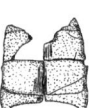

原始体外符号是从原始手势符号进化而成的。当人手使用和制作的工具及其作用之对象的种类、结构和功能日趋多样复杂的趋势，达到手势符号不足以表达的时候，或是当人们需要把其手势符号记忆下来的时候，模仿或模拟手势符号的物件符号、契刻符号和图画符号就应运而生。同时，随着人手在使用和制作工具的劳动中逐渐进化及其带动的人脑的进化，手的灵活性逐渐增强到足以使人类能够制作出各种各样的工具，特别是通过模仿自然物来制作各种器具，如模仿自然界的果实制作石球、模仿自然界的尖形物体制作尖状器。这时，他们同样可以用这样灵活的手，把描摹劳动工具或劳动对象之数量或形状而在空中比划的手势，比喻成某种物件、刻划或写画在地上、木器、骨器、陶器、石头上或其他什么地方，用来代替手势语而成为各类原始体外符号。同手势语一样，这些原始体外符号，不论是物件、契刻或图画，对于事物感性认识和把握同样是通过"形"来实现的；既然一定的手势语在其所在的原始人群中都有相应的口头语相伴随，那么，这种手势语所派生出的原始物件符号、契刻符号或图画符号，便自然而然地同它的口头语相对应，而成为这些体外符号的口头名称。因此，这些被原始人用来帮助其记忆的物件、契刻和图画，并不是像人们臆想的那样"没记录语言"，而是恰恰相反，它们从来就记录有语言，是其所以生出的手势语及其相应口头语的记录。更重要的是，它们不仅记录有相应的手势语和口头语，而且也包含有这两种语言所表达的思维内容。

这些为原始人用来帮助其记忆的物件、契刻和图画，不论其技术状态如何，都是只有人类才能在其体外创造的记录、储存和转换信息的手段，都是人类区别于其他物种而成为最高级生物的标志，而被认识考古学家们称为人工记忆系统（Artificial Memory Systems or AMS）(d'Errico 1998)。就像生计工具是人四肢的延伸一样，人工记忆系统是人脑的延伸。既然生计工具的进化是人类社会物质文化发展的决定性因素，那么，这些信息手段的进化便是人类社会精神文化发展的内在决定性因素。迄今包括考古学在内的全部历史学，几乎都是在沿着生计工具进化的轨迹来解释史前，而对沿着信息手段进化轨迹所展开的精神世界则有所忽视甚至误解。当今认识考古学（Cognitive Archaeology），正是为弥补此缺欠而兴起。对世界各地考古发掘出来的体外符号材料，开展认识进化考古学（Cognitive Evolutionary Archaeological）研究，其重大意义更是不言而喻。

尽管同文字系统的研究相比，各国对非文字人工记忆系统的研究还刚刚起步，但迄今通过考古发掘和人类学调查积累了丰富的各种体外符号材料，各国学者通过对这些材料初步考察，对认识进化考古学的理论和方法论作了开拓性探索，已经为我们在世界范围内开展人类文字起源研究准备了必要的前提条件。如法国考古学家d'Errico(1998)依据其从世界各地原始部族收集到的50个非文字人工记忆系统，把念珠、刻划棒、雕刻板、结绳或贝壳串、网格等作为非文字人工记忆系统的几种不同典型形式。通过对其有关人类学记录的考察，他发现任何一种人工记忆系统所含密码可按其一定的要素加以解读。他把这个概念系统用来研究欧洲旧石器时代的骨刻标记材料，通过电子显微检测、电脑计量和刻纹剖面分析，确证"人工记忆系统在欧洲的使用和发展至迟从旧石器时代晚期就开始了，而在世界其他地区可能更早"。中国考古学家汪宁生(1981)以有关的民族学材料和考古发现对证古籍记载，把"人类在文字发明以前曾用来帮助记忆、表达思想和交流意见的方法"，也就是这里所说的非文字人工记忆系统,归纳为三类:(1)物件记事,如古代的筹策计数、表意的信符和少数民族用来计数的念珠、石子、卵石、小棍、竹签、果核等。(2)符号记事,如古代器物上的符号,结绳,契刻和少数民族用来计数或表意的记号,文身、符号、手印、结绳、木刻等。(3)图画记事,如古代陶器上的图画、铜器上的图案、岩画和少数民族的图画。他认为,文字就是由这三种原始记事形态进化而来的。我们沿着他们的思路进一步把这方面的研究具体化,按他们对体外符号的分类进一步把中国各地先秦遗址各文化层出土的符号材料加以细分化,即把物件记事细分到具体物件;把符号记事按具体符号分类;把图画记事按具体图画分类;把图画文字按其实为由非文字记忆系统转变成文字记忆系统的过渡阶段专作一大类,共分类梳理出四大类及其28亚类人工记忆系统。这样一来,我们就有这四大类非文字记忆系统同历来的文字记忆系统对接起来,在对人类认识进化、思维进化和精神文化进化全过程的系统研究中,追溯人类文字起源和进化过程。

通过按其遗存年代的时间顺序梳理这28亚类人工记忆系统,我们建立了每亚类符号由起源到顶级群落、直到衰落乃至异化的演替系谱和进化树。据此,我们就能排列出这8种体外符号起源的历史顺序。下面就按此历史顺序,对它们在文字起源和进化过程中的地位和作用作一初步概括。

一、物件记事

数量概念是理性思维最简单、最基本的形式。人类理性思维的进化自然从数量概念开始。用物件记数,是物件记事的最简单方式,因而最原始。因此,中国最原始的人工记忆系统,首先是用日常物件记数作记忆的系统,即物件记数系统。从中国各地史前遗址出土的材料来看,自旧石器时代中期以降,制作和使用这类物件记数工具作记忆系统的实践,在各地原始社会中逐渐普遍展开,其中最流行的是以四种计数工具——成组石球,成组木棍、竹签、蓍杆、骨或石锥,成串穿孔骨或石珠,和龟甲+成组小石子为核心的记数器。这类组合物件记数工具,在进入新石器时代之后,都先后进化成为伏羲卦数表达系统,而出现在其数字卦的发明之前。其中石球,正如本书第一卷第一册所论证的,最早出现而率先被用来比拟月相、做阴历计数,是数量概念发生和发展的首要基石,对数量概念起源和进化起了最基础的作用;在石球记月相、做阴历计数奠定的初始数量概念的基础上,成组木棍、竹签、蓍杆、骨或石锥被用来替代石球做计数,既是原始人数量概念的一大进步,也是物件符号与手势语相结合的最简便方式,不仅为手势语转化成体外符号,特别是图画提供了最佳途径,而且为数量概念转化成数字打下了物质技术基础。

二、契刻记事

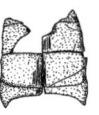

在上述计数物件用来做计数而使原始人的数量概念由具体向特殊乃至一般的过程中,成组木棍、竹签、蓍杆、骨或石锥和结绳的运用导致最简单的刻划符号——计数刻符的出现,此后过了很长一段时期,非计数刻划符号和其他形式的契刻符号才陆续问世。在所有这些史前契刻符号中,计数刻符始终是最重要的,也是最普遍的;它们不仅进化出全套十进位中文数字和数字卦,而其为其他象形文字的形成提供了基础部件,而数字卦所引申出的非数字刻符——卦象文字,为象形文字的发展奠定了直接基础(对此,本册第一、二部分将分别以大量考古出土材料和古籍文献资料予以证明)。

史前契刻符号的这种情况,不仅为古籍记载所印证,也为考古出土材料和人类学调查材料所验证。如《周易·系辞》载:"上古结绳而治,后世圣人易之以书契。"古籍中有不少类似这样的记载。

尽管刻木、刻竹易腐朽而没有遗存下来,但在考古发掘中却出土过大量的刻骨、刻蚌和陶器刻划遗存。迄今确认最早的计数刻骨出土于距今2.8万年的山西峙峪遗址,与其年代相当的甘肃刘家岔遗址也发现有刻划纹的鹿角;距今2万—1.8万年北京山顶洞遗址也出土刻有"许多弯曲的或平行的浅道"的磨制鹿角;距今9000—7800年的河南贾湖遗址遗存有大量契刻数字及原始和早期数字卦的骨、陶器;距今8000—7000年的浙江跨湖桥遗址出土十进制数字表示的数字卦;距今6500年前后的江苏青墩遗址遗存有"数量最多"的刻有数字卦的鹿角;与其同期各地仰韶文化遗址出土陶器上普遍刻划有数字符号和数字卦,如西安半坡遗址有100多件达32种之多;陕西临潼姜寨遗址中也发现100多件彩陶上的绘有符号达40多种。这些符号,特别是十进制数字,趋向规范化,多次重复出现(张光裕1981)。这就以历时2万多年的刻划材料所组成的实物证据链,证实了中华先民由记数刻划到数字、再到数字卦的认识进化历程。

民族学的资料也证实,结绳、刻划等记事方法,最早是用来记数之用,后来才发展到记载其他事物。如汪宁生先生(1981)对西南少数民族木刻的调查,发现"木刻的使用较结绳更为普遍。此法名曰木刻,实际上所用材料不限于竹木,亦可在骨、角、金属物上刻划。凡是通过刻划来记事和表意的,均可归入这一类。木刻和结绳一样,最简单的一种是用于记日。来记事和表意的,均可归入这一类。……木刻较多地还是用来记录账目和数字"。宋兆麟先生(1981)对摩梭人的刻划符号的调查,也发现"在数字、方位和占有方式符号中,以数字符号的使用较多,范围较广"。

三、图画记事

古代遗物和遗迹上刻划纹以外的其他标记,如圆窝或穿孔纹、乳钉纹、镂孔纹和图案都被称作纹饰。尽管各地各期遗物和遗迹的形制、纹饰及出土情况各有地方特色,但只要像张忠培先生(2000)所说的那样:"既要摆脱传统教条,又不应受新进口的模式所牵制,当立足于中国历史的实际",就会发现这些标记和图案显露出符合伏羲卦数逻辑的规律性及其制作者认识进化所导致的知识系谱上的连续性。尤其是在史前陶器上,这类纹饰的出现是如此广泛,其体现的规律性如此清晰,以至首先发现它们的,不是抱"易本卜筮之书"成见的易学家们,也不是持泛图腾说、泛巫术法器说和"通神工具"说的考古学家们,而是不带条条框框而实事求是的中国艺术史家们。

陶器是原始标记和图画记事的主要载体。《中国美术史·原始卷》以无可辩驳的系统的证据,证明了"中华民族创造了世界上延续时间最长、分布地域最广、数量最多的独一无二的陶器文化",系统地论证了制陶为中华民族的进化所立下的丰功伟绩,特

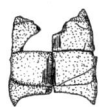

别是陶器装饰对中华文明多元一体的起源所起的伟大作用,并从林林总总、千变万化的装饰中敏锐地归纳出:"在文字社会之前的原始社会里,中华民族就创造出多种多样的、相当高明的装饰手法,这些手法亦为世界所罕见。它们的形成和完善锻炼了人们对空间形态的把握能力,造就了人们对器表处理的经验,确定了中华民族原始陶器较统一的基本特征。"(王朝闻1987)该书依据已掌握的出土材料,系统地描述了距今8000年以降至龙山文化时期的素陶发展史、距今7500—4000年前的彩陶发展史,画龙点睛地指出:"彩陶不仅是制陶术发展的产物,而且是彼时人类某种观念、精神和情感的体现。中华民族以举世无双的精美彩陶,在人类文化史上展现了长达三四千年的绚烂彩虹。在彩陶那红、黄、黑的强烈色彩基调中,仿佛蕴藏着鲜红热血、黄皮肤、黑眼睛和黑头发的远古精灵。""素陶所记载、所展现的是一个丰富绚丽的'形体世界'!在这些千姿百态的实用器物造型中……凝聚着彼时人类的观念、情感、精神和向往……"(王朝闻1987)

既然原始彩陶和素陶都体现彼时人类的观念和精神,那么这种"较统一的"观念和精神是什么?《中国美术史·原始卷》以对器物纹饰演变历史过程的分类系统考证,回答了这个问题。该书作者从素陶和彩陶纹饰演变过程的比较中,发现了素陶和彩陶上共有的表数纹饰;从彩陶纹饰演变历史过程的系统考证中,归纳出彩陶纹饰的象形、几何和写意三大类型;从陶器之主要载体的地位让位于青铜器的演变过程中,追踪出器物纹饰的神化趋势。这就把新石器时代早期至青铜时代器物纹饰划分为五大类;而表达伏羲卦数的纹饰——卦契和卦图,则是所有器物纹饰的精华。因此,器物纹饰演变中的这五大类,就是卦契和卦图进化中的五大类。下面就来引用该书对此五大类纹饰的考证,将卦图进化中的这五大类做一概述。

(一)由结绳记数到网格记数纹饰

在器物纹饰发展的这个起始阶段,原始人将原来对绳索、织物等实物的功利情感转化成了点、线、面、体等不受实用功能所囿的图案,与此同时,也将结绳记数转化成了网格记数。该书载："早期陶器的装饰手法单调……多是绳纹、网纹、斜线纹、点划纹、平行线纹及它们的组合。……基本上是沿袭了更早的司空见惯的编织纹样。……这些方法都一直被沿用下来，并演变戳、压、剔、刻、划、印等多种手法来，在器物不同部位以不同手法与图案进行千变万化的组合，产生了与各地区及各时期审美要求相适应的纹样，形成特定的文化特征。……事实证明，对于素面陶器和绝大多数日常用具，这类装饰手法是最常见和使用最多的。正是通过这类并演变戳刻剔划，人们将原来对绳索、织物等实物的功利情感转化成了点、线、面、体等不受实用功能所囿的图案。这样装饰在陶器上的点、线、面、弧等平面造型'元件'，表现了人们在长期制作和使用织物及绳索等工具的过程中，对它们的性状特征与构成规律的认识和掌握。"（王朝闻1987）他们在长期实行结绳记数的过程中，认识和掌握了单项计数的规律，为将其结合成组合计数的网格记数打下了基础。

网格记数中，尤以四边形和三角形网格记伏羲卦数，得到了最广泛而系统的发展，对后世影响深远。该书载："三足器在陶器中占有相当大的比重。……在三足器发展的同时，彩陶纹饰中的三角图形和三点分圆周而构成的图案纷纷出现。……当三足器繁荣起来的时候，人们的兴趣不再仅仅局限于三足器本身因力学上的平衡所带来的功利价值，'三'开始作为'数'的概念在理性认识上和审美习惯上有了某种特定的意义。"（王朝闻1987）

（二）象形纹饰

与"万物有灵"论及其变种"图腾论"相反，该书证明："彩陶在几千年的发展中……仅限于鱼、蛙、兽、犬、虫、鸟等有限的几种形象"，"从总体上看，它们仍显示出一定的区域特征及其发展演变规律"，"这种现象似乎与原始部落中'图腾集团'那种比较集中的单一性及分布区域的狭窄性不相符合"；而"象形纹饰中的动物形象与人们生产生活有着直接紧密联系的自然时令的周期变化有关，因此，它们才成为原始人类'历法'的参照物，成了备受人们重视的时令变化的使者并形成相应的观念"；"随着彩陶的发展，不

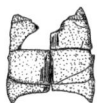

仅其组合方式更加丰富多样,而且象形纹饰也出现图案化的趋势。……象形纹饰的图案化的趋向表现为两种形式。一种是对形象本身的改造,加入装饰成分,隐藏某些暗示……另一种是将形象纹样进行组合,以构成对称和均衡……与图案化并行的另一种趋向是少数形象纹的绘画性更为加强。"(王朝闻1987)这就是说,包含有这类时令信使动物形象的象形纹饰,正如本卷第二册所列举的那些图案那样,实际上是当时所在地区流行的授时图。

(三)几何纹饰

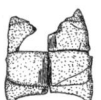

该书将中国彩陶纹样的基本展开规律做了归纳:"我国境内发现的早期彩陶……的纹饰就已大小适度,排列有序,并体现了一定的构成规律";"装饰部分多接近口沿或上腹部,结构简单,常有单纯的直线线形或点、折线排列而成。……将这些单一的纹样并列成二方连续的环带纹饰。这些特点,初步构成了中国彩陶纹样的基本展开规律";"它们都能保持平稳的运动势态。它们跌宕起伏所造成跳动感觉以及循环运动节奏,成为彩陶纹样最基本的形式构成因素,成为后来几乎所有几何纹饰的本质特征,成为中华民族最早的图案构成骨架";"随环带装饰的……发展……将一两个单独纹样利用反复、连缀、对称等手法构成单层或多层装饰环带";"这种既严格又多变的定位分割与连缀方法在几何纹饰的发展中起了很重要的作用,从山东到甘肃、青海,直至长江流域的辽阔区域内,都出现过用这类方法构成的几何纹饰的彩陶。这种纹饰的间架结构很像中国传统的九宫格局。'九宫',指的是四面八方及中央,这种'九宫格'与'米字格'常常成为诸多平面构成的基本格局,对后世的图案、纹样及书法的结构影响极大。过去多以为这种格局是东汉时期道家的创造,从彩陶纹样的构成来看,实际上早在6000多年以前这一格局就已经出现,到距今5500年的庙底沟时期,已发展得比较完备和普遍了"。(王朝闻1987)这些彩陶纹样的基本展开规律,如"二方连续""循环运动""九宫格"和"米字格"等,都同伏羲卦数之数理逻辑的基本原理相合,因而,这些彩陶几何纹样实为这些基本原理的几何表达。

(四)写意纹饰

该书贯彻辩证唯物主义史观,坚持排除"万物有灵"论及其变种"图腾论"这类洋教条的干扰,实事求是地指出:"马家窑彩陶的曲线纹样及和谐流动的审美基调,很难说它是决定于某些具体对象崇拜的观念……从远古农业社会的生产和生活实践来看,这些纹样的产生,更多的大概不是图腾崇拜,而是水流和云霞一类与自然、气候相互关联的观念所致。"(王朝闻1987)通过描绘天地间景物的和谐流动,这些纹样所表象的乃是易学的有机整体观。

更令人佩服的是,该书揭示了这阶段纹饰中的卦象:"马厂型彩陶纹饰在圆圈纹和折线纹的各自发展中逐步变革为纹饰的几何构成,这使人想起中国一句富有哲理的古语:'不以规矩不能成方圆'。早在汉代以前,中国神话体系中两大主神伏羲和女娲就已手持'规''矩'来创造、衡量天地万物了。……如果说'折线纹'表现的是蛙的肢体或人的肢体,那么,从纹饰构成的原因上看,还不如说它表达了人们重视转折和端点这一观念。如果说'圆圈'表现的是人的头部,还不如说它们表达的是对环绕、圆满的希求这一观念。抛开后世衍生的涵义,在中国最古老的哲学思想中,所谓的'周'和'易'不正是'圆满'和'转折'所表达的那些观念的内涵吗?……彩陶纹样除了与绘画及文字的形成有一定关系外,可能在很大程度上与原始卦象有联系。卦象虽然带有更多的理性色彩,但它的基本构成同样沉积了许多彩陶纹饰中形成的基本审美规律,它的基本思想中也反映出许多彩陶纹饰造型表述的基本观念。"(王朝闻1987)这些重大发现证明了,卦图经过上述几个阶段的发展,到新石器时代晚期已上升为内含易学原理的原始卦象,为卦图转化成理论化和哲学化的卦象开辟了道路;当时和后世的卦象就是由这些卦图演变而来的。

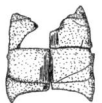

(五)神化纹饰

原始社会后期开始的器物纹饰的神化趋势,到商代达到最高峰而得以完成,以至在商代前后呈现马鞍形局面:夏代的半神化—商代的全盘神化—周代的民神杂糅。

"夏代是一个半神化的社会,无论是它的历史抑或艺术创造都蒙着一层神秘的雾"。"夏代的美术清楚地反映出由原始社会向阶级社会过渡所引起的变化。这种变化在原始社会后期已经开始了。……一部分陶器则因占有者的垂青,而向着精巧、华美的方向发展,逐渐演变成具有礼器性质的艺术品"。"山东、浙江一带原始社会玉器、陶器出现的兽面形象,与商、周时期无所不在的饕餮形象已经十分接近"。"作为商代美术主要代表的青铜器、玉器、象牙器等,既具有实用价值,又是奴隶主的物质体现。其实用价值也有别于原始社会普通炊食、饮用器皿的性质,他们是被神圣化了的工艺品。商代美术中居主导地位的是青铜器艺术,主要以酒器、食器为代表的青铜礼器,直接使用于祭祀、礼仪等场合,并成为奴隶主政权和神权的化身"。"在礼乐制度支配下的周代艺术,理性色彩逐渐增加,而商代艺术的狞厉、诡秘气氛逐渐隐退"(王朝闻1987),而自周代以降一直呈现出"民神杂糅"的局面。在满布神秘色彩的礼器、法器和饰物充斥的2500多年前的那段时期,老子就发出过"复归于朴""使民复结绳而用之"一系列返朴归真的呼吁。这本身就意味着:在这些器物物种之进化过程中,越早而越接近"结绳而用"的时代,其神秘色彩越淡而越接近其朴实面目。他的这一贯彻历史辩证法的观念,实际上,已为古今中外严肃的历史学家们的研究成果所证实。《中国美术史·原始卷》对器物形制和纹饰演变全过程的系统考证,再次证实了这一历史的辩证法。

上述史前纹饰发展的5个阶段表明,继物件记数之后,在长期实践结绳记数、记事的基础上,一些比结绳记数渐有进步的包括刻契、记号和图画在内的符号记数和记事形式,在中华文化持续进化的洪流中,特别是在同作为民生实用科技的易学思想的协同进化中发展出来。与世界其他地区的装饰纹样和图案不同,它们作为表达伏羲卦数的符号记数和记事形式,其符号纹样的结构符合易学卦数的逻辑并记录和传授易卦表达的有关知识;其符号纹样在地区间和时期间的演变,随易卦知识的积累和发展而成系谱,从而在构建和维持各地氏族共同认知体系的思想记忆和交流中发挥相应作用。史前易卦标记和图画的这种特征,在其进化系谱中系统地表现出来,就像本书第一卷第一册所展示的球形器进化谱系、第二册所展示的授时图进化的谱系那样。

只要对中国史前陶器纹饰的进化过程做这样系统的考察,就不难发现其所有的这些纹饰,不论是素陶还是彩陶,也不论是象形纹饰、几何纹饰还是写意纹饰,甚至连其造型,都表达了彼时先民所掌握的易学概念、易卦知识,更具体地说,表达了彼时他们所共同掌握的伏羲卦数。所有的这些纹饰,尽管各自有自己的地方风格,但都有统一的构成规律和共同的基本格局,且以原始朴实的面目体现出后世哲学化的易卦概念和易学观念,这正好表明当时各地先民确以伏羲卦数为其共同的理性思维语言、文字和逻辑,就像后世各地居民各自有自己的方言口语,但都以共同的文字化语言来进行理性思维一样。本卷第一册对中国各地新石器时代遗址出土球形器组合材料的系统化对此作了验证;本卷第二册也以这些遗址出土的符号材料,特别是彩陶图案对此作了实证。王仁湘先生对旋纹的系统考证也证明:"正是从旋纹图案的传播,我们看到了中国史前时代在距今6000年以后拥有了一个共同的认知体系。"他对彩陶纹饰的系统考证进一步强调:"纹饰图案可能隐含着中国新石器文化一个共有的认知体系",而且可能是一种"原始宇宙观体系"(王仁湘1999)。

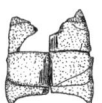

人们不禁要问:为何中国史前器物纹饰如此独特?为何中国新石器时代的数千年间,在幅员数百万平方公里的大地上,各地氏族和部落都如此世代相继、孜孜不倦地共同以伏羲卦数作语言、文字来开展理性思维和信息交流?都如此以自己最有智慧的人才、用最先进的技术,来如此一丝不苟且精益求精地按伏羲卦数的逻辑制作这些纹饰?显然,这绝不是任何崇拜心理或宗教狂热所能如此长久、广泛驱使的;其所以这样,首要是他们要用这些纹饰所表达的伏羲卦数来观象授时。既然"自然时令的周期变化""与人们生产生活有着直接紧密联系",那么,每个氏族和部落就自然把掌握和传授观象授时知识的伏羲卦数,当成维持氏族和部落生存和繁衍的头等大事来抓;作为新石器时代文化载体的各种遗物和遗迹,特别是其中的主要载体——石器和陶器,就自然而然地把当时先民掌握、应用和传授之伏羲卦数当作其纹饰的主题。既然新石器时代各地先民以伏羲卦数为共同的理性思维语言、文字和逻辑来制作器物纹饰,那么,各地新石器时代遗址出土器物纹饰,必在伏羲卦数的表达上显示出一定的共同特征及其发展规律。

新石器时代器物上的标记和图画,作为原始人之社会存在的反映,其内容和功能是离不开其创作者所处的环境生态资源基础和人文生态背景的。正如本书第三册所述,那时中国的环境生态资源基础和人文生态同中东和欧洲有根本的区别;西方原始人首要关心的是猎获物的个人占有,而中国原始人首要关心的是适合集体采集的天时地利。因此,西方正统考古学和人类学关于原始标记和图画的概念框架和理论模式,不能视作"普遍适用公理"而生搬硬套于中国史前标记和图画的研究;西学所认定的原始标记和图画的主题——所有权,不能照搬来充当中国史前标记和图画的主题;西学将原始标记和图画分为表示所有权的图腾和族徽的原则,不能套用来对中国史前标记和图画的分类。否则,照搬套用西方洋教条的结果,就势必抹杀中国原始标记和图画的主题——识别天时方位,误解中国原始标记和图画的主体对这一主题的反映,把这些原始标记和图画排除于记事图形之外,而将其列入装饰范畴,甚至将其同后世才出现的宗教迷信色彩混为一谈。这就从根本上歪曲了中国原始标记和图画的真相,而使这个领域的历史研究离历史实际越来越远。

实际上,即使是仅从形式上以"这些图形排列有序,布局注意对称和节奏"为由,而断定"它们都是当时人们喜爱的装饰,而非图形标记"(汪宁生1981),也是站不住脚的。"这些图形排列有序,布局注意对称和节奏",正是四时八节和四面八方之排列有序、布局对称和循环节奏的直观反映;在终日劳作难以果腹的原始生产条件下,原始人制作这些图形,显然,首先是为了生存需要,是为了让群体掌握求生所必需的识别天时方位的知识,而不是满足审美需求的装饰;只有当生产有足够的剩余的后世,这些图形中的某些因素才被借用来作装饰以至为因神设教服务。它们都受到当时人们喜爱,首先是由于它们为当时人们生存所必需,而不是由于它们装饰了他们的生活;就是在生产有足够剩余的后世，掌握识别天时方位的知识，仍是普天之下人们生存的第一需要，正如竺可桢先生（1979）所考证："古代劳动人民之祈求天文知识实由于需要迫切，犹之饥之求食，渴之求饮。"为适应如此迫切的需要，中国社会从来就有敬授民时的传统，以至天文历法知识一直就很普及，犹如顾炎武在《日知录》所说："三代以上人人皆知天文。七月流火，农夫致辞也；三星在户，妇人之语也；月离于毕，戍卒之作也；龙尾伏辰，儿童之谣也。后世文人学士有问之而茫然者矣。"既然三代以上天文历法知识如此普及，作为那时文化交流之主要媒介的原始标记和图画的主题，就只能是传授识别天时方位知识的定向图、授时图及作为其基础的易学原理的传授图。中国原始契刻和图画中的这三类，尽管其中有些在外表形式上同其他古国的图形呈某种形似，但所表达的主题、包含的文化内容及其知识背景则是独特的。这也是中国语言和文字随文明起步而进化方向迥异于西方的缘故之所在。既然中国新石器时代各地先民日趋广泛地以伏羲卦数为共同的理性思维语言、文字，那么，这种理性思维语言和文字在新石器时代中期就逐渐实现统一的局面是如何形成的？伏羲卦数是如何成为各地氏族的共同的理性思维语言和文字的？下面我们就来在出土材料和人类学调查材料同古籍记载的对证中，对新石器时代早期以降先民表达伏羲卦数的手势语言到上述几类基本体外符号和图画直至演变成文字的进化过程进行追踪。

第三节　原始体内与体外符号的协同进化

既然人类的视姿符号系统和听说符号系统都来源于人类对客观世界事物的感性认识，那么，它们之间就有密切的联系；它们同时产生，有着同等功能，而且对于表达感性思维具有互补性。正如摩尔根（1877）在《古代社会》中所说："姿势及符号语言似乎是原始的东西，是发言分明的语言的姐姐。……进化了二者仍然不可分离。"文字是原始视姿符号进化的高级形式,以原始视姿符号为发生学的根据。因而就发生学的意义而言,文字与语言同时起源而协同进化。本节就来讨论它们之间的协同进化在远古中国是如何展开的。

一、主导体内外符号协同进化的主要矛盾:手势语与图文之间的筹策

如上所述,人类听说系统的符号与视姿系统的符号皆根源于人手使用和制作工具的生产和生活实践,而手的进化带动人体其他器官的进化,因而手势语言在二者的协同进化中起主导作用。世界上古老的文字在其开始阶段,均走过一段象形的道路,说明文字的最早起源扎根于人类的原始视姿符号,特别是手势符号。由于作为象形文字的汉字与汉语之间根深蒂固地存在着这样的协同进化关系,即使是在汉语的抽象化已达到哲学高度的汉代以降,中国传统语言文字学,仍在进行对词义的深入研究,在具体词义的研究中深入到音义关系领域,触及语言的起源问题,形成对词的声音(名)与词的意义(实)之间的复杂关系的独特认识;甚至清末民初章太炎、刘师培等国学大师仍以丰富的文献语言材料为根底,论述了语音与词义有密切关系。这并非偶然。

更为重要的是,手势语言在二者的协同进化中起主导作用,不只是在于手势可以被初民们模仿和模拟成上面所述的那些物件符号、契刻符号和图画符号,用来记录、贮存和交流口头语言,而且还在于手势可直接同这些体外符号结合起来做比划,及时用于人们交谈中来加强口头语言的明确性、准确性和复杂性。那么,什么最简单且最方便的体外符号可被原始人用来做这样的比划?汪宁生先生调查中国少数民族的原始记事方法和考古发现和古籍记载的原始记事方法后指出:"物件记事……在较原始的社会中是大量存在的。它们对其他记事方法以及后来文字的发明,都有一定的影响。"其中最方便的"必是用手边的小物件来计数",如"竹木棒或骨棒""草秆、细树枝之类"(汪宁生1981,陈良佐1992)。这就是用一束木棍、竹签、蓍杆、骨锥或石锥做比划,就可比用手势来协助口头语言,把较复杂的想法表达得更明确和更准确。这样用物件符号来延伸和加强的手势语言,既突破了手势语言的限制,又克服了口头语言的模糊、偏差和简单的缺欠,显然,是手势语继进化到物件符号后的进一步进化,不仅使原始语言的进化从此有了强有力的杠杆,而且为理性思维尚不开化的原始人学习新事物提供了最适合的语言交流方式。

事实上,这种用一束木棍、竹签、蓍杆、骨锥或石锥做比划来做计数和表达思维的方法,自远古以降便是中华先民发明、发展并一直到唐代还在普遍使用的筹策记数和记事法。此法所用的这类杆或锥形物件,原本名"策",如《方言·卷二》载:"木细枝谓之策";《说文》竹部称:"算长六寸,计历数者";《汉书·历律志》载:"其算法用竹径一分,长六寸,二百七十一枚,而成六觚为一握";其后北周甄鸾注《数术记遗》称:"积算,今之常算者也,以竹为之,长四寸,以效四时;方三分,以象三才",自此学者混称"策""筹"或以"算"统称。此法在盛产竹木地区的原始社会中的普遍流行,人类学调查、考古发掘和古籍记载中都有充足证据。

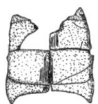

筹策记数和记事,对中国数字和文字起源具有首要作用。汪宁生先生在对中国少数民族的原始记事方法的调查中,将这种方法列在第一位,并强调:"古代和今天景颇族、苗族一样,不仅以筹计数,还用筹计划事情或计算道理。"同中国这些信奉伏羲与女娲传说的少数民族一样,生活在马来西亚婆罗洲热带雨林里的普南族,保持着许多古老的风俗传统。普南人之间的沟通大多靠符号来进行,即通过木棍、树枝以及树叶等的不同的排列传递不同的意思,如告诉别的部落他们的行走路线,哪些地方可以获取食物,哪个地方存在着危险等。由于原始森林被疯狂砍伐,普南人的居住地越来越小。如今,马来西亚的普南族共有数千人,但真正意义上的游牧普南人只剩下三五百人。许多人被迫定居下来,而那几百人却坚守着数千年流传下来的风俗和传统(朱国强2006)。值得注意的是,婆罗洲的土著民族也信奉伏羲与女娲的传说,这点闻一多先生曾作过考察(闻一多1981)。所有的这类风俗和传统,很可能来自黄帝战胜以蚩尤为首部族后逃散各地的古夷人的后裔。因此,同景颇族、苗族、彝族一样,普南族用木棍、树枝以及树叶的不同排列来传递不同意思的习俗,正是史前先民用筹策记数、记事之习惯的活化石。

同样作为古夷人后裔的彝族,甚至将此法予以高度发展并规范化乃至神化成召请天神驱邪的"插树枝"仪式。其所用树种、树枝的长短和削皮都有讲究;其插树枝排列的式样很多,每种式样都以一组树枝为单元,每组按所插树枝数 1、2、3、4 支分为四种;由若干组树枝构成一小簇,每簇由最多组数构成的第一行递减到 1 组构成的最后一行而成三角形;再由若干小簇构成一大簇,直至若干大簇构成一总簇。在各簇树枝从下到上地排列中,祭司便坐在树枝下方念咒。一彝族祭司就其做过的"三方树枝"法事介绍说:"三方树枝的意思是面向三方,就是朝北的各簇树枝的面都向着北方插,朝南的各簇树枝的面向南,朝东朝西的各簇树枝都向内。……各方各簇的插法和数目不一定都相同,难以计算,有数千支之多,要占地约四五亩。"其中的"'君树枝'由九行 45 组组成,'臣树枝'由十行 55 组组成,'师树枝'由十一行 66 组组成"(图 1.3.1)(卢央 1989)。

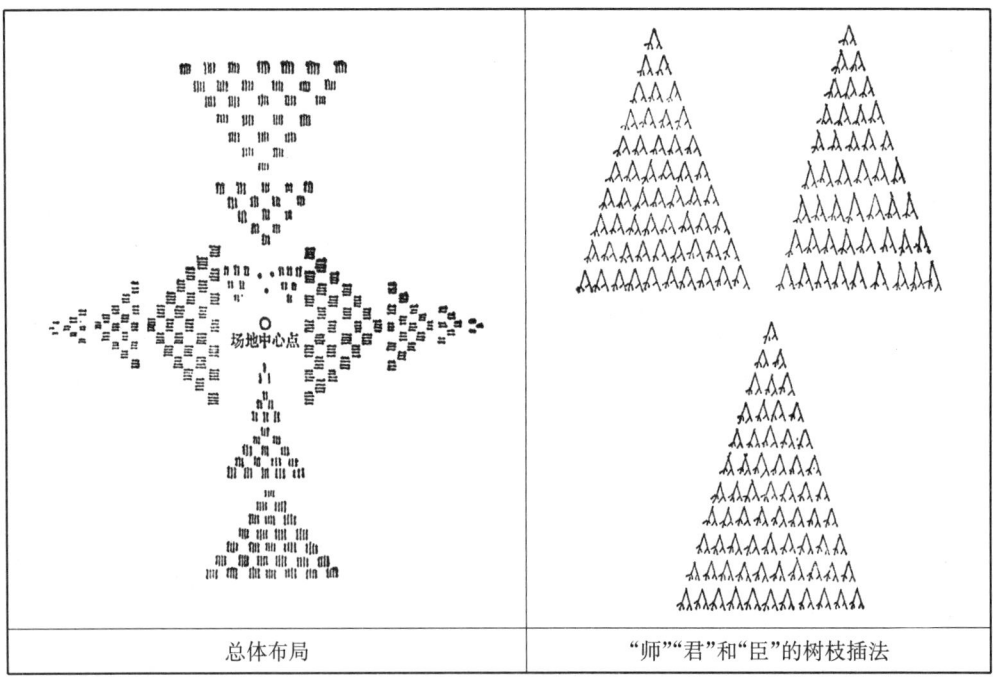

| 总体布局 | "师""君"和"臣"的树枝插法 |

图 1.3.1　彝族"三方树枝"排列法(卢央 1989)

令人惊奇的是,与彝族插树枝的三角叠砌排列式样相似的纹样,竟出现在距今6500年前的仰韶文化半坡期遗存的陶器上。宝鸡北首岭遗址发掘报告载:该遗址仰韶文化半坡期墓葬77M15出土的陶壶标本77M15:(7)的"腹部绘有松塔黑彩花纹。花纹分三组:上部一组由6个小'松塔'构成,每个小'松塔'又由6个小三角构成。中部和下部的两组,分别由七个大'松塔'构成,每个大'松塔'又由10个小三角叠砌而成。小三角叠砌得很整齐,由下而上的数目逐级递减,分别为4、3、2、1"(图1.3.2.1)(F61)。西安半坡遗址发掘报告载:组成三角形的"圆洞状纹,用锥直刺而成……(P.4237)";组成三角形的"三角形纹,分长腰与等边三角形……用扁平或方平刃工具压成(P.4235)"(图1.3.2.2)(F92)。

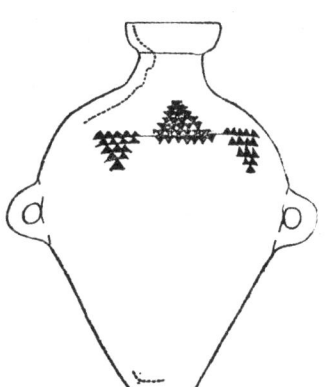

图1.3.2.1　北首岭遗址半坡期墓葬77M15随葬陶壶上的三角形排列(F61)

图1.3.2.2　半坡遗址出土陶器纹饰P.4237和P.4235(F92)

彝族插树枝分组的三角形排列式样与半坡文化纹饰分组的三角形图画和刻纹之间的完全相似印证了:先民于6500年前绘制和契刻的"松塔"纹,是他们用树枝所排列之式样——规整的三角形组合的临摹;而彝族插树枝的松塔状排列式样及其相配合的念咒说明了:这三组"松塔"纹不仅是先民用树枝记数、记事的记录,而且也是当时先民用分音节词语称呼各组树枝之语言的记录。换句话说,这种由手势语进化而成的筹策排列式样,不仅表达了先民所记之数和事,而且也记录了与之相伴随的语言,从而临摹其排列式样的图画和契刻就具有了文字功能。这对我们理解伏羲卦数如何成为史前先民理性思维的语言和文字极具启发意义。伏羲卦数正是由筹策排列式样来表达的,如先民一般用三或六支策来表达一伏羲卦的单卦或复卦,并将其排列式样临摹下来就成了今日学者们所说的数字卦。伏羲卦数正是这样随筹策记数、记事习俗的普及和进化而在新石器时代早期就流传开来。这种强化手势语的筹策排列式样及其伴随的分音节口头语,进化到超过原始语言而进入手势语和混音节语的层次,我们称之为原语言;临摹筹策排列式样的契刻和图画符号,进化到了超过原始体外符号而进入原始文字的层次,我们称之为原文字。一些学者所说的"易卦是一切语言的原型(prototype)",正是我们这里定义的:伏羲卦数是理性思维的原语言,数字卦是理性思维的原文字。

中国各地新石器时代遗址出土数字卦刻符,与这些遗址出土彩陶图案,特别是本书第一卷第二册列举的那些授时图所示距今6000年前的共同认知体系的易学内容相印证:正是伏羲卦数及其契刻和图画表达——数字卦,作为先民理性思维的统一语言和文字,使作为民生实用科技的易学,能在距今8000—6000年各地先民逐渐展开的交流中,为越来越多的氏族所接受而用来发展自己的农业,以至在东方三河流域的农业开发地区出现了共同的认知体系。既然如此,那么,导致卦数语言与数字卦产生的原始筹策记数、记事的筹策排列样式与其他人工记忆手段——契刻和图画符号的协同进化必然经历了一个漫长的过程。从现已收集到的证据来看,这一过程至迟从距今5万年的旧石器时代中期就开始了,到距今2.8万年的旧石器时代晚期早段出现了临摹筹策记数的刻划纹,到距今1.8万年的旧石器时代中段发生了分别临摹两种筹策的直线和曲线纹,直到距今1万年前后开始发明临摹筹策最简排列的数字和数字卦;从此才走上卦数语言与数字和数字卦并行发展的道路,直到距今8000—6500年建立和普及全套十进位数字和数字卦;从此开始了筹策算科技与其表达的原语言和原文字——数字卦及其卦象文字向成熟语言与象形文字进化的新阶段,直到距今5000—3500年先后建立起高度发达的筹策算术体系与三大成熟古语言和古文字体系。从此开始了古语与象形文字发展的近古阶段,直至汉语与汉文体系同拼音语言与拼音文字体系的分道扬镳。由此看来,筹策记数、记事的筹策排列样式与其他人工记忆手段——契刻和图画符号,即筹策算科技与原语言和原文字的协同进化过程,曾贯穿文字起源和进化过程的早期阶段,对人类语言和文字的起源和早期进化起了根本性的、决定性的主导作用。这一进化过程的具体考察留给下面,这里只将此过程对史前符号、商代甲骨文及其后来语言文字发展的影响作一概述。

二、筹策排列图形与图画制作和文字起源

各地史前各期遗址出土的大量刻划符号,特别是记数和几何符号,大都显得是当时先民用木棍、树枝所排列而成的各种图形的临摹。如距今7000年前后的蚌埠双墩遗址出土的600多件刻划符号中,不仅记数和几何符号,就是表物、记事符号也显得是木棍、树枝排列成的图形(图1.3.3)(徐大立1989)。

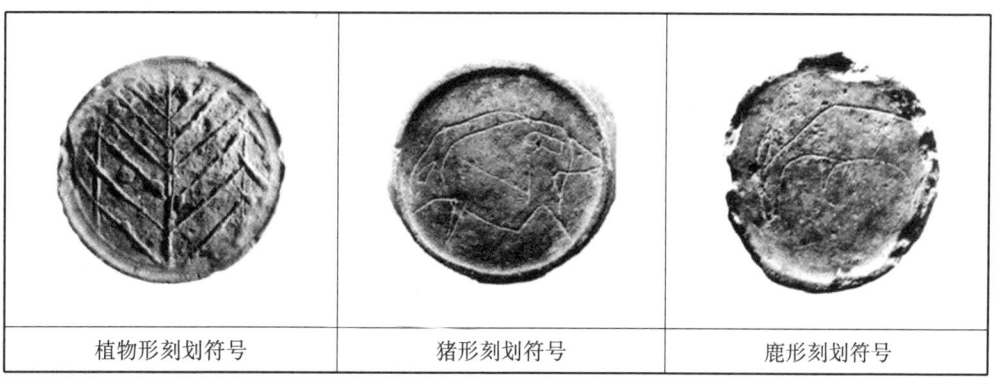

| 植物形刻划符号 | 猪形刻划符号 | 鹿形刻划符号 |

图1.3.3 距今7000年前后的蚌埠双墩遗址出土的刻符(徐大立1989)

随着筹策算科技,特别是策算在天文历算中应用的重大科技——大衍术的大普及和高度发展乃至神化成筮法,筹策算的记数符号随其操作式样和算法语言的高度规范而实现高度统一;与此相应地,先民行用的记数文字也随之实现了高度统一,而为保存至今的甲骨文系统地记载下来(表1.3.1—3)(程贞一1995)。

表1.3.1 筹策算中的纵横单位数字

	0	1	2	3	4	5	6	7	8	9
纵数		│	∥	∥∣	∥∥	∥∥∣	⊤	⊤	⊤	⊤
横数		一	二	三	亖	亖	⊥	⊥	⊥	⊥

表1.3.2 甲骨文中出现的数字(距今3400—3100年)

一	二	三	亖	乂	介	十	八	九
1	2	3	4	5	6	7	8	9
10	20	30	40	50	60	70	80	
100	200	300	400	500	600		800	900
1000	2000	3000	4000	5000			8000	
10000		30000						

表1.3.3 甲骨文和金文中的数字十、二十、三十和四十

典型 \ 数字	10	20	30	40
甲骨文 (1400B.C.至1100B.C.)	│	∪	∪∪	∪∪∪
纵数 (1100B.C.至现代)	十	廾	卅	卌
金文 (1000B.C.至300B.C.)	╎	廿	卅	卌
横数(货币文) (1000B.C.至300B.C.)	十	丰	丰	丰

显然，以上各表所列甲骨文数字，都是距今万年以降中华先民筹策记数所用数字之集大成，而且基本上保持连贯一致，都一直是筹策记数式样，即算策排列式样之临摹，其临摹之逼真达到一目了然之地步，以至学者们认为："甲骨文数字中纵横轮流是由筹算数字所遗留下来的痕迹。这……建议筹算数字的排位概念也早于甲骨文数字"（程贞一 1995）；"商代大概是以树枝或竹签表数和计算。而甲骨文一部分记数文字还保留了借着竹签计数的象。"（陈良佐 1992）

正如程贞一先生（1995）所指出，"筹算排位数字是非常先进的数字体系，在理论上，与现在国际通用的排位数字是完全相同的……甲骨文中之单位数字是由筹算横式单位数字演变而来的，这演变是由字符化所推动。"由此决定了，"汉文数字是世上唯一的纯十进位字符组合数字系统，完全合乎其数学原理"。这是对汉文乃至金文和甲骨文数字由筹算排位数字进化而来之历史过程，所做出的数学和逻辑学证明，其证明之严谨性和真理性是不容置疑的。这就还原了中文数字起源和进化的真相，而印证了我们所说的"筹策算科技与原语言和原文字的协同进化过程对文字起源和早期进化起主导作用"的论断。

由商代到西周以至春秋战国秦汉期间，尽管筹策算的最高成就之一——大衍术被神化成筮法，其科技内容随之而被后世所遗忘，但中国古代居民用筹策记数、记事、谋划、说理的习俗依然流行，以竹木和蓍杆制作的规范化和系列化的算策、算筹已经成为世人普遍日常使用的计算工具。其间许多著作，如《仪礼》《管子》《老子》《孙子》《墨经》《荀子》等，对此都有记载，如《仪礼·乡射礼》载："一人执算以从之。"《老子》提到："善计者不用筹策。"《孙子兵法·始计》载："夫未战而庙算胜者，得算多也；未战而庙算不胜者，得算少也。"《战国策·魏策》载："大王已知魏之急而救不至，是大王筹筴（策）之臣无任矣。"《史记·留侯世家》载："（张良）运筹策帷幄之中，决胜千里之外"等。直到唐朝的法律还在规定：盛装算策的算袋是文武官员所必需佩带的物品。这些记载已为考古出土的算策实物所印证。如湖南长沙左家公山一座公元前 400 年的战国楚墓出土一竹筒,内装40根长短一致的竹算策(F408)。陕西千阳县西汉墓出土骨质算策31根,盛装于系在死者腰部的一丝绢袋内,每根长与所载六寸相当(F433);湖北江陵凤凰山168号西汉墓,死者被鉴定为县令一级的官员,也随葬有一组竹制算策(F432)。这些考古出土材料与古籍记载互相印证了:自距今万年前中华先民开始行用筹策记数、记事并将其排列式样用契刻或图画予以记录以降,策算和筹算器就不仅是一种主要计算工具,而且是他们记录和交流理性思维语言和文字……卦数语言和数字卦的主要工具。正是主要依赖于这种工具的日趋广泛的普及和提高,中华先民赖以生存和繁衍的农业文化所需的民生实用科技——易学才能逐渐由淮河和长江流域推广到全国乃至东方和世界,作为其传播和交流之原语言和原文字的卦数语言和数字卦,也随之于距今10000—7000年间在长江和淮河流域实现统一之后,于距今6500年间扩展到东方三河流域的所有农业地区,并随后为其发展到成熟的语言和文字体系奠定了深厚基础。

三、筹策排列图形与尚象制器和观象系辞

以策算和筹算器为主要传播和交流工具的普及和提高,与中国农业的起源和发展一直同步而行,绝不是偶然的。农业起源和发展所需的天文历法和生产工具及生活器具的制作和使用技术,从一开始就主要是靠筹策记数、记事的方式加以记忆、传播和交流而得以在各地持续不断地应用和发展,以至在历史上被传说为"尚象制器";而筹策记数、记事的图形就定义这些器具之文字的底本,以至古史传说中也有"观象系辞"之说。尽管《易·系辞》对二者的记载都添加了浓厚的神秘色彩,但就其史前本来的所处的实况来看,它们是同一社会实践过程在物质和精神文化这两方面的产物,因而,具有密切的内在联系。

(一)尚象制器与观象系辞同源

既然八卦和六十四卦数字符号系统的组合变换能给人以无穷的想象空间,那么,一旦人们用筹策排列图形来加以表达,他们就能依据卦象来设计和创造出无穷无尽的

器具和文字。尽管筹策算法中的大衍术在商代被神化成筮法以来,它们原有的许多功用被人们遗忘了,但一些古籍中还保留了筹策排列形象在"尚象制器"中的一些应用。如《易传》把"以制器者尚其象"列为"易有圣人之道四焉"之一,并记载:"古者包牺氏之王天下也……作结绳而为网罟,以佃以渔,盖取诸离。包牺氏没,神农氏作,斫木为耜,揉木为耒,耒耨之利,以教天下,盖取诸益。日中为市,致天下之民,聚天下之货,交易而退,各得其所,盖取诸噬嗑。神农氏没,黄帝、尧、舜氏作……垂衣裳而天下治,盖取诸乾坤。刳木为舟,剡木为楫,舟楫之利,以济不通,致远以利天下,盖取诸涣。服牛乘马,引重致远,以利天下,盖取诸随。重门击柝,以待暴客,盖取诸豫。断木为杵,掘地为臼,臼杵之利,万民以济,盖取诸小过。弦木为弧,剡木为矢,弧矢之利,以威天下,盖取诸睽。上古穴居而野处,后世圣人易之以宫室,上栋下宇,以待风雨,盖取诸大壮。古之葬者,厚衣之以薪,葬之中野,不封不树,丧期无数,后世圣人易之以棺椁,盖取诸大过。上古结绳而治,后世圣人易之以书契,百官以治,万民以察,盖取诸夬。"这实际上是通过整理传说,缅怀先祖启用伏羲卦数发明和传播民生实用技术,引导各地氏族实现原始采集渔猎社会到网罟渔猎采集社会以至农业社会的变革,进而继续用伏羲卦数发明创造民生需要的器具,所谱写出的史前中国科技发明史的光辉篇章。

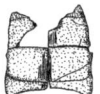

这些卦在史前大都是用蓍杆、树枝、骨锥或竹签作算策和算筹的排列予以表达为卦数,如此表达某一卦数的过程中,自然会引起先民的想象,启发他们按其形象创造器具,就像今世人们照设计图制造器具一样。例如,离卦的上古数字卦是×XI×或×∧×,用蓍杆、树枝或竹签纵向或纵向排列,正好是网格的形象(图1.3.4)。按作为算策用的蓍杆、树枝或竹签所排列出的离卦,即离卦的数字卦的形象,先掌握网罟的氏族就可照样画葫芦地把网罟的构造、制作和使用技术传授给别的氏族,使越来越多的氏族懂得制作和使用网罟。在这些氏族之间交流网罟知识的过程中,离卦的算策排列所表达之卦数就是他们交流的语言,他们记录的数字卦就是交流的文字。由此可知,先秦一些器具上标记的数字卦或卦象文字以及《易·系辞》所记的这些引导各种器物之发明的易卦，原来就是先民用来传授其制作和使用知识的文字。正是它们暗示着由数字卦到卦象文字、直到甲骨文字乃至汉字之进化的逻辑和历史过程。

贾湖文化数字组合的离卦 （距今 9000—7800 年）	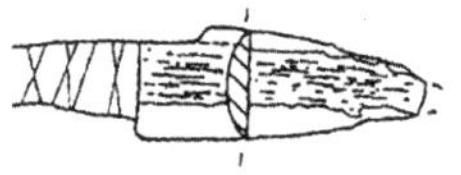
北辛遗址出石器上的网形刻符 （距今 7300—6800 年）	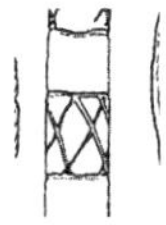
甲骨文"网"字 （距今 3400—3100 年）	
今"网"字	网

图 1.3.4　由数字卦进化到甲骨文字乃至汉字之示例

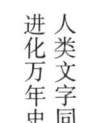

《易·系辞》记载的"尚象制器"发明史，将以伏羲氏为代表的渔猎经济时代划在以神农为代表的农商经济时代之前，并依次总结了伏羲、神农、黄帝至尧、舜等部落联盟首领带领先民，从发展农业生产的需要出发，以伏羲卦数系统作理性思想语言和文字来记录、交流和积累其认识自然的知识和开发自然的实践经验，从而不断开展创新、做出发明创造的历史经验。其所记载的这一过程，既合乎社会发展规律，合乎人类认识发展规律，也符合人类语言和文字起源和进化的规律，已为其他古文献和出土文物所证实。除了《易·系辞》外，其他一些典籍也记载了许多"尚象制器"的发明创造。如汉末《数术记遗》列举其师天目老人刘洪所承传的学术："黄帝为法，数有十等"，"隶首注术，乃有多数"，"其一积算，其一太一，太一之行，来去九道。其一两仪，天气下通……其一八卦，针指八方。其一九宫，五行参数……其一珠算，控带四时，经纬三才"。这些都是在策算和筹算实践的基础上，用筹策排列来模拟太一、两仪、四象、五行、八卦、九宫等布卦系统的卦象而发展起来的算法和算器。尽管古籍中对"观象系辞"的实例记载没这么多，但从古人对"尚象制器"观来看是与之相通的。

(二)尚象制器与观象系辞同理

这二者都基于共同的原理,即《易·系辞》对以伏羲八卦和六十四卦系统作模型开展创新的核心原理所做的概括:"乾、坤其易之门","阖户谓之坤,辟户谓之乾。一阖一辟谓之变,往来不穷谓之通。见乃谓之象,形乃谓之器,制而用之谓之法,利用出入,民咸用之谓之神"。这里把伏羲八卦和六十四卦系统作为一整体的模型系统,有输出和输入端,将数据的乾坤(即阳阴)翻译成机器语言——辟阖(即开关或0与1),输入和处理观测数据——所见之象,按卦数逻辑程序做组合变换,得出符合需要的图形,形而下之而创作成器,形而上之而成文,并对其制造和使用做出规范;这样发明的器具让民众使用,导致生产效益逐步提高,而使其感到神奇。显然,其概括的以八卦和六十四卦系统做模拟实验的这套逻辑程序,与现代计算机模拟实验的逻辑程序,是完全一致的。

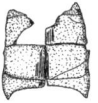

为何中国史前先民在距现代计算机发明5000多年前,就有用机器语言作模拟试验的逻辑思想呢?这是由于伏羲八卦和六十四卦数系统,不论十进制,还是二进制,都具有明显的机械化特性。正是基于其如此明显的机械化特性,古先民以八卦和六十四卦数象系统作模型,通过对自然物的模拟试验,发明民生实用的各种器具。这个尚象制器的传统一直代代相传,以至后世占古代世界70%的科技发明,都是在这种传统的熏陶下问世的。也正因如此,孔子把易经称之为"开物成务"的学问,直到明代末年的宋应星仍以"天工开物"作书名来总结中国的传统科技。

伏羲八卦和六十四卦数象系统的机械化特性,之所以派生出的尚象制器和观象系辞的原理,是由八卦和六十四卦的表达和计算,一经通过策算或筹算的图式来进行,其排列图形的结构就完全建立在筹策之位—象结构的基础上。表阴爻或阳爻的筹策所占位置不同,所显示的象也不同。这样的卦爻位—象结构完全由算策在分组中的布列或算筹在算板上布列来表达。一个筹策排列的图式就是借助相关位置的算策或算筹的排列来做出的;算策或筹码的位置不同,其具有的象征意义也不同。就像阴阳二爻在六爻位的不同位置上表示不同的卦象一样,分组的算策之间与算板上算策之间或筹码与筹码之间借助相关位置而象征不同的意义。因此,在伏羲八卦和六十四卦系统的策算或筹算的表达和计算中,可推演出无穷无尽的策算或筹算的图式,这些图式就可用来启发先民依样画葫芦地发明所需的器具及其象形、象意或象声文字。

（三）尚象制器与观象系辞同工

由伏羲八卦和六十四卦数象系统的机械化特性所派生出的尚象制器原理,一直是古代先民从事发明创造的理论。尽管西汉以降空谈易学而鄙视"奇技淫巧"的学风盛行,《易传》对易学尚象制器原理的哲学总结被"独尊儒术"的制度及其卫道者们所抛弃和阉割,但道家学者们和数学及天文历法领域的儒者们仍坚持运用这一原理来发明和革新器物,特别是宋初易邵雍将伏羲八卦和六十四卦重新显世而复兴河洛易数之后至明末期间,一些学者和工匠曾重新重视和发挥尚象对制器的作用,使中国成为古代发明最多的国家,并以其包括四大发明的划时代贡献,为人类文明进入工业化时代奠定了基础(董光璧1998)。与这些发明相伴随的文字术语,也由遵循"观象系辞"的传统而派生出来,对其产生、运用、传播和发展起不可或缺的作用。

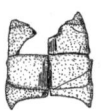

在数千年策算和筹算实践中发展起来的中国传统数学,其发展的经历最生动地体现了:伏羲八卦和六十四卦数象系统的机械化特性所派生出的"尚象制器"和"观象系辞"原理是引导数学家们创造新概念、新理论、新方法的智慧之源。记载西周初期周公和商高对话的载有"勾股圆方图"。东汉时期的赵爽,在《周髀》"圆方论"的启发下,"依经为图",重温"尚象制器"观,著《勾股圆方图注》,重创数学图解法,再现"勾股圆方图""日高图""七衡图"等。随后,三国时期的大数学刘徽发展了数学中的观象制器思想,所著《九章算术注》,依"物类形象,不圆则方"的易经哲理,把数学研究的形象抽象思维发展成"析理以辞,解体用图"的数学方法论纲领,为理论数学的起飞提供了发射器。此后,"解体用图"就一直是中国数学方法论的一要素。宋元数学家们,在重新发现易经象数学,特别是河图洛书的数理逻辑和符号逻辑的基础上,实现了数学符号化,建立了化繁为简的代数符号系统,几乎囊括了现代代数学的全部内容(吴文俊1982,董光璧1998)。

众多数学史专家的研究也证明:中国数学的构造性和机械化是建立在策算和筹算的位—象结构的基础上。伏羲八卦和六十四卦一经以算策、算筹来表示为数,其位与象的机械化结构就出现了。即使是后来算策、算筹被符号化后,其符号仍旧保留筮(蓍)草、树枝、骨针或竹签计数的象,其所代表的值,仍由其所占的位置而定。位不仅方便运算,而且可用作符号来代表多个未知数和未知数的幂次,还可用来列出多项式;象则以形表抽象的数学概念,且具象征意义。位与象的结合,使得任何一个算筹因其所占的位不同而有不同的象征意义,从而在算板上表达无穷无尽的代数筹式(陈良佐1992)。正是在此基础上,中国传统算术、代数和几何学能通过机械化证明来实现其理论和方法的发展,从而验证其所遵循的尚象制器原理确能为人类开展科技革新和发明创造提供理论和方法论基础。

为史家们公认的中国传统科技发明的一些独特优点中,许多都是同尚象制器的传统密切相关。如李约瑟总结中国天文学有一系列独特优点:"中国人完成了一种有天极的赤道坐标系,它虽然和希腊的一样合乎逻辑,但却显然有所不同";"中国人把赤道坐标(本质上即近代赤道坐标)用于星表,并坚持使用两千年之久";"中国人连续正确地记录交蚀、新星、彗星、太阳黑子等天文现象,持续时间较任何其他文明古国都来得长";"中国人发展了数值化天文学和星表,比其他任何具有可与媲美的著作的古代文明早两个世纪";"中国人制成的天文仪器一件比一件复杂";"发明了望远镜的前身——带窥管的转仪钟,和一系列巧妙的天文仪器";"中国天文学家,在阿拉伯人之前,比世界上任何地方,都是最可靠且最精密的天象观察者"等(Needham 1959)。同二十八宿这个将众星在四象限坐标系(四象)划分为四大群的分类系统最早出现在中国一样,所有这些独特优点都是,上古以降先民用伏羲卦数的四象坐标系对日月和星象的时空动态进行长年累月的观察和记载的结果。在此过程中,先民已养成以四象限

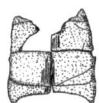

的分划来定位天象的习惯,由以四象限的分划来定位与四时八节及某些重要节气同现的星体,推广到以赤道坐标系的分划来定位越来越多的星体,并以其在坐标系中依次排列的顺序加以标定,从而在漫长岁月的知识积累中绘出越来越完善的星图。这些发明,都是在上、中古先民高度重视和优先开发天文观测仪器而积累起博大无比的祖传旧法之宝库的基础上,近古先民继承和发扬创造天球模拟天象的传统,对浑仪及其配套仪器不断改进而精益求精的结果。正如郑文光先生(2000)所说:"天文仪器的设计思想,往往是从星辰的运动中得到启示的。"

中国地理学特有的优点中,以其领先的地图技术,特别为科学史家们所称颂。对此,李约瑟说:"从3世纪裴秀的时候起,中国人的地图都是画在方格纸上,每格代表一百里。这种方法,经由8世纪的贾耽,传至1137年,达到了高潮,竟出现过漂亮的石刻地图。这事在欧洲……13世纪初叶航海手册出现以前,地图上衬以十进的方格,是没有的。"(Needham 1959)一些外国学者考证:正是凭借先进的地图技术,中国人最早实现了环球航行,并发现新大陆(Grice 2001)。这类方格坐标图,直接来自筹算的方筹计算。用算策和算筹表达的河图洛书,确实是最直观的坐标系。在此基础上发展起来的方筹计算就为方格坐标图的出现提供了最直观的样板。

中国独有的医学体系,更是从理论到应用技术都体现出尚象制器原理。中医自古以来把人体看作小天地,以对宇宙大天地的象数模拟,建立了以五脏六腑为基础的藏象学说;以对重卦六爻象数的模仿,建立六阳经、六阴经为主干的经络系统学说。自上古以来便有人体模型的制作和运用,到汉代已出现针灸经脉漆木人体模型(马继兴1996),到宋代就铸造出标有十四经的铜质人体经穴模型(陈存仁1968)。

中国古代各种器具的创造和发明,也都呈现出独有的中国特色。究其根源,最根本的一条,就是宋应星在其《天工开物》中以30种器具的创造所体现出的尚象制器原理的实践。这些实践既崇尚自然物形态、结构和功能之"天工",也突出模仿和放大自然物形态、结构、机制和功能之器具的"人巧",并力求以器具的制作和使用来达

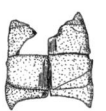

到天工与人巧相协调的"巧夺天工"的理想境界(董光璧1998)。这样来创制和使用器具,就使器具成为协调人类与自然的技术,当然同导致生态失衡的西方技术有天渊之别。

总之,在17世纪之前一直领先于世界的中国科技史充分证明了,由伏羲八卦和六十四卦数系统的机械化特性所派生出的尚象制器观,是易学指导人类从事创造和发明的原理,主张"以动者尚其象",引导人们去模仿、模拟、取象和放大自然物的形象、结构、机制和功能来制作器具。这一观念已贯彻到中国科技的各个学科发展的历史过程中,成功地经受了数千年科技发展的检验,并在现代兴起的科技前沿,如仿生科技、生态工程、机器人科技和人工智能科技中,焕发出日益强劲的生命力。既然中华先民在各个民生实用科技领域都能无穷无尽地大搞"尚象制器",那么,他们同样也能发挥伏羲卦数的机械化特性,像"尚象制器"模拟自然物那样,来大搞"尚象造字"。何况伏羲八卦和六十四卦数系统的机械化特性,特别是由筹策排列而成的数字卦的机械化特征,极其便利各地先民沿用"观象系辞"传统,将数字卦发展成象形、象意、象声文字。因此,当原始文字进化到原文字之后,作为原文字的数字卦派生出卦象文字,直至发展出成熟象形文字,就成了人类体外记忆系统下一步进化的必然趋势。

本节通过溯源原始语言和文字起源和进化的内在机制——以筹策为中介的原始人体内外符号的相互作用,为恢复卦数语言与数字卦及其派生的卦象文字是象形文字之原语言与原文字的本来面目,找到了逻辑的和历史的前提。基于这两方面的依据,我们就能跨越迄今西方语言学的"约定俗成"说在古语与古文之间造成的大鸿沟,克服因语音不能保存下来而无法考证语言起源和进化过程的困难,而理直气壮地考察物件符号、刻划符号和图画符号由于考古发掘材料的不断增多而日趋显现的文字起源和进化过程,扭转当今人们对两个符号系统的认识脱离二者协同进化的实际而出现的不平衡局面,来复原大量考古出土材料和古文献资料中贯穿的名实关系。这些就是我们下面要展开的工作。

第一章参考文献

d'Errico, F. 1998. Palaeolithic Origins of Artifical Memory Systems: an Evolutionary Perspective. Cognition and Material Culture: the Archaeology of Symbolic Storage. McDonald Institute of Archaeological Research, University of Cambridge Press, Cambridge 19—50.

Geertz, Clifford.(Ed.). 1974. *Myth, Symbol, and Culture.* W.W. Norton and Co. New York, 1—79.

Grice, Elizabeth. 2001. *Were Chinese first to circumnavigate the globe.* Edmonton Journal, Mar.4.

Hegel, Georg Wilhelm Friedrich. 1835. *Lectures on Aesthetics Lectures.* Heinrich Gustav Hotho.[德]黑格尔.1981.美学[M],第三卷.北京:商务印书馆,25.

Herder, Johann Gottfried von. 1772. *Treatise on the Origin of Language.*赫尔德,J.G.[德]J.G.赫尔德.1999.论语言的起源[M],姚小平译.北京:商务印书馆.

Lévy-Brühl, Lucien. 1922. *La mentalité primitive.* translated as *Primitive Mentality* (1923), 35—58, 169—180.[法]列维-布雷尔,1981.原始思维[M].北京:商务印书馆.

Molly. 2008.汉语起源之谜:汉藏语真是同源吗?[J/OL]. http//www.gdwh.com.cn/gdwh/show.php? itemid=113&page 2008-11-17.

Morgan, Lewis H.LL.D. 1877. *Ancient Society.* First published: in 1877, by MacMillan & Company, London.摩尔根,路易斯·亨利,1997.古代社会(上)(下)[M].北京:商务印书馆,11—118.

Needham, J. 1959. *Science and Civilisation in China*, Vol. 3. Cambridge Univ. Press, Cambridge, 19—28, 55—60, 194, 253—293, 537—543.

艾童.2010.中文和希伯来文可能同宗[N].中国社会科学报,3月29日.

[匈牙利]贝拉巴拉兹.1986.电影美学[M].北京:中国电影出版社,29.

陈存仁.1968.中国医学史图鉴[M].香港:上海印书馆,68—69.

陈良佐.1992.中国传统数学位与象的结构[J].汉学研究 10(1):137—179.

程贞一.1995.陶文与甲骨文中的一些科学知识[A]//中国科技史论集[C].台北:经联出版事业公司,1—34.

董光璧.1998.易学与科学[M].沈阳:沈阳出版社,17—183.

卢央.1989.彝族星占学[M].昆明:云南人民出版社,221—239.

马继兴.1996.双包山汉墓出土的针灸经脉漆木人形[J].文物(4):55—65.

宋兆麟.1981.纳日人的刻划符号[J].凉山彝族奴隶制研究(1).

宋兆麟.1989.巫与巫术[M].成都:四川民族出版社.

汪宁生.1981.从原始记事到文字发明[J].考古学报(1):1—43.

王仁湘.1999.关于史前中国一个认知体系的猜想[J].华夏考古(4):32—57.

王朝闻.1987.中国美术史·原始卷[M].济南:齐鲁出版社,36—43,166—167,43—178.

闻一多.1982.闻一多全集.第一集[M].北京:三联书店,3—68.

吴文俊.1982.《九章算术》与刘徽[M].北京:北京大学出版社,1.

徐大立.1989.蚌埠双墩新石器遗址陶器刻划初论[J].文物研究(5):246—258.

张忠培.2000.窥探凌家滩墓地[J].文物(9).

郑文光.1999.中国天文学源流[M].台北:万卷楼图书有限公司,1—15,79—114.

朱国强.2006.普南族:一个神秘的民族[EB/OL]. http//人民网 06-15.

竺可桢.1979.竺可桢文集[M].北京:科学出版社,439—441.

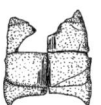

第二章　中国数字的起源和进化

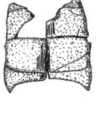

　　由上一章我们知道，成熟文字体系的最早一批文字是自然数字，而数字本身则是在人类计数技术的漫长进化中由记数筹策之排列图形的临摹进化而来。Schmandt-Besserat(1996)研究近东两河流域的楔形文字之起源的结论也是："文字是抽象计数的结果。……而抽象计数又是长期进化的结果。"这就是说，数字起源是人类文字起源和进化全过程的转折点；在此之前人类的原始符号——原始语言和原始文字进化成数字，在此之后，作为原语言和原文字的数字进化成成熟的语言和象形文字体系。至于此过程具体在什么时候、什么地方发生和经过哪些发展阶段，这是本部分随后各章所要考证的课题。

　　既然整个文字体系的形成是从数字起步的，那么，数字系统的形成又是从何处起步的呢？现代数学家和哲学家彭加勒说："自然数是最基本的直观概念，显然无需进一步分析和定义，就可以十分确定(Poincare 1963)。"无论是人体发育心理学对幼儿心理发育过程的研究，还是认识进化考古学对人类认识能力进化的研究，都一致地结论：认识自然数的数量概念是人类理性思维形成的最初出发点；数字的起源是从人类数量概念的形成起步的；而人类的数量概念发蒙于由最简单的物件记数，即借实物一对一地累计所做的具体计数，直到人们由多种具体计数中解脱出来而飞跃到抽象计数，即他们的理性思维从具体数量概念中抽象出来形成一般数量概念时，数字才会应运而生。本章就依据中国各地距今 7000 年前的远古遗址出土的有关材料，来考察数字起源的这一历史过程。

第一节　原始计数工具与数量概念的起源和进化

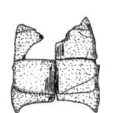

各原始文化在识数能力进化到发明数字的进度上有很大差异。不说那些停滞于原始状态的那些口语只限于"1""2""多"三个数词的部落，就是产生伟大文明的古民族之间也有不小差距。据 Schmandt-Besserat(1996) 的考证，近东迄今发现的最早计数刻骨出现在距今 3 万—1.4 万年，其第一批数字发明于距今 5100 年。Marshack(1970) 提出记数刻划在 3 万年前的欧洲已经出现；d'Errico(1998) 也确证以刻骨为表达形式的"人工记忆系统在欧洲的使用和发展至迟从旧石器时代晚期就开始了"，但数字在欧洲的出现却在近东发明数字上千年之后。Marshack(1991) 也提到尼罗河流域的一个距今 8500 年的小渔村出土一件记数刻骨，而埃及在距今 5100 年也出现了符号计数，真正数字的发明比近东晚上百年（拱玉书等 2009）。尽管中国旧石器时代的骨器考古，特别是骨刻的考古远不如西方，但也发现了距今 3.2 万—2.3 万年的记数骨刻，而且出土越来越多的物件（石球）记数材料显示：中国智人计数的实践从距今 10 万年的旧石器时代的中晚期就开始了，以至第一批十进制数字在距今 9000—8000 年的新石器时代早期便已发明出来，并开始普及于淮河流域和长江流域。

为何中国古数字系统的发明至少比近东和埃及要早 3000 多年？其原因本卷第一册已做过多方面阐述；除本册第一章已阐明的直接原因，这里只强调两个客观原因：

（1）中国大陆性季风气候所决定的认识天时的首要重要性，迫使中国远古人类率先向具备识数能力的必要性和可能性的方向进化，并在客观上最早开始为此创造和积累条件（竺可桢1979）。（2）正如考古学和人类学材料的东西比较研究所证明的那样，同非洲和欧洲相比，连续性、循序渐进和很早就出现的统一标准化及地区多样化趋势，是远东史前社会和文化进化最突出、最重要的本性（Movius 1969，Schick 1994）。正是文化进化的连续确保了具体计数经验的不断积累而能较早达到向抽象计数飞跃的程度。

数字发明就像胎儿大脑发育的程序必须按部就班地完成才会智力健全一样，人类数量概念的形成到最完善数字系统的建立需要循序渐进的连续进化过程，而中国猿人到现代人的连续进化过程正好确保了这一过程的顺利实现。早在20世纪70年代，贾兰坡先生首先提出：在华北地区存在两个文化传统，即小石器传统和大石器传统。其中小石器传统起自中国猿人遗址，终止于峙峪遗址，这是第一次为中国猿人找到了去处。许家窑—侯家窑遗址的发现，被贾兰坡先生称为"北京人文化和峙峪文化之间的重要环节，也可以说是过渡的桥梁"。此后，早至200万年的马圈沟遗址，晚到1.8万年的山西白马营遗址乃至1.1万年前的虎头梁遗址群的于家沟、马鞍山遗址之间一系列的文化遗存的发掘，既完善了中国旧石器考古区系类型学，也充实了中国猿人文化的来龙去脉系谱，使中国北方文化由旧石器时代向新石器时代过渡进程呈现出一个由百万年根系生长起来的连绵不断的进化谱系：山西西侯度遗址（距今180万年）—中国猿人遗址（北京周口店第1地点，距今70万—20万年）—山西许家窑、侯家窑遗址（距今12万—10万年）—山西峙峪遗址、宁夏水洞沟遗址、陕西刘家岔遗址（距今2.8万年）—山西下川遗址（距今约2.3万—1.6万年）、山西白马营遗址和北京山顶洞遗址（2万—1.8万年）、陕西龙王辿遗址（1.5万年）、山西柿子滩遗址（距今1.4万年）、河北虎头梁遗址群（于家沟、马鞍山遗址）、北京东胡林遗址（距今1.1万—0.9万年）、河北南庄头遗址（距今1万年前后）、河南贾湖—裴李岗遗址群（距今9000—7800年）……正是沿着中国猿人进化的这一谱系，我跟踪到了中华初民的计数技术和数量概念由具体到抽象的进化历程。现确有充分证据表明,中国境内的早期人类既有必要性又有可能性来率先向具备识数能力进化,并在客观上最早开始为此创造和积累条件。

一、用鹿角作工具的文化传统

距今180万年的西侯度遗址出土了大批古脊椎动物化石、30多件石制品、带有切痕的鹿角(图2.1.1)和一些被火烧过的骨、角和马牙(F15,F16)。正是这件带有切痕的鹿角的发现,把东方人类加工和利用鹿角的历史提前到了100多万年,从而注释了:中华远祖及其后人世世代代利用鹿角来制作其物质生产工具乃至精神生产工具,不仅是本来就固有的文化传统,而且是他们有生以来就有的生活习性。由此我们就好理解为何旧石器时代以降各地出土的众多记数刻划乃至数字卦都出现在鹿角器上。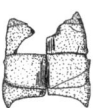

图2.1.1 距今180万年的西侯度遗址出土的带切痕鹿角(F15)

距今70万—20万年的北京北京周口店第1地点,其出土8件石球显示其承传蓝田人制作和使用石球之习性的同时,中国猿人遗存的石器都出现"一器多用"的迹象(F5)。从此"一器多用"的传统世代相传、根深蒂固,特别是这类以物体最完美形态出现的球形器,于数十万年间日益广泛的应用中,就会既用于打猎、捶坚果、造工具,又用来做比喻、象征的符号或标记,以帮助他们记忆相互交流。一旦原始人将它们用于帮助其记忆,球形器便成为一种人工记忆系统,这就为后世摸索用石球记月相、做阴历计数开启了创造和积累形成识数能力所需之前提条件的过程。

二、球算器及其用来记月相、做阴历计数的起源

图 2.1.2　距今 10 万年前的许家窑遗址出土的石球(F14)

既然许家窑—侯家窑遗址所在的泥河湾盆地,记录了第三纪晚期至第四纪地球演化和生物及早期人类,至少于 1.66—0.78Ma 期间的大约 90 万年的时间内,在中国北方多变而且不稳定气候条件和生态环境下长期持续进化的历史(朱日祥等 2007),其旧石器早期文化至晚期遗存的密度之高、连续进化的年代之久远在世界上都堪称罕见,那么,这里就能最连续地积累着旧石器时代早期流传下来的球形石器制作和使用文化的沉积,蕴藏着旧石器时代早期以降球形石器技术连续进化成果的最丰富积累,以至能以其距今十万年前的遗存中所保留的 1079 件大小不等的石球(F14,F27),而成为迄今世界上发现的单个遗址遗存的最大的古球集合(图 2.1.2)。本卷第一册已依据构成球形器近百万年演变谱系的实物证据链论证了:许家窑人用这些石球来象征月亮和记录月相,而逐渐逼近到"七天一大变"的月相规律,使他们"熟悉各种动物的生活规律和习性,掌握季节的变化",才能有大量动物化石所显示的"日益发展的狩猎经济

与采集经济"(宋兆麟1984)。

10万年前的许家窑人用大量石球对月相作长期象征和记录摸索出原始球算技术,符合人类认识一步又一步地由低级向高级发展的进化规律,符合天文历法发展从月相观测起步的规律;在认识进化与心理发育上,同一于其他民族祖先用石球计数或以刻划纹记录月相而发现其最早历法的普遍实践。因此,具有最丰富制作和使用石球经验的,且在侧重植物资源采集实践中锻炼出来的最具形象比喻思维能力的中国智人,早西方智人一步,在旧石器时代中、晚期交替之际,就摸索出用石球来象征和记数最简单的自然现象——月相,既是必不可免,也是情理之中。许家窑人当时的智力达到这样的程度,还可从他们发明的"目前已发现的人类最早的外科环钻术"而得到验证:考古学家们"发现许家窑人第14号顶骨的后部有一个直径为9.5毫米的孔,孔缘已经愈合",经专家确认是"人工钻环术打孔医治头痛"(F16)。凭借这等智慧,许家窑人就能在用石球作石锤、弹丸之同时,于一器多用的传统中,将其借用来按其大小、圆扁比喻周期性变换的月相。从此作为一种球算器,球形器与东方智人的天文历法思想一起开始了长达10万年的协同进化过程。

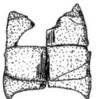

一系列旧石器时代中期至晚期遗址,如山西襄汾丁村(F12—13)、甘肃环县刘家岔等遗址(2.1.4)(F24),所出石球堆积组合结构大都是趋近于以7为基数的事实表明:在旧石器时代中、晚期交替之际,中华远祖已趋于稳固地掌握月相"7天一大变"的规律,并开始以7为基数做7天一大变之月相周周期和月周期计数。从此,以7为基数做阴历计数的传统就流传下来,而贯彻于各地氏族展开的以7为基数做具体计数的日常活动中。这种传统规则是如此根深蒂固,以至各地距今3万年前后的旧石器时代晚期遗址中,都遗留有以7为基数的各种计数工具或计数图,如距今3.2万—1.1万年的宁夏水洞沟遗址第一地点下文化层中发现的一件带有7道刻划痕迹的石器(图2.1.5)(F10),山顶洞人于距今2万—1.8万年期间使用7件一串的穿孔石珠(图2.1.6)(F15),距今1.5万年的陕西宜川龙王辿遗址出土的一件其两侧各刻一排7个锯齿的扇形蚌器(图 2.1.7)(F26),距今 1.2 万年的山西吉县柿子滩遗址"女性人物"岩画中以 14 个球形纹描绘的月相历授时图(图 2.1.8)(F28),距今 1.1 万年的河北省阳原县于家沟遗址出土的蚌制"装饰品"左边饰有排列成北斗七星分布图样的 7 个圆孔(图 2.1.10)(F27),距今 1.1 万年的河北省阳原县虎头梁遗址出土的 7 件一串的鸵鸟蛋扁珠(图 2.1.9)(F28),距今 1.1 万年的北京东胡林村遗址一女性遗骸"腕部找到"的 7 枚一串骨珠和"骨柄上部刻有花纹"7 组的骨柄石刃刀(图 2.1.11,图 2.2.1)(F37)等。在空间上相距万里、时间上相隔 2 万年的时空坐标内随机分布的这些氏族,都以各自的形式来制作和使用以 7 为基数的计数工具,绝不会是偶然巧合。在如此巨大时空范围内显现如此一致文化同一性的社会随机过程,证明了主导这一过程的文化传统的势力之强大、根基之深厚,非有其来自旧石器时代中期的源头不可。

许家窑遗址的这个最大石球集合为标志的球形器进化系谱表明:中国旧石器时代石球的进化,完全不同于非洲旧石器时代石球起源早、终止也早的进化局面,而呈现出连续进化的强劲进程,并显示出一发不止、历久弥新的强大生命力。其石球制作技术的进化,不仅突破一部打制法的局限而进化到三部打制法的境界,并且为进化成磨制石球乃至派生出陶球创造了前提条件。其石球使用技术的进化,更是突破了原来只用作石锤、弹丸之原始物质文化的局限,而上升到精神文化的高度而具有象月亮、记月相的功用。一旦石球被借用来比喻月亮、记忆月相,它们的这种新功能,便开始进入逐步摸索月相周、月相旬、月相月、月相年的轨道,在开发和发展天文历法所急需的数量概念和科学思想的道路上加速前进,其用于天文观测和历法计数的组合结构和功能的多样化、规范化、专门化乃至精致化就连锁反应,而发展到一定阶段便以专用球算器的形制、纹饰、结构和功能来逐步趋近到最大限度地发挥其计算功能,直到有更适用、更有效的计算工具将其取代而异化。因此,自旧石器时代中期以降石球作为一种人工记忆系统的进化,就为中国球形器经历世界上最悠久的连续演替奠定了最深厚的决定性基础。

三、策算器及其象形的刻划计数和五指计数的起源

就像木器是人类最早发明的工具一样,最早的计数工具当是树枝、竹签、蓍杆这类易获取和加工的自然材料。尽管这些木质策算器由于腐朽而未能在史前遗址中再现,但是,具有同样功用的包括骨、石、玉镞在内的各种锥形器,如骨、陶、石、玉质的锥、笄和骨针及其相关的凿、锛等,就与其他借用来做记数或测量的穿孔器一起广泛地同出于中国各地旧、新石器时代遗址中。同成组的球形器或成串的穿孔器一样,成束树枝、竹签、骨锥之类的物件,也为其他地区的史前人类,甚至为近现代边远地区的原始部族用作记数、记事工具,有的也被神化成宗教或巫术法器;但它们都不曾像中国史前流行的这类成束器物那样,循序渐进地走完了自己的进化历程,而最终发展成策算器这样的高级形态。

在目前缺乏这方面的早、中期材料的情况下,我们对旧石器时代成束锥形器用作记数工具的实践的研究,尽管不能追踪到更早的根源,但也可找到其在旧石器时代晚期的根基。各地旧石器时代晚期遗址中,已有规整的骨、石锥形器与穿孔器同出。如距今 3 万年前的山西峙峪遗址,有 1 件相当规整的石镞与 1 件穿孔石墨"项坠"同出;稍后的山西下川遗址,也发现有许多石镞。3 万—2 万年前的宁夏水洞沟遗址,发现有 1 件磨制骨锥与百多件穿孔鸵鸟蛋壳磨制品同出;距今 1.8 万年的北京周口店山顶洞遗址中,与 130 多个穿孔骨、石珠等同出的有:4 件刻有沟槽的鸟骨管、9 件骨锥、1 件磨制骨针和 1 件磨光且有绑扎痕迹的鹿角棒。这些骨、石锥形器与那些兼有记数功用的穿孔骨、石珠等同出,既表明只有数量概念开化了的人群才能制作和使用这类规整的锥形器,也显示这类锥形器在用作生计工具的同时兼有计数和测量有关的功用。峙峪人在许多骨片上留有刻划纹,山顶洞人在其制作的鹿角棒上刻有弯曲和平行线纹,也印证了其数量概念的形成和表达(F15)。

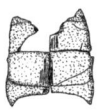

各地旧、新石器交替期遗址,特别是其间的洞穴遗址,几乎都有规整的骨、石锥形器与穿孔石器的同出。如广东的独石仔、广西的大龙潭和甑皮岩、江西的仙人洞等洞

穴遗址,都有多种骨质锥形器和穿孔石器同出。距今1.5万年前后的广东独石仔洞穴遗址,出土饼形穿孔石器9件、骨锥形器4件(F34)。江西仙人洞遗址第一次发掘于下层发现饼形穿孔石器1件、骨锥形器27件;第二次发掘于下层发现饼形或椭圆形穿孔石器5件、骨锥形器27件(F33)。这类情况显示,穴居人所必须解决的辨向问题,是用直立在石器孔中的锥形器在日光下的成影来解决的。就像巢居动物必须具有辨向本能一样,掌握测影辨向术,是人类由游猎走向穴居乃至农业定居的首要条件,那么,使用锥形器来计数和测量便成为穴居和定居人类所普遍展开的实践。

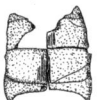

随旧石器向新石器转变,旧、新石器时代之际的遗址出土成束锥形器越多,其上面有刻划标记的越多,且越是同某种穿孔器和球形器、串珠或其他计算工具同出于特殊墓葬中;这类穿孔器也越是由饼形或椭圆形器的细小化而转变为斧、刀、环形器等,各种锥形器也小型化为针、圭、筹形器等。按旧石器时代流传下来的"一器多用"传统,先民多借用同形生产或生活用具来作计数或测量,使得难以鉴别它们究竟曾有何用。当然,有些可按其形制或有无使用痕来鉴别,如有的发掘报告就称"骨笄似圭形"(F58);但鉴别其究竟是圭表或算策还是生计或生活用具,主要还是靠对其有关具体情况进行具体分析。从各地上古遗址出土的这两类不同用途的锥形器之对比研究的情况来看,作圭表或算策用的锥形器,特别是成束锥形器,不仅与用于仰观俯察的器具或历算工具同出,而且在形制、结构或纹饰上与用于其他用途者有某种区别。下面就来对几个典型例证做这样的分析。

(一)作为许家窑人文化的继承者,距今3.2万—2.3万年的山西朔县峙峪遗址的使用者,所继承和发展的,不仅是许家窑人的石器加工和狩猎技术,而且有他们的数量概念和计数技术。这处遗址以出土大批精巧的细小石器和伴随大量的哺乳动物遗骨而著称。其中就发现一件石镞,证明当时人类已发明了前所未有的武器——弓箭,以至峙峪人被称"猎马人"。其扇形石核、斧形小刀和石镞的存在,标志着典型细石器锥形和复合工具的诞生。在2万多件人工砸击过的碎骨片中,有数百件留有清晰的数目不等的刻划线,专家们根据兽骨片的刻划痕迹推测:"这很可能是人类最早使用的计数符号"。在该遗址的剖面上,可以看到文化层中的两个灰烬层。下面的灰烬层中出土了一件刻着似为羚羊、飞鸟和猎人等图像的兽骨片,其刻划痕迹十分清楚,易于辨认,显然是峙峪人有意识的骨雕。该遗址还出土了一件石墨磨成的钻孔装饰品,表明峙峪人已发明穿孔与磨制技术(F17)。

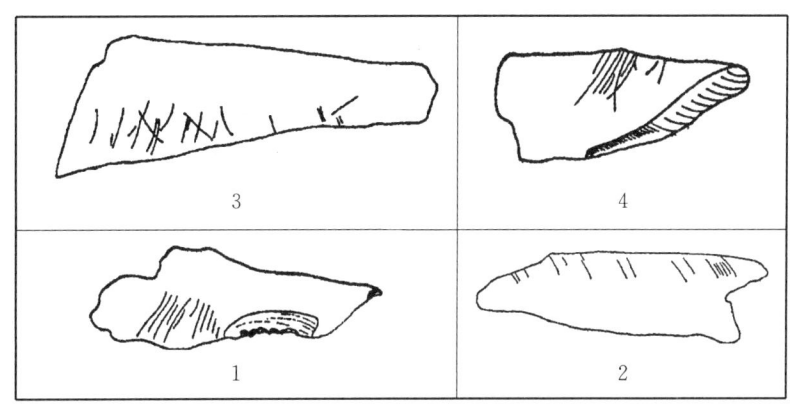

图 2.1.3 距今 3.2 万—2.3 万年的峙峪遗址出土的记数刻划纹骨片(F17)

峙峪人既然能发明细石器和复合工具技术、石器穿孔与磨制技术、石镞与弓箭制作和使用技术及骨刻记数和骨雕绘画艺术,那么,他们的智力就已发展到更高的程度而足以用树枝、竹签、蓍杆这类易获取和加工的自然物或骨、石镞,来取代较难制作的石球,用于记月相、做阴历计数。特别是当他们用石镞来代替石球打猎时,便会自然而然地用木棍、蓍杆或骨、石镞代替石球做计数,从而开后世以策算器为主做计数之先河;其临摹、描绘其算策所记之数的刻划纹组合,便成为其所做策算之迄今发现的最早证据(图 2.1.3)。

峙峪遗址发掘报告列举的 4 块"有刻划条纹"的骨片中:(1)块有 2 组 6 道刻划纹,显示以 6 为基数计数阴历双月周期的规则(图 2.1.3.1)。(2)块从左至右,有 2 组 3 道、2 组 2 道分散而合计 10 道为一大组,另有一组密集 6 道,显示其左边一大组用来计日,右边这组用来计双月周期(图 2.1.3.2)。(3)块从左至右就有连续 3 组 5 道刻划纹,每组的第5道都斜向加一道刻划纹而呈"×"形;(4)块有2组,共计10道刻划纹(图2.1.3.3—4),这后三块骨片的刻纹都表明以5或10为基数计数月相旬周期和月周期,以此作阴历计数的规则,也显露出当时以五指计数的习俗,开后世"以5为系"的计数传统。该遗址保留的这些刻骨,为策算器及其临摹—刻划计数和五指计数的起源提供了迄今发现的最早证据,其所证实的中华远祖于距今3万年前后业已开展的算策计数和五指计数、以6为基数和以5为基数的具体计数,对东方人类数量概念的进化、计算工具和计算方法的发展及数字的起源奠定了基础。

(二)峙峪遗址出土的这些证据不是孤证,其他地方的同期遗址也出土有类似材料。甘肃环县刘家岔遗址,其发掘者论证,其年代"稍晚于许家窑遗址……而和山西峙峪遗址的时代大致相当。……仔细对比刘家岔遗址与许家窑遗址的石制品,它们在加工方法、石器组合和器形特征上十分相似,二者在文化系统上有一定联系"(F24)。因此,其"出土石球21件,分大、小两类:较大的350—615克,直径7.1—8厘米;较小的100—190克,直径4.5—5.4厘米"(F24),显示此遗址的使用者继承和发扬许家窑人用石球记月相、做阴历计数的习俗;其出土的动物化石中"有一件角柄和主枝远端被截断的鹿角……可能是作为敲击或挖掘工具用过的。有些鹿角的表面有被刻划的痕迹"(图2.1.4)(F24),表明用树枝、竹签、蓍杆或骨、石镞及其临摹的刻划纹取代石球用于以记月相、做阴历计数的做法,也流行到这个地方。

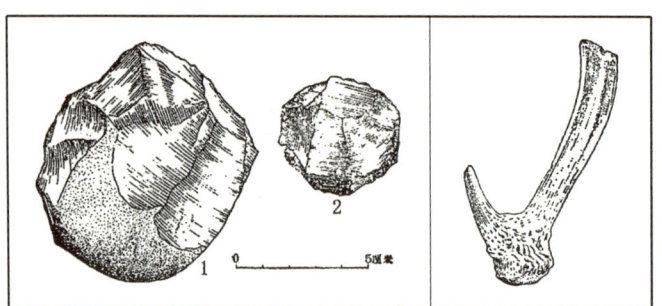

图2.1.4 距今3.2万—1.1万年的刘家岔遗址出土的石球和刻骨(F24)

（三）距今3.2万—1.1万年的宁夏水洞沟遗址第一地点1980年发掘的下文化层中发现的一件带有刻划痕迹的石制品（图2.1.5）。高星、彭菲等诸位考古学家（2012）应用KEYENCEVHX-600数字显微镜建立了这些刻痕的三维数字模型以进行观测与对比，在排除了多种可能的非人为因素后，确认这件石核上的刻痕是人类有意识行为所致，并推测在东亚旧石器时代晚期早段可能存在如计数、记录等象征性思维，反映了这里的古人类已经有了相当的认知能力（F10）。将该石制品上的刻划痕迹同峙峪遗址出土的4块"有刻划条纹"的骨片中的（3）块（图2.1.3.3）相对照，就可看出二者之间有很大相似性；后者有连续3组5道刻划纹，每组的第五道都斜向加一道刻划纹而呈"×"形；前者从右向左数，也是第五道斜向加一道刻划纹而呈"×"形。其间如此完全一致的吻合，确证当时以五指计数的习俗，已流行于山西至宁夏一带广大地区的古人类中，中华先民"以5为系"的计数传统在旧石器时代晚期便已经习已成性。同时，他们的"×"形刻划纹，也便成为后世数字"×"的直接起源。此外，这件石核上的刻痕，除上述五道外，还有两道，共计为7道，同各地同期遗址所出的7个单元为基数的计数器，如下述山顶洞遗址所出的7枚一串的穿孔石珠一样，是用来计月相"七日一大变"之周期的。

图2.1.5　距今3.2万—1.1万年的水洞沟遗址出土的带有刻划痕迹的石器（F10）

（四）距今2.5万年前后的北京王府井东方广场遗址，其发掘者认为："从发掘出土的石制品的加工技术和类型看,它与北京猿人文化关系密切。"据他们报道:该遗址出土的"骨制品有骨核、骨片、骨器,有些骨片上有人工砸击和刻划痕"(F5)。

(五)距今 2 万—1.8 万年的北京山顶洞遗址出土"1 件赤鹿角,刹断面和主干上都有磨痕,其上有刻纹,纹浅而曲但也有平行的"(F16),可能表明山顶洞人曾继承和发扬峙峪文化流传下来的计数传统,用树枝、木棍之类的算策计数,除有"×"形刻划外,还有用曲线和直线纹来分别记录两组不同的计数。

(六)距今 2.4 万—1.6 万年与山顶洞人文化的时代大致相当的山西下川遗址,其发掘者判断:"下川为典型细石器,时代比峙峪为晚,属晚更新世后期。两种文化虽各有特点,但在石器中也有一些同类物"。该遗址出土石镞 13 件,其中圆底的 9 件,尖底的 4 件,还出土有石球 2 件(F18)。在峙峪文化的影响下,该遗址的使用者也可能用树枝、菁杆或石镞之类的算策取代石球,来记月相和做阴历计数。

(七)直到距今 1.2 万年的山西阳高县神泉遗址中仍出现了类似峙峪文化的遗存:"动物骨化石相当丰富,有许多骨片带人工切割痕迹"(F7,F16)。

(八)距今 1 万年前后的河北徐水南庄头遗址也发现有"麋鹿角"3 枝。角柄部有一周明显的人工切割痕。可惜,对这些切割痕都没有具体描述或照片或图示(F36)。

尽管如此,现有材料也足以表明:距今 3 万年前后业已在中国北方逐渐普及的算策计数和五指计数、以 6 为基数和以 5 为基数的具体计数,一直流传下来,在峙峪文化影响所及的文化及其后续文化中得到日趋广泛地普及和提高,以至在中国各地旧石器时代晚期乃至新石器时代遗址都有这两种计算工具和具体计数方法之应用和发展的遗迹。

如以 5 为基数的算器和计数法应用和发展,仅在旧石器时代晚期的遗址中就留下不少遗物和遗迹,如云南丽江木家桥遗址出土的 10 件"多与华北丁村、许家窑等地的同类制品惊人相似"的石球(F25);山西吉县柿子滩遗址岩画"狩猎格斗"图"下部涂 10 个圆点,按 2、3、3、2 序列竖排"(图 2.1.8)(F28),河北省阳原县于家沟遗址出土的蚌制

"装饰品"周边环绕的 29 或 30 个锯齿(图 2.1.10)(F27);北京东胡林村遗址一女性遗骸"顶部周围获得穿孔小螺壳 50 枚"(F37)等。

以 6 为基数的算器和计数法应用和发展,仅在旧石器时代晚期遗址中就留有遗物和遗迹,如河北阳原虎头梁遗址出土的 3 件穿孔贝壳和钻孔石珠 1 件、鸟骨扁珠 1 件、鸵鸟蛋扁珠 1 件,共 6 件(图 2.1.9)(F28);河北省阳原县于家沟遗址出土的蚌制"装饰品"右边饰有的"12 个圆孔"(图 2.1.10)(F27)等。当然,球算器和策算器这两类计算工具和计数方法的应用和发展在各地新石器时代遗址中留下了更多遗物和遗迹,下面将详述。所有这些出土材料一致地证实了:这两类算器和具体计数技术的普及和提高,确实对东方人类数量概念的进化、计算工具和计算方法的发展及数字的起源起了最基本的作用。

四、珠算器(串珠)的进化及其象形——辅助数字的起源

距今 3.2 万—1.1 万年的宁夏水洞沟遗址在遗留上述刻纹石器的同时,也保存有鸵鸟蛋皮制成的串珠。中科院古人类所与宁夏文物考古所于 2003—2005 年和 2007 年对水洞沟遗址第 2、7、8、9 及 12 共 5 个地点进行了系统的考古发掘,在发现大量石制品的同时,第 2、7、8 地点的文化层出土了相当数量的鸵鸟蛋皮制成的环状品,个体很小,多单向钻孔,有的边缘保留琢击或压制的痕迹,有的标本上有赤铁矿粉痕迹。2008 年 10 月中旬,上述单位在对水洞沟诸地点进行石器原材料来源地调查时,在水洞沟第 12 地点附近的地表上采集了 100 余件鸵鸟蛋化石碎片,其中可辨认出部分为串珠(王春雪等 2011)。这表明串珠的起源早在距今 2 万年之前,但其发掘者和实验研究者都将其视为装饰品,可惜没注意其成串组合结构的分析。Marshack(1991)发现早期人类物件记数、刻纹记数的阴历记数结构和功用,树立了一个对这类器物作计数考古学研究的先例。这里不妨对有详细报道或实物图片的这类出土器物做这样的分析。

距今 2 万—1.8 万年的山顶洞人遗址,出土有迄今已知最早的最大"装饰品"集合。

表面看起来像后世人所戴的装饰品,其实只要具体分析其组合结构及其在其协同进化谱系中之地位,我们就可将它们返朴归真。为此,这里把几位考古学家对该遗址各有关报道汇集起来,分析了各套"装饰品"的组合结构。其结果如图2.1.6(F7)和表2.1.1所示(F16,F15),表明该遗址这三座墓葬所随葬的这些"装饰品"主要是以下几套用来记月相、做阴历计数的串珠。

图2.1.6 距今1.8万年的山顶洞人的钻孔石珠串(姜振寰 2010)

表2.1.1 山顶洞遗址出土的"装饰品"的组合结构分析(F7、F15、F16)

穿孔兽牙	构成(件)	组合小计	类别小计
獾 牙	60		
狐 牙	37		
鹿 牙	17		
黄鼠狼牙	2		
老虎和野猫牙	2	118	
不知名动物犬齿	1	给以上组合作起点	
排成半圆形	5	5	
不知名动物犬齿	1	给石珠串作起点和校正	125
穿孔石珠	7	7	7
穿孔鱼眶	1	给以下组合作起点和校正	1
海 蚶 壳	3		3
骨 管	4	7	4
穿孔砾石	1	1	1
合 计	141		141

其一,就是贾兰坡(1978)所称赞的山顶洞人"做得最精巧、细致"的"钻孔的石珠(共有7个)"串(图2.1.6)(F15)。这件石珠串,是这位女青年身前遵循许家窑文化以降的习俗,用于记录7天一大变之月相周期,并以此做阴历计数的工具;这附加的1

枚穿孔犬齿,是用来作这串石珠的计数起点标记的,也用来校正28天(4×7)与月周期29.5天之间的误差。因此,这套月相计数器比许家窑人的石球组合先进得多,已逼近真实的月周期。

其二,这60个獾牙用来计两个大月的60天之数;这37个狐牙齿与17个鹿牙、2个黄鼠狼牙齿、1个老虎牙和1个野猫牙一起共58个牙,用来计2个小月58天之数;二者合计为118天,正好是阴历全年354天的三分之一。这2个大月和2个小月合计4个月的月平均天数是29.5天,也正好是阴历年的月平均天数。这118个穿孔兽牙所组成的一串,也附加有1枚穿孔犬齿,以用来作为其计数起点标记。其兽牙选配得同阴历如此巧合,同上述石珠串也配合得如此默契,必是山顶洞人通过长期摸索改进而精心设计和制作的结果。这证明他们已掌握了阴历的月周期。

其三,是"刻沟的骨管共有4件……已磨得很光滑,表面刻有一条、二条或三条横的短沟槽",与"有孔的海蚶壳3件"配合成的一套,用来记录7天一大变之月相周周期,并以此做阴历计数;也附加有1枚穿孔鱼眶,用来作这串的计数起点标志,并校正28天(4×7)与月周期29.5天之间的误差。这刻有一条、二条或三条横槽的4件骨管还有用来标记计数轮回之顺序的作用,即分别用来标记以这118个兽牙串做计数的第一、二、三轮回。

其四,这"5个排列成半圆形的穿孔兽牙",显然,是模拟5个手指,用来做以5为基数的计数。

仅从以上四套算珠串就可看出,山顶洞人集旧石器时代计数技术之大成,不仅把以7、6、5为基数的分组计数的发展推进到新的高度,而且发明和发展了串珠算器,用各种穿孔兽牙配合而成的两套串珠来分别计阴历2个大月和2个小月日数,使人类的数学和计算技术脱离了原始状态而进步到四则运算的境界,既适应了人类生存资源生产的发展对改进天文历法科技的需要,又为新石器、陶器和农业兴起和数字的发明奠定了坚实基础。郑德坤(1973)对该遗址考证的结论是:"周口店的发掘证明在这远古

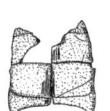

的时代,有些'真人'聚居于周口店的山顶洞里,通称为'山顶洞人'……他们的文化比较其他的旧石器时代的人类进步。骨针的发现,可知他们已有缝纫的能力;许多石珠(玉)、骨管及钻孔的砾石、兽牙、介壳(贝)、鱼骨的发现,证明他们习用究磨钻凿的技术。这些带孔的饰物可以贯穿,成为一串串……这种习惯沿用到新石器时代,或代以玉与贝……由此可以证明中国数名的来源,刻木记事之外,应该与计算玉贝有密切关系。"中国数字系统主体(表1.3.2)来源于临摹算策的刻划;其辅助部分来源于临摹串珠"计算玉贝"的念珠纹(表1.3.3)。山顶洞人继承和发扬以7为基数按月相周期做阴历计数的传统发明串珠算器,使珠算器作为一种重要计数工具在中国最早发生且得到系统发展,体现了中国远古人类由对月相的最早观测所最先形成的和系统发展的数量概念,也显现了中国远古人类最先以数量概念来指导工具制作之技能的远古渊源。他们的这些科技成就,既是对旧石器时代中期以来用石球象征月亮和记录月相之传统的继承和发展,是对这种传统自旧石器时代中期以来就已经存在的最直接的见证,也是文字渊源于远古计数的直接证明。

山顶洞人如此辉煌的数学和计数技术成就对后世影响深远。各地旧石器时代晚期遗址出土石球数量的普遍减少,可能是以山顶洞人为代表的智人的数量概念由加法进步到乘法、历法知识由识别月周期向识别"积月成岁"年周期积累的一个标志,即晚期智人再也不需要像许家窑人那样通过记录相当于数月甚至三个阴历年的每日的月相来加计阴历;而只需用串珠记录一月、一旬、一周的月相,再用反复轮回(乘法)来推算周年的阴历。由山顶洞人带头示范,各地远祖依据各自条件发明了各自适用的计算工具,而同中期流传下来的球形算器相配合,用于自己的阴历计数和其他计算。尽管新石器时代早期以降的球算器、策算器和珠算器等计数工具变得越来越复杂,但自旧石器时代中期以降,中华远祖通过用石球象月亮、记月相、做阴历计数发展起来的这些计数传统规则,如以7为基数按月相周期做阴历计数的传统、以6为基数按双月做阴历计数的传统、以5为基数的计数习惯等,经山顶洞人加以全面系统地发扬光大之后,便一以贯之地流传到文明时代,使这一历史长河中流行各种计算工具对此都有反映。同时,这些不同种类的计算工具在此历史长河中也形成了相互配合的协同进化关系。由此,它们在同一进化阶段的结构和功能也可相互印证。

五、旧石器时代晚期多种计数工具和计数方法的协同进化

继山顶洞人之后,各地初民遵循其祖传的传统,依据各自条件开发各自适用的计算工具,用以满足自己氏族生存和繁衍的需要,从而各地旧石器时代晚期遗址出现了多种计数工具和计数方法相互配合、协同进化的局面。对此,试列举以下例证。

第一个例证是,陕西宜川龙王辿遗址距今1.5万年的文化遗存出土的一扇形蚌器,其两侧各刻有一排7个锯齿(图2.1.7)(F26),其每一侧面的7个锯齿正好同月相"七天一大变"的周期相对应;两个侧面的14个锯齿正好同半个月的月相相对应。显然,这个蚌器是用来按半月月相做阴历计数的。

图2.1.7 距今1.5万年的龙王辿遗址出土的蚌器(F26)

同山顶洞人按月相七天一大变的周期做阴历计数相比,这里的居民对月相的观测已前进了一步。这是在这三五千年间,远古先民月相认识能力进化的结果。

第二个例证是,在山西省吉县柿子滩发现的距今1.3万年的"女性人物"朱绘岩画,其"顶扎双髻"的头顶画有7颗大小不等的球形纹,正好同月相"七天一大变"的周期相对应;此外,在其双下肢周围环绕7颗大小不等的球形纹,其中最小1颗呈白色而位于双腿之间,与另外2颗处在同一中间对称轴上,其余4颗都在此轴两侧对称分布(图2.1.8.2)(F28)。显然,这岩画用这14颗球形纹的组合和排列所描绘的,正是那时这里居民遵循用石球记月相作阴历计数这一旧石器时代之传统,按整月月相作阴历计数的程序,即以"双髻"的左髻所指的左侧为一轮回,从中心小球计新月算起,由左侧自下而上计阴历日数7日而到一大变,再由此大变自上而下计阴历日数7日而到望月;以"双髻"的右髻所指的右侧为另一轮回,从中心小球计既望日算起,由右侧自下而上

计阴历日数 7 日而到一大变,再由此大变自上而下计阴历日数 7 日而到朔月。这"顶扎双髻"正好指明这样计数两个轮回便是一个月。如此周而复始地按整月月相计阴历日数,是继按半月月相计阴历日数之后,先民月相认识能力继续进化三千年所取得的又一进步,随后便可进而发展到"积月成岁"。此画中球形纹的数量组合和对称排列,准确地同上下弦月相的周性变化相对应,并同女性的生理周期相联系,显示出那时人们对月相的观测和认识达到相当高度,也表明中国传统的朔望月历制从万年前已开始形成。

山西吉县柿子滩遗址的另一幅岩画——"狩猎格斗"图,其发现者描述道:"下部涂 10 个圆点,按 2、3、3、2 序列竖排"(F28)(图 2.1.8.1),显示那时以 5 为基数的计数技术已发展到奇偶分组对称计数的新高度,为接着而来的数字卦发明直接奠定了数学基础。

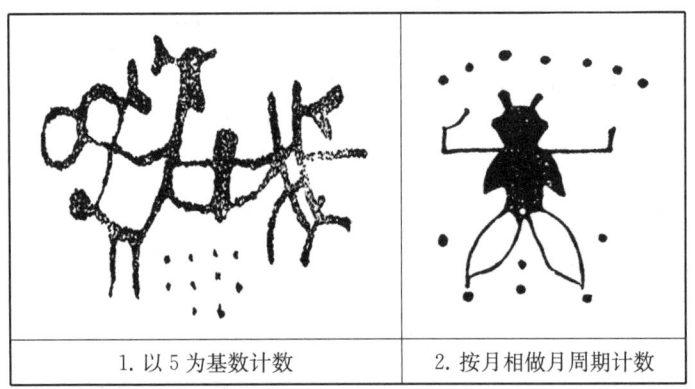

| 1. 以 5 为基数计数 | 2. 按月相做月周期计数 |

图 2.1.8　距今 1.3 万年的柿子滩遗址岩画(F28)

第三个例证是,距今 1.1 万年的河北虎头梁遗址中发现装饰品 13 件,其中有穿孔贝壳 3 件,用鸵鸟蛋壳制成的扁珠 8 件,用鸟的管状骨制成的扁珠 1 件,石珠 1 件。该遗址还遗留有陶片。按这些穿孔器的大小,可分为两组:一组是大小适中的 7 件扁珠,用于按"七天一大变"的月相周期做阴历计数,即以 7 为基数的计数(图 2.1.9.2);另一组是穿孔贝壳 3 件、钻孔石珠 1 件、鸟骨扁珠 1 件和鸵鸟蛋扁珠 1 件,共 6 件,用于以 6 为基数按双月周期做阴历计数,即以 6 为基数的计数;此六件形状、大小各异,正好大小、质地、形状两两相对,正好用来标记阴历年的 6 对大月与小月(图 2.1.9.1)(F28)。

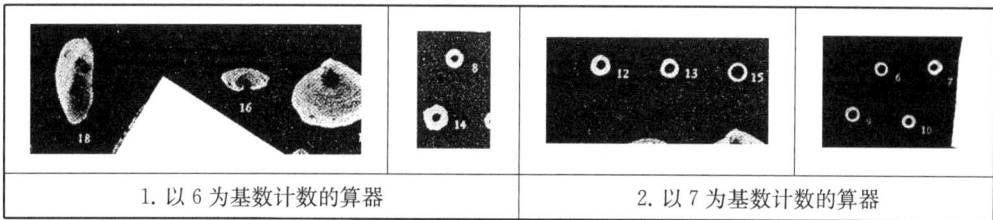

1. 以 6 为基数计数的算器 2. 以 7 为基数计数的算器

图 2.1.9　距今 1.1 万年的虎头梁遗址出土的穿孔器(F28)

第四个例证是,距今 1.1 万年的河北省阳原县于家沟遗址出土的蚌制"装饰品",其周边环绕 29 或 30 个锯齿,同一阴历月的日数相对应;其左边有 7 个排列成北斗七星分布图样的 7 个圆孔,同月相七天一大变的周期相对应;其右边有 12 个圆孔,同一阴历年十二月相对应(图 2.1.10)(F27)。从璧形器的进化史来看,这件蚌器中心的大圆孔表明它是中国迄今发现的最早的璧形器之一。这中心大圆孔,就是用来竖立骨椎或木棍作表以测日影辨向或定时。其设计如此精妙的多功能结构显示,这件蚌器原来是非常有用的多用途天文历算仪器;于家沟人将它用来建立起了他们的年度阴历。

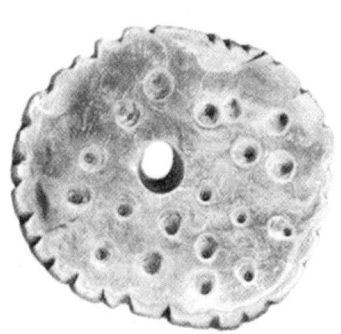

图 2.1.10　距今 1.1 万年的于家沟遗址出土的"蚌饰"(F27)

第五个例证是,距今 1.1 万—0.9 万年的北京东胡林村遗址一女性遗骸"腕部找到 7 枚扁状骨管……其中长型 4 枚……短型 3 枚。从其排列位置观察,可能是长短相间,用绳索相连即为一付骨镯"(F37)。这明显是一付骨珠串,同山顶洞人的那串 7 枚石珠串一样,遵循其传统,用来记月相七天一大变的周期日数。这样的骨珠串就可用来反复记录一周的月相,就像 Marshack(1978)在乌克兰 Gontzi 旧石器时代晚期遗址出土象牙上所发现的 6 根短线同 1 根长线的组合用来记录月相那样。"在女性遗骸的顶部周围获得穿孔小螺壳50枚之多"(F37),明显是用来记月相七天一大变的周期数的,用这50枚记完这50个7天月相周,正好计出相当于一阴历年的日数。看来,这位母系氏族准首领,就是这样配合运用这两串算珠,建立起了她们氏族的年度阴历(图2.1.11)。

图2.1.11　距今1.1万—0.9万年的东胡林遗址随葬女性遗骸的螺壳串和骨珠串(F37)

尽管旧石器时代中期至晚期遗址的发掘报告,对出土石球、串珠、刻划纹的统计报道,不够精确具体;但上述材料也足以表明:距今3万年前后业已在中国北方逐渐普及的石球计数、串珠计数、算策计数、刻划计数和五指计数、以7为基数的计数、以6为基数和以5为基数的计数等多种具体计数技术,一直流传下来,在峙峪文化影响所及的文化及其后续文化中得到日趋广泛的普及和提高,以至在中国各地旧石器时代晚期乃至新石器时代遗址都有这几种计算工具和具体计数方法之应用和发展的遗迹。我们仍可从上述这些相距遥远的遗址所出遗物在数量规定性上的"巧合"中看出,各地旧石器时代晚期居民所用的这些计数工具,既是许家窑人用石球记月相、做阴历计数之传统的孑遗,又是后世"积月成岁"之传统的前身遗迹(Terrell and Hart 2002)。在这样应用多种计数工具发展阴历计数、促进先民对月亮视运动规律的认识向前进步的同时,也在普遍开展的各种具体计数实践中形成和应用了奇偶数概念,把具体计数发展到了对偶对称分组计数的高度,从而推动其具体计数向抽象计数和数字及其组合的发生转变。在这些计算工具中,球算器和策算器这两类计算工具及其象形的刻划计数和计数方法的应用和发展,具有主导各种计数工具和计数方法向新石器时代发展的趋势，以至它们在各地新石器时代遗址中留下了更多遗物和遗迹，下面将详述。所有这些出土材料一致地证实了，这两类算器和具体计数技术的普及和提高，确实对东方人类数量概念的进化、计算工具和计算方法的发展及数字的起源，起了最基本的作用。

尤其是经过山顶洞人将旧石器时代初民创造的各种计算工具和计数技术发展到旧石器时代的顶峰之际，他们对这些计算工具和计数技术之运用自如、融会贯通已达到超脱具体计数而使抽象计数脱颖而出的地步，以至他们那套刻有一条、二条或三条横槽的4件骨管实际上已把数字率先刻划出来，从而开始了发明数字和使用数字的新纪元。当然，他们在数学和计算技术上的成就太超前，一般氏族对其理解、接受和应用还需要一个相当长的历史过程，同时推动这些数字在各地传播的社会动力和机制还有待形成，因而，直到旧石器时代结束甚至原始陶器和原始农业开始兴起之初，这些业已新生的数字还没有得到广泛的接受和运用。于是，从距今2万—1.8万年的山顶洞人时代至距今万年前的旧、新石器时代交替之际，中华远祖尚只揭开了抽象计数和数字发明的序幕，数字的正式发明和广泛行用还有待新石器时代的到来。

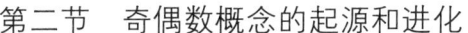

第二节 奇偶数概念的起源和进化

将中国与近东数字发明以前具体计数技术进化的状况相比较就可看出：中国的具体计数技术及其计数工具的种类单纯，且集中用于计月相和阴历计数；而近东的具体计数技术及其计算工具的种类复杂，几乎每类资源，如粮食、土地、羊等，都有自己的计数工具和自己的计数基数，且都集中于会计记账。正如本卷第一册所述，这分别是由当时中国的原始氏族社会和近东的原始等级社会性质的不同所决定的。除了上面所说的外部条件外，中国原始计数技术体系在结构和功能上的这些特性，便是中国具体计数技术进化比近东早的内在原因。中国具体计数向抽象计数的进化之早，不仅在于距今1.8万年的山顶洞人时代就发生了数字的萌芽,而且也在于当时已开始用直线和曲线,来分别临摹两种算策对一类事物的两个方面或一个实体的两种成分做分组计数。随着具体计数向抽象计数的转变于山顶洞人时代至新石器时代早期之间在各地逐渐展开,这样的分组计数的发展,导致数字的发明和行用与奇偶数概念的形成和应用以至数字卦的发明和使用,在协同进化中并肩而行而同时在各地推广开来。这是中国具体计数向抽象计数进化过程的另一大特征。

由于原始农业从长江流域的稻作农业起源中心和黄河流域的旱作农业起源中心向各地扩散的进程是不均衡的,各地氏族对当时流传来的数字、奇偶数概念和数字卦的接受和应用的情况也千差万别,于是,在很多旧石器晚期至新石器时代早期遗址中留下的数字、奇偶数概念和数字卦的遗迹也参差不齐,以致一些原始农业刚刚兴起而没有发展到相当程度的遗址,仅留下有当时初民运用奇偶数概念的遗迹而没有数字遗迹。下面就来介绍这类遗址中所保留的奇偶数概念应用遗迹的几个例证。

一、旧石器时代晚期中华远祖掌握的奇偶数概念

中华远祖对奇偶数量概念的掌握很早,至迟在距今2万—1.8万年,山顶洞人用串珠对大月30日、小月29日分组作阴历记数,就表现出了这种认识能力。上面提到的距今1.3万年的山西吉县柿子滩遗址的那幅岩画——"狩猎格斗"图,其"下部涂10个圆点,按2、3、3、2序列竖排"(F28)(图2.1.8),就是迄今发现的最早奇偶数对偶对称排列的典型例证。该遗址发掘报告载:"柿子滩的人们,可能已是一个氏族集团,他们集中住在一起,过着采集渔猎生活,而且有了自己的精神文化。成批羊牙齿的发现,至少说明羊肉是他们的主要食物,而羊皮则是他们的衣服来源,这些羊很可能是他们的猎物饲养""从发现的究磨赤铁矿石粉的磨盘、磨石和赤铁矿石块来看,绘画已在当时人们精神生活中占了一定地位"(F28)。因此,他们的绘画必然是围绕其氏族生存和繁衍之必需:阴历和羊群的繁殖。于是,他们在阴历月历图之外,还绘制这幅图来向后人传授用五指计数法对雌雄羊分组计数的知识;由两只手的五指对称,临摹出这两个

分别代表雌雄羊的奇偶数之对偶的对称,而使中华远祖在长期采集渔猎生产实践中通过对自然物的仔细观察所形成的异性对偶、对称概念,在距今万年前就流露出来。这实际上就是中华民族传统阴阳观的萌芽。

二、旧、新石器时代交替之际北京东胡林氏族对奇偶数概念的掌握和运用

距今1.1万—0.9万年的北京东胡林遗址出土的1件骨柄石刃刀[T8(5):20],其发掘报告载"骨柄上部刻有花纹"。从其照片看来,其花纹实为7组"人"字形刻划线,且按刻划线的根数分组排列从右至左如下:3+3、4+4、4+4、2+2、2+2、2+2、3+3(图2.2.1)(F37),而呈现出奇、偶数分组排列,从而显现出东胡林人当时已形成奇偶数概念,并用来做分组计数的情况。该遗址发掘报告载:"东胡林遗址,既发现有打制石器、细石器、磨制石器、谷物加工工具、陶器等文化遗物,又发现有火塘、墓葬等遗存"(F37),表明该遗址当时正处于原始农业和陶器制作的兴起之中,天文历法和动植物的驯化与繁殖对东胡林氏族同样为第一要务;鉴于"遗址中出土的动物骨骼数量较多"(F37),此刀可能为宰杀动物的工具,其上面的这7组呈奇、偶数的刻划线,除了用于记月相外,可能还是用算策对雌雄动物分组计数的临摹和记录。

图2.2.1　距今1.1万—0.9万年的东胡林遗址出土的骨柄石刃刀(F37)

三、新石器时代早期华北各地农业氏族对奇偶数概念的掌握、运用和发展

(一)被考古学家们认定同东胡林文化有渊源关系的河北武安磁山遗址,距今1万—0.8万年,代表原始粟作农业先进文化,因发现堆积粟类粮食上十吨的众多窖穴遗址而闻名,在策算和奇偶数概念的应用和发展上,也表现出对东胡林文化传统的继

承。其一期文化遗存中,除了上百个石球和陶球外,还发现有断面为圆形的骨笄64件和断面为扁圆形而两头尖的骨笄8件;及分别钻有1、2、3、4孔的"蚌饰"和蚌壳共7件(F53),显现出继承旧石器时代流传下来的传统用石球计月相,用石、陶球加上7件一套钻孔蚌器的配合做阴历计数,并用8件一套骨笄测日影以定4时8节,用64件一套骨笄作算策计算阳历日数的迹象。其二期文化遗存中,有石球105个(正好是7的15倍数)和石"弹丸"6个及陶"弹丸完整的13件",还有圆锥形的骨锥、骨笄和梭针共42件和断面为三角形的骨笄22件、有刻纹的"骨镞"、梭针和扁体骨锥共11件及圭形"骨凿"和"骨镞"各8件(F53),也显现出只用石球计月相,用石、陶球做阴历计数,并用8件一套骨锥配合11件一套刻纹骨圭测日影以定4时8节,用64件一套骨锥作算策计算阳历日数的迹象。在这样综合运用球算和策算的过程中,磁山人对奇偶数概念的灵活应用留下种种遗迹。如其第一期遗存中的几件陶盂,如H281:4、H173:9、H94:3,其腹壁分别饰奇数1、3、3道"锯齿纹";而陶罐,如H281:3,则饰双数2道"锯齿纹"(F53)。其第二期遗存中的陶盂中,凡饰"锯齿纹"者,如T96(2):33、T96(2):38、T87(2):29,分别饰双数2、4、6道;而不饰"锯齿纹"者,如T25(2):27、T92(2):32,则饰单数3、7道线纹(F53)。这样以奇、偶数来对事物的"是"与"非"作分类,以便人们识别其类型而对事物分别加以计数和处理,显然,是对奇偶数概念的巧妙运用。

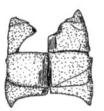

(二)与磁山文化紧密联系的北福地遗址,距今8000—7000年,也有遵循旧石器时代流传下来的用石球记月相、做阴历计数的传统,而注重使用石球的遗迹。其第一期文化遗存A型卵形石坠21件、B型卵形石坠5件和石球2件,共计28件,正好是一月的4周月相之日数(F55)(图2.2.2)。据朱延平(2008)考证,其一期文化房址共16座,"从房址的形制和所出遗物看,往往呈现出两两成对的组合关系",其中是否有"A形卵形石坠"或"石球",成为区分这些成对组合属性的一个重要标志;F15和F16、F8和F12及F1和F2这3对有,F7和F10、F9和F11及F3和F6这3对无。这样成对组合,正好同阴历月的6个小月与6个大月相对应。由此可见,这样安排房屋组合,原来是为了这12房的居住者按此组合相间,轮流负责依月相做阴历计数。这既是新石器时代早期先民仍在用石球依月相做阴历计数的直接证据,也是当时先民以有(1)与无(0)分别代表奇数与偶数,按月相对全阴历年的双月周期分别计数的直接证据,即以前者计数单双月,后者计双数双月;并且很有可能是前者由男性居住者掌握,后者是女性居住者掌握,而成为当时实行对偶婚的直接证据。这里就展示了中华先民用奇偶数表达有与无、男与女这类事物及其概念的对偶关系或对立统一矛盾之阴阳观的进化,在距今8000年前已达到惊人高度。与此相对应的是,这同一文化层中还出土有原始数字卦,下一章将予以展示。

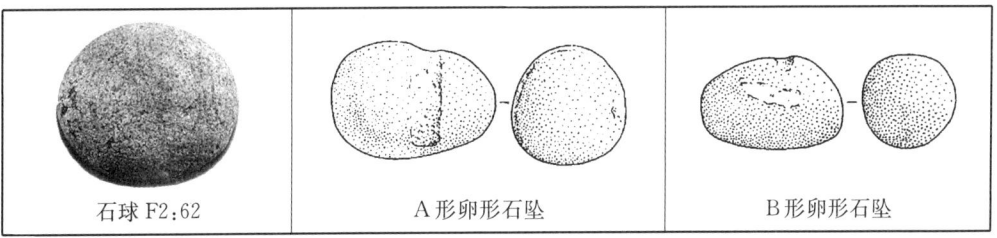

图 2.2.2　距今8000年的北福地遗址第一期文化遗存的球形石(F55)

(三)与上述北福地遗址第一期遗层一样,河北容城上坡遗址第一层,也出土磁山文化式的陶盂(直腹盆),属于磁山文化式的发展中的原始农业文化。其第一文化层中就有用奇偶数分组计数的种种遗迹。其一是"带坑窝的石器16件"。其发掘报告载:其"每件石器上的坑窝数量依石料大小不等,多则20余个,少者3—4个。其功能是一种特殊用途的砺石或研磨具。标本采:014,……,呈不规则圆形,一面有坑窝10个,……。标本采:056……,椭圆形,一面有坑窝10个,……。标本 T34(4)501,近梯形,一面有坑窝15个。……。标本 T34(4):349,……,呈不规则圆形,一面有坑窝8个,……。标本 T35(4):81,……,近方形,一面有明显坑窝3个。……。标本 T6(4):517,近三角形,一面有明显坑窝3个。……。标本采:012,……,椭圆形,一面有坑窝10个。"(F56)由此看来,呈圆形的石器都有偶数坑窝,呈非圆形的石器都有奇数坑窝,二者分别用来做两组计数的功能明显。

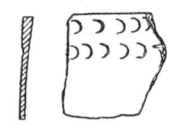
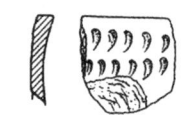

图 2.2.3　距今 8000 年的河北容城上坡遗址一期出土的陶器(F56)

其二是该文化层出土的不少陶器上的刻划线,也是按奇、偶数分组排列,正好是对用算策做分组计数的临摹和记录。如陶器标本 T44(4):710(图 2.2.3)腹壁上的刻划线数按奇数三与偶数二分组排列;陶器标本 T45(4):34 和 T44(4):37 腹壁上的刻划线(F56),明显按奇数与偶数分组排列,而奇数排只是通过加 1 条刻划线而成偶数排;或是偶数排通过加 1 条刻划线而成奇数排,这显然是策算过程中的"挂一"作业之描绘。

四、新石器时代早期中原地区贾湖文化居民开启奇偶数概念向阴阳观的大跃迁

代表原始稻作农业先进文化的河南舞阳贾湖遗址,因其后期稻作已被证明"具相当规模"而被认定为东亚稻作农业起源中心之一,距今 9000—7800 年,其文化层中出土有充分的实物证据来确证:贾湖人总结和提高了旧石器时代以来积累的月相观察经验和阴历知识,认识了月亮周期性视运动规律和掌握了阴历月周期的日数和年周期,不仅为阴历向农业发展所需的阴阳合历过渡奠定了初步基础,而且以四象为坐标系精确化月相观察乃至发展出 28 宿体系开辟了道路。尽管贾湖人建立起了完整的阴历,但阴历不能适应他们发展农业而掌握时令节气的需要。随着氏族人口的增加,他们发展农业的需求受阴历局限的矛盾逐渐尖锐,从而导致他们观察天象的重点由月亮逐渐转移到太阳上来,而开始探索阳历。正是在这样的背景下,贾湖人使人类对奇偶

数关系的认识实现了大跃迁。

在中华初民的奇偶数量概念公开显露之后的三四千年间，不仅最原始的奇、偶数字出现了，而且还发明了由它们组合而成的原始数字卦，以至贾湖人于距今9000—8200年能进而把原始数字卦直接发展成五进制数字卦，并用奇、偶数字"一""八"分别代表八卦之两极被后世称为"乾"与"坤"的卦，从而奠定了中华文化"阴阳"观的基础而开启了以"阴阳八卦"为核心的中华文明向前发展的步伐。贾湖人的认识能力在此800年间之所以实现如此大跃迁，是由于他们在努力实现其候风历向四分历的转变中，把奇偶数字的对偶概念发展到阴阳规律的高度，并通过对奇偶数字关系的处理实现了对阴阳规律的熟练掌握和灵活应用。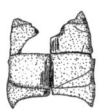

（一）贾湖人继承和发展了山顶洞人时代以降北方文化中积累的数学和计数科技成就，特别是将抽象计数从具体计数中完全超脱出来，把分组计数和奇偶数概念发展到全新高度，将传统的具体计数工具——球算器、策算器和串珠算器发展成适用于对偶、对称分组计数的多组合计算工具，2对偶4对称组合串珠、4对偶8对称组合串珠；以奇、偶数为基础的算策组合等；还创造出新型计算工具，如以多种陶球配合石球组建多样化算球组合；2对偶4对称、3对偶6对称、4对偶8对称龟甲和小石子组合；2对偶4对称、4对偶8对称组合乳钉纹等方式，开始是用来对四面八方的风向做分组观测和记录以建立候风历，随后用来对四时八节的日影长度做分组观测和计数，从而发明了八卦模式。

（二）从该遗址出土的各种符号材料的相互印证中可以看出：他们是按八卦模式，用土圭测影法观测日影长度，来测定阳历年的二至、二分乃至八节的（对此本卷第二册作有详论）。例如，B型多口陶罐"多出自墓葬""素面，束颈部一周四或八个乳钉纹"，像标本M325:6"上腹对称四个圆乳钉"、M22:3"颈下一周八个圆乳钉"那样（F38），以其将圆周四或八等分，来表示此四时或八节对一太阳年的四或八等分，从而建立起世界上最早的阳历。

（三）贾湖遗址的发掘者也发现了贾湖人长期运用数字奇偶律的事实。他们发现："在贾湖23座随葬龟甲的墓中，除开随葬一个龟甲的墓和龟甲碎片的墓以外，余下的14座都是以二、四、六、八的偶数龟甲进行随葬……在长达千余年中，贾湖人忠实地保持了对这些人(可能为巫师或首领)呈偶数龟甲的随葬习俗"(F38)。还考虑到当时实行母系氏族制度，这些人多为女性，即使是男性也是留本氏族作女性首领对待，因而才以偶数龟甲随葬。这就意味着已把偶数等同于阴性，而开始奉行传统阴阳观。

（四）在贾湖人综合应用旧石器时代流传下来的球算器、策算器和串珠算器，创造龟算器，并将它们发展成适用于对偶、对称分组计数的多组合计算工具的过程中，看来策算器起了关键作用。尽管其所用的木棍、竹签或蓍杆算策已腐朽无存，但他们借用生产工具——骨镖和骨镞作算策的遗迹足以证明：他们把奇偶数概念用于策算中，用算策做对偶、对称分组计数，并把策算所计之数用刻划线临摹或记录在算策（包括骨镖和骨镞）上。在长久不断地进行这样的计数实践中，他们不仅不断地加深对奇偶数的理解和应用，而且把奇偶分组算策计数的式样直接临摹为刻划纹样，从而把世界上最早的一批数字以组成的数字组合——数字卦的形式展示出来。他们这样做奇偶分组算策计数留下的遗迹之一是：在贾湖墓葬中，骨镞大都成偶数组合，骨镖大都成奇数组合。如M282中有骨镞8件、骨镖9件；M263中有骨镞6件、骨镖1件；M277中有骨镞22件、骨镖5件；M395中有骨镞6件、骨镖9件；M411中有骨镞6件、骨镖5件；M121中有骨镞4件、骨镖3件；M73中有骨镞2件、骨镖1件；M335中有骨镞4件、骨镖1件；M363中有骨镞8件、骨镖1件；M388中有骨镞6件、骨镖5件；M291中有骨镞10件、骨镖1件等(F38)。正是这些骨镞和骨镖上刻划有各不相同的数字卦。这分明是在以骨镞和骨镖作算策分组计偶奇两类不同的数量，无论计量的事物如何，都意味着多项目分组合计数已在向分层定位的更高阶段发展。尽管看不出其中使用过某种策算法的迹象，但毕竟开后世策算的坤策与乾策、光杆算策与标数算策分组计数之先河。原始策算器如此搭配同出而相互印证，充分显示贾湖人在创制、运用和发展计算工具的过程中,不仅奠定了开创、使用和发展伏羲卦数的早期基础,而且开启了以伏羲卦数作理性思维语言文字和逻辑来认识和开发自然之理性认识的进化过程。

贾湖人在用各种计数工具作分组对偶对称计数的过程中,用策算器来核对或重复用其他计数工具的计数,更重要的是用它来把它们的计数结果转化成算策式样,以便将其临摹刻划记录下来。这样一来,用其他计数工具所做的具体计数便转化成抽象计数,其具体计数所记的具体奇偶数概念也随之转化成抽象奇偶数概念。从此,用数字表达的抽象奇偶数概念便建立起来,即用偶奇数字来概括具体偶奇数所表达的雌与雄、女与男、北与南、西与东、冬至与夏至、秋分与春分、无与有、非与是等各种各样的具体对偶关系或矛盾对立统一关系。同时,在当时农业革命正方兴未艾,他们所有这些计数工具所做的计数中,最重要、最经常做的,是为建立阳历所需做的计数,即先是对四季八节之季风的风向做记数,随后便是对四时八节的日影长度做记数。在这样年年反复对四面八方和四时八节做对偶对称分组记数中,他们经常用奇偶数字来表达其日常感受的"山北为阴"与"山南为阳"的对偶关系,这就使阴与阳的对偶逐渐代表了偶奇数字的对偶及其所概括的雌与雄、女与男、北与南、西与东、冬至与夏至、秋分与春分、无与有、非与是等各种各样的具体对偶关系或矛盾对立统一关系,从而使人类对宇宙万物的认识开始走上了由抽象数字表达的抽象奇偶概念向传统阴阳观乃至阴阳哲学进化的道路。

"山北为阴"与"山南为阳"有别的直感,在北温带地区生活的各民族的原始意识中都会出现;但将这类直感在中国上升为抽象的偶奇对偶概念,并以其作为看待宇宙一切事物的传统阴阳观而流传至今,只因它跟随伏羲八卦之作为建立原始阳历之基本范式的兴起和普及。随着如此先进的贾湖原始农业文化扩散至四周并波及到汉水和淮河流域,贾湖人的这些天文历法科技成就及其表达的伏羲卦数语言和文字便传播到黄河、长江和辽河流域;这些地区越来越多氏族一旦接受农业文化便会开始学习伏羲卦数语言和文字,以学会掌握原始农业技术及农业所需的阳历;而各地氏族在各地传统

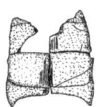

文化的基础上利用当地既存条件来开展日影观测、对四时八节的日影长度做对偶对称分组计数的实践中,就会像上述那些距今8000年前后的文化遗存所揭示的那样,逐渐掌握和运用阴阳观,来解决自己氏族生存繁衍中的实际问题,如辨方向的北南、西东,定天时的冬夏至、秋春分,动物驯化和繁殖的雌雄,氏族婚配与繁衍中的男女,器具制作和革新中的方圆等等,从而把阴阳同八卦连为一体,当作其民生实用科技——易学的核心内容,而予以世代相传。

五、新石器时代早期中原地区居民接受和应用贾湖文化的偶奇阴阳观

与贾湖文化邻近而有密切关系的裴李岗文化流行于各地的遗址中,有当时先民接受和应用贾湖文化式奇偶阴阳观的遗迹。如河南密县马良沟遗址,其发掘者认定:"是一处与裴李岗相同类型的新石器时代早期文化遗址"(F80)。其出土的镂孔三足器底部钻孔都是奇数,这也是在以且镂孔奇数来对这种陶器的特殊功能(如阳历计数)划分级别,就像后世薛家岗三期文化的钻孔按奇数分成7个级别一样。更值得注意的是,这些三足器底部的镂孔,都按奇、偶数整齐排列,如标本H1:1—4,其底部钻孔分别是7、11、7、9个;其镂孔按奇、偶数列队对偶、对称排列,且以偶、奇数分别对应不同方位(图2.2.4)(F80)。这显然是当时贾湖文化按奇、偶数对偶对称分组记数之习俗在这里流行的反映,如此精心制作是为了便于把这种计数法向其后人传授。

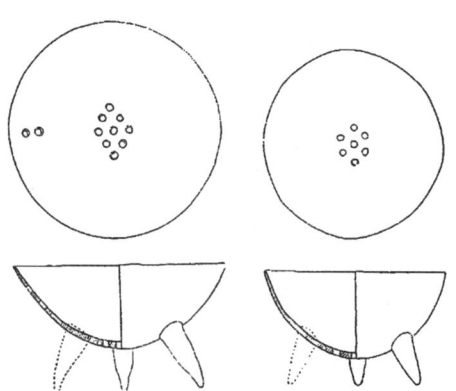

图2.2.4　距今8000—7500年的马良沟遗址出土的陶器(F80)

六、偶奇阴阳观在新石器时代早期东北地区的传播和应用

随着原始旱作农业文化的扩散,山顶洞人时代以降中国北方文化中的先进计数技术和奇偶数概念,经贾湖文化居民应用于测影辨向、定时中的对偶对称分组记数而同八卦结合起来,在趋向阴阳对偶进化的大道上如虎添翼地向四周传播,以至在距今 7700 年的内蒙古敖汉旗兴隆洼遗址出土的陶器上,都留下了当时先民应用奇偶数概念于辨向定时之对偶对称计数的遗迹。作为其出土陶器的一种主体纹饰,横向重叠的之字纹或人字纹,视器体高矮环周排列成 3—11 道,而同弦纹、堆纹之类附加纹饰环周排列的道数呈奇偶对应,如之字纹或人字纹是 9 道,则附加纹饰就可能是 2 或其他偶数道。更突出的是,该遗址房址居住面上的遗物中,有一件陶罐 F180(4):7,其发掘报告描述道:其"主体纹饰为规整的平行短斜线纹带,自上而下 7 排,每相邻两排方向相反成横人字形纹。……第一、三、五、七排以上端为支点,第二、四、六排以下端为支点"(图 2.2.5)(F63)。这就再明确不过地把当时先民依月相按奇偶做阴历计数的做法和盘道出。

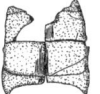

图 2.2.5 距今 7700 年的兴隆洼遗址出土的陶罐(F63)

与此相对应的是,其居住面下的 M118 墓葬的墓主,从其"随葬品较丰富"的情况看来,就是应用奇数概念为其所在氏族辨方向、定天时的大师。其随葬品中有 183(195—12)块,即相当于阳历年半年日数的小石叶、1 件刻划有三角形的"磨石"、实为串珠算器的 9 件方形或圆形"石管"、实为算策的 3 件"骨梗石刃镖"和 3 件骨针(锥)、实为串珠算器的 8 件"牙饰品"、实为定向器的"短管状玉玦 2 件,圆形蚌饰 1 件",还有分别为雌雄的"两具完整猪骨架"(F63)。其他随葬品的结构和功能将在本书相关章节讨论,这里只谈这 12 块小石叶和这两具猪骨排列中对奇数概念的巧妙运用。

对这些小石叶,其发掘报告载:"M118:1,共 12 片,其中 6 片呈长条形……另 6 片呈长三角形"(F63)。这显然是以这两种不同形状的小石叶,来对一阴历年的 6 个大月的偶数日和 6 个小月的奇数日分别加以计数,以实现月平均日数 29.5 日。对这两

具猪骨架,其发掘报告载:"自西北向东南依次顺放[为叙述方便,分别编为甲猪(雌性)和乙猪(雄性)],占据墓底一半位置。甲猪仰卧,下颚骨在上,上颚骨贴近墓底,吻部朝西北。……乙猪也仰卧……双蹄紧蹬东南端墓壁。"(F63)这样以雌与雄的对偶同西北与东南的对偶相对应,正好同伏羲八卦模式以西北为阴、东南为阳的方位相一致。

七、偶奇阴阳观在新石器时代早期西北地区的传播和应用

随着原始旱作农业文化的扩散,山顶洞人时代以降中国北方文化中的先进计数技术和奇偶数概念,经贾湖文化发展成同八卦相结合的观测和记录模式后,也流传到了西北地区。甘肃秦安大地湾遗址第一期文化,距今7800—7300年,据其发掘者断定:"当时这里的农业生产尚不具规模,明显落后于中原地区",其墓葬M212出土的"陶纺轮"(M212:2)的"一面饰交错细绳纹"(图2.2.6)(F58),与布满其上平行线纹交错的四组短斜线纹,其条数正好按下上右左或南北东西的方向成奇、偶两两对偶排列,即排列成3:4和3:4,与后世文化以南、东向为阳,北、西向为阴暗合。这表明当时中原地区业已形成的阴阳观及其用偶奇数予以表达的方式,也随着中原地区的先进的原始农业和原始阳历科技的传播来到西北地区。

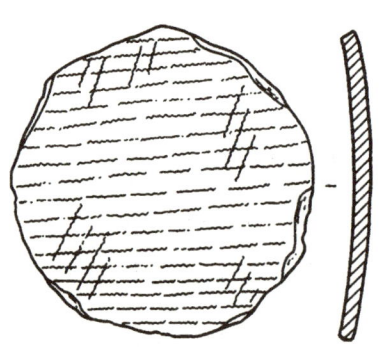

图2.2.6 距今7800—7400年的大地湾一期文化饰纹陶"纺轮"之一(F58)

以上这些考古发现的生动事实直接证明了,在距今7700年前后,偶数与奇数、雌性与雄性、西北与东南等一系列对偶关系中的阴阳观,已经深深地贯彻于东方三河流域先民的日常生活之中,这种朴素的阴阳观根本不是他们的什么迷信或宗教,而是他们日常生产和生活必不可少的知识和技能;他们世世代代必须学会灵活掌握、熟练应用和认真发展这些知识和技能。这就是以阴阳八卦为核心之易学能在9000年中持续进化的根本原因。

第三节 中国数字的起源和进化

中国数字的形象本身就为其起源提供了线索。它们保留了用筹策计数的象,正如程贞一先生(1995)所说:"筹算数字的出现比甲骨文早,后者是由前者演变而来的。近来陶文的出现,显示数字的起源更为古远。"其实,骨文比陶文还早,如上所述,在骨器上契刻的象形筹策计数的划线纹"×"等,早在距今 2.8 万年前就问世了(F17)。那些是迄今发现的最早数字,尚只是在一些地区流行。只有在人类社会需要用筹策做各种具体计数而能代表抽象计数时,象形筹策排列式样的划线纹,才能被越来越多的社会成员公认为数字。因此,作为象形筹策排列式样的划线纹,也就是人们所说的"筹算数字"进化成数字乃至整个数字系统的过程,也是这些数字逐渐普及而得到社会公认之范围不断扩大的过程。这节就来考察中文数字进化经历的这一过程。

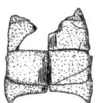

一、迄今发现的最早数字系列——贾湖人使用的数字

中国社会是什么时候开始需要用筹策做各种具体计数的?距今 9000—7800 年的贾湖遗址遗留下了充分而系统的实物材料来证明,正是在贾湖人时代的前夕中国社会开始发生了这种社会需求。原来中国大陆性季风气候对动植物生长的限制,使告知何时播种的太阳历成为人口增长压力下开展农业革命的首要需求。贾湖人的祖先一是靠自许家窑人以来积累的天文观测和历算经验,掌握了月亮周期性视运动规律,建立了完整的年度阴历,并开启了摸索候风历和候气历的航程,为进一步使天文观测和历算向阳历发展奠定了深厚基础;二是靠继承和发展了山顶洞人以降积累的计数科技成就,改进旧石器时代流传下来的球算器、策算器和珠算器,开创龟算器,同借用山顶洞人发明的刻划纹"一"和"二"做成的原始数字组合相配合,用于风候和气候的观测和记录,为发明五进制数字及其组成的数字卦做好了充分准备。

贾湖人正是在其祖先奠定的这些科技基础上,在其继承下来的候风历和候气历的探索实践中,特别是在对候风进行观测、做对偶、对称分组记数的实践中,通过长年累月地观测记录四时八节之季风方向,而逐渐形成了四面八方的概念、发展出记录四面八方季风的原始八卦,并发现日影长度随季风方向转换而呈现的周期性变化,从中摸索出一套以"土圭测影"测四时八节、以八卦定四时八节的方法,从而适应了农业革命对阳历的需求,率先摸索出原始四分历而开启了向古四分历过渡的历史大趋势。在摸索这套方法的过程中,他们用策算做其他各种算器的记数和记事,将山顶洞人以降历代先祖发明的刻划纹数字"一""二""三""三""×"集中起来加以组合,用来记所算之数和时节及方位,全面实现了具体计数向抽象计数的转变,使其数量概念由各种具体数量统一地用这五个数字刻划表达,从而发明出世界上最早的一批五进制数字;同时,他们使奇偶数概念由各种具体奇偶数的对偶统一地向这五个奇偶数字的对偶转变,从而发明出世界上最早的一批五进制数字卦。从此,他们使数学作为一切科学之母的抽象思维科学走向历史舞台,而在人类认识史上开辟了由数学抽象向哲学抽象前进、数学的奇偶数概念向哲学的阴阳观前进的理性思维科学的新纪元,为人类认识进化走向以抽象数学为根基的理性思维科学的发展开辟了无限广阔的前景;同时,他们以其创造的五进制数字卦开辟了以数字组合作基础的元语言、原文字的新纪元,为人类符号系统超脱原始状态向文字符号体系进化开辟了无限广阔的前景。正是在这个意义上,莱布尼茨(1703)称"易六十四卦是宇宙间科学最古老的里程碑之一"。

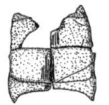

贾湖人把原始数字发展成五进制数字和把原始数字卦发展成数字卦的历史功绩,在其留下的遗物中必有反映。旧石器时代晚期以降初民通常借用来做观测和计数工具的锥形器,在新石器时代早期呈现出了新局面,而在距今9000—7800年的贾湖文化中就得到的反映是迄今所知最早的。贾湖遗址出土有大量骨锥和骨镖,除了它们大多分别成组合随葬,且骨锥大都成偶数组合,骨镖大都成奇数组合,分明是在以骨锥和骨镖作算策分组记偶奇两类不同的数量的上述特征外,它们以其明显的形制、结构、刻纹和随葬情况,为我们将其计量功用与其兼具的生计功用区别开来,识别其用作算策的本来面目提供了系统的标本。正如其发掘报告所载,其出土的这些骨镞和骨镖中,有些骨镞的器体上有 1—15 道横线刻划;有些骨镖的器体上有 1—16 道刻线,有的甚至刻"有交叉状划纹五组和斜线纹五条"(F38),不仅与其前世各地旧石器时代晚期遗址所出器具上的计数刻划纹"一"—"×"相对接(F10,F17),也不仅与其后世各地普遍行用的相应古数字"一"—"×"相类同,而且这些划纹以 3 个或 6 个一组出现,其数字之间或是以划线的长短或是以其间距离的大小相区别,与后世各地出现的古数字组合而被考古学家们所鉴定的数字卦相类似,分明是迄今发现的最早数字卦。其发掘报告中公布的骨镞和骨镖上所刻划的数字卦,将在下一章介绍。除了学者已公布的贾湖出土古数字"∧""十""八""∨"外(张居中 2003、拱玉书等 2009),这里只列举证实贾湖人已发明古数字"一"到"×"的例证(F38)。

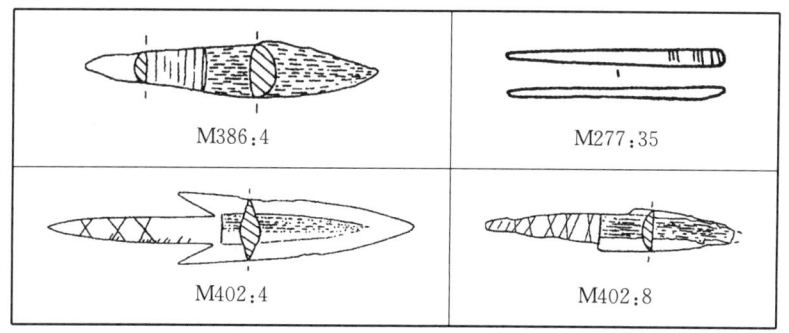

图 2.3.1 距今 9000—8000 年的贾湖文化骨器上的数字卦(F38)

如图 2.3.1 所示,骨镞标本 M386:8"铤部削出的平面上有横划纹"6 条,分三组排列,而呈古数字"一三一"组成的单卦"离"。骨针标本 M277:35,其图示可见三组横划纹,呈现出古数字"二三三"组成的单卦"兑"。骨镞标本 M402:4"长铤一面磨平,上有交叉状划纹"三个,正好是古数字"×××"组成的单卦"乾"。骨镖标本 M402:8"铤部平面上有交叉状划纹五组和斜划纹五条",其图示可见实分为六组,正好是"三×××XI×"组成的重卦"同人"(F38)。贾湖文化遗存中表达单卦和重卦数字卦的实例还很多,足以证明贾湖人不仅发明了古数字一、二、三、四、五,而且已掌握了运用它们来表达和使用数字卦的能力,懂得用这些数字来表达和使用八卦和六十四卦。

同其后世文化遗存出土的数字卦相比,贾湖人的数字卦中所使用的且为后世沿用的古数字只有一、二、三、四、五,还没有出现后世的常规古数字六以上的数字;贾湖人的数字卦中所使用的数字六,与后世常规古数字"∧"不同,是用数字"XI",即五加一的方式表达的,与其后世所使用的常规古数字之"∧"形六字明显不同,从而表明贾湖人数字系统是五进位制,其进化尚未达到超出常规中文古数字"×"的程度,而且他们的数字系统同以加法为原则的近古的罗马数字系统相同,而不同于其后世以乘法为原则的中文数字系统。

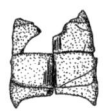

这些骨镞和骨镖上的记数刻划纹,显露它们曾被借用来记数,有些甚至异化成专用的记数算策,特别是与测日影用的石斧、测风候用的鸟羽风筝的放线器(叉形器)和龟算器一起随葬的那些骨镞和骨镖,看来已成为那些生前掌天文历法的墓主用过的记数算策;从随葬品的情况来看,还发现有专门用骨镞和骨镖做计算和记数的师徒传承班子,如这期段的 M277 墓葬多个墓主组成的专业班子,其随葬品仅少于随葬品最丰富的首领墓,但所用锥形骨器不仅远远超过其他一般墓主,而且超过首领墓葬而最多,竟然达 49 件之多,而与《易·系辞》的"大衍之数 50,只用 49"相合,表明他们正致力于对高级策算算法——大衍术的探讨中。将此精心组配(21 件骨镞＋21 件骨针＋7 件骨镖和骨锥)的 $7 \times 7 = 49$ 的数量组合联系到其同期的 M16 和 M327 随葬龟甲所含石子分别为 121 和 169 粒的事实,就可看出其策算技术与龟算技术的协同进化,已超出九九表的四则运算,达到计算 11 和 13 之平方的高度,充分显示贾湖人在发展、创制和运用计算工具来解决民生实用问题的过程中,不仅奠定了易数学、天文历算科技和方圆术的初始基础,而且以发明的数字和数字卦数开启了以伏羲卦作理性思维语言文字和逻辑来认识和开发自然的新纪元。

贾湖人在革新策算计数及其表达方式而发明数字和数字卦的同时，也率先给新石器时代早期的陶器纹饰带来了新局面，他们将旧石器时代末期以降沿用的编织纹、绳纹等纹样中的点、线、弧、面抽取出来，转变成划线纹、指甲纹或其他简单刻纹，作为平面造型的"元件"，随其具体计数的需要而加以千变万化地组合，构成其有自己特色的组合纹样，有些是对算策——契刻记数之数字的模仿，其中就有按伏羲卦数内在逻辑用来表达数字卦的规整组合纹样。其陶器上的组合饰纹，较突出的有两类：

一类为组合刻划纹，如其发掘报告所载：陶罐"用直线构成完整图案六组，其中八条的三组，七条的一组，六条的二组"，或陶盆划线"一般三至五道为一组"，陶支脚"划纹以四、五、六条一组者为多，也有七、八条一组者，个别为二或三条一组刻划纹"等(F38)。同上述那些骨镞和骨镖上的刻划线一样，这些陶器上的刻划线，也不仅与其后世各地普遍行用的相应古数字相类同，而且这些划纹以三个或六个一组呈组出现，其数字之间或是以划线的长短或是以其间距离的大小相区别，与其后世各地出现的古数字组合而被考古学家们所鉴定的数字卦相类似，也分明是迄今发现的最早数字卦(图3.1.5，图3.1.7)。

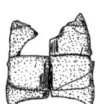

另一类为组合圆点纹，如其发掘报告所载："周身竖行斜刺出十四行坑点纹"，"器身有五组斜行交叉圆点纹"，"顶面戳刺六周圆坑点纹"，"周身戳刺六周小圆点纹"，"周身戳刺五周小圆点纹"等(图2.3.2)(F38)。这些组合饰纹，实际上是他们继承和发扬旧石器时代流传下来的具体计数传统，将用球算器或串珠做以7、6、5为基数的具体计数发展成分组计数而做出的临摹。这不仅是摸索出了与上述刻划线纹不同的另一种记数方式，也为先民学用伏羲卦数作理性思维语言、文字和逻辑以开展经验和知识的传授和交流，提供了一种非划纹组合——数字纹符号组合方式，从而为后世各地氏族以非数字卦形式学用和传授易学科技开辟了道路，也是继山顶洞人开启串珠算之后为临摹串珠计数的图画向中文辅助数字进化开辟了道路。

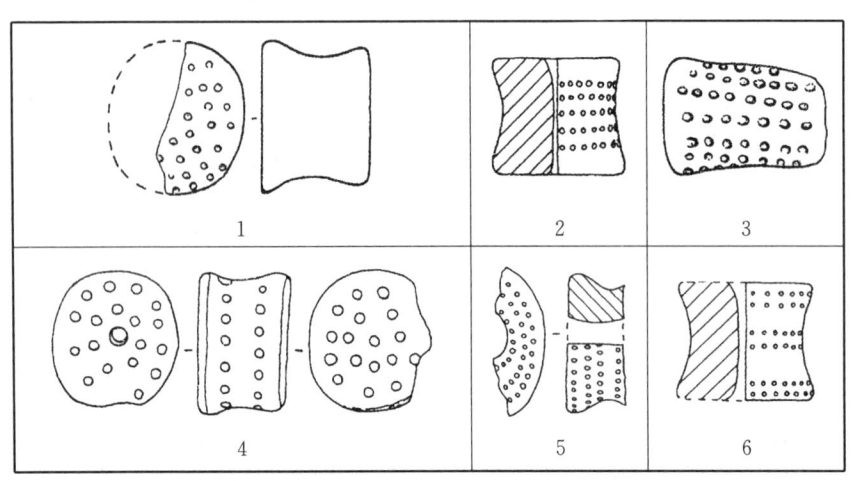

图 2.3.2　距今 9000—7800 年的遗址出土的陶支脚

1."6 周圆坑点纹",2."5 周小圆坑点纹",3."14 行坑点纹",4."6 周圆点纹",5.7 周圆孔,6."6 周小圆点纹"(F38)

贾湖人所处的时代已与山顶洞人的时代大不相同了。这时农业革命正在席卷东方大地,驱动农业发展的阳历技术和原始农业技术,正成为越来越多氏族的迫切需要。正是在农业革命所迸发出来的新的生产力的推动下,越来越多的氏族力求学用贾湖人开创的这些计算技术和记数方式,特别是卦数语言、数字和数字卦,以便在同贾湖文化的交流中掌握这些新技术。于是,在距今 8500—7000 年,随着贾湖农业文化和阳历技术向四周扩散,贾湖人开创的这些计算技术和记数方式,特别是卦数语言和数字卦,逐渐沿淮河和汉水流域向各地传播,致使黄河、长江和辽河流域各地新石器时代早期氏族,跟着将编织纹、绳纹等原始纹样中的点、线、弧、面抽取出来,作为平面造型的"元件",随其地方文化传统而加以千变万化的组合,构造出各有其地方特色的分组计数纹样,甚至直接用数字和数字卦,来标记和传授伏羲卦数系统及其表达的易学知识,使其世代有必备的理性思维语言、文字和逻辑来获取生存繁衍所需的先进知识和技能,也为其后续文化和四周文化以伏羲卦数为理性思维语言、文字和逻辑树立了先例,开辟了航向。越来越多的氏族随之而来接受伏羲卦数为自己的理性思维语言、文字和逻辑而予以继承、应用和发展,以至黄河、长江和辽河流域各新石器文化遗址出土器物之上,不仅饰有形态万端的分组计数纹样和贾湖式的数字、数字卦,而且饰有他们在贾湖文化成就的基础上创作出新的数字和数字卦。他们的这些创作,既概括和积累了他们实践的新经验和新发现,也在科技内容和数量关系上都同易学体系的基本原理和数理逻辑丝丝相扣、环环吻合,表明以伏羲卦数为理性思维语言、文字和逻辑、天文历法为首要应用领域的易学体系,已逐渐成为当时这些地区先民世世代代共同的宇宙认知体系和实用科技体系。这里仅以其出土器物上出现的刻划线组合纹饰为主,来考察其反映的数字进化动态。

二、中原地区新石器时代早期遗存中的数的表达和数字

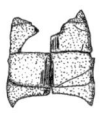

在空间上和时间上同贾湖遗址最近的裴李岗遗址中,发现一件中央穿孔且有四排整齐划纹的"陶纺轮"和二件骨锥同出。从此二类器物的组合可以看出,裴李岗文化居民可能用"土圭测景之法",将骨锥直立于陶轮的中央穿孔中,通过观测骨锥之日影来确定方向,敬授民时。这"纺轮"上的四排整齐刻划纹,当是记录测影数据的记号。这四排整齐刻划纹,除靠边沿6个一排小勾形纹外,其余三排都为小圆圈纹,其数目分别为6,7,8(F39)。如此以两种记数符号按序排列,如同河图中的成数,即古四分历参数,也显示出此陶轮上的这一数表的历算功用。这样以陶纺轮的圆周旋转来比喻日、月象及其相伴随的物候的周年变化,在上面刻划记录周年四时所能观测之景象的标记,用以敬授民时,既开启了以陶纺轮记历数作传授时令之一种教材的传统,也在延续临摹串珠计数的图画向中文辅助数字的进化。这样的陶纺轮,在各地新石器文化遗址中几乎都有发现,在有些遗址中还成系列出土,有的中央无孔,看来根本就不用于纺线而专门作教材,这就为证实伏羲卦数在当时传播和应用的知识谱系提供了系统的证据。

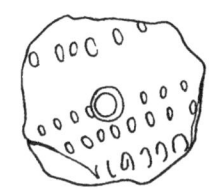

图 2.3.3　距今 8000—7500 年的裴李岗遗址出土的刻纹纺轮(F39)

与贾湖裴李岗文化有密切联系的磁山遗址第一期遗存的大量陶器上,就发现有附加泥条形成的重叠人字纹的多种形式的规整组合。旧石器时代以降世代相传的候鸟历,使生活在华北平原的磁山人习惯于观察天上飞鸟;重叠人字纹当是他们对列队飞鸟的速写,而不是山重峦叠的描绘。因而,将其称为列队飞鸟纹比"叠山纹"或"锯齿纹"更合适。其遗存的骨锥上也发现有这样的重叠人字纹组合。如此以飞鸟纹逐级组合,除了表示上述奇偶数量关系外,还用分组泥条纹演示以 7 为基数的分组计数、黑白飞鸟纹相间分组计数等(图 2.3.4.1、3、5)。不仅至此,陶盂样本 T92(2):32"腹壁饰几组附加斜条纹",从其图示仔细看来是几个数字卦,其图示的三组斜线中的每组斜线,都不整齐划一;从其斜线的长度和间距来看,第一组斜线分成三组,自上而下地呈现为古数字"三二二",显得相当于后世的单卦"艮";第二组斜线分成三组,自上而下地呈现为古数字"三三一",显得相当于后世的单卦"乾";第三组斜线分成三组,自上而下地呈现为古数字"二二三",显得相当于后世的单卦"震"(F53)(图 2.3.4.1)。骨梭标本 H121:1"器表刻有人字形阴线纹"(F53),从左往右细看,原来是四组古数字组合:"一一二""三一一""一三二"和"二二三",而分别相当于后世单卦"巽""乾""巽"和"震"(图 2.3.4.4)。这表明当时磁山人同贾湖人一样,也在行用原始和早期数字卦。在这样将

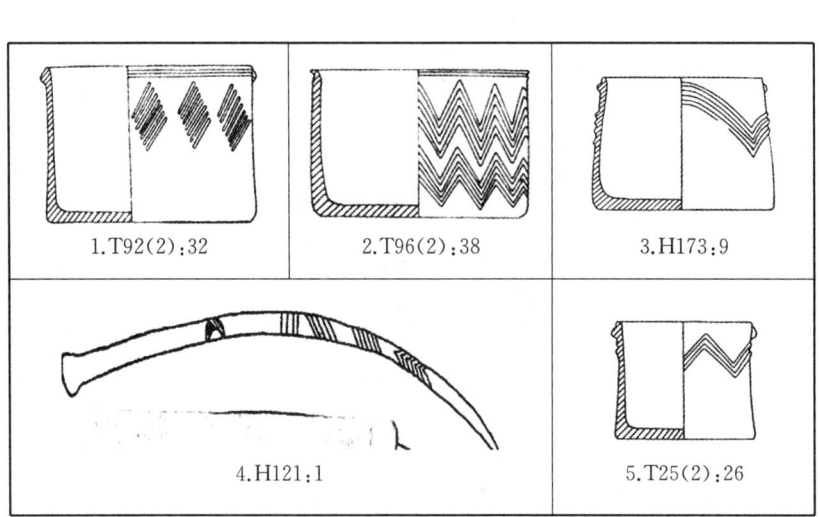

图 2.3.4 距今 8000 年前后的磁山遗址陶、骨器饰纹(F53)

数字卦与作为传统物候象征的候鸟纹相结合的易学知识传授方式,在各地新石器早期文化及其后续文化中都得到了这样或那样的模仿和发挥,对以伏羲卦数为语言和文字、以阴阳观为核心的易学在各地氏族和部落中的传授和应用有深远影响;后来各地文化中出现的形形色色的飞鸟负日图都由此而来。这些事实表明,尽管同随后开始兴起的图画表数相比显得较为简单,但是,这类携带伏羲卦数和天文历法知识的列队飞鸟纹一直流传到后世各地。

三、东北地区新石器时代早期遗存中的数的表达和数字

同中原地区裴李岗、磁山文化陶器的篦点人字纹或之字纹相呼应,东北地区新石器时代早期文化也有通过学用卦数语言和数字卦来接受和应用阳历和农业技术的迹象。除了上述兴隆洼遗址出土陶器所饰线形人字纹或之字纹横向环周排列的奇数道,而同弦纹、堆纹之类附加纹饰环周排列的偶数道数呈奇偶对应,来传授阴阳观外,还有位于辽西地区的阜新查海遗址,距今 8000—7500 年,出土的陶器上多饰划线纹,其中尤以分层排列的斜线、之字或人字纹带显得最规整,而显示出奇、偶数相别的概念。更重要的是,其中也出现了贾湖文化式的数字卦:其出土的一件"比较典型"的陶纺轮(采 7)上,饰有两列划线纹,靠边缘的一列按划线的长度和间距分成三组,从上至下呈古数字"四三三"排列,而显得相当于后世的单卦"兑";另一列按划线的长短和间距更明显地分成三组,从上至下呈古数字"二三三"排列,也显得相当于后世的单卦"兑"(图 2.3.5.1)。其出土的一件鼓腹罐标本 F30:116"腹饰横线与之字纹构成的几何纹",从其图示看来,所示的四组横线中的每组横线,都不整齐划一;从其横线的长度和间距来看,第一组横线分成三组,自上而下地呈现为古数字"三一一",显得相当于后世的单卦"乾";第二组横线分成三组,自上而下地呈现为古数字"二一二",显得相当于后世的单卦"坎";第三组横线分成三组,自上而下地呈现为古数字"一二二",显得相当于后世的单卦"艮";第四组横线分成三组,自上而下地也呈现为古数字"二一二",显得相当于后世的单卦"坎"(图 2.3.5.2)(F64)。这就不仅有建立阳历所需的分组计数和阴阳观

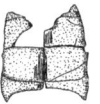

的遗迹,而且有应用和传授数字卦的遗迹,来证实贾湖、裴李岗、磁山文化的影响已传播到辽河流域乃至随后扩散到吉林的左家山文化,使东北先民从新石器时代早期开始就同他们一起来共同一脉相承于伏羲易。

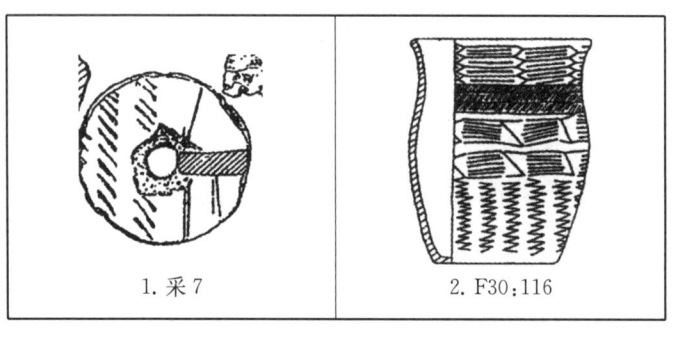

图 2.3.5　距今 8000—7500 年的查海遗址出土的饰纹陶器(F64)

四、长江流域新石器时代早期遗存中的数的表达和数字

与北方旱作农业对天文历法的需求相比,南方稻作农业要迫切得多;因而南方,特别是长江中、下游地区由水稻起源中心扩展开来的原始稻作农业文化遗址,保留了距今 8500—7000 年期间由贾湖文化传来的数字和数字卦在这些地区得到广泛运用和发展,并进化成十进位制数字系统的遗迹。这些遗址留下遗迹表明:(1)这一千多年的前期,贾湖文化式的数字和数字卦已在这些地区广泛使用,且大都同建立阳历所用的测影工具和分组计数相联系,从而表明当时伏羲卦数和数字卦确实是当时各地农业文化居民开展阳历和计算技术交流的语言和文字。(2)这一千多年的中、晚期,这些地区的居民为把阳历同阴历结合起来,探索发展适合南方稻作农业的阴阳合历,突破贾湖文化传来的古数字"一"至"五"的范围,发明出"六"至"十"的古数字与贾湖文化式的五进制数字相结合,建立起世界上最早的完整的十进位制数字系统,并用其十个数字来组合数字卦,开启了数字卦行用的新时代。下面就来考察这些遗址中的数字进化动态。

湖南澧县彭头山遗址,其发掘者判定,距今 9000—7800 年,同贾湖—裴李岗文化

"有一定交往和接触"。除了下一章要提到的刻划在名为"棒形坠饰"实为测影表上的"×"和"｜"字及其组成的数字卦外，还有不少陶器上所饰的作阴历计数的"圆形剔刺纹""半月形剔刺纹"等，和更多的分组计数纹，如"六道0.5厘米宽的划纹""七齿梳状工具饰平行划纹一周"、6行环周"按窝纹"等（F44）。与它"有一定联系"的湖北三峡地区的城背溪文化的一支——距今8500—7500年的桅杆坪遗址的前大溪文化遗存，还保留着刻划有古数字"一""二""三"组成的原始数字卦和早期数字卦的鹿角器（F46、F110）。

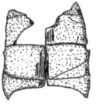

彭头山文化的后续文化——皂市下层文化遗存，其发掘者鉴定为距今8000—7000年，出土的陶器中有更多饰有分组计数划线纹，如"三道一组的竖线条纹""五道一组的旋纹""四组凹弦纹，每组四道，然后每组之间填其他刻划纹"。更重要的是，一些陶器出现了贾湖文化式的数字"一""二""三""×"和数字卦（图2.3.6），如皂市遗址出土的陶圈足盘T43(5):27上的古数字组合"××一"（F70）。习家湾遗址出土的15号陶罐上的古数字组合"二一三"和胡万T2(2):17号陶罐上的古数字组合"三二三"，都分别相当于后世的八卦之单卦"乾""兑"和"震"；胡万T2(3):5陶釜"耳上饰两横两竖长条镂孔"（F44），很可能是当时先民已开始传授如何对算策表达的古数字"一"与"｜"加以区别的知识，表明当时先民已经在摸索发明新的数字来适应稻作农业发展对改进历的需要。

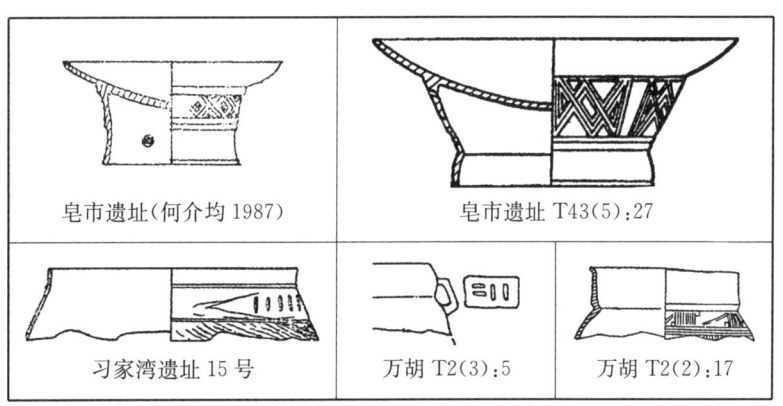

图 2.3.6　皂市下层文化出土的饰纹陶器（F44, F70）

与皂市下层文化大体同期的浙江萧山跨湖桥遗址,其发掘者认定:其文化具有"与长江中游新石器时代文化因素的若干联系。这一联系主要是指洞庭湖地区以石门皂市遗址命名的皂市下层文化,主要分布于澧水中游与沅水、湘水下游"(F43)。除了在一些陶器的形制和白陶的使用上有共性外,它们在精神文化方面也有共同点,如都使用贾湖文化式的五进制数字和数字卦,都致力于将其超越而发明和运用十进制数字。所有这些联系中最重要的是,正如本套书第一卷第二册所论证的那样,它们都有共同的追求,即继承和发展贾湖人奠基的天文历法科技,包括八卦模式指导下的"土圭测影"法和使用骨笛的候气法等,用来完善其阳历,并力图将阳历与阴历结合起来发展出它们稻作农业发展所迫切需要的阴阳合历。正是这共同的追求,特别是结合阴、阳历要做大数字计算的需求,导致它们共同致力于将贾湖文化式的五进制数字和数字卦发展成十进位制数字和数字卦。在实现这个共同追求的过程中,跨湖桥文化居民先行一步,较快地发明出十进位制数字和数字卦,从而最先开启了阳历与阴历相结合向阴阳合历进化的过程。跨湖桥人在应用和发展数字卦的实践中,除了行用贾湖文化式的五进制数字外,还使用了他们自己发明或从贾湖等地借用的古数字"∧""十""八或入""∨"和"丨",开创出汉文数字"六""七""八""九"和"十"的原始祖型。在跨湖桥文化的影响下,其附近各地文化,如浙江萧县下孙遗址、以浙江桐乡罗家角遗址为源头的马家滨文化和以浙江余姚河姆渡遗址为中心的河姆渡文化,都有大量器具刻划出贾湖文化式的和跨湖桥文化式的数字及其组成的数字卦。这些数字卦将在下一章介绍,这里仅列举一些跨湖桥人曾使用和传授这些数字的一些遗迹(图 2.3.7A)(F43)。此图中出示了该遗址所残留陶片上所描绘的"三""×""∧""十""八""∨"这几个古数字。这是迄今发现的世界上最早的一批十进制数字。它们不仅为跨湖桥文化和马家滨文化居民所使用,而且也流行于当时和后世各地。

同分布在澧水流域的皂市文化相邻的高庙下层文化,其发掘者认定"与皂市下层的中晚期大致相当;出土物中也存在某些共同因素"(F67);其遗存中有贾湖文化典型

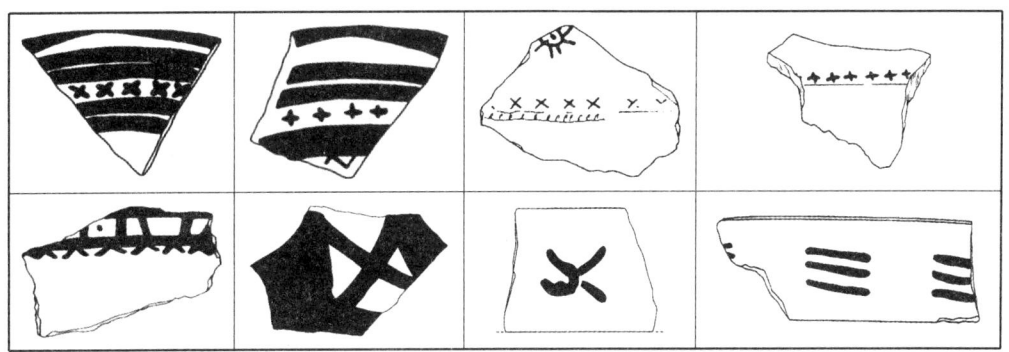

图 2.3.7A　距今 8000—7000 年的跨湖桥遗址出土的饰纹陶片(F43)

器物——骨笛和刻纹龟甲,表明其所受贾湖文化的影响之深。其同跨湖桥遗址出土材料上的共同点比皂市下层文化更多的事实表明,该文化与跨湖桥文化的交流更加密切,以至高庙文化居民在努力结合阴历与阳历的事业中取得超越跨湖桥人的重大进展,率先绘制出阴阳合历图,本套书第一卷第二册对此已作详论。为取得这一重大突破,高庙文化居民,一方面,创建了当时最先进的天文观察台,促进了天文观测的进步;另一方面,大力改进历算,开始摸索阴阳合历的最简置闰算法——十九年七闰法。他们的这些成就都刻录在其留下的大量陶器装饰图案中,这些浮雕式的华丽图案,幅幅都是当时他们生产和生活实践之方方面面的历史画卷。就像他们把天文历法成就刻录于授时图以"敬授人时"一样,他们把历算方面的成就刻录在计数图表上,用来向其后人传授这些历算知识。这些计数图表中,出现的十进位制计数系统的数字或其组成的数字卦,都是沿用跨湖桥文化式古数字符号,如一、三、×、∧、十、八、∨ 等;且显现出十进位制与"以五为系"的五进制计数习惯并行不悖,而为当时先民所练习和运用来做阴历和阳历计数及生产和生活中的其他计数。下面以湖南沅江流域几个遗址的高庙下层文化所出陶器图案为例(图 2.3.7B)(F67,F68),来探讨当时高庙下层文化居民的计数规则和方法。

高庙遗址下层出土陶器不少刻划有数字符号,在图 2.3.7B.1 所示例证中,如陶罐 T12-02(24):14 上的戳印篦点纹饰以太阳纹为中心,其上刻有跨湖桥文化式古数字组合"Ⅴ×Ⅴ",相当于后世八卦的单卦"乾",其用此卦表示太阳的用意明显。陶钵标本 T2003(22):6 的图示中也可看出其中一个古数字"三"和古数字组合"ΛⅤ"。陶罐标本 T0914(13):28,有简化双鸟负日纹,双鸟的嘴端各有一圆圈纹,加代表其所负之日的一圆圈纹,共计 3 圆圈纹代表一卦的三爻;八组两两对称的 3 圆圈纹代表八卦,并围绕罐的圆柱体一周而八等分之为八节,合计有 24 个圆圈纹,来表示一周年的二十四节气(半月)。陶钵标本 T2104(24):20 之圆柱体的腹上戳印有四列圆圈纹,在 1/4 的表面实况图面上,上两列每列 7 个,两列共计 14 个;下两列每列 9 个,两列共计 18 个;上下四列合计也是 32 个,半个圆柱体的腹上的圆圈总数是 64 个,也正好是 64 卦之数;整个圆柱体的腹上的圆圈总数是 2×64 个,正好是《易·系辞》所载的"二篇之策"数。与他们的阴阳合历授时图配合默契,天衣无缝。显然,这是一个教人学习和练习伏羲卦数的数表和算表或伏羲卦数的应用数表;其 64 卦的 6 爻之数 384,正是阴阳合历之闰月年的日数,也透露出高庙下层文化居民已在摸索十九年七闰法的真相。

同高庙遗址下层相比,松溪口遗址下层出土陶器上出现的伏羲卦数的数表和算表更多,且显现以四为基数的计数与"以五为系"的计数习惯并行不悖,而为当时先民所练习和运用来做阴历和阳历计数及生产和生活中的其他计数(F68)。如图 2.3.7A.2 所示,陶釜 T2(20):35 和陶罐 T2(13):21 上出现的,就是以四为基数的计数表,都分别用相当于现代数字的 1,3,5 的上古数字符号一、三、×计数。陶釜 T2(13):21 的主题层画有四组数字符号,每组包括四个圭形纹,其中三个圭形纹中画有×,各代表一个 5,共计 15;一个圭形纹中画有"丨",代表一个 1,加起来每组之和为 16;四组合计为 64,正好是伏羲 64 卦之数。陶罐 T2(20):35 上的主题层画有八组数字符号,每组包括两个重叠的"×"纹其两侧的"川"纹,两个重叠的×各代表五,共计为十;两侧的"川"各代表三,共计为六;于是,每组之和为 16,半个圆柱体上的 4 组总数是 64 个,也正好是 64 卦之数;整个圆柱体上的八组总数是 2×64 个,正好是《易·系辞》所载的"二篇之策数",其 64 卦的 6 爻之数 384,正是阴阳合历之闰月年的日数,也与该遗址出土的阴阳合历传授图的结构配合默契,天衣无缝,而显示其为设计此图之历算基础的真相。陶罐 T2(20):32 所饰也是以四为基数的计数图。

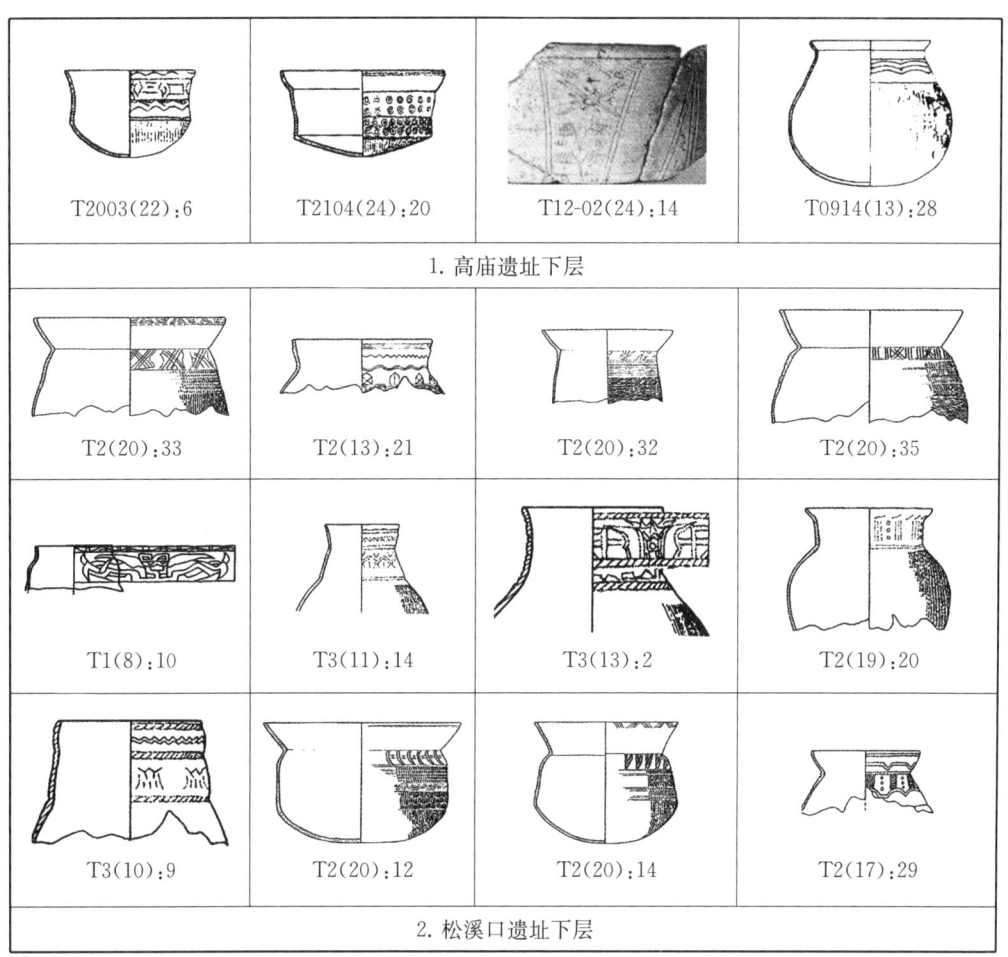

图 2.3.7B　距今 7800—7000 年的高庙下层文化的饰纹陶器举例(F67、F68)

"以五为系"的计数系统的计数表,图 2.3.7B.2 中也有多例(F68)。如陶罐 T1(8):10 和陶釜 T2(20):33 上出现的,就既以相当于现代数字的 5 的古数字符号"×"记数,也以物件的个数按五个为一组记数。陶罐 T1(8):10 所展现的两层画面,都是以物件的个数按五个为一组记数。其上层为山纹、半月纹和简化树林纹,都重复出现五次,三者之和为 15,与半月之数相当,显示其用于阴历计数的功用。陶釜 T2(20):

33的主题层画有12组数字符号,每组为三个"×"纹的重叠,代表15;整个圆柱体上的12组总数是180,正好是一阴历年6个大月之日数,其配合用于阴阳历授时图的功用明显。用于阴历计数的还有,陶罐T2(20):14和T3(10):9所饰的以五为基数点计数图表、T2(20):12所饰的以七为基数的计数图表、T2(19):20和T2(17):29所饰的以3为基数的计数图表等。

松溪口遗址下层出土的陶器图案中也有刻划数字和数字卦的,在图2.3.7B.2所列例证中,如陶罐T3(13):2"肩上戳印'圣火'",其两边的"十"形纹顶着飘带,与这里一些授时图中代表太阳的日轮十字纹不同,而当是古数字"七",可能表示七月为"烈山火田"时节。陶釜T1(20):5"肩饰刻划的斜向平行线"(F68),仔细看来,其线间距离把这些平行线分为三组,呈古数字"二三一"组合,而显得相当于后世八卦的单卦"兑"。陶罐T3(11):14"肩戳印以简化凤鸟"纹,每一简化鸟纹呈"∨"形,其上面刻有"∨"形、下面刻有"八"形,呈古数字"∨∨八"组合,而显得是后世八卦的单卦"巽"。

高庙下层文化居民在其器物上装饰数字、数字卦和计数图表——传授数术的习俗,一直延续和发展下来,到距今7000年前后,其上层文化陶器上仍在出现这样的图表(图2.3.8)。如陶罐T1114(7):20"颈部饰刻划三角形网格纹",是一种高度发展的数术用图表,其发展到其6000多年后北宋年间,被贾宪用来将二项式6次方的展开式用策算符号记述下来,并将其称为"古法七棸方",将类似此图的展开式图称为"古法七棸方图",而被现代数学家尊称为"贾宪三角"。高庙上层文化居民制作的这幅图,是迄

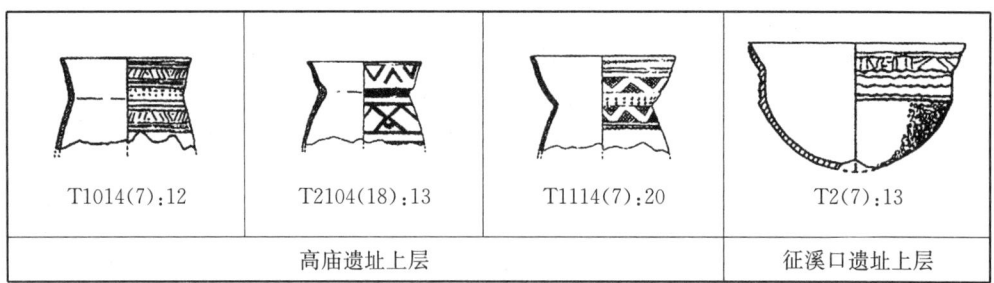

T1014(7):12	T2104(18):13	T1114(7):20	T2(7):13
高庙遗址上层			征溪口遗址上层

图2.3.8 距今7000年前后的高庙上层文化的饰纹陶器举例(F68)

今发现的最早的"贾宪三角"之祖型,随后陆续流行各地,表明其实用意义之重要而广泛。陶罐 T2104(18):13 所饰"黑彩网格纹"可能是古数字组合"八×",所饰"曲折纹"则是古数字"∨∧∨"组合,而显得是后世八卦的单卦"离"。陶罐 T1014(7):12"肩部饰平行和斜线划纹",仔细看来是古数字"三八三"组合,相当于后世八卦的"离"卦。征溪口遗址出土陶钵 T2(7):13,按"戳印的篦点纹"构成的双线来看,其所示着四分之一段呈现出双线纹古数字"∨二八",而显得是后世八卦的单卦"艮"。

以上这几个高庙文化遗址出土器物上的图案,真是形态万端,千变万化,但千变万化都不离其传授以八卦和六十四卦为理性思维语言、文字、逻辑和范式的阴阳历法知识之宗,其中显现的数量关系,都同伏羲卦数系统中的数理逻辑和数量关系,丝丝相扣,环环吻合,表明以天文历法为首要应用领域的伏羲卦数系统所表达的易学,经高庙文化居民的应用、发展和推广,已成为当时沅水流域各地先民共同的宇宙认知体系和实用科技体系。

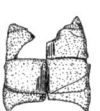

江西万年大源仙人洞洞穴遗址,位于跨湖桥遗址与高庙遗址群之间而东西双向遥遥相望;其距今 8000—7000 年的 T4 探方的 6 个文化分层中的第四层出现了跨湖桥文化式的数字卦,将十进位制数字和数字卦在距今 7000 年前在长江中、下游普及的地区连成一片。该层出土的 2 件 I 式刻划纹锥,其中一件"器身三面刻划纹道",从其图示看来,可能是由古数字一和二组成的原始数字卦(图 3.1.7);另一件上刻划的是跨湖桥文化式的数字卦两个,分别由古数字"一一三"和"一一十十一八"组成(图 3.2.5)(F33)。这就为十进位制数字在距今 7000 年前已经行用于该地区提供了直接证明。

湖北省秭归县柳林溪遗址处于长江三峡地区的北岸,其距今 7000 多年的文化层中出现的贾湖文化式的数字卦,进一步确证数字和数字卦在距今 7200 年前在长江流域的普及沿江而上抵达三峡地区。鉴于该遗址当时处于城背溪文化地区,彭头山文化从贾湖文化那里接受的先进天文历法科技及其传播工具——卦数语言和文字,随着其发展和演变成皂市下层文化、高庙文化、城背溪文化而逐代流传和发扬下来,以至在长江三峡这样山大人稀地区能扎根成长。该遗址新石器时代早期遗存中的1件"陶柱形器T5(4):13""双面饰模印纹"的一面所示呈列刻划纹,其中第一列的第一组只有一个数字"二",第二组是三个数字"I×一一",第三组是三个数字"I×一一",第四组是三个数字"I×二一";第二列的第一组没有数字,第二组是三个数字"I×一一",第三组是三个数字"∧一一",第四组是三个数字"∧二一"(图3.1.9)(F49)。这些数字卦表明,当时这里的居民,既坚持用贾湖文化式的五进制古数字"×""I×"和数字卦,也接受了跨湖桥文化式的十进制数字,其使用数字正处于两类系统交汇之中的过渡性昭然若揭。

五、西北地区新石器时代早期遗存中的数的表达和数字

距今8000—7400年,长江流域各地氏族在共享初级阴阳合历和发展农业技术中结成部落联盟——古史传说中的神农炎帝氏为首的部落联盟,实现了农业由补充生活来源向主要生活来源的转变,而成为当时中国大陆原始农业最先进的地区。在此先进生产力的推动下,长江流域先进农业文化的影响,特别是其初级阴阳合历导致农业成为主要生活来源的示范作用,由近及远地扩展开来,而沿汉水和淮河流域北上。

图2.3.9 距今7800—7300年的大地湾遗址出土的饰纹陶器(F58)

沿汉水流域来的南方先进农业文化的影响,首先是通过其十进位数字的传播到达距今7800—7300年的甘肃秦安大地湾遗址第一期文化的。在此文化遗存中,尽管当时还没有实行初级阴阳合历的迹象,但已开始有使用十进制数字的迹象,也有通过学用卦数语言和数字卦来接受和应用阳历和农业技术的迹象。在秦安邵店遗址的该期文化层中,出土的不仅有贾湖文化式的数字"×",而且有跨湖桥文化式的数字"十"(图

2.3.9)(F58)。在大地湾遗址的该期文化遗存及陕西华县元君庙老官台文化层中,有契刻在"陶纺轮"和陶器上由贾湖文化式的数字"一"和"二"组合成的原始和早期数字卦。我们将在下一章专论原始数字卦中列举其例。

到距今7200—6500年,大地湾一期文化居民由接受南方来的数字系统,进一步引进结合阳历与阴历的技术,并发展出自己的阴阳合历。这些都有陕西宝鸡北首岭遗址早期遗存的出土材料作证。除了本卷第三册列举其出土的阴阳合历授时图外,这里将其所用数字和数字卦的遗迹出示如下(图2.3.10)(F61)。

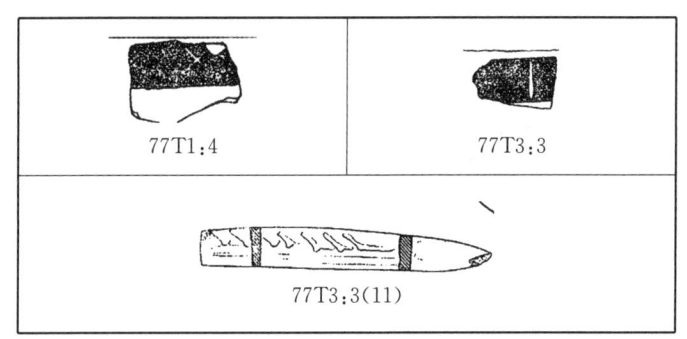

图2.3.10 距今7200—6500年的北首岭遗址早期文化层出土的刻纹器物(F61)

北首岭遗址发掘报告载:"刻划符号:……标本77T1:4,刻划有一'×'。标本77T3:3、T116:3,刻划有一'丨'。""骨锥形器1件。标本77T3:3(11)……器的一面磨平,一面雕刻花纹,花纹为两道长的刻道,旁边附着7条斜向短道。器的两侧亦各有一道刻槽。用途不明。"(F61)从其图示来看,此7条斜向短道明显地分成三组,呈现出古数字"二二三"组合,相当于后世八卦的单卦"震"。看来,此骨锥是用来标定春分之日出或日入的方位的,所以才被制作得如此精雕细刻。这是中国西北地区居民,当时已经同东南部地区的居民一样,都在行用十进制数字和数字卦作文字的直接证据。

六、东南地区新石器时代早期遗存中的数的表达和数字

长江流域先进农业文化的影响沿淮河流域向北扩散的势头迅猛得多。距今7300—6300年的北辛文化,分布在黄淮海中下游地区,"是在后李文化、裴李岗文化的

共同基础上发展起来的"(栾丰实 1998)。山东滕县北辛遗址和宁阳大汶口遗址北辛文化层出土的材料表明,北辛文化居民,尽管坚持以贾湖文化式的五进位制数字和数字卦为主,但也配合采用从长江流域传来的十进位制数字。图 2.3.11 列举了其中的一些例子(F85)。

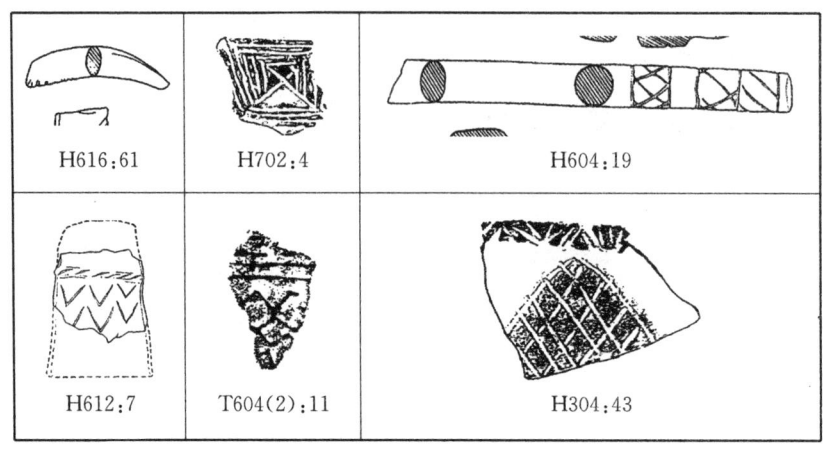

图 2.3.11　距今 7300—6300 年的北辛文化的饰纹器具(F85)

图 2.3.11 所示的几件,均是北辛遗址北辛文化层出土。其中的"牙饰"H616:61"牙根一侧有 6 个缺口",像这样有 6 或 3 个缺口的骨器很有几件,还有"短横线纹"若干组的骨镞、鱼镖、骨锥、骨笄等,同贾湖遗址所出刻有划线纹的同类骨器很相似,显然是数字卦,将在下章介绍。拓片 H702:4 和棒形器 H604:19 上都刻划有数字"×"。陶支座 H612:7 上的"曲折划纹",可能是古数字"Ⅴ"的排列组合。拓片 T604:11 上的这个复合符号,在后世文化在不同地区的遗址,如陕西临潼姜寨遗址中出现过,被古文字专家们认定为原始"羊"字(王志俊 1980);从其复合结构看来,也可能是古数字"Λ×Ⅴ"组合而成的数字卦,相当于后世八卦的单卦"兑"。拓片 H304:43 上由菱形整齐排列成的三角形,同上述高庙文化中的"贾宪三角"一样,是当时这里居民计算技术高度发展的象征,也是他们业已接受南方传来的十进制数字系统的证据。

处于淮河流域的安徽蚌埠双墩遗址,距今 7000 年左右,出土的刻划符号,丰富多彩,数量多而集中,是迄今所知同期遗址中出土数量最多、内容最丰富的一批契刻符号材料。张居中先生将这些刻符的功能分为表意、戳记、计数三大类。徐大立先生(1898)将它们同商代甲骨文相比较,从中发现以下几个形同甲骨文而相当于汉文数字"一""三""七""八""十"的刻符(图2.3.12)。其实,其中还有些数字组成的数字卦,如陶圈足底86BST2(3)上就刻划有古数字"∧×丨"组合,显得相当于八卦的"坎"卦。那个圈足底刻划的两个矩形正交成亚字形图案,其中心正方形四边的每一边上都刻划有三个数字的组合,可看得出是"×××""×∧×""×丨×"和"×∨×"这四个组合,而分别显得相当于八卦的"乾""离""离"和"乾"。

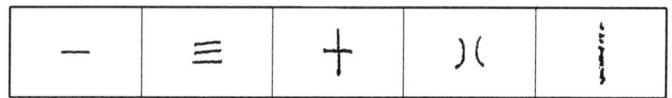

图2.3.12　距今7000年的双墩遗址出土的陶文数字(徐大立1989)

双墩遗址中的这些数字刻符正好同上述跨湖桥文化式的十进制数字的刻符完全一样(图2.3.12)。这表明:淮河流域居民在距今8000年以降曾使用过的贾湖文化式的五进制数字,到距今7000年左右,便融入到跨湖桥文化式的十进制数字系统中,而同长江流域居民普遍行用的十进制数字系统一起来。

在距今7000—6500年,随着神农—炎帝氏为首的农业部落联盟沿淮河和汉水由南向北扩展,作为传授其农业文化和科技,特别是其初步阴阳合历的语言和文字,跨湖桥文化式的十进制数字及其组合成的数字卦的传播向北方推进,使淮河流域至江苏北部一带的广大地区出现了流行数字卦的局面。当时分布在这一带的青莲岗文化,流行饰"八卦纹""斜十字纹""双十字纹""双弧线纹"的彩陶器(F122)。其实,这些纹样就是跨湖桥文化式的数字及其组成的数字卦。如图2.3.13所示,这些成行列排布的划线纹,显然是贾湖文化式的早期数字卦,甚至是原始数字卦,而这行列排布的"斜十字纹",就是以古数字"×"组成跨湖桥文化式的数字卦。其中大墩遗址所出的两行划线纹,分别呈古数字"二一一"和"一二一"组合,而显得是原始数字卦而相当于八卦的"兑"和"离";青莲岗遗址出土的这四列划线纹,分别呈古数字"一一一一二三""三二二三三二""三一三三二一"和"二二三二二三"组合,而显得是早期数字卦而相当于六十四卦的"同人""困""家人"和"震"。大墩子遗址出土的有"斜十字纹"的这一行划线纹,呈古数字"∨×∧"组合,而显得相当于八卦的"巽";青莲岗遗址出土的这行有"斜十字纹"的划线纹,呈古数字"二×××……"组合,由于此陶片破损,这一重卦组合不全而无法辨认。青莲岗文化遗存的古数字使用痕迹表明,淮河流域至苏北一带的居民以前曾使用过的贾湖文化式的五进制数字及其组成的原始数字卦和早期数字卦,到距今6500年前后,便融入到跨湖桥文化式的十进制数字系统中,而同长江流域居民普遍行用的十进制数字及其组成的神农时代的数字卦融合起来。

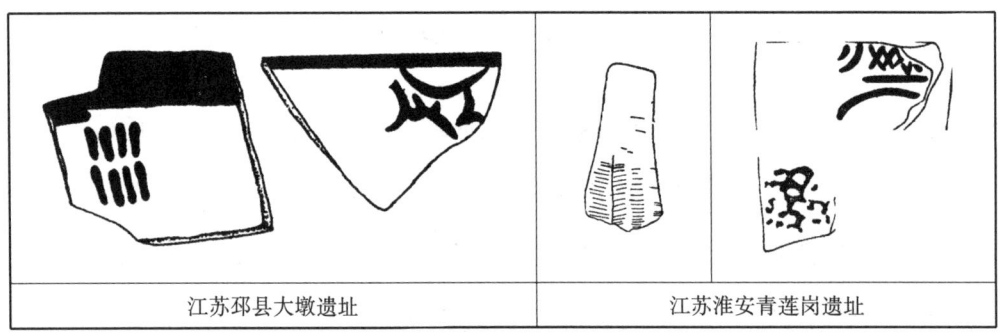

| 江苏邳县大墩遗址 | 江苏淮安青莲岗遗址 |

图 2.3.13　青莲岗文化的饰纹彩陶(F122)

在跨湖桥文化式的十进位数字向长江下游以北传播的过程中,出现了像江苏海安青墩遗址这样的数字卦应用和发展中心。该遗址文化层留存的器物中,"古角器出土数量最多,较完整的有244件,绝大多数均出自中、下文化层内",其发掘者已发现其中"刻纹鹿角2件。系用人工砍断的鹿角枝制成。T6(8):31,表面刻有11组平行细划纹,每组3、5、6、9划不等。T15(6):41,刻划有5组平行线纹,每组4至5划,每两组平行线之间刻有两组顶端相对的复道人字纹,每组也由4至5划组成"。另发现骨"簪""2件[T15(6):35,T10(6):38]在一面或两面刻划许多直线,其中一部分可能是某种记事意义的符号。"(F138)张政烺先生(1980)已在该遗址出土的两件鹿角刻纹中鉴定出:"1979年江苏海安县青墩遗址发掘,出土骨角柶和鹿角枝上有易卦刻文八个,例如三五三三六四(艮下,乾上,遁)、六二三五三一(兑下,震上,归妹)。其所用数目字有二、三、四"。与此相呼应的是,距今6000年前后的山东宁阳大汶口遗址早期墓葬中也出土类似的鹿角器。该遗址发掘报告载:"加工角料5件。4座墓出土,均为鹿角。……标本M106:18,班鹿角……一杈上端截断,有三周切割痕迹。"尽管对这些痕迹没具体报道,但从其照片看来,必是青墩下层文化式或青莲岗文化式的数字卦无疑。其中期墓葬M75随葬的一件陶壶"腹部绘朱色图象"(图2.3.14.1)(F163)。从其图示看来,当是一个美术体的数字卦,其可能的古数字组合是"一十八｜十一",相当于《周易》的复卦"中孚"(图2.3.14.2)。这两个例证说明,距今6500年前,跨湖桥文化式的十进制数字和数字卦已在向长江以北的地区普及,不仅已到达苏北地区,而且在随大汶口文化的兴起而同山东地区原有的五进制数字相会合。

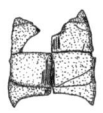

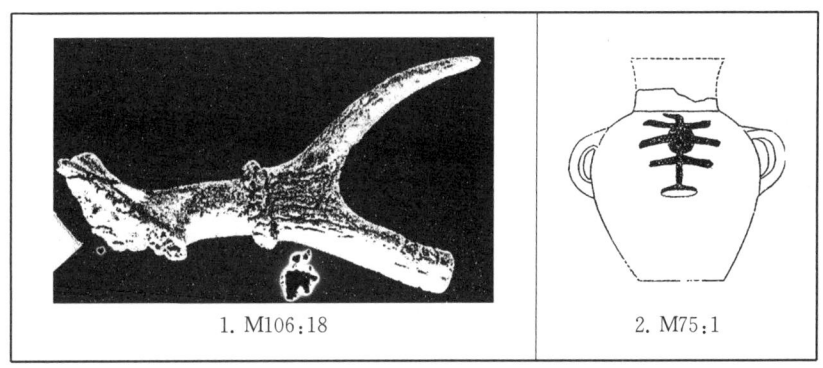

1. M106:18　　　2. M75:1

图2.3.14　距今6000—5200年的大汶口遗址早、中期墓葬出土的饰纹器具(F163)

七、十进制数字系统在新石器时代早中期各地的普及

跨湖桥文化式的十进制数字及其组合成的数字卦的传播,沿汉水流域向北方推进至渭水、泾水流域,适应了这些地区当时正在兴起的仰韶文化的发展需要,特别是其农业发展对初级阴阳合历的需要,而成为这些地区农业氏族努力学用的语言和文字。通

过学用这些数字组合语言和文字,他们在同南方先进农业氏族的交流中,掌握了结合阴历与阳历的技术,并结合自己的文化传统,以人面鱼纹组合形式绘制出具有本地特色的阴阳合历授时图,来引导氏族成员不误农时,使这一带农业得到加速发展至后来居上。在距今 6500 年前后的仰韶文化半坡期,这样的授时图遍及渭水和泾水流域各地,与之相伴随的就有这些数字和数字卦的出现,还有他们在此基础上的创新。在陕西西安半坡和临潼姜寨遗址半坡文化层中出土的陶文符号中,学者们公认有几个符号与数字有关,如表 2.3.1.所列。其中公认为数字的符号有"一""×""∧""十""八""∨""｜""｜｜""｜｜｜",按下表所列顺序分别相当于甲骨文数字一、五、六、七、八、九、十、二十、三十。可以看出,所有这些数字符号的形状完全相同于跨湖桥文化式的十进制数字,而同上述 7000 年前遗址所出的数字符号完全一致。这就证明了:在距今 6500 年前,跨湖桥文化式的十进位制数字已从南方普及到渭水和泾水流域,从而这个临摹算策排列式样而成的、以乘法为原则的十进位制数字系统,在中国原始农业发达地区,即农业已作为主要生活来源的地区流行,成为世界上在广大地区最早实现基本统一的数字符号系统;由这些数字所组成的数字卦便随之成为世界上最广大地区最早实现基本统一的原文字系统。从此,中国数字和数字卦便开启了原文字在东方以至全世界范围内向各种成熟文字系统进化的新历程。以往许多学者看到半坡文化数字符号,同后世各地遗址出土的数字符号相同,便以为半坡文化数字符号是中国数字发明的起点。如张光裕(1981)在考察半坡文化以后历代文化的 42 个遗址出土的符号材料后,结论:"中国文字的发生,在公元前 4000 年以前,已启其端。而中国文字的发展,除了半坡、姜寨为首的陶文起着领导作用外,其影响所及,就时间而言,垂六千年;……已足以说明中国文字的发展是有其本身独立的体系的。"其实,中国文字的发展的实际尚不止于此;其开端已被实物证据链定格在距今 3 万年前引领人类文字发展的历史地位之上。直到我们追溯数字起源而逼近其最早源头之后才明白,半坡文化数字符号只是中国数字由幼年向成熟进化的转折点。

表 2.3.1　距今 6500 年前后的半坡文化陶文数字与甲骨文数字（王志俊 1980）

半坡文化陶文	一	✕	∧	十	⟫(	∨	┃	┃┃	┃┃┃	丰	丰
甲骨文	一	⊠	∧	╋	⟫(	九	┃	∪	⫯⫯	丰	丰

既然半坡文化的数字同一于跨湖桥文化式的十进位数字，那么，由这些数字组合成的数字卦就不难辨认。当然，半坡文化居民在组合数字成卦方面采用了多种组合结构，包括二数字组合卦，而确立承前启后之地位，将城背溪文化中二数字组合卦与后世二爻、四爻成卦之法联系起来。这就为卦数语言和文字的发展开辟了更加广阔的新天地。对此，本册下章将予详论。至于表 2.3.1.6，即其第二行 6 号格中这两个符号，与后世货币文字"三十""五十"完全相同，显然是半坡文化居民继承山顶洞人首创、贾湖人随之发展的串珠计数传统而创造的辅助数字，开后世货币文字之先河。

仰韶文化居民普遍接受和采用南方传来的这个十进制数字系统，对这个数字系统在中国的主导地位的巩固十分重要。作为炎黄子孙的华夏民族，其源头所在的炎帝和黄帝部落联盟就发脉于仰韶文化之中。因此，在仰韶文化中行用的这个数字系统，就能在仰韶文化向华夏文明的进化中一直保持其对整个文字系统的主导地位，以至考古学家们在将仰韶文化的这些数字符号与其后来历代文化遗存出土的数字符号相比较之后肯定："通过以上比较可以看出，从仰韶文化到周代近四千年间，这几种数字符号，作为一种文化遗产一直被保存下来，后世保留了仰韶文化时的基本写法。"（王志俊 1980）

既然自仰韶文化居民在半坡期普遍接受和采用她以来，直到商代甲骨文仍保留其基本写法，那么，这个南方传来的像算策之形的十进制数字系统，已不仅早于中国其他文字之前二千多年进入成熟状态，在全中国稳固地确立了其主导地位；而且在世界文字史上最先进化成为成熟的数字系统，从而以其象形、象意、象声、组合原理为全人类创造和发展文字提供了范本，开辟了道路。她由诞生到生长发育以至普及、成熟的进化阶段，一共经历了 2 万多年，其间有考古学证据的重大进展可归结于表 2.3.2 中。

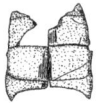

表 2.3.2　中文古数字起源和进化的历程

年代(千年)	遗址(出处)	一	二	三	四	五	六	七	八	九	十	廿	卅
32—23	峙峪(F17)					×							
32—11	水洞沟(F10)					×							
20—18	山顶洞(F12)	一	二	三		×							
9.0—8.2	贾湖(F38)	一	=	≡	⫶	×	XI/∧	十	八	V			
9.0—7.5	磁山、北福地(F53、F55)	一	=	≡									
8.5—7.8	彭头山、桅杆坪(F44、F110)	一	=	≡		×							
8.0—7.0	跨湖桥、罗家角(F43、F129)	一	=	≡	⫶	×	∧	十	八	V		|	
8.0—7.0	皂市下层(F70)	一	=	≡								|	||
8.0—7.0	仙人洞(F33)								八			|	
8.0—7.0	查海、左家山(F64、F121)	一	=	≡									
7.8—7.0	高庙、松溪口(F67、F68)	一	=	≡			∧	十	八	V			
7.8—7.0	大地湾、老官台(F58、F60)				≡			十					
7.5 以前	柳林溪(F49)				IX	×	∧						
7.3—6.3	北辛(F85)	一	=	≡		×			八	V			
7.2—6.5	北首岭(F61)	一	=	≡		×	∧			V		|	
7.0 前后	双墩(F75)			≡			∧	十	八				
6.5 以前	青墩(F138)	一	=	≡	⫶		∧						
6.5 前后	青莲岗(F122)	一	=	≡			∧	十		V		|	
6.5 前后	半坡、姜寨(F92、F93)	一	=	≡		×	∧	十	八	V		||	|||

面对贾湖文化式的和跨湖桥文化式的数字符号,在距今 8000—6500 年,就有如此广泛的分布,人们禁不住会像徐大立先生(1989)那样问道:"广泛地区都出现同样或相似的符号,时间跨度又很长,单单用'偶合'来解释就显得苍白无力,即使加上产品交换、民族迁徙、部落融合分解等因素,也难说清楚这中间的缘由。"最能说清其中缘由的是:这期间长江、黄河和辽河流域各地遗址出土器物上不仅刻划有这些相同或相似的数字符号,而且它们显露出共同的规则和习俗之用于记录和交流,还有与之配合的图案;这些图案真是形态万端,千变万化,但千变万化都不离其传授辨向、定时、数术等易

学知识之宗,其中显现的数量关系,都同伏羲卦数系统中的数理逻辑丝丝相扣、环环吻合,表明以伏羲卦数为理性思维语言、文字、逻辑和范式、以天文历法为首要应用领域的易学,在各地农业氏族的承传、运用、普及和发展中,已成为当时各地先民共同的宇宙认知体系和实用科技体系。正因这些数字及其组合不仅仅是数字,而是表达易学科技,特别是天文历算知识的文字,所以,距今8200年前贾湖人的五进制数字系统,才有必要发明出来并在南北各地扩散开来,来适应原始农业兴起对阳历的需要,以至这些考古出土的五进制数字符号的时空分布同原始农业兴起遗迹的分布是完全一致的。也正因如此,距今7000多年前跨湖桥人才会把五进制数字发展成十进制数字系统,来建立、记录和传播初级阴阳合历,这些十进制数字才能流行于长江流域,并能沿着淮河和汉水流域传遍黄河上下,来适应先民把原始农业发展成主要生活来源而要将阳历与阴历结合成阴阳合历的需要,以至这些考古出土的十进制数字符号的时空分布,与原始农业发展成主要生活来源的遗迹相一致,同考古发现的阴阳合历授时图的时空分布也完全一致,还同古史传说的神农炎帝集团由南到北扩张的历史轨迹相一致。由此可见,表达伏羲卦数的这些数字符号及其组合成的数字卦,比遍及世界各大陆的同期刻契和陶文符号都发达得多,其信息记录、贮存和交流功能强得多;它们不仅对制作者起作用,也不仅为其流行的氏族、部落和部落联盟传授知识,而且同后世文字记载的易学有关内容息息相通,从而充分显示了它们作为原文字的功用。因此,将它们同其他民族用来帮助记忆的刻契符号和图画等量齐观,是不符合史实的。也正因如此,它们能作原文字为先民行用6000多年,直到它们把成熟文字酝酿和孕育出来。

如果说这些古籍记载和考古发现所证实的这类规范成型的算策,同上述史前时代的锥形器之间,由于年代久远致木质锥形器腐朽而难以联系起来,那么,甲骨文和陶文中的数字的字符,则以其保留的算策象形,使规范成型的算策,通过其前身的上述遗迹,而同其祖形——随时随地作算策计数的树枝、竹签、蓍杆或骨、陶、石锥联系起来。甲骨文和陶文中的数字还保留着策(筹)算数字的象,它们与策算中横式单位数字是如

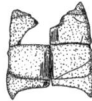

此相似(表2.3.3),以至史家们公认:伏羲数字卦系统和中国数字系统的单位数字都由策(筹)算中之横式单位数字演变而来。策(筹)算排位数字本身就包含有排位值、方向值和零的概念(郭书春1983),以其独有的位与象的结构而独具构造和机械化优势,仅就其排位数字的组合结构原理来看就极具先进性,即程贞一先生(1988)所言:"筹算排位数字是非常先进的数字系统,在理论上,与现代国际通用的排位数字系统是完全相同的。"策(筹)算数符所独具的这些先进性,就从遗传上决定了数字卦系统和中国数字系统的先进性;而策(筹)算数符所独具的先进性来自以算策做计数的实践。既然策(筹)算数符在距今八九千年的贾湖文化中已派生出如此先进的数字系统,那么,策(筹)算及其数符系统必渊源于距今1.8万年的山顶洞人乃至距今2.8万年的峙峪人之用树枝、竹签、蓍杆、骨锥或石镞做具体计数的实践。

表2.3.3 单位数字由策(筹)算式到汉文式的演变(程贞一1995)

典型\数字	1	2	3	4	5	6	7	8	9
筹算记数符 (日期待定)	一	二	三	亖	亖	⊥	⊤	⊥	⊥
甲骨文 (1400B.C.至1100B.C.)	一	二	三	亖	又	个	十	八	九
金文与货币文 (1000B.C.至300B.C.)	一	二	三	亖	又	个	十	八	九
汉文 (300B.C.至200A.D.)	一	二	三	四	又	宍	七	八	九
现代汉文 (约自200B.C.)	一	二	三	四	五	六	七	八	九

中国传统数字一、二、三、……、十,与商代甲骨文乃至上古陶文中的数字一脉相承,都保留了树枝、竹签、蓍杆、骨锥或石锥作算策记数的象。这些传统数字,同算策纹转化而成的甲骨文"爻""学""教""算"等字,一道作为表达卦数之算策的活化石,同上述史前遗址出土的数字卦、古代文献有关策(筹)算的记载和考古出土的策算器一起证

明了原始的伏羲卦,最先曾以树枝、竹签、蓍杆、骨锥、石锥、陶锥或玉锥之类的算策表达,随后以数字刻划的形式成组出现而成为数字卦,被后世称为"书契",配之以卦图来表达;再后才被神化成占筮而称之为"筮"及用于占筮的卦文、爻文来表达。古籍所载的"卦,筮也""筮,数也",不仅印证上述出土材料,而且也表明以筮(蓍杆)表数,即蓍杆之类的算策表示的数,是伏羲卦数最主要的原始表达形式。

以蓍杆之类的算策表达伏羲卦数,不仅起提示、助记忆的作用,而且起精确记录和计算的作用;不仅可用作计算工具使全社会对伏羲卦数的知识及其应用有共同的理解,使全社会共同应用伏羲卦数的语言、文字、逻辑、理论和方法来掌握和交流实用科技知识,而且可用作观象造器工具使全社会对其特定组合之造型所象征的事物和思想有共同的理解,其可由人灵活自如地加以组合造型的便利,使即使是语言不通的人们也能用来做比画而得以交换思想。用这类的算策组合传递信息,还有其可以随身携带、随时随地使用之方便等优点,能克服其他物件记事之不便准备、无法携带、无从出示,保存困难等无法克服的弱点,从而比其他民族的物件记事和记数不知要优越多少倍,其使用范围之广和时间之长的优势也不可计量;其记录、储存、处理、模拟和传递信息的功能,不仅可同任何文字系统相匹敌,而且可同现代计算机系统相媲美。这意味着,蓍杆之类的算策组合,既可以是界于自然语言与文字系统之间,也可以是界于文字系统与计算机系统之间的机器语言系统。

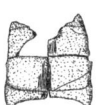

正因为蓍杆之类的算策组合有如此优越的功能,这类算策组合自贾湖文化以降至成熟文字体系启用的5000年中,一直是中国社会中最通用的信息工具。也正因为它们有如此超时代的信息处理和传递功能,中国传统的筹策算法才直接开辟了发展计算技术和数学机械化证明而直通现代计算机技术的道路(吴文俊1982,陈良佐1992)。还正因它们有如此超文字功能,表达算策组合的伏羲卦数和数字卦便成为中国史前各地文化共同的理性思维语言和文字;由这种语言和文字表达的伏羲八卦和六十四卦体系及其为基础的易学知识就能逐渐传遍各地而成为共同的认知体系和实用科技体系,使得在中文成熟文字系统比世界上其他古文字系统晚行用上千年的情况下，中国各地居民在距今6000年就以其彩陶纹饰明显地呈现出其共同的宇宙认知体系（王仁湘1999），并一直保持其科技、经济和文化的发展领先于世界。可以想象，如既没有成熟的文字系统，又没有可替代这种文字系统的数字组合文字——数字卦来记录、贮存和交流各时各地人们的实践经验知识，他们就不可能有共同的宇宙认知体系形成于西方文字出现之前一千多年，史前中国也就不可能有如此领先于世界的发展及其后续三代如此成熟的文明。因此，考古学家们公认的中国各地的文明化过程逐渐从多元一体走向以中原为核心、以黄河和长江流域为主体的多元一统格局的历史（严文明，1999），科技史家们公认的中国古代科技取得处于世界领先地位的历史（李约瑟1962），本身就意味着：中华文明在夏商周高度成熟之前经历了一个6000多年的以数字组合——数字卦为文字的时代。这也就是苏秉琦先生所说的"中华文明的万年起步"。

第四节　世界各类古数字系统的比较

只要将中国古数字同世界各类古数字相比较（表2.4.1），人们就可看出：中国古数字是世界上唯一的纯十进位字符组合数字系统，以乘法为构造原则，完全符合其数学原理，因而是世界上最优越的古数字符号系统。由此就衍生出了"汉文数字是世上唯一的纯十进位字符组合数字系统，完全合乎其数学原理"的结果（程贞一1995）。

表2.4.1中所列举的埃及人（Egyptian）、腓尼基人（Phoenician）等古代民族的数字，大都是数字"｜"的累加，其加法构造原则明显。近东苏美尔人（Sumerian）的古数字，与它们稍有不同。据Schmandt-Basserat（1996）介绍，苏美尔人的古数字有多种写法，大都是在以3为基数的计数的基础上进化而成的，如其中一种数字例示如下：

表 2.4.1 世界各类古数字系统的比较(引自张立文 1985)

古文 \ 数名	一	二	三	四	五	六	七	八	九	十	十一	十二	十三	廿	卅	卌
Egyptian 文	I	II	III	IIII	III/II	III/III	IIII/III	IIII/IIII	⌒	I⌒	II⌒	III⌒	⋀			
Phoenician	I	II	III	IIII	IIII/I	IIII/II	IIII/III	IIII/IIII	—				ら			
Aramatc	I	II	III	IIII	III/II	III/III	III/IIII	III/IIII	—	I—	I—	II—				
Nafataean	I	II	III	IW	VIII	VS	VS	IWS	つ							
Palmycenl	I	II	III	IIII	Y	IY	IIY	IIIY	IIIIY	つ						
Maya	•	••	•••	••••	—	·—	··—	···—	····—	=	·=	··=	···=			
中国半坡	一	二	三	≡	×	∧	+	)(	V	I		II	III			
姜寨	一	二	三	≡	×	∧	+	)(	V	I		II	IIj			
马厂头	一	二			⊗	∧	+									
城子崖						∧										
二里头					×	∧	+	)(		I		I—	III			
青墩	一	二	三	三	×	∧										
二里冈					⊗⊗		)(			I						
殷文	一	二	三	三	⊗⊗	∧⋔	+	)(	九	I	I—	I=	I≡	U	W	WW
周文	一	二	三	三	⊗⊗	⋔	+	)(	九	I	I—	I=	I≡	V	W	WW

1. be＝一

2. be-be＝二

3. PEŠ＝三

4. PEŠ-be＝四

5. PEŠ-be-be＝五

6. PEŠ-PEŠ＝六

7. PEŠ-PEŠ-be＝七

8. PEŠ-PEŠ-be-be＝八

9. PEŠ-PEŠ-PEŠ＝九

显然,苏美尔人(Sumerian)的古数字是用三组符号,按加法原则构造而成的,其实用性能明摆着不如中国古数字系统。

如表2.3.2中所示,距今9000多年以降依次展开的史前文化遗存所随机留下的数字和数字卦,只是所留露的数字多少有所不同,但所有数字的字符及其组合规范都基本保持一致,且同甲骨文中出现的数字也基本相同,而同世界其他地区出现的古数字根本不同,从而充分显示出中国古数字是纯粹由本土起源、完全独立进化而成的数字系统。这就铁证如山地坚证:(1)数字卦和中国数字系统是在中国的土地上原生的,是中华先民们的独创。(2)数字卦和中国数字系统,至迟从新石器时代早期以降一直是统一的,至少从那时以来,以伏羲卦数为源头的卦数和数字卦系统以提供最基本的、由直观感性认识抽象出来的理性思维概念体系,来满足人类生存繁衍活动对理性思维的需要,而成为生活在黄河、长江和辽河流域的人类所共用的理性思维语言、文字、逻辑和范式。(3)以伏羲卦数为源头的数字卦系统的排位数字系统,至迟从新石器时代早期以降,一直以其完全符合数学原理的排列组合来给人类开辟无穷无尽的想象空间而领先于世界。(4)中国数字系统,至迟从新石器时代早期以降,以其乘法为其构造原则的纯十进位字符组合系统也领先于世界。(5)既然以伏羲卦数为源头的数字卦从新石器时代的早期开始便以作为理性思维语言文字流行各地,而供中华先民将其承载的易学知识应用于天文历法、农业生产、器物制作等民生实用领域;那么,以伏羲卦数所表达的易学,就不仅是作为史前中国先民共同的宇宙认知体系和民生实用科技体系对中华文明的起源和进化发挥主导作用,而且也作为原科学随其作为原文字进化为成熟文字而发展成中国的传统科学和哲学,在中华文明的发展中继续发挥主导作用。

说到这里人们自然会问:为何只有中国的史前数字能进化成世界最先进的数字系统? 这其中当然不存在什么人种智力的差异,而完全是由于中华先民的筹策计数科技,至迟从距今3.2万年以降连续不断进化的必然结果。在史前中国的环境条件下,先民就既有必要也有可能将筹策计数的实践,在不受外在干扰的情况下不断开展下来,使筹策计数科技经过连续不断的进化而不断进步,其筹策算排位数也随之不断进步而达到高度先进的境界,从而使象形筹策算排位数的中国古数字系统也跟着进化成高度先进的数字系统。当然,在如此漫长的进化过程中,先民经过了无数次反复摸索、多方改进,由点滴改进的逐渐积累才使数字的进化沿着正确的方向前进,而直达高度先进的境界。如贾湖文化的五进制数字就有向以加法为原则的被后世称为罗马数字的方向进化的趋势,但跨湖桥文化和皂市下层文化居民通过其发展历算的努力将数字进化的方向扭转到以乘法为原则的十进位制数字的方向上来,后来柳林溪遗址中出现了倒退到罗马数字的倾向,但在阴阳合历成为时代需求的大趋势下,以乘法为原则的十进位制数字的扩展成为数字进化的主流。可见,中国数字的进化是在曲折的道路上反复摸索中不断前进的。

为何只在史前中国的环境条件下,先民才既有必要也有可能将筹策计数的实践不断开展下来,而在世界其他地方就不可能这样?Schmandt-Besserat(1996)的平等与等级社会的区别决定会计记账与天文历算之区别的理论,确实可用来解释中东与中国算器进化过程之间的区别。自旧石器时代早期以降,远东较为艰难且灾害频发的自然条件,迫使中华远祖按血缘关系形成自己的氏族,以集体协作的生产力来开发自然资源。遵循旧石器时代就形成的这种按血缘关系结成氏族的根深蒂固的传统,中国新石器时代的社会,从一开始便是由无数个自给自足而其所有成员基本上平等的氏族所组成。在这样一个氏族社会里,每个氏族的所有成员分享他们共有的资源;每个成员消费其从共有产品中分得的份额,从而在各个成员之间不存在交换。因此,除了氏族的剩余产品需同别的氏族交换外,每个氏族对其产品没有会计记账的必要。同对会计记账的需要相比,中国氏族社会对天文历算的需要就迫切而紧要得多。因为大陆性季风气候是中国境内动植物生长的决定性限制因素,为获取尽可能多的食物资源来维持和

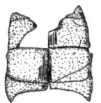

繁衍自己的氏族，每个氏族的第一要务都必定是尽可能建立和改进自己的天文历法（Needham 1959）。正因为如此，一旦一个氏族遵循旧石器时代流传下来的用球算器记月相、计历数的传统，就必然要致力改进它自己的算器系统，其中就包括筹策算器。由此，他们对筹策算器的制作、使用和改进不可避免地成为他们建立和改进自己天文历法之努力的一部分，从而使筹策算器的进化同天文历法的进化直接联系在一起而处于协同进化之中。人口压力越是迫使氏族不断努力发展农业，他们就越是要不断地改进他们的筹策算器系统，来不断满足其农业发展对改善历法的需要。另一方面，天文历法科技的无限广度和深度，也为人们不断改进球算器开辟了无限广阔的天地。因此，中国筹策算器的进化既有必要也有可能经历世界上最悠久的连续进化，并以其规范化、系列化和科技上高度发达的筹策算排位数字和算法达到其演替的顶级。

与中国氏族社会呈尖锐对照的是，新石器时代的中东和欧洲继承和发展了其旧石器晚期就业已形成了的简单等级社会（Fagan 2001）。自从农业革命驱使永久性定居的社区像雨后春笋般地出现在中东和欧洲各地以来，这样的永久性定居为产品私有制的实行提供了史无前例的有利条件，从而使记录多少产品属于谁的会计记账制度的建立成为必要。随着农业剩余产品的增加和手工作坊和贸易往来的增多，城市开始出现，等级社会的复杂性随之增加；集市中心和中转站开始出现，导致会计记账制度就跟着由简单向复杂发展。由此，泥球和石球作为给谷物和土地记账的标记物，也必然带领整个标记体系由简单向复杂进化。但是，会计记账体系发展所需要的知识毕竟相当有限，远不如天文历法科技的发展那样永无止境，因此，一旦会计记账体系复杂化到适应近东初级复杂等级社会的时候，它的球算器乃至整个泥标记物（tokens 被译为"陶筹"）体系的进化便陷于停滞；当等级社会由初级发展到高级时，它的球算器乃至整个泥标记物体系便逐渐过时而被契刻泥板所取代。

与中国旧石器时代的恶劣气候资源和贫乏动物资源不同，中东和欧洲旧石器时代的海洋性湿润气候和丰富的动物资源，使得西方原始人类养成了以肉食为主的生存和繁衍方式,其中就包括用烧热的石头来间接烹制食物的习惯(Mellaart 1975,Fagan 2001,Atalay 2005)。中东和欧洲新石器时代居民,沿用这样的生存方式,没有必要摸索像陶材这类新材料来制作储藏和烹制食物的器具,从而,他们在距今1.4万—0.9万年经历了一个前陶新石器时期。正是在这个时期内,一些缺乏石材的地方居民,发现了泥巴可作建筑材料。也正是在这个时期内,一些地方的居民在农作实践中认识到泥土既可用来种植谷物也可用来制作器具,包括泥球和其他泥质标记物。一旦它们被发明出来适应这些村民的记账需要,它们便不可避免地同会计记账体系的进化协同起来。但是,正如Schmandt-Besserat(1996) and Atalay(2005)所分别指明的,这些泥标记物的制作很简单,不需要任何专门的知识。这些泥标记物的大小、颜色和表面处理,都随时随地变化,即使是同一堆积中同一种泥标记物也是这样。这表明它们是由某些不同的人制作的,且没有向标准形状和标记看齐的迹象。同那些体现出高度发达数学知识和熟练计算技能的算策和算筹组合的操作相比,泥标记物对制作手艺的要求也低得多。因此,通过泥标记物的制作和使用,中东和欧洲居民不可能发展出实现其标记物(算筹)标准化、系列化和科技高度发展所必需的技术。

自从他们进入高级等级社会后,苏美尔人就已经意识到:他们既没有必要也没有可能再通过改进泥标记物来改善他们的会计记账体系了。于是,他们用契刻泥板来取代了刻有标记的泥球。尽管契刻泥板与刻有标记的泥球之间的密切联系表明它们有许多共同特征,但泥板上的契刻标记使记事标记从以前的三维物体上转变到二维的平面板上,从而使其会计记账体系的进化摆脱了泥球及其他泥制标记物的约束。一旦它们同会计记账体系的协同进化关系破裂,苏美尔人的泥球和其他泥标记物就在它们还没来得及实现其规范化和标准化之前,便开始退出历史舞台而逐渐濒于绝境。因此,同中国筹策算器的进化通过规范化和系列化而达到顶级的过程不同,中东泥标记物的进化只进行到半途就夭折了。既然其用于具体计数的泥标记物系统没进化到高度发达的状态,那么,由泥标记物系统引申出来的数字系统也就达不到先进水平了。

第二章参考文献

Aiton, E. J. 1985. *Leibniz, A Biography*. Bristol & Boston: Adam Hilger. 245—248. Leibniz G.W. 1703, 1716. in his letter respectively to Bouvet and Remond stated that Fu-His hexagrams was "one of the most ancient monuments of science".

Atalay, Sonya. 2005. Domesticating Clay: the Role of Clay Balls, Mini Balls, and Geometric Objects in Daily Life at Çatalhöyük. In *Changing Materialities at Çatalhöyük: reports from the 1995—99 seasons*. Ian Hodder(ed.), Chapter 6. Çatalhöyük Project Volume 5. McDonald Institute Monographs/British Institute of Archaeology at Ankara.

d'Errico, F. 1998. Palaeolithic Origins of Artifical Memory Systems: an Evolutionary Perspective. Cognition and Material Culture: the Archaeology of Symbolic Storage. McDonald Institute of Archaeological Research, University of Cambridge Press, Cambridge, 19—50.

Fagan, B.M. 2001. *People on the Earth: An Introduction to World Prehistory*. New Jersey. Prentice Hall, 5—364.

Marshack, Alexander. 1991. *The roots of civilization: the cognitive beginning of man's first art, symbol and notation*. Moyer Bell Limited, Singapore, 1—410.

Mellaart, James. 1975. *The Neolithic of the Near East*. Thames & Hudson, London, 7—90.

Movius, H. 1969. *Lower Palaeolithic Archaeology in Southern Asia and the Far East*. Reprinted in W.W. Howells(ed.): *Early Man in the Far East, Studies in Physical Anthropology*, No.1. Humanities Press, New York, 17—82.

Needham, J. 1959. *Science and Civilisation in China*, Vol.3. Cambridge Univ. Press, Cambridge, 19—28, 55—60, 194, 253—293, 537—543.

Needham, J. 1962. *Science and Civilisation in China*, Volume 2. Cambridge Univ. press, Cambridge, 3—345.

Poincare, H. 1963. *Mathematics and Science, Cast Essays*. Translated by John W. Bolduck

Dover Publications, Inc. New York, 60.

Schick, K.D. 1994. The Movius Line Reconsidered: Prospective on the Earlier Paleolithic of Eastern Asia. In R.S. Corruccini and R.L. Ciochon, (ed.): Integrative Paths to the Past, Prentice Hall, Englewood Cliffs, New Jersey, 569—596.

Schmandt-Besserat, Denise 1996. *How Writing Came About*. University of Texas Press, Austin, 1—220.

陈良佐.1992.中国传统数学位与象的结构[J].汉学研究 10(1):137—179.

程贞一.1995.陶文与甲骨文中的一些科学知识[A]//中国科技史论集[C].台北:经联出版事业公司,1—34.

拱玉书,颜海英,葛英会.2009.苏美尔、埃及及中国古文字比较研究[M].北京:科学出版社,144—170.

郭书春.1983.我国古代的算筹[J].文物天地(3).

姜振寰,2010.科学技术史[M].济南:山东教育出版社.

栾丰实.1998.北辛文化研究[J].考古学报(3):265—288.

饶宗颐.1983.殷代易卦及有关占卜诸问题[A]//饶宗颐史学论著选[C].上海:上海古籍出版社,31—55.

宋兆麟.1984.投石器和流星索[J].史前研究(2):99—108.

王春雪,张乐,高星,等.2011.中国旧石器时代晚期鸵鸟蛋皮串珠制作技术的模拟实验研究——以水洞沟遗址发现的鸵鸟蛋皮串珠为例[J].江汉考古(2).

王志俊.1980.关中地区仰韶文化刻划符号综述[J].考古与文物(3):14—21.

吴文俊.1982.《九章算术》与刘徽[M].北京:北京大学出版社.

徐大立.1989.蚌埠双墩新石器遗址陶器刻划初论[J].文物研究(5):246—258.

严文明.1999.文明起源研究的回顾与思考[J].文物(10):27—34.

杨美莉.1998.多孔石、玉刀的研究[J].故宫学术季刊 15(3):17—74.

张立文.1985.周易帛书今注今译(上)[M].台北:台湾学生书局,6.

张政烺.1980.试释周初青铜器铭文中的易卦[J].考古学报(4):403—415.

郑德坤.1973.中国上古数名的演变及其应用[J].香港中文大学:中国文化研究所学报(年刊):7—58.

朱日祥,邓成龙,潘永信.2007.泥河湾盆地磁性地层定年与早期人类演化[J].第四纪研究 27(6):922—944.

朱延平.2008.读《北福地:易水流域史前遗址》[J].考古(2):87—90.

竺可桢.1979.竺可桢文集[M].北京:科学出版社,439—441.

第二部分

数字组合文字:数字卦的起源和进化

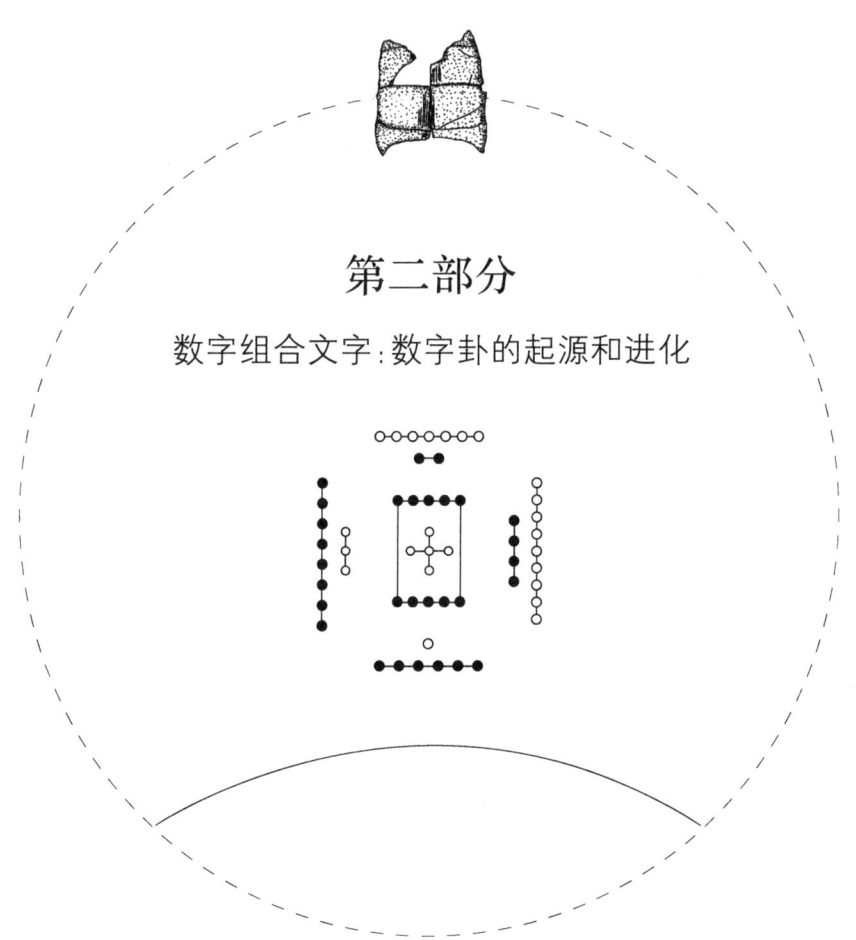

第三章　新石器时代早期的数字卦

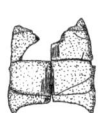

通过对中国数字起源和进化过程的追溯，中华先民在距今 9000—4000 年以数字组合——数字卦为文字的时代，便返朴归真地显露在我们面前。在此期间数字卦的来龙去脉如何？其进化过程的规律性和阶段性如何？这是本章要考察的课题。本章的任务，就在于从一切迷乱中追踪这一过程的依次发展阶段，并在一切表面的偶然现象中证明出过程内在的规律性。

中华文明为何从起步到高度成熟之间要经历一个以数字组合为原文字来酝酿成熟文字的时代？这是在中国史前环境资源条件下，由人类认识进化的规律所决定的。如本卷第二册所述，中国古四分历的实践史可上溯到新石器时代早期。当时生活在黄河流域一带的众多氏族，在生存竞争中，通过对日月的周期性视运动的长期观察，而逐渐摸索出后世所说的"四分历"。其他一些民族也由长期观察日月周期性视运动而摸索出四分历，但其四分历却不像中国的古四分历这样富有独特性，其关键的区别在于如何将日月周期性视运动的感性认识上升为"四分历"的理性认识。凡是掌握过四分历的民族，在长期观察中所得到的对日月的周期性视运动的感性认识是相同的，但将其感性认识上升为"四分历"理性认识的概念及其推理逻辑,由其所处的进化阶段不同和是否受到外来文化影响而相区别。处于理性认识起步阶段的人类,在没有任何其他外来文化影响的条件下,必然以不言而喻的最基本的直观概念——自然数,来概括自己的感性认识。这既是人类认识进化的历史规律,也是科学发生和发展的逻辑顺序所决定的。

中国各地新石器时代文化遗址的出土材料,与古籍记载相印证,以系统的证据证实:易卦在成为符号卦之前确曾经历了一个以数字为存在形态的发展时代,从而使古史新证所核实的中国科技起源的这一历史顺序,同自然辩证法所决定的科技从数学开始发生的逻辑顺序达到惊人的一致。自北宋末年在商周器物上发现三或六个数组成的"特殊符号"以来,到饶宗颐先生(1983)著文统计"所知已近百个"数字卦符号刻划于各种出土材料上,其制作年代从西汉、战国春秋、周商,一直追溯到辛店文化、马厂文化、崧泽文化乃至距今7000年左右的马家滨文化。蔡运章先生(2004)报道"目前所知在青铜器、陶器、骨器、竹简等器物上"就有"200多个筮数卦例"。自张政烺先生(1980)对数字卦的研究取得突破性进展以来,众多学者依据日益增多的有关出土材料,对数字卦的各个方面进行了广泛而深入的探讨,以越来越充实而系统的证据证实:易卦的一种早期形态的确是数字,即所说的数字卦,在从上古到西汉初期这数千多年中,曾经一直作为易卦的数字组合形态而被先民所使用,经历了一个由初级简单到复杂再到高级简单的进化过程。本部分就来按由远及近的年代顺序,综合各家的有关研究成果,并补充一些有关材料,对此进化过程试作一分期断代研究。

第一节 原始数字卦:数字一与二组成的数字卦

人类的生产活动是一步又一步地由低级向高级发展,因此,人类的认识,不论是对自然,还是对社会,也都是一步又一步地由低级向高级发展,即由简单到复杂、由浅入深、由片面到多方面。人类理性认识从最简单的概念——自然数开始,那么,最简单的自然数又是什么呢?世界各地的人类学调查和语言心理学研究对这个问题的回答是:人之初所能识别的数仅限于三个:"一""二"和"多"或"单""双"和"多"(Schmandt-Besserat 1996)。中华先民的理性认识,也毫无例外地从识别这三个数起步,相应地,其奇数与偶数概念的发展,也必然开始于用算策一与二根以至其临摹而成的数字"一"与"二"来表达。因此,数字卦必起源于由"一"与"二"代表的奇与偶数所组成的数字卦。这个合乎逻辑的推论,不仅赢得了民族学调查材料与古史传说的一致证明,也不仅有迄今最早在贾湖遗址发现的原始数字卦作直接证据,而且正好同该遗址的发掘者以其出土材料对贾湖人即是伏羲氏族的验证相对证(F38)。这就以充分而无可置疑的如山铁证确证:原始数字卦出自与伏羲时代相当的新石器时代早期。

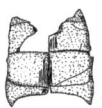

西南少数民族保存有类似古代筮法的数占方法,特别是保留有古东夷族传统文化的四川凉山彝族的数占法"雷夫孜",为追溯表达伏羲卦数的原始数字卦提供了活化石。汪宁生先生(1989)对其调查发现:"人们在揲蓍时,每卜一次所得结果必然要记下来以防遗忘,及到后世举行筮法时仍是如此。这就是所谓'画地记爻''书卦于木',即每得一爻先在地上画个记号,卜完以后再将总的结果写在木板上,来判断吉凶。每次所得的奇数或偶数究竟如何来表示呢?简单方便的办法,就使用一画代表奇数,用二画代表偶数。我想,这就是阳爻(—)和阴爻(- -)的由来。把奇数和偶数八种可能的排列情况,分别用这两种符号画出来,这就是八卦的由来。如将上述凉山彝族的'雷夫孜'法的卜问'打冤家'八种排列法用这样的符号表示,不就是一套八卦吗?!"当然,"用一画代表奇数,用二画代表偶数",就是用伏羲时代先民临摹一根算策的数字"一"代表奇数,用临摹二根算策的数字"二"代表偶数。分别用这两个数字符号"一"和"二"画出来的八种可能的排列,才是原始数字八卦。这类原始数字卦的历史存在,不仅在少数民族对祖传旧法的承传中留下了活化石,而且在迄今发掘的新石器时代早期文化遗址中广泛地遗留下了真迹。

一、数字卦起源和早期发展中心——贾湖遗址中的原始数字卦

位于淮河流域、距今9000—7800年的河南舞阳贾湖遗址,真不愧为伏羲氏族的所在地,以其陶器和骨器上展现出的许多成组的刻划纹,保存了迄今发现的最早、最大的数字卦档案库。其中就有一批这类由古数字一和二组成的原始数字卦,特别是该遗址发掘报告的陶支脚A型"表面饰横、竖、斜划纹……划纹以4、5、6条一组者为多"(F38),表明其中多为一、二数字组合成的数字卦。如陶支脚A型标本H19:9表面饰有两组划线:一组并列4条,另组并列6条,按其间距离,分别呈古数字"一二二"和"二二二"组合,即分别相当于八卦的艮卦和坤卦。由此开环陶器口沿标刻划数字卦以标定定方位或时节之先河。又如此型陶支脚标本H35:5的表面也饰有两组划线:一组并列5条,另组并列4条,按其长度及之间距离,分别呈古数字"三一一"和"一二一"组合,即分别相当于八卦的乾卦和离卦。再如此型陶支脚标本H88:3的表面也饰有两组划线:一组并列5条,另组并列4条,按其长度及之间距离,分别呈古数字"一二二"和"一二一"组合,即分别相当于八卦的艮卦和离卦。此型陶支脚标本还有H156:6所饰的六条划纹,明显按长度分为三组,显得是古数字"二二二"组成的单卦"坤"(图3.1.1)(F38)。

贾湖文化骨器上契刻的数字卦中,也有这类原始数字卦的残留。如龟腹甲标本M387:4上的刻划纹呈两组古数字组合:"二一二"和"二二二",而分别相当于八卦的"坎"和"坤";骨镞标本H124:3"上有横向刻划线四条"、骨板标本H45:2上并列横刻划纹也是四条,按相间距离都呈古数字"二一二"组合,显得相当于八卦的坎卦;骨镞标本M127:3"铤部纵截面上有5道横刻线",按其间距呈古数字"二一二"组合,也显得是单卦坎;骨镞标本H286:1"铤部平面横刻线存6条",按其长度组合,呈现出古数字"二二二"组成的单卦"坤"(F38)。与此单列一、二数字组合的情况不同,骨镞标本M395:13"铤两侧刻成齿牙状",从其图示可见其一侧仅有一齿,用来表示数字一的同

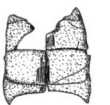

时,另一侧 5 齿按相隔距离呈"二一二"组合,显得相当于八卦的坎卦;骨镞标本 M275:7"沟槽一侧有五条横刻痕,另一侧有二条横刻痕",这二条用来表示数字二的同时,另一侧的五条按相隔距离呈"二二一"组合,显得相当于八卦中的震卦(F38)。比较这些实例可看出,有两侧数字平列的场合,与一侧数字组成之卦相对应的,有纯数字一、二。这表明,这里的数字一、二可能是分别用来辨别次序的(图 3.1.1)(F38)。

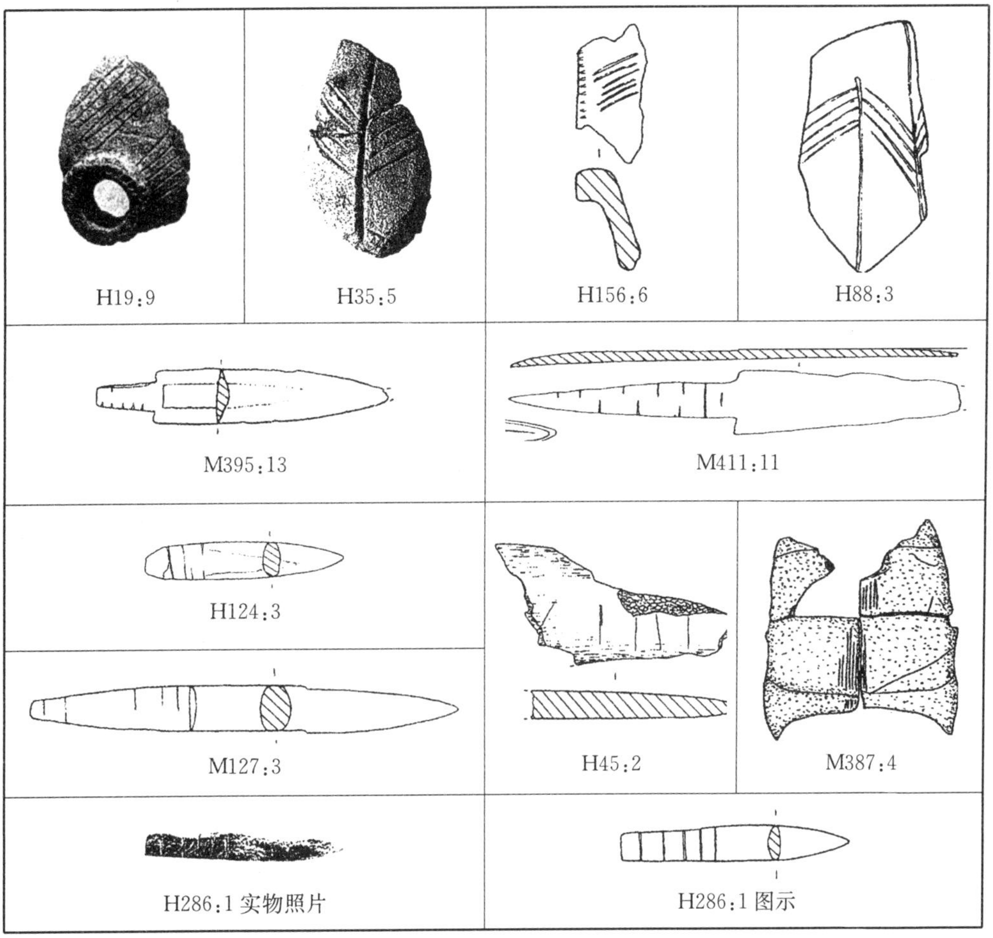

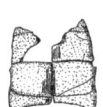

图 3.1.1　距今 9000—7800 年的贾湖遗存器具上刻划的原始数字卦(F38)

与原始民族的数量概念只识一和二的情况有天壤之别的是,贾湖人不仅用一和二分别代表奇数和偶数,而且以多个一和二组合成数字卦来表达不同事物的概念,特别是用来表达季风的四方八方风、空间的四面八方,或阳历的四时八节。这便是由数字一和二画出的原始数字卦,与作为原始民族数量概念的一和二之数字,存在着本质区别之所在。随着贾湖文化影响,特别是其新兴农业及其亟须的阳历历法科技,适应了各地氏族在人口增长压力下兴办农业的需要,随着农业革命席卷中国大地,这些原始农业技术逐渐传播到大江南北、黄河上下和辽河流域,其传播的工具——卦数语言和文字也流传到这些区域。

在上一章第三节已介绍了原始和早期数字卦曾流行于一些地区的例证,如沅江流域高庙文化早期遗存、河北武安磁山遗址第一和第二期遗存、辽西地区阜新查海遗址中那些距今7500年前的数字卦;陕西宝鸡北首岭遗址早期文化遗存、安徽蚌埠双墩遗址所出的7000年后那些数字卦。除了这些材料外,以下将按遗存年代顺序分地区系统论述原始和早期数字卦的分布、形态、结构和使用状况。

二、原始数字卦在长江流域的普及和提高

贾湖遗址的原始稻作农业成功发展及适应其需要的候气历和太阳历技术,对同为原始稻作农业地区的长江中下游流域的氏族具有极大的吸引力;这些地区的同期文化及其后续文化中都出土有贾湖文化特有的器物——骨笛或刻纹龟甲等,就标志了他们与伏羲氏族之间在这方面的文化交流(F43—F49)。如上所述,长江中游地区的彭头山文化及其后续文化——皂市下层文化和高庙文化和长江下游地区的跨湖桥文化遗存,在出土这类器物的同时,也展示了它们在伏羲卦数基础上发展易卦和易学的伟大成就(F67—F70)。

受彭头山文化影响的城背溪文化,在距今8500—7500年分布于鄂西长江三峡地区。湖北宜都城背溪遗址发掘报告载:"城背溪的陶器作风与湖南澧县彭头山出土陶器十分接近,应属于同一阶段的新石器时代文化"(F46)。迄今在彭头山遗址中只发现了早期数字卦,却未能看到原始数字卦,但缺的这一课在城背溪文化及受其影响的文化遗存中正好补上。湖北长阳桅杆坪遗址从新石器时代早期到大溪文化之前,据其

发掘者断定,"约在城背溪文化的年代范围之内",而该遗址从前大溪文化到大溪文化早、中期这几个阶段的文化遗存中,同城背溪遗址一样,都发现有原始数字卦和早期数字卦,而且同这一地区和湖南各地遗址所出的数字卦保持一致(F110)。

这两个遗址都发现有刻纹骨器。城背溪遗址发掘报告载:"骨锥标本 T6(3):103,…尖端近锥尖处刻有 6 道凹弦纹"从其照片显现的这面看来,这 6 道凹纹呈古数字"二三一",相当于八卦的"兑"。"骨片标本 T6(3):113。骨片上有浅刻沟痕",其照片的一面上可看到的沟痕似乎呈古数字"一一二",也相当于八卦之"巽";另一面看不清。该遗址早期遗存中一些陶器,特别是城背溪文化最具特征性的器具——陶支座,也刻划有数字卦,如陶支座标本 T8(4b):21 顶面有三组刻划线纹,由上到下分别呈古数字"一一一""三三一"和"三一一",而显得相当于八卦的"乾""乾"和"震"。"陶罐标本 G1(2):8,…,上腹部饰一周精细的刻划纹图案"(F46)。从其图示看,每列有两个古数字"×",每两列之间有斜向平行线 5 条,这就意味着两横行并行排列一组古数字"×××",即相当于八卦之"乾"的重复;而纵列则是一组古数字"××"作为两个数字组成的另类卦的重复(图 3.1.2.1)(F46)。由此,随彭头山文化之后,开后世突出"×"数之先河。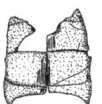

同城背溪遗址相比,桤杆坪遗址的数字卦遗迹更突出。该遗址发掘报告载:前大溪文化遗存的"角器 1 件。T20(5):5,由灰白色的麋鹿角主枝和一眉枝稍作加工而成,…,角基础和主枝的中间一段有砍痕",从其图示看来,这些砍痕排成两列,左边这列呈古数字"一一一二一一"组合,而显得相当于六十四卦之"履";右边这列呈古数字"一一一二--"组合,而显得相当于六十四卦的"同人"(F110)。前大溪文化遗存的"鹿角,T20(5):6,…,在主枝的断口边沿有反复砍剁的痕迹",其刻痕从其图示看来,分成 11 组排列,每组内的划线依其长度和间距,而分别从下到上、从左至右的顺序呈现为以下 11 个古数字组合:"三一二""三一一""二二一""二一二""一二二""三一二""一二三""二二二""二一一""一一一"和"一二一",而分别显得相当于八卦的"巽""乾"

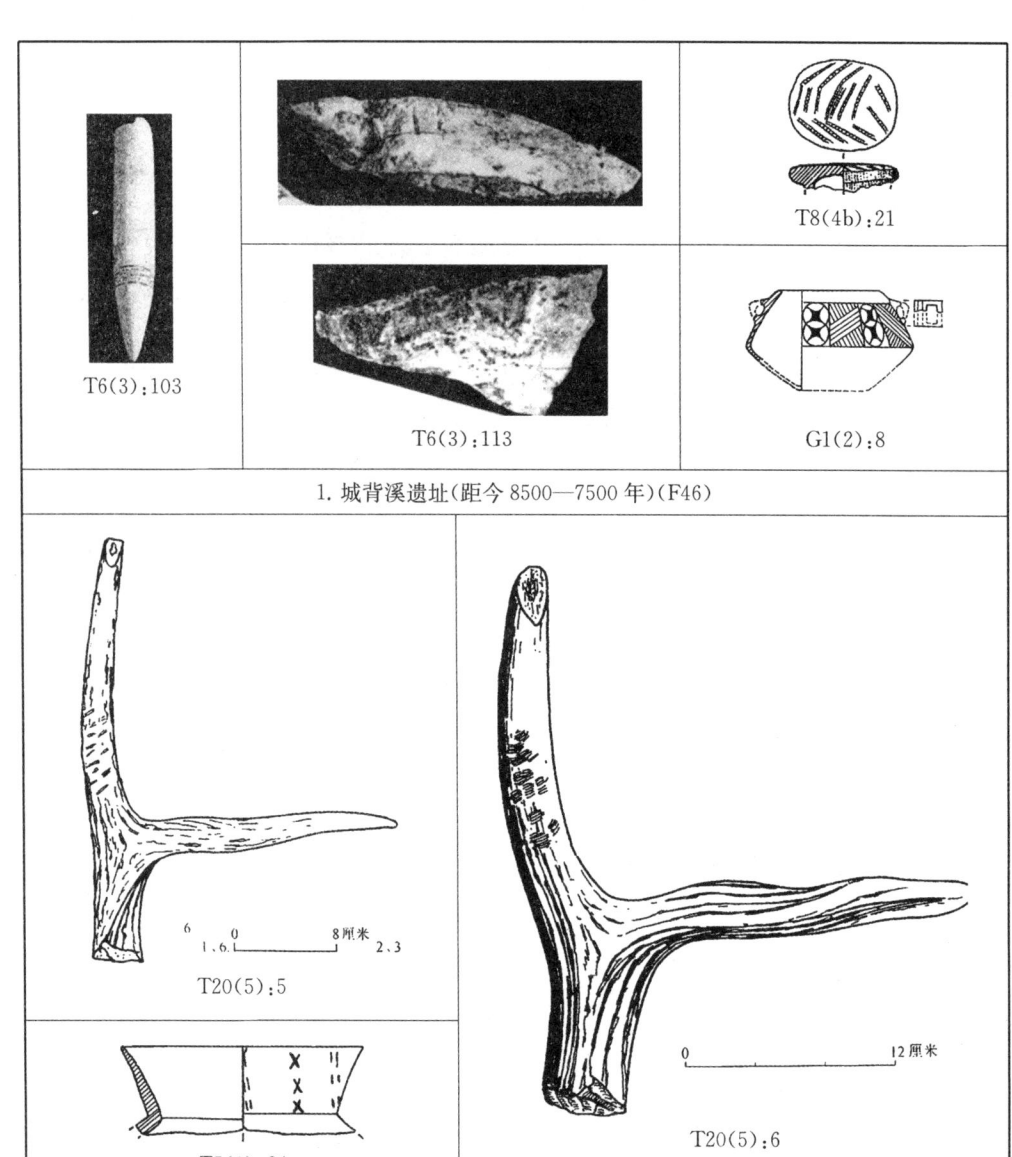

图 3.1.2 湖北三峡地区距今 8500—6000 年文化器具上的数字卦

"震""兑""艮""巽""离""坤""坎""乾"和"离"(图 3.1.2.2)。大溪文化中期陶罐 T5(3):24"领上饰有短竖条和树杈状的戳印纹",从其图示看来,这些"短竖条和杈状纹"环周四组,每组成两列三行排列,每横行呈古数字"一×一"组合,而相当于八卦的

"乾";也可从纵列来看,则呈"×××"和"二二二",而分别相当于八卦之"乾"和"坤"[图3.1.2.2(F110)]。当然,这是有古数字十的数字卦,已不属原始和早期数字卦,已超越伏羲时代而成为典型的神农时代的数字卦,但它们由早期文化的原始和早期数字卦进化而来;且这古数字"×"完全同一于彭头山文化和城背溪文化的那个"×"。城背溪文化与彭头山文化、皂市下层文化、高庙文化乃至贾湖文化在这些数字和数字卦上的同一性表明,在距今9000—7500年,湖南澧水、沅水流域到长江中游以至淮河流域一带的原始稻作农业氏族群,为掌握以阳历为首要应用领域的民生实用科技——伏羲易,已经开始以原始和早期数字卦为共同的语言文字。

距今8000—7000年的跨湖桥遗址正处于新石器时代早期向中期,也相当于古史传说的由伏羲时代向神农时代的过渡阶段,其文化的早期遗存中包含有以贾湖文化影响为代表的众多伏羲时代文化遗存,其中就有原始数字卦(图3.1.3)。该遗址发掘报告载:"标本T0511(8)c:10,掌骨,骨干两侧有25道切痕,分布规则,疑为计数遗留"(F43)。探方T0511的11个文化分层中第8层,处于此遗址存在的8000—7000年的中早期,与贾湖文化的晚期同期,这规则是什么?同贾湖文化数字卦按刻划线的长短或(和)间距分组的情况一比较,就可知是数字组合成卦的贾湖文化式规则。这些切痕按此规则组合成多个数字卦,其中既有原始数字卦,也有稍微发展了的早期数字卦。兹举例如下(图3.1.3)(F43):

(1)牛掌骨标本T0511(8)c:10(3)的侧面,有6道切痕呈两两间距分组成三个古数字"二二二"(图3.1.3.4),而显得是八卦中的坤卦。它的组成数字全由一或(和)二组成,因而是原始卦。

(2)此标本正面,即T0511(8)c:10(2)成行排列的8道切痕,从其间距看,分成三组,其旁边的两个斜切痕夹在中间这道切痕的上、下,正好把它与其同行上、下部的切痕分开,从而将此8道切痕分组成三个古数字"三一三"(图3.1.3.1),而显得是八卦中的巽卦。其中已用到大于二的数字三和四,所以是早期数字卦了。

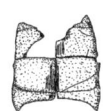

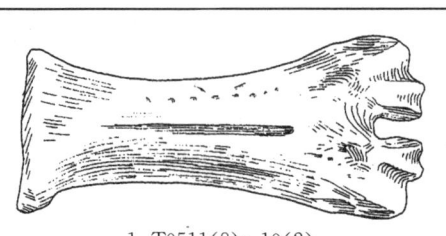

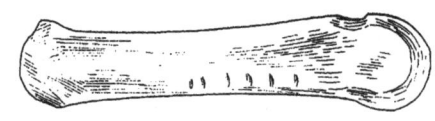

图 3.1.3 距今 8200—7000 年的跨湖桥遗址出土骨器上的原始和早期数字卦(F43)

(3)它的另一面 T0511(8)c:10(1)成行排列的 22 道切痕,按其明显的长度和间距差异,分组成古数字"三一三三三一"和"一一一一二一"(图 3.1.3.2),而显得是六十四卦中的重卦"大过"和"同人"。值得注意的是,在这后一卦开头的数字"一"及其随后数字的旁边有三道斜切痕作标记来注明,其用意明显。显然,这些卦也属早期数字卦。

(4)陶罐"标本 T0411(9)A:72,罐沿外残片。上排为纵横相间的短线刻划组合,下部为复线 N 行折线纹",上排纵横相间的短线条数及其间距不等,且每组短线条数不超过 6(图 3.1.3.3),看来是一系列原始卦;下排用于以 6 为基数的计数。

浙江萧山下孙遗址,其发掘者已鉴定为属于跨湖桥文化,也遗留有当时居民使用原始和早期数字卦的痕迹。如其出土的陶釜标本 H30:3 上,"饰左斜绳纹,颈部饰竖向刻纹"(图 3.1.4)(F43)。按其长度和间距,这些竖刻划纹呈现为古数字"一二一",相当于后世八卦的"离";这些斜线呈现为古数字"三二一"和"二一三",相当于后世八卦的"离"和"兑"。

作为分布于苏南—浙北地区的马家滨文化的源头,距今 7200—6000 年的浙江桐乡罗家角遗址,出土的一些骨器和陶器显示出同跨湖桥遗址具有"文化的共性"(F129)。

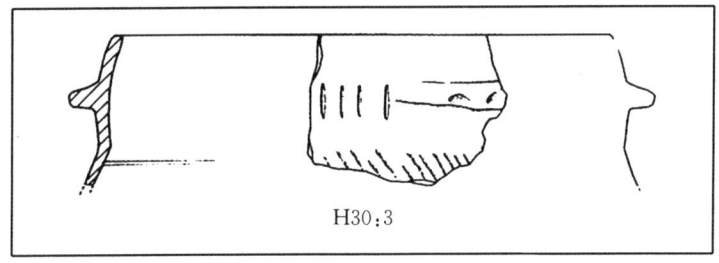

图 3.1.4　距今 7500—7000 年的下孙遗址出土陶器上的数字卦(F43)

更能显示其文化共性的是，它们都行用贾湖文化式的五进制和跨湖桥文化式的十进制数字组成的数字卦。罗家角遗址留下了丰富的数字卦文件堆积。其发掘报告载："第三层出土的 13 件角柄中，有 6 件在长柄上刻有简单图案，如平行的短条纹、斜向的短条纹、相向的斜短线纹、曲折纹、×纹等"。"勾勒器，21 件。……细观之，这种光滑的磨光痕迹，大体呈斜向条状分布，在主干内侧更为清楚。这种痕迹，在自然鹿角的相同部位是没有的。第三层有 1 件，第二层有 2 件主干上刻有简陋的曲折纹和八字纹"。(F129)只需与各地史前遗址出土的刻有数字卦的鹿角器相比较，就可知这里所说的这些"简单图案""简陋的"纹样大都是数字卦。其中的"平行的短条纹""短线纹"都是原始和早期数字卦，如角柄标本 H11:2 上可见两组平行的短条纹(图 3.1.5.1)，分别呈古数字"一一三一三二"和"二二一"组合，而显得相当于六十四卦的合八卦的"震"；角柄标本 T133(三):16 上可见的两组平行的短条纹(图 3.1.5.3)，分别呈古数字"一二二"和"一一二"，而显得与八卦的"兑"和"巽"相当；至于这两件和其他骨器上肉眼不可识别的数字卦，可用放大镜或微痕分析技术予以确定。骨管上的"斜向梯格纹"，陶器上的平行短条纹，也都是数字卦。其中的"曲折纹"和"×纹"，分别是含有古数字"∧"和"∨"和"×"的数字卦；八字纹或许是含古数字"八"的，也可能是以简化飞鸟纹表达的数字卦(图 3.1.5.6—9)。像角柄标本 T130(三):9 上的这类"相向的斜短线纹"，其中每单组都是 3 条短线，每相向双组都是 6 条短线(图 3.1.5.2)，显然，这是以 3 或 6 为基数的计数图，同上述那些计数图一样是用来计数的，而不是数字卦(F129)。罗家角

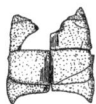

氏族重视刻划数字卦,特别是以骨器为媒体刻划数字卦的传统,一直在马家浜文化居民中世代流传。如江苏常州圩墩遗址第三次发掘出的墓葬T78M28,就随葬有1件鹿角,"系鹿角根部分叉段,枝杈有截割痕迹"(F128)。

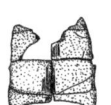

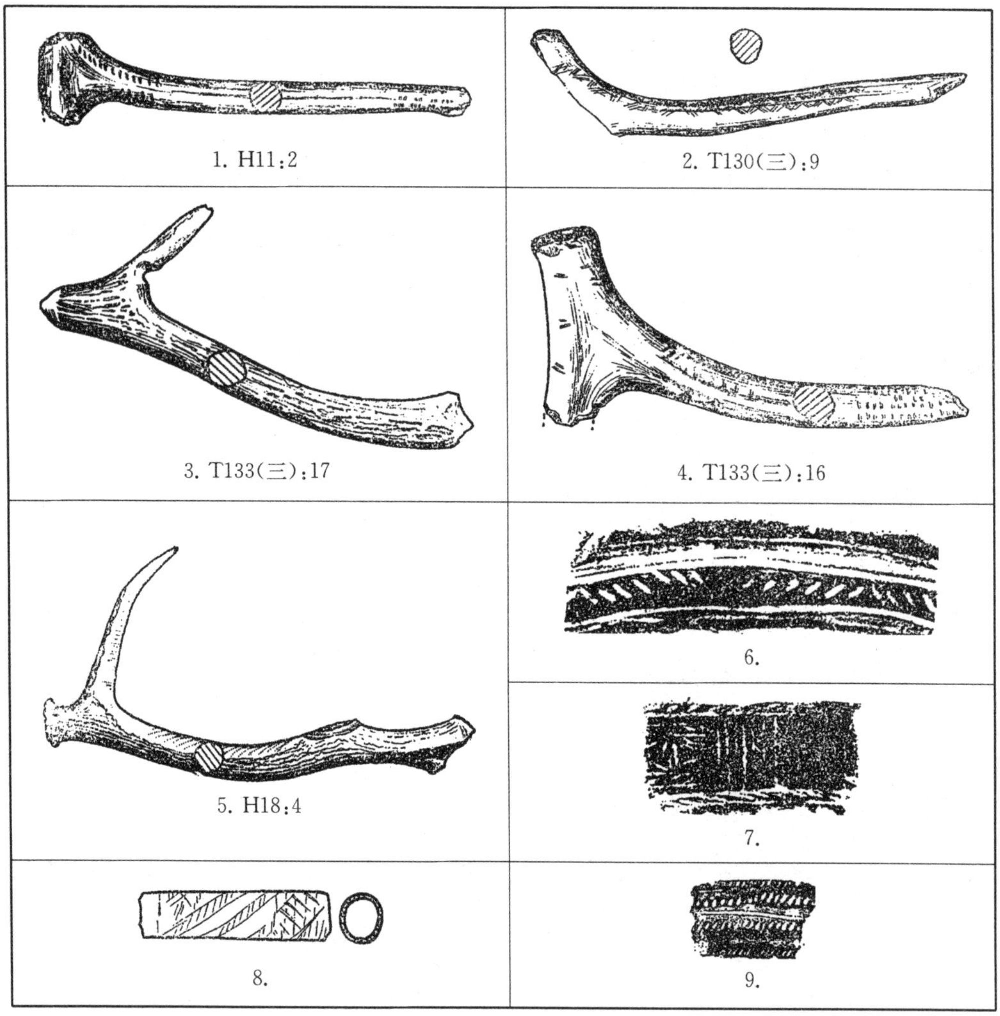

图3.1.5　距今7200年前后的罗家角遗址出土器具上的数字卦(F129)

作为浙南地区河姆渡文化中心,距今7000—5000年的浙江余姚河姆渡遗址,遗存的器具,特别是骨、木器显示,其同跨湖桥遗址存在着文化共性。这些物质文化上的共性,自然来源于它们居民精神文化的共性,其中最重要的是他们有共同的语言和文字,即他们都行用贾湖文化式的五进制和跨湖桥文化式的十进制数字组成的数字卦。河姆渡遗址保留了长江下游地区迄今发现的最大的数字卦文件堆积,特别是刻划有原始和早期数字卦的骨器和陶器极其丰富,真是举不胜举,限于篇幅,这里只举以下几例(图3.1.6)。其发掘报告载:骨耜"标本T21(4):46,器身上半部两侧各刻有十余道斜向浅槽",从其图示看来,这两侧的斜向浅槽,按从左至右、由下而上的顺序,分别呈两列古数字"三一三""一三三""三二三"和"三一三""一二四""一三二"组合(图3.1.6.1),而显得相当于八卦的"巽""巽""离"和"兑""艮""艮"。同贾湖文化的骨镞一样,这里的骨镞"有的铤两侧磨有缺口或平面刻有浅槽数道",如标本T242(4A):335上的10道浅槽(图3.1.6.12),成古数字"三三三",而同八卦的"兑"相当;又如标本T243(4B):304"镞身上对钻有大小不同的7个圆孔"(图3.1.6.13),按其大小这7个圆孔从下至上,呈古数字"一二三",而同八卦的"艮"相当。骨管"标本T242(4A):231,在两端各刻满'八'字形纹"(图3.1.6.14),从其图示看来,每列"八"字纹,实为两列相向的斜向短线,其左端的两列分别呈古数字"一三一"和"三三一"组合,而相当于八卦的"离"和"巽";其右端的三列斜向短线,分别呈古数字"三二一""二二二"和"三三一",而显得相当于八卦的"离""坤"和"巽"。器柄"标本T212(4B):228,槌头正面刻有曲尺纹图案(图3.1.6.3),长柄与槌头相连处的上部也刻有少量'八'字形图案",从其图示看来,这些"曲尺纹"和"八字纹",都是相向的短斜线,其正面上的三行短斜线,从槌头到分支分别呈古数字"三二三""三二三"和"三二三",而同八卦的"离""震"和"震"相当;长柄与槌头相连处的两侧各有一行短斜线,从下至上分别呈古数字"二三一"和"二三二",而显得同八卦的"巽"和"坎"相当。骨锥"标本T1(4):32,……,槽下刻斜向对称的'八'字形纹一周",从其图示的一面看,呈两列古数字"一一二"和"二二一",而分别相当于八卦的"巽"和"震"。另一骨锥"标本T27(4):64,……在后端磨出五对椭圆形浅槽"(图3.1.6.7),从其照片看,明显地呈两列古数字"二二一"和"三一一",而分别相当于八卦的"震"和"乾"。骨匕"标本T221(4B):240等匕柄大多在正面刻划有弦纹与斜线

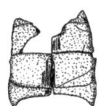

纹或曲折纹相间组成的图案",这些"斜线纹或曲折纹"(图 3.1.6.6),就是原始和早期数字卦,如从这件标本的图示看,其"曲折纹"就是简化飞鸟纹,呈古数字"三三二二一二"组合,而相当于六十四卦的"蒙"。骨笄"标本 T233(4A):116,…,中部刻划 6—8

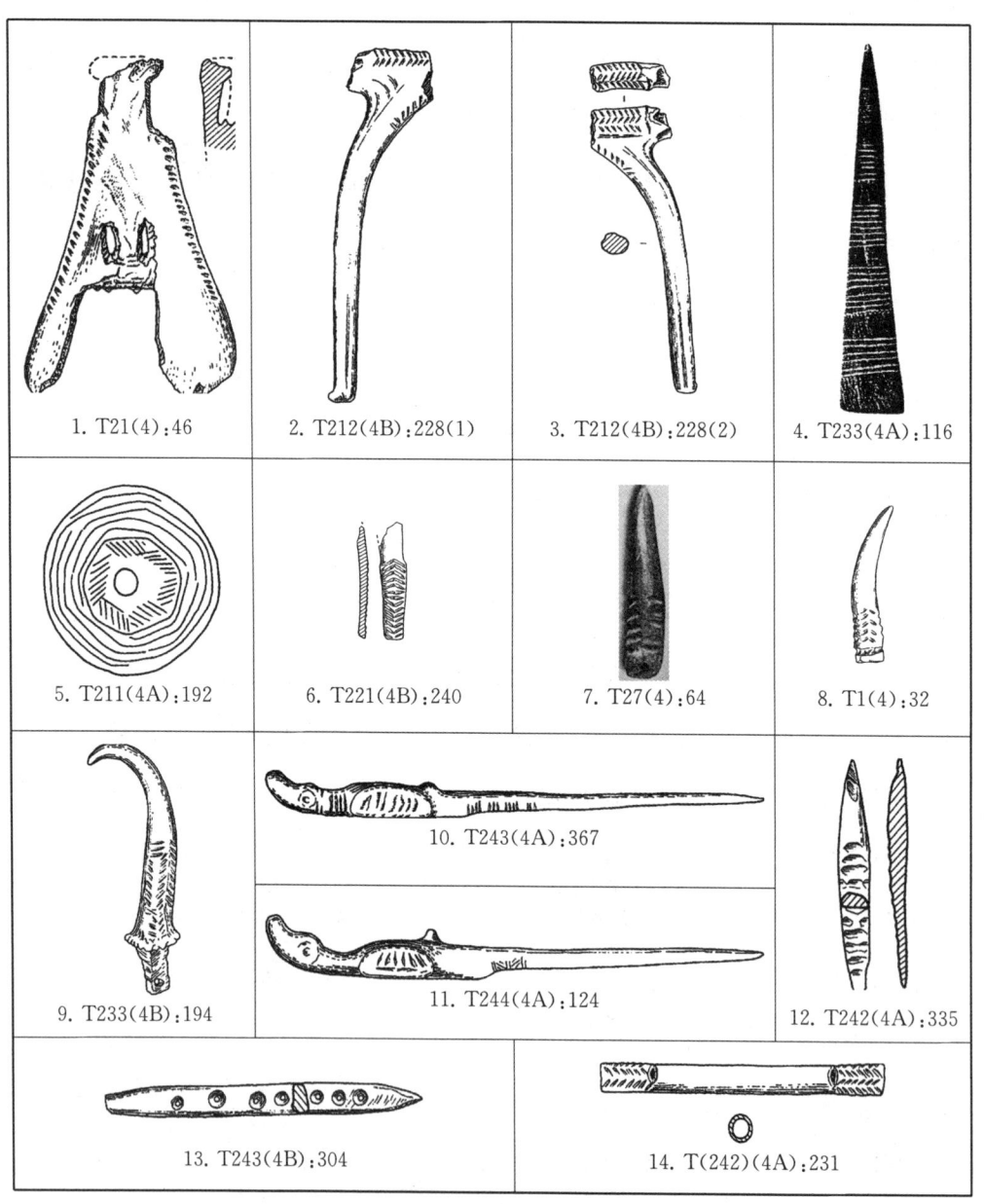

图 3.1.6 距今 7000—6500 年的河姆渡一期器具上的数字卦(F103)

条的细弦纹4组"(图3.1.6.4),这4组从下到上分别呈古数字"二二二""三二二""二三三"和"二二三",而显得相当于八卦的"坤""坤""兑"和"震"。骨坠饰"标本T233 (4B):194,在上半部均刻满麦穗纹"(图3.1.6.9),从其图示看来,实为三列"麦穗纹",从左至右分别呈古数字"三三三""三三二一二二"和"三二三一一二"组合,而相当于八卦的"离"、六十四卦的"渐"和"蛊",二者恰成倒顺。"象牙匕形器3件。圆雕。其中完整器2件":标本T224(4A):124图示的鸟身侧面一组斜线纹(图3.1.6.11),从左至右呈古数字"二三二",而相当于八卦的"坎";标本T243(4A):367图示的鸟身侧面一组斜线纹(图3.1.6.10),从左至右呈古数字"二二四",而相当于八卦的"坤";鸟身上下排列6组短线纹,呈古数字"二三三三三三"组合,而相当于六十四卦的"明夷"。陶纺轮"标本T211 (4A):192,一面边沿饰弦纹和斜线条组成的'八'字形图案"(图3.1.6.5),从其图示看,所饰斜线条分6组,按从上左至上右的顺序分别呈古数字"三一三""二二三""二二二""一二三""一二二"和"二一三",而相当于八卦的"乾""震""坤""离""巽"和"兑"(F103)。可见,当时河姆渡人用伏羲数字卦就像后世人用汉字一样。到距今6300—5300年的第二、三、四期,尽管这类数字卦的刻划不再这样普遍,但一直不绝其使用遗迹。

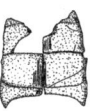

在跨湖桥文化与高庙文化的左右之下,处于长江流域中下游的江西万年大源仙人洞洞穴遗址出现数字卦,就不是偶然的了。该遗址第二次发掘报告称:"它的下层距今至少8000年以上";在其T4探方的6个文化分层中的第四层"出土遗物丰富,计有骨器(如针、镞、鱼镖、I式刻划纹锥等)";其中一件"器身三面刻划纹道"(图3.1.7)(F33)。此件和这些骨器所在的第四层处于这6个文化分层的中间,其年代处于8000年前后的渔猎社会向7000年代的农业社会的过渡之中,即相当于古史传说的由伏羲时代向神农时代的过渡阶段,正好与贾湖文化的晚期同期;它们共同使用的数字卦见证了它们之间的文化交流。

图3.1.7　距今8000—7000年的仙人洞文化骨锥上刻划的原始数字卦(F33)

从其图示看,这件骨锥的这个表面分两行整齐地刻划出成组的划纹,每行都呈现一系列由古数字一和二组成的原始数字卦。从较粗的一端开始计查,可看出长度最大的三条划线成一组,显得是由三个古数字"一"组成数字卦"———",相当于伏羲八卦中的乾卦。其余各组,可看出都由一或二条划线组成;组与组之间以不同的间距分开,而呈现出3组或6组一节;节与节之间以更大的间距分开,从而显得是一系列原始数字卦的排列。这是迄今长江流域中下游发现的最早的一批数字卦,最早的以数字组合文字——数字卦为原文字组成的文章,也是人类进化史上迄今发现的最早文字和文章之一。在此同一文化层中,还出土了另一件骨锥,上面刻划有跨湖桥文化式的十进制数字组成的数字卦。它们同上述长江流域各地同期文化遗存的数字卦一起见证了:在距今8000—7000年的长江流域,作为原文字的数字卦,不仅以五进制数字组成的原始和早期形式得到了普及,而且已开始提高到十进制数字组成的数字卦。

图3.1.8 距今7200年的松溪口高庙下层文化陶器上的授时图(F68)

尽管沅水流域在距今7100年前后,如上所述,已盛行十进制数字及其组成的数字卦,但这期间兴起的阴阳合历授时图中仍采用原始和早期数字卦来标定阳历周年的四时,而显得是对老官台文化式的纵横平行线三分圆面图的继承和发展(图3.1.8)(F68)。

湖南辰溪松溪口遗址出土的陶盆T1(7):6,其发掘报告称:"外底中心饰十字星纹"(F68)。本卷第二册对此图有详论,这里仅考察围绕此十字纹的纵横平行线:此图由左上到右上看来,这四组平行线分别呈古数字"二一三""二二二""二二一"和"一三一",而显得相当于八卦的"兑""坤""震"和"乾"。看来,当时这里居民是以纵横平行线四等分圆面的方式,用数字卦来标定阳历周年四时的观测方位。从此这种纵横平行线四等分圆面的纹样,便作为阳历年四时的一种标志,而流行后世各地。

三、原始数字卦在华北和东北地区的传播

贾湖文化与磁山文化的密切交流,使磁山文化及各地受其影响的同期文化及其后

续文化,养成了学用贾湖文化式的数字卦的习俗。同磁山遗址出土的上述那些数字卦相类似,与磁山文化紧密联系的北福地遗址,出土的许多陶器,特别是陶盆和陶支脚上都饰有规则的刻划纹,其中不少是原始数字卦和早期数字卦,显示出当时这里的氏族向其成员传授数字卦的风气。下图中列举了其中的几个例证(图3.1.9)(F55)。

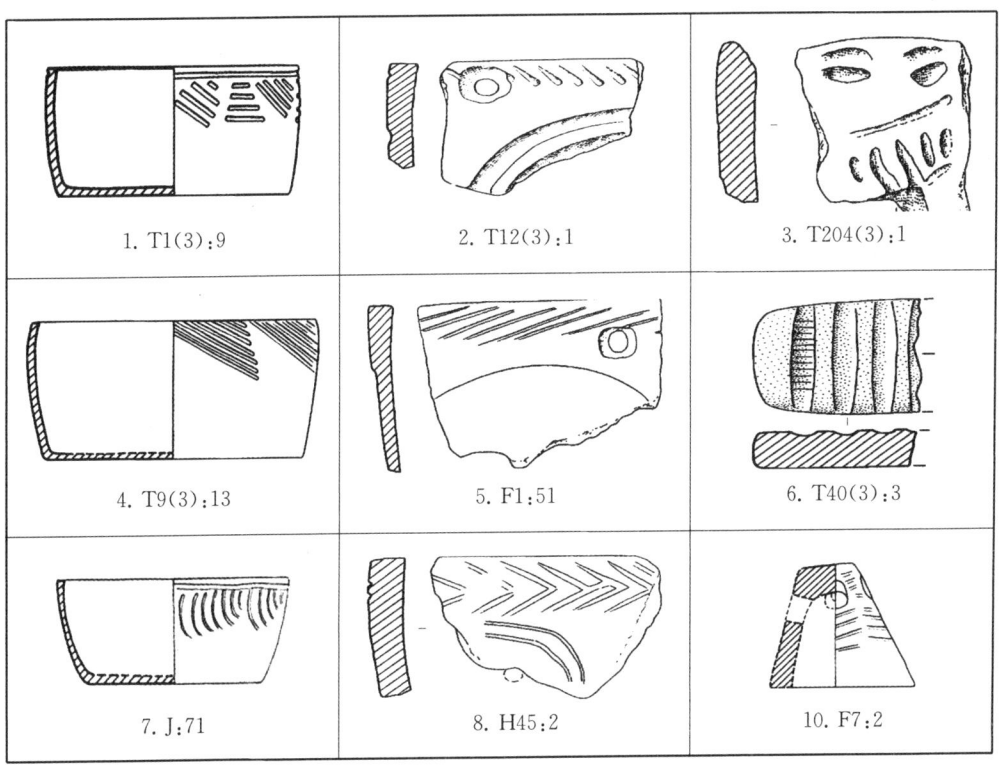

图3.1.9　距今8000—7000年的北福地遗址出土器物上的数字卦(F55)

北福地遗址发掘报告载:陶盆"T1(3):9……沿下饰一周凹弦纹,其下是14组由平行短直线和平行短斜线相间组成的纹饰带",从图示的线长度和间距看,每组都各自呈为一个三个古数字,如"一一二""二一一"等组合(图3.1.9.1),而显得相当于八卦之"巽""兑"的原始数字卦。陶盆"T9(3):13……沿下饰分组的平行斜线刻划纹",每组呈现为三个古数字"三二二"组合(图3.1.9.4),而显得相当于八卦的"艮"卦。陶盆J:71沿下饰二周凹弦纹,其下为分组的平行弧线纹,每组呈现为三个古数字"二二三"组合(图3.1.9.7),而显得相当于八卦之"坤"卦(F55)。该期文化中这样饰有分组划线纹的陶器很多,举不胜举,表明当时这里氏族很重视向其成员传授数字卦知识。为何他们如此重视?该期房址和灰坑出土的145件"刻陶假面具"提供了答案。这些雕刻成"人面和兽面"的薄石片和陶片,都至少有两"镂孔为眼睛"和"鼻下口两侧各一穿孔"(F55),只需将各地出土的这类器具按时空之顺序系统化成其进化系谱,就可认识到它们是定向器;史前先民就是用小棍直立于其孔中以小棍倒影来辨别方向的(对此本套书第四卷将作详论)。为此,他们把测定的方向用数字卦标记在此类器具的相应部位,以便看倒影所指之方向是何方。如面具"H45:2……阴刻两道弧形线为眼眉",其实是以简化鸟纹代替直线纹记下的古数字"一一一二一一"(图3.1.9.8),而显得相当于六十四卦之"履"卦。又如面具"F1:51……阴刻弧线条为眼眉",这些弧线呈现为古数字"一一一一一一"组合(图3.1.9.5),而显得相当于六十四卦之"乾"卦。再如面具"T204(3):1……阴刻线条为眼眉、牙齿和嘴。坑点为眼睛",其中这5颗牙,呈现为古数字"一二二"组合(图3.1.9.3),而相当于八卦之"艮"卦(F55)。这些卦中每一个都代表一定的方位,于是,阴刻其每一卦,都是标定倒影指向此卦的方位为哪方。既然这些卦是标定方位的文字,所以,该氏族要求其成员予以掌握,以便他们外出劳作时懂得辨别方向。同样,其他器具上刻划的数字卦,当也是作其标定的文字之用的。如砺石"T40(3):3……残存三道沟槽,其中一道沟槽底部有横向平行短刻划线"(图3.1.9.6),也是呈现为古数字"一一一一一一"组合的六十四卦之"乾"卦;陶支脚"F7:2……表饰平行斜条或弧条状刻划线",呈现为"二一一"和"三一三"组合(图3.1.9.9),而都显得相当于八卦之"兑"卦(F55)。从此,以简化鸟纹代替直线纹记数字卦,便成为数字卦契刻的一种美术体而流行于后世各地;砺石作为数字卦的一种载体的习俗也流传于商周二代。

以冀中、南和豫北为中心的后岗一期文化,考古学家们已将其年代范围定在距今6400—5900年,并认定北辛文化、北福地文化甲类等为其直接来源(张忠培等1992)。河南安阳后岗遗址发掘报告载:这种文化的显著特征是:"彩陶数量较少,花纹简单,都

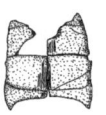

饰在口缘部分,多为竖的平行线纹或以平行斜线组成正倒相间的三角形……这二者也是其他地区所罕见的。"(F113)图3.1.10中这类纹饰几个例子就是从河南安阳后岗、河北正定南杨庄遗址出土彩陶中摘取的(F113)。从其图示可看出,这些纹样显然是对北辛文化、北福地文化传统的直接继承,以不同间距的平行线来表达原始和早期数字卦,以向氏族成员传授易学知识;作为这种文化的突出特征,这些数字卦传授图也突出了当时氏族对传授易学知识的重视。

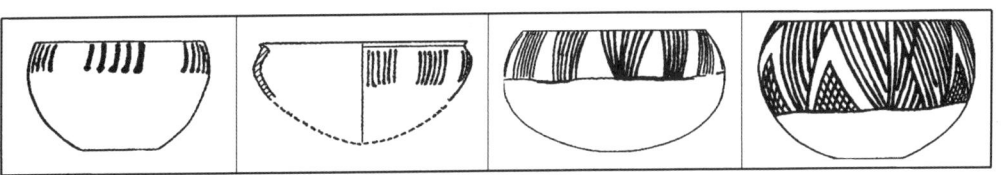
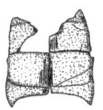

图3.1.10　距今6400—5900年的后岗文化陶器上的数字卦(F113)

相当于贾湖文化的伏羲氏族,所开发和使用的原始和早期数字卦,作为表达阳历四时的语言和文字,随其阳历技术一起通过磁山文化的北渐,而传播到北方原始农业兴起地区,以至东北有距今8000—7500年的内蒙查海遗址、距今7000—4800年的吉林农安左家山遗址、距今6500—6000年的辽河流域小珠山文化下层文化在各地的遗址乃至距今5500—5000年的红山文化在各地的遗址,都留下了使用伏羲数字卦的遗迹(图3.1.11)。

左家山遗址是迄今所知东北最大的数字卦文件存档中心。其发掘报告载:"刻纹骨片5件。在小动物的胫骨上刻划出人字形、平行斜线和锯齿状刻纹。H13:7,刻平行斜线。"(F121)从其图示看来,其上明显可见的平行斜线有三组,按从大至小头的顺序,分别呈古数字"一三一三三二""一二三三一一"和"一一二"(图3.1.11.2),而显得相当于六十四卦的"鼎""大有"和八卦的"巽"。"梭形器1件[T6(3):2]。锥形,尖端刻有三周凹槽,顶端一侧有一小沟,沟的两侧各有一浅槽,通体有磨痕"(图3.1.11.1),这些情况表明此件很可能刻有数字卦。"刻纹骨片1件(F1上:4),已残……上有刻划

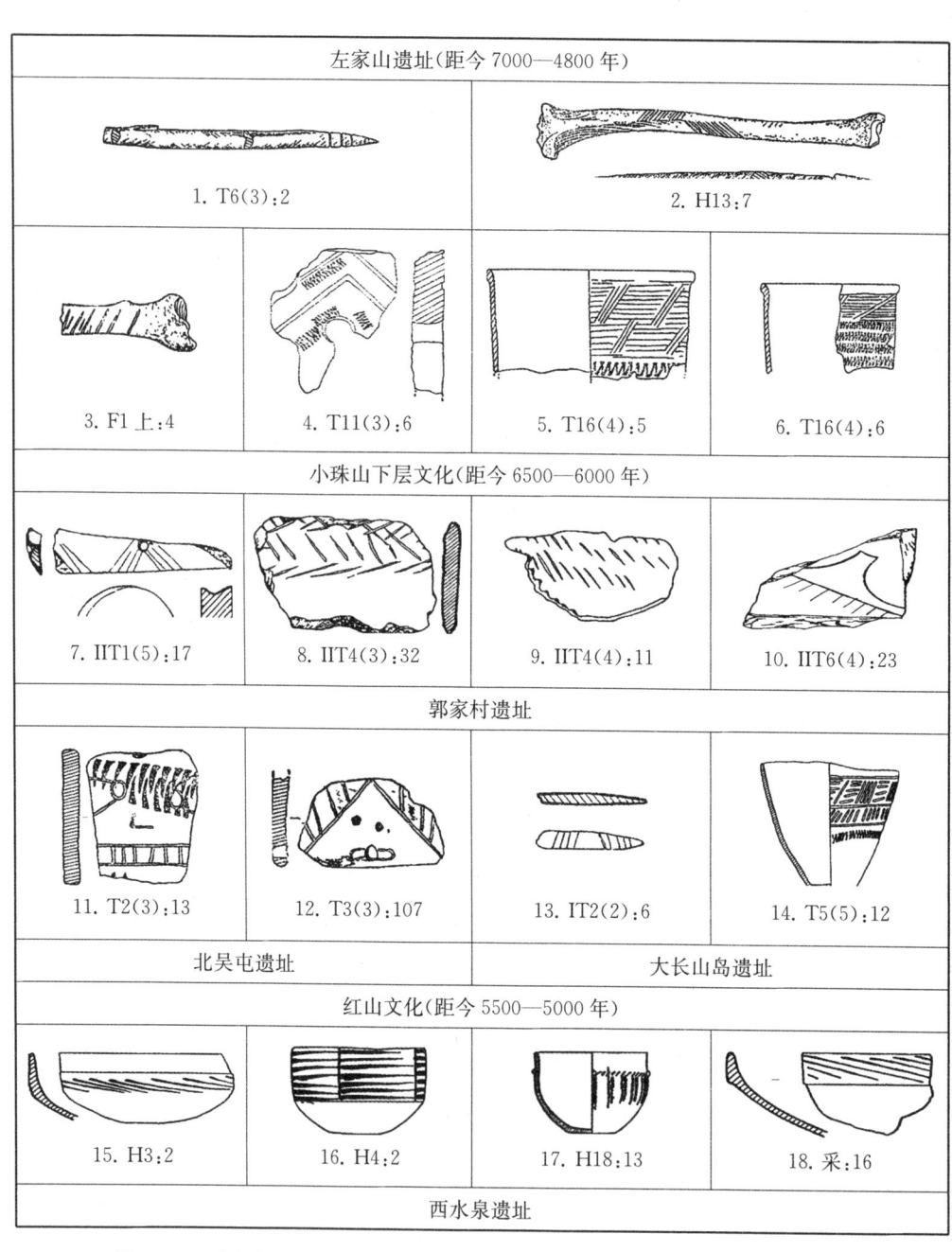

图 3.1.11　东北新石器时代早、中期文化器具上的数字卦（F121，F279，F120，F172）

斜线数道",从其图示看来,所残留部分数道斜线,呈一个不完整的古数字组合"…三二一"(图 3.1.11.3)(F121),相当于一重卦的下卦"震"。其陶器上刻划的数字卦更多。

很多陶器上刻划磁山文化式的平行线纹,如筒形罐标本 T16(4):5 和 T16(4):6 上纵横交错的平行线纹(图 3.1.11.5—6),显然是在沿用磁山文化的传统方式传授数字卦知识。再如穿孔陶器标本 T11(3):6,残存的孔沿的三方,按从左至右的顺序,各有一古数字"三一三""三二三"和"一三一"(图 3.1.11.4)(F121),显得同八卦的"巽""震"和"离"相当,同北福地文化的同类器一样,这些数字卦是用来标定此器所测定的方位的。

小珠山下层文化中也有数字卦刻骨材料,如辽宁大连郭家村遗址下层遗存"有骨器残片,其中有阴刻花纹 8 件。花纹有平行横线加圆点、平行斜线加圆点、网纹三角纹和平行横线或斜线构成组合纹",所有这些平行线组合都当是数字卦,如图示标本 IT1(5):17 残存的两组斜线纹,分别呈古数字"一一二"和"二一一"组合(图 3.1.11.7)(F279),而显得相当于八卦的"震"和"兑"。又如辽宁长海大长山岛遗址中层出土的器物图示中,就有"刻划骨器"2 件,上面都有成组的平行线纹,也当是数字卦,如标本 IT2(2):6 上两组,分别呈古数字"一二一"和"二一二"组合(图 3.1.11.13)(F120),而同八卦的"离"和"坎"相当。小珠山下层文化中也有数字卦陶文材料更多,大都是沿用磁山文化和北福地文化的传统做法,用成组的平行线纹来表达和传授原始和早期数字卦,如大长山岛遗址中的许多像标本 T5(5):12 这样的陶器(图 3.1.11.14),郭家村遗址出土的"陶刀"标本 IIT4(4):11、陶雕 IIT6(4):23 及很多陶器上的数字卦,都是这样的作品。大连北吴屯遗址出土的一些"陶人面像",如图示标本 T3(3):107 和 T2(3):13(图 3.1.11.11—12)(F120),显得同北福地遗址所出的那些一样,都是测影定向器,其上的成组平行线纹是用来标定方位的数字卦。

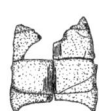

以农业为主要生活来源的红山文化,主要分布在内蒙古昭乌达盟和哲里木盟南部地区和辽宁朝阳、锦州地区及冀北。位于赤峰地区的西水泉红山文化遗址,其发掘者已看出其"彩陶的主要纹饰有平行线纹","与中原后岗类型的仰韶文化遗址的同类器无非常近似"(F172)。这就意味着,红山文化居民同后岗文化居民一样,沿用磁山文化和北福地文化的传统做法,以不同间距的平行线组合,来传授原伏羲数字卦,如图 3.1.11 中的标本 H3:2、H3:4、H18:13 和 H2:21 的图案(图 3.1.11.15—18)(F172),就是这种做法的典型作品。

四、原始数字卦在西北地区的流行

伏羲数字卦,可能是由贾湖文化的西迁带去的。据贾湖遗址发掘报告,贾湖文化后期的洪水灾难,迫使其居民的一部沿汉水西迁,沿途带去了他们的阳历技术及其表达的语言和文字——数字卦。尽管迄今尚未在汉水流域发现 7500 年前的数字卦遗迹,但在距今 7000 年前后的河南淅川下王岗遗址的第一期遗存中仍保留有当时居民以美术体形式传授数字卦的遗迹。该遗址发掘报告载:一期文化陶壶"V 式 1 件。标本 M421:1……下腹绘竖曲折纹"(图 3.1.12.1)(F90),从其图示看来,其腹周有四组曲折纹,每组 6 条,其每条曲折个数从左向右数,则呈数字"二一二一二一"组合,而相当于六十四卦的"既济"。

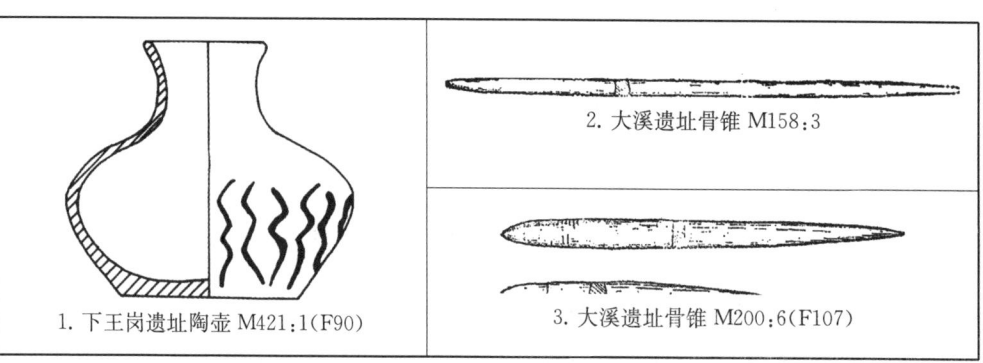

图 3.1.12　距今 7000 年的下王岗一期和距今 6500 年的大溪文化器具上的数字卦

与下王岗遗址仰韶文化"有一定联系"的四川巫山大溪遗址,其第三次发掘报告称:"大溪文化和仰韶类型的淅川下王岗遗址,都有用龟随葬的习俗"(F107)。它们共同的这种习俗表明,这两处遗址的居民都是贾湖文化龟算技术的继承者,从而他们就必有共同的理性思维语言和文字——伏羲卦数。于是,在大溪文化遗存中保留有原始和早期数字卦的遗迹,就不足为奇了。此报告载:骨锥"Ⅳ 式 1 件(M158:3)……刻有浅槽三组,每组三或四道",显然,这是三个原始数字卦;"Ⅱ式7件……M200:6,近上端2厘米有浅刻弦纹"(图3.1.12.2—3)(F107),从其图示看,上面至少刻划一组古数字"三一一",而显得相当于八卦之"兑"。

随贾湖文化沿汉水流域的西渐,渭水和泾水流域的新石器时代早期文化居民,也接受了原始和早期数字卦(图3.1.13)。位于渭水流域的陕西华县元君庙H405等灰坑出土的陶器,被其发掘者鉴定为"和老官台的基本相同",年代为距今7800—7100年,其中的一件陶钵H405:366和一件陶罐,其"底上有不规则的泥圈"(图3.1.13.3—4)(F60),从其图示看来,前者实为三组划线,分别呈现为古数字"二二三""三二一"和"三一三",而同八卦的"坤""震"和"乾"相当;后者也有三组划线,分别呈现为古数字"三二一""二一二"和"三三三",而同八卦的"离""坎"和"巽"相当。这些数字卦的如此排列,暗示它们是用来标记天时观测方位的,而为当时这里居民用这类陶器圆底作平台观测日影所要求(对此,本卷第二册有详论)。由此,老官台文化居民开启了用纵横平行线划分圆面的方式,来实现以数字卦标记天时观测方位之先河,为后世各地文化所继承和发展。

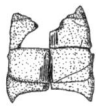

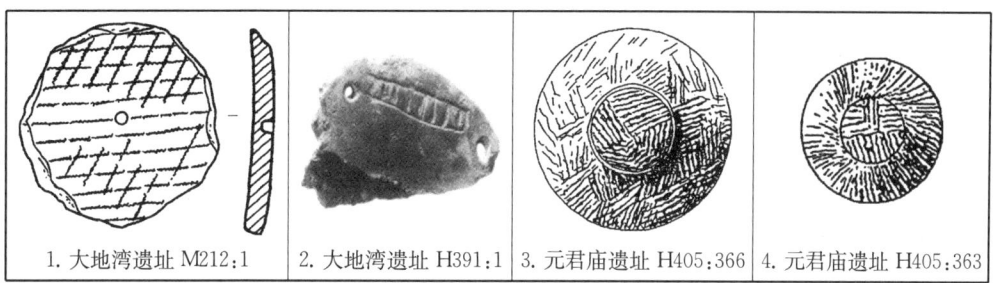

| 1. 大地湾遗址 M212:1 | 2. 大地湾遗址 H391:1 | 3. 元君庙遗址 H405:366 | 4. 元君庙遗址 H405:363 |

图3.1.13 距今7800—7300年的老官台文化陶器上的数字卦(F58、F60)

分布于泾水流域的大地湾一期文化,距今7800—7300年,其遗存中作为通过学用卦数语言和数字卦来接受和应用阳历和农业技术的迹象(图3.1.13.1—2),同上述该期文化遗存的"陶纺轮"所饰奇、偶数划线纹分别表示东南和西北方向相配合的,就是契刻在"陶纺轮"上的由贾湖文化式的数字"一"和"二"组合成的原始数字卦。该期墓葬 M212 出土的 2 件"陶纺轮",其中的一件就是用来表示东南和西北方向的,另一件就是这面用"与布满其上平行线纹交错的四组短斜线纹"来表达数字卦的,其斜线条数按下上右或南北东的方向成三组,而依次成三个古数字组合"二二二""二一二"和"一一一"(F58),即相当于后世八卦的单卦"坤""坎"和"乾"(图 3.1.13.1)。大地湾遗址所出陶片上的这行刻划纹,按其长度和间距分,可看出是古数字"一二一"和"二一一"组成的八卦单卦"离"和"兑"(图 3.1.13.1—2)(F58)。其后续文化——北首岭半坡文化居民,开创出用连体划线纹表达数字卦的先例,如用 ∾、W、⊥⊥⊥、山来表达相当于八卦之"乾""离""兑"和"乾"的古数字组合"一一一""∨∧∨""二一一"和"一一一"(F61),从而成为数字卦的一种传统表达法,为一些西北地区后期文化所沿用。

五、原始数字卦在华东地区的持续贯彻

与长江流域各地迅速出现新一代(神农时代)数字卦取代原始和早期(伏羲时代)数字卦的趋势不同,淮河流域和黄淮海地区各地氏族世世代代坚持以贾湖文化式的原始和早期数字卦为主,只配合采用从长江流域传来的十进位制数字及其组成的数字卦。这种现象在看到贾湖遗址的出土材料后才得以理解。原来,贾湖文化后期的洪水泛滥,迫使伏羲氏族的另一部族沿淮河流域东迁,他们沿途留下的子孙,在其文化遗产的基础上,利用各地条件,开发出各具地方特色的文化;而伏羲易及其表达的祖传文字——伏羲时代的数字卦是其文化遗产的核心,他们世世代代自然会作为其生存繁衍的根本而传递下去。

(一)距今 7300—6300 年分布于黄淮海平原以至扩展到山东地区的北辛文化,作为考古学上的裴李岗文化与当地后李文化相结合的产物,实际上就是在伏羲氏族文化遗产的基础上利用当地条件开发出的一种地方文化,其中就有原始数字卦的顽强表现(图 3.1.14):

1. 同贾湖文化骨器上的卦划一样,山东滕县北辛遗址北辛文化的骨镞和鱼镖上

也刻划原始数字卦,如骨镞 T704(3):7"铤部刻有横线6条";鱼鳔 H616:82"铤的一侧有3缺口";骨笄 H709:3"一端刻有短横线4组";骨笄 H711:20"顶两侧各有3个缺口";鹿角器 H706:20"器身有弦纹3条"等(图3.1.14.1—5)(F85)。

2. 该遗址出土陶器上饰分组线条纹,如陶鼎 H505:1"饰8条窄堆纹为一组,组成曲折纹";H505:7"腹部以窄堆纹组成连续三角形纹"、H701:13"腹部有5条窄堆纹为一组组成曲折纹";H1002:16"4至5条窄堆纹为一组,组成曲折纹",陶片 T705(3):42"饰较粗的曲折形压划纹"3组等。所有这些刻划线或其组合的数量,都为3、6或4、5、8条(图3.1.14.5—9)(F85),明显为原始数字卦或早期数字卦。

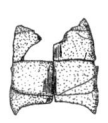

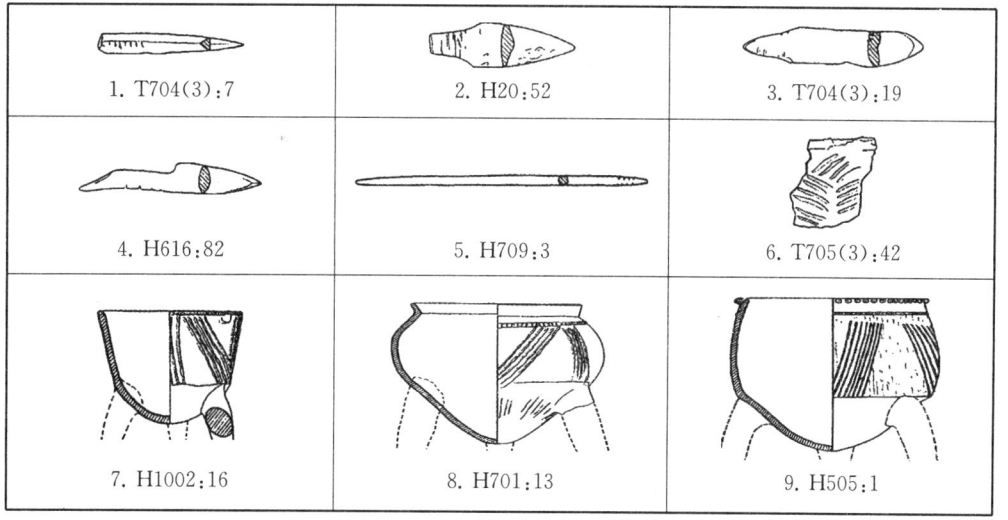

图 3.1.14　距今 7300—6300 年的北辛遗址出土器具上的数字卦(F85)

3. 在北辛文化晚期遗存中,当时居民使用这类原始数字卦和早期数字卦的遗迹仍照出不误。如在山东宁阳大汶口遗址第二、三次发掘所揭示的北辛文化遗存中,几乎各类器物上都可看到这样的数字卦。图3.1.15中所列的就是其中的几例(F88)。

就图3.1.15所示的几例,大汶口遗址第二、三次发掘报告载:陶鼎标本 IT315(5)B:45"上腹部饰一圈压印立'人'字形纹",实为两行斜线纹,分别呈古数字"一一二"和"三一一"(图3.1.15.1),而显得相当于八卦的"巽"和"乾"。石器 IT214(5)A:65"背部一侧有凹缺",从其图示看,呈两组古数字"二一三"和"一一一"(图 3.1.15.3),而显得分别为八卦的"坎"和"乾"。陶器盖"标本 IVT715(5)A:67……壁上饰划六角星图案,又在各角间填满平行划纹斜线"(图 3.1.15.2)(F88),从其图示可看出,每个角间的一组平行斜线,其长度有差别,而按上左至下右的顺序分别呈一古数字组合"二一二二一二""二二二一一二""一二三三一二""一三一一二二""一三三二三三"和"二二二一二三",而显得相当于六十四卦的"坎""升""旅""履"和"明夷"。同上述标明方位的数字卦一样,这些数字卦是用来表明阴历年的六个节气,即每对大月和小月之节气的。

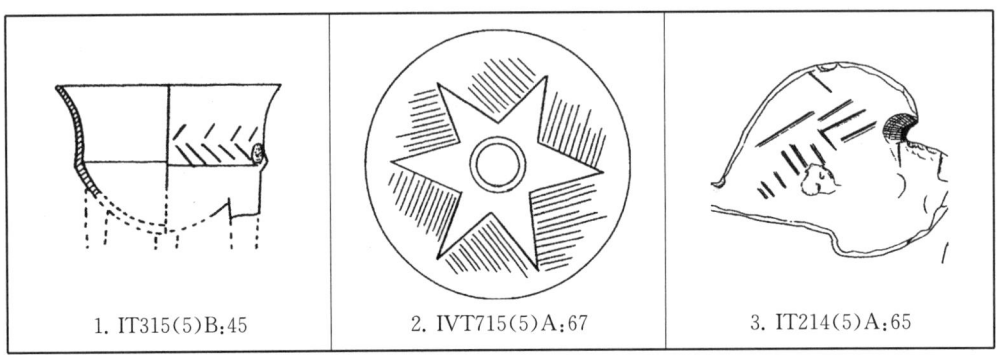

图 3.1.15 距今 6500—6100 年的大汶口遗址北辛文化器具上的数字卦(F88)

(二)即使在原始农业已经发展起来而成为生活的主要来源之后,定居在黄淮海平原和山东地区的伏羲氏族后裔,已经壮大发展成古史传说中的淮夷和东夷部落联盟,对其先祖伏羲氏的文化传统仍遵循有加,以至青莲岗文化、龙虬庄文化和大汶口文化分布的地区一系列距今 7000—5000 年的遗址,都有当时居民使用原始和早期数字卦的遗迹。除上述江苏淮安青莲岗和邳县大墩遗址出土的那些青莲岗文化的例证外,这里引用几个遗址其他文化遗存的证据。

1. 距今 6600—5000 年的江苏高邮龙虬庄遗址对此提供了直接证据。该遗址发掘报告载:其保存人骨的研究表明:"龙虬庄遗址的原始居民与仰韶文化的原始居民可能同一祖源。仰韶文化的分布东至豫东……东部为裴李岗文化(包括磁山文化和贾湖文化)。因此,龙虬庄遗址原始居民的祖先,极有可能来源于裴李岗文化。"(F126)与此相应的是,该遗址保存了其居民学用伏羲数字卦的大量遗迹。图 3.1.16 中仅列举其中几例。

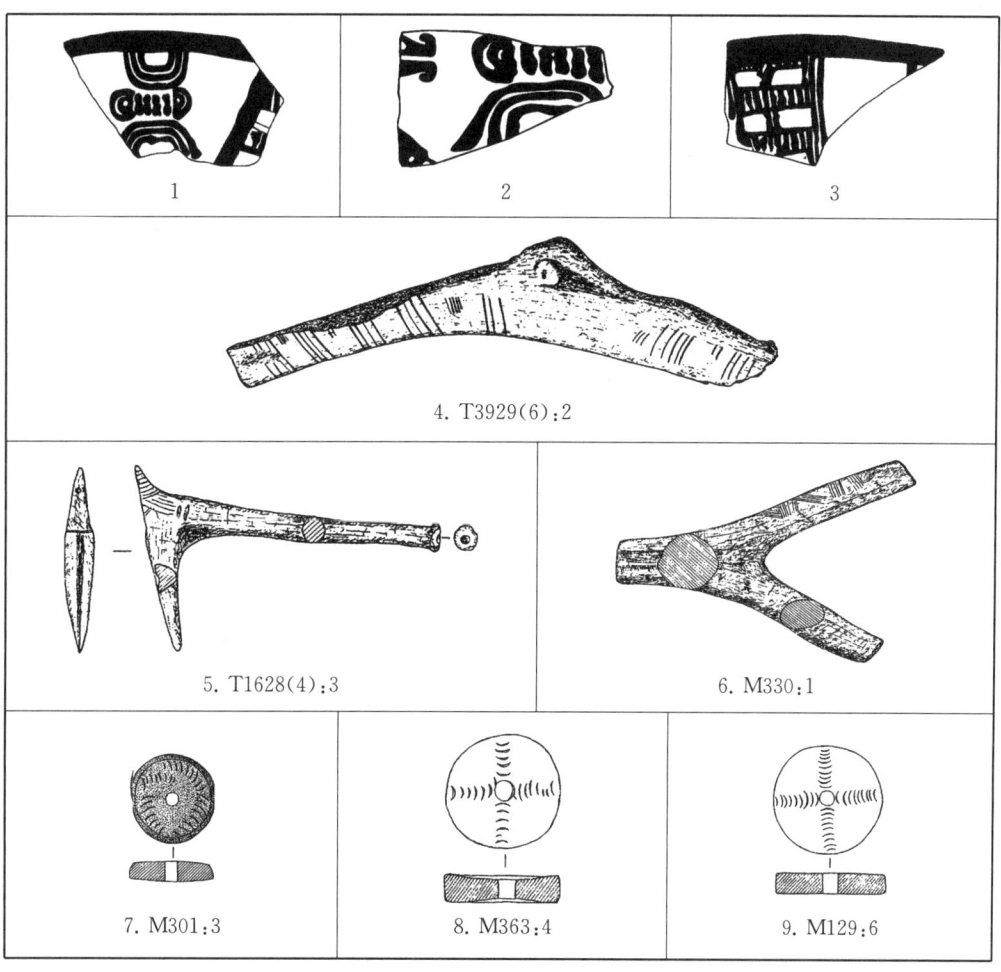

图 3.1.16　距今 6300—5500 年龙虬庄遗址第 6 层出土器具上的数字卦(F126)

龙虬庄遗址发掘报告载:"彩陶的纹样较复杂……大多类似网纹、栅栏纹、卦形纹"(图 3.1.16.1—3),这类卦形纹、栅栏纹,看来就是数字卦,如图 3.1.16 中上行左边两例卦形纹、右边这例栅栏纹,即原始和早期数字卦的美术体。同青墩遗址相似,该遗址"生活用的文化遗物中,骨角器为仅次于陶器的第二大类,不仅数量多,而且种类也较复杂",其中也有"刻划鹿角",如"标本 T4129(6):5,用麋鹿角制成……在柄的弯曲处留有砍痕",从其图示可看到,其划线痕长短不一,似为数字卦。这件被鉴定为"刻划鹿角"的标本 T3929(6):2"在角枝上刻长划和短划,长短划相间,长划有三道、四道、五道等,短划有两道、三道、五道等"。(图 3.1.16.4)(F126)显然,这是以数字卦刻录的一份文件,按上图从左到右的顺序可看出其古数字组合是:"二二三三一二""二一一一一""一一三一二一"和"三二三二二二",而显得相当于六十四卦的"升""夬""同人"和"晋"。

2. 以上是 6300—6000 年龙虬庄居民使用的数字卦,到 5700—5500 年情况如何?如图 3.1.16.5 所示,在这期间的该遗址第四层,所出的骨镖标本 T1628(4):3"的上部有数道刻划纹",从其图示看来,呈古数字"二三二"和"一一三"组合,而显得相当于八卦之"坤"和"乾"。作为该层的四座墓葬的随葬品,叉形器 M330:1"一杈枝上有刻划",从其图示看来,呈古数字"一二二二二二""二二一一一一"和"一二二一二二"组合(图 3.1.16.6),而显得相当于六十四卦的"剥""大壮"和"艮";陶纺轮"标本 M301:3……两面均有用指甲压印的纹饰"(图 3.1.16.7),从其图示看,呈古数字"一三三""一二三""二二三"和"一三三"组合,而显得相当于八卦的"离""艮""坤"和"艮";陶纺轮"M363:4……两面均有用指甲压印的纹饰"(图 3.1.16.8),从其图示看,呈古数字"二一二""三三一""一三一"和"三二二"组合,而显得相当于八卦的"坎""乾""离"和"艮";陶纺轮"M129:6……两面均有用指甲压印的纹饰"(图 3.1.16.9),从其图示看,呈古数字"三三三""三二三""二三三"和"一三三"组合,而显得相当于八卦的"乾""震""震"和"艮"(F126)。可见,龙虬庄遗址的居民在距今 6300—5500 年,仍旧坚持行用他们远祖创造的原始和早期数字卦,即五进制数字组成的数字卦作为定时、辨向和记事的文字;而且他们开创出以指甲纹在陶器上划卦的新形式,从而为数字卦的契刻树立了新风,其后世各地文化遗存中确有不少以指甲纹刻划的数字卦,将在其所处时代予以介绍。

(三)同样,距今 6000—4800 年流行于苏北至山东一带的大汶口文化,也普遍留下了当时居民行用伏羲时代数字卦,即原始和早期数字卦的遗迹。除了上述大汶口遗址大汶口文化层所出的数字卦外,这里列举江苏邳县刘林遗址和大墩子遗址及大汶口遗址大汶口文化层出土的同类器具上刻划的原始和早期数字卦数例(图3.1.17)。

1. 就图3.1.17中刘林遗址所出的这几例,其第一次发掘报告载:"骨笄2件。体作圆棒状,柄部均有刻纹。"从其图示看来,一件上的两行刻纹分别呈古数字"二一三"和"二二一"组合,另一件的一行刻纹呈"二二二"组合(图3.1.17.1),而分别显得相当于八卦之"兑"和"震"及"坤"。陶"细柄豆:…,柄上有竹节纹7道",其图示呈古数字"三二二"组合(图3.1.17.4),而显得相当于八卦的"艮"。其第二次发掘报告载:陶"纺轮……Ⅰ式……一件两面均饰有指甲纹"(图3.1.17.2),从其图示看来,这件陶轮的甲面环周指甲纹,按其长度和间距,从左上到右上呈古数字"三二二""一三一""一三二""一一一""一三三""三三二""二三二""一三一""一一三""一一三""二一一"和"三二一"显得相当于8卦的"艮""乾""艮""乾""乾""坤""坎""乾""乾""乾""巽"和"离";其乙面十字形指甲纹,从上至右呈古数字"三三一""三四三""三三二"和"三二三"组合(图3.1.17.5),而显得相当于八卦的"乾""离""坤"和"坤"。獐牙勾形器24件。以鹿角作柄……柄部往往刻划有三角形、斜方格、横线、直线组成的花纹。(图3.1.17.3)(F125)从其样本照片看来,这些"横线、直线组成的花纹"当是数字卦。

2. 就图3.1.17中大墩子遗址所出的这几例,第一次发掘报告载:陶盆"一件M30:8……口缘部用黑彩绘成上、下对半月形纹,在每一对半月形纹之间,又以3—5条黑红相间的竖条纹隔开",从其图示看来,共有8组竖条纹,按从上左到上右的顺序,分别呈古数字"二二一""一一一""三一一""一三一""二二一""二二三""二一二"和"一二二"(图3.1.17.7),而显得分别相当于八卦的"震""乾""乾""乾""震""震""坎"和"艮"。"另一件M44:4……在口缘部则先施白衣为地,再绘以红、黑二彩以弧线三角纹、线条纹和圆点纹构成",从其图示看来,共有6组竖条纹,按从上左到上右的顺序,分别呈古数字"一二二""二二一""一二二""一一三""一三一"和"二一二"(图3.1.17.8),而显得

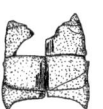

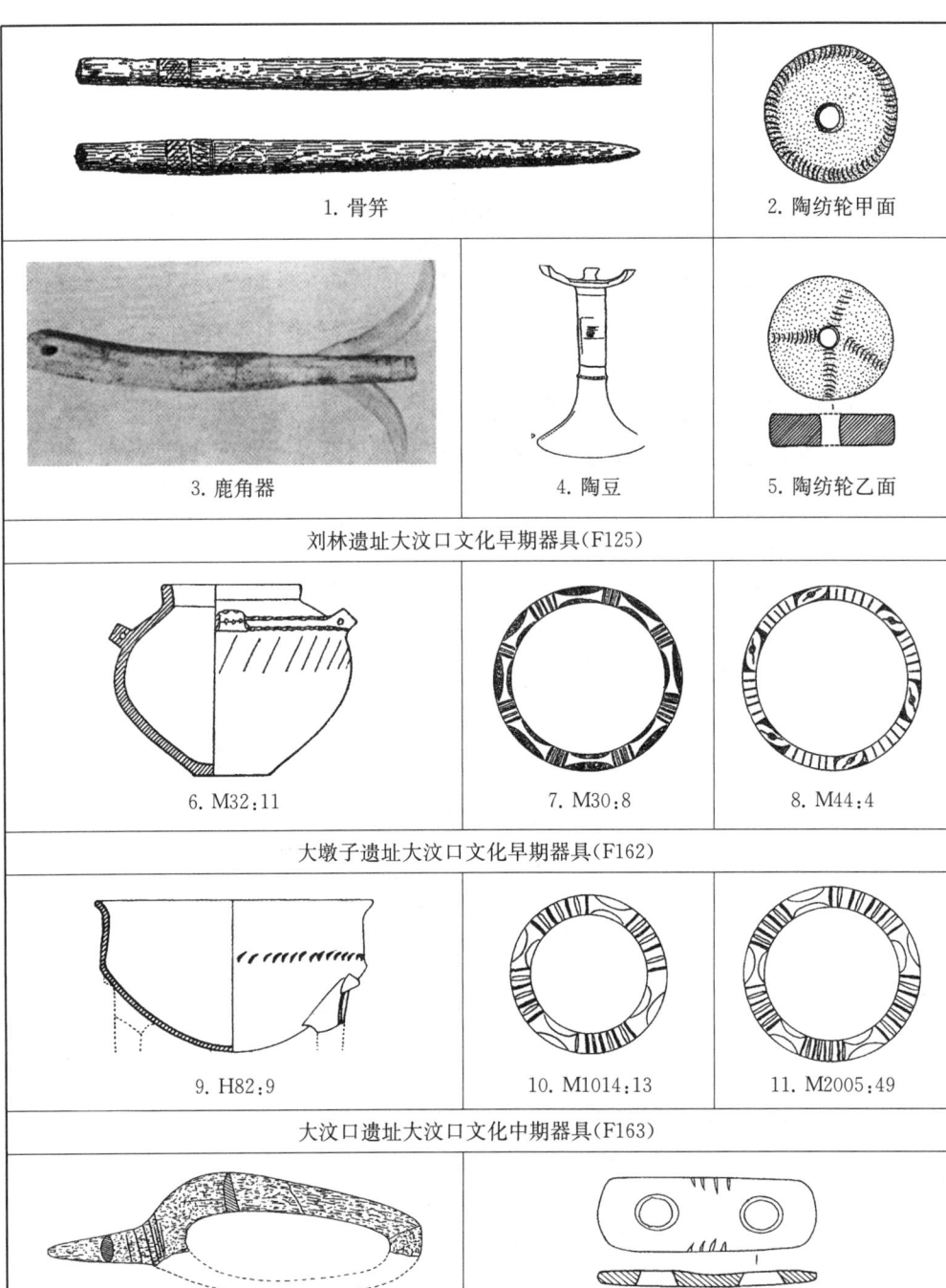

图 3.1.17 距今 6000—4800 年的大汶口文化器具上的数字卦

分别相当于八卦的"艮""震""艮""乾""乾"和"坎"。陶瓿"Ⅱ式：1件(M32：11)……腹部饰一周斜划纹"(图3.1.17.6)(F162)，从其图示部分看来，这些划线之间距不等，而呈古数字"一二三"组合，显得相当于八卦的"艮"。

3. 就图3.1.17中大汶口遗址所出的这几例，其第二、三次发掘报告载：陶鼎"C型Ⅰ式：4件。……折腹处饰一圈戳印指甲痕状纹样"，从其图示部分看来，这些指甲痕之间距不等，而呈古数字"二三二二三二"组合(图3.1.17.9)，显得相当于六十四卦的"比"。陶豆"Cb型Ⅳ式：4件。……标本M2005：49……沿面绘白色彩地，其上用熟褐、赭红等彩绘出半月形与若干竖线相间组成的图案"，从其图示看来，共有5组竖条纹，按从上左到上右的顺序，分别呈古数字"三一二""二二一""一三一""三二二"和"三二一"(图3.1.17.10)，而显得分别相当于八卦的"巽""震""离""艮"和"震"。"标本M1013：1……沿面与腹部彩纹与M2005：49相同"(F163)，从其图示看来，共有4组竖条纹，按从上左到上右的顺序，分别呈古数字"二二一""二一二""三二一"和"一一三"(图3.1.17.11)，而显得分别相当于八卦的"艮""坎""离"和"乾"。

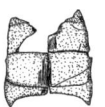

4. 如图3.1.17所示，江苏新沂花厅遗址南区墓地，其发掘者定为距今5400—4800年，出土"骨匕首1件，标本T201：22……其部位表面有刻划线条数道"，从其图示看，呈现为古数字"二一三"组合(图3.1.17.12)，而显得相当于八卦之"坎"。其北区墓地，其发掘者定为距今5000—4800年，其中M45出土有"Ⅱ型双孔玉饰……中部两侧面各有4道短划纹"(图3.1.17.13)(F164)，从其图示看，其划纹长度和间距有别，而分别呈古数字"一一二"和"一二一"组合，而显得似八卦的"巽"和"离"。

（四）伏羲数字卦在华东和东南地区的贯彻，随大汶口文化、龙虬庄文化和崧泽文化而世代相传地传达到其在各地的后续文化，以至这些地区随后流行的良渚文化、马桥文化乃至夏商周三代的地方文化，都留下了当时行用伏羲数字卦的遗迹(图3.1.18)。

图3.1.18.1—4所示的这几个余杭县出土的"良渚文化刻划符号"，只要同其前期

文化遗留的数字卦相比较,就可看出是伏羲数字卦,其所用数字几乎全是五进制数字。为便于识别数字"一""二""三"和"四",这里的居民采用了前期文化流传下来的传统刻划手法,或是刻划成连体卦,如其中的(1)是连体数字组合"一一一",相当于八卦的"乾";或是以划线的长短及其间的不同间距,如(2)是数字组合"三二二 二一二""二一二 二一二",相当于六十四卦的"蒙""坎";或是用划贯穿成连体卦,如(3)就是贯穿的数字组合"一一一",也相当于八卦的"乾";(4)则是数字组合"×∧"。接着,良渚文化又把这些传统刻划传导给下代,马桥文化中又出现了同样的连体卦"一一一"、以间距区别的数字组合"一三一"(图 3.1.18.5—6)。以同样刻划手法书写的伏羲数字卦,就这样一代代流传下来,以至商代地方文化中伏羲数字仍在做文字通用。如江西清江(现樟树市)吴城遗址中出土的刻划符号中不少是伏羲数字卦(图 3.1.8.7—10),其刻划线按长短及其间距明显组成数字组合"二二二二二一""一×二""二一一一""一一二"。江西鹰潭角山商代窑址出土陶器上发现的 2000 多个刻划符号中,很多是采用上述传

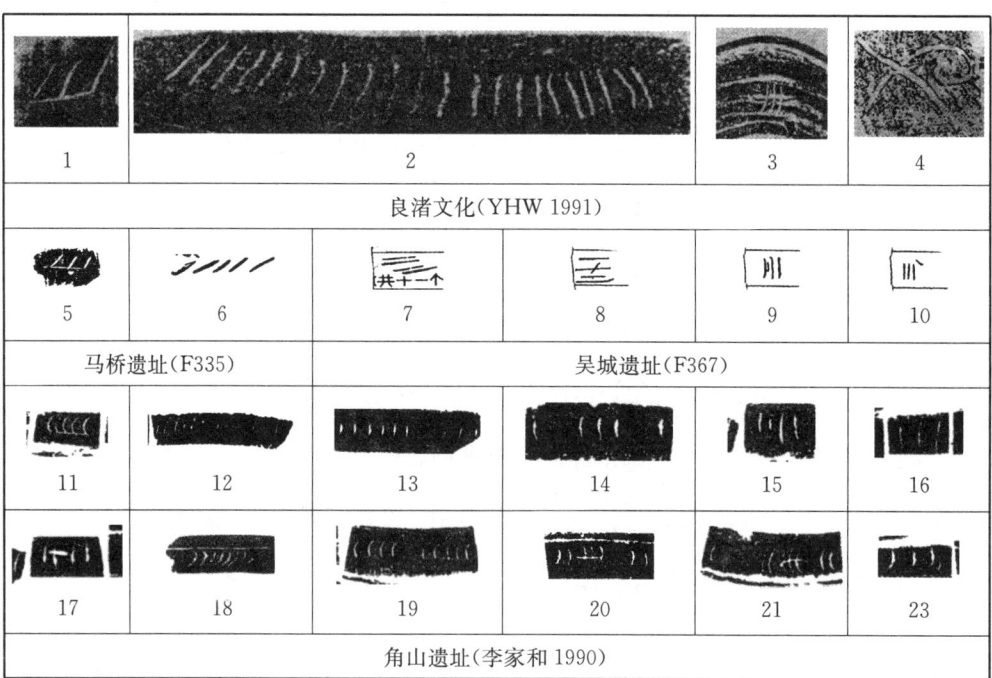

图 3.1.18　东南地区各地良渚文化至商代的伏羲数字卦遗迹

统刻划手法契刻的伏羲数字卦(图 3.1.18.11—22),如连体的数字组合"三一一"、按刻划线长短及其间距组合的数字卦"二一三 一三一 一三二""二三一一一一""一三一""二一一""一一一"等;还用屈家岭文化传来的指甲纹以同样手法刻划数字卦,如"二一一""一三三""一一二一一三""一三二""二三二""一一一"。这表明,伏羲数字卦自 9000 年前后传入以降,就一直在华东和东南地区用做原文字世代相传,直到成熟文字在商代主流文化中将其取代之后,还在民间作祖传文字行用。

以上中国各大区,特别是长江、黄河和辽河三大流域新石器时代早期文化遗存中的巨量刻划符号材料,尤其是以刻纹鹿角器为代表的骨文和陶文材料,以无比充分的直接证据证实了:随着农业革命席卷中国大地,以数字一与二的组合为最早起源的伏羲数字卦适应了原始农业兴起对原始辨向、阳历和农业技术的需要,作为承载这些技术的语言、文字和范式,由贾湖文化作中心从距今 9000 年起开始向这些地区传播,到距今 7000 年前后基本上实现了普及,从而完成了数字卦进化的第一阶段。从此,伏羲卦数成为中华先民最根本的理性思维语言、文字和范式而一直流传下来,直到成熟文字在距今 3000 年前后将其取代。这就以大量考古学发现所组成的实物证据链验证了尊伏羲为文祖的古史传说。

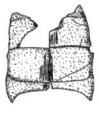

第二节 早期数字卦:五进位制数字组成的数字卦

在数字卦进化谱系中,伏羲数字卦尚处于初级阶段,即其组成的古数字不超出五进制数字。这已为中国各地新石器时代早期文化遗存中普遍出现的数字卦材料和民族学调查材料所证实。除了上述"一、二、三、三"所组成的数字卦外,各地遗址是否出土有含"×"数字卦材料?在本书出示各地新石器时代早期文化含"×"数字卦之前,最先发现含"×"数字卦材料的遗址是江苏海安县青墩遗址。下面就从它开始考察这个问题。

一、青墩遗址中的早期数字卦

该遗址距今6500年前后的下、中文化层中,出土了大量体现先民天文历算和器具制作技能高度发展的器物,如刻有四角星纹和八角星纹的圆饼形和半球形的陶纺轮、用于卦数计算的陶球和陶珠、表面钻有五个圆孔而呈五行分布的圆陶片、用来观测日影的有柄穿孔陶斧和鹿角斧柄等。其发掘报告载:其中"骨角器出土数量最多"。这里就从骨角器来看他们天文历算和器具制作技能从何而来(图3.2.1)(F138)。

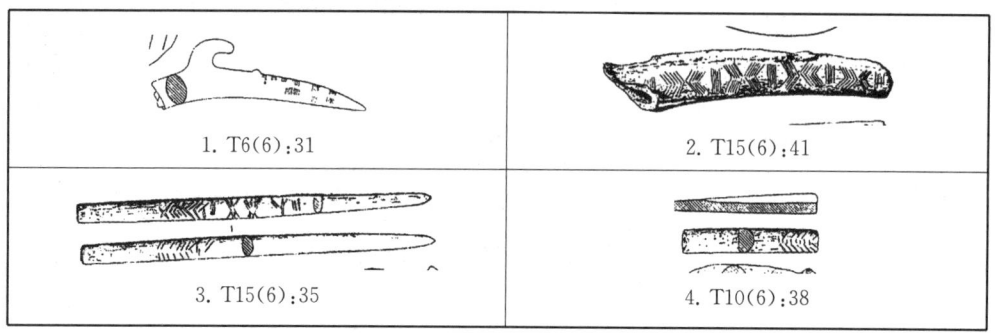

图3.2.1　距今6500—5600年的青墩遗址中下层出土骨器上的数字卦(F138)

该遗址下、中层出土有镞、匕首、斧、铲(耜)、叉(耒)、锥、针、凿、刀、拍、扳指、鹿角器、鹿角斧柄诸种生产工具,也有装饰品簪、环、坠等,还有两件刻纹鹿角(F138)。如此品种繁多复杂,形态千差万别,必是应用规矩进行计量和设计的结果。该地上古先民应用规矩的这些知识和技能从哪里来?这些骨器上刻划的数字卦对此做出了回答。其发掘报告载:"刻纹鹿角2件,系用人工砍断的鹿角枝制成。T6(6):31,表面刻有11组平行细划纹,每组三、五、六、九划不等。T15(6):41,刻划有5组平行线纹,每组四至五划,每两组平行线之间有两组顶端相对的复道人字纹,每组也由四至五划组成"(图3.2.1.1—2)(F138)。前者的图示中可见10组平行细划纹,从底到尖分别呈古数字"一一""二二""二三""一三二""一三一""一三一""一二二""二二二""一三一"和"二四三",而显得分别相当于八卦的"乾""坎""兑""巽""离""乾""艮""坤""离"

和"震"。后者的图示中可见 5 组平行线纹、8 组"人字纹";这 5 组平行线纹分别呈古数字"二一一""三一一""一一三""一二三"和"一二一",而相当于八卦的"兑""乾""乾""离"和"离";这 8 组人字纹,16 组斜向平行线纹,其各组内平行线的间距并不一致,以至每组就呈现为一个古数字组合,即一个数字卦;16 组斜向平行线纹就是 16 个相当于八卦中的某卦的单卦,其中每个单卦同其相邻的一组平行线纹构成的另一单卦相重合,就构成六十四卦中的一重卦;由此,这件骨器上总共刻划出 21 个单卦和 32 个重卦。可见,这件刻划有古数字组合之巧妙排列的骨器,原来是一份由数字卦为文字所形成的文件,就是《易·系辞》所说的"书契"。

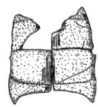

该遗址发掘报告载:"骨簪 3 件。……另二件[T15(6):35、T10(6):38]在一面或两面刻划许多直线,其中一部分可能是某种记事意义的符号。"(图 3.2.1.3—4)(F138)。从 T15(6):35 的图示看来,左边这面有两行斜向平行线,从底到尖分别呈古数字"三一二"和"二一三×一一",而相当于八卦的"巽"和六十四卦的"夬";右边这面有两行斜向平行线,从底到尖分别呈古数字"×三三""∧∧∧∧一三"和"三三二""∧∧∧∧二一",而相当于八卦的"离"、六十四卦的"谦"和八卦的"坤"、六十四卦的"复"。从 T10(6):38 的图示看来,其上有三行平行线纹,从大头到小头分别呈古数字"四一二""三三一"和"一三二",而相当于八卦的"坎""兑"和"巽"。

通过考察这些骨器上刻符,张政烺先生(1980)发现:"1979 年江苏海安县青墩遗址发掘,出土骨角栖和鹿角枝上有易卦刻文八个,例如三五三三六四(艮下,乾上,遁)、六二三五三一(兑下,震上,归妹)。其所用数目字有二、三、四,为前举三十二条考古材料所无,说明它的原始性。这是长江下游新石器时代文化,无论其绝对年代早晚如何,在易卦史上应属早期形式,可以据以探寻易卦起源地点问题。"从其所用数目字二、三、四为后世数字卦所无来看,这的确是早期形式,即伏羲时代的数字卦之一种表达形式。尽管不能由此而认定这里就是易卦起源地,但是,它们确证:这类表达伏羲卦的早期数字卦形式,当时已随贾湖人之一部的后裔——古夷部族势力的扩散,而流传到长江下游地区。那么,这类早期数字卦形式发源于何处?还在其他地方流传过吗?这里就来追踪这类数字卦的源流。

二、贾湖遗址中的早期数字卦

迄今发现最早的早期数字卦遗迹,出于距今 9000—7800 年的河南舞阳贾湖遗址。同江苏海安县青墩遗址出土的数字卦相类似,贾湖遗址出土的这些数字卦,也以划纹组成的数字表达。所不同的是,这里的划纹组合多为一、二、三、四,有少量"×"形的古数字五,尚看不到"∧"形古数字六以上的刻纹。这正是这些贾湖数字卦比青墩数字卦更原始之表现。贾湖的这些数字卦主要出现在陶器支脚和骨器上(图 3.2.2),分别考察如下。

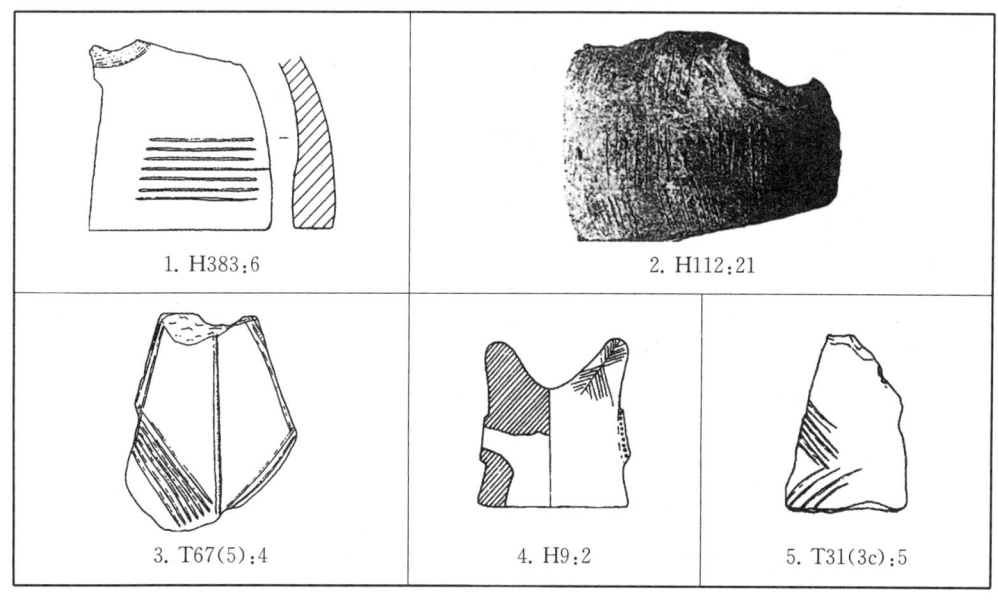

图 3.2.2 距今 9000—7800 年的贾湖遗址出土陶器上刻划的早期数字卦(F38)

(一)贾湖遗址发掘报告载:A 型陶器支脚上的"划纹以四、五、六条一组为多,也有七、八条一组者,个别为二或三条一组"(图 3.2.2.2)(F38),多为三个数字组成的单卦。如 A 型陶支脚标本 H112:21"器表划纹可见三行,右侧一行八条可见三组;中间一行完整者两组,一组六条,一组七条;左侧一行完整的一组为六条",显得这"可见三组"的八条、这组七条和这两组6条,即"2、2、4条""3、3、2条""1、3、4条""2、3、2条"和"1、2、3条"和"2、3、1条",都分别是三个古数字,即"二二四""三三二""一三四""二三二""一二三"和"二三一"组成的数字卦,相当于后世八卦之卦"巽""艮""巽""坎""离"和"坤"。之所以可见三组,是由于这些划纹条可按其长度和间距分为三组。这样"可见三组"的古数字刻划,是伏羲八卦之单卦在新石器时代早期就业已行用的最早直接证明。又如此型陶支脚标本H383:6"外饰横划纹条"(图3.2.2.1),其中上、下3条等长,唯中间1条最长,显得是古数字"三一三"组成的单卦"乾"。再如此型陶支脚标本T67(5):4饰有划纹7条(图3.2.2.3),按其长度及其间距,可分为三组:各为1、4、2条,显得是古数字"一三二"组成的相当于八卦之"艮"的数字卦。还有此型陶支脚标本H9:2器表饰四排划纹呈植物叶脉状分布,按划线长度及其间距分组,各排分别有三组:"1、3、2条""1、2、3条""2、3、2条"和"1、2、3条",即分别为古数字"一三二""一二三""二三二"和"一二三"组成的单卦"巽""离""坎"和"离"卦(图3.2.2.4)(F38)。贾湖人这样有意识地将划纹分三组加以排列组合,即将他们心目中的数字按三个一组来予以排列组合,尽管所用数字只有一、二、三、四或五,不像后世用的,但同后世用三个数字的组合来表达一个单卦的做法本质上是相同的。因此,他们的这些作品开后世以分别不同于一、二的奇、偶数字来组合数字卦之先河。

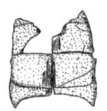

(二)贾湖遗址出土骨器上刻有类似数字卦的更多(图3.2.3),其划纹一律呈横划,排列组合很规整,其中少条数组合也是分呈三组排列,用来表达单卦,如骨锥标本M402:4"长铤一面磨平,上有交叉状划纹"三个(图3.2.3.1)(F38),正好是古数字"××ד组成的单卦"乾"。这是古数字"×"自新石器时代早期就已行用于世的最早直接证据,也是古数字"×"以数字卦形式自新石器时代早期便已行用于世的最早直接证据。骨针标本M277:35,其图示可见三组横划纹,呈现出古数字"二三三"组成的单卦"兑"卦(图3.2.3.2);骨锥标本H95:4"铤部平面上有横刻纹9条"(图3.2.3.3),呈现出古数字"三三三"组成的单卦"乾"卦;骨锥标本M386:8"铤部削出的平面上有横划纹"

6条(图3.2.3.6),分三组排列,而呈古数字"一三一"组成的单卦"离";骨镞标本M275:8"铤部平面上有横刻纹九条"(图3.2.3.5),分三组排列,而呈古数字"三二三"组成的单卦"震";骨镞标本M233:6"铤上划浅线细横线九条"(图3.2.3.8),分三组排列,而呈古数字"三三三"组成的单卦"乾"等(F38)。这里也有两列刻划纹并列的,如骨镞标本M411:11"上横刻十道短刻线"分布于两侧(图3.2.3.4),从其图示看,在一侧有等间隔的三道表示古数字"三"的同时,另一侧7道按相隔距离呈古数字"三一二"组合,而显得相当于八卦中的坎卦;又如骨镞标本M344:14"一面中间磨出一明显沟槽,铤磨平的一面有横、斜刻划纹"分布于两侧(图3.2.3.7)(F38),从其图示看,在一侧有等间隔的二道表示古数字"二"的同时,另一侧6道按相隔距离呈"一二三"组合,而显得相当于八卦中的离卦。

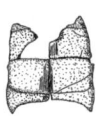

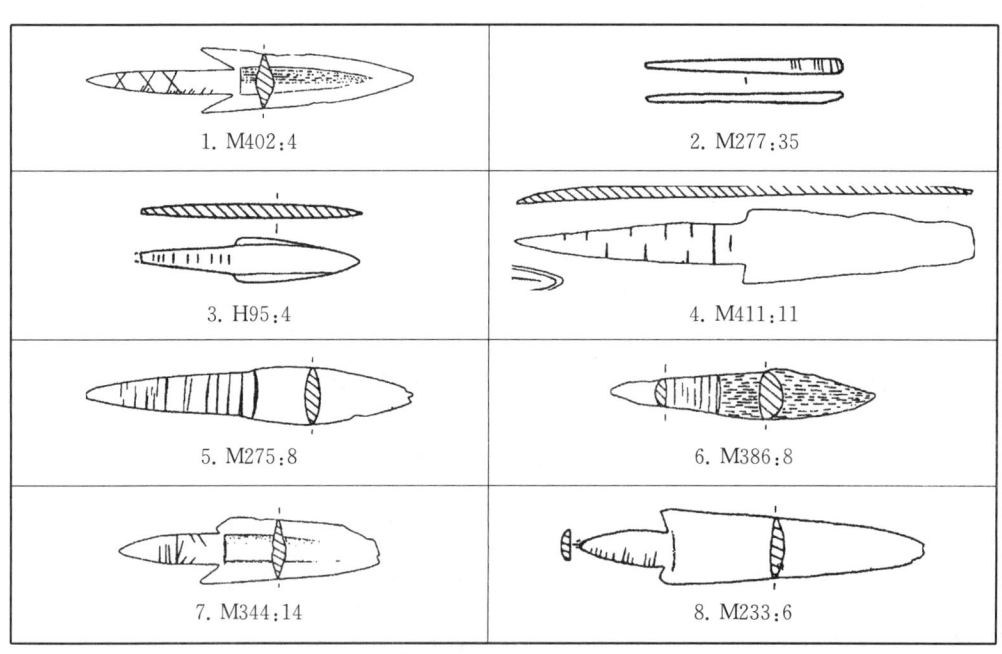

图3.2.3　距今9000—7800年的贾湖遗址出土骨器上刻划的早期单卦数字卦(F38)

(三)除此以外,更多的则是组合更多的横划纹条数;这些多条数组合,也是在其长度或间距上大都呈6组排列,有些甚至明确分成6组,显得是用来表达伏羲六十四卦之重卦的。刻有重卦数字卦的骨镞很多，现举例如下（图3.2.4）（F38）：

1. 如骨镞标本M344:16"铤……平面上有六组浅细横划纹"，其图示可见这六个组合各自所含条数（图3.2.4.1），明显呈古数字"一三二三三二"组成的重卦"涣"。这是伏羲六十四卦之重卦在新石器时代早期就已经流行的最早直接证据。

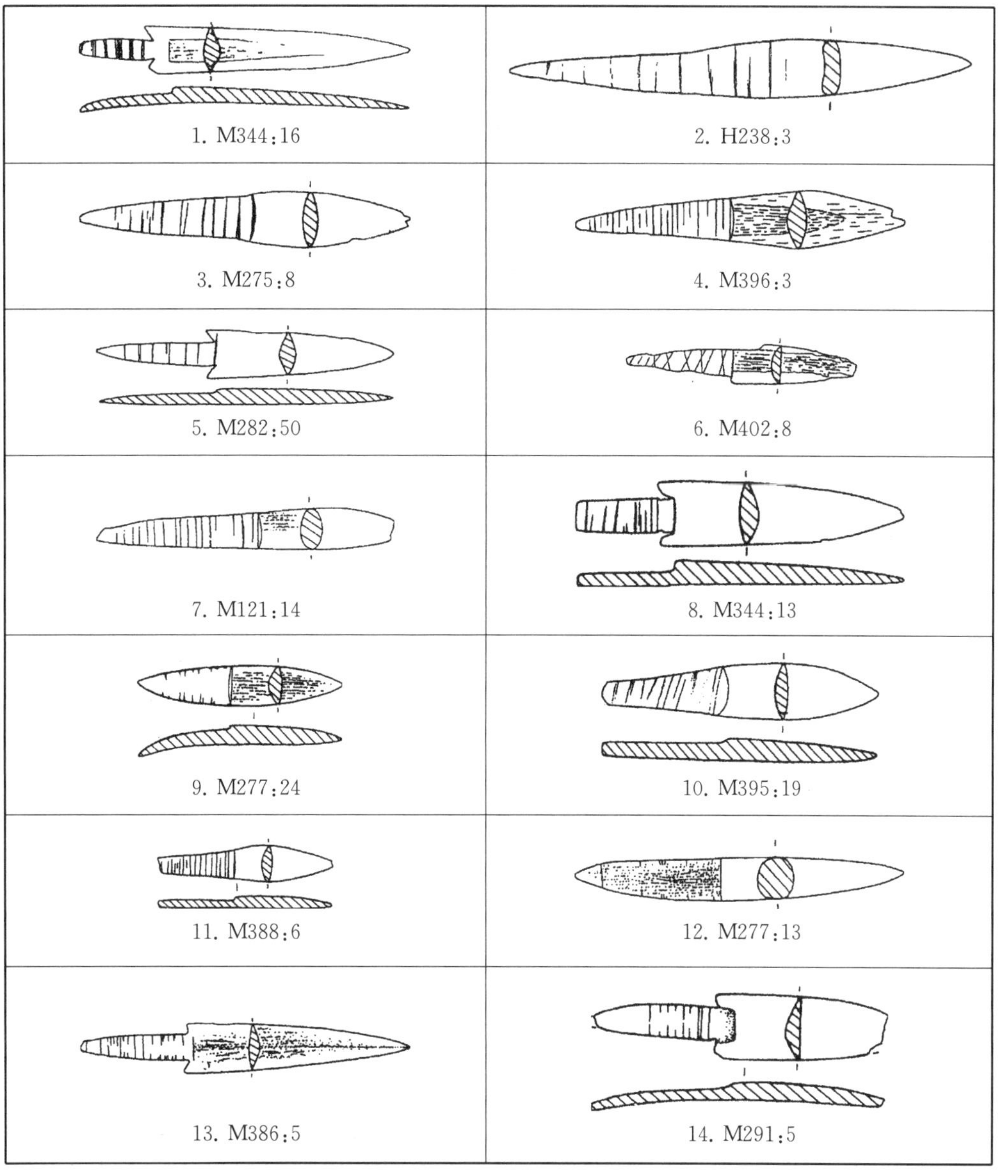

1. M344:16	2. H238:3
3. M275:8	4. M396:3
5. M282:50	6. M402:8
7. M121:14	8. M344:13
9. M277:24	10. M395:19
11. M388:6	12. M277:13
13. M386:5	14. M291:5

图3.2.4 距今9000—7800年的贾湖遗址出土骨器上刻划的早期数字重卦（F38）

2. 骨镞标本 H238:3"上面刻划出 12 条横线"(图 3.2.4.2),分六组排列,而呈古数字"三一二一一三"组成的重卦"巽"。

3. 骨镞标本 M275:8"铤部平面上有横刻纹九条"(图 3.2.4.3),其图示可见它们分成六个组合,显得是古数字"一一二二二一"组成的重卦"益"。

4. 骨镞标本 M396:3"铤部平面有横刻划十多条"(图 3.2.4.4),其图示可见它们分成六个组合,显得是古数字"三三三三三二"组成的重卦"观"。

5. 骨镞标本 M282:50"铤部平面有 8 条横刻线"(图 3.2.4.5),分六组排列,而呈古数字"一二一二一一"组成的重卦"睽"。

6. 骨镖标本 M402:8"铤部平面上有交叉状划纹五组和斜划纹五条"(图 3.2.4.6),其图示分为六组,正好是古数字"三×××XI×"组成的重卦"同人"。

7. 骨镞标本 M277:24"铤部纵截面上有六条横划痕"(图 3.2.4.9),明显呈古数字"一一一一一一"组成的重卦"乾"。

8. 骨镞标本 M121:14"铤部削面上横划 15 条刻线"(图 3.2.4.7),分六组排列,而呈古数字"二二三三三一"组成的重卦"丰"。

9. 骨镞标本 M344:13"铤部平面有十条横划纹"(图 3.2.4.8),分六组排列,而呈古数字"一一一一二三"组成的重卦"谦"。

10. 骨镞标本 M395:19"铤部平面上有浅细斜划纹十余条"(图 3.2.4.10),分六组排列,而呈古数字"二二二二二二"组成的重卦"坤"。

11. 骨镞标本 M388:6"铤部平面有横划出 15 条刻线"(图 3.2.4.11),分六组排列,而呈古数字"二三三二二三"组成的重卦"随"。

12. 骨镞标本 M291:5"铤平面上刺有 8 条横线"(图 3.2.4.14),分六组排列,而呈古数字"一二一一一二"组成的重卦"鼎"等。

这类重卦的表达中,也有成双行排列的,如下例(图 3.2.4.9):

13. 骨镞标本 M277:24 器体下半部一侧刻划出 8 条横线,分六组排列,而呈古数字"一二二一一一"组成的重卦"大畜"的同时,另一侧刻划出9条横线,六组排列,而呈古数字"一一二一二二"组成的重卦"渐"。

重卦的双行排列表达中,还有两个重卦成行排列的,如下例(图3.2.4.13):

14. 骨镞标本M386:5"铤部平面有细浅横划十多组",在其两侧成行排列,而恰好在两个六组排列之间以两条最长横线分开,而在一侧呈两段古数字"一一一一二一"和"一一二三二一"分别组成的重卦"同人"和"家人"的同时,另一侧也呈两段古数字"一一三二一一"和"一一二一二一"分别组成的重卦"涣"和"中孚"(F38)。

贾湖文化遗存中表达单卦和重卦数字卦的实例还很多,以上仅是发掘报告中所举各类器物标本例子所透露者,举例之外器物上的数字卦刻划当更多,足以证明从II5期开始贾湖人已掌握了用数字一、二、三、四、五来表达和使用数字卦的能力,掌握了将单卦复合成重卦的排列组合原理和方法,懂得如何组合这些数字来表达和使用八卦和六十四卦,从而建成了伏羲八卦和六十四卦体系。

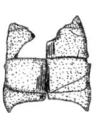

同其后2000多年的青墩遗址使用者相比,贾湖人也是使用常规古数字一、二、三、三、×来表达数字卦,这表明二者都是用数字卦的初级形式——伏羲式数字卦。但是,贾湖人的数字卦中所使用的为后世沿用的常规数字只有一、二、三、三、×,还没有出现后世的常规古数字∧以上的数字;而青墩遗址出土的数字卦中有后世常规古数字∧。贾湖人的数字卦中所使用的数字六,与后世常规古数字"∧"不同,是用数字"×1",即五加一的方式表达的,与其后世所使用的常规古数字之"∧"形六明显不同,从而表明贾湖人数字系统的进化尚未达到超出常规中文古数字×的程度。由此可见,尽管贾湖人的数字卦同青墩数字卦同属数字卦的初级形式——伏羲时代数字卦,但贾湖人的数字卦比青墩数字卦更初级、更接近于原始,是直接处于伏羲时代中晚期的数字卦。

三、早期数字卦在彭头山文化中以含"×"数字卦为中心发展

随着贾湖文化影响,特别是先进天文历法科技的传播,作为其传播工具的卦数语言和文字——数字卦也必然流传到四周各地。与它们之间的物质文化联系相对应的是,距今 9000—8000 年的湖南澧县彭头山文化与裴李岗—贾湖文化之间精神文化交流的一个重要方面,已体现于彭头山文化遗存中出现的贾湖文化式的数字"×"及其组成的数字卦(F44)。尽管彭头山文化居民不仅仅限于照搬贾湖文化式的数字卦,而将其发展到十进制数字构成的更高阶段,但依旧按重视"以五为系"的传统,把"×"数置于其数字卦的中心位置。更重要的是,先民在测影定向的实践中发现,这"×"形纹同中心线的夹角呈 45°,正好表明当日出或日入的成影同中心线重合时,此"×"纹所指的就是正东南、西南、西北、东北四维方向。因此,这"×"形纹成为方向测定器的一种标志,从而也便成为各地通用的辨别方向的示意图案。由此,彭头山文化居民用"×"和其他数字组成的卦,作为祖型,为含×数字卦在后世得到最广泛的运用开创了先例。

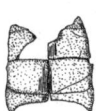

彭头山文化从贾湖文化那里接受的先进天文历法科技及其传播工具——卦数语言和文字,随着其发展和演变成皂市下层文化、高庙文化、城背溪文化而逐代流传和发扬下来,以至不仅在皂市下层文化和高庙文化遗存中保留了上述那些跨湖桥文化式的十进位制数字及其组成的数字卦遗迹,也不仅在兴起原始稻作农业的城背溪文化流行地区,而且在长江三峡这样山大人稀地区都扎下根来(图 3.2.5)(F46)。

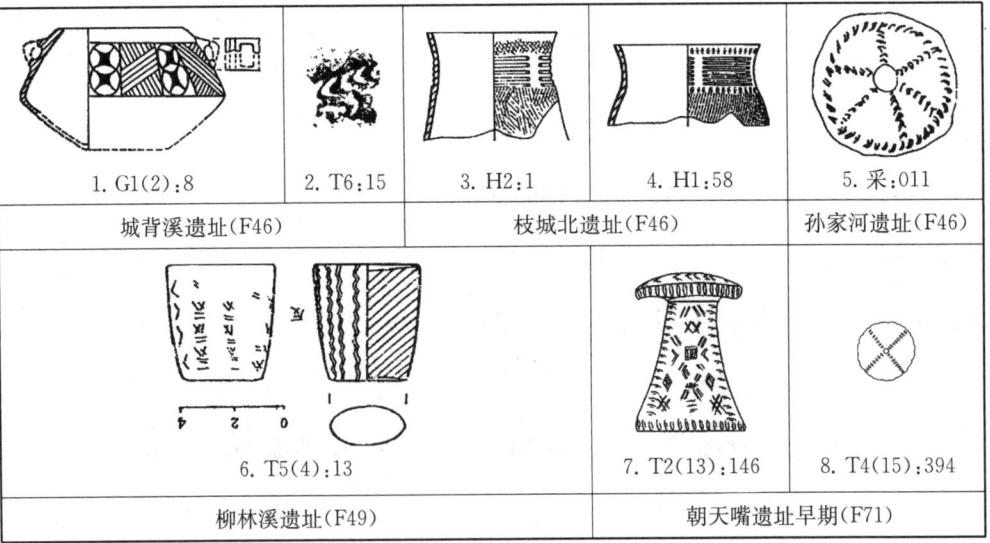

图 3.2.5 距今 8500—7500 年的城背溪文化陶器上的早期数字卦

如上所述,湖北宜都城背溪遗址中出现过突出古数字"×"的数字卦,也出土有刻划成组古数字"∧"的陶片(图 3.2.5.1—2)(F46)。湖北枝城北遗址城背溪文化遗存中,尽管没出现包含古数字"×"的数字卦,但一些陶罐"颈部饰长方形戳印纹"以表达早期数字卦,如标本 H2:1 和 H1:58,而开后世"八卦纹"之先河(图 3.2.5.3—4)(F46)。湖北宜都孙家河遗址的城背溪文化,与其他地方的城背溪文化一样,出土较多陶支座,其中就有在其"顶面戳印""人字形""平行线"组成的"放射纹",如标本采:011,从其图示看来,原来是这 6 列放射纹都是包含有古数字"∧"和"×"的数字卦,按上左至上右的顺序,其分别为古数字"一一一∧∧∧""∧Ⅸ Ⅸ Ⅸ Ⅸ Ⅸ""∧∧Ⅸ∧∧二""一∧一一一∧"和"∧∧∧二∧∧",而显得相当于六十四卦的"否""坤""坤""鼎"和"坤"(图 4.2.5.5)(F46)。这不仅开创以放射纹表达数字卦的先例,而且其古数字的刻划也别具一格。这是怎么回事?

无独有偶的是,湖北省秭归县柳林溪遗址中也出现了这样的数字卦。其 1982 年发掘报告载:该遗址新石器时代早期遗存中发现有"陶柱形器,1 件[T5(4):13],柱体,用途不明,横剖面呈圆形,横竖剖面略呈梯形,双面饰模印纹,一面为竖行的波浪纹,另一面有人字形纹。"(图 3.2.5.6)(F49)将此图所示刻划纹同上述贾湖文化数字和数字卦相比较就可看出:其中有贾湖文化式的古数字"×"和数字卦。特别令人醒目的是成列刻划纹旁边的括号纹,其中每个对应一组古数字。靠括号纹的第一列的第一组只有一个数字"二",第二组是三个数字"Ⅸ一一",第三组是三个数字"Ⅸ一一",第四组是三个数字"Ⅸ二一";这后三组数字分明是八卦中的"兑""兑"和"震"卦。第二列的第一组没有数字,第二组是三个数字"Ⅸ一一",第三组是三个数字"六一一",第四组是三个数字"六二一";显然,这后三组数字是八卦中的"兑""兑"和"震"卦。可惜其另一面的刻划纹没有图示出来。

有趣的是,城背溪文化居民对古数字"×"作了创造性的应用,仿照贾湖人在古数字"×"右边加"Ⅰ"作"六"字的同样逻辑倒推,在古数字"×"左边加"Ⅰ"作"Ⅸ",即汉文数字"四"。这样就延续了贾湖人在世界上最先发明的一套类似罗马数字的数字系统。尽管这种数字系统在中国没有推广开来,但它表明中华先民早在7000多年前就在以高超的智慧,用多种数字系统来发展传播易学科技的语言和文字。

同上述各地城背溪文化遗存的数字卦相印证的是,湖北秭归朝天嘴遗址Ⅰ期文化陶支座上也刻划有包含古数字"×"和"∧"的数字卦,而且其表达的方式也相类似。如标本T2(13):146"体饰成组戳印纹及刻印纹"(图3.2.5.7—8)(F71),从其图示看来,其中既有城背溪文化式的两个数字组成的数字卦,如"二二""××",也有三个数字组成的数字卦,如"∧三∨""三×三"和"×三×"等。这里也兴像标本T4(15):394这样的放射纹样,来表现数字卦。

纵观上述各地新石器时代早期遗址出土的数字卦材料,从淮河流域的贾湖遗址到长江下游到中游各地新石器时代早期文化居民都使用贾湖文化式的数字卦,即以五进制数字组成的原始和早期数字卦,也就是古史传说的伏羲卦。这些遗址出土数字卦材料的同一性,特别是包含古数字"×"的数字卦遗迹的一致性,验证了在距今7500年以降,长江和淮河流域已经实现了理性思维语言和文字——卦数语言和文字的统一。

四、含"×"数字卦在各地传播

距今8000—7400年,长江流域各地氏族在共享初级阴阳合历和发展农业技术中结成部落联盟——古史传说中的神农炎帝氏为首的部落联盟,实现了农业由补充生活来源向主要生活来源的转变,成为当时中国大陆原始农业最先进的地区。在此先进生产力的推动下,长江流域先进农业文化的影响,特别是其初级阴阳合历导致农业成为主要生活来源的示范作用,在距今7400年以降由近及远地扩展开来,先是沿汉水和淮河流域北上,直到黄河和辽河流域上下普及农业文化;随后便延伸至四周边沿地区。在农业革命席卷中华大地的大趋势中,作为传播初级阴阳合历和农业技术之工具的卦数语言和数字卦,首先是含"×"早期数字卦,便随农业文化一起流行到各地(图3.2.6和图3.2.7)。如此二图所示,各地流行的含"×"早期数字卦一直沿用着上述7400年前后的几种基本组合结构。

（一）贾湖人发明的数字卦"×××"，在此期间一直在各地流传，如彭头山文化的后续文化——长江中游地区距今 8000 年的皂市下层文化（图 3.2.6.1—2）、距今 6900—5500 年的大溪文化（图 3.2.6.7、13）；山东地区距今 7300 年的北辛文化（图 3.2.7.1、3）、苏北地区距今 7000 年前后的丁沙地遗址（图 3.2.7.5）、江淮地区距今 6600—5000 年的龙虬庄文化（图 3.2.6.23—24）、距今 6000 年的大汶口文化早期（图 3.2.6.29）、距今 6500—5500 年的崧泽文化（图 3.2.6.32、34）、距今 4000 年前后的马桥文化（图 3.2.6.37）和岳石文化（图 3.2.6.41）；安徽地区距今 7000 年的双墩遗址（图 3.2.7.7）；汉水和渭水流域距今 7000—6000 年的半坡文化（图 3.2.7.8—9、11—12）、仰韶文化各地方型（图 3.2.7.14、17）；直到西北地区距今 4600—4400 年的半山—马厂文化和齐家文化（图 3.2.7.23、28—29、32—33，37），都出现了行用这个数字卦的遗迹。

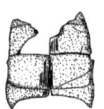

（二）城背溪文化居民创作的三字竖排数字卦"一×一"和双字竖排数字卦"×一"或"一×"等早期数字卦，分别对应于三字横排数字卦"｜×｜"和双字横排数字卦"×｜"或"｜×"等神农数字卦，作为标定相互对应的方位、时节及器物的文字而普及于各地历代文化中，不仅沿用于其后续文化，如距今 8000—4600 年分布在湖南澧水和沅水流域（图 3.2.6.1—2、6）、长江三峡地区的秭归、巫山和长阳（图 3.2.6.3—5，8）、长江中游的宜昌、荆州和黄冈（图 3.2.6.6、9—16）等地的大溪文化，乃至扩散到江西和广东夏商周三代的地方文化（图 3.2.6.17—21）；而且流传到黄淮海地区距今 7300—6000 年的北辛文化和邻近地方文化（图 2.3.7A.1—6）及其后续文化——距今 6000—4800 年的龙虬庄文化和大汶口文化（图 3.2.6.22—25、28—31）、浙北苏南地区距今 7000—6000 年的马家浜文化及其后续文化——距今 6000—5100 年的崧泽文化（图 3.2.6.26—27、32—35）、距今 5300—4000 年的良渚文化（图 3.2.6.36—38），乃至距今 4000—2500 年夏商周三代各地方文化（图 3.2.6.39—40）；到东北地区的小珠山文化和小河沿

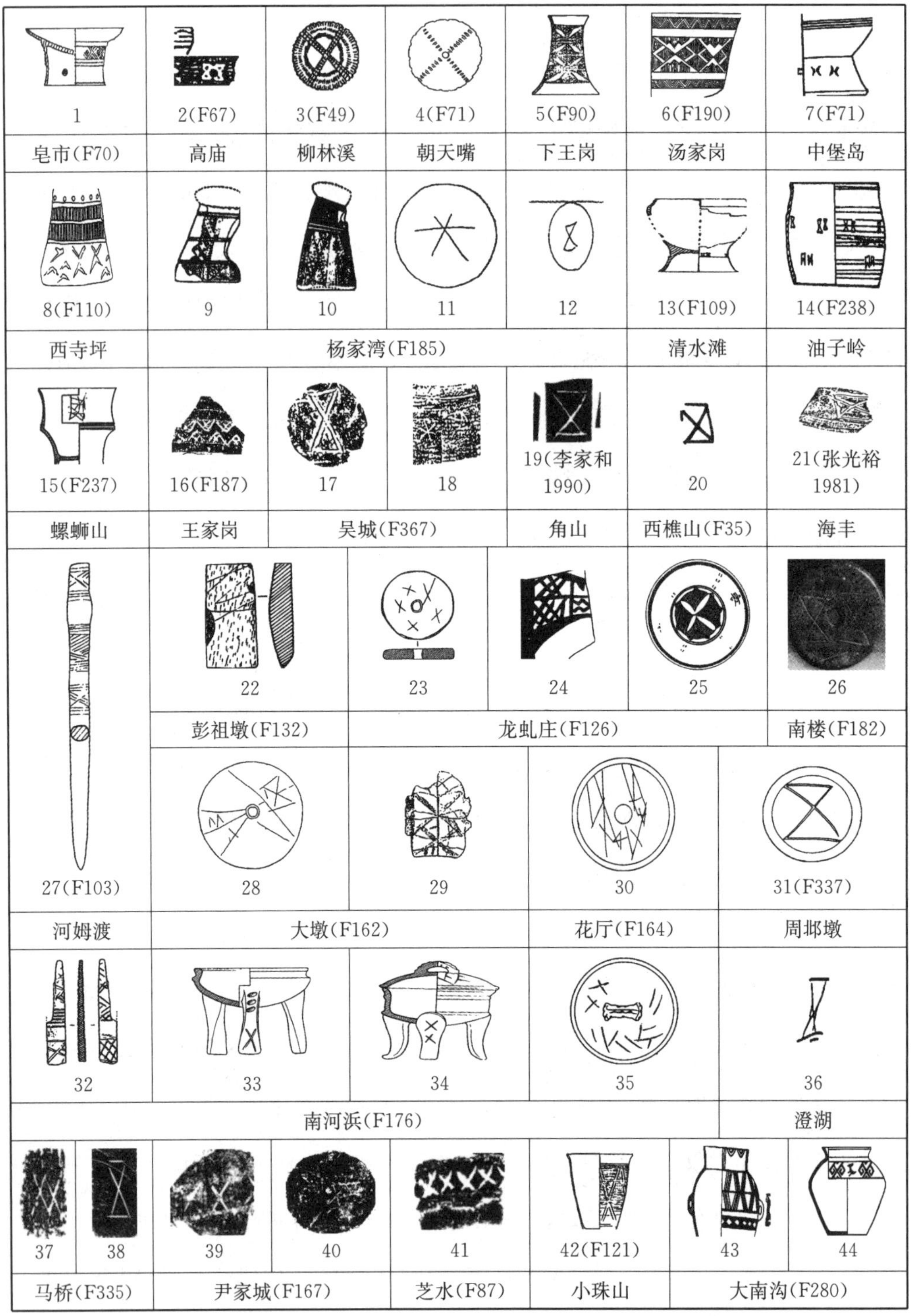

1	2(F67)	3(F49)	4(F71)	5(F90)	6(F190)	7(F71)
皂市(F70)	高庙	柳林溪	朝天嘴	下王岗	汤家岗	中堡岛
8(F110)	9	10	11	12	13(F109)	14(F238)
西寺坪	杨家湾(F185)				清水滩	油子岭
15(F237)	16(F187)	17	18	19(李家和 1990)	20	21(张光裕 1981)
螺蛳山	王家岗	吴城(F367)		角山	西樵山(F35)	海丰
27(F103)	22	23	24	25	26	
	彭祖墩(F132)	龙虬庄(F126)			南楼(F182)	
	28	29	30	31(F337)		
河姆渡	大墩(F162)		花厅(F164)	周邨墩		
	32	33	34	35	36	
	南河浜(F176)				澄湖	
37	38	39	40	41	42(F121)	43	44
马桥(F335)		尹家城(F167)		芝水(F87)	小珠山	大南沟(F280)	

图 3.2.6　距今 7500—3000 年华东、华中、东北和华南地区流行的含"×"早期数字卦

文化(图 3.2.6.42—44);到中原、华北和西北各地距今 7000—4500 年的仰韶文化(图 3.2.7.8—23)及其后续文化——距今 4500—4000 年的龙山文化和半山—马厂文化(图 3.2.7.24—51),乃至距今 4000—2500 年夏商周三代各地方文化(图 3.3.3)。

(三)城背溪文化居民用古数字"二""三""三"或"∧"与"×"创作的含×数字卦,同上述数字卦一样,行用于各地各时期的农业文化中。如距今 7000—6500 年浙江余姚河姆渡遗址早期文化骨锥上刻划的数字卦"二×三"和"二×三"(图 3.2.6.27);江苏无锡彭祖墩遗址马家浜文化石锛上刻划的数字卦"×一×"(图 3.2.6.22);江苏高邮龙虬庄遗址出土彩陶图案中的数字卦"二二二×""二×"和"二二×"(图 3.2.6.25);南河浜遗址崧泽文化陶器的数字卦"三×"(图 3.2.6.33);内蒙古赤峰大南沟小河沿文化陶器上用相交的旗帜纹装饰的数字卦"∧×∧"(图 3.2.6.44);湖北公安王家岗遗址大溪文化层陶器上刻划的数字卦"∧×"(图 3.2.6.16);广东南海西樵山遗址陶器上刻划的数字卦"一一一×一二"(图 3.2.6.20);陕西西安半坡遗址陶器上彩绘的数字卦"三×二"和"×三一""二×三""一二×"(见第十一章);河南汝州洪山庙遗址陶器上彩绘的数字卦"一××"和"∧×∨"(图 3.2.7.14);河南临汝阎村遗址陶缸上彩绘的"石斧白鹤图"中的数字卦"×八一"(图 3.2.7.15),按横行排列出的数字卦,将在下面解读;河南安阳大正集老磨岗仰韶文化陶器上以美术体彩绘的数字卦"×一×"和"×三×"(图 3.2.7.22—23);陕西西乡何家湾遗址半坡文化晚期陶器上的数字卦"×∧"(图 3.2.7.16);山西襄汾陶寺遗址陶壶上的数字卦"∧×"(图 3.2.7.27);青海同德宗日遗址马家窑文化彩陶图案中的数字卦"三×"(图 3.2.7.30);青海乐都柳湾遗址半山—马厂文化彩陶图案中的数字卦"∧××""∧×"和"∧∧×"(图 3.2.7.31—36);甘肃武威皇娘娘台遗址陶器上彩绘的数字卦"×∨×"(图 3.2.7.41);甘肃西和栏桥遗址寺洼文化陶文中的数字卦"∧×"(图 3.2.7.51)等,都是含×的早期数字卦,在其组合结构上,既同一于城背溪文化的,也相似于青墩遗址所出的数字卦。

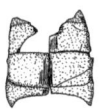

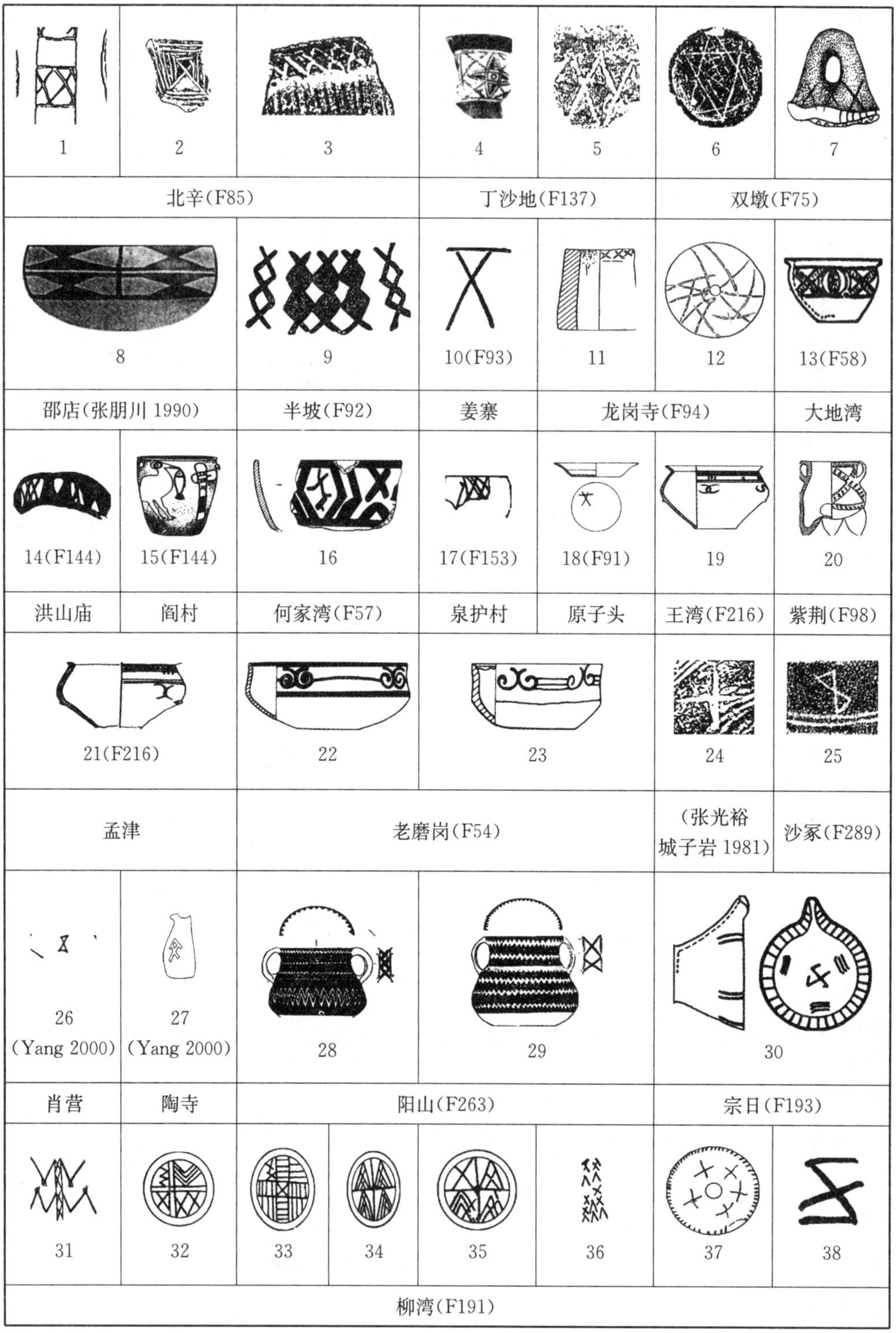

1	2	3	4	5	6	7
北辛(F85)			丁沙地(F137)		双墩(F75)	
8	9	10(F93)	11	12	13(F58)	
邵店(张朋川 1990)	半坡(F92)		姜寨	龙岗寺(F94)	大地湾	
14(F144)	15(F144)	16	17(F153)	18(F91)	19	20
洪山庙	阎村	何家湾(F57)	泉护村	原子头	王湾(F216)	紫荆(F98)
21(F216)	22	23	24	25		
孟津	老磨岗(F54)		(张光裕 城子岩 1981)	沙家(F289)		
26 (Yang 2000)	27 (Yang 2000)	28	29	30		
肖营	陶寺	阳山(F263)		宗日(F193)		
31	32	33	34	35	36	37	38
柳湾(F191)							

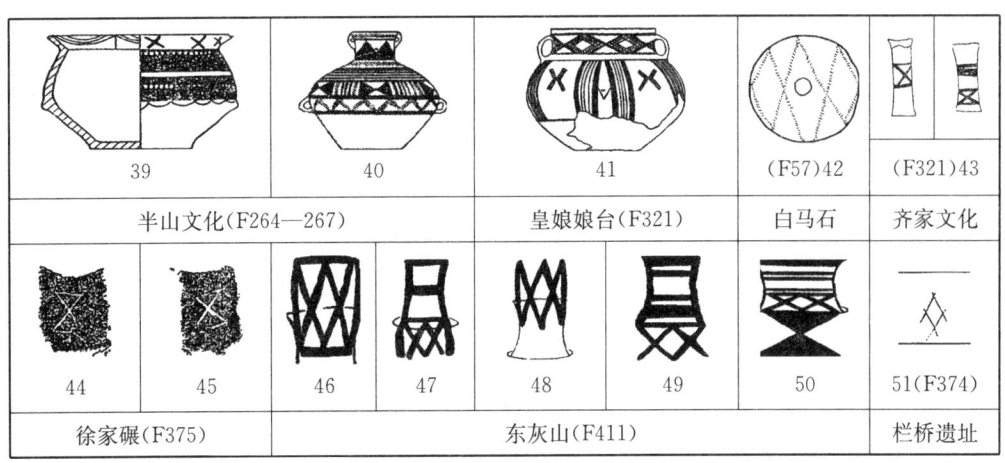

图 3.2.7　距今 7500—3000 年中原、华北和西北地区流行的含"×"早期数字卦

所有这些地方文化居民都在承传其传统表达形式的同时,也在这些数字卦的使用和传播中添加了自己的地方色彩。如河南淅县下王岗遗址二期文化用相交波浪纹(图 5.3.2.5),江苏高邮龙虬庄文化用花瓣形(图 5.3.2.25),辽宁大南沟小河沿文化用相交的旗帜纹(图 3.2.6.44),西北各地仰韶文化用几何图形(图 3.2.7.8),仰韶文化各地方型及其后续晚期仰韶文化用其美术体(图 3.2.7.19,21—23),西北各地马家窑文化及其后续的半山—马厂文化乃至齐家文化、辛店文化、寺洼文化等用几何和象形纹饰的配合(图 3.2.7.31—35,39—41),来表达古数字"×",而使其含义的传授别开生面。更有趣的是,河南临汝阎村遗址仰韶文化彩陶图案"石斧白鹤图"用实物图像的配合(图 3.2.2.44),来突出其中数字卦"×八一"的含义:相当于伏羲八卦"离",而指明当石斧测得的日影长度到达此卦之时,则春分将至,其时即《月令》所载"仲春之月……其虫鳞。……蛰虫咸动……耕者少舍。……毋作大事,以妨农之事。是月也,毋竭川泽……"这幅图表达的正是这些内容,指示氏族成员这时应集中精力忙春耕春种,不要去打捞正在生长繁殖的鱼群。可见,这是一幅生动绝妙的授时图。

在数字卦作为原文字的发表上,各地距今 7000 年以降的数字卦遗迹,显得同 7000 年以前各地流行的数字卦一样,都是以骨文和陶文的形式发表,其中除多用于标定方位、时节和器具外,也有汇集成篇发表的。如油子岭遗址大溪文化陶器座通身刻划多组数字卦"××"和"∧×"(图 3.2.6.14)。柳湾遗址马厂文化彩陶四大圆圈图案中就发表有数字卦组成的篇章(图 3.2.7.36),其中数字卦的排列如下:

$$一∧∧\quad ××∧$$
$$∧∧$$
$$一×∧\quad ××∧$$

柳湾遗址居民不仅有这篇作文,同其 3000 多年前的城背溪文化的数字卦篇章(图 3.2.5)遥相呼应,而且也有环周排列数字卦"×××"和"××"的"陶纺轮"(图 3.2.7.42),来同其前 2000 多年的龙虬庄文化(图 3.2.6.23)和半坡文化的"陶纺轮"(图 3.2.7.12)保持微妙相似。

以上通过对伏羲时代数字卦,特别是五进位制数字组合的含"×"数字卦之时空分布的追踪,我们看到了:在空间上相距数千公里,时间上相距数千年的这些史前文化遗存之间,竟在数字卦的刻划和使用上完全一致,这只在这些数字卦于这数千年期间,作为各地中华先民理性思维的共同文字,在日常的文化交流中,在世代的文化承传中,都统一予以学习和运用于信息的记录、贮存和传递,就像我们用当今文字一样,才会有它们字迹的如此一致性。这就以各地史前文化遗存的大量五进位制数字卦材料,按其时空分布系统化而成实物证据链进一步证实了,在距今 7200 年前的伏羲时代中晚期,数字卦的进化已完成了第二阶段,实现了原始数字卦向五进位制数字卦的全面发展,使数字卦作为各地先民理性思维的共同文字而普及于所有农业地区。

第三节 伏羲数字卦在后世的复兴

以二进制数字"一"与"二"为初始起源、由五进位制数字组合的伏羲数字卦,是整个数字卦体系最基本的根底,作为开启人类识字能力的启蒙文字,不仅随农业文化的扩展而成为新开垦地区居民的扫盲文字,也是既定农业人口新生代掌握和发展理性思维能力的必修文字。因此,伏羲数字卦在伏羲时代之后历代中的复兴是不可避免的。这节就来考察伏羲数字卦在各大区的复兴的实况。

一、伏羲卦在东北地区的复兴

山东半岛与辽东半岛的史前居民,从很早起就存在着经济上和文化上的密切联系;在小珠山文化遗存中,发现有大汶口文化早期的某些器型,说明旅大地区的原始文化曾受到大汶口文化的一定影响(F119、F120)。在数字卦的传播方面,大汶口文化对小珠山文化以至东北地区的其他史前文化的影响更是明显。本来,小珠山文化及东北地区的其他史前文化,早就在沿用磁山文化和北福地文化居民使用和传授数字卦的传统方式,以成组平行线纹表达伏羲数字卦。自从同大汶口早期文化开展文化交流以降,一些大汶口文化式的数字卦表达形式在东北各地史前文化中流行起来,如小珠山文化、左家山文化、马城子文化中,就引进了环绕圆心的辐射状指甲纹、等分或环绕圆面的纵横平行线纹(图3.3.1.1—4,8,10—12)(F120、F121、F279—F281)。

此外,自距今6500年以降,东北各地先民还创造出各种新形式来表达数字卦。如图3.3.1.9所示,马城子文化直筒罐"饰7组竖行压印短线纹",实际上是把古数字"一""二"和"三"分格填入以便识别,再按格加以组合成数字卦,这分明是传授数字卦的简明形式。小河沿文化居民则在传统形式的基础上更进一步创造出图画文字来表达数字卦,如墓葬M52随葬陶罐M52:1"腹部刻划符号共7个单元,它们围绕罐腹中部一周",其中左耳下符号就是两个数字卦——"一×一"和"二二三"的重合,即相当于单卦"乾"和"震"的重卦"无妄";左边第二个符号是以卍形纹的格局刻划出的四个单卦,按反时针方向的顺序可排列为:"一二一""一二一""二一一"和"二一一"的双向重合,即可相当于重卦"一二一一二一(离)"和"一二一二一一(睽)"或"一二一二一一(睽)"和"二一一二一一(兑)";右耳下的符号也是两个数字卦——"一十×"和"三一二"的重合,

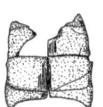

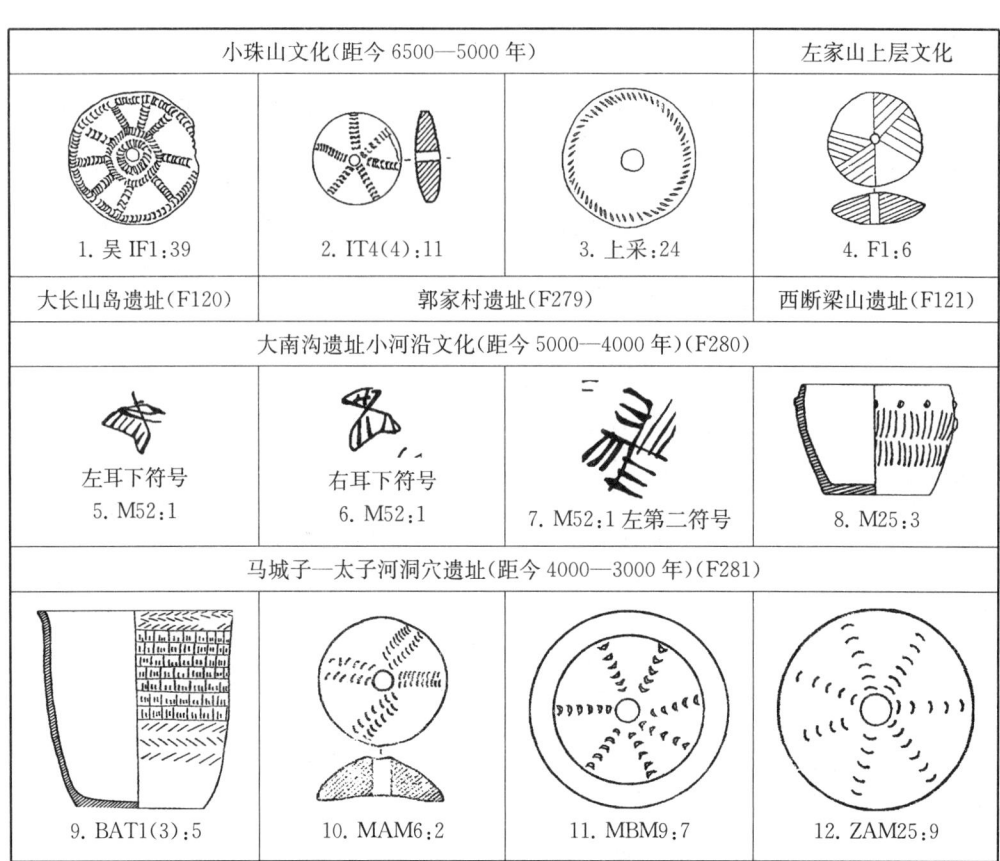

图 3.3.1　东北各地距今 6500 年以降各地遗址出土器具上的数字卦

即相当于单卦"乾"和"兑"的重卦"姤"(图 3.3.1.5—8)(F281)。显然,这对数字卦的应用已接近后世对符号卦的哲学推演,并使数字卦同卦象文字巧妙结合起来谱写文字进化史上的奇特篇章。

二、伏羲卦随古夷部族迁移而复兴于各地

青莲岗文化、龙虬庄文化和大汶口文化的一些共同的传统文化因素,再现于后来长江流域中游安徽、湖北地区的新石器时代中晚期文化到西北地区的青铜时代文化乃至西南地区的秦汉以来的西南夷文化中,使考古学家们看出这些传统文化居民曾经出现过南下西迁的移民潮,正好同古史传说的黄帝打败蚩尤后淮夷和东夷迁移的"三级跳"路线相印证(陈平 1998)。在其南下西迁途中,他们走到哪里,就将其世世代代使

用的祖传语言和文字——原始和早期数字卦带到那里,以至从距今5000年前后的凌家滩文化、屈家岭文化、石家河文化,到半山—马厂文化及齐家文化乃至自古以来的彝族文化中,都有原始和早期数字卦以或多或少新的形式重现(图3.3.2)。

安徽含山凌家滩遗址,其发掘者断定"是当时区域文化的中心","将长江、淮河、黄河连接在一条交通线上",作为古史传说中的古淮夷和古东夷人南下的必经之地,这里必然出现原始和早期数字卦。其发掘报告载,该遗址"吸收了黄河流域的大汶口文化、长江流域的崧泽文化因素",强调其中墓地出土的玉器"小巧玲珑,鬼斧神工般大工艺技术令我们震撼,温润神奇的玉器无声地诉说着没有文字的历史。……玉龟和玉版的出现印证了文献'元龟衔符'(《黄帝出军诀》)、'元龟负书出'(《尚书中侯》)、'大龟负图'(《龙龟河图》)的记载……这对研究易经的起源和哲学思想有着重要意义。……6件玉人6种形态……充分表达出极高的历史价值和美术价值"。(F199)

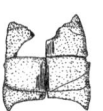

不仅如此,与这些重要意义和价值相印证的还有刻划在玉人手臂上的数字卦。就图3.3.2.1所示的这6件玉人,该遗址发掘报告载:"位于墓地南部"的墓葬8M1,随葬"玉人3件。……87M1:1……臂腕部各饰6道横线",从其图示看,分别呈现为古数字"二三一"和"四一二"组合,而显得相当于八卦的"震"和"坎";"……87M1:2……双臂腕上各饰5道横线",从其图示看,分别呈现为古数字"三一一"和"三一一"组合,而显得相当于八卦的"乾"和"乾";"……87M1:3……腕臂上各饰5道横线",从其图示看,分别呈现为古数字"一二二"和"二二二"组合,而显得相当于八卦的"艮"和坤"。"位于墓地第一排西端"的墓葬98M29,随葬"玉人3件。……98M29:14……双臂各饰8道横纹",从其图示看,分别呈现为古数字"三二三"和"二三三"组合,而显得相当于八卦的"离"和"兑";"……89M29:15……手臂上各戴6件手镯",从其图示看,分别呈现为古数字"一三二"和"三二一"组合,而显得相当于八卦的"巽"和"离";"……98M29:16……双臂上饰7个手镯",从其图示看,分别呈现为古数字"二三一"和"二三二"组合,而显得相当于八卦的"震"和"坎"。此二墓都为其发掘者鉴定为"大型重要墓葬"

87M1:1	87M1:2	87M1:3	98M29:14	98M29:15	98M29:16
1. 凌家滩（距今 5300 年前后）(F199)					
屈家岭文化早期（距今 5100—4800 年）					
T1194:27	T81:4(1)	T110:4A(9)		AT1(5):6	T5(7):1
2. 朱家台 (F246)	3. 屈家岭遗址 (F245)		4. 邓家湾遗址 (F249)	
屈家岭文化晚期（距今 4800—4500 年）			石家河文化（距今 4500—4200 年）		
T62(6)A:67	T10(8)A:88	T56:2(1)	T34(3):21		H5:12
5. 青龙泉遗址 (F224)	6. 屈家岭遗址		7. 邓家湾遗址 (F249)	
半山—马厂文化（距今 4600—4000 年）					
采集 036	M23:38	M140:27	M17:2(F265)		M18:2(F266)
8. 阳山遗址 (F263)		9. 张家台遗址	10. 土谷台遗址	
距今 4600—4400 年	距今 4400—4000 年			距今 4000 年	
M452:1	M926:39	纹样 209	纹样 224		M314:9
11. 柳湾遗址 (F191)					

图 3.3.2 距今 5000 年以降长江中游和西北各地文化器物上的数字卦

"居于上层领导的身份地位",且后者随葬"刻划八角星"的玉鹰(F199),对证《左传·昭公十七年》所载"凤鸟氏,历正也;玄鸟氏,司分者也;伯鸟氏,司至者也;青鸟氏,司启者也;丹鸟氏,司闭者也",可知这6个各自刻划有特定数字卦的玉人,是他们作为氏族掌天文者,用来标记其测定四时八节之方位的;也是对祖先之法加以神化的开端。他们不用十进制数字,而用五进制数字来组合这些数字卦,如此慎重地刻划在如此贵重的器具上,表明其对伏羲卦有着同大汶口文化居民一样的执着和虔诚。

三、伏羲卦在长江中游地区复兴

屈家岭文化和石家河文化,以传说中的"三苗"的大本营——长江中游地区为中心,同淮河流域的诸前期文化具有渊源关系,正如俞伟超先生(1980)所说:"根据这一文化的地域分布及文化特点,与长江中游的大溪文化有所区别,而与淮河诸文化特点却相类同,故我将它纳入淮汉中介文化带这个系统。"同凌家滩遗址一样,石家河文化遗存也是以大量玉器为最突出的文化特征,甚至连玉器的种类也大致相同,其中也有玉人、玉鹰。这样的物质文化的同一性,必有其内在的精神文化的统一性,即这些物质文化的创造者们对伏羲卦及其表达的易学的共同知识、理解和信仰;他们的这些共同知识也总是会表现出来。本来,长江中游地区各地在距今8000—7100年,如上所述,就曾普及过原始和早期数字卦的使用;到距今5000—4000年,原始和早期数字卦的使用又突然兴盛起来,只是传播这类数字卦的媒体,再也不是以鹿角和骨器为主,而是以"陶纺轮"为主。这期间用这种媒体传授数字卦是如此风行,以至"彩绘陶纺轮是屈家岭遗址中最具特色的一种生产工具",其数量之多超过其他种类的器具(F245)。这些陶纺轮究竟彩绘的是什么?图3.3.2仅列举这时期的大量标本之一、二,按时期早晚顺序论述如下:

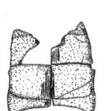

(一)湖北江陵朱家台遗址第一期遗存,其发掘者判断为屈家岭文化早期,出土有"圆轮,发现数量较多。过去一般将此类器定为纺轮,但这里的小圆轮有的有孔,有的无孔,是否纺轮值得斟酌。分三式。Ⅰ式:中间无孔。……一面饰有戳印的圆圈、按窝及指甲纹,一。……Ⅱ式:穿孔未透。T11(4):27,……一面饰指甲纹,一面饰圆点纹。"(图 3.3.2.2)(F246)这显然是沿用淮河流域诸文化居民用指甲纹刻划数字卦的习俗,从其图示看来,共有八组指甲纹,按上左至上右的顺序,其分别呈古数字"一二三""三一一""一二二""二二二""二二三""二一二""二三三"和"三三二",而显得相当于八卦的"离""乾""艮""震""坎""兑"和"巽"。这显然是在以这八个数字卦来标记八节或八方。

湖北京山屈家岭遗址屈家岭文化早期陶纺轮标本 T81:4(1)"以短弧线六、七条为一组,五组均以穿孔为中心等分地作螺旋式的排列",从其图示看来,这五组弧线,按上左至上右的顺序分别呈古数字"三三一""二二三""一三三""三三一"和"一二三",而显得相当于八卦的"兑""震""乾""离"和"离"。陶纺轮标本 T110:4A(9)"由七条短直线为一组,四组横直各占一直角的位置排列"(图 3.3.2.3)(F245),从其图示看来,这四组直线,按上左至上右的顺序分别呈古数字"一三二""二三一""二三二"和"二三二",相当于八卦的"艮""震""坎"和"坎"。

同样,湖北天门邓家湾遗址屈家岭文化早期陶纺轮标本 AT1(5):6"饰条带纹红彩",这四组条带纹,按上左至上右的顺序分别呈古数字"一三三""二二二""二一三"和"三二三",而显得相当于八卦的"巽""坤""兑"和"离"。标本 T7(7):1"饰弧线红彩",这五组弧线,按上左至上右的顺序分别呈古数字"一二二""二二一""一一三""二一二"和"三一一",而显得相当于八卦的"艮""震""乾""坎"和"乾"(图 3.3.2.4)(F249)。

(二)屈家岭遗址屈家岭文化晚期陶纺轮标本 T56:2(1)"用直线四组构成",从其图示看来,这四组直线,按上左至上右的顺序分别呈古数字"一三二""一三一""二二二"和"三二一",而显得相当于八卦的"巽""离""坤"和"离"(图 3.3.2.6)(F245)。

青龙泉遗址屈家岭晚期文化高领盂 T10(8)A:88"橙红地黑彩",在三组旋纹的两侧各有一组短横线,共有六组,按上左至上右的顺序分别呈现为古数字"二三一""一二一""一一二""一二二""二一二"和"二一三",分别相当于八卦的"兑""离""巽""艮"

"坎"和"兑"。与此相应地,这期文化层中有"长条形凹面器1件[T62(6)A:67],用绿色大理石磨制,表面很光滑……外角棱上有三组凹口,中间一组有5个凹口,左右两组各为4个、6个凹口,一端凹口有细绳磨蚀的痕迹"(图3.3.2.5)(F224),从其照片看,这三组凹口按从大头到小头的顺序,分别呈现为古数字"一一二""一二二"和"一二三"组合,而显得与八卦的"巽""艮"和"离"相当,当时这里居民精心磨制此大理石器必有大用:作这几个时节的日影长度标尺之用。

(三)邓家湾遗址石家河文化层继续留存大量彩绘陶纺轮,其彩绘的主题仍旧是数字卦。如标本T34(3):21"为四分纵横线图案",共有四组划线,按从上左至上右的顺序分别呈古数字"三一三""二二三""二三二"和"一三三",而同八卦之"乾""震""坎"和"乾"。标本H5:12"由二分横线、二分弧块状组成图案",这二组横线按左至右顺序分别呈古数字"三一二"和"一三三",而显得同八卦之"巽"和"乾"相当(图3.3.2.7)(F249)。

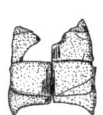

综观上述各地文化遗存,距今5100—4200年长江中游地区及其邻近地区的居民,一直坚持使用原始和早期数字卦,其传授数字卦知识的两种主要方式是:既继承大溪文化流传下来的以划分圆面的纵横划线纹,也沿用淮河流域诸文化以放射状指甲纹及其放大而成的弧线纹来表达数字卦。

四、伏羲卦在西北地区的复兴

西北地区各地在距今7800—7500年的文化遗存,如上所述,本来就有使用原始和早期数字卦的遗迹,在其距今7500—6500年的文化层中陆续出现十进制数字组成的数字卦后,直到距今4600年以后,原始和早期数字卦的遗迹再度多起来。该区数字卦组合结构演变的这种返祖现象,正好同这期间发生的以半山—马厂文化彩陶纹饰的趋向写意的变革为标志的西北文化发展的新趋势相同步。在以半山—马厂文化为突出代表的西北地区各地的后马家窑文化遗存中,广泛分布着由圆圈纹和折线纹巧妙结合所构成的千变万化的彩陶图案,其中所体现的易学思想已被美术史家们所看出(王朝闻1987,倪志云1989)。其实,在这些描绘易学观念彩陶图案中,往往夹杂着数字卦,不是在陶器腹部的圆圈中,就是在圆圈之间、颈部或是双耳上,开后世易图与易文有机结合、图文并茂之先河。只因其中的文字是数字卦,而不是现代人所熟悉的汉字,所以,难以引起人们的注意。下面就从浩如烟海的半山—马厂文化和齐家文化彩陶图案中摘取点滴几例(图3.3.2.8—11)。

(一)甘肃景泰张家台遗址半山晚期文化墓葬M17,随葬的一彩陶罐M17:2"腹饰八个竖立贝形纹",在贝形纹之间是竖立平行线纹,图示这两组平行线纹,从左至右分别呈古数字"一三一"和"三一一",而同八卦的"乾"和"兑"相当(图3.3.2.9)(F265)。

(二)兰州土谷台半山—马厂文化墓地中,一晚期墓葬M18随葬的陶瓮(M18:2)饰有四大圆圈,每个圆圈中彩绘划线纹,其图示的这个圆圈中的划线,呈古数字"三二二"组合,而显得相当于八卦的"巽"(图3.3.2.10)(F266)。

(三)兰州红古山发现的二座马厂类型墓葬H.G.M1,都随葬有彩陶罐,其中一件"彩陶罐H.G.M1:8颈绘四道竖行波浪纹'▦'六组,双耳上绘'二'形纹,双耳之下的腹部绘'三'形纹";另一件"彩陶罐H.G.M2:3颈绘五道竖直线'ⅢⅡ'六组,双耳绘'三'形纹,耳下的腹上绘'×'形纹"(F),显然,这每组"四道竖行波浪纹"、每组"五道竖直线"、双耳上下的"二"和"三"及"三"和"×",都是数字卦(F197)。

(四)青海民和阳山墓地,其发掘者判定处于半山文化中晚期,出土了2400多件陶器。几乎每件都绘制有"十分繁复、色彩变幻、线条疏密有致、流畅自如"的图案,其中不少夹带有数字卦。图3.3.2.8中的陶纺轮(采:036)"有四组划纹",从其图示看来,按从上到右的顺序分别呈古数字"一二二""二二一""一一三"和"三一一"组合,而相当于八卦的"艮""震""乾"和"乾"。陶纺轮M23:38"一面戳印弧线同心圆,另一面为戳印弧点放射线,周边亦戳印弧点",这类"弧点"纹就是指甲纹,实际上是在承传古夷部族用指甲纹表达早期数字卦的习俗。大耳罐标本M140:27的大耳上饰一组划线,呈古数字"二一二"组合,显得相当于八卦的"坎"(图3.3.2.8)(F263)。

五、伏羲卦在东西边缘地区的传播

青海乐都柳湾原始社会墓地保存有大量距今 4600—3900 年西北地区行用的数字卦文档。作为一种传统的易学教材,刻划各种易图的"陶纺轮"在这个墓地的各期墓葬中都如似锦繁花、千姿百态,其中就有专门传授数字卦的。在传授数字卦的陶轮中,除了直接用数字排列成的图案外,还有"由指甲纹组成各种纹样",如半山类型"标本 M452:1,通体饰辐射状指甲纹",这类纹样显然是在承传古东夷部族用指甲纹表达早期数字卦的习俗。其陶器纹饰中传授数字卦的易图更多,这里从众多马厂类型彩陶图案中仅举三个简明表达原始和早期数字卦的图例:(1)陶罐标本 M926:38,"矮领"上饰四组划线纹,从图示的两组来看,呈古数字"三三一"和"二二一"组合,而显得同八卦的"乾"和"震"相当。(2)彩陶单独纹样 209,以上下左右顺序排列四组划线,分别呈古数字"一一一""二一一""一二一"和"三一一",而显得相当于八卦的"乾""兑""离"和"兑"。(3)彩陶单独纹样 224,是以传统的纵横平行线划分圆面图案来表达数字卦。至于齐家类型的陶纺轮标本 M314:9"饰有指甲纹",则表明用指甲纹组合表达原始和早期数字卦的传统一直在这里延续了 600 多年,直到成熟文明时代来临之后仍在流传(F191)。

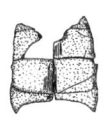

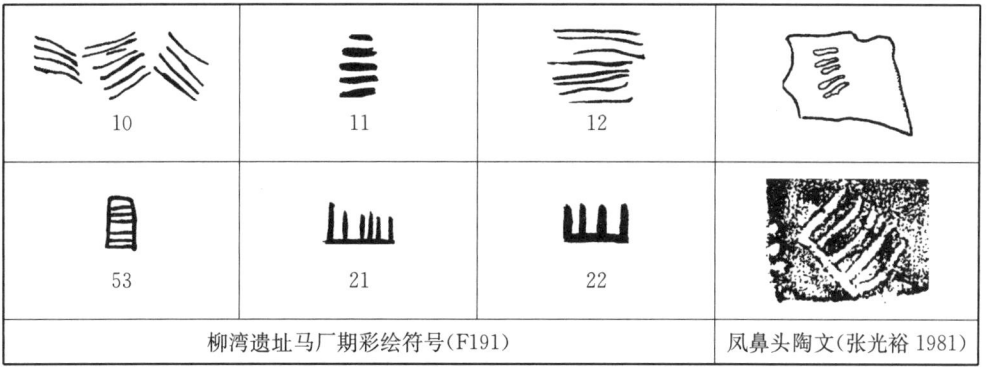

图 3.3.3　中国东西边缘地区史前遗址出土的数字卦

柳湾墓地出土了大量不同形式的符号。在其发掘者摘录的彩绘符号中,有些就是数字卦,兹将其中的原始和早期数字卦举例如上表。与此遥相呼应的是,台湾岛上距今 2900—2500 年的凤鼻头遗址出土的刻纹陶片中，刻划的文字不仅有数字，而且也有原始数字卦(张光裕 1981)。图 3.3.3 中的柳湾符号 10，包括三组划线，呈现为古数字"一一一""二一三"和"一二一"，而同八卦的"乾""坎"和"离"相当。符号 11，为一组划线，呈现为古数字"一三一"；符号 12 也是一组划线纹，呈现为古数字"三一三"，而显得分别相当于八卦的"乾"和"巽"。柳湾遗址发掘报告(F191)中的符号 33，从其他方框内的数字符号 50—56 看来，当为古数字"三一一"组合，同八卦之"乾"相当。符号 21 和 22，是继承北首岭半坡文化式的数字卦表达法，以连体划线纹表达古数字"二三一"和"二一一"组合，而显得相当于八卦的"兑"和"兑"(F191)。同柳湾 10—12 号符号平行并列的凤鼻头陶文，其刻划以同样的方式呈现为古数字"一二二"组合，而相当于八卦之"艮"；同柳湾 53、21、22 号符号平行并列的凤鼻头陶文，也以同样的连体划线纹表达古数字"二二一"组合，而同八卦的"震"相当。有大海相隔、相距遥远而天各一方的两个地区，其各自操自己方言的居民肯定是语言不通，也从来就没有通过，但这并不妨碍他们有着共同的文字——伏羲数字卦。

既然处在中国东西边缘地区的先民都以伏羲卦为共同文字，那么，上述西北各地先民，于距今 4600—4000 年，就在一直坚持行用原始和早期数字卦的过程中，除了沿用前期文化流传下来划分圆面的纵横划线纹、连体划线纹等传统形式外，除了接受淮河和长江流域传来的放射状指甲纹、弧线纹外，为何还创造出灵活多样的形式来传授数字卦，从而使原始和早期数字卦作为原语言文字能历久弥新，不断流传在边远地区的民间，就可理解了。这就解释了，作为"礼失诸四野"的一种历史现象，是淮夷和东夷部族的后裔们把原始和早期数字卦带到了四野，以至他们中的一支——彝族直到现代仍在以对其先人使用原始数字卦做天文测算的神化的形式——占筮，来因神设祖先崇拜之教。

六、伏羲卦在夏商周三代复兴

还值得注意的是，从距今 9000 年以降就逐渐在中国大地上普及开来的原始和早期数字卦,并没有在中华先民跨进成熟文明的门槛时便被成熟文字所取代,而是它们在派生卦象文字乃至成熟文字的同时,仍在成熟文字中直接作为文字发挥作用。于是,在夏商周三代文化遗存中,这类数字卦的遗迹仍在大量出现。

1. 二里头遗址(F329)	2. 二里岗遗址	3. 殷墟(张光裕1981)		4. 周原遗址(F384)
西	木	屋	宋	莫	暮	巢
5. 甲骨文字					

图3.3.4　夏商周三代文化遗存出土的含×早期数字卦

图3.3.4中的这几例夏商周三代的含×早期数字卦遗迹,就个体字形来看,同上述各地史前遗址出土的同形数字卦相比,显得在字形上、刻划上完全一样,但其在向成熟文字的演变中,被加以了选择性剪接,而其复合体的字形、音、义处在趋近相应于甲骨文字的加速变化中,以至它们原来用来标记测影辨向、定时本意仍或多或少地保留在甲骨文"西""木""庑""宋""呆""莫""暮""巢""噪"等同根字中,甚至在周原出土的甲骨文和金文中,原来的数字卦"一×一"成了周王卜甲上刻划的数字卦"八十八十八×"中的一个数字"×",原来的数字卦"∧×"变成了《史墙盘》铭文中的"文"字了(图3.3.4.4)。可见,作为原文字的数字卦,不仅派生出卦象文字乃至成熟文字,而且直接参与了成熟文字体系的构成和发展过程。这反过来也就证明了数字卦本身就是原文字。

用一和二这两个古数字符号刻划出来的原始数字卦,同今人熟悉的用阳爻(—)和阴爻(--)符号画出来的符号卦,有着本质的区别,且二者分别代表数字卦发展的两端:最初级的简单与最高级的简单。这类最初级简单的数字卦,毕竟是由数字所组成,

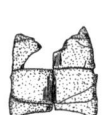

因而还不是易卦的最早源头;就像原始数字必由非数字形式的原始数量概念进化而来一样,这些最初级简单的数字卦必由非数字形式的原始卦进化而来,本套书第二、三卷将予以具体论证;而且距今9000—7800年的贾湖遗址中的原始数字卦已属后期残余遗迹。这些都意味着原始数字卦至迟在1万年前就已经起源。尽管数字卦刻划的主要载体——竹木刻划文字材料大都腐朽而没有保存下来,但本章所出示的这些考古出土器具上刻划的原始和早期数字卦,不论出自哪个地方哪个年代的遗存,作为早期原文字在字形和使用上是惊人的一致,连其载体也基本一致,都主要以骨文和陶文的形式发表,成为夏商周甲骨文、金文和简文的直接前身。即使同其他进化阶段的数字卦相比,无论在时间上还是在空间上,原始和早期数字卦的分布都是最悠久、最广泛的,从而其使用也最普及。它们作为中华先民最基础的共同理性思维文字的直接证据,所遗存年代的时间跨度之长远,长达距今1万至2000年之间的8000年;所出土地点的空间幅员之广阔,遍及中国大地乃至世界各地,已远远超过世界上所有其他古文字。如此浩瀚无比而系统的实物证据链,在同《易·系辞》所载的"上古结绳而治,后世圣人易之以书契"之古史的对证中,最充分地验证了:中华文明确有万年的起步;至迟从距今万年以降,中华先民确曾以书契,即刻划的数字卦为共同的理性思维文字,主要行用于天文历法、农业生产和器物制作及使用技术的传播和发展,并以其为原文字用来派生卦象文字乃至象形文字,直至距今4000年后随进入成熟文明时代而构建起成熟象形文字体系。

通过对其进化各阶段之数字卦组成的比较考古学分析,我们会发现几个分布于不同地区、不同时代的考古学文化,所遗存的数字卦和数字,在其进化程度和阶段上存在着客观差异。正是其间的这些差异,明确地标定了它们各自在易学思维进化史上所处的进化阶段、所达到的进化程度,为我们确定分期及其年代提供了不容置疑的考古学依据。既然贾湖人的数字卦和数字系统已确证其所处时代为伏羲时代中期,那么,由此推断伏羲时代不限于但包括正值贾湖遗址所在的9000—7800年,就是古史新证之必然的了。同其后一千年的跨湖桥遗址使用者相比,贾湖人的数字卦中使用频率较高的为后世沿用的常规古数字二、三、四,在跨湖桥文化后期数字卦中都很少使用;而跨湖桥后期文化数字卦中使用频率较高的为后世沿用的常规古数字∧、八(或入)、丨,在贾湖人的数字卦中却完全没有出现。这正是神农式数字卦与伏羲式数字卦在结构上的本质区别之所在,也是伏羲时代与神农时代在中国数字进化阶段上的差距之所在。二者之间的这些本质区别,也表明中国史前确实曾经历过伏羲时代和神农时代。

伏羲数字卦作为伏羲时代先民的共同文字,为科学认识伏羲时代这两千多年中的中国和世界历史的真相开辟了全新的前景。从本套书第一卷第二册对贾湖人在完成阴历、开创阳历之贡献的考证来看,相当于传说中的伏羲氏的贾湖遗址是迄今发现的新石器时代早期东方大地上的最早阳历起源中心;由伏羲氏族后裔迁移各地而派生出多个阳历兴起中心,这样的伏羲后裔氏族在后世的祖先崇拜中也被尊称为伏羲氏,此外世界上许多民族也都有发源于伏羲的故事。于是,古籍传说和民间中关于伏羲出生地、活动地有很多处;贾湖遗址、天水大地湾一期文化、后岗遗址早期文化等新石器时代早期遗存的发掘中,人们都发现它们同伏羲氏的联系,就不是偶然的了;而这些遗存中伏羲数字卦的使用遗迹,则证实它们确实是在文化上一脉相承地同宗于伏羲卦的最早源头。

纵观上述各大区的最早的刻划材料,特别是所有这些大区的新石器时代早期遗存都保留的骨文和陶文材料,使人们不禁惊叹:距今 9000—7000 年原始和早期数字卦,即古史传说的伏羲卦,已成为中华先民的共同文字,而在长江南北、黄河上下和辽河远近得到普遍行用于其日常生产和生活中,特别是行用于天时的四时八节和空间的四面八方的标定和器具的制作及使用中。在如此早的年代,中华先民就发明和普及了这种由五进制数字组成的文字,实在令人难以置信,甚至连中国古代的诸子百家们对此也只概略而言;但在如此大量一致文字材料的如山铁证面前,这是任何人都不得不承认的事实!其作为中华先民共同文字而在中国各地普遍行用的地域之广、时间之长,令世界上任何一种古文字都与之相形见绌；其得到普遍行用的考古学直接证据，在空间和时间上的分布是如此之广阔和长久，以至其证明力之强大、充分和坚实可靠，也使世界上没有任何一种古文字可与之相媲美。

第三章参考文献

Schmandt-Besserat, Denise 1996. *How Writing Came About*. University of Texas Press, Austin, 1—220.

Yang Xiaoneng. 2000. *Reflections of Early China*. the Nelson-Atkins Museum of Art the University of Washington Press, Seattle, 48—82.

陈平.1998.从"丁公陶文"谈古东夷族的西迁[J].中国史研究(1)：3—12.

李家和,杨巨源,1990.角山刻符初步探讨[J].华夏考古(1)：65—91.

倪志云.1989.半山—马厂文化彩陶艺术的观念主题[J].美术研究(4).

汪宁生.1989.民族考古学论集[M].北京：文物出版社,145—150.

王朝闻.1987.中国美术史·原始卷[M].济南：齐鲁出版社,36—43,43—178.

余杭县文管会.1991.余杭县出土的良渚文化和马桥文化的陶器刻划符号[J].东南文化(5)：182—184.

俞伟超.1980.先楚与三苗文化的考古学推测[J].文物(10).

张光裕.1981.从新出土材料重新探索中国文字的起源及相关的问题[J].香港中文大学：中国文化研究所学报(12)：91—151.

张朋川.1990.中国彩陶图谱[M].北京：文物出版社.

张政烺.1980.试释周初青铜器铭文中的易卦[J].考古学报(4)：403—415.

张忠培,乔梁.1992.后岗一期文化研究[J].考古学报(3)：261—279.

第四章 新石器时代早中期的数字卦

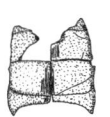

如上一章所述,新石器时代早期数字卦,以其中使用频率较高的古数字一、二、三、三,呈现为原始和早期数字卦,从而证实其确为古史传说的伏羲卦;而其后 1000 多年间各地新石器时代早中期文化遗存的数字卦中,使用频率较高的为古数字∧、八(或入)、丨,而显得与伏羲卦迥异,按《易·系辞》等先秦古籍所载"包牺氏没,神农氏作"的传说,这些卦就当是神农卦。究竟什么是神农卦? 它们同伏羲时代的数字卦有何区别? 它们是否真实存在于各地新石器时代早中期文化中? 这些就是本章要考证的问题。

张政烺先生(1980)最先发现神农时代的数字卦,指出:"四川理番县版岩墓葬出陶制双耳罐,上有铭文。其中一个是秦代的,左耳有篆书李字(或是人姓),右耳外有一八七一八九(离下,离上,离);又一个汉代的,左耳外有一六十(艮)……其所使用的数字有九和十"。对这批墓葬的文化属性,李学勤先生(1995)做了广泛而精深的考证,指明:"这批墓葬的时代,上起秦统一巴蜀之后,下迄西汉晚期",属"氐羌民族文化";据《诗·商颂·殷武》"昔有成汤,自彼氐羌"、《逸周书·王会》"氐羌以鸾鸟"和《山海经·大荒西经》"炎帝之孙曰灵恝,灵恝生互(氐)人,是能上下于天"等古文记载,可看出他们"是西方长于畜牧的民族","氐与羌均自认出于炎帝";"石棺墓从考古学看确与甘青地区的古代文化有关。刻有筮数的双耳陶罐,形制近似甘青地区新石器时代晚期文化的陶罐"。正因为他们是炎帝部族的后裔,他们自然会遵循其祖传旧俗,使用数字九和十来表达数字卦;他们作为氐与羌族的后裔世代流传其祖传的这套含九和十的数字卦系统,就像作为古东夷族后裔的彝族世代流传其祖传的奇偶占筮法一样。既然像孔子概括的"天子失官,学在四夷"(《左传·昭公十七年》)、"礼失而求诸野"(《汉书·艺文志》)那些历史现象那样,伏羲时代的数字卦确实是先在黄河、长江和辽河流域的主要农业地区由兴起到普及上千年,甚至数千年后才流入边缘地区的,那么,神农时代的数字卦是不是也经历这样一个先在主要农业地区由兴起到普及的过程后才流落到边远地区的呢?这节我们就来以考古发现的新石器时代早中期的数字卦来回答这个问题。

第一节 十进位制数字卦在长江流域的流行

以一、六、七、八或十表达的数字卦,不仅在上述那些少数民族的传统文化中存在过,而且也在史前存在过,并在主要农业地区经历了一个由兴起到普及的过程,现已发现有充分的考古学证据来予以确证。

一、跨湖桥遗址出土的十进位制数字卦

距今 8000—7000 年的浙江萧山跨湖桥遗址,考古发现了迄今最早的含数字十,即古数字"｜"的数字卦。据其发掘报告,该遗址出土的器物中,有两件明显刻有含古数字"｜"的数字卦。一件是鹿角器标本 T0512 湖 IV:7,其"器身刻有数组由条、角线组成的刻划装饰",另一件是木锥标本 T0409(5)A:1,其"扁舌端刻有两个'元'字形符号,反面刻三捺"。从其图示来看,前者的"条、角线组合"上下两端的两侧共有 9 组,每组都由 6 个"条、角线"组成;后者的"两个'元'字形符号"实际上也是由 6 个"条、角线"

组成,其"反面刻三捺"即由 3 个"条线"组成(F43)。可见,它们同上述数字卦一样,"都是由三个或六个数字构成的组合","三个数字的是单卦(八卦)","六个数字的是重卦(六十四卦)"(张政烺 1980)。更明显的是,它们"条、角线"的刻划笔法,同上述数字卦完全相同;其"条线"有两种,一是横条线,同上述数字卦中相当于汉文数字"一"的古数字"一"完全一样,另一是纵线纹,同上述数字卦中相当于汉文数字"十"的古数字"│"完全一样;其"角线"也有两种,一是重合的角线,同上述数字卦中相当于汉文数字"六"的古数字"∧"完全一样,另一是分开的角线或"入"字形,同上述数字卦中相当于汉文数字"八"的古数字"入"或"八"完全一样(F43)(图 4.1.1)。因此,它们同上述数字卦完全一样,可翻译成相应的汉文数字,从而按照"奇数是阳爻、偶数是阴爻"的原则,写出其相当于《周易》的卦名:

鹿角器标本 T0512 湖 IV:7 的 9 组数字:

编号	原文	释文	经卦	别卦
1.	∧入－－－－	六八一一一一	震乾	大壮
2.	入∧－－－－	八六一一一一	震乾	大壮
3.	－－－－入∧	一一一一八六	乾艮	遁
4.	入∧－－－－	八六一一一一	震乾	大壮
5.	││－－－－	十十一一一一	震乾	大壮
6.	－－－－－│	一一一一一十	乾巽	姤
7.	≡－－│－－	三一一十一一	乾兑	履
8.	－－－－入入	一一一一八八	乾艮	遁
9.	＝－入∧││	二一八六十十	坎坤	比

牛骨标本

| 10. | ∨－∧ | 九一六 | | |

木锥标本 T0409(5)A:1

| 11. | －－入－－入 | 一一八一一八 | 巽巽 | 巽 |
| 12. | │││ | 十十十 | 坤 | |

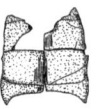

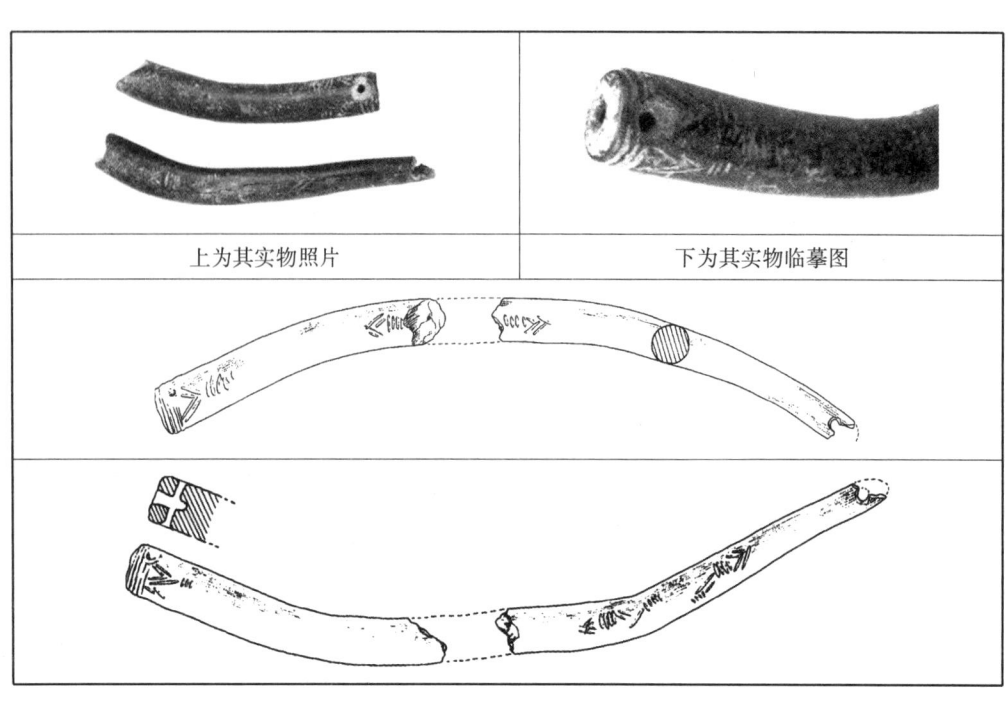

| 上为其实物照片 | 下为其实物临摹图 |

图 4.1.1　鹿角器标本 T0512 湖 IV:7 上的数字卦（F43）

如图 4.1.1、4.1.2 和 4.1.3 所示，这三件标本上的 12 个组合，每组不是 6 个就是 3 个数字；特别是这件木锥和骨锥上的数字组合，和这件鹿角器上第 1 至 6 组和第 8 组合，所使用的古数字有"一""∧""八"和"丨"，显得同四川理番县版岩墓葬所出陶罐上的数字卦所用数字相同，属于神农时代数字卦。与此其他组合不同的是，这件鹿角器上第 7 和第 9 组合，所使用的数字有一、二、三、六、八和十，显得既与四川理番县版岩墓葬所出陶罐上的数字卦大同小异，又与江苏海安县青墩遗址所出鹿角器上的数字卦小同大异，其处于由前神农时代向神农时代转变的状态全盘托出。上面引述的考证已鉴定，江苏海安县青墩遗址所出的这些数字卦，所用数目字有二、三、四，为数字卦的早期形式，即伏羲时代的数字卦之遗留。据其发掘者鉴定，这件鹿角器标本 T0512 湖 IV:7，出土于 2001、2002 年发掘区湖相 IV 层，年代距今 8200—7800 年（F43），正处于东方新石器时代早期文化，由网罟渔猎采集为主的伏羲时代，向农作畜牧为主之神农时代转变的过渡阶段。这件鹿角器上的 9 条数字卦之数字构成由伏羲式向神农式转变的状态,正好是当时这种时代特征的反映;它们直接刻录了数字卦进化史上的这一大转变,并以此反映了东方新石器时代早期社会经历的这次大转变。

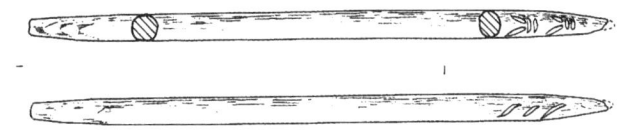

图 4.1.2　木锥标本 T0409(5)A:1 上的数字卦(F43)

这件木锥上的 2 条,一条是 6 个数字;另一条是 3 个数字,所用数字一、八和十,属典型神农式数字卦。据其发掘者鉴定,此木锥标本 T0409(5)A:1,出土于 2001、2002 年发掘区的(5)层,年代距今 7200—7000 年(F43),正值野生物种的驯化接近完成的神农时代的鼎盛时期。此 2 条神农式数字卦的定型,也正好同这里的神农氏当时所主导的农业发展相适应。

此外,跨湖桥遗址中还采集到一件骨锥(采集:12),该遗址发掘报告载:"采集标本:12,完整。制作较精,中部有三道交叉刻槽。"(图 4.1.3)此三道刻槽的交叉,

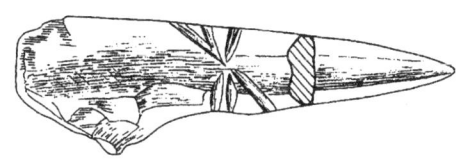

图 4.1.3　跨湖桥出土骨锥上刻划的数字卦(F43)

恰好组成一组古数字"∨—∧",即"九—六",而显得是八卦中的巽卦的数字卦。此件当是跨湖桥文化晚期作品,代表了数字"六"和"九",与距今 7000 年左右的早期发明比,这两个数字普及到半坡文化早五百年。

发现这两批各具时代特征之数字卦,在距今 8000—7000 年的跨湖桥文化中曾经通行的事实,所具有的学术意义之重大,如今是无法充分估量的。这里,仅就其在易学思维发展史,特别是数字卦进化史上的意义,提出以下几点。

(一)与这些数字卦同出的,有尚未完成驯化的稻谷和家猪遗存,标志跨湖桥文化正处于农业起源的关键阶段,即由野生物种向完全驯化品种转变的转折阶段。其中,既有原始栽培稻谷,来印证《管子》"神农种谷于淇田之阳……九州之人,乃知谷食"的

传说,又有作为首要农作工具的骨耜和原始耒——B型棒杆形器,同《易传》"神农氏作,斫木为耜,揉木为耒"的记载相对证,还有盛着"植物茎枝"作"煎药"的"中药罐",来落实"神农尝百草"的传说为考证中草药的起源"提供了重要线索"(F43)。此三者的如此"巧合",正好以考古学证据来核实"农药同源"于神农氏的传说,同时也用该氏族在农业兴起中起关键作用的史实对神农氏的来历作了最实事求是的注释:新石器时代的东方有多个农业起源中心,每个起源中心的农业兴起都有其起关键作用的氏族,这样的氏族在后世的祖先崇拜中都被尊称为神农氏。这样一来,古籍传说中关于神农出生地、活动地、埋葬地有多处的记载就不奇怪了。这个在长江下游地区引导农业兴起和发展的神农氏使用数字卦的特定传统,在时移数千年,境迁数千里之后,仍然由其后裔流传下来,以至其遥相对应的数字卦,可确证上述炎帝部族后裔所保留的以一、六、七、八、九或十表达的数字卦体系,确实来自他们对其祖传旧法的继承。

(二)这些数字卦与中药罐的同出,也为历代文献所载的"易医同源"论提供了新证。从人类认识能力进化的历程来看,东方人类只有在其认识能力达到能用数字卦表达和理解天文地理、星象物候的程度,才能在世代相传的仰观俯察中开始产生后世所总结的"天人合一"的体会,才能在世代相传的生产和生活实践中逐渐尝试和发现各种动植物的医疗作用,从而在经验摸索中逐渐走向用自然之物治疗自然之人体的道路。此二者在该遗址的同出似乎是偶然的巧合,但是,支配于其中的是易医同源于对自然有机整体的观察和利用的必然性。

(三)跨湖桥文化的这些数字卦中,有些数字组合按照"奇数是阳爻、偶数是阴爻"的原则,相当于《周易》的同一卦,如大壮等,但其数字组成不同。这些数字组合所表达的事物,看来同属于一大类,但其不同的数字构成则表达其中不同的分类。这种情况表明,当时这些数字卦就是用来表达特定类别之事物的,而不是用于占筮。

(四)跨湖桥文化的这些数字卦中,有2组刻划于木锥上,为证实古籍所传"书卦于木"提供了迄今最早的考古学证据。据其发掘者报告,该遗址所存木锥,"利用火烤法增加其硬度",加之其随后被海侵而淹没于海水中直至20世纪后半叶,以至未腐朽而得以实物出土(F43)。这类木锥,特别是刻有数字标记的,实为当时居民使用的算策,乃后世算策之祖辈。因此,跨湖桥文化的这件刻有数字卦的算策,也为筮数、筮法乃至数字卦本身起源于先民策算实践,提供了最早的考古学证据。可惜,其他古代遗址中埋没的算策,没有受到这样特殊条件的保护而未能保存下来,以至考古学家们在中国境内至今尚未发现古埃及圣书字和两河流域楔形文字之前就在通行的卦数文字体系。跨湖桥文化这件鹿角器上的数字卦,与同期的城背溪文化及后来马家滨文化、河姆渡文化、崧泽文化鹿角器上的数字卦相照应,证实在距今8000—6000年,至少江浙至三峡一带的长江流域稻作农业地区的居民,曾共同以鹿角为一种载体,来记载和传播卦数文。

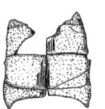

(五)跨湖桥遗址出土的这些数字卦,比江苏海安青墩发现的数字卦还早,似乎可看成是原始数字卦。但是,从其数字结构来看,已远离原始状态;即使从其数字的笔划和分别成单卦、重卦排列组合和使用十进位制数字的情况来看,也同高度发达的商、周数字卦相近似。这就表明,它们还不是数字卦的源头;在它们之前必有很长的孕育、萌芽、生长和发育的进化阶段——伏羲时代的数字卦,即上章所论证的原始和早期数字卦。因此,我们把新石器时代早中期文化遗存的这类数字卦,定义为神农卦;在其之前的新石器时代早期遗存的数字卦定义为伏羲卦,既是中国文献学与考古学研究相对证而达到一致的必然,也是东方人类思维进化之逻辑与历史顺序内在一致性所决定的必然。

(六)既然跨湖桥遗址出土的早期数字卦处于伏羲式向神农式的转变中、晚期出土的才是神农式数字卦,既然跨湖桥遗址中的文化遗存印证了神农氏主导农药同源的传说,那么,跨湖桥遗址的年代就为落实神农时代的年代学研究提供了考古学依据。跨湖桥遗址的年代,已由其发掘者断定为距今8000—7000年(F43);考虑到长江中游地区于7800—7000年的高庙文化(F67,F68)、黄河流域各地于7000—6000年的仰韶文化(F90—F102)对神农氏传说的印证,我们将神农时代落实在距今 7500—6000 年。这样依据数字卦进化史的这一特定阶段之确立的考古学证据来落实神农时代的年代,就为我们推断作为其前期进化阶段的伏羲时代及整个易学史分期树立了年代学基准点。

二、河姆渡遗址中的十进位制数字卦

对跨湖桥文化的神农卦一脉相承的传统,并没有随跨湖桥文化的消失而失传。继距今 7200 年的跨湖桥文化居民使用神农卦之后,距今 7000 年的河姆渡文化居民也在行用神农卦。其遗址发掘报告载:第一期文化层出土一器柄"标本 T232(4B):129,槌头正面刻有"三ソソ"形图案(F103),但古数字中没"ソ"数字,显然,是其作者

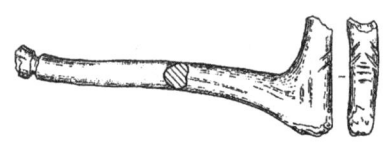

T232(4B):129
图 4.1.4 距今 7000—6600 年的河姆渡一期文化鹿角槌上数字卦(F103)

看倒了这些古数字,应顺过来看,则呈古数字"八八三"组合,即神农时代的数字卦,相当于八卦的"震"(图 4.1.4)。

三、仙人洞遗址出土的十进位制数字卦

与长江下游地区的跨湖桥遗址出土神农时代数字卦相呼应,处于长江中下游的江西万年大源仙人洞遗址的同期遗存也出现了神农时代的数字卦,而且这两处的数字卦不仅所用的数字一样,而且数字的笔画完全一致(图 4.1.5)。该遗址发掘报告载:"I 式骨锥一件器身断面呈扁圆形,一端锋利,一端圆钝,通体磨光之后,刻划纹道,纹道组合情况"(F33)。同上述跨湖桥文化数字卦组合结构一比较就可以看出,这些纹道以其长度和间距的差异而分组成古数字"一一三"和"一一｜｜一八"两个节段,而显得相当于八卦中的"乾"和六十四卦的"涣"。由于其中用到古数字"八"和"｜",他们同上述跨湖桥文化的数字卦一样,属于神农时代的数字卦。

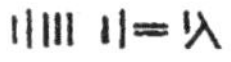

图 4.1.5 距今 8000—7000 年的仙人洞遗址第三层出土骨锥上的数字卦(F33)

四、彭头山遗址出土的十进位制数字卦

伏羲卦发展到神农卦的必然性并不只是局限于一个地区。在贾湖文化同跨湖桥文化的交流导致伏羲卦在长江下游地区发展出神农卦的同时,贾湖文化与彭头山文化的交流也促使伏羲卦在长江中游地区向神农卦转变。据其发掘者对其遗物相似性的考察,在距今9000—8000年的湖南澧县彭头山文化与裴李岗—贾湖文化之间"已有一定的交往和接触"(F44)。以数字卦为交流工具的物质文化交往,使彭头山文化居民在贾湖文化式的数字和数字卦的基础上,发展出十进位数字表达的数字卦,以适应其发展稻作农业对改进阳历的需要。

该遗址发掘报告载:彭头山遗址出土"棒形石坠"B型,宽扁条形。标本T3(4):1断面呈椭圆形,上端对穿钻孔,孔上方切割系槽,下端有

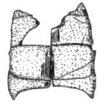

图4.1.6 距今9000—8000年的彭头山遗址出土石器上的数字卦(F44)

刻划符号如图4.1.6(F44)。从其图示看,其刻划符号成纵列排列,而同上面那些成横行排列的数字卦"一×一"相反,呈为古数字"｜"和"×"的组合,其字形同贾湖遗址出土骨镞上刻划的"×"和"｜"一模一样;但以不同的排列方式组成的古数字组合"｜×｜",来表达相当于伏羲八卦的"坎"卦。在伏羲八卦,即先天八卦系统内,此卦用来标定天时的秋分、空间的西方,由此开启用此卦表示阳历年之二分、方位之东西的先河,成为普及中华大地时间最长、范围最广的文字符号之一。

同贾湖遗址出土骨器上的数字卦中的古五字一起,是迄今发现最早的一批古数字五,原出于日影观测所得冬至和夏至日影长度的一半(0.5),即春分或秋分之日影长度,而春分或秋分在伏羲八卦系统中分别同东或西方相对应,从而成为代表东西方向的标记。由此看来,此件实为一日影观测仪器,其上端钻孔用来立杆测影,其上方刻槽用来调整石棒方位使之同投影方向一致,其下端X形标记正好用来衡量影长;当影长达到此标记,就可知春分或秋分之来临;如此件用来测日出、日入之影于同一直线,则此直线正好指东西方向。它如此妙用伏羲八卦而将辨向同定时合为一体,为随时满足

本氏族生死攸关的头等需求服务,以至在当时简陋条件下先民也不惜下大功夫来精心制作此器。正因有如此之大用,"×"形标记持续不断流行于后世各地。对此类标记进化谱系下面将予以详论。

跨湖桥文化与彭头山文化居民开发出同形数字"｜"并将其使用于数字卦,必为其间的物质和精神文化联系所致。彭头山文化及其后属文化——皂市下层文化与同期的浙江萧山跨湖桥文化的联系——引起考古学家们的注意,正如跨湖桥遗址发掘者所指出的,"跨湖桥遗址为长江中下游地区文化上的这种交流现象提供了新的证据"。

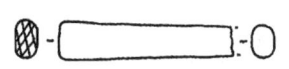

图 4.1.7 距今 9000—8000 年的彭头山遗址出土石器上刻划的古"田"字(F44)

(F43)除了它们所列举的同皂市下层文化陶器相似的证据外,还有文字符号上的相似。在这两大地区相似的文字中,除了上述的数字外,还有早期卦象文字"田"。彭头山遗址出土"棒形石坠""A 型,细条形。标本 T15(3):1 断面扁圆形。上端残,下端底部有网状刻划纹",如图 3.2.7(F)所示,正好同一于跨湖桥遗址出土陶罐 T0410(5)A:24 的"双耳正面个有一个'田'字形彩纹"(F44)。这便是迄今所知后世,特别是甲骨文称神农为"田祖"的由来。

如此共同的文字和共同对田祖的信仰就意味着:距今 8000—7000 年,长江流域各地氏族在共享初级阴阳合历和发展农业技术中结成部落联盟——古史传说中的神农炎帝氏为首的部落联盟,实现了农业由补充生活来源向主要生活来源的转变,而成为当时中国大陆原始农业最先进的地区。在此先进生产力的推动下,长江流域先进农业文化的影响,由近及远地扩展开来,沿汉水和淮河流域北上,而其扩展的重要精神武器就是他们发展出来的数字卦。以跨湖桥文化、彭头山文化、皂市下层文化、高庙下层文化和城背溪文化为代表,长江流域各地氏族为建立和改进其发展农业所需的初级阴阳合历,主要用十进位制数字系统的高端数字,来构建和使用数字卦作理性思维的记录、贮存和交流工具,由此便构成了神农时代数字卦的主要特征。随着神农炎帝部落联盟先进农业文化的扩展,这些氏族曾经使用过的这些神农式数字卦,不仅为其后续文化所继承和发展,也为其影响所及的各地氏族所引进并接受过来加以地方特色,而在本地居民所喜闻乐见的形式中予以普及。与古史传说的神农炎帝集团势力扩展范围惊人一致的是,凡有神农炎帝事迹传说的地方,都发现有神农时代数字卦的使用遗迹;即使没有这类传说的地方,也出现了这些数字卦在那里流传的遗迹。

第二节　十进位制数字卦流传到各地

本节就以上节所述文化遗存中保留的数字卦为范本,对照各地遗址出土的数字卦,凡与这些范本相似的数字卦材料按其时空结构加以梳理,将其中较典型者排列于图 4.2.1 和 4.2.2 中。从这二图所示的案例看来,神农时代数字卦在各地流行主要通过以下几种基本形式。

一、彭头山文化式数字卦"｜×｜"和含"×"神农数字卦的传播

彭头山人发明的横排数字卦"｜×｜",作为标定东西方向或春秋二分的文字,同双字横排数字卦"×｜一"和"×｜"或"｜×"及"∧×∨"等含"×"神农数字卦,在成熟文字完全代替它以前,一直在各地沿用。长江流域中游地区距今 8000—5000 年的皂市下层文化、城背溪文化和大溪文化(图 4.2.1.1—9),无论时间上还是空间上,都是其流行的中转站;由此行用这一卦的习俗流传到四周各地乃至边缘地区,以至不仅是黄淮海地区距今 7300—5000 年的北辛文化、大汶口早期文化和崧泽文化(图 4.2.1.16—19)、距今 5300—4000 年的良渚文化(图 4.2.1.21—22)及东北地区距今 5000 年前后的小珠山文化(图 4.2.1.20)留下有这个数字卦的刻划;也不仅是汉水和渭水流域的距今 6500—6000 年的半坡文化(图 4.2.1.23—28)、中原地区距今 6000—5000 年的庙底沟文化和大河村文化及仰韶晚期文化(图 4.2.1.29—40)、距今 4600—4000 年的中原龙山文化(图 4.2.1.41—46)。西北地区距今 4600—3900 年的半山—马厂文化、齐家文

化和寺洼文化(图 4.2.1.47—54)中,有沿用这个卦的遗迹;而且连四川礼州、江西清江吴城、鹰潭角山和广东海丰的商代文化遗存(图 4.2.1.10—15)中,还保留有这个数字卦的原型。

1(F43)	2(F46)	3(F67)	4(F71)	5	6	7	8
跨湖桥	孙家河	高庙	朝天嘴	大溪(F107)		杨家湾(F158)	
9(F46)	10(F372)	11	12	13	14	15	16
蒋家坪	礼州	吴城(F367)	海丰(张光裕 1981)			北辛(F85)	
17	18(F137)	19	20		21	22	
北辛(F85)	丁沙地	大墩子(F162)	北吴屯(F119)		马桥(F335)		
23	24	25	26	27	28		
半坡(F92)			姜寨(F93)		龙岗寺(F94)		
29(F141)	30(F144)	31	32	33	34		
庙底沟	洪山庙	大地湾(F58)	大河村(F142)				
35	36	37	38	39			
王湾(F216)				苗湾(张朋川 1990)			

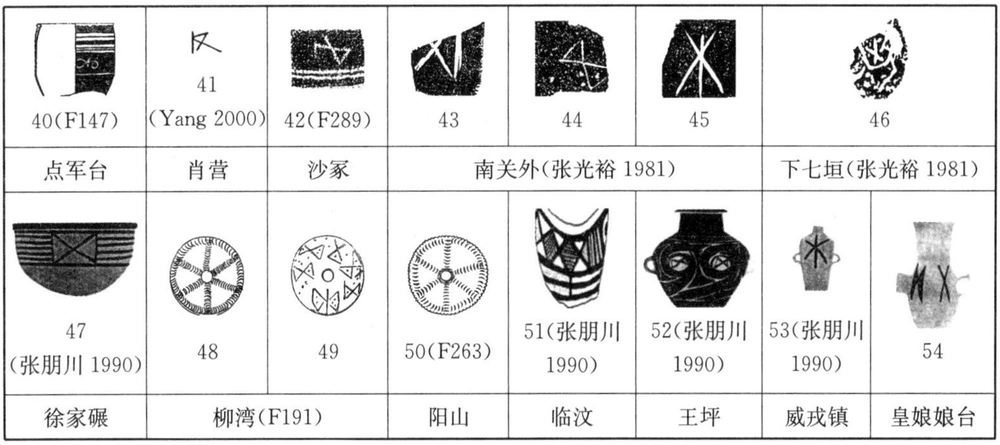

40(F147)	41 (Yang 2000)	42(F289)	43	44	45	46
点军台	肖营	沙冢	南关外(张光裕 1981)		下七垣(张光裕 1981)	
47 (张朋川 1990)	48	49	50(F263)	51(张朋川 1990)	52(张朋川 1990)	53(张朋川 1990)	54
徐家碾	柳湾(F191)	阳山	临汝	王坪	威戎镇	皇娘娘台

图 4.2.1　中国各地史前遗址出土的含"×"的神农数字卦

二、含"∧"数字卦的传播

在神农时代数字卦体系中，除上述数字"一""×"和"｜"外，数字"∧"的使用的频率较高。含数字"∧"的数字卦中，常用的有以下几种：

（一）表示冬至日出入方位的数字卦"↑"，在距今 8000 年前后的长江中游的城背溪文化中发明出来，本来是用算策排列，按照"日冬至，日出东南维，入西南维"（《淮南子·天文训》），临摹出来的古数字"∧｜"组合（图 4.2.2A.1—2）。一经流传到其他地区，特别是西北地区，由距今 7800—7000 年的大地湾文化及其后续文化——仰韶文化居民带头，直接用"↑"来标定冬至的日出入方位（图 4.2.2A.26、30、32、41—42，图 4.2.2B.2、4—5、8、13—14、25—27），甚至以单个数字"∧"来代表（图 4.2.2B.12、16），随后这成为标定日出方位所定冬至的传统标志，而为各地居民所沿用，直至各地龙山文化（图 4.2.2B.30、32—34、37）及良渚文化乃至江西清江等地商代文化遗存中都留有这个文字符号（图 4.2.2A.43—44、48）。

（二）三数字组合卦"∧｜∧"，呈"大"字形，反复出现于各地（图 4.2.2A.17、19；图 4.2.2B.22—23、29、35、47）。此卦本册第十一章有专论。

（三）以指上箭头"↑"表示的冬至日出入方位数字卦"∧｜"与以指下箭头"↓"表

图 4.2.2A　中国东南和东北各地史前遗址出土的含"∧"的神农数字卦

1	2	3	4	5		6	
大地湾遗址一期(F58)			大地湾二期(F58)		北首岭遗址(F61)		
7	8	9(F95)	10	11	12	13	14
半坡(F92)	李家沟	姜寨(F93)					
15(F57)	16	17	18	19	20		
何家湾	原子头二期(F91)	东庄村(F100)		大河村(F142)			
21	22	23	24	25(F147)	26(F306)	27(F98)	28(F99)
泉护村(F153)		姜寨四期(F93)		点军台	小官道	紫荆	邓家庄
29(F208)	30(张光裕 1981)	31	32(张光裕 1981)	33	34	35	36
老磨岗	城子岩	沙冢	南关外	台西(张光裕 1981)			
37		38	39	40(F266)	41(F267)		
宗日(F193)		阳山(F263)	花寨子(F267)	王保保城	红古山		
42	43	44	45(F375)	46(张朋川 1990)	47	48	
柳湾(F191)			徐家碾	辛店文化	东灰山(F411)		

第四章 新石器时代早中期的数字卦

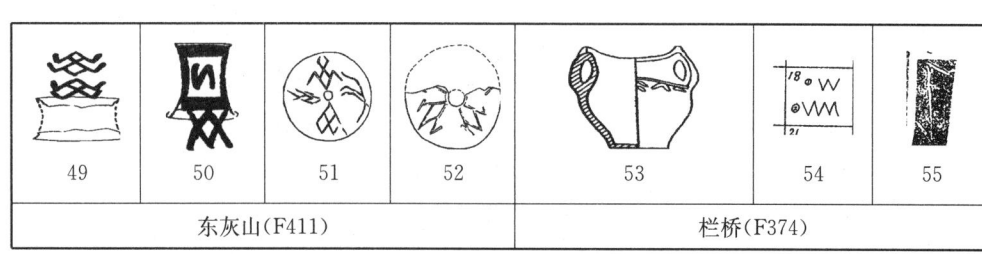

| 49 | 50 | 51 | 52 | 53 | 54 | 55 |

| 东灰山(F411) |||| 栏桥(F374) |||

图 4.2.2B　中国西北和中原各地古代遗址出土的含"∧"神农数字卦

示的夏至日出入方位数字卦"｜∨"的成对出现,或其简体"∧"与"∨"的成对出现(图 4.2.2A.1、3、10、23、29;图 4.2.2B.11、21、40、46、48—49、51—52),分别代表偶数与奇数,用来表达冬至与夏至对偶。这样表示早期朴素阴阳观的,还有几何图案(图 4.2.3.13、18)和象形图案(图 4.2.3.3—4、7、9、15—16、21—23)。

以指上箭头"↑"形表示的数字卦"∧｜"及其简体"∧",作为表示冬至日出入方位的文字,甚至成为概括日出入方位定四时知识的文字,频繁地出现在史前各地各期文化流行的授时图上。李孝定先生(1986)说:"'↑'字,见于半坡、二里头、吴城、小屯、城子崖上文化层各期。"其实,早在半坡期之前的一二千年间,"↑"和"∧"形符号就出现在贾湖文化、城背溪文化、大地湾一期文化和仰韶文化早期遗存的陶、骨器上,特别是陶器周身和口沿上。只是由于它们大都是陶器碎片,其含意和功用难以辨认。直到在大量完整出土的半坡期陶器上,它们才露出其全貌。原来各地半坡期仰韶文化陶器上的一幅幅授时图,都以其环绕周身和口沿对称排列的四个"↑"形符号,来分别与表示冬至和夏至的人面纹及表示春分和秋分的鱼纹或其他物候纹相对应。这四个"↑"形符同另外四个"｜"形符相间而组成"口沿的八个纹样";每个"｜"形符正对内壁四个纹样,即代表四节中的一节;每个"↑"形符正对内壁每两个纹样之间,即代表四时中的一时。这样一来,这四个"↑"形符和四个"｜"形符,正好代表八卦所主的四时八节;而这也正好同八卦所主的四面八方一一对应,从而,这四个"↑"形符和四个"｜"形符,也代表四面八方。可见,距今 8000 多年的贾湖文化和大地湾一期文化中,不仅发明有命名四正卦的文字,而且也发明有代表八卦所象之时节和方向的符号。由此流传到后世的

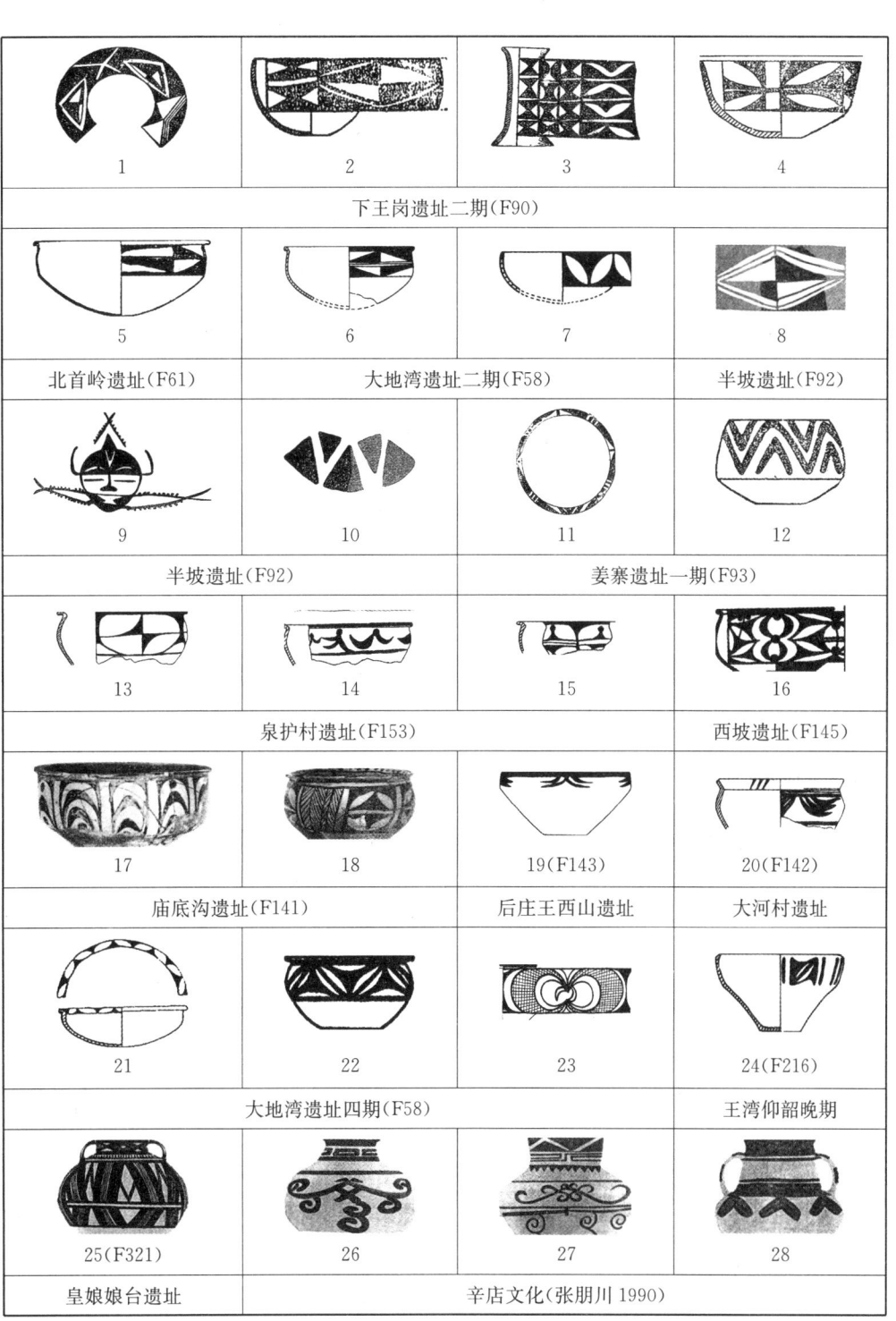

图 4.2.3　中国史前流行于各地的神农卦之图案表达形式举例

八卦,不论是先天八卦,还是后天八卦,每一卦都有象其特定时间和方向的功能。

在"↑(∧)"与"↓(∨)"表示冬、夏至日出入方位对偶之后,城背溪文化的后续文化之一——朝天嘴遗址的前大溪文化居民将"∧"与"∨"连接成"Z"形数字卦,显示出其表示冬至向夏至转化的用意。此连体数字卦在各地流传开来(图 4.2.2A.6、14、18、35、46 和图 4.2.2B.9—10、28、50、55),以至徐大立先生(1989)说:"'Z'是双墩遗址中出现频率较高的符号,而同样的符号在西安半坡、临潼姜寨、铜川李家沟新石器遗址,甘肃西和栏桥遗址,湖北宜昌杨家湾遗址,上海马桥遗址,甚至到西周战国时期出土器物的底部依然出现这种刻划符号。如何解释这种现象?"这只有用数字卦的进化才能得到解释。

(四)纯由数字∧组成的数字卦"∧∧∧"或"∧∧"。自城背溪文化居民使用数字卦"∧∧∧"(图 3.2.5.2、5)以降,不仅其后续文化——大溪文化居民沿用这类结构的数字卦(图 4.2.2A.4—5、7、11—13、15—16、24、27—28、31、34—36、39—40、47、49),而且各地各期文化居民都留下了使用这种卦的遗迹,特别在距今 7800—7000 年前,大地湾遗址第一期文化居民就刻划出这个数字卦(图 4.2.2B.1),来同南方的同行遥相呼应,其含义非常深长。继此之后,各地陆续普及这个卦的使用,以至西北和中原各地乃至其 5000 多年后的寺洼文化、四坝文化都遗留了这个数字卦的真迹(图 4.2.2B.3、6、15、17、19、20、24、39、41—45、53—54)。当然,同上述伏羲卦和神农卦一样,这个卦在各地各期文化遗存中都会有具地方特色的图案表达形式,如在仰韶文化的庙底沟期(图 4.2.3.17)乃至辛店文化(图 4.2.3.28)遗存中,就有这类图案。这个卦派生的"山"形符号,作为神农时代提倡刀耕火种、开发山区的符号,流传于各地各期文化,直到发展成甲骨文和金文后其基本字形和字意,不仅一直保持原样;也不仅成为字根而派生出一系列具体表示"山"和方"火"的文字,以至战国时期的"山"字镜仍以四个"山"形符号表示四面八方。

(五)由∧同其他数字组成的数字卦,如仰韶文化半坡期数字卦"∨一∧""∨二∧"

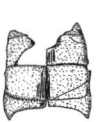

"∨三∧"(图5.2.3.14—20)、小河沿文化数字卦"∨∧∧"(图4.2.2A.52)、龙山文化数字卦"∧一∨"(图5.2.3.21、24—25)和"∧∨"(图6.1.9)等,都体现了神农卦主要由十进制高端数字,即成数构成的特征。

(六)高庙文化居民首创并使用的"∧∨∧"这个数字卦(图4.2.2A.9),对后世一系列成熟文字的形成起了基始原型作用。这个数字卦在淮河流域距今6000—5500年的龙虬庄文化(图4.2.2A.37),乃至西北地区的齐家文化(图4.2.3.25)中都再现了它的原型。

(七)数字卦"│∧│"符号化成单个符号"W"的形式出现。自磁山遗址出现这样的符号以降,在神农数字卦中,这个卦以这种形式的行用和传播,延续的时间最长、普及的地域最广,从沅江流域距今7400年前的高庙文化(图4.2.2A.8),到东北地区的小珠山文化(图4.2.2A.50—51),直到西北地区距今3000年前后的辛店文化、寺洼文化(图4.2.2B.54),一脉相传,沿途各地居民对这个卦的使用和传播,一直连绵不断,以至各地古代遗址的各期文化遗存中几乎都可找到这个卦的刻划痕迹,以上二图中列举的长江中游大溪文化遗址(图4.2.2A.21、25)、山东大汶口文化遗址(图4.2.2A.38)、河南大河村文化遗址(图4.2.2B.20)、青海民和阳山遗址(图4.2.2B.38)、甘肃兰州花寨子遗址(图4.2.2B.39)等仅是其中的几例。

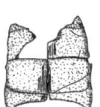

就像数字卦"│×│"被图案化成规整的几何图形一样,这个卦在南北各地的早期彩陶文化中就以各自不同地方特色的图案形式出现。此卦在南方的图案形式,是由高庙文化居民首创的配合"贾宪三角"的山峦起伏图案(图2.3.7B);此卦在北方的图案形式,则是由仰韶文化早期居民首创的"三角连续勾叶纹""折波纹",如图4.2.3.7、10、12所示;到彩陶文化晚期其图案进而演变成所谓"折肢纹",如图4.2.2B.42—44所示。

三、数字卦"│×│"与"一×一"的正交

将标定土圭测影定东西向和春秋二分的数字卦"│×│",与标定南北或夏冬二至的数字卦"一×一"相结合,图案化成四个或八个直角三角形正交而成的矩形,来表示

将一阳历年由四时八节等分成四或八等分的天文历法程序。从考古发现这类图案的年代顺序来看,是汉水流域和泾水流域一带的仰韶文化初期至半坡期居民带头开始制作这样的图案(图4.2.3.2、5),接着,这样的几何图案普及于半坡文化以至仰韶文化流行地区(图4.2.3.6、8),进而随仰韶文化影响的扩散而传遍各地,而成为各地氏族展示和传授阳历天文历法程序的一种传统方式。至于这类图案是如何由这两个数字卦派生出来的问题,我们将在以下适当章节中讨论。

四、有意避免采用二、三、三,而注重使用和构造含"×或｜"的数字卦

如上所述,尽管半坡文化居民乃至各地仰韶文化居民采用并发展了的跨湖桥文化式的十进位数字系统,但他们在应用多种组合结构来使用和构造数字卦的过程中,一直避免采用二、三、三,而注重使用×或｜,从而突出了神农时代数字卦的特征。上面已列举的那些半坡文化数字卦,如二数字组合卦"一∨""一×""八×";三数字组合卦"八×∨""∨十八"和"二×十""｜十｜"等,都明显地体现了神农数字卦的这种特征。除了这些以外,本节出示的所有数字卦,也都体现了这种特征,例如二数字组合卦"｜×"或"｜∨"(图4.2.1.4、14、22,图4.2.2A.45,图4.2.2B.7、18、31、32)。当时各地居民使用的其他一些含×或｜的数字卦,如仰韶文化阎村型居民使用的"｜×一"(图4.2.1.30)、仰韶文化晚期陶器上装饰的"一｜一"(图4.2.3.24)、小珠山文化居民刻划的"∧∨×"(图4.2.2A.50)、崧泽文化居民使用的"∧×一"(图4.2.2A.41)等数字卦,也都体现了这个特征。

五、其他含数字八(或入)的数字卦

在神农数字卦体系中,在上述数字之后,数字八(或入)也是使用频率较高的数字。含数字八的数字卦,除了以上列举的外,还有以下两种组合结构的含八(或入)数字卦常用。

(一)纯由数字八(或入)组成的数字卦。自城背溪文化居民使用数字卦"八八八"(图3.2.5)以降,不仅其后续文化——大溪文化及其相邻的仰韶文化居民沿用这类结

构的数字卦(图 4.2.2A.20 和图 4.2.2B.20),而且各地各期文化居民都留下了使用这种卦的遗迹,甚至连远在东北地区的小珠山文化(图 4.2.2A.51),乃至西北地区的辛店文化(图 6.3.1.18)都遗留了这个数字卦的真迹。

(二)由八同其他数字组成的数字卦。与跨湖桥文化和高庙文化居民使用含八数字卦(图 3.2.2、图 4.2.1.2)相呼应的是,早在距今 7000—6500 年的大地湾遗址仰韶文化早期遗存中就出现数字卦"八丨"(图 4.2.4.1),而为后世各地对此卦的运用开启了先河。其后,各地居民步其后尘而开展对这类数字卦的运用,如仰韶文化大河村期陶器上就装饰有这个卦(图 4.2.4.3);河南临汝北刘庄遗址屈家岭文化陶器上刻划的数字卦"一∧八"(图 4.2.4.4),乃至西北地区辛店文化的陶符"一八"(图 4.2.4.5)等,就是这类数字卦普及的遗迹。更有趣的是,河南汝州洪山庙遗址出土的仰韶文化阎村型陶器(W40:1)上,不仅重现了仰韶文化初期的这个数字卦"八丨",而且还出现了此卦与相关数字卦组成的文章(图 4.2.5)。

图 4.2.4　含数字八之神农卦自距今 7000 年以降在各地的流传

图 4.2.5　距今 5500 年前后的洪山庙遗址出台瓮棺上的数字卦

图 4.2.5 最左边这组划线符号,显然就是数字卦"八丨",同大地湾遗址仰韶文化早期的那个一模一样;而其右边三个相互挨近的符号,明显是数字"一""八""二",而组

成数字卦"一八二"。从这两个数字卦的布局来看，二者相互关联，合而成篇，从而这也证明数字卦"八｜"的作为原文字的存在。在此之后二三百年的凌家滩遗址07M23墓出土的一根玉签上有一个形似"八"字的刻划符号，考古学者惊问：这是文字还是卦符（史守琴2008）。只需将此符号同上述含"八"数字卦相比较，就可看出它既是原文字，也是简化其含"八"数字卦的卦符。既然这类含"八"数字卦在距今5000多年前就有如此大用，这类数字卦在二里头文化以至商周文化中作用于成熟象形文字的形成和发展，就是必然的了。这类含"八"的数字卦尚且如此，那些使用频率更高的神农时代数字卦对成熟象形文字的形成和发展的作用之大，就更加不可低估了。

第三节　神农数字卦向成熟文字演变

自从以十进制高端数字为主要成分的神农数字卦，在距今8000—7000年发明并行用于世以降，神农卦便同伏羲卦结合起来而构建起完整的易卦体系，不仅可避免伏羲卦组成数字"二""三""三"排列在一起不易分辨的弊端，而且把易卦数字排列组合成文字符号的能力扩大和增强到无限广阔的天地。这就既为中华文化的连续进化、中国科技持续领先于世的发展及中华文明的起步和发展，提供了十分充足而高度有效的理性思维语言和文字，也为中华成熟文明的形成和发展准备了无比丰富多彩而先进发达的原语言和原文字。因此，在夏商周三代成熟文明中，人们可以看到，神农卦同伏羲卦一样，不仅直接以其原型出现在其陶文、甲骨文、金文和简文中，而且还有它们转变到成熟文字之过渡状态的生动景象。图4.3.1所展示的仅是从中信手拈来的几个例子。

图4.3.1尽管只列举了通用神农卦几个例子，但它们像神农卦的示踪元素一样，揭示了原本作为原文字行用的数字卦转变为成熟文字演变过程。就像高等生物体内

还保留其由之进化而来低等生物的器官一样,在夏商周三代文明社会正在行用和发展的成熟文字体系中,除了下面要论及的数字卦派生的卦象文字和图画文字外,还保留有:

一、数字卦的原型,不仅存在于陶文中(图 4.3.1.1—3、5—7、13),而且与成熟文字一起混用(图 4.3.1.4、8、9、14、15);这已是三代文献中比比皆是的行文体例,其中的数字卦,如"｜×｜""∧∧∧""∧∨∧""∨∧∨""∧｜""｜∨"等,都同其四五千年前的原生形态一模一样。

二、数字卦直接作为成熟文字使用(图 4.3.1.9、10、14、15、17);如甲骨文和金文中的"山"字就是直接照搬数字卦"∨∧∨"的美术体。又如甲骨文和金文"木"就有直接照搬数字卦"一∨∧一"作字根的字,如甲骨文字"来""禾"等,其来源都与表示日出、日入的这两个数字卦有关,而这就是"卜辞未见用其本义"与学者们臆测的"象树木之

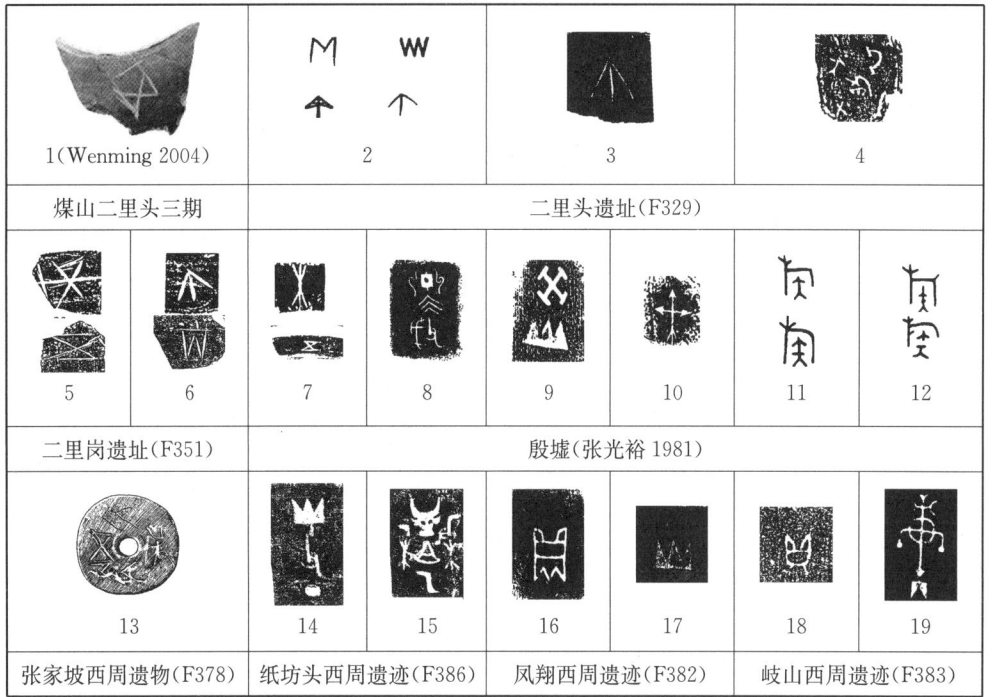

图 4.3.1 夏商周三代文化中的神农数字卦及其向汉字的发展举例

形"相冲突的原因(赵诚 1988)。再如甲骨文和金文"帝"字及称呼其祭祀之处的文字,本来自标定东西或二分和南北或二至的数字卦"│×│"与"一×一"之正交(图 4.3.1.1、5、13),义指掌天文者,后世神化为掌天者,即甲骨文所载之"天帝"。历代学者对此字来源和原义众说纷纭,乃不知此真原也。

三、数字卦作为字根或基本元件构造成熟文字(图 4.3.1.11、12、16、18、19),如甲骨文和金文的"贞"字借用"鼎"字,本来二者都以分别表示"火"和"水"的数字卦"∧∨∧"(离卦)、"∨∧∨"(坎卦)(图 4.3.1.16),或表水的"∨∧∨"(坎卦)(图 4.3.1.18),作基本元件构成,却被学者们解释为"因鼎字与贞字音同"(赵诚 1988),殊不知贞字来源于先民测天气晴雨、旱涝的实践。又如甲骨文和金文"东"字(图 4.3.1.19),本来自标定冬至日出入方位的数字卦"∧一",呈上升箭头形,将两个这样的数字卦置于代表太阳之日轮十字纹的左右,其下以标定夏至日出入方位的"│∨"数字卦标定南北方位,从而明确表达了"东"字字义;但历来学者不知此来源真相而各加揣测、难做定论(赵诚 1988)。再如甲骨文和金文中与猪有关的这几个字(图 4.3.1.11、12),其早期的过渡形态都有猪的象形符号,但其具体含义由各自不同的数字卦来区分。即使没注意到其数字卦本原的一些古文学家们,也发现了甲骨文"向"字形成过程中的一系列过渡形态(苏建洲 2008):

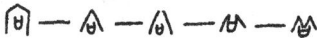

这个字的进化系谱表明,甲骨文"向"字由两个并列的标定方向的数字卦"∧│"裂变而来。这个例子说明,只要如实地复原甲骨文字的进化系谱,其由数字卦进化而来的真原就会大白于天下。甲骨文、金文和简文中的许多字都这样直接以数字卦为基本元件来构成,不正视其构成的这种真相,是无法理解它们的真实来源和原义的。由以上这些实证看来,就像高级生物的胚胎发育过程透露其进化来源一样,甲骨文、金文和简文作为近现代汉字的早期形态及其发育过程,所体现出来的同数字卦如此密切的血缘关系,证明了汉字是从数字卦进化而来的。

在神农时代,易学作为史前民生实用科技体系得到全面继承和发展,而由伏羲易发展到神农易。其首要标志,不仅是当时各地先民各自依据其地方条件开创和应用策算、龟算、珠算、球算、契刻和图画等方法,来"重八卦之数,究八八之体为六十四卦",而且是神农时代的先民使用一套最为复杂的数字卦体系。神农时代先民使用这套以十进制高端数字为主体的数字卦体系,是与当时中国十进位制数字系统的全面完成和普及于长江、黄河和辽河流域的背景相适应的。与上一章揭示的中国五进制数字和十进位制数字系统起源、进化和普及的过程相同步的是,伏羲卦和神农卦的起源、进化和普及于这三大河流域乃至全中国的过程;在此十进制数字系统直接流传到夏商周三代而成为甲骨文、金文和简文数字系统的同时,伏羲卦和神农卦组成的易卦体系,在中华先民作为共同文字行用四五千年后,直接转化成甲骨文、金文和简文为代表的成熟象形文字。这样一来,以其乘法结构而领先于世的中国数字系统,与以数字组合文字而成为人类原文字体系的易卦体系,在协同进化中以组成其进化谱系的实物证据链,相互印证地证明了:

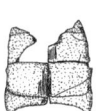

(一)包括中国十进制数字符号体系在内的、由伏羲卦和神农卦组成易学数字卦体系,作为中华先民共同行用的理性思维文字体系,至迟于距今6500年前后之神农时代的鼎盛期已在全国范围内确立。自距今9000年以降,这个数字卦文字体系,通过算策等计算工具、契刻和图画的流行而日趋广泛地普及;其用来记录理性思维语言、传递和积累民生实用科技知识的功能,在日益加强和扩展中而日趋广泛地实现其跨时空的社会化,从而逐渐由长江、黄河和辽河三大流域而普及于全国,而成为东方主流社会的文字体系。

(二)在应用和发展策算、球算、珠算等计算技术和二、五、十进位制数学计算法的基础上,以阴阳八卦为基本科学范式,以数字卦为理性思维语言文字的易学,作为中华先民共同掌握和发展的民生实用科技体系,至迟于距今6500年前后之神农时代的鼎盛期,已在全国范围内确立,从此阴阳八卦成为中国人的传统科技范式和思维方式,中华先民便一直靠这套科学范式搞发明创造,成为古代世界发明创造最多的民族;中华传统文化也正是依靠这套思维方式连绵不断地进化,使中华文明成为世界上唯一连续发展上万年的文明。

(三)中国农业发展所需的天文历法科技,作为易学的首要应用领域,在通过应用阴阳八卦范式而不断得到成功发展的推动下,中华先民朴素阴阳观念逐渐成长壮大,至迟于距今6500年前后之神农时代的鼎盛期,形成了一个共同的以阴阳观为核心的宇宙认知体系。考古学家们由一些遍及三河流域的彩陶图案,"看到了中国史前时代在距今6000年前后拥有了一个共有的认知体系"(王仁湘1999)。光靠各地方言,没有共同的理性思维语言文字,在如此辽阔的三大流域之间的各地居民,就根本不可能拥有一个共有的宇宙认知体系。一个共有认知体系在这期间的普遍显现,正是一个共有的数字系统、一个共有的卦数文字体系和一个共有的民生实用科技体系,在神农时代确立、发展并普及于此三大流域的结果。正是基于这个共有的宇宙认知体系,中华文明才从各地不同条件下的起步和成长中走上了多元一统的持续发展道路,不仅避免了其他文明古国盛极而衰的命运,还一直保持世界领先水平直到17世纪。

一个共有的数字体系和一个共有的卦数文字体系在神农时代的确立、发展、成熟和普及,是以神农时代先民的理性思维能力发展到数学抽象思维阶段为基础的。神农时代各地先民,都经过其世世代代的长期摸索,发展出各自有地方特色的计算工具和计算技术,并用来开创出划时代甚至超时代的科学成就。如沅江流域高庙下层文化居民将策算技术的数字化表达发展到接近商代甲骨文的水平;长江中游大溪文化居民开创的球算技术和领先世界数千年的球面几何学成就;江淮地区古文化居民把方圆术、勾股术和测量技术发展到接近《周髀算经》的高度;泾渭流域半坡文化先民把几何形数字发展到古希腊Pythagorean(前570—前497)学派的高度,把策算技术发展到为坤策算法和乾策算法配合应用和协同进步奠定基础的新阶段,把串珠算技术发展到登峰造极的高度后又转入新的发展方向,并在大衍术的探索中做出了开拓性和奠基性贡献。所有这些高度发达的数学、几何学和测量技术成就,都是神农时代先民的数学抽象思维能力高度发达的充分表现,不仅为神农时代农业、手工业和建筑业的空前大发展提供了所需的数学知识,而且为后世这些产业技术的持续发展奠定了深厚的数学基础。作为神农时代江淮地区古文化的后续文化,安徽凌家滩墓地和浙江良渚文化墓地之所以能出土那么多精美的玉器,那些玉器所体现的准确的测量技术和精湛的定位加工技术,都是以神农时代以来这一地区高度发达的勾股术、规矩术和方圆术知识之积累为基础的。作为半坡期仰韶文化之后续文化,庙底沟文化之所以能迅速扩张而一统天下,也是以神农时代以来在泾渭流域聚集的雄厚科技实力为动力的。

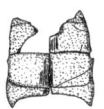

神农时代先民的理性思维能力发展到使其数学抽象思维能力达到何等程度,可从半坡文化居民遗留的文物看出。生活在距今6500年前后的半坡文化先民,留下的一系列文物表现出相当高的数学水平。程贞一先生(1995)对仰韶文化半坡期出土陶片上用点排列的不同几何图形做了研究,发现"用36个点排列组合成的一等边三角形,并非一个简单的数学问题。……这三个同中心的等边三角形共用 $3+12+21=36$ 点。""其他基本几何图形也有用点排列的出土实物,例如一百点的正方形……这正方形是用五个同中心的正方形排列组合而成(共用 $4+12+20+28+36=100$ 点)。这说明,在仰韶时代对用点排列的不同几何图形的不同规律已有相当的认识。这认识是无法离开基本数的观念。事实上……以点排列的几何图形与Pythagorean(前570—前497)学派的几何形数字,或多边形数字,不仅是形象相同而且在概念上也有类似之处。……仰韶文化以点排列几何图形在科学史上的价值是不可忽视的"。这三个同中心的等边三角形的3、12、21构成以9为等差的数列;这五个同中心正方形的4、12、20、28、36构成以8为等差的数列;与用算策及其象形图——数字符号表数同条共贯。半坡文化遗存的这些表达易数原理的几何图形和数字符号,是上古以来各地越来越多的部落以伏羲卦数为共同的理性思维语文和逻辑、以伏羲易为共同的时空认知体系,在不同条件下用各自不同的方式予以实测、实证和实践所取得的伟大科学成就。仅其出土陶器上的那些计数的图形和数字符号就足以证明,在与半坡文化相当的神农时代鼎盛期,中华先民掌握几何图形和数字符号做计算和推理的技能已发展到相当高度,完全有必要和能力将十进制数字系统进一步予以规范化发展,也完全有必要和能力运用和完善这套卦数文字体系,来记录、积累和交流其实践经验和学到的知识。正是在此高度发展了的数学抽象思维能力的坚实基础上,中华先民在神农时代把数字卦的进化推进到了第三阶段,即由一、六、七、八、九或十表达数字卦的阶段。

高庙下层文化、河姆渡早期文化、江淮地区同期古文化、大溪早中期文化、半坡文化遗存的这些表达易科学原理的计算工具、授时图、几何图形和数字符号,是神农时代各地越来越多的部落以伏羲卦数为共同的理性思维语文和逻辑、以易学为共同的认知体系,在不同条件下用各自不同的方式予以实测、实证和实践所取得的伟大科学成就。同时,它们也是记录、贮存和传递信息的非文字和原始文字的手段,仅其出土陶器上的那些计数的图形和数字符号已足以证明,在神农时代,先民用几何图形和数字符号表数的数理知识已发展到相当高度,完全有必要和能力将数字符号进一步系统化、规范化成十进制数字符号体系。在当时十进位制数字系统全面完成和发展的情况下,神农时代的主流社会不可避免地使用这套最为复杂的数字卦体系——卦数文字,即数字组合文字,来传授和积累自己的民生实用科技知识。

在数字卦的进化史上,本来就存在两个相继发展的大阶段:五进位制数字组合的伏羲卦;在五进制数字卦基础上产生的以十进制高端数字——∧、十、ㄨ、∨、丨为主体的神农卦。这在史前历代本是人们口头传说、手头记载的习以为常的事实。可是,这样的两阶段事实到商代同其他史前事物被神化一样,被甲骨文之类的成熟文字记载成同占卜相联系的生数与成数,以至后来的诸子百家只知道:"卜与筮本来分为二事,古代中国的数学理论,把龟属于生数。筮属于成数,春秋时人的说法非常清楚。生和成代表事物发展的两个阶段,生数到五为止,一切数从之而生,故称生数,七、八、九、六从生数发展而来。故称为成数。从甲骨了解到,龟卜一般止于五卜,可以看出殷人已有'龟属生数'的概念。"(饶宗颐1983)。可见,甲骨文等成熟文字传递下来的"生数与成数"说只是殷人的神化概念,并非其本来面目。为将其返朴归真,就必须从成熟文字追溯其原文字——数字卦。依此类推,诸子百家留下的许多传说,看来都得靠数字卦的记载来返朴归真。诸子百家就黄帝时代留下的传说更多,其中有什么有关数字卦的传说?又怎样用数字卦来返朴归真?这是下一章要回答的问题。

第四章参考文献

Wenming. 2004.我们的文明[J/OL]. http://www.china5000.cn/wenming/duandai/photo.jsp,04-08-24.

Yang Xiaoneng. 2000. *Reflections of Early China*. the Nelson-Atkins Museum of Art the University of Washington Press,Seattle,48—82.

李家和,杨巨源.1990.角山刻符初步探讨[J].华夏考古(1):65—91.

李孝定.1986.汉字的起源与演变论丛[M].台北:联经出版事业公司,1—296.

李学勤.1995.周易经传溯源[M].台北:丽文文化事业股份有限公司,169—229.

饶宗颐.1983.殷代易卦及有关占卜诸问题[A]//饶宗颐史学论著选[C].上海:上海古籍出版社,31—55.

史守琴.2008.凌家滩玉签惊现"神秘符号":是文字还是卦符[N].新安晚报,2008年11月15日.

苏建洲.2008.《上博楚竹书》文字及相关问题研究[M].台北:万卷楼图书股份有限公司,228.

王仁湘.1999.关于史前中国一个认知体系的猜想[J].华夏考古(4):32—57.

徐大立.1989.蚌埠双墩新石器遗址陶器刻划初论[J].文物研究(5):246—258.

余杭县文管会.1991.余杭县出土的良渚文化和马桥文化的陶器刻划符号[J].东南文化(5):182—184.

张光裕.1981.从新出土材料重新探索中国文字的起源及相关的问题[J].香港中文大学:中

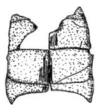

国文化研究所学报(12):91—151.

张明华,王惠菊.1990.太湖地区新石器时代的陶文[J].考古(10):903—907.

张朋川.1990.中国彩陶图谱[M].北京:文物出版社.

张政烺.1980.试释周初青铜器铭文中的易卦[J].考古学报(4):403—415.

赵诚.1988.甲骨文简明词典[M].北京:中华书局,1—310.

第五章　新石器时代中晚期至铜石并用时代的数字卦

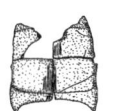

对证于《易·系辞》所载"神农氏没,黄帝、尧、舜氏作,黄帝、尧、舜垂衣裳而天下治,盖取诸乾坤"的传说,黄帝时代所相当的新石器时代中晚期至铜石并用时代的数字卦,具有不同于伏羲卦和神农卦的特征,由含九数字卦在商周之际的重现而引起当代学者们的注意。这类突出数字九的数字卦在此期间的出现,与作为华族后裔和祖籍西方的周人在西部的兴起和继而入主中原如此合拍,绝不是偶然的。就像否定之否定规律所决定的各种历史现象的反复一样,它们在这一期间的出现,只是华族主导的黄帝时代之"数以九为纪"的历数传统的复兴。徐锡台先生以周原遗迹遗物证实周人"仍保存原有周文化自己的特点",在其数字卦组成中复兴数字九,正是其"原有周文化自己的特点"(F384)。

对此,张政烺先生(2004)也注意到:"从不见九字到见九字,是一个很大的转变过程。怎么会发生这种情况?从理论上很难解决,只有用历史解释,我推测是个民族化问题。上古时期,中国境域的东方人和西方人不同族,风俗习惯不一样。八卦是伏羲氏创造的,伏羲氏是东方人,数以八为纪,故所用数字止于八。流传到西方周人手中,行之日久，必然要民族化，西方人数以九为纪，九字遂进入筮数之中。《易纬·乾凿度》（郑玄《注》卷上）：'易变而为一（一主北方，气渐升之始），一变而为七（七主南方，阳气壮盛之始也），七变而为九（西方，阳气所终究之始也），九者气变之究也，乃复变而为一。'郑玄《注》把一、七、九的变化归之于方位之不同，对我有很大启发。"

为什么方位不同其记数系统就不同？郑玄《注》没予以回答。在把数字卦或筮数只当成"由揲蓍产生的"这种"易本卜筮之书"说的成见下，这的确是"理论上很难解决"的问题。的确如张政烺先生所坦承，由于从一到八数字太多，以至对周初筮法的拟测，"顾此失彼，无法弥缝"，根本算不上复原（张政烺 2004）。李学勤先生（1995）也说出土的数字卦"使用数字不限七、八、九、六……虽然看起来与《易》卦有关，但是属于《易》卦的哪一种，还是需要论证的问题"。

实际上，数字卦或筮数，本是数字的组合，是先民用来表达其仰观俯察之结果、尚象制器之设计或策算计算实际问题所得之答案的文字，因此，其使用的数字绝不限七、八、九、六。由于各地部落为适宜本地的自然条件而采用不同数量的算策来计算适合本地的置闰方案，因此，其得数就自然不同。如用49策的大衍策算法，所算得置闰方案的基本历法参数就是七、八、九、六，就只适用于中原和华北地区，对其他地区就不见得适用。这是可用数学模拟来作实验考古学证明的。自五帝时代以降，历法实践中的置闰策算法，特别是大衍策算法，随实用器物和学术的全面神化而添加占筮功能，以至各地习惯运用的不同置闰算策数及其所对应的参数也借用作占筮中的数位组合而流传下来。这就是李零先生（2000）所言："筮法只是利用算法中的数位组合进行占卜……因为筮法源于算法。"因此，这一问题在理论上和历史上都能得到圆满解决，关键就在于从实际而不是从成见出发。

既然易卦的本来面目是组合的数字，那么，其本来的功用就绝不会是占筮，只是其表达形式由蓍杆组合这类原始形式演变成数字组合以至符号组合以后，其数的本来面目才被遮掩而日趋隐晦。正如饶宗颐先生（1983）所言："筮必用蓍（策）。"又如李零先生(2000)所说:"演易之法本于筮占,筮占之法本于筹算,这点本来很清楚。"蔡运章先生(2004)对不同载体上的数字卦的含义进行分类研究,进而证实了《易传》对易卦之观天察地、测量计算、尚象制器、指导变革、论道经邦、建言立论及占筮决疑等多种功用的记载,生动地再现了它们当时用作百科实用学术文字,即抽象思维语言文字的情景。既然在商周二代的高度神化之下易卦尚有占筮之外的如此众多功用,那么,在商周二代之前数千年的中古乃至上古其用作理性思维语言文字的功用自当更加显要。因此,一味用揲筮法来理解各个时期,特别是中、上古数字卦的结构和功用,就会脱离实际而行不通。

既然从周人复兴"数以九为纪"的事实出发在逻辑上可以推论,从黄帝时代起"西方人数以九为纪,九字遂进入筮数之中",那么,是否有考古学证据来予以证明便是需要解决的问题。尽管据古籍所传"书卦于木",作为数字卦主要载体的木刻材料,在各地古遗址中不可能保存下来,使此类问题的解决面临无法克服的困难,但是,考古发现的骨文、陶文中总可找到解决的线索。

第一节 日出入方位数字卦在西北的流行

迄今各地考古发现的陶文的比较研究表明,自从彩陶开始出现以降,东部地区发起了"以偶数为基数的对等划分"来造就画面的趋势,从而体现出东部地区先民"数以八为纪"的传统之渊源远古;而西部地区则发起了"以三为基数的划分法"来制作画面的趋势,也体现出西部地区先民以"数以九为纪"的传统之渊源远古(王朝闻1987)。迄今在西部地区发现最早的新石器文化——包括大地湾一期文化在内的老官台文化,以其陶器的三支足和三角形组合纹饰,显示当时那里的居民就已经有以三为基数的计数传统;由此而对南方传来的作为三之倍数的数字"∧"及其数字卦"↑(∧│)"和"∨"

特别善于运用,并按"夏至出东北维,入西北维"(《淮南子·天文训》)的观测,发明出呈向下箭头形("↓")的数字卦"│Ⅴ",来标定南或夏至的日出入方位。据本卷第二册所载的证据,老官台文化居民特别倡导以日出入方位定四时的方法,而其形为"Ⅴ"的古数字九是十进制数字系统中最大的数字,因此,这个数字卦便成为代表这种观象授时方法的特定符号,而受到当地各氏族的特别重视。用这个含数字"Ⅴ"的数字卦,来标志按日出入方位定四时之法,就是"数以九为纪"的原始含义。各地老官台文化遗存出土的陶器上,不少刻划有这样的符号,如图 5.1.1.1—2 这两例,就是当时先民"数以九为纪"的生动写照。这也就是黄帝数字卦的最早起源。

一、夏至日出入方位数字卦

继之而来的仰韶早期文化中,三角形组合纹饰呈现普及之势,反映了这种计数传统的世代承传和发扬一直没有间断。在此形势下,作为仰韶文化大本营的泾水和渭水流域一带的仰韶文化氏族,从其早期起,就把这个呈向下箭头形("↓")的数字卦"│Ⅴ"标准化成为标定阳历年四时的特定符号,而出示在各自的授时图上,当时的这种风俗实行得如此统一,以至汉水、泾水和渭水流域等地的仰韶文化早期到晚期的遗存中,不仅流行这个标定日出入方位的数字卦(图 5.1.1.3、5、11、13、15、17),而且时兴的主流授时图上都整齐划一地以这个数字卦来标定阳历年周期的四时(图 5.1.1.4、6—10、24)。从此,这个数字卦"│Ⅴ"及其实用形式"↓""Ⅴ"形古数字九(图 5.1.1.13—17,图 5.2.5.5)和美术体形式(图 5.1.1.12、16、18—23),便成为西北各地传统的纪时、标向文字符号而世代流传。

这个数字卦由距今 7500—7000 年的老官台文化和仰韶文化早期流传到周代的系谱,是一脉相承没有中断的。如图 5.1.1 所示,这个卦于西北各地的行用在 5000 多年间一直呈现出日趋兴盛的趋势:最初在汉水、泾水和渭水等地的老官台文化和早期仰韶文化中,它被发明出来用作标定夏至日出入方位的符号(图 5.1.1.1、2、5)(F57—F61);到距今 6500—6200 年的仰韶文化半坡期,这些地区的氏族普遍以它作阳历四

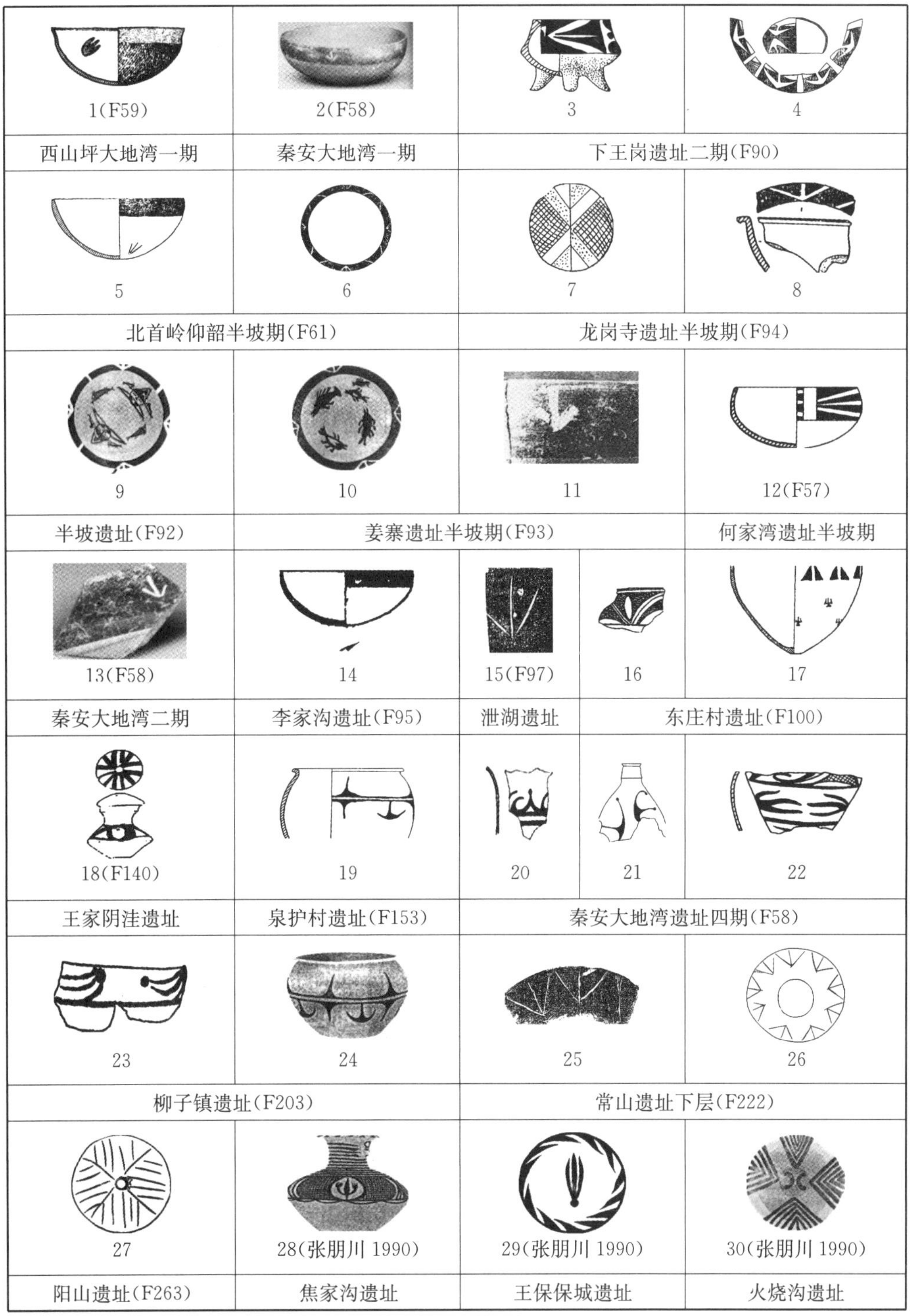

1(F59)	2(F58)	3	4
西山坪大地湾一期	秦安大地湾一期	下王岗遗址二期(F90)	
5	6	7	8
北首岭仰韶半坡期(F61)		龙岗寺遗址半坡期(F94)	
9	10	11	12(F57)
半坡遗址(F92)	姜寨遗址半坡期(F93)		何家湾遗址半坡期
13(F58)	14	15(F97)	16	17
秦安大地湾二期	李家沟遗址(F95)	泄湖遗址	东庄村遗址(F100)	
18(F140)	19	20	21	22
王家阴洼遗址	泉护村遗址(F153)	秦安大地湾遗址四期(F58)		
23	24	25	26
柳子镇遗址(F203)		常山遗址下层(F222)	
27	28(张朋川 1990)	29(张朋川 1990)	30(张朋川 1990)
阳山遗址(F263)	焦家沟遗址	王保保城遗址	火烧沟遗址

图 5.1.1　自距今 7500 年以降西北各地表示夏至日出入方位的数字卦举例

第五章　新石器时代中晚期至铜石并用时代的数字卦

219

时的标志而时兴于授时图,以至河南淅川下王岗(F90)、陕西宝鸡北首岭(F61)、西安半坡(F92)、临潼姜寨(F93)等遗址的文化半坡期遗存中,不仅有"↓"形符号及其美术体和简化体形式(图5.1.1.3、5、11—14),而且出现了"↓"形符号环周对称对偶组合的授时图(图5.1.1.4、6—10);到距今6100—5500年的仰韶文化史家期、庙底沟期和仰韶文化晚期,也就是相应于古史传说的轩辕氏族兴起到黄帝部落联盟形成、发展和扩张的时代,这个"↓"形符号再也不只是作为夏至日出入方位标记和四时节气符号出现(图5.1.1.15—17);而是更多同"↑"形符号相对偶作为阴阳对立的标准标志而以图案的形式风行各地(图5.1.1.18—24);直至距今5400—3000年的先周文化出现了用环周9个"↓"形符号来标记其授时图的局面,把"数以九为纪"的传统继承发扬到了极致。作为先周文化之一的陇东镇原常山遗址的下层出土的陶盘标本H24:1内沿上有一周"↓"形符号共9个(图5.1.1.25、26)(F222),便是当时这种局面的直接反映。当然,西北其他地方历代文化中,这种传统也是根深蒂固(图5.1.1.27—30)(F263)。自庙底沟文化以降各地这样流行夏至(对应乾卦)与冬至(对应坤卦)日出方位数字卦的事实,正好吻合于《易·系辞》所载"黄帝、尧、舜垂衣裳而天下治,盖取诸乾坤"。

因此,周人"数以九为纪"实际上是沿袭其先祖的传统,并把这种传统发扬到了以阴阳哲学为核心的易学宇宙观的高度,以至这些原本是数字组合而成的数字卦被简化成表达这种宇宙观的符号,简化成代表阳的奇数字"∨"与代表阴的偶数字"∧"。既然"∨"是夏至日出入方位数字卦"↓"(代表"阳气始降")的简体;相应地,"∧"是冬至日出入数字卦"↑"(代表"阳气始升")的简体,那么,二者就共处于阴阳对立统一之中,而成为万物阴阳矛盾的起点。这就是商周称数字"九"为老阳、数字"六"为老阴的来历。

继周代的这种习以为常的传统之后,秦汉时期日晷、六博用具和规矩铜镜都饰有对偶对称组配的"T""L""V"形符号,就是这种传统的延续。如汉代的规矩镜以环绕四神(青龙、朱雀、白虎、玄武)的TLV纹表示四时八节和四面八方;其中的TL纹正对中心正方形四边,代表四时;V纹对中心正方形四角,代表四节(李学勤1997),同上述史前授时图中表示四时的数字卦"∧一"或"↑"及其简体"∧"与"∨一"或"↓"及其简体"∨"(图 4.2.2A.1、32,图 5.1.1.14)完全一致。这表明,所有这三个符号,来自史前至迟从半坡文化以降先民用于时空标定的数字卦。可见,要确解 TLV 花纹之含义这个李先生所提的"长期困扰考古学和美术史学者这个大问题",只对这三类器具作比较考古学研究还是不够的,还必须对其符号的起源和进化作认识进化考古学研究。

13 1	18 2	15 3	26 4	29 5	30 6
半坡(距今 6500—6200)(F92)					
14 7	18 8	9	10	30 11	27 12
姜寨(距今 6500—5500)(F93)					
13(距今 5500 年)	14(距今 6500 年)	15	16	17	18
大地湾(F58)	李家沟(F95)	北首岭(距今 7000—6200 年)(F61)			

图 5.1.2A　各地仰韶文化遗存的含"∨"数字卦举例

二、含数字"∨"的数字卦及其图案化

既然自仰韶文化早期以降,用"↓"这个数字卦来记录、贮存和传播以日出入方位定四时之天文历法程序已成为"数以九为纪"的传统,而随仰韶文化影响的扩散而传遍中国各地沿用 5000 多年,数字"∨"成为习以为常普遍使用的文字,必然导致它在数字卦中出现的频率增加。从史前古数字进化系谱来看,迄今已发现的仰韶文化刻符,特别是一些复合符号中,就有包含数字"∨"的数字卦,如半坡遗址所出刻符的 13 号是古数字"∨丨"、18 号是古数字"∧∨"、15 号是古数字"丨∨"、20 号是古数字"∨一"、29 号是古数字"∨十∧"、30 号是古数字"×∨"组成的数字卦(图 5.1.2A.1—5)

（F92）。姜寨遗址刻符的 11 号是古数字"∨｜"、18 号是古数字"∧∨"、30 号是古数字"八∨∧八∨"、27 号是古数字"一二一∨"组成的数字卦（图 5.1.2A.7—8、11—12）（F93）。陕西宝鸡北首岭遗址中期墓葬 77M17，出土陶"尖底器"标本 77M17:(1)"绘有……｜W、∨"等黑彩符号（F61），其中这两个按古数字的字形来看，一个是古数字"｜∨∨"组成的相当于八卦兑卦的数字卦，另一个是古数字"∨"（图 5.1.2A.18）。更值得注意的是，有些含"∨"数字卦流行于各地，如"∨｜"（图 5.1.2A.1、7、10、13），"∧∨"（图 5.1.2A.2、8、14），"｜∨"（图 5.1.2A.3、9、25、16、17）等。这些都表明，含"∨"数字卦在各地仰韶文化居民中是最通用的文字。

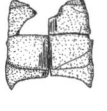

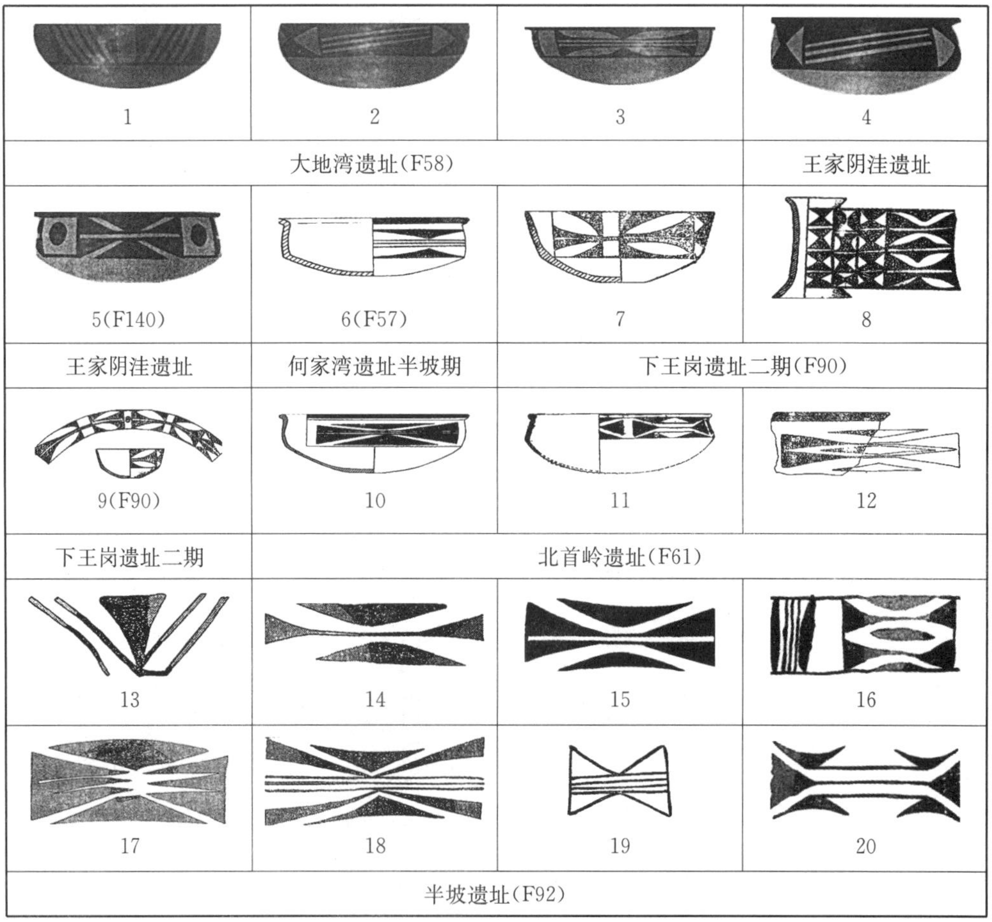

1	2	3	4
大地湾遗址(F58)			王家阴洼遗址
5(F140)	6(F57)	7	8
王家阴洼遗址	何家湾遗址半坡期	下王岗遗址二期(F90)	
9(F90)	10	11	12
下王岗遗址二期	北首岭遗址(F61)		
13	14	15	16
17	18	19	20
半坡遗址(F92)			

图 5.1.2B　各地仰韶文化流行的含∨数字卦的图案形式举例

正因如此,同"↓"这个数字卦一样,这些含"∨"数字卦除了直接用其数字1来"书写"外,也主要以其图案化的图画来表达(图5.1.2B)。自仰韶文化早期以降,这类对偶对称组合"∨"和"∧"的数字卦的图案画,如"∨一∧""∨二∧"……"∨三∧"……"∨一∧∨一∧"等的图案(图5.1.2B.1—12、13—20),就在泾水、汉水以至渭水流域一带日趋广泛而频繁地出现。如北首岭遗址发掘报告载:"彩陶纹样可分为写实与几何图案两大类。计有……对称的等腰三角形或直角三角形纹"(F61)。从这类图案的进化系谱来看,它们除了用来演示有关历算和计数之外,还用来表达数字卦,如同期遗存所出陶盆标本T106:3,其图示可见两组对称的等腰三角形:一是二个对称的黑彩等腰三角形之间及其两边之白彩纹,所显出的古数字"∧一∨"组成的数字卦;另一是二个对称的白彩等腰三角形之间及其两边之黑彩纹,所显出的古数字"∧三∨"组成的数字卦(图5.1.2B.11)。这种类型的图案画在半坡型仰韶文化地区的流行更加广泛、频繁,如半坡遗址所出图案花样标本B36、B12、B14g、B14f、B14b、B15、B14h、B14i、B16、B18e、B14d等(F92),比比皆是;其中以饰在鱼纹陶盆上的图样B36最典型,分明是美术体古数字"∨三∧"组成的数字卦(图5.1.2B.19),还有用其他结构组成的含"∧"或"∨"的数字卦的图案画(图5.1.2B.13)。半坡文化居民用这类数字卦图案,画在器物上用来传授天文历法技术、易学知识或标记其某种属性的做法,既继承南方传来的以数字卦交流信息、标记器物之习俗,也发扬了非三或六个数字合成数字卦之造字法。

三、冬、夏至日出入方位数字卦的对偶

直接以指下箭头"↓"形式及其美术体、简体形式表达数字卦"｜∨",还不是通过传播这个卦来进行有关知识和信息交流的主要方式。从现已积累的中国史前遗址出土材料的总体来看,在中国新石器时代,特别是在彩陶时代,通过传播这个卦来进行有关知识和信息交流的主要方式,是将这个卦图案化的各种各样富有地方色彩的图画。其中最为流行的,是以指上箭头"↑"表示的冬至日出入方位数字卦"∧｜"与以指下箭头"↓"表示的夏至日出入方位数字卦"｜∨",或其简化形式——数字"∧"与"∨"之图

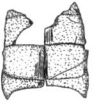

案化纹样的对偶对称,分别代表偶数与奇数,用来表达冬至与夏至之阴阳对立的多样化图画。通过传播这些为本地民众喜闻乐见的图画,先民世世代代不仅根深蒂固地养成传统的阴阳宇宙观,而且牢固掌握观测日出入方位定四时的技术,以不误农时。这些图画传播的这种天文历法技术对每个氏族的生存繁衍具有生死攸关的头等重要性,于是,这些图画在当时中国各地大流行,就是天经地义的了。

尽管这些图画的表现花纹多种多样,千变万化,随时期和地方的不同而翻新,但这两个数字卦"↑"与"↓"或其简体——数字"∧"与"∨"之图案化纹样的对偶对称,一直是这类图画各种类型所一致突出的母题。仰韶文化早期,泾水和汉水一带居民开创的这类图画的几种类型,都为突出这个母题树立了样板(图5.1.3.1—8)。其中既有几何纹样形,如成对三角形、弧边三角(图5.1.3.1、3、5—6、8)或成对弯月纹(图5.1.3.2),分别代表"↑"与"↓"或其简化形式——数字"∧"与"∨"的对偶对称组合,又有象形纹样,如鱼纹的头尾三角形和鱼眼纹的弧边三角形与半个日轮纹(图5.1.3.4),寓"↑"与"↓"的爪形纹(图5.1.3.5)和一个圆点拖出两道或三道弧线纹,即所谓"星座纹"而实为日出朝霞与日入落霞纹(图5.1.3.7),也对偶或交错排列成图。这几种基本类型,为各地先民创作这类以夏至日出入方位与冬至日出入方位符号或纹样的对偶来表达阴阳对立、夏至与冬至、春分与秋分交错轮换的思想开辟了无穷无尽的想象空间,从而为图案化数字卦在后世的发展而成为原文字普及的主要途径开启了无限广阔的前景。

到仰韶文化半坡期,生活在汉水、泾水和渭水流域一带的仰韶文化居民,将这几种二至日出入方位数字卦的图案化表达类型,通过以下几种方式加以多样化发展:

(一)将分别代表"↑"与"↓"或其简体——数字"∧"与"∨"的三角形、弧边三角形或弧边三角引入阴历、阳历或阴阳合历授时图(图5.1.3.9、10、18、20),正式开启了"数以九为纪"的新纪元;

(二)将头尾三角形相对偶的鱼纹倍增(图5.1.3.11),以反映将阳历年时节的划分由四时提升到八节的历法程序;

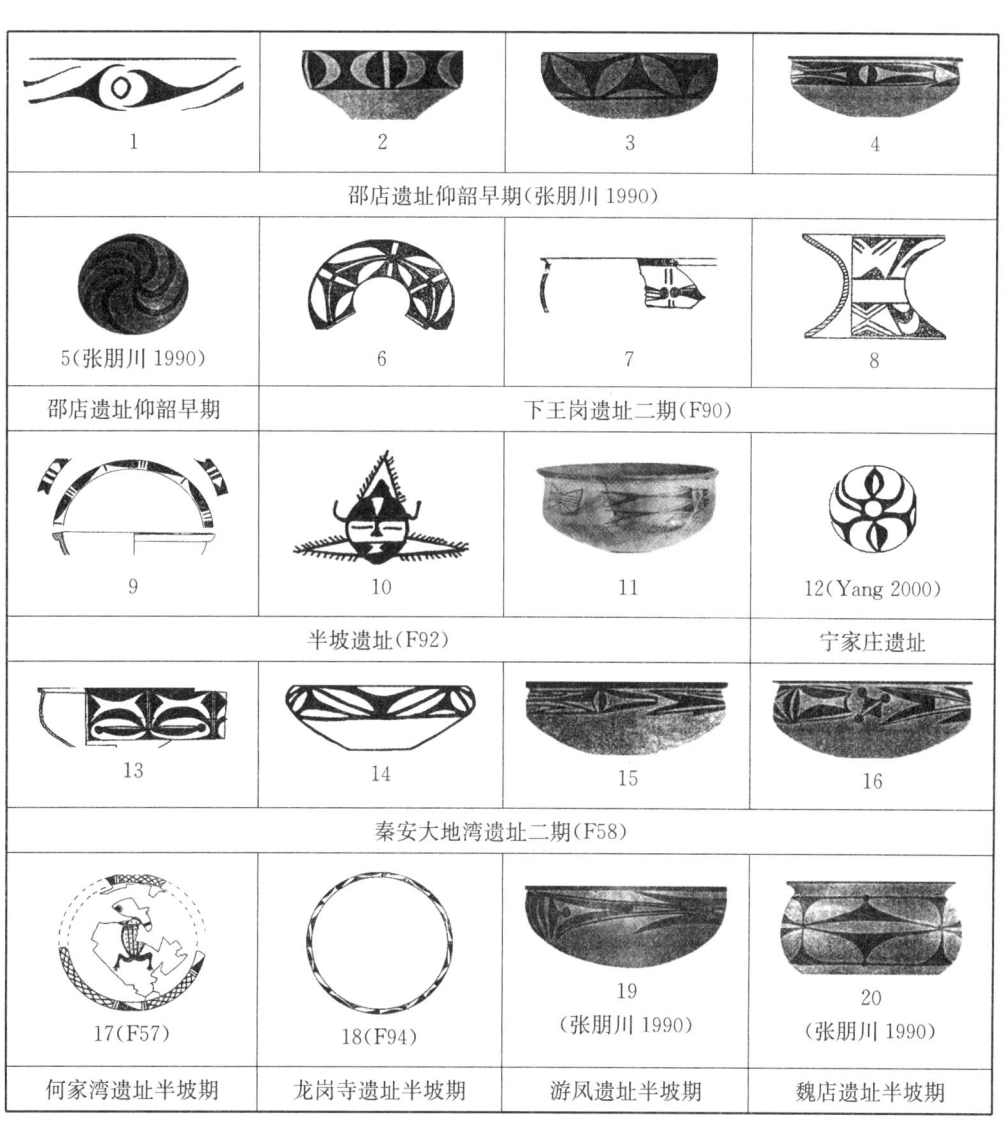

图 5.1.3 仰韶文化早期至半坡期表达冬夏至日出入方位数字卦的图案形式举例

(三)用变体鱼纹的头、尾弧边三角形来寓意"∧"与"∨"的对偶(图 5.1.3.13—16、19),有的还突出鱼眼纹变换成的弧边三角形顶日轮纹(圆点)来明示其指二至日出入方位对偶的用意(图 5.1.3.14、16、19),并将其重复对称展开成连环长卷式图案,由此,在鱼纹作为物候历标志的同时,全面开通了用鱼纹及其各种变体纹表达数字卦的道路;

(四)在鱼纹之外,引入蛙纹或其变体纹(图 5.1.3.13、12),来以其上、下肢伸展的姿势寓意"↑"与"↓"的对偶,从而在蛙纹用作物候历标志的同时,开辟了用蛙纹及其变体纹表达数字卦的道路。

以上这几种图案化表达方式对后世数字卦作为中国史前社会共同文字的交流和彩陶图案的发展具有极大的影响;特别是数字卦"↑"与"↓"或其简体——数字"∧"与"∨"的图案化表达,需使用大量弧线、曲线、椭圆、圆点和弧边三角形,导致半坡文化"彩陶中弧线、曲线、椭圆、圆点、弧边三角形已占有相当大的比例"(王仁湘 1999),从而为后世各地文化进一步创造适应社会发展需要的数字卦图案化表达方式和形式奠定了坚实基础。

第二节　日出入方位数字卦流传到各地

各地距今 6000 年前后的文化遗存与古籍记载的对证表明,代表庙底沟文化的黄帝轩辕氏族为首的部落联盟,正是集先进半坡文化之大成,特别是天文历法科技之大成,把传统的日月观测同各地业已展开的星象观测结合起来,把分散的星象观测系统化成对金、木、水、火、土五大行星的观测、对以北斗星为中心的星群观测和对每晚月亮所停留之恒星的观测,通过对这五大行星运行周期性规律的摸索,发展出五行循环的新观念同将传统的阴阳观结合起来,将神农时代流传下来的初级阴阳历法补充和改进成更准确、更及时的五行历法,适应了农业成为主要生活来源之后在人口增长压力加大情况下力求更大发展对改进天文历法的需要,从而吸引越来越多的氏族加盟而得到农业发展的实利,开创了《史记》所载的"治五气""抚万民"的局面。为推行以天文历法的变革为先行的社会大变革,他们对推广其五行历和五行循环思想的文字的主要表达方式——表达时令节气的数字卦图案,进行了根本性的革新,其实质就在于打破半坡文化式图案的对称平衡格局,而突出事物周而复始、循环无端的景象,以体现黄帝时代所强调的五行循环思想之核心精神。在他们这样推行历法变革过程中,先进的半坡文化同中原地区汇集的各地先进文化因素逐渐交汇起来,各地文化交流得更加密切而广泛,正在兴起的庙底沟文化中融汇的各地文化因素越来越多,其用作文化交流工具的数字卦的表达图案便越来越繁复多变、妙趣横生,从而把数字卦的图案化表达方式发展到鼎盛阶段。图5.2.1列举的其中数例,只是当时这类卦图之冰山的一角。

一、冬、夏至日出入方位数字卦图案的旋化

各地现已出土的庙底沟文化彩陶显示,黄帝时代正如古史传说的那样,确实是中华先民创新能力大爆发的时代,其革新的彩陶图案之多难以统计。其中有一种从阳纹看是"花卉"、从阴纹看是旋纹或弧边三角形的图案,因流布的范围很广而引起研究者们的普遍关注(王仁湘1999,2000)。苏秉琦先生(1987)就认定它"最具中华文化特色的'火花'(花朵),其影响面最广、最为深远,大致波及中国远古时代所谓'中国'全境,从某种意义上讲,影响了当时中华历史的全过程。"张朋川先生(1990)在其深入研究中国彩陶的巨著中也称:"在中国彩陶各种动的格式中,旋式是一种主要的图案格式。……彩陶图案中各种式样的旋纹,以反复不休、循环不已的旋动,突破固定空间的控制而持久地规律动。旋式纹样在中国传统图案中一直被沿用发展着,成为传统图案的主要格式之一。"在综合19位学者研究旋纹之成果的基础上,王仁湘先生(1999)对旋纹作了迄今最系统研究,在2000余件彩陶中统计出300多件有旋纹或与旋纹有关,发现有各式旋纹的新石器文化类型达15个,其流布范围不仅波及东方三河流域,而且远涉福建、台湾等地。他深入分析旋纹的分类、流传、由来、演化和伴生图案而肯定旋纹"是中国彩陶中最具特点的图案之一,也是最富魅力的图案之一"之后,便探讨了旋纹可以流传如此之广、如此之快、如此之长久的问题,他的结论是:"旋纹不是普通的装饰纹饰纹样,也不是某一个文化所独有的纹样,它的生命力应当来自我们尚不能确知的它的象征性。……旋纹图案可能隐含着中国新石器文化一个共有的认知体系……

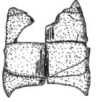

我们暂时可以将它揣想成原始宇宙观体系……几乎覆盖了中国史前文化较为发达的全部地区。这不单单是一种艺术形式的传播,而是一种认知体系的传播。正是由旋纹图案的传播,我们看到了中国史前时代在距今 6000 年前后拥有了一个共同的认知体系。"(王仁湘 1999)

令人惊讶的是,他的这些由常规考古学论证而得出的真知灼见,竟然同我们通过图案进化谱系追踪所确知的旋纹象征性只隔一步之遥。可惜的是,他没有深究:旋纹图案所隐含的这个共同的宇宙观——庙底沟文化居民对"天体的旋动"的认知,通过何种途径才能这样快地传播到如此之广?在没有共同文字的前提下,能这样迅速地在如此之广的范围内拥有了一个共同的认知体系?如旋纹包含的仅仅是宇宙观,与普通人的日常生活没直接联系,在生存那样艰难的时代能这样迅速而广泛地传播吗?

世界各地人类进化史证明,在广阔地理范围内人们共用的文字是他们有共同认知体系的前提条件。既然由旋纹图案的传播看到了中国距今 6000 年前后拥有了共同的认知体系,那么,由旋纹的传播更可看到当时中国已经拥有共同的文字体系。事实上,上面已经看到在庙底沟文化之前,中国史前农业较为发达的各个地区的居民,已经用共同的文字——数字卦"↑"("∧│")与"↓"("│∨")或其简体——数字"∧"与"∨"的刻划纹和图案化纹样,来传授观测日出入方位定四时的技术,并由此而潜移默化其中包含的传统阴阳宇宙观。庙底沟文化居民继承和发扬半坡文化传来的这种传统,为突出他们强调观日出入天象所体现的五行循环的思想,用单旋纹代表单个"∧"或"∨",来表达数字卦"↑"或"↓";用环绕或不环绕日轮纹(圆点)的双旋纹,代表"∧"与"∨"的对偶,来表达数字卦"↑"与"↓"的对偶,以传播其中所包含的阴阳对立统一观和靠借日出入天象的观测以定四时的知识,从而开拓出用旋纹表达数字卦的新纪元。正因这些旋纹图案传播的天文历法新技术对每个氏族发展农业具有头等重要性,于是,这些图画在当时迅速地传遍中国各地农业较发达地区,就是必然而无可避免的了。

如图 5.2.1 按其遗存年代顺序列举的案例所示,早期旋纹图案(图 5.2.1.7)是在陕

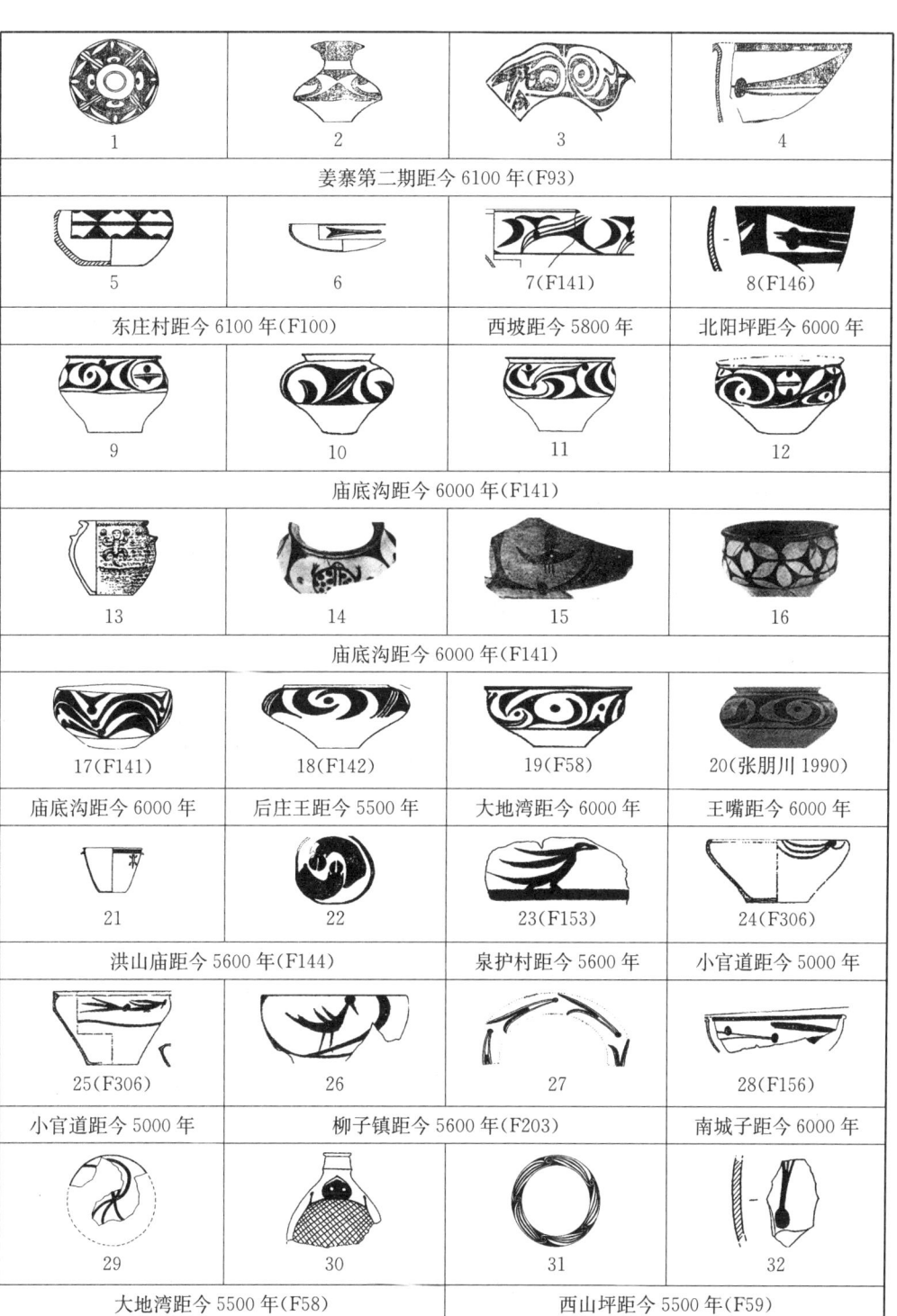

图 5.2.1 仰韶文化史家期到晚期冬夏至日出入方位数字卦的图案形式举例

东地区先进半坡文化南下到晋南和豫北灵宝地区而向庙底沟文化转变的过程中,直接由半坡文化的传统纹样,特别是其后续文化——仰韶文化史家期的弧边三角纹、鱼眼旋纹(图5.2.1.1—3)为突出循环主题(图5.2.1.5、6)而发展起来。在庙底沟文化早期,包括王仁湘先生分类的双旋、单旋、叠旋、混旋和"花卉"等在内的各式旋纹图案(图5.2.1.9—12、16),已经开发出来,而接着流传于各地的同期各种类型的仰韶文化中(图5.2.1.18—20、22);且随着其向后续文化的逐代转变,这些格式的旋纹也随之演变。据王仁湘(1999)的不完全统计,在仰韶文化在河南的庙底沟型、大河村型和山西的西王村型中,39个遗址出土有多种旋纹图案;甘肃秦安大地湾遗址仰韶文化晚期遗存出土7幅旋纹图;陕西宝鸡福临堡遗址仰韶文化晚期遗存也出土多幅白彩旋纹图;甘肃和青海各地仰韶文化马家窑型各遗址出土16幅各式旋纹图,其后续的半山—马厂文化各遗址也出土各式旋纹图22幅;随后而来的辛店文化遗存出土旋纹图19幅;甚至新疆一些古代遗址也出土5件旋纹彩陶。可见,庙底沟文化式旋纹图案,作为传播中国传统天文历法技术和阴阳五行宇宙观的文字,确实流行仰韶文化分布的全境,并影响了其境内历史发展全过程。

除了开发出各种旋纹图案外,庙底沟文化居民也继承和发展了半坡文化传来的一系列传播天文历法技术和传统阴阳观的数字卦图案。他们在继承半坡文化的数字卦几何图像并力求加以弧边化(图5.2.1.4—6、8、17)的同时,发扬其祖先利用鱼、蛙等物候动物的形象创作数字卦象形图的传统做法,将中原和南方各地民众熟悉的物候动物,如蜥蜴、候鸟等(图5.2.1.15—17)纳入图案化系列,用蜥蜴的上肢和头、下肢和尾来比喻数字卦"↓"与"↑"的对偶,用鸟的尾巴、翅膀和鸟身来比喻数字卦"↓",从而使蜥蜴纹、鸟纹在作为物候历标志的同时,还能用来表达数字卦,极大地丰富了数字卦表达图案。同各种旋纹一样,庙底沟文化居民继承和发展的这些传统纹样,作为传播传统天文历法技术和阴阳五行宇宙观的文字,也都流行于仰韶文化分布的全境,且影响了其历史发展的全过程(图5.2.1.21、23—32)。

随庙底沟文化的一统天下,在其旋纹彩陶的带领下,庙底沟文化居民继承和发展的这些传统纹样,作为传播传统天文历法技术和阴阳五行宇宙观的文字,通过各地仰韶文化向周围的文化中流传,使距今6000年后中国各地较发达的农业文化中先后出现了模仿这些纹样而具有地方色彩的图案。王仁湘(1999)对当时各主要农业地区出土的旋纹图做了如下不完全统计:

1. 山东和江苏各地的10个大汶口文化遗址出土有各种旋纹图(图5.2.2.1、4)。

2. 在东南一带流行的崧泽文化和其他同期文化陶器的镂孔纹饰中,旋纹是主题之一,即"常用圆形和三角形镂孔作为衬底",其三角形大都两两对偶对称,正好比喻"∨"与"∧"的对偶,以代表数字卦"↓"与"↑"的对立(图5.2.2.32)。除了旋纹镂孔纹饰外,这一带也有旋纹彩陶图案,只是地方特色更强烈,如图5.2.2.11—12。

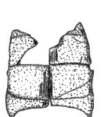

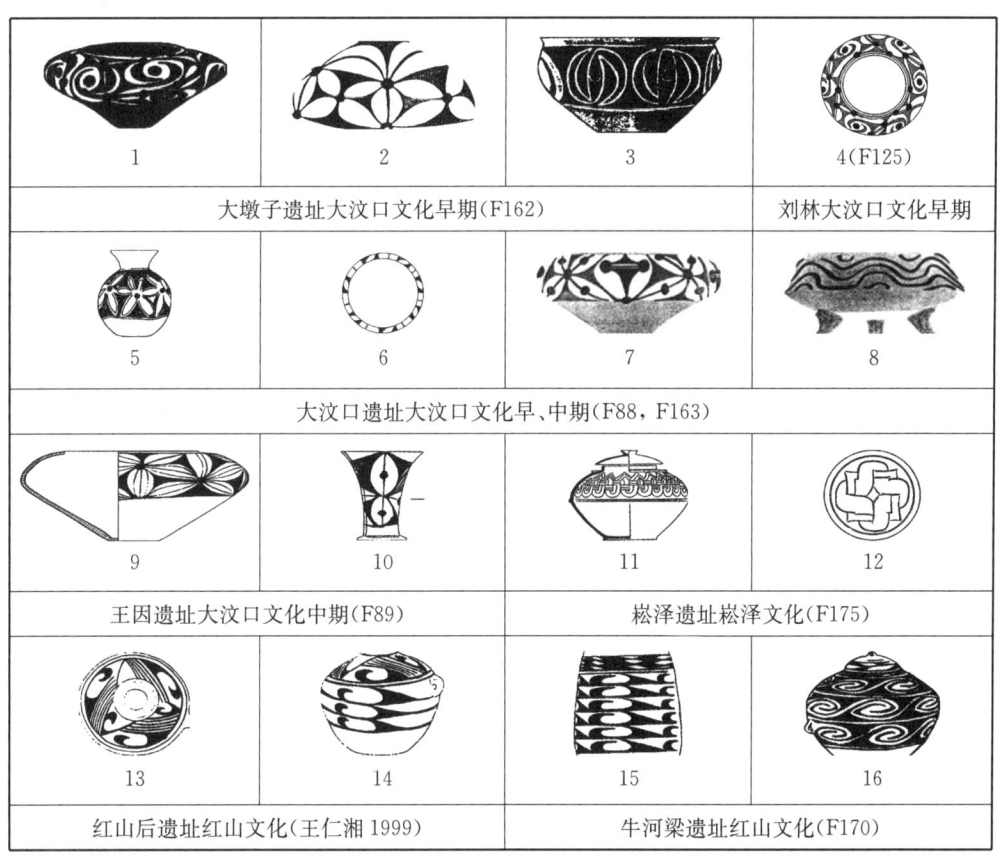

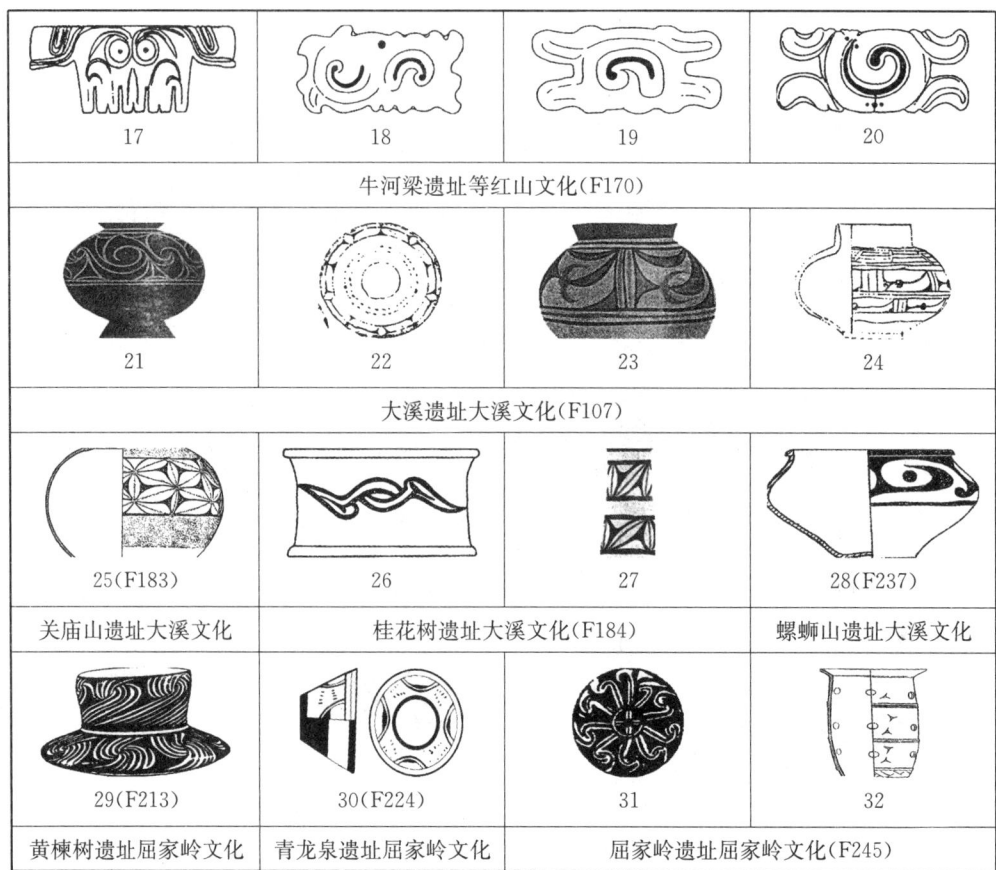

图 5.2.2 仰韶文化以外各地流行的冬夏至日出入方位数字卦的图案形式举例

3. 分布于东北各地的红山遗址出土有少量的旋纹图,其中既有单旋的(图 5.2.2.13—15),也有双旋的(图 5.2.2.16—17);红山文化一些遗址出土的"勾云形玉佩",其佩心的勾云,有呈右单旋的,即数字"∨",代表数字卦"↓";呈左单旋的,即数字"∧",代表数字卦"↑";呈双旋的,即数字"∨"与"∧"的对偶,代表数字卦"↓"与"↑",表达四时循环、阳与阴的对立统一,因而确实可正名为"旋式玉佩"。

4. 分布于长江中游地区各地的大溪文化彩陶图案中旋纹是重要组成部分,共计至少有 9 幅各式旋纹图,如图 5.2.2.26、28;其后续文化——屈家岭文化也有"一定数量的旋纹彩陶",举其中图例 5 幅,如图 5.2.2.29、31;再其后的石家河文化还有各式旋纹图出现,举其中图例 4 幅,留下节再议。

这些仰韶文化分布范围以外的农业文化氏族,同仰韶文化氏族一样,都从本地条件,特别是本地民众的习惯爱好出发,把旋纹同其他各种形式的传统纹样配合起来加以继承和发扬,以创作出本地民众喜闻乐见的图画,促使他们乐于接受和理解其中所表达天文历法技术和阴阳五行观。其中,既有自庙底沟文化以降广泛流行的旋纹图案:如以对偶弧边三角(图5.2.2.2、5、7、9—10、25、27)对称排列而成的花卉图案和镂孔图案(图5.2.2.32)、对偶或交错弧线(图5.2.2.8、18、30)或对偶"∧"与"∨"

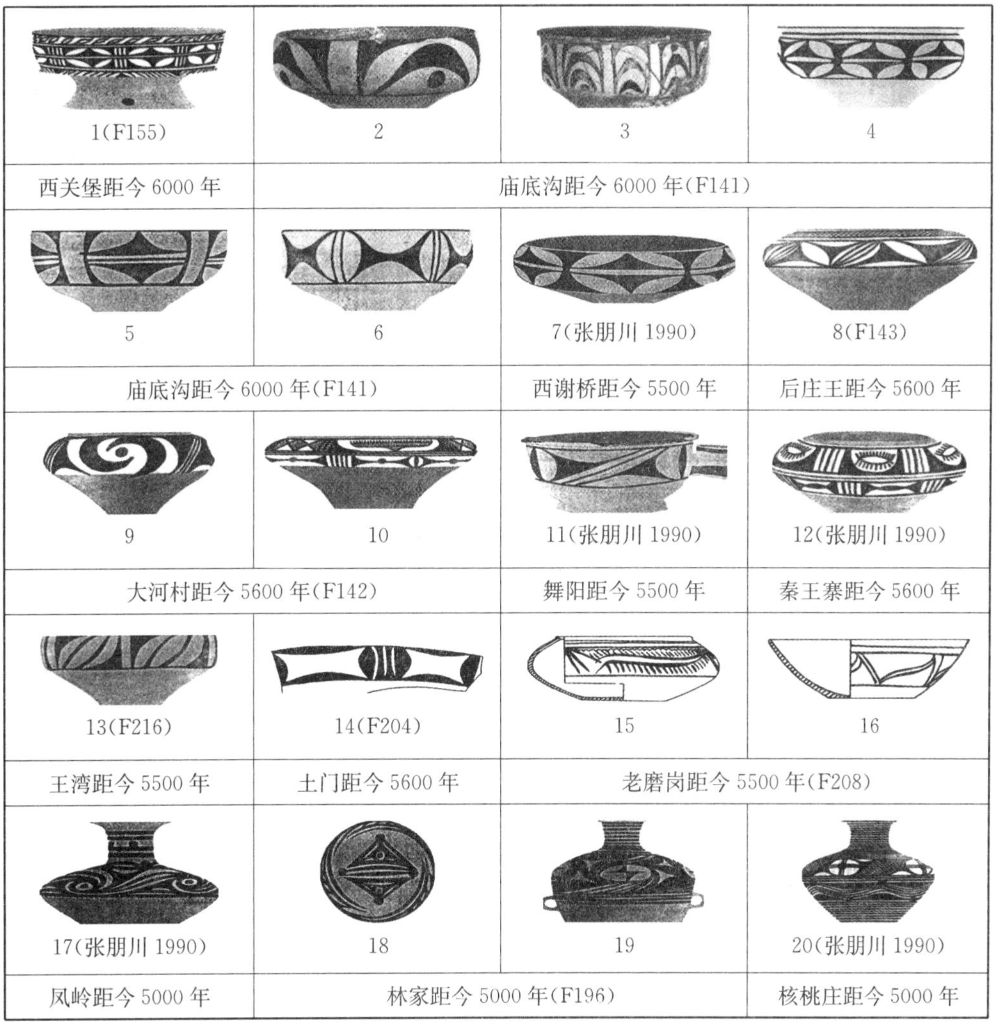

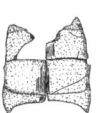

1(F155)	2	3	4
西关堡距今6000年	庙底沟距今6000年(F141)		
5	6	7(张朋川1990)	8(F143)
庙底沟距今6000年(F141)		西谢桥距今5500年	后庄王距今5600年
9	10	11(张朋川1990)	12(张朋川1990)
大河村距今5600年(F142)		舞阳距今5500年	秦王寨距今5600年
13(F216)	14(F204)	15	16
王湾距今5500年	土门距今5600年	老磨岗距今5500年(F208)	
17(张朋川1990)	18	19	20(张朋川1990)
凤岭距今5000年	林家距今5000年(F196)		核桃庄距今5000年

图5.2.3 各地仰韶文化流行的日出入方位数字卦旋纹化的图案形式举例

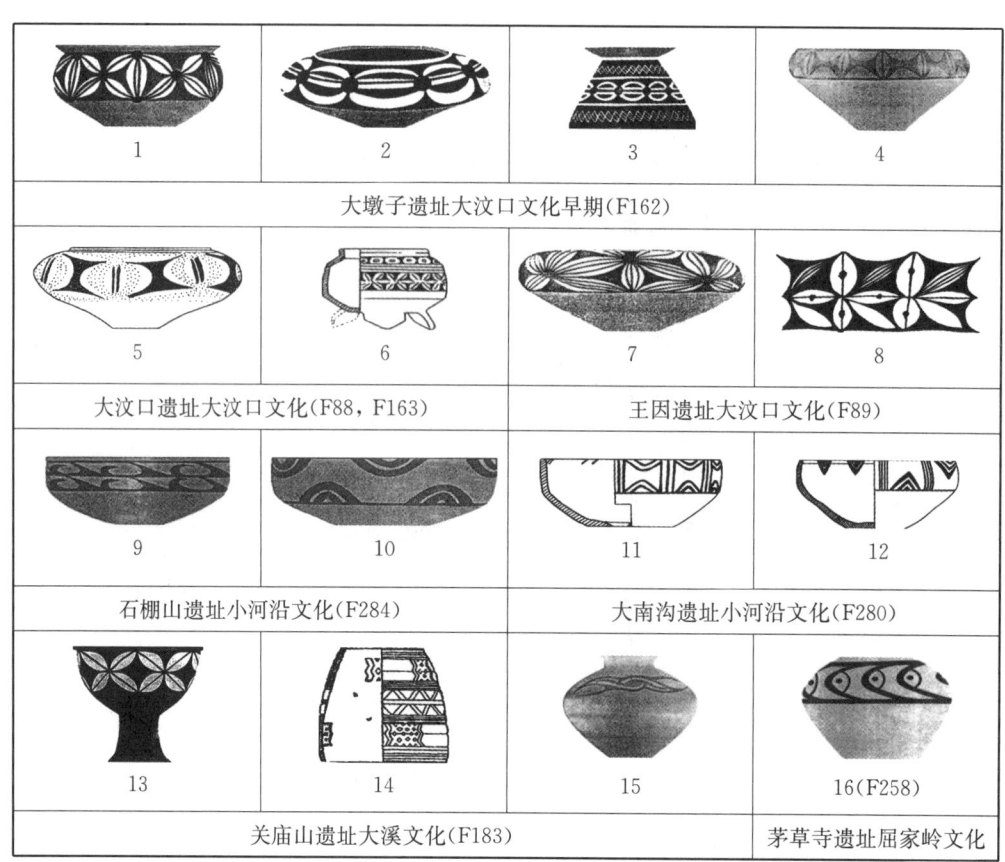

5.2.4 仰韶文化以外各地流行的日出入方位数字卦旋纹化的图案形式举例

（图5.2.2.12、26）的对称排列；也有自半坡文化甚至老官台文化以降流传开来的图案，如对偶弯月纹的环周对称排列（图5.2.2.3）、交错弧边三角形环口沿的对称排列（图5.2.2.6、22）、寓数字卦"↓"的箭头纹和日轮（圆点）拖尾纹（图5.2.2.23—24）等。

仰韶文化发展到庙底沟时期，随强调五行循环主题的趋势日盛，这类将夏、冬至日出入方位数字卦简体"∨""∧"旋纹化的图案发展到顶峰。在庙底沟文化中，弧边三角形或旋纹代替了原来的规正三角形（图5.2.3.1、4—7）；形象的弧线代替了原来单调的曲线或斜线（图5.2.3.2—3），且每个卦的图样都重复环周展现成画卷，把五行循环的思想描绘得活灵活现。从此，这类数字卦图案的旋纹化、多样化风格，随庙底沟文化的一统天下而流传各地；不仅普及到庙底沟期间仰韶文化的各种地方类型,如大河村型(图 5.2.3.8—11)、秦王寨型(图 5.2.3.12)、王湾型(图 5.2.3.13—14)、后岗型(图 5.2.3.15—16)、马家窑型(图.5.2.3.17—20)等,而且广泛流行于各期大汶口文化(图 5.2.4.1—8)、东北的红山文化及其后续文化(图 5.2.10.9—12)以及长江中游的大溪文化及其后续文化(图 5.2.4.13—16)。这类数字卦图案的旋纹化、多样化风格,在同各地地方特色的融合中,一直持续到迎接龙山文化时代新变革的到来。

二、夏至日出入方位数字卦的普及

距今 6000 年前后,"很快繁荣起来,并以强劲的势头……一统天下"的庙底沟文化,正好以考古学证据充分印证了传世文献所载的轩辕氏族为首之部落联盟的兴起及其带来的黄帝时代(黄怀信 1997,许顺湛 2005)。由于其实力雄厚,庙底沟文化对周围地区的文化产生很大影响,如大汶口文化、大河村文化、大溪文化、马家窑文化及江淮和东北地区同期文化的许多遗址中,都可见到庙底沟文化因素。以指下箭头"↓"符号表示的数字卦"∣∨"在各地此间文化遗存中的分布(图 5.2.5),正好见证了庙底沟文化一统天下给当时中国文化大局所带来的这一大转变。

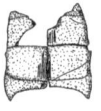

由轩辕氏族联合众多氏族而成部落联盟首领——黄帝的过程,在考古学上已还原为陕东地区先进半坡文化在晋南地区向庙底沟文化转变,再向通往中原之咽喉要地——铸鼎原扩展,而形成庙底沟文化聚落群团的考古学文化过程。当时铸鼎原庙底沟文化聚落群,就分布于今天的河南灵宝市全境和陕县的庙底沟等地;于是,在灵宝市境内的北阳平遗址的早期庙底沟文化遗存中发现这个数字卦(图 5.2.5.1),就不是偶然的了。随庙底沟文化向中原以至南方各地扩张,使用这个数字卦来标定冬至日出入方位的习俗便逐渐流传到在中原以至南方各地,以至受到庙底沟文化影响的大河村文化、大司空文化及其后续文化中就留下先民使用这个数字卦的遗迹,如河南郑州大河村遗址大河村型和秦王寨型(图 5.2.5.9—11)、河南荥阳点军台遗址大河村型(图 5.2.5.12)、河北磁县界段营遗址大司空型(图 5.1.2.13)、河南安阳大寒南岗遗址后期仰韶文化(图 5.2.5.14)、河南新乡络丝潭遗址后期仰韶文化(图 5.2.5.15—16)就对

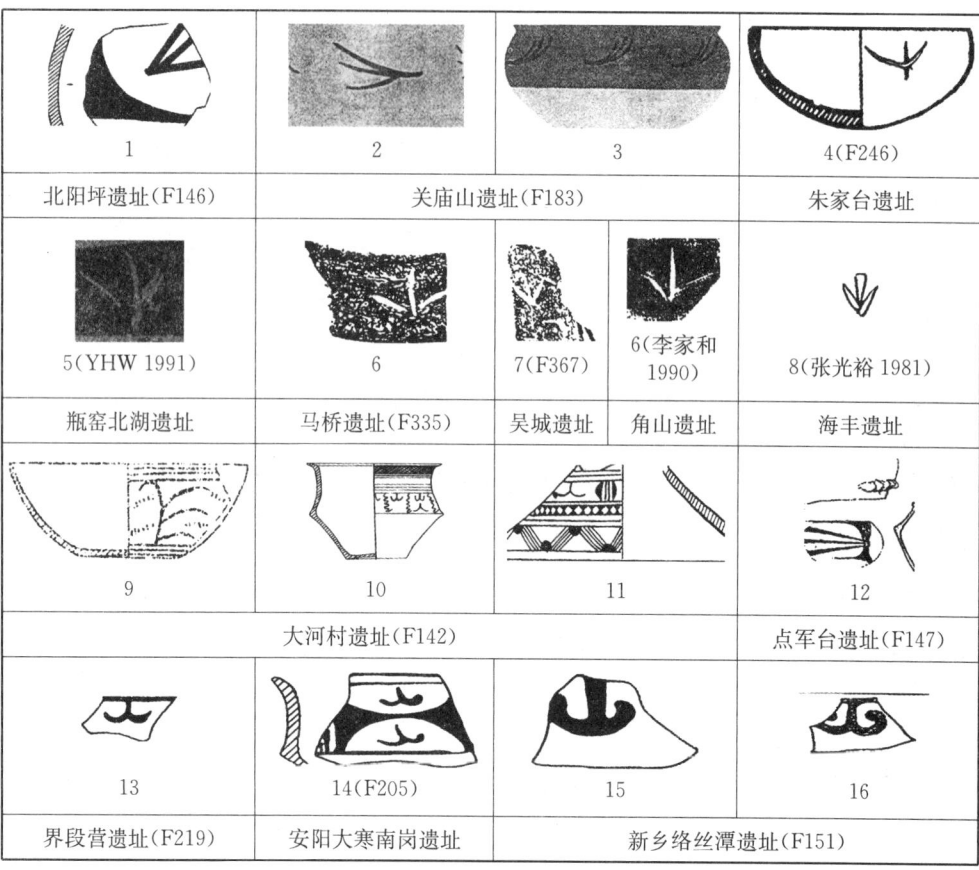

图 5.2.5　西北传统的夏至日出入方位数字卦向外地推广举例

此提供了具有地方特色的例证。庙底沟文化对大溪文化及其后续文化的影响,也通过这个卦的使用而流露于湖北枝江关庙山遗址大溪文化遗存的这个数字卦的地方形式(图 5.2.5.2、3)及其后续文化——屈家岭文化对此卦的沿用(图 5.2.5.4),乃至夏商周三代时期江西(图 5.2.5.6—7)和广东的地方文化中。庙底沟文化对同期江淮地区文化及其后续文化的影响,同样由浙江余杭瓶窑北湖遗址和上海马桥遗址的良渚文化陶文记录的这个数字卦(图 5.2.5.5—6)而得以展现。

三、含数字"Ⅴ"的数字卦的直接表达及其普及

随仰韶文化发展到庙底沟期而达到鼎盛时期,"数以九为纪"的仰韶文化居民在数字卦中更加凸现数字九,使含数字"Ⅴ"的数字卦的使用频率大增。即使"书卦于木"使

其绝大部分证据未能保存下来，但是，这一时期他们使用的含数字"∨"的数字卦，在陶文中也时有记录。除了上述那些以图案形式记录的含"∨"数字卦以外，他们也把含"∨"数字卦或数字"∨"的刻划，直接绘制在陶器上，或组配到彩陶图案中，而成为当时数字卦记录和表达的另一种重要方式。含"∨"数字卦以这种方式记录和表达的趋势也是随庙底沟文化的兴起和扩张而展开的。以这种方式记录和表达的含"∨"数字卦，在先进半坡文化向庙底沟文化的转变中就已经出现。如陕西临潼姜寨遗址二期遗存出土的葫芦形陶瓶ZHT14H467:1，腹部所饰"图案化"的"鸟鱼纹"的右侧上、下分别刻划两个数字卦："∧一∨一∧一"和"∨∧一∨一∧"，而分别相当于《周易》六十四卦的革和鼎（图5.2.6.1）(F93)。先进半坡文化南下途中遗存的东庄村仰韶文化，也出现了刻划在陶器上的数字卦"∨一"（图5.2.6.4）。

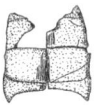

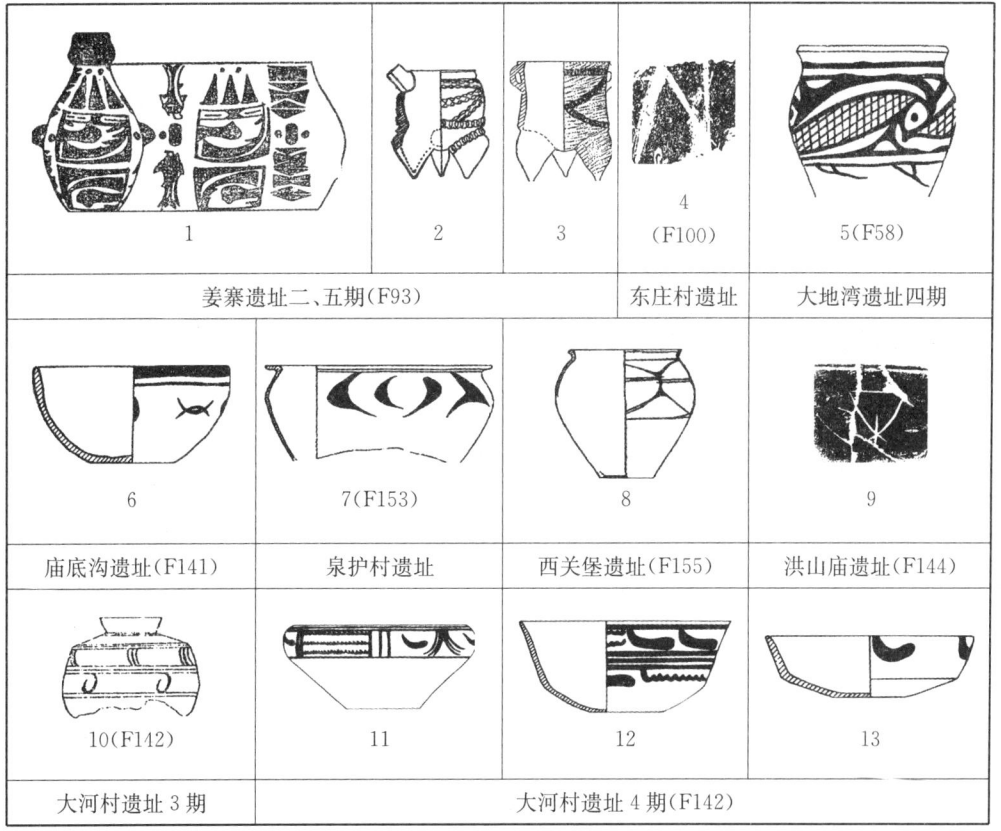

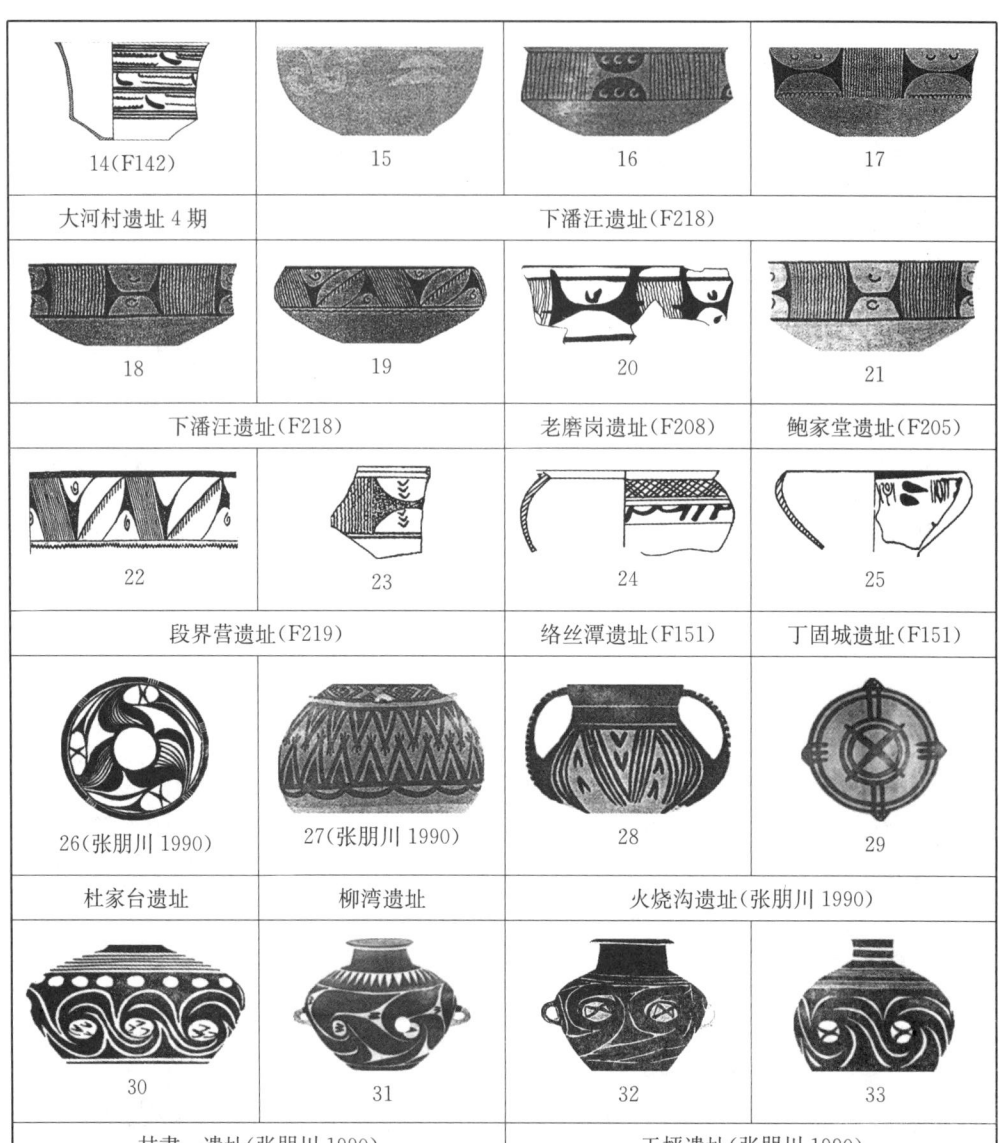

图 5.2.6　各地仰韶文化流行彩陶中的含∨数字卦举例

随南下的先进半坡文化转变成庙底沟文化,含"∨"数字卦的刻划日趋广泛地出现在各地的彩陶上。河南陕县庙底沟遗址出土的仰韶文化红陶碗中,有些(如A4aH327:06)就刻划有环周对称分布的数字卦"∧∨"(图5.2.6.6)(F141),突出了五行循环主题。与此类似的是,陕西华县泉护村遗址仰韶文化庙底沟期文化层,出土陶盆标本H22:02饰有竖写的"大涡纹,人字形纹"(F153),其图示部分中各有2个数字"∧"与"∨"相向对偶,也呈环周对称排列的数字卦"∨∨∧∧"(图5.2.6.7)。陕西华阴西关堡遗址仰韶文化庙底沟期文化层,出土的陶瓷标本T51A:2:38"腹壁饰彩绘"(F155),其图示可见是双线纹写出的古数字"∨一∧"组成的相当于八卦之巽卦的单卦(图5.2.6.8)。各地庙底沟文化陶器上广泛出现含"∨"的数字卦的现象表明,这样"书写"这类数字已成为庙底沟期仰韶文化的一种习俗,其影响所及的地方几乎都有这种习俗流行的遗迹。

庙底沟文化向四周扩展,同各地地方文化结合起来,而发展成仰韶文化的各种地方类型;在此过程中,各类型的仰韶文化都开发出本地民众所喜闻乐见的形式,来"书写"含"∨"数字卦。如河南汝州洪山庙遗址阎村型仰韶文化遗存中,瓮棺W59:1"上用黑彩绘出'Y'形图案二个",显然同样是数字"│∨"成对组成的数字卦;瓮棺W136:1"上腹刻一符号'圣'"(F144),显得是古数字"一∨∧│"或"一×│"组成的数字卦(图5.2.6.9)。无独有偶的是,大地湾遗址仰韶文化四期遗存出土陶罐标本F401:2的"腹部图案的下方,在平行线下一周有4个偏斜的"Y"形纹"(F58),也是4个数字卦"│∨"的环周对称排列(图5.2.6.5);直到仰韶文化晚期仍有些地方用"Y"形纹代替"∨"字(图5.2.6.25)。与这两种类型用"Y"形纹描绘数字卦"↓"不同,仰韶文化大河村型先是用"∪"形纹(图5.2.6.10),后来用"乙"形纹来描绘这同一个数字卦(图5.2.6.11—14);而仰韶文化的南杨庄类型则一直坚持用"∪"形纹来描绘数字卦"↓"或数字"∨"(图5.2.6.16—20),直到仰韶文化后期还有些地方仍在坚持这样做(图5.2.6.22、24);此类型仰韶文化居民也坚持用"↓"原型来同其他数字组成数字卦,如"一∨二"(图5.2.6.15、21)。与上述这类型相呼应的是,仰韶文化的马家窑型彩陶图案,把数字"∨"与"∧"的各种图案对偶同数字"∨""×"或"八"的刻划相组配,从而书写出图文并茂的含"∨"数字卦(图5.2.6.26—33)。同这些图文并茂的数字卦高频率的使用相比较,以纯划线纹"书写"的数字卦较少,如姜寨遗址的齐家文化遗存中才发现两件陶器

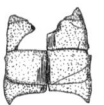

上刻划有这样的含"∨"数字卦(图 5.2.6.2、3)。

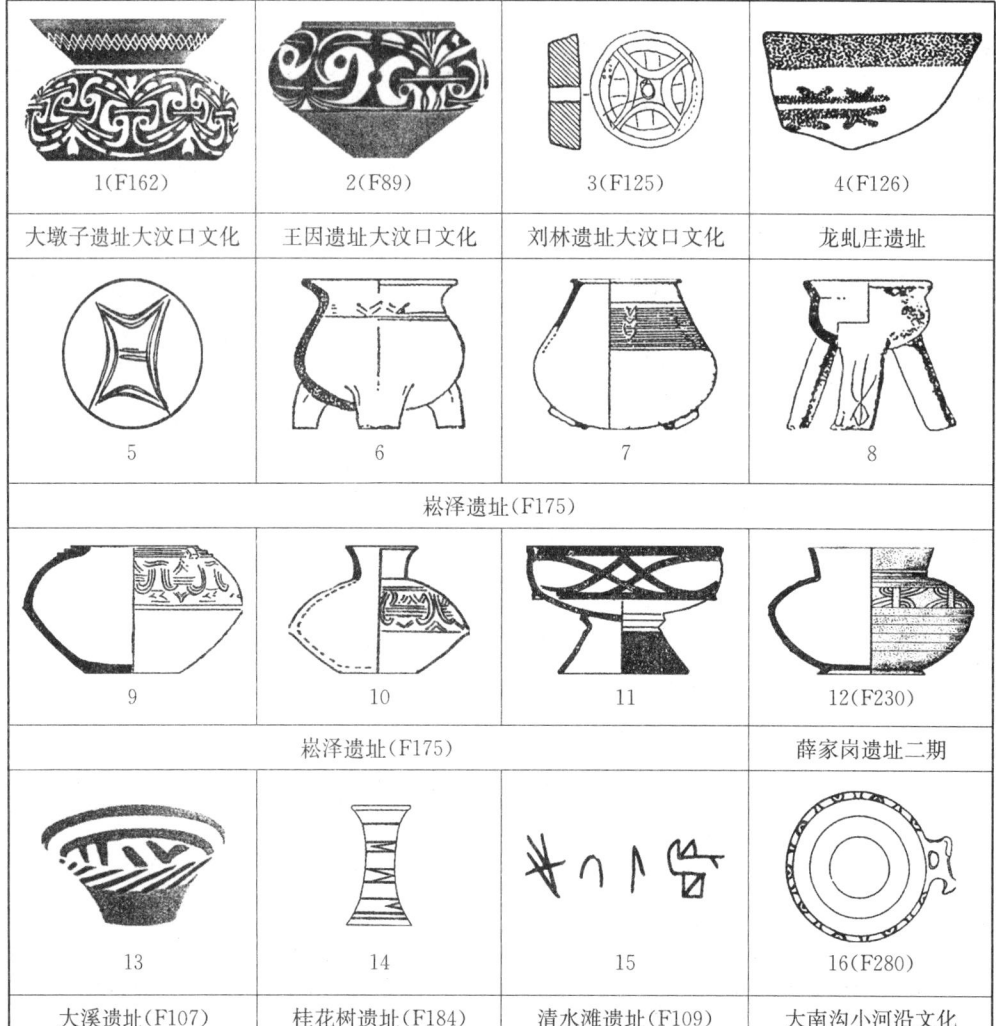

图 5.2.7　仰韶文化以外各地流行彩陶中的含∨数字卦举例

庙底沟文化在一统天下的过程中,这种在陶器上"书写"含"∨"数字卦的方式,同上述那些记录和表达数字卦的方式一起,迅速传播到仰韶文化分布范围以外的各大地区。江苏邳县大墩子遗址大汶口文化早期彩陶中,就出现了数字卦"一∨∨八一八"与"八一八∧∧一"交错环周对称排列的画卷(图 5.2.7.1),其对五行循环主题的体现和花纹的繁复多变,完全可同庙底沟文化的旋纹图和花卉图相媲美。这种格式的图案具有相当的生命力,以至在大汶口文化流行的及受其影响的地区有这种图案的翻版,如山东兖州王因大汶口文化遗存出土的"繁缛图案",其环周分布的三组花纹的每一组,都由竖排的数字卦"一∨∨"与横排的数字卦"∧∧八"组成(图5.2.7.2)(F89);又如上海青浦崧泽遗址出土的陶彩上,就有数字卦"∧二∨"与数字卦"一八一"(图5.2.7.9)和数字卦"∧二九"与数字卦"∨八∧"(图5.2.7.10)交错环周对称排列而成的图案。这类配有数字"∧"的含"∨"数字卦,在江淮流域到长江下游一带广大的地区内很流行,如江苏邳县刘林大汶口文化、江苏高邮龙虬庄文化、上海青浦崧泽文化、安徽潜山薛家岗二期文化乃至东北地区的小河沿文化中都有当时居民行用这个数字卦的遗迹(图5.2.7.3—7、11—12、16)。这种局面正好同这类数字卦在仰韶文化分布地域内的普及相呼应。长江流域各地记录和表达含"∨"数字卦的一个特点是,以纯划线纹"书写"的数字卦的使用频率较高,如崧泽文化中发现的含"∨"数字卦"∨∨"和"∨∨""∨∨""一×∨""∧∨∧"(图5.2.7.6—9)都是用划线纹书写的;大溪文化中发现的含"∨"数字卦"二一∨""∧∨∧""∨｜∨"(图5.2.7.13—15)也是这样。

以上用数字卦解读庙底沟文化彩陶图案和刻划符号,使考古学家们发现的那些"影响面最广、最为深远,大致波及中国远古时代所谓'中国'全境,从某种意义上讲,影响了当时中华历史的全过程"的彩陶图案,同古史传说的黄帝时代的以天文历法的变革为先行的社会大变革,特别是同其中贯彻的阴阳五行宇宙观,从那时以来就一直是中华先民的共同认知体系而主导中华历史全过程的记录相吻合,同《易·系辞》记载的"黄帝、尧、舜氏作……垂衣裳而天下治,盖取诸乾坤"相吻合。这就表明:正是依靠数字卦作为当时各地先民的共同文字,才打破了成千上万里的空间距离对人的局限,使这种认知体系传遍中国全境,才克服成百上千年的时间所抹掉记忆的缺陷,而将这一认知体系所包容的各种知识和积累的经验,让世世代代可以共享乃至流传到成熟文字体系中。于是,《周易》就有了"九五,飞龙在天"的记载;诸子百家们就有了"九在阳数(奇数)中最大,最尊贵"之类的传说;三代以来的礼仪制度中就有了"以龙附会君德,以天附会君位,从而将'九五之尊'作为帝王之称"的规矩。

第三节 黄帝数字卦向成熟文字演变

庙底沟文化由西部向中原大扩张,同中原地区的地方文化相结合,除了导致出现表达数字卦的富有地方特色的图案形式外,还使富有地方特色的数字卦美术字体发明出来而流行一方,成为当时其所在地区文化最具特色的标志,并率先向成熟文字发展。

一、含"∽"形图案的数字卦及其向甲骨文进化

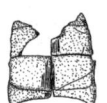

郑州大河村遗址第三文化瓮棺 W11,其葬具为"套着死者上身"的陶罐,器腹黑彩"∽Y×"形纹,之下平行排列竖写的数字卦"三一三"(图5.3.1.6)(F142),显得同江苏海安青墩遗址出土的数字卦类似,分明是一个相当于八卦之巽卦的单卦。由此看来,"∽Y×"这一组符号也必相应是另一组数字卦。其中的"∽"是史前各地广泛出现的一个符号,起源于大地湾一期文化居民表达数字卦"↑"与"↓"的爪形纹(图5.3.1.1)。半坡文化居民继承了这一传统,继续寓"↑"与"↓"于爪形纹(图5.3.1.5)。这一传统延续到马家窑文化中(图5.3.1.3—4),出现了代表对偶数字卦"↓"与"↑"的数字"∨"与"∧"的连体字组"∨∧",因而"∽"纹便是数字"∨∧"的连体美术体字组(图5.3.1.5)。横写或竖写的这种"∽"纹也出现在同期的大河村文化(图5.3.1.6)及其他地区的文化中(图5.3.1.2)。

与别的地区不同的是,大河村文化居民将这种"∽"纹同其他数字组合起来,并用其美术字体醒目地绘制在特定的陶器上。如这组用美术体写出的三个符号"∽Y×",按"∽"纹代表数字"∨或∧"和"Y"纹代表"∨或一"的规矩,便应是由三个数字组成的相当于八卦之乾卦的单卦;同下面三个古数字"三一四"所表达的单卦重合起来,便成

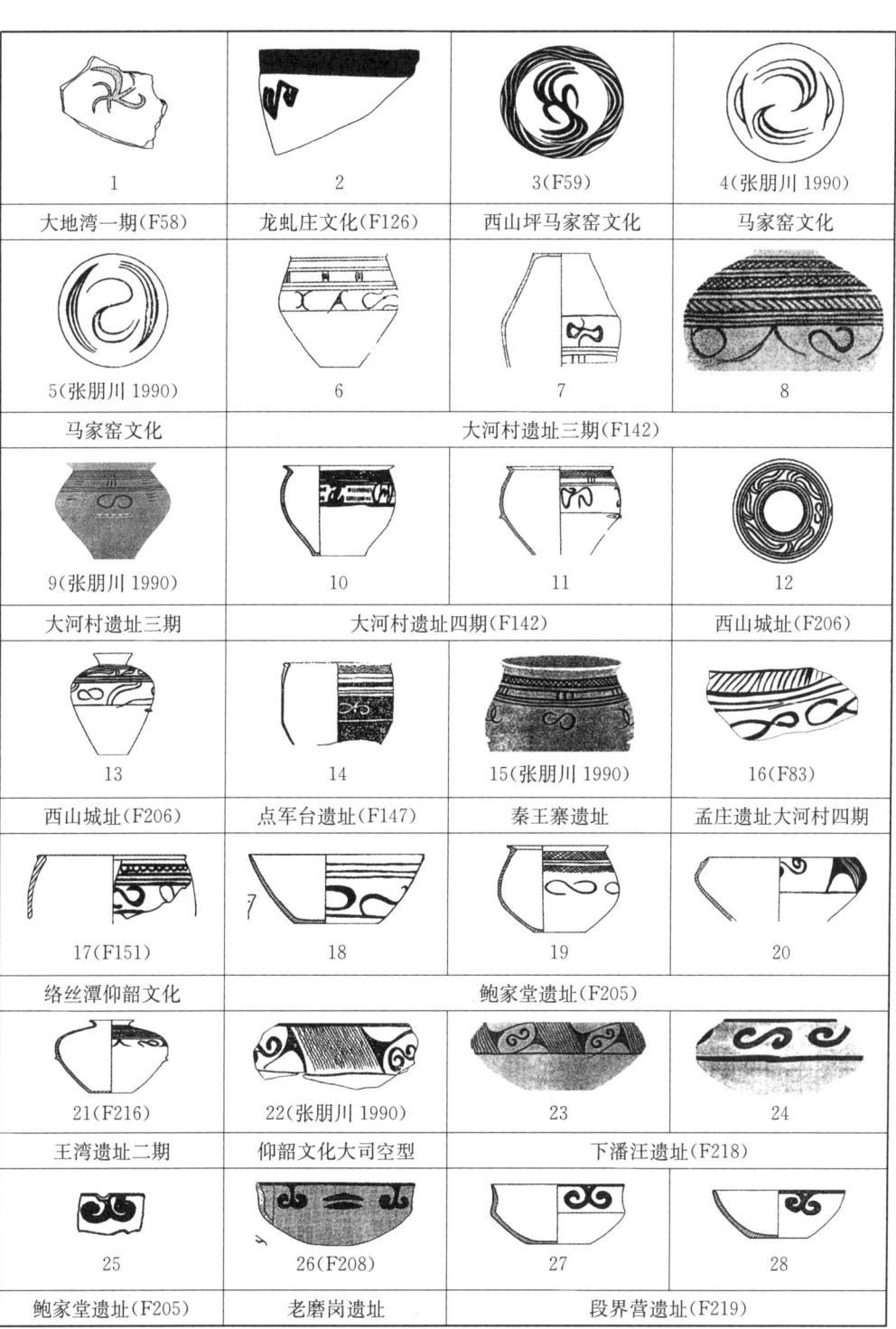

图 5.3.1 各地史前文化流行的含"∽"数字卦

为一个相当于《周易》姤卦的重卦。这是从倒套在死者上身的陶瓮来看,从正立着的陶瓮,如陶瓮标本 F20:20 的图示来看,所看到的情形就不同了:不仅其上列的古数字变了,而且其下列也变成为"∽∧×",即数字卦"∧一×"了。从而所成的卦及其表达的信息也就不同了。可见,当时大河村居民就会利用古数字六(偶数)和九(奇数)的正、倒位变换,来表达他们对死人(阴界)与活人(阳界)处于不同境界之观念。大河村遗址第三、四期文化中,除瓮棺饰以"∽"为主体的一系列数字卦(图 5.3.1.6—11),同以传统方式展现的数字卦,如陶钵标本 T3(4):8 上还出现了"∨∨"形古九字成对组成的数字卦,一起交相辉映(F142)。这类极富地方色彩的数字卦的广泛流布,显示了数字卦的书写和使用在此期间的中原地区出现了新局面。

中原地区与大河村遗址三至四期同期的一些仰韶文化类型,也遗存了一些数字卦来与之相印证。如此期间河南境内广泛分布的秦王寨文化"最显著的特征",是"笔道纤细、纹路流畅规整的∽Y×的出现和流行"(图 5.3.1.15)(孙祖初 1991)。其附近的河南荥阳点军台遗址大河村三期彩陶上也出现有这个美术体数字卦(图 5.3.1.14)。河南新乡络丝潭遗址大河村四期文化彩陶中,除有以"∽Y×"之数字卦为主题纹饰外(图 5.3.1.17),也有被称为"连续弧线纹"的"∨∨"形古九字成对组成的数字卦(F151)。与其相近的河南辉县孟庄遗址的居民到仰韶文化晚期,都还在行用这个美术体数字"∽"的数字卦(图 5.3.1.16)。郑州西山仰韶文化城址,出土陶壶标本 H757:6"上腹饰红彩平行线、∽形纹、弧形组合纹饰"(F206),从其图示看来,这"平行线"实为双线纹古数字一,这弧形纹实有两种形式:一是二根从头端就分开的双线弧纹,从圆心看呈现为古数字八;另一是二根头端相交而随之分开的双线弧纹,从圆心看呈现为古数字九,其整个图案由环绕口沿一周的一个∽形纹、连续三个这样的九字、一个这样的一字及一个这样的八字组成,即由这样的美术体写就的"∨∨∨∨一八"6 个古数字组成一重卦;由于此重卦中的数字成圆形排列,因而从其中任意一数字开始排列都可组成相应一卦,因此,此图表达的实际上是 6 个重卦(图 5.3.1.12、

13)。河南洛阳王湾遗址二期文化陶器上也出现有这样美术体的数字卦"八∨×"或"×∧八"(图5.3.1.21)。

河南安阳洹河流域各地大司空型至晚期仰韶文化遗存中,不仅像上述那些遗址的大河村文化遗存那样,突出∽形纹的含"∨"数字卦和高频率使用数字"∨"的数字卦大量出现,而且本地创作的美术体数字卦"∨∧"也独树一帜。如位于该流域的河南安阳鲍家堂遗址出土的仰韶文化晚期陶器中,既有"腹部饰横∽形纹"的(图5.3.1.19)、"中间夹绘三组横∽形纹"的(图5.3.1.18)和"带纹与口沿之间饰两相背弧线三角形花纹和横∽形纹"的(图5.3.1.20),也有"在上下两平行横线内绘相向弧线三角形和竖平行曲线纹四组,弧线三角的空白处点半月纹和眉睫纹"的(图5.3.1.21),还有书写美术体数字卦"∨∧"的(图5.3.1.25)(F205)。与其相邻的河北磁县界段营遗址仰韶文化大司空型彩陶纹饰中,就有上下二组三个相同的"∨"形纹重叠而成的复合纹样,呈现出上下各有三个古数字九组成的单卦(图5.3.1.22)(F219)。磁县下潘汪遗址仰韶文化遗存一式陶盆"纹样均为在上下二平行横线内绘出相同的弧形三角纹",如标本T50(4)a:42之上下二平行横线内绘出三个相同的"∨"形纹(F218),也显得是上下各有三个古数字九组成的单卦(图5.2.5.23—24)。这样三或二个相同的"∨"形纹重叠而成的复合纹样,还呈现在豫北冀南的其他同期文化遗存中(图5.2.5.16—20),如河南安阳老磨岗遗址、河北磁县下潘汪遗址、河北容城午方遗址等的仰韶文化晚期陶器纹饰中;同时,这些遗存也各有多件陶器上书写有美术体数字卦"∨∧"(图5.2.5.15,图5.3.1.27—28)。以上这些出土材料的案例,尽管只是当时普及于这些地方的含"∨"数字卦之汪洋大海的一粟,但也足以证明:仰韶文化庙底沟期到晚期这一期间,同西北各地的仰韶文化居民一样,中原大地各地居民曾在各种表达形式的数字卦中广泛而经常地使用古数字九,正好验证黄帝时代确实是"数以九为纪"。

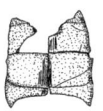

作为数字卦"∨∧"的美术体,∽形图案与甲骨文"己"字同形,而用作天干系统的一个符号,由此成为字根而派生出同根字群,如甲骨文"记""纪""忌"等。今甲骨文学

者多顾形思义,认此字像"蚕丝""缴"等,"用于天干字则是借用"(赵诚 1996)。但上述史前各地授时图揭示,史前先民用来代表时节的这个∽形图案化数字卦,直接进入甲骨文系统成为天干字,就是顺理成章的了。

二、呈"8"形图案的数字卦及其向甲骨文的进化

∽形纹相近似的另一个含"∨"数字卦——"∧×∨",本来早在距今 7000 年前后就已使用于长江中游和江淮地区(图 5.3.2.1—2),随后同其他神农卦一起,由汉水流域流传到西北(图 5.3.2.3),再随庙底沟的一统天下而传遍各地,直到传入夏商周三代(图 5.3.2.4—12)。从这些图案可以看出,这个数字卦的表达在仰韶文化中被高度图案化,以至考古学家们把它看成是"'8'形图案"。如河南汝州洪山庙遗址出土的仰韶文化陶缸标本 W60:1,"腹中部两鋬之间,发现两个用彩画出来的'8'字形图案⋯⋯从'8'的分布位置推测,该缸上当有三个同样的图案"(F144)。同上述宣传∽形图案的格式一样,"8"形图案的这种排列格式,表明它也是数字卦(图 5.3.2.3—6、8);而河南辉县孟庄遗址出土的这幅数字卦图案表明,∽形与 8 形图案确实表达的是不同的数字卦(图 5.3.2.7)。可能正因它也是一个含"∨"数字卦,8 形图案数字卦在黄帝时代能得到这样广泛的运用,在作数字卦运用数千年之后又直接用作甲骨文午字而进入成熟象形文字系统,且成为其重要字根而派生出的以其为元件的(如玄、系、丝、畜、后、孙、胤等)(图 5.3.2.15—28)、为偏旁(如幺部、系部字)的多个汉字群。对于甲骨文午字(图 5.3.2.13),甲骨文学者们"释为'象鞭形''象索形',均不类。释为'象杵形'⋯⋯"(赵诚 1988),殊不知它本身就是数字卦"∧×∨",其中的数字"∧"为冬至日出入方位数字卦"↑"的简化;数字"∨"为夏至日出入方位数字卦"↓"的简化,二者之间的数字"×"表示夏至至冬至时间之半(0.5),即谓"午"。这就是甲骨文午字之来本原,这也是古文中的"午"也可当"五"用或表示按"以五为系"的传统做计数的本原,如图 5.3.2.17 所示。只要知道这个数字卦本原,由它为总根而派生出的一切甲骨文字的形成问题,就可迎刃而解。

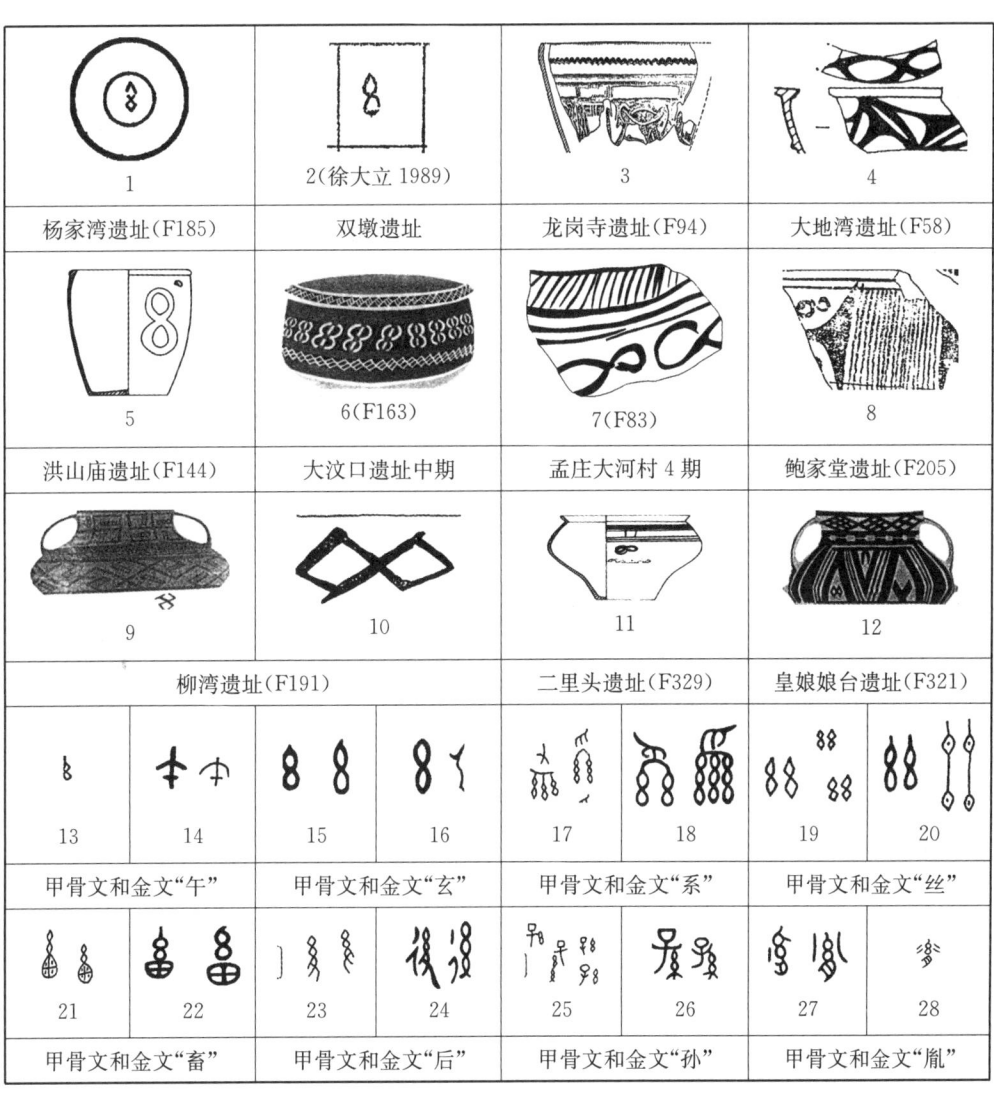

图 5.3.2　各地行用的数字卦"∧×∨"举例及其向甲骨文字的演变

三、"十十"组成的数字卦及其向甲骨文进化

与数字卦中广泛而高频率地使用古数字九的同时,"十"形古数字七也出现在数字卦中。由双"十"组成的数字卦,迄今最早发现于陕西南郑龙岗寺遗址的半坡文化遗存的一个"纺轮"上(图5.3.3.1)。此卦随庙底沟文化的一统天下而传播开来,河南灵宝西坡遗址庙底沟期,遗存刻符陶片标本 H22:88"刻出两个相同形状的'十'字形符号"

(F145),显然,就是数字卦"七七"行用于新兴中的庙底沟文化的遗迹(图 5.3.3.2)。河南临汝北刘庄遗址庙底沟期,出有陶钵标本 H18:8"外壁刻划出'十十'符号";陶盆标本 T23(4):39"刻有'丱'符号",为竖写的"十十"(F159),也是古数字"七七"组成的数字卦随庙底沟文化的扩张来到中原的证据(图 5.3.3.3);以至山东临淄城子崖遗址龙山文化陶文中,甚至江西清江吴城遗址商代陶文中,都有这个数字卦(图 5.3.3.4—5)。它与甲骨文"共"字形似(图 5.3.3.6—7),当是共字之初文,被当作像双手之形,含"贡献"和"聚众"之双重意义,从而派生出以其为字根的同源字群,如甲骨文"弃""丞""称""迁""与"等(图 5.3.3.8—11)。各地遗址出土的这个数字卦遗迹,也可能同古史传说中的共工氏族在那个时代的行踪有关。

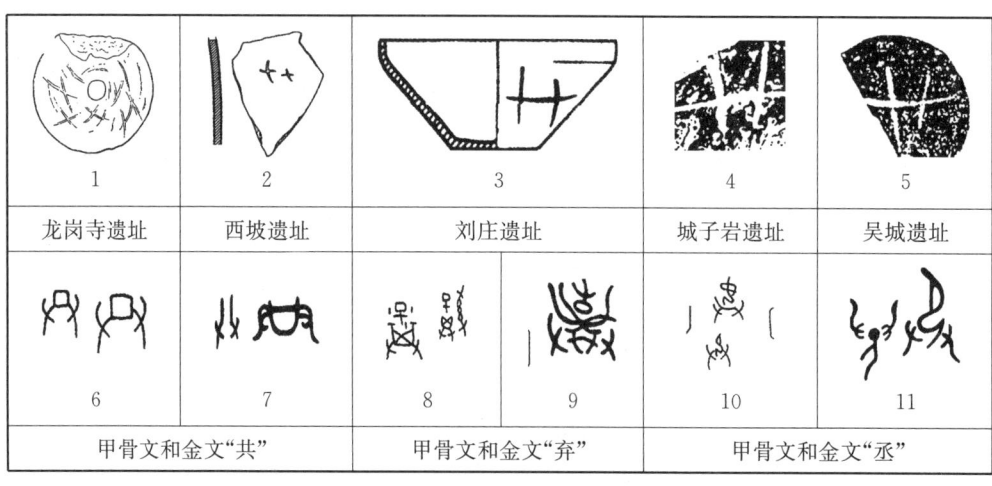

图 5.3.3　各地行用的数字卦"十十"举例及其向甲骨文"共"字的进化

四、数字卦"｜十｜"和"一十一"及其向甲骨文进化

含"十"数字卦在距今 7000 多年前的神农时代早期便已用于记"流火"之类的天象(图 2.3.7),也是沿用贾湖文化的卦象文字"十(即甲)"来表示日影观测。距今 6000 年前,长江中游地区的大溪文化中出现了数字卦"｜十｜"(图 5.3.4.1),渭水流域的姜寨遗址的半坡文化陶钵口沿下的黑宽带纹上刻录有数字卦"一十一"(图 5.3.4.2),从其

刻录这类刻划纹的传统格局来看,这个数字卦也当是用来表示天象观测的。随后,各地后世的历代文化遗存中可发现先民灵活运用这两个数字卦的遗迹(图 5.3.4.3—5、7—13);特别是庙底沟文化扩展到中原和西北地区各地流行的马家窑文化发展到半山期之后,随天文历法观测的日常实践被逐渐神化成宗教祭祀礼仪,这些数字卦的演变出现了两种趋势:一是数字"十"从中游离出来而作为这两卦的简化形式,而广泛出现于彩陶图案乃至夏代的定向工具的刻度盘中,用作定向标志(图 5.3.4.6、9),而最终演化成甲骨文和金文的甲字(图 5.3.4.16—17);另一是二者正交成标志这种礼仪的特殊文字(图 5.3.4.5、7—8),而最终进化成甲骨文和金文的巫字(图 5.3.4.14—15);二者

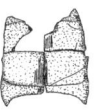

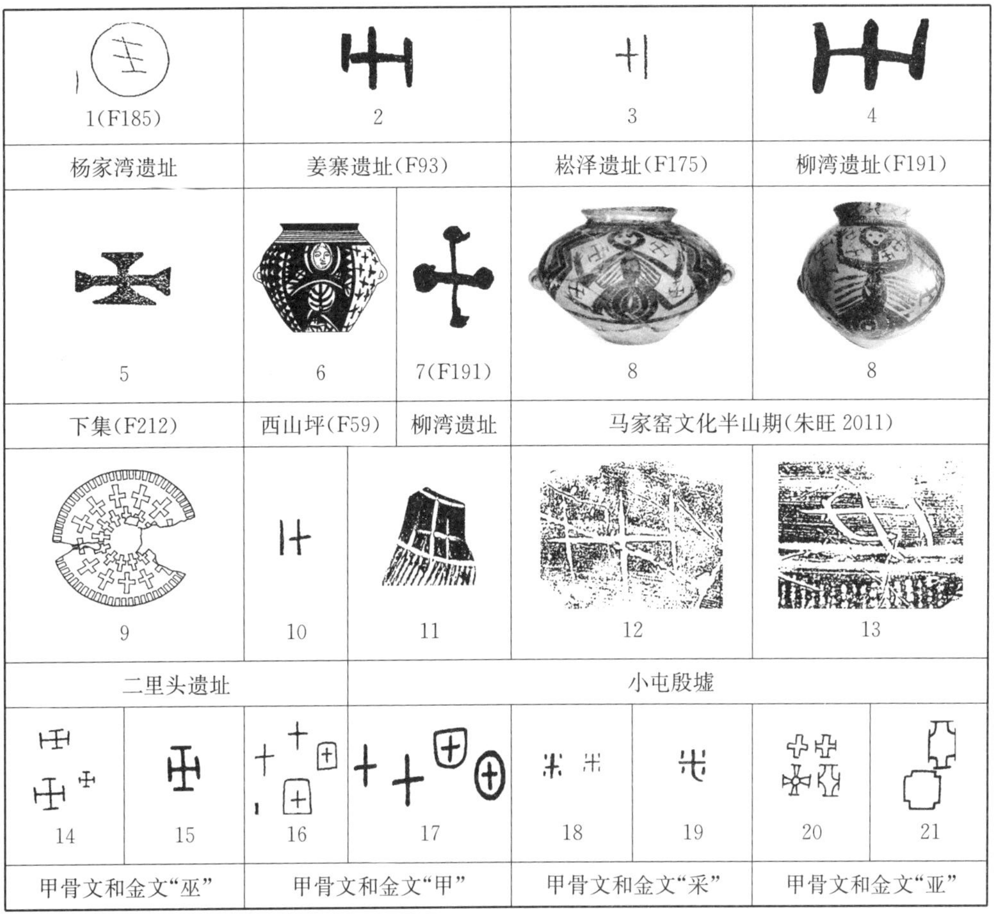

图 5.3.4　数字卦"十"和"一十一"向甲骨文字演变

由此作为成熟象形文字的字根而派生出以它们为总根的同根字,如甲骨文"采""亚"字等(图5.3.4.19—21)。王志安和张全海先生从马家窑文化半山类型彩陶上的一些图案符号中,发现了中国最早的"巫"字(图5.3.4.7、8),将其产生年代向前推进了1000年,证明了陶文中确实有可以释读的属于汉字系统的文字(朱旺2011),其实还可向前推进1000年到仰韶文化的庙底沟期(图5.3.4.7),而这些陶文来自数字卦的历程则进而证明数字卦确实可从根本上解读汉字。这两个含"十"数字卦及其简体"十"直接成为甲骨文字,并作为其字根派生出它们的同源字。

以上仅是数字卦在黄帝时代就直接进化为成熟文字的几个例子。除几个字直接发源于中原外,有的直接发源地似乎分别在马家窑文化和良渚文化社区;但它们的前身数字卦都经历了在不同时期以不同频率而行用于不同地区的进化过程,以至其中某些会集中于某个遗址的一定文化层中出土,如淮河流域的贾湖遗址、长江流域下游的跨湖桥遗址、沅江流域的高庙下层文化遗址群、长江流域中游的城背溪文化—大溪文化遗址群、汉泾流域的老官台文化—仰韶文化早期遗址群、江淮流域的双墩遗址、泾渭流域的半坡文化遗址群等,都大量地出土了相应时期经常行用的数字卦及其派生的多种符号。这种情况表明自数字卦起源以降,各地都涌现出了特别善于从形、义、音等方面将数字卦发展成卦象文字、图画文字和地方性象形文字的氏族。黄帝时代"仓颉造字"传说中的仓颉氏,指的就是当时出现的这样的一类氏族,就像古籍所载的"羲和占日"是指这两个氏族善于观测太阳一样。陈全方先生把相当于黄帝时代前后出土的各种陶文或符号进行分类整理列表载出约60多种;如能进而追溯每个甲骨文字的数字卦起源,就可能发现黄帝时代造成的成熟文字还不止这些。这样一来,就更有依据结论:"史书中传说黄帝命仓颉造字绝不是无中生有,而是有其根源的。"(陈全方2001)

仰韶文化庙底沟期到晚期这一期间的考古学年代为距今6000—4600年。考古学见证的仰韶文化在庙底沟期由西部向中原的大扩张,与古籍所传的轩辕氏及其集大成之首领黄帝所主导之部落联盟的"逐鹿中原"相对证;庙底沟期仰韶文化各地区类型的考古发现同该联盟所属各部落事迹之记载的对证,使学界趋同认定:同古籍所载黄帝时代相对应的考古学文化,就是这一庙底沟期的仰韶文化。数字卦进化史的这一阶段,以数字卦结构的具有时代特征的演变,特别是由古数字"∨"在数字卦中的高频率使用,在庙底沟文化一统天下的全国,尤其是在"观象授时"的天文历法领域,以多种多样的方式和形式普遍而经常地使用含"∨"数字卦,为明显不同于其前后时代之特征,而同古籍关于黄帝时代"数以九为纪"的记载相对证。这些浩如烟海的数字卦材料,就像可作史记依据的历代王朝的文书档案一样,将黄帝时代标定在距今6000—4600年信史的坐标系之中。作为数字卦进化的第四阶段,黄帝时代数字卦以其革新的形式和内容,继传统的阴阳八卦观念之后,把新兴的五行九宫思想发展起来,使易学发展到新的高度,不仅记录、积累和传播了其中以阴阳五行为核心的宇宙认知体系和民生实用科技体系,使之发展成为各地中华先民共同的科技范式和思维方式,而且开启了数字卦多样化演变向成熟文字发展的道路,从而为中华文化持续发展成高度发达的成熟文明奠定了直接的文化基础,为各地族团融合成中华民族奠定了直接的文化基础。正是在此基础上,继之而来的龙山时代出现了数字卦进化的新局面。

第五章参考文献

Yang Xiaoneng. 2000. *Reflections of Early China*. the Nelson-Atkins Museum of Art the University of Washington Press,Seatle,48—82.

蔡运章.2004.商周筮数易卦释例[J].考古学报(2):131—155.

陈全方.2001.从考古资料谈黄帝之功绩[A]//黄帝与中国传统文化学术讨论会文集[C].陕西人民出版社.

黄怀信.1997.仰韶文化与原始华夏族——炎黄部族[J].考古与文物(4).

李家和,杨巨源.1990.角山刻符初步探讨[J].华夏考古(1):65—91.

李零.2000.中国方术考[M].北京:东方出版社,258—261.

李学勤.1997.比较考古学随笔[M].桂林:广西师范大学出版社,21—28.

李学勤.1995.周易经传溯源[M].台北:丽文文化事业股份有限公司,169—229.

饶宗颐.1983.殷代易卦及有关占卜诸问题[A]//饶宗颐史学论著选[C].上海:上海古籍出版社,31—55.

苏秉琦.1987.华人•龙的传人•中国人[J].中国建设(9).

孙祖初.1991.秦王寨文化研究[J].华夏考古(3):64—78.

王仁湘.1999.关于史前中国一个认知体系的猜想[J].华夏考古(4):32—57.

王仁湘.2000.中国史前"旋目"神面图像认读[J].文物(3):26—35.

王朝闻.1987.中国美术史•原始卷[M].济南:齐鲁出版社,36—43,43—178.

徐大立.1989.蚌埠双墩新石器遗址陶器刻划初论[J].文物研究(5):246—258.

许顺湛.2005.五帝时代研究[M].郑州:中州古籍出版社,1—546.

余杭县文管会.1991.余杭县出土的良渚文化和马桥文化的陶器刻划符号[J].东南文化(5):182—184.

张光裕.1981.从新出土材料重新探索中国文字的起源及相关的问题[J].香港中文大学:中国文化研究所学报(12):91—151.

张朋川.1990.中国彩陶图谱[M].北京:文物出版社.

张政烺.2004.易辨,帛书《六十四卦》跋[A]//张政烺文史论集[C].北京:中华书局,70—691.

赵诚.1988.甲骨文简明词典[M].北京:中华书局,1—310.

朱旺.2011.马家窑彩陶上发现中国最早可释读文字[N].定西日报,/2011-10-17/.

第六章　铜石并用时代到青铜时代的数字卦

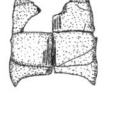

继黄帝时代之后的五帝时代,学界已公认为相当于考古学上处于铜石并用时代至青铜时代间的龙山时代。龙山时代群雄逐鹿中原而演出的入主中原之族团的更替过程,正好同传说的继黄帝之后的五帝世系相符合(徐旭生 1985)。先秦文献所载的"三皇五帝"说,尽管说法不一,但总体上一致排序为:伏羲氏太昊、神农氏炎帝、轩辕氏黄帝、金天氏少昊、高阳氏颛顼、高辛氏帝喾、唐尧、虞舜,而这个排序同《帝王世纪》《尚书序》的总结又完全吻合,从而这个排序便成为综合各家之言而为古人所公认的古史传说顺序。董作宾(1977)用现代天文学方法,通过对古史传说有关天象记载的考证,核实历史上每一王朝的年代,从而"复员"了西周共和以前的帝王在位的年代。其中所"复员"的五帝世系的顺序是:金天氏少昊(前 2574—前 2491 年)—高阳氏颛顼(前 2490—前 2413 年)—高辛氏帝喾(前 2412—前 2341 年)—[帝挚在位九年(前 2342—前 2333 年)]—唐尧(前 2333—前 2233 年)—虞舜(前 2233—前 2184 年)。这一复员的五帝世系顺序,即这五个部族入主中原的顺序,得到越来越多的考古发现的证实(苏秉琦 1997,王晖 2007)。除了本套书第二卷第四册梳理出的大量新老证据外,这里仅以这一时期各地出土之数字卦材料的系统化,来核实数字卦进化过程的这一阶段所出现的新局面,进而验证五帝时代确是由地方性数字卦原文字全面向成熟象形文字转化的过渡阶段,而相应于由初级文明的黄帝时代走向成熟文明之夏商周三代的过渡阶段。

第一节 数字卦进化的新局面

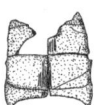

黄帝时代突出"数以九为纪"的数字卦,作为其突出的一种主要方式的旋纹和"花卉"纹彩陶图案,成为时代的标志。黄帝时代终结,中原地区彩陶文化随之消失,作为数字卦表达主要手段的彩陶图案逐渐被简化;代之而起的卦数文字及其派生的卦象文字、图画文字和象形文字被用来作记录、储存和交流知识和信息的主要手段,同时兴的写意化、抽象化、神秘化的器物装饰图案交相辉映,而成为五帝时代的标志,为中华文明的成熟奠定了其门槛前的里程碑。原来作为彩陶文化首要内容的授时图及其知识基础——易学知识的传授图,是耜耕农业氏族维持其生存繁衍的首要精神文化手段。中原地区耜耕农业高度发展导致氏族组织解体,而进入由部落联盟首领来统掌天文历法的时代,原先氏族用来授时的传统手段便随之被部落联盟首领的以一些半成熟文字书写的时令所代替;与此随之而来的天文历法器具的发展和精致化过程中,原先用来做天文观测和历算的石、骨、陶、木工具被玉器化、铜器化和礼制化的仪器所取代。由此,这些传播新型授时手段、技术和信息的半成熟文字便成为我们考察五帝时代数字卦进化新局面的首要对象。

五帝时代各地兴起的写意化、抽象化、神秘化的图案,作其时代的标志,都或多或少地依然以传播天文历法知识和传统阴阳五行观为主题,把绘制本地民众喜闻乐见的日出入方位数字卦示意图案放在突出地位。这既是黄帝时代"数以九为纪"之传统的惯性作用,也是由于入主中原的这五个族团中就有颛顼、帝喾、唐尧和虞舜,这四个都是黄帝部落联盟的后裔。正是由于各地族团处于争夺之中,各地地方文化的特色得以独立表现,以至这一时代中各地图案特色分明,各显神通(图6.1.1),如黄河下游和东北地区图案(图6.1.1.1—4、9—12)的神秘色彩,就不如中原、长江中下游和西北地区的图案那样浓厚。尽管如此,它们仍旧表现出共同的发展趋势:

(一)旋纹仍旧是表现这对数字卦的一种方式(图6.1.1.1、5—6、9、13—14、17—18、21),有的甚至向旋目纹发展(图6.1.1.5—6、14、18),从而开后世饕餮纹之先河。

(二)都在向拟人化、神秘化的方向发展(图6.1.1.2、5—6、10、14、17—18、22),以突出这些以数字卦及其为核心之图画文字、卦象文字所表达的盟主部族名号的神圣地位和职责。

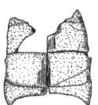

(三)都以某种通俗易懂方式强调数字卦对敬授民时的重要性和神圣性(图6.1.1.2、7、9、11、13、15、19、21—23)。

(四)都在向成熟文字甚至文章发展(图6.1.1.4、8、12、16、20、14)。

所有这些都是数字卦向成熟文字发展的动向。各地区的这第四种动向已在学界引起广泛兴趣,下面就来对各地区的这种动向稍作具体讨论。

一、所谓"日月山"纹实为日出入方位数字卦为核心的图画文字

大汶口文化晚期至山东龙山文化期间,即为专家们所考定的少昊金天氏开启五帝时代前后(栾丰实2000),黄河下游地区各地,如诸城前寨、陵阳河、大朱村、杭头等遗址,此期间的文化遗存出土的陶尊上,都共同刻划有一组有争议的符号(图3.4.1.4,图3.4.2.9—10)。对于这样一组图,有人说它是叫日月山,上面是太阳、中间是月亮、下面是山;另一些学者说中间不是月亮,而是像一个鸟托着太阳飞来飞往的样子。于省吾(1973)说:"上边是太阳,中间是个云气","月亮和太阳出不到一起啊,下边是山",从而"这是早晨云气衬托着初升的太阳,形容早晨蜿蜒迂回的旦明景象",于是将这组图释为"旦"。唐兰(1977)则忽略中间的图形,而把这组图考

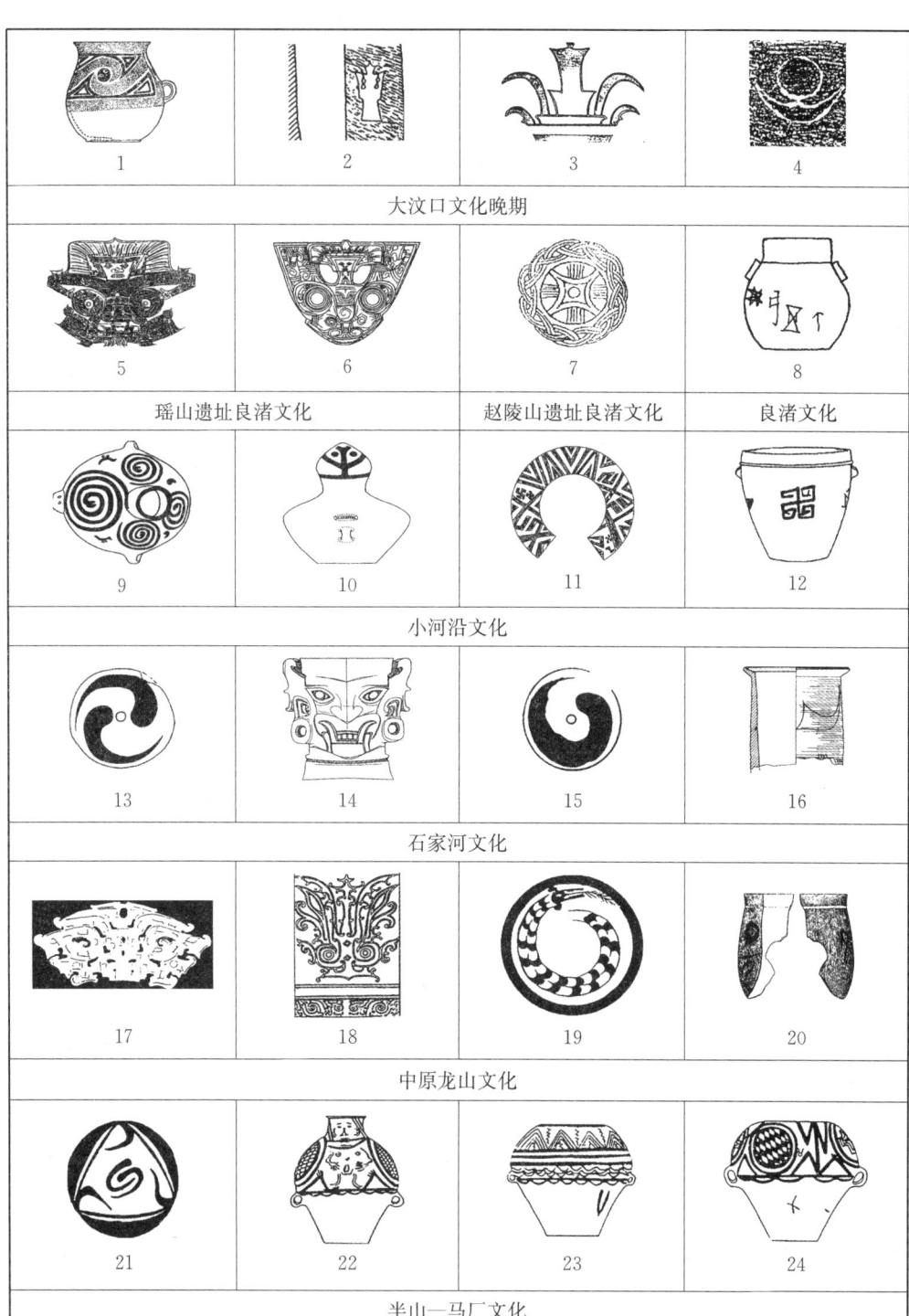

图 6.1.1　龙山时代各地流行的日出入方位数字卦的图案形式及其发展举例

证为"昃"字。因此,如何识别中间这个图形,是解读这组图的关键。为此,先考察这个图形的来历(图 6.1.2)。

图 6.1.2 日出入方位数字卦图案形式的演变举例

如上章所述,中间这个图形实为表示日出入方位数字卦"↓(或 | ∨)"及其简化之数"∨"的弧边三角形的变形,早在仰韶文化早期就开始用"弯月纹"来描绘(图 6.1.2.1),到半坡期继而更新为当地民众熟悉的简化鱼纹(图 6.1.2.2—3),到庙底沟期为强调其循环进而更新为旋纹(图 6.1.2.4),到仰韶文化晚期和大汶口文化中期其纹样就趋近于

这组图中间的这个图形(图 6.1.2.5—8)。可见,各地大汶口晚期文化居民是沿用其祖先的传统做法,用这样的弧边三角形变形纹来表示日出入方位的数字卦。这样一来,我们就避免了臆测,而把此图形文化内容的解读建立在可充分验证的实物证据链的基础之上。

既然中间这个图形实为表示日出入方位的数字卦,那么,这组图传授的就是如何靠观测本地日出入方位来确定时节的知识;正是为此,各地的图之间只有山的形状之区别,如三个与五个峰之别;山顶有尖头和平头之分等,这些正是各地地理条件不同的写照。如这样的一组图画也见于良渚文化的玉器上(图 6.1.2.11—13);大汶口陶尊上的有五峰山,在良渚文化玉器上也是五峰,但中峰平顶(图 6.1.2.12)。冯时(2009)实地考察发现:陶文出土地莒县陵阳河附近的寺崮山正由五峰南北并连,每当春分秋分的早晨,太阳恰从中峰上方升起。据此,他断定:"这是古人借助自然标志确定二分日的真实记录"。这就证明了,少昊部族在山东一带一直坚持实行伏羲八卦为基础的阴阳四分历,以夏至日出入方位的特定标志来定时节,并以此作其所颁历法的标志,而成为其部族的名号"昊"。其由贾湖文化流传下来的表示日的图画文字"O"与夏至日出入方位数字卦简体"V"的美术体组成,表示昊部族为统掌天文者的意义是如此明显,以至田昌五(1982)正确地考证出:这个图像"是一个氏族部落的标志,完整的作日月山……简单的作日月而省去山,其意应是大昊和少昊之昊字,有如后来的族徽。"只要将这个图画文字同甲骨文"昊"字相对比(图 6.1.2.15),就可看出后者是在此图画文字之下加了个贾湖文化的一个卦象文字——大,就规范化成甲骨文"昊"字。本来这个卦象文字就代表统掌天文者,将其加上夏至日出入方位标志,就上升到天神的地位了。这样一来,少昊就神化成商周祭典中西方大神了。这类图画文字是在以其表达的卦气说来敬授民时,从而开后世以文字授时的历书、月令、皇历之先河。

令人惊奇的是,这类图画文字竟出现在晋南附近的渑池县郑窑遗址的第二期文化遗存中。该遗址出土有陶寺文化东下冯类型的器物,其二期文化年代约距今 4100—

4000年,所遗存的陶罐标本H71:3"颈部饰一组线刻花纹"(F302),显现出类似大汶口晚期文化陶尊上的这种日出入方位数字卦图案(图6.1.2.14),当有类似功用。与其同出的有:陶圈足标本H71:24"中部有凹弦纹2周和'乙'形状镂孔6个"、标本H71:25"外表有3组凹弦纹带,弦纹之间各有6个'乙'形镂孔",一反以圆点纹表示阴历十二月的传统,而用当时流行的图画文字"乙"来取代(F302);还有一件"记事骨板","一面有19道平行直线刻划纹"(F302),同江苏海安青墩遗址出土骨器上的刻纹一对照,就可看出是表达特定含义的数字卦。各地统一的卦数文字和相似的图画文字,在从中原到东部以至东南部广大地域内的广泛出现,表明当时确存在数字卦向成熟文字演变的宏大趋势,特别是其数字卦与图画文字的组合,将抽象的会意与描摹客观实体外形的象形结合起来,或将代表不同事物的象形结合起来,从而大大地拓广了数字卦派生成熟文字的途径。

良渚文化玉器上的刻划符号还有些与大汶口文化陶器刻符一致,如山东莒县陵阳河M11和M17中分别出土陶器上的羽冠纹。这样的纹饰在良渚文化玉器上也出现了五次,均在玉璧上的五峰山形框内,乃上古以降掌天文者的形象,李学勤等已正确地解释为"皇"字,是个典型的象形字(李学勤1990、1992,杜金鹏1994)。又如莒县陵阳河M25出土的陶器上有一个长方形土坛上立一植物形的刻符(图6.1.1.3)。这个符号也见于弗利尔美术馆所藏玉璧上,是数字卦"↓"的象形图,将其释为"封"字似无依据。再如在陵阳河M19和大朱村M26出土的几件大汶口文化陶器,均有斜置的菱形纹,也见于台北故宫博物院所藏的良渚文化玉琮上。此纹是数字"∧"与"∨"。王树明(1986)将此纹释为"凡"字,甚确!以上的几例表明,良渚文化玉器上的许多刻划符号与大汶口文化陶器符号同形或相似绝不是偶然,是两地居民长期共同使用的数字卦,并按约定俗成之造字规则用数字卦与象形符号相结合构造成熟文字的必然结果。

二、八卦图与数字卦组成的历书

距今4400年江苏澄湖遗址良渚文化遗存出土一件黑陶罐的腹部上,共有4个图

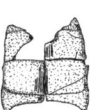

画文字并列刻在一起(图6.1.1.8)。据陆思贤(1993)考证,这4个原始图画文字,是代表阴阳历的八角星图同甲骨文"戊""午"和"寅"三字之祖型的组合,展现出"符合古史记载的古历""建寅"的"上元太初历"。这不仅表明,当时确实实行过初始颛顼历,而且也意味着,此八角星纹自距今7000多年以降一直做阴阳历的图式乃至图画文字,以至距今4450年前后的颛顼在位期间,它还被用来代表阴阳合历,从而表明中国的初级阴阳历已发展到进入高级阴阳历的阶段,古四分历已开始建立和发展。

这三个"图画文字"与甲骨文"戊""午"和"寅"三字近似,将其解释为这三个字的祖型有一定根据。但就这样直观地比喻,无法说明这四个图画文字并列的确切含义。为进一步予以解读,就得追溯其渊源。除已知八角星纹来自传统的阴阳历的图式外,这三个分别近似甲骨文"戊""午"和"寅"三字的"图画文字"是要追根求源的。

(一)近似甲骨文"戊"的这个图画文字,是新石器时代早期以降就用于"土圭测影"的穿孔石斧的形象。在穿孔斧形器用作石圭数千年后,于新石器时代晚期出现玉器化趋势,而逐渐被玉圭所取代。邓淑苹先生(1990)综考了有关圭的古代文献,得出的结论是:"古代文献中所记述的'圭'分为两种,其一为源自斧、铲、锛等端刃器的平首圭,主要流行于新石器晚期到西周。其二为源自戈的尖首圭,主要流行于东周至汉代。"可见,这个图画文字说的是"日圭测影以观象定时"。

(二)与"午"字相近的这个图画文字,李学勤(1992)释为甲骨文"巫"字。如上节所述,甲骨文"巫"字由一对含"十"数字卦进化而成,而不是来自一对含"×"数字卦。显然他是把甲骨文的"巫"与"癸"字混为一谈了。甲骨文"癸"字由一对含"×"数字卦,即数字卦"｜×｜"与"一×一"进化而来。如本章第二节所述,早在距今8000多年前,数字卦"｜×｜"就由湖南澧县彭头山文化居民用来在定向器上标定东西方向。继其之后,城背溪文化居民创作三字横排数字卦"一×一",其后续文化——大溪文化居民一直行用两个卦(图6.1.3.1),并随神农炎帝部落联盟的扩张而流传各地(图4.2.1,图4.2.2,图5.2.3),直到在良渚文化中二者结合起来使用(图6.1.3.3—5),以至将二者正交而

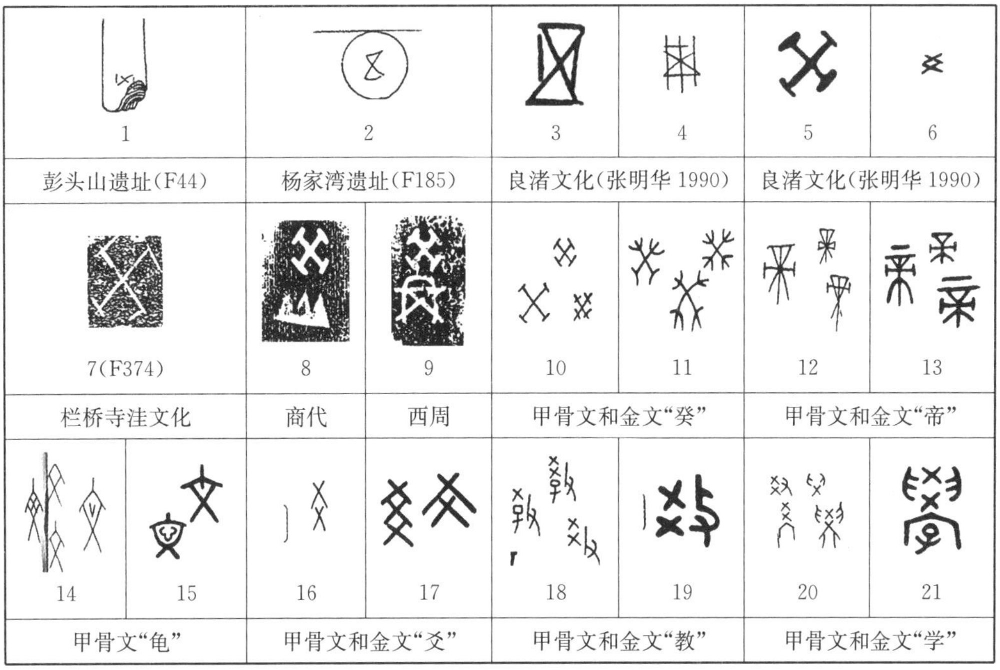

1	2	3	4	5	6
彭头山遗址（F44）	杨家湾遗址（F185）	良渚文化（张明华 1990）		良渚文化（张明华 1990）	
7（F374）	8	9	10	11	12	13
栏桥寺洼文化	商代	西周	甲骨文和金文"癸"		甲骨文和金文"帝"	
14	15	16	17	18	19	20	21
甲骨文"龟"		甲骨文和金文"爻"		甲骨文和金文"教"		甲骨文和金文"学"	

图 6.1.3　数字卦"│×│"和"一×一"向甲骨文"癸"等字的演变

成的符号（图 6.1.3.5），以其二者都作五之和的十数来表示天干顺序的第十位之符号"癸"（图 6.1.3.5、7—9）。如学者们知道这个字来源于这两个数字卦，就不会在《甲骨文字典》中注明"癸……构形不明"了。这两个数字卦、其他含"×"数字卦及其简体"×"也直接用作甲骨文而进入成熟象形文字体系，并成为其高产字根而派生出以其为总根的很多同根字群，如以"×"为元件的甲骨文字，如帝、文、爻、教、学、龟等（图 6.1.3.8—21）。所以，这个与"午"字相近的图画文字，实为甲骨文"癸"字的祖型，它的含义是指"通过测影，来定每年的二至、二分"。

（三）这个与甲骨文"寅"字相近的图画"↑"，就是本章阐明的自上古以降表达日出入方位的数字卦"∧│"，从图 6.2.4 可知，甲骨文"寅"字确实来源于这个数字卦。这里刻划出这个数字卦，是表示"借观察日出方位确定接近春分节气的寅月"。

将这四个图画文字的原意，按其排列顺序连接起来，就可知所表达的意思是教导氏族成员："为编制阴阳合历，就须按八卦用石圭测影，来确定二至、二分，并借观察日

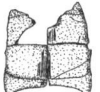

出方位定寅月作岁首"。既然将与甲骨文"癸"字相近的这个图画文字释为"巫"字是错的,因此李先生将此四个符号释为"巫戍五俞",即"巫钺五偶",也就不能成立了。当然,他承认这个图画文字有"度量天地四方"的含义,是很有见地的。总之,这是一幅迄今最早发现的阴阳干支三合历授时图,也是迄今发现最早"建寅"的"上元太初历"的文字记录。

这样刻划有成组图画文字的良渚文化器物已发现多例。一件现藏于美国哈佛大学赛克乐博物馆的灰黑陶贯耳壶上,也并刻有多个符号,饶宗颐先生(1994)认为共有9个字。另一件于20世纪80年代浙江余杭南湖出土的良渚文化黑陶罐上,也发现了8个环着罐口刻划的符号(李学勤 1992)。可惜,这两件上的文字无法见到其真迹而未能辨读。另据陆文华(2008)报道,灯笼山遗址一座距今约4000年的良渚文化晚期、规格较高的墓葬——16号墓出土刻符大玉璧,上面还刻着两个符号。一个符号刻写在玉璧正面,另一

图 6.1.4 距今4000年良渚文化墓葬出土玉璧上刻划的数字卦(陆文华 2008)

个刻写在玉璧内凹边缘(图 6.1.4)。

看来,上面一组符号是数字卦"∨∨∨",下面这组可能包括象形字"口"和数字卦"│∨"。其发掘者报道,该墓随葬有玉琮、玉璧等玉器,所显示的明墓主人的显赫地位,正好与这些含"∨"数字卦以日出入方位定四时的含义相对应,表明其掌天文者的氏族首领职位及其所代表的部族名号。

以上这些出土成组文字材料表明,良渚文化先民在长期使用数字卦作原文字而积累丰富经验的基础上,综合运用象形、会意等造字原则,不仅用数字卦派生出图画文字乃至成熟文字,而且将这些文字组合成文章,来记录和传授其重要的知识和信息,从而揭开了原文字向成熟文字转变的新篇章。

三、图画文字与数字卦组成的历书

内蒙古赤峰大南沟小河沿文化墓地52号墓出土的筒形罐(M52:1)"腹部刻划符

号共 7 个单元,它们围绕罐腹中部一周",即周身刻有 7 个图画文字(图 6.1.1.12)(F280),俨然一整体,表达一个完整的意思。为探讨其表达的意思究竟是什么,就要追溯这 7 个字的渊源。正如本章第一节所述,小河沿文化居民创造的这 7 个图画文字中就有 4 个是用来表达数字卦的:

(一)其中左耳下符号就是两个数字卦"一×一"和"二二三"的重合,即相当于单卦"乾"和"震"的重卦"无妄";

(二)左边第二个符号是以卍形纹的格局刻划出的四个单卦,按反时针方向的顺序可排列为:"一二一""一二一""二一一"和"二一一"的双向重合,即可相当于重卦"一二一一二一(离)"和"一二一二一一(睽)"或"一二一二一一(睽)"和"二一一二一一(兑)";

(三)右耳下的符号也是两个数字卦"一十×"和"三一二"的重合,即相当于单卦"乾"和"兑"的重卦"姤";

(四)左边第三个符号也是以卍形纹的格局刻划出的四个单卦,按反时针方向的顺序可排列为:"一∧一""一∨一""∨∧∧"和"一∧一"的双向重合,即可相当于重卦"一∧一一∨一(需)"和"∨∧∧一∧一(蒙)"或"一∧一一∧一(坎)"和"一∨一∨∧∧(遁)";

(五)右边第一个符号是以卍形纹的格局刻划出的四个象形符号;

(六)右边的另两个符号,都是象形的,特别是上面这个近似于甲骨文"田"字。显然,这样用表达数字卦组合的图画文字与组合象形符号的图画文字有序排列成的文章,确实将数字卦的应用发挥到接近后世对符号卦的哲学推演,并使数字卦同卦象文字巧妙结合起来谱写文字进化史上的奇特篇章。

为何以卍形纹的格局来组合数字卦或象形符号?这是破解这篇奇文的关键。对于卍形纹,饶宗颐(1993)称"它是布满世界各地的神秘符号",他将其收集的有关资料概述为:"卍符号出现于陶器上自以西亚为最古,印度河谷次之。中国则边后裔地带的青海和辽宁的石器时代遗物有之。西亚的 Hassuna 期,在公元前 5000 年左右,在陶器上有两个卍号"。

图 6.1.5　距今 5000—4000 年的大南沟遗址所出陶罐上的图画文字(F280)

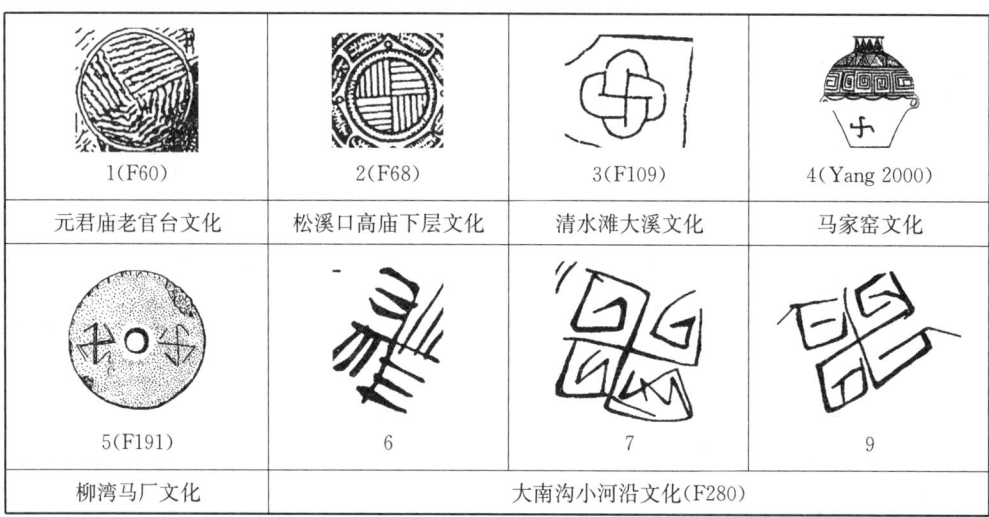

图 6.1.6　中国卍形纹的起源和进化

可惜,他没看到湖北宜昌清水滩遗址二期遗存的"一块黑陶曲腹杯残片上"刻划的卍形纹(图 6.1.6.3),属大溪文化中期,距今 6000 年左右。大溪文化中期出现这个符号不是偶然的,显然来自距今 7000 年前的高庙下层文化阴阳历授时图中心的纵横平行线四等分圆面的纹样(图 4.2.1,图 6.1.6.2)。正如本章第一节所述,其中的四组平行线分别呈现为一个数字卦,用来标定阳历周年四时的观测方位。而这种作图又显得是对距今 7800 年的老官台文化式的纵横平行线三分圆面图(图 6.1.6.1)的继承和发展。

这一符号的起源和进化轨迹,不仅表明了它原生于中国本土,且在其独立的进化过程中随"礼失诸野"而流行到边裔地区(图6.1.6.4—9);而且也显示出它作为阴阳历法符号使用的本意。与松溪口高庙下层文化这个纵横平行线四等分圆面的纹样相似的,是小河沿文化的这两个组和数字卦的卍形纹。这既证实了这二者之间的渊源关系,也意味着:小河沿文化居民正是在引进测日影、定四时的四分术,来实行阴阳历法。因此,他们的这篇文章肯定同阴阳历法有关。

从左、右耳下图画的数字卦中分别包含"震"与"兑"卦的含义来看,这两个图画文字是分别用来指示"春分"与"秋分"这二分的;而与他们相正交的另两个图画文字,即左边第三个与右边第一个,便是分别指示"夏至"与"冬至"之二至的。由此可知,原来这是一篇阴阳五行岁历时令书,相当于后世的月令和皇历。它依据当地的条件,教导氏族成员如何测定冬至、春分、立夏、夏至和秋分这五个节气,并在立夏之后到秋分前后适时开展农作和田猎。与此相印证的是,该墓地M55墓随葬的陶罐标本M55:5"肩部绘5组回字花纹,花纹之间填6只长腿大耳的动物图案"(F280)。正如本套书第二卷第三册所论证,该图实为当地农牧渔猎文化的五行十月时令授时图。考古发现上古以降东北渔猎活动的首要对象是鹿。此图的6只动物被分成五幅画面,正是以对鹿的周年生活动态的精细观察和描绘,来生动入微地表现五行时令的物候历。这二者在五行时令上的吻合,证明我们对这篇7字文的解读是真实的。从这篇图画文字构成的文章中,人们可看到当时数字卦同象形符号结合起来向成熟文字发展的趋势在小河沿文化中强劲展开的势头;尽管其发展的路子与其他地区有所不同,但以数字卦为生长点和基本元件来派生成熟文字,并同象形文字相结合来繁殖成熟象形文字的大方向是一致的。

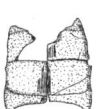

四、所谓"弯角状"符号实为冬至日出入方位数字卦的简体

如果说东南地区各地的大汶口文化晚期和龙山文化的陶文,是以其陶尊上表达日出入方位的数字卦的图画文字最具特色的话,那么,与其同期分布于长江中游地区的石家河文化陶文,则以其陶缸上刻划的"弯角状"符号最奇特(图 6.1.1.16)。在石家河文化陶文刻符中,这类符号出现的频率最高,如在湖北天门邓家湾遗址石家河文化遗存中发现 14 个刻符,其中有 6 个这类符号(F249);湖北天门肖家屋脊遗址石家河文化早期遗存中发现 41 个,其中这类符号"是最多的一种,共 17 个"(F248)。查这类符号的来源,可追溯到半坡文化陶文中表示冬、夏至日出入方位数字卦"↑""↓"的以上下或左右旋纹(图 6.1.7.1),在庙底沟文化中表示日出入方位数字卦"↓"的下或右旋纹开始单独突出(图 6.1.7.2),这种趋势一直延续到各地历代文化(图 6.1.7.3—6)。与此相反,石家河文化的这种"弯角状"符号,是从本地的前期文化——屈家岭文化那里继承而来的,只不过是加以重彩而更加突出而已。这意味着,石家河文化居民更加强调以日出入方位定冬至的重要性,并加以神圣化,由此而导致在商周代一些礼器上也刻划有这种符号(图 6.1.7.7),直至将其树立为"太乙"神,以至其开国首领汤被尊称为"汤乙"。此神化趋势进而又上升为哲学化,而出现"太乙生水""太极生两仪"等基本哲学命题。究其原始含义,都是出自以日出入方位定冬至之本意;冬至在后天八卦体系中位坎卦,而"坎为水",所以提出"太乙生水"就是逻辑的必然;冬至"阳气始生",于是阴阳两仪贯彻始终。所以,只要了解甲骨文"乙"字来自这个数字卦的真

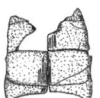

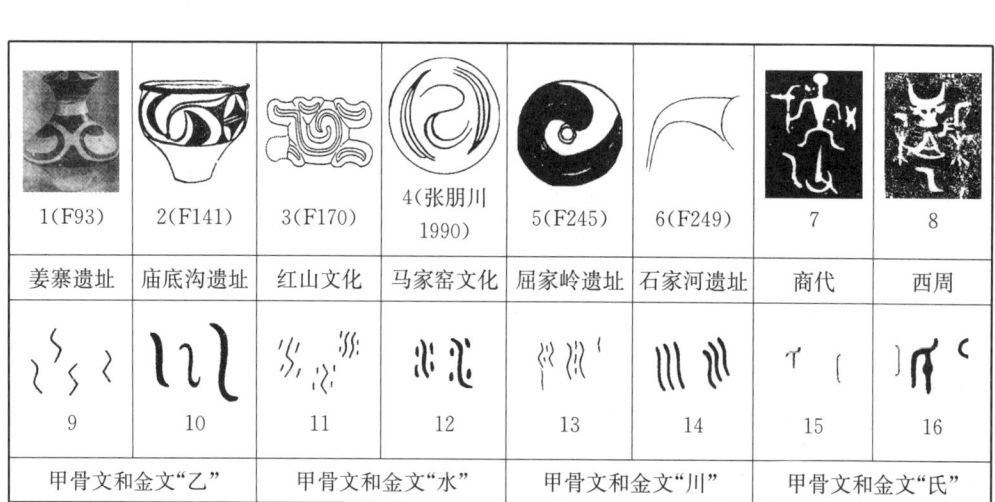

图 6.1.7　日出入方位数字卦的简体"∧"向甲骨文"乙"字的演变

相(图 6.1.7.8—10),就好理解这些被诸子百家广为发挥的命题。同样,也只有了解这真相,才好理解甲骨文和金文"乙"字及其为字根的同源字,如"水""川""氏"等字(图 6.1.7.11—16)。

五、数字卦演化成的早期成熟文字

山西省襄汾陶寺遗址 H3403 区域发掘出一个已残破的扁壶,此壶所处的时代被有关专家定为陶寺文化晚期(距今 4000 年左右);扁壶上书有两个字符(图 6.1.8),一个字符确实形态酷似甲骨文和金文中的"文"字,多数学者认定为"文"字,但对这个字的本义看法不一。而在扁壶背面还有一个红色的字符,争议就比较多,被认为是命、尧、邑、唐等字。还有专家认为,这不一定是一个字。究竟应如何释读这两个字符?迄今所有这方面的学者只是从古文字材料上去比较,以这两个字符的笔势、结构与甲骨文、金文或战国文字里的相应字的字形的相似性,来释成自己认定的字,以至出现"公说公有理,婆说婆有理"的局面,而无法达成共识。显然,为攻克这个课题,只靠这样的"后向比较研究"是不够的,还需同"前向比较研究"结合起来,即跟随这两个字符的来龙去脉追踪其起源和进化过程。

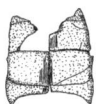

从上述揣测的几个字来看,这两个字符都是会意字。从上述解读的几个甲骨文字的起源来看,甲骨文会意字大都来源于数字卦。因而,这两个字符的来源也当从数字卦中去找。先来探讨这个已为多数学者公认为"文"字的字符[图 6.1.8(右)]。从其字形来看,它本身就是竖写的数字卦"∧×"。这个数字卦在青海乐都柳湾遗址半山—马厂文化墓葬及甘肃西和栏桥寺洼文化墓葬中也多次出现过(图 4.2.1.31、37)。其中的数字"∧",如上所述,是日出方位数字卦"↑"的简写,其原始含义为按日出方位定春、秋二分;数字"×",自距今 8000 年前的彭头山文化和城背溪文化以降先民就用来构成标明测影所定之东西、南北方向的数字卦"丨×丨"和"一×一"。因此,这两个数字合成的数字卦(图 6.1.3.12—13),确实含有古籍所载的"经纬天地谓之文"的本义。在此之外的其他解释,都是后世打上的烙印。

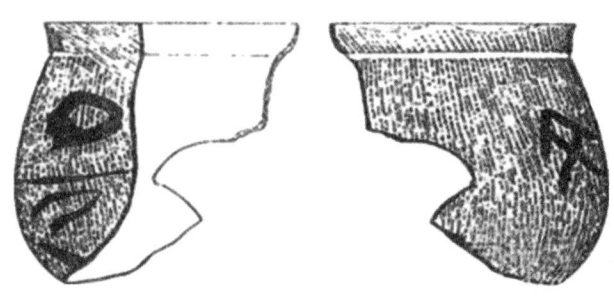

图 6.1.8　陶寺遗址出土的朱书扁壶(引自京报网)

图 6.1.8 左边这个字符,是数字卦复合文字,由竖写的数字"∧∨一∧"组成。即由两个数字卦"∧∨"和"一∧"合成。如上所述,其上面的数字卦"∧∨"中的数字"∧"和"∨",是自距今 7500 年前的老官台文化以降,先民用来标定冬、夏至日出入方位之数字卦"↑"和"↓"的简写,这两个数字刻划竖向排列而呈"◇"形;这样使用这个数字卦的习俗在各地历代文化中流行,并经各地龙山文化和良渚文化而直接流传到夏商周三代(图 6.1.9.1—12)。由于日出、日入都以本地土地之地平线为准,因而这个数字卦置于数字"一"之上就包含有土地的本义(图 6.1.9.13—14),而同卦象文字"日"字和象形文字的"口"字,无论在字形还是字义上都根本不同。其下面的数字卦"一∧",由数字"一"和"∧"构成,在数字"∧"被用来形象地代表人的侧视形的情况下(图 6.1.9.15—16),这竖写的数字卦"一∧",便呈现为甲骨文"兀"字,而以"在人之上"而具有《说文》所载的"兀,高而上平"之本义(图 6.1.9.17—18)。这样一来,上面的原始"土"与下面的原始"兀"合在一起,便构成甲骨文"尧",而具有《说文》所载的"尧,高也"之本义(图 6.1.9.21—22)。因此,何驽(2003)考释这个字符为"尧"是有充分依据的。既然这个数字卦在先民辨向定时这样重要的日常实践中有如此悠久而普遍的应用,其丰富的文化内涵使它具有很强的派生能力,以至以它为字根而派生出的会意文字、甚至象形文字较多,如上述那些又成为汉字字根和偏旁的甲骨文"人""土"字等外,还有甲骨文"亚""凡""齐""同""兴"等,对成熟文字体系的形成和发展起了重大作用(图 6.1.9.20—36)。

1(张朋川 1990)	2(徐大立 1989)	3(F92)	4(F125)	5(F175)	6(F273)
邵店遗址	双墩遗址	半坡遗址	刘林遗址	崧泽遗址	大朱家村遗址
7(Yang2000)	8(F248)	9(F191)	10(F288)	11(F329)	12(F351)
良渚文化	石家河文化	柳湾遗址	煤山遗址	二里头遗址	二里岗遗址
13	14	15	16	17	18
甲骨文和金文"土"字		甲骨文和金文"人"字		甲骨文和金文"兀"字	
19	20	21	22	23	24
甲骨文和金文"哑"字		甲骨文和金文"尧"字		甲骨文和金文"易"字	
25	26	27	28	29	30
甲骨文和金文"邑"		甲骨文和金文"唐"字		甲骨文和金文"凡"	
31	32	33	34	35	36
甲骨文和金文"齐"		甲骨文和金文"同"		甲骨文和金文"兴"	

图 6.1.9　数字卦 "∧∨" 的进化及其派生的甲骨文字举例

除了字源考古学和字形、字义比较考古学依据外，何驽(2003)对当时使用这个字的地理和社会考古学依据作了令人信服的论证。在此基础上，他在历史与逻辑的一致中得出结论:"'文尧'二字在 H3403 扁壶上的出现,是其唐尧后人对其追念的称谓,诸如甲骨刻辞或青铜金文中尊称其先王为'文武帝、文武丁、文考、文祖'一样。"当然,这二字所追念的不仅是尧在黄土高原上建立"高大夯土城墙"的事迹,而且有他兴建观象台、改进古四分历的天文观察和历算体系而开创的经纬天地的丰功伟业。

因上面竖排的数字卦"∧∨"呈甲骨文"土"字的"◇"形,既在字形和字义上与卦象文字"日"字和象形文字的"口"字根本不同,也不同于甲骨文的"日"字和"口"字形。因此,把这个字符隶定为易、邑或唐字,是缺乏依据的。

同上述几个地区在距今 4500—4000 年出现数字卦向成熟文字转变并组合成文章的趋势一样,陶寺遗址出土扁壶背面朱书的这篇两字文直接证明:唐尧时期,数字卦正在通过直接定形成象形字、会意字、同象形字符相结合造字等方式转变为成熟文字。

六、纯粹由多个数字卦组成的文章

与上述地区不同,西北地区与中原龙山文化同期的半山—马厂文化遗存中,迄今尚未发现那样的数字卦已进化为成熟或半成熟文字所组成的文章,但出土了纯粹由数字卦组成的文章,如青海乐都柳湾遗址发掘报告列举的马厂类型彩陶上的单独纹样 470 号(图 3.2.7.28),就是双行排列的五个数字卦所组成的文章。正如本章第一节所介绍的,这样纯粹由数字卦组成的陶文,早在距今 7000 多年前就已行用于世,如湖北枝城北遗址城背溪文化、秭归柳林溪遗址和朝天嘴遗址早期陶器上刻划的成组数字卦(图 3.2.5)。当然,纯粹由数字卦组成的骨文行用于各地的年代比陶文更早,距今 8000 年左右的文化遗存留下的刻划有成组数字卦的骨器,广泛出土于长江流域各地遗址中,从湖北三峡地区的桅杆坪遗址,到长江流域中游的江西万年大源仙人洞洞穴遗址,再到下游的跨湖桥遗址,都在这一期间的文化遗存中保留有以同一个系统的数字所组成的不同数字卦排列而成的文章(图 3.1.2、3,图 3.1.5—7,图 3.1.15—17,图 3.2.1,图 3.2.5,图 4.1.1 等)。在过去 4000 多年后,西北地区马厂文化居民还在用纯粹的数字卦行文,证明中华先民运用数字卦作文字的时代至少长达 5000 年之久,不仅比作为成熟文字的甲骨文早4000年,而且比苏美尔人和巴比伦人的楔形文字、埃及的圣书字要早3000年。

尽管马厂文化遗存中迄今尚只发现了纯粹数字卦的成文,但这绝不意味着数字卦向成熟文字发展在这个地区的进程同其他地区脱节。实际上,这种从距今4600年前开始,经过五六百年在甘、青地区延续发展的半山—马厂文化,给彩陶文化带来的趋向写意的新变革,为彩陶图案,特别是图案化的数字卦向成熟象形文字发展开辟了道路。这个新变革所引入的一大类"引人注目的典型纹样,是由折线构成的所谓'折肢纹'"。(王朝闻1987)这些折肢纹,如上节所述,就是庙底沟文化居民继承和发展半坡文化传来的利用鱼、蛙等物候动物的形象创作数字卦象形图的传统做法(图5.2.1.4—6、8、17),将中原和南方各地民众熟悉的物候动物,如青蛙、蜥蜴等(图5.2.1.15—17、

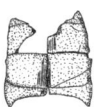

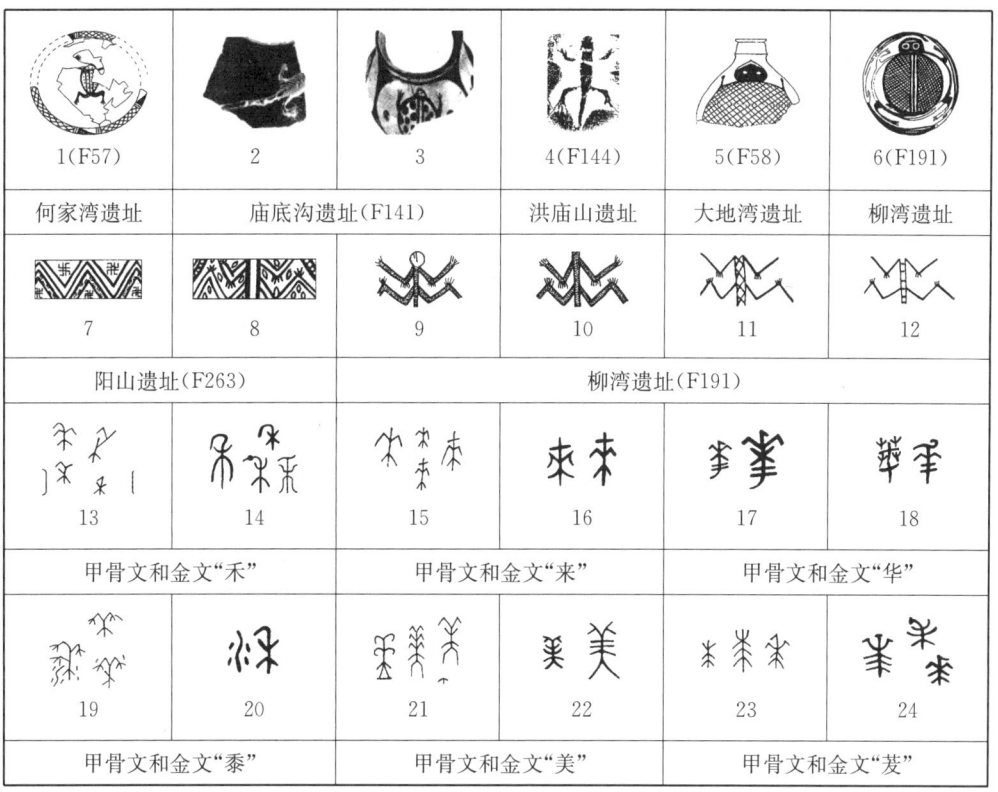

图6.1.10 数字卦"∨∧∨"等向甲骨文的演变

图 6.1.10.1—6)纳入图案化系列,用它们的上肢和头、下肢和尾来比喻数字卦"↓"与"↑"的对偶,从而使蜥蜴纹、蛙纹在作为物候历标志的同时,还能用来表达数字卦,如数字卦"∨∧∨""∨│∨"等,极大地丰富了数字卦表达图案(图 6.1.10.7—12)。美术史专家们注意到:"这种折肢纹转折处和端点上的毛刺通常是平行状或扇形状,有三划或四划的,偶尔也有五划以上以至七八划的。有的研究者认为这种折肢纹与蛙或人肢纹有关。"(王朝闻 1987)正是这些表达数字卦的"折肢纹"的写意化发展,直接构成甲骨文中成熟文字,并作为字根而同有关象形符号结合起来,孳生出其同根字群,如其中的甲骨文"禾""黍""来""美""芰""粟""穆"等(图 6.1.10.13—24)。

七、数字卦"一∨"向甲骨文字演变

作为一个含"∨"数字卦,竖排古数字"一∨"组成的数字卦,随五帝之一的帝喾高辛氏主导中原,并派生出其后统治中国的唐、商、周部族,其使用频率逐渐增加,直至进化为甲骨文"辛"字。该数字卦刻划纹,迄今发现最早出现在陕西西安半坡遗址出土陶器 P4097 口沿下的宽彩带上(图 6.1.11.1),看来是按当地习俗用此数字卦来记录日入的特定方位的。此卦随庙底沟文化的一统天下而来到中原,以至河南肖营沙冢遗址龙山文化遗存的陶器上刻出两个这样的数字卦刻划(图 6.1.11.2—3),与其同出有几个表示日影观测数字卦"│×│"(F145),显然,这两个数字卦是用来标定日入方位的,依然保持其在半坡文化的原有含义。直到中原各地的商文化遗存中,这个数字卦还在出现,如河北藁城西台遗址上下层出土、河北磁县下七垣遗址二层、河南郑州南关外和二里岗遗址上层、台湾台北八里乡十三行道遗址出土陶文和殷墟出土的陶文、商代青铜盘上雕刻的图画文字、周原出土陶器上的刻符中,都有这个数字卦的遗迹(图 6.1.11.4—11)(F92,F289,张光裕 1981,陈全方 1985,杨晓能 2005)。其在商代遗存中出现的频率大增,表明商代居民对这个数字卦的行用更加经常。当这个数字卦作为字根派生出一系列甲骨文同源字后,其原来的字义及其同商族的关系,就更加明显地表露出来:此数字卦加日出入方位数字卦"↓"组成甲骨文"辛"字,突出日入西方含义,

以致在天干表中居第八位,与后天八卦的"兑"相配而与石、金、秋季等事物相联系,由此又派生出诸多会意字(图6.1.11.12);此数字卦与玉璧和人跪拜之象形相配组成甲骨文"璧"或"辟"字,表示该数字卦原有的测日入方位——观天象,即后世的祭天之义(图6.1.11.13);此数字卦与龙形象相连组成甲骨文"龙"字,以表苍龙星宿;此数字卦与候鸟形象相连组成甲骨文"凤"字,以表时令信使之鸟(图6.1.11.14—15);此数字卦与构成甲骨文"丙"字的数字卦组合成甲骨文"商",以铭记商族乃统掌天文者高辛氏之后裔;此数字卦与"口"字组成甲骨文"言"字,显然是宣告时令之形象的写照(图6.1.11.16—17);此数字卦与斤斧形象相配组成甲骨文"新"字(图6.2.7.18),以至《释名释天》载:"辛,新也;物初新者,皆收成也。"《月令》曰:"孟秋之月……农乃登谷,天子尝新。……季秋之月……乃命冢宰。"由此,此数字卦又派生出一些与惩罚有关的字,如甲骨文"宰""竞""妾"等。此数字卦衍生的甲骨文字还有很多。在甲骨文、金文中,有一个以它为字根的庞大同源字群,其种类繁多、用意交错,引起王国维(1923)、丁山(1988)、俞美霞(1970)诸位的关注。它们生动地体现了高辛氏作为商、周先祖之重要的历史存在如何对数字卦进化为成熟文字起作用。

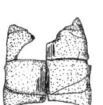

1(F92)	2	3	4(张1981)	5(张1981)	6(张1981)
半坡遗址	沙冢遗址(F289)		南关外遗址	台西	下七垣
7(张1981)	8(张1981)	9(杨2005)	10(陈1985)	11(陈1985)	12
二里岗遗址	殷墟	商青铜盘	周原遗址	周原遗址	甲骨文"辛"
13	14	15	16	17	18
甲骨文"辟"	甲骨文"龙"	甲骨文"凤"	甲骨文"商"	甲骨文"言"	甲骨文"新"

图6.1.11 各地行用的数字卦"一∨"举例及其向甲骨文字的进化

以上7个在五帝时代由数字卦原文字进化成甲骨文字或文章的实例,特别是几个围绕五帝其他几个部族名号文字演变的实例,生动具体地反映了五帝时代数字卦原文字向成熟象形文化文字进化的新局面:各地氏族部落各自用数字卦创作的地方性文字群,开始突破了以往老死不相往来的局限,而展开跨地区的交流,正在为各地地方性文字群汇集于中原而在规范化中组成早期成熟象形文字体系——甲骨文创造条件。这些实例以其展示的一些数字卦原文字向甲骨文字进化的具体过程表明:它们是证明甲骨文由数字卦进化而来的化石。就像古生物化石是将古生物考古材料联系成进化谱系的脉络一样,这些数字卦是将人类社会考古材料联系成文化进化谱系、将考古材料同传统历史联系成信史、将考古材料同全人类进化史联系成信史的脉络。

第二节　数字卦全面向成熟文字演变

既然上节这些实例已表明,距今4600—4000年的龙山时代各地氏族部落用数字卦创作的地方性文字群开始跨地区交流而在中原地区汇集起来,形成了向成熟象形文字体系全面转变的大趋势,那么,在距今4000年前这些汇集起来的半成熟的数字卦文字便已开始了规范化而逐渐向作为成熟象形文字重要载体的甲骨文字转变的趋势,就是历史的必然了。实际上,相当于龙山时代的五帝时代中国各地,特别是上述几个各自富有地方特色的铜石并用文化发达地区,出现了数字卦转变成象形文字和会意文字,并同正在使用的会意文字、卦象文字和象形文字结合起来派生、衍生、分化和孳乳出成熟文字的普遍趋势。这节就来考察各地流行的数字卦中体现这种趋势的例证。

如上所述,自黄帝部族入主中原以突出冬、夏至日出入方位数字卦来推行五行历法体制以来,中原和西部地区各地氏族部落已普遍行用"数以九为纪"的数字卦体系。进入五帝时代之后,随着各地文化交流日趋频繁,各地地方性数字卦原文字向成熟文字转变的趋势,便是围绕冬、夏至日出入方位数字卦的使用而展开的。这就是《易·系辞》所载的:"黄帝、尧、舜垂衣裳而天下治,盖取诸乾、坤。"作为乾、坤卦的夏、冬至日出入方位数字卦,是五帝时代各地氏族部落行用的数字卦体系的纲,历代入主中原的方国联盟的盟主都得举这个纲,只有举好了这个纲,确保其历法所指挥的农时和防洪治水活动不误农时,天下才不会大乱。因此,当时用作科技和文化交流媒介之数字卦体系的行用和发展,必然以这对数字卦为核心,其向甲骨文字的演变也必然以这对数字卦为轴心。

既然冬、夏至日出入方位数字卦是黄帝时代以降中国最通用的几对数字卦之一,那么,以其强大的派生成熟文字的功能,它们必然像上述那些数字卦一样,能同其各种应用场合的相关事物的形象符号相结合,而转译和孳乳出一系列同根字。下面就来对这二卦各自分开应用场合和结合应用场合所派生出的甲骨文字,分别作一简要考察。

一、夏至日出入方位数字卦向甲骨文字演变

图 3.4.13 中的日出入方位数字卦"↓(∣∨)"和作为其简体的数字"∨"及其相关数字卦,只是自老官台文化居民首创这个数字卦以标定夏至日出入方位之用以来,直到夏商周,各地各期文化居民逐年行用它们的一些例子(图 6.2.1.1—32)。正如上节所述,各地各期文化居民逐年行用这个数字卦及其简化和含"∨"数字卦的方式多样,特别是其图案表达形式在各地更是花样翻新、举不胜举。这反映了历代先民用这个数字卦,按摸索出来的日出入方位来确定夏至日、辨识正南方向,并用来标志以日出入方位定四时的习俗。他们世世代代年复一年地使用这个卦来定夏至、辨南方,以至在进行这类观察和思维的每个场合所形成的感性和理性概念都同它联系起来,于是,它的数字符号"↓"同夏至、南方等概念形成场合的象形符号相结合,而派生出分别会意这些概念的成熟文字,如甲骨文字"至""南""晋"等(图 6.2.1.33—40);由夏至而联想到《月令》所载的"农乃登黍""日长至,阴阳争,死生分"等夏至节气物候的经验认识,它的数字符号"↓"进而同这些联想场合的象形符号相结合,而派生出另一系列同根字,如

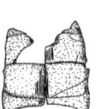

甲骨文字"谷""生""冬""羊""虫"等（图 6.2.1.41—48）。

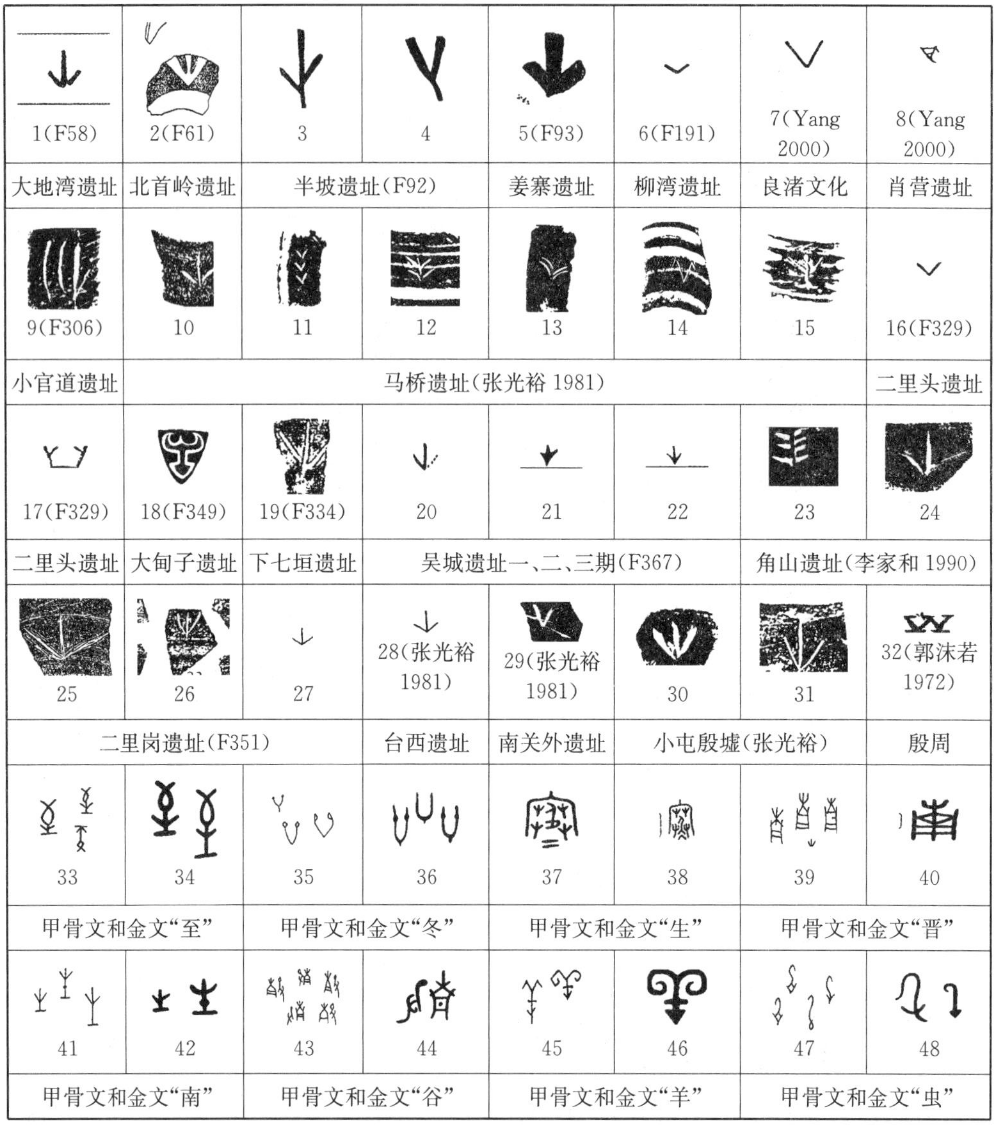

1(F58)	2(F61)	3	4	5(F93)	6(F191)	7(Yang 2000)	8(Yang 2000)
大地湾遗址	北首岭遗址	半坡遗址(F92)		姜寨遗址	柳湾遗址	良渚文化	肖营遗址
9(F306)	10	11	12	13	14	15	16(F329)
小官道遗址	马桥遗址(张光裕1981)						二里头遗址
17(F329)	18(F349)	19(F334)	20	21	22	23	24
二里头遗址	大甸子遗址	下七垣遗址	吴城遗址一、二、三期(F367)			角山遗址(李家和1990)	
25	26	27	28(张光裕1981)	29(张光裕1981)	30	31	32(郭沫若1972)
二里岗遗址(F351)			台西遗址	南关外遗址	小屯殷墟(张光裕)		殷周
33	34	35	36	37	38	39	40
甲骨文和金文"至"		甲骨文和金文"冬"		甲骨文和金文"生"		甲骨文和金文"晋"	
41	42	43	44	45	46	47	48
甲骨文和金文"南"		甲骨文和金文"谷"		甲骨文和金文"羊"		甲骨文和金文"虫"	

图 6.2.1　夏至日出入方位数字卦"↓"向甲骨文字演变

二、冬至日出入方位数字卦向甲骨文字演变

冬至日出入方位数字卦"↑（∧｜）"和作为其简体的数字"∧"及其相关数字卦的发明比夏至日出入方位数字卦早，在距今 8000 年的城背溪文化到距今 6000 年的大

溪文化这 2000 年期间,长江三峡地区的居民就有高频率地使用这些数字卦的习俗。在这个数字卦传到西北地区后,距今 7500 年前后的老官台文化居民,就开始在西北广泛使用其"↑"形符号或简体"∧"来标冬至的日出入方位(图 6.2.2.1—5)。从此,它们随这种天文历法技术的传播而流行各地,而为各地居民世代相传,直到夏商周

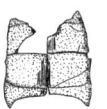

1(F58)	2(F71)	3	4	5	6(F92)	7(F93)	8(F175)
大地湾遗址	朝天嘴遗址	杨家湾遗址(F185)			半坡遗址	姜寨遗址	崧泽遗址
9(Yang 2000)	10(张明华 1990)	11(F191)	12(王志俊 1980)	13(张光裕 1981)	14	15	16(张光裕 1981)
良渚文化	澄湖遗址	柳湾遗址	紫荆遗址	城子崖遗址	二里头遗址(F329)		西台遗址
17(F367)	18(李家和 1990)	19(F351)	20(张光裕 1981)	21(郭沫若 1972)	22	23	24
吴城遗址	角山遗址	二里岗遗址	殷墟	殷周	西周(Yang 2000)		
25	26	27	28	29	30	31	32
甲骨文和金文"寅"		甲骨文和金文"族"		甲骨文和金文"侯"		甲骨文和金文"交"	
33	34	35	36	37	38	39	40
甲骨文和金文"广"		甲骨文和金文"宗"		甲骨文和金文"内"		甲骨文和金文"出"	
41	42	43	44	45		46	47
甲骨文和金文"冰"		甲骨文和金文"火"		金文"脊"		甲骨文和金文"今"	

图 6.2.2 冬至日出入方位数字卦"∧|"向甲骨文字演变

三代(图6.2.2.6—24)。作为每个氏族生死攸关的头等大事,观察日出入方位定四时、辨方向,是先民世世代代习以为常的日常实践。在这样的实践中他们往往将冬至星象或节气物候形象,如《月令》所载"其数六""日短至,则伐木,取竹箭""冰益壮……虎始交"等,同日出入方位数字卦"↑"或其简体"∧"联系起来,由此而派生出会意这些事物的成熟文字,如甲骨文"寅""交""族""侯""责"等字(图6.2.2.25—32);其简体"∧"同其实践场合的事物形象联系起来,而派生出会意另一些事物的成熟文字,如甲骨文"广""宗""内""出""各"等字(图6.2.2.33—40)。同时,一些含"∧"数字卦本身就约定俗成地直接转变为成熟文字,如甲骨文"冰""火""炎""脊""今"等字(图6.2.2.41—47)。

三、夏至与冬至日出入方位数字卦联体向甲骨文字演变

夏至与冬至日出入方位数字卦"↑(∧一)"与"↓(一∨)"的联体表达,自距今7800年的大地湾一期文化先民开创其先例以降(图6.2.3.1),除了上节所述的图案形式为大宗以外(图6.2.3.3、5、7—10),也有以刻划纹形式出现的(图6.2.3.4、6、11—13)。迄今发现最早的这两卦的联体刻划纹,出土于距今7000年的安徽蚌埠双墩遗址(图6.2.3.2)。尽管这种纹样在其后世各地遗存不多见,但在商周器物上广泛出现(图6.2.3.14—24),这表明这对联体数字卦也随数字卦向成熟文字转化的大潮流,像其他常用数字卦那样被广泛用来派生成熟文字。由于它们的联体形式主要是用于观测、标定四方和四时,这联体数字卦同这类场合事物形象相联系,而派生出的成熟文字多与观测四方、四时有关,如甲骨文"量""重""东""夷""昔""农"等(图6.2.3.25—40)。

上述这些数字卦演变为成熟文字的经历,让我们看到这种演变就是数字卦与象形符号相互作用加速进行的过程:在龙山时代的初期,即距今4500年前后的少昊入主中原时期,一些数字卦尚只进化到半成熟文字;到其晚期,即距今4000年前后的唐尧时期,一些数字卦已进化为成熟文字;直到距今3500年前的商代中期,看来数字卦除少数残留者外绝大部分已转变为成熟文字,整个成熟文字体系已完全形成并开始自身的

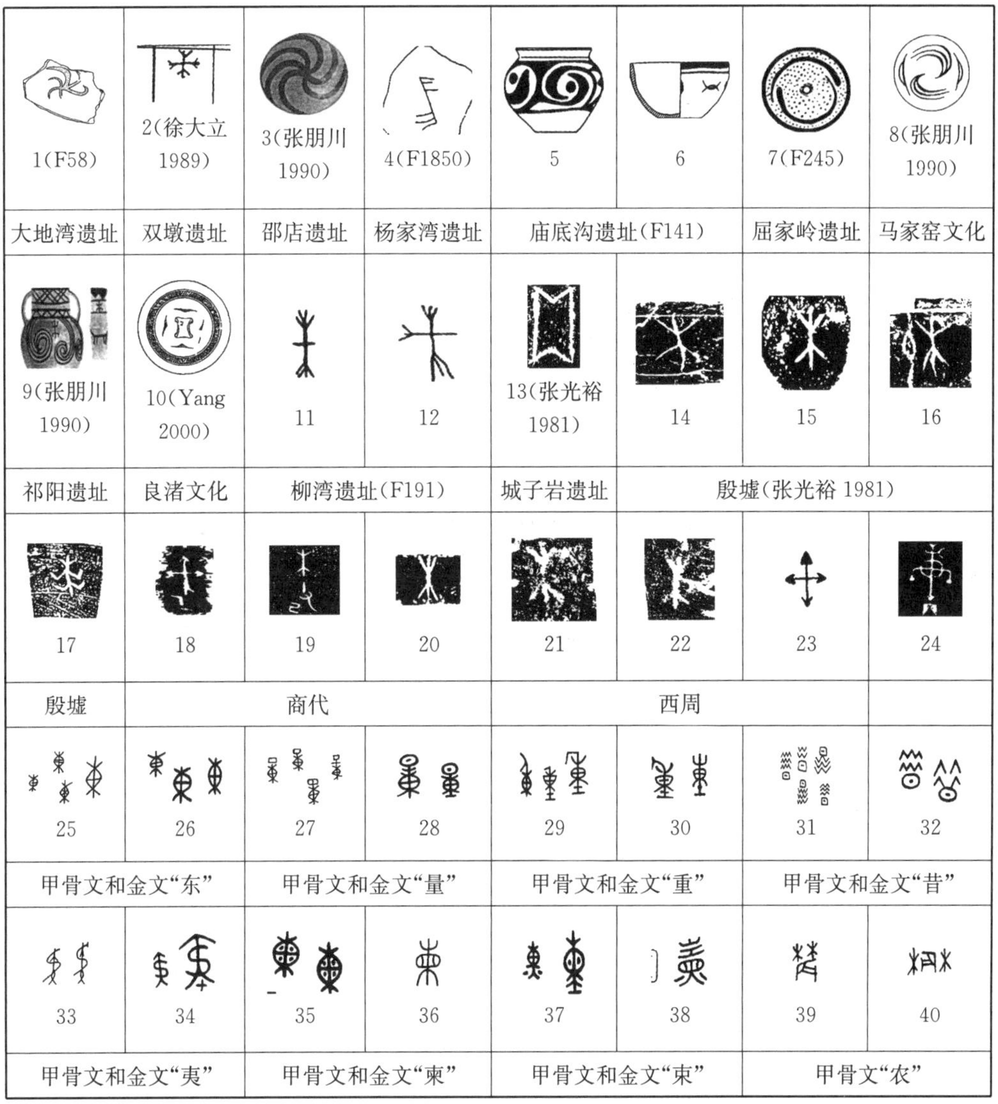

1(F58)	2(徐大立 1989)	3(张朋川 1990)	4(F1850)	5	6	7(F245)	8(张朋川 1990)
大地湾遗址	双墩遗址	邵店遗址	杨家湾遗址	庙底沟遗址(F141)		屈家岭遗址	马家窑文化
9(张朋川 1990)	10(Yang 2000)	11	12	13(张光裕 1981)	14	15	16
祁阳遗址	良渚文化	柳湾遗址(F191)		城子岩遗址	殷墟(张光裕 1981)		
17	18	19	20	21	22	23	24
殷墟	商代			西周			
25	26	27	28	29	30	31	32
甲骨文和金文"东"		甲骨文和金文"量"		甲骨文和金文"重"		甲骨文和金文"昔"	
33	34	35	36	37	38	39	40
甲骨文和金文"夷"		甲骨文和金文"柬"		甲骨文和金文"束"		甲骨文"农"	

图 6.2.3 夏至与冬至日出入方位数字卦"∧｜"与"－∨"联体向甲骨文字演变

发展。这些数字卦演变为成熟文字的经历也表明：每个数字卦作为字根派生出一系列同源成熟文字的过程，就像生物体细胞中的一种基因，即一组 DNA 密码，通过选择性剪接而编译出一群同源异构蛋白体一样。也就像各种同源异构蛋白体构成之组织和功能的相互作用而形成整个机体那样，各系列同源异构文字之形、义、音的相互作用而形成整个成熟象形文字体系。

第三节 数字卦继续在各地作文字行用

把上述那些图案和刻划符号返朴归真为龙山时代承传下来的数字卦,可能出乎一些学者的意料。这些学者说:"现已发现的数字卦,尚未发现早于商代晚期的材料,学者所说属于新石器时代的材料都有问题。……饶宗颐先生所举辛店陶器上的数字卦全是纹饰。这些都不是数字卦"(李零 2000)。本册已报道了大量早于商代晚期的数字卦材料,特别是大量新石器时代的数字卦材料,其数量之多远远超过商周数字卦材料,而足以推翻这种说法。即使现已报道的龙山时代的数字卦材料,也足以证明这种说法违背历史事实。龙山时代的数字卦材料,尽管迄今公认的不如商周数字卦那样多,但这个时代自始至终都通行数字卦,是可以肯定的,关键在于如何去识别。除了以上讨论的大汶口文化晚期和山东、河南、陕西龙山文化,东北地区的小河沿文化,江淮太湖地区的良渚文化,长江中游地区的石家河文化及西北地区的半山—马厂文化的数字卦材料之外,下面就龙山时代至夏代期间各地行用的数字卦,还列举一些如下:

一、西北地区各地龙山时代至商代中期文化遗存中已知的数字卦

作为中国彩陶发展到顶级阶段,马家窑文化在集各地彩陶文化发展之大成的基础上,兴起了彩陶纹样沿"纹饰的写意倾向"发展的新变革(王朝闻 1987)。美术史专家们之所以能觉察到这种倾向,就因为这些纹样实际上就是表达数字卦的图案。其中除上面所介绍的那些图案化数字卦的图案纹样外,还有一些直接将数字卦的美术体作装饰纹样的,就像后世汉字的美术体也直接用作装饰纹样一样。这些数字卦美术体的运用是如此广泛,以至美术史专家们也指出:"彩陶纹样发展到后期,又出现了许多各种线条构成的书写符号,仅马厂类型中就有十多种。其中不少是结构相近或相关的派生形式,也有些是相同结构的不同写法"(王朝闻 1987),而且同其他地区不同时期文化

层出现的相应数字卦的数字结构相一致，其中包括中原地区各型仰韶文化中曾流行过的美术体数字，如"×""∽"等。因此，尽管它们可能用作纹饰，但它们是数字卦，就像后世用作纹饰的美术体汉字是文字一样。这样点缀在纹饰中的或直接作纹饰的数字卦确实有许多，从马家窑文化各期到齐家文化以至辛店文化和寺洼文化彩陶中都有大量例证。

（一）甘肃临洮、东乡马家窑彩陶纹饰中点缀有数字卦"∧∧""∧∨""∨∧""｜∧""∨∧∨"等（图 6.3.1.1—5）。

（二）甘肃广河半山文化陶罐上由数字卦"｜×｜"和"一×一"正交而形成的如同甲骨文"癸"字的符号（图 6.3.1.6），同上述一些地区出现的这类符号同样。

（三）青海民和马厂文化彩陶纹饰中点缀的这个数字卦"一·一∧∧一"（图 6.3.1.7），分明是一相当于《周易》"无妄"的重卦，与商周时期行用的数字卦完全相同。民和阳山遗址出土的马厂文化陶器上普遍以数字卦作纹饰，除上面已列举的那些外，这里的两例分别是数字卦"××"和"φ"形的"｜∨"（图 6.3.1.8—9）。

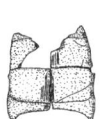

（四）甘肃兰州红古山马厂文化墓葬随葬的多件彩陶器都绘饰有数字卦，除本册第三章介绍的那些早期数字卦外，还有一陶盆"器内中心绘六条直线交叉于一圆圈内，外腹绘四组"如图 6.3.1.10 的纹样，这显然是由古数字"∧∧∧———"组成的重卦，相当于《周易》的"泰"卦。

（五）甘肃玉门火烧沟马家窑文化东乡马家窑彩陶纹饰中点缀有数字卦"∧∧""∨∨""∨∧""∨∧∧""∨∧"等（图 6.3.1.11—14）。

（六）甘肃武威皇娘娘台齐家文化陶器上也普遍以数字卦点缀纹饰，除上面已列举的那些外，这里的两例分别是数字卦"∧×∨""∧∨"和"×∨×""∧∨∧"（图 6.3.1.15—16）。

（七）甘肃永靖辛店文化陶器上也普遍以数字卦作纹饰，直接作纹饰的有数字卦"∧∧∧""八八八""∨一∨""∧十""八×∨"和"∧×∨""∧∨"等（图 6.3.1.17—22）。

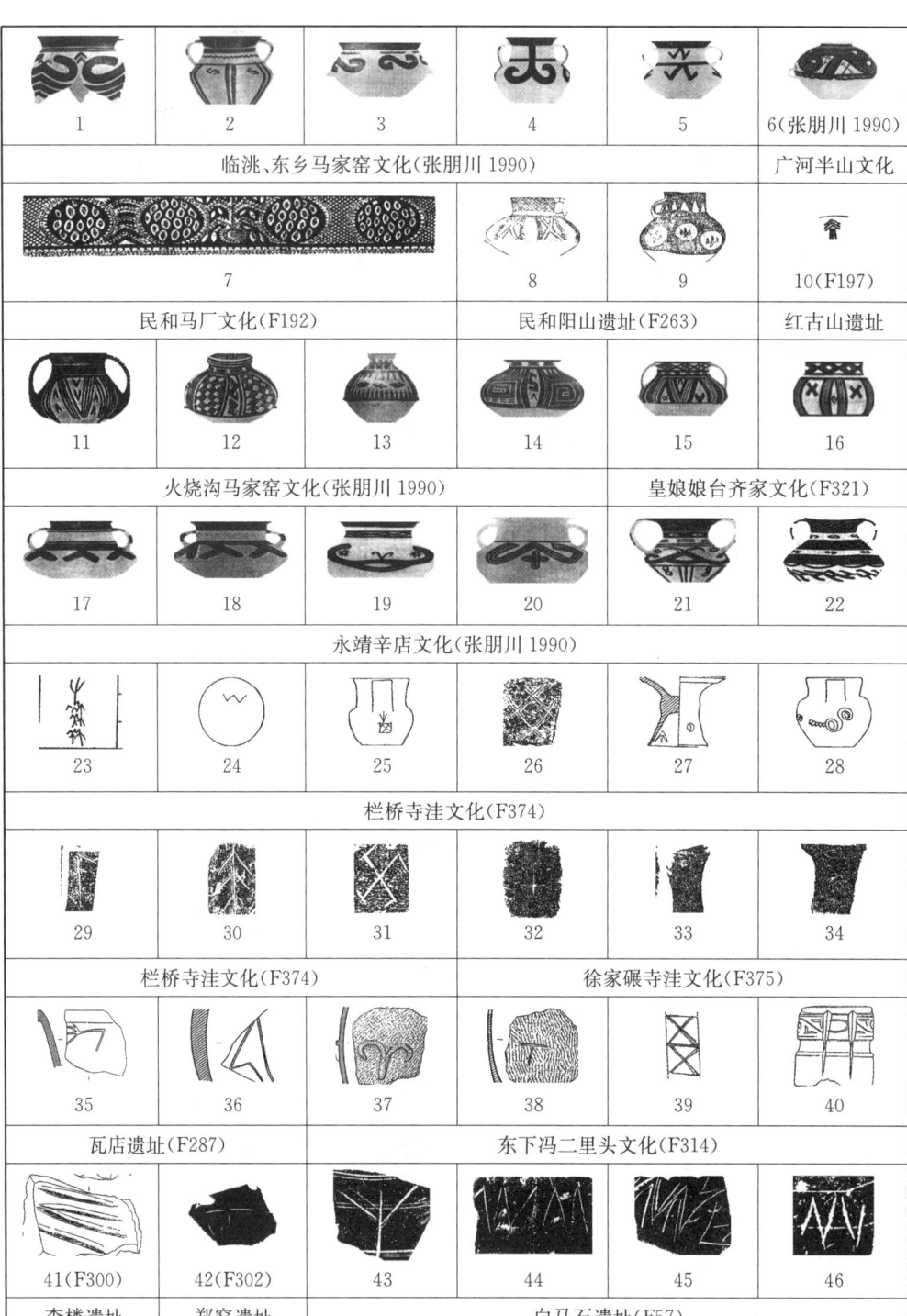

图 6.3.1 龙山时代至商代晚期间各地行用的数字卦举例

（八）在甘肃西和栏桥寺洼文化墓葬随葬陶器上，其发掘者发现有刻划符号21处，只要同其他地区先商文化遗存出土的同形数字卦及其美术体相对照，就可看出它们都是数字卦或数字卦组合，除上面已列举的外，其中还有"一∨、∧∧∧一、∧∧∧一、∧∧、∧一∧一""一∧一""一∨、∧×""××""∧｜""∧∨""∧一∨""∧一∧一∧一"及数字卦组合成的癸字等（图6.3.1.23—31）。值得注意的是，其中的数字卦"｜∨"也呈"ψ"形。

（九）甘肃庄浪徐家碾寺洼文化墓葬随葬陶器上，也发现有刻划数字符号。其发掘者已看出："殷、周文化中的数字符号出现在寺洼文化陶器上并非一种偶合现象，而是表明寺洼文化和殷、周文化是存在着一定的联系的。"（F375）这些数字符号是以数字卦的形式成组出现的，除上面所列举的外，还有"｜十""∧｜""∧∧∧"等（图6.3.1.32—34）。

二、西北以外各地龙山文化至二里头文化遗存中已知的数字卦

这一时空范围的文化遗存的发掘和调查报告中，迄今也暴露出不少数字卦。

（一）陕西绥德小官道遗址，处于龙山文化早期，出土折肩罐标本BG2T2(3):7"肩部有刻划符号"，其图示可见是竖写的古数字"一一∨"组成的相当于八卦之乾卦的一个单卦（图6.2.3.9）（F306）。

（二）河北磁县下潘汪遗址龙山文化遗存骨凿两件，各刻有成排划线纹（图6.3.2.2），其中一件骨柄上的一排划线，呈现为早期数字卦"三三二二二二"；另一件骨柄上有两排，分别呈现为数字卦"三二一"和"一二三"，其器正面上竖列两排、横列一排，再竖列一排、横列一排划线，从右至左依次呈现为数字卦"三二二""二二二""二二一""三一二""一一二"。

（三）"ψ"形数字卦"｜∨"同古数字"｜"相连，以"一∨｜"组合成的数字卦，同两个"∧"形之古数字六重叠所组成的数字卦"∧∧"，分别出现在河南禹州瓦店遗址的龙山文化之刻符陶片（标本ⅣT4H24:23和ⅣT6:4）上（图6.3.1.35—36）（F287）。

（四）河南汝州李楼遗址一期遗存，与平粮台城址同属龙山文化晚期，出土磨石标本 92T102(4):15"一面有四道磨槽"，其图示可见其中间两道顶端交合，而呈现出竖写的"一∧一"形之古数字组合（图 6.3.1.41）(F300)。

（五）河南临汝煤山遗址一期也属龙山文化晚期，其陶器符号标本 T25(3)B，呈古数字"∧一∨"组成的相当于八卦之震卦的数字卦（图 6.1.9.10）(F288)。河南临汝煤山遗址二里头文化遗存出土一瓮类大型陶器残片，上面刻划古数字"｜×"，为两爻数字卦（图 4.3.1.1）(Wenming 2004)。

（六）河南渑池郑窑遗址的三期文化遗存，按其发掘者的鉴定，正好与偃师二里头遗址头三期文化相当。其第二期（距今 4200—4000 年）遗存出土有"记事骨板：一件[T11(3):32]……一面有 19 道平行直线刻划纹"（图 6.3.2.1）(F302)，显然，这是在用早期数字卦记事，同本章第一节所举的那些早期数字卦一样。其第三期遗存出土的一些陶器上有刻划纹，其中有些可能是数字卦，如"十∨""一×∨""∨八"等（图 6.3.1.42）。

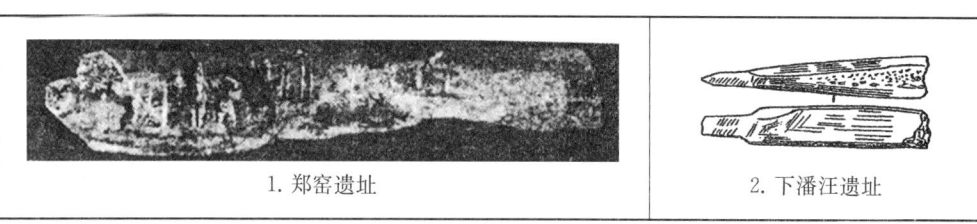

| 1. 郑窑遗址 | 2. 下潘汪遗址 |

图 6.3.2　龙山文化遗存出土的数字卦记事骨器（F302，F208）

（七）陕西紫阳白马石村遗址二期遗存，其发掘者认为属处于"新石器时代后期至夏、商"期间的"早期巴蜀文化"，出土陶片上"划纹形式多样，……有的用'∧'形纹组成连续纹样"，而呈现为数字组合"｜∨""一∧一∧一""∧∨∧""一∨∨"等（图 6.3.1.43—46），类似其他地区出土的这类数字卦（F57）。

（八）河南淮滨（肖营）沙冢遗址出土的龙山文化陶器上刻划有数字卦"一｜一""一×一""｜一×""｜｜×"及器腹排列的"∧∨∧∨"等（图 6.3.3.1—6）。

（九）河南登封王城岗遗址龙山文化陶器上刻划有数字卦"｜｜｜""｜｜｜｜"及环器

腹排列的"××""｜｜∨";"φ"形数字卦"｜∨"同数字二相连,以"一∨二"组合成的数字卦,也出现在该遗址的二里头文化陶簋(标本WT8H23:2)上(图6.3.3.7—11)(F286)。

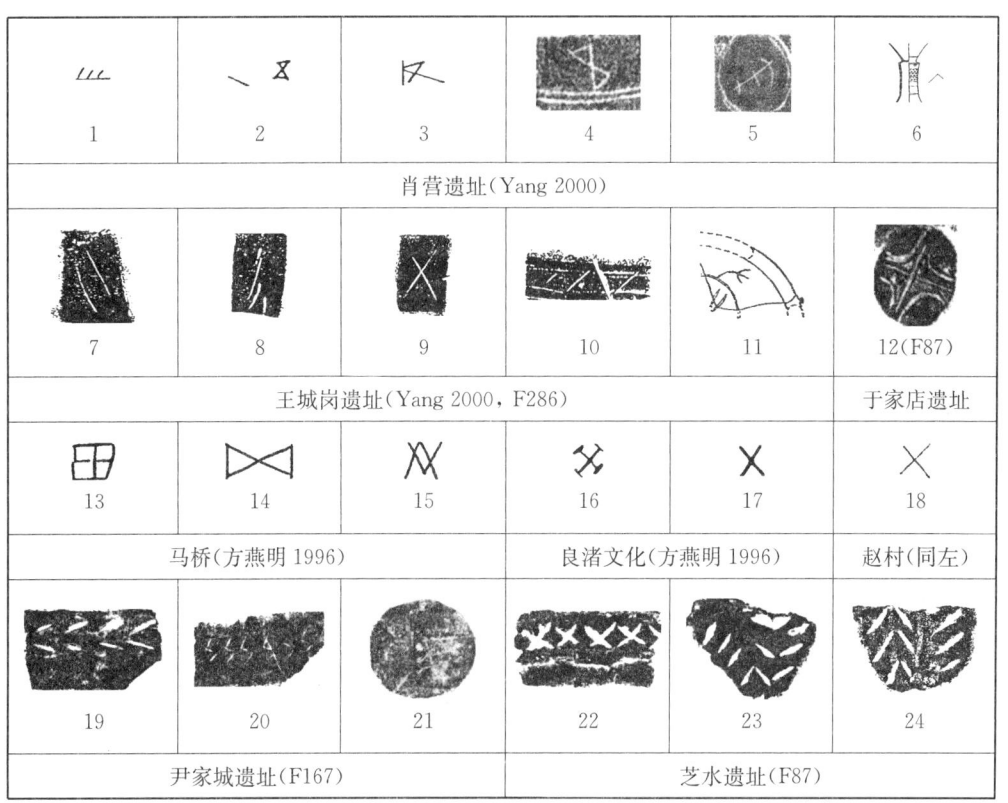

图6.3.3 龙山时代各地行用的数字卦举例(续)

(十)山东莱阳于家店遗址龙山文化陶器纹样中就有数字卦"∨×∧"(图6.3.3.12);山东泗水尹家城遗址岳石文化陶片上刻划有数字卦"八八八∧""一一一∧∧∧""××"等(图6.3.3.19—21);山东烟台芝水遗址距今4000—3500年的文化遗存陶器上刻划有数字卦"×× ×××""一一一 一一∧一一一""∧∧∧一一一"等(6.3.3.22—24)。

三、学者已承认的龙山时代至商代中期间行用的数字卦

以上这些龙山时代至中商期间行用的数字卦,只是从所收集到的考古出土材料中

随机抽取的一些,尽管不被一些学者所承认,但如此之大的一个正在向成熟文字转化的数字卦体系的客观存在,终究是不可忽视的。这一期间行用过的数字卦,随着其暴露于公众视线中的日多,而得到一些求实学者的认证。

(一)张志华等(2007)报道称:河南平粮台龙山文化城址出土"一件半圆形黑衣陶纺轮","其上一面有阴刻符号,经清华大学李学勤教授辨识,认为框线中的'一∧一'形符号可以理解为八卦中的离卦","从陶纺轮上的刻符可以看出,符号书写娴熟,自然流畅,应是先将符号阴刻在晾干的泥纺轮上,然后在刻迹上洒一层蚌粉(防止将符号熏黑),经烧制和处理制成"(图6.3.4)。由此可见当时数字卦用作文字而予以书写通行以至成为世俗习惯的情况。李学勤(2007)对此评论道:"卦象符号近二十多年有许多论著探讨,也搜集了大量例子,不过凡是早于商代殷墟时期的,都难于落实,多有争论。平粮台的这件纺轮,提供了时代较早又可凭信的例证。"

图6.3.4　河南平粮台龙山文化城址出土陶纺轮上刻划的数字卦(张志华等2007)

(二)另一大例证,是(2010-05-14)四川省盐亭县出土的一方完整的界碑石,当地人称它为"蛮碑"。碑上刻有五十多行似文字的符号。曾因遭兵祸丢失。1929年又再现,其碑下半文字已磨损,文字不易辨识。现存有半截石碑刻划符号拓片于世(图6.3.5)。北京大学出版汉文学专家何九盈等主编的《中国汉字文化大观》一书(1995)载:"四川盐亭县曾发现一块完整的界碑,上面刻有五十行类似文字符号,都与半坡彩陶刻划符号相类似,这些都是属于四五千年前龙山文化或青铜器时代文化的遗存。"吴前衡到盐亭将界碑符号中最后六个符号解读为"形制规整的数字卦":

1.六六六,按《说卦》称"坤";2.六一八,按《说卦》称"坎";3.七五八,按《说卦》称"兑";4.八五一,按《说卦》称"巽";5.五八六,按《说卦》称"艮";6.一六八一六,按《同易》名"澳"。由此,吴教授认为:"盐亭的五十多个符号的完整界碑属于龙山文化时期,比殷墟早千年左右,为易学史划出一个新时代"(JYSW 2010)。

(三)饶宗颐(1983)举出的 8 例数字卦中有 5 例属辛店期陶文,兹引述于图 6.3.6,这 5 例都是五进制数字卦。

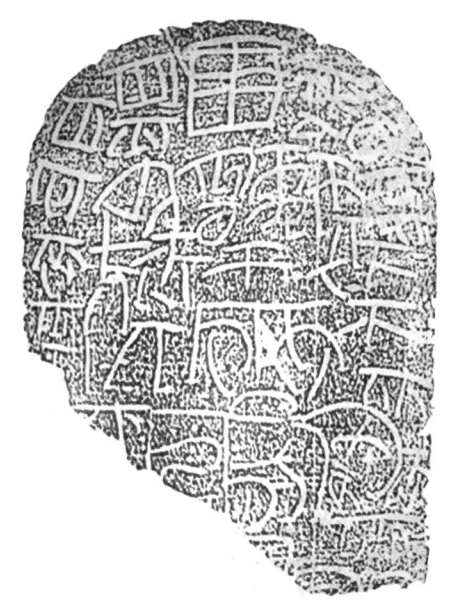

图 6.3.5 盐亭出土的界碑刻划符号拓片

图 6.3.6 辛店文化陶文中的数字卦

本节不完全列举的龙山文化数字卦计有 200 多例,仅是这时期文化遗存中迄今暴露的数字卦的一小部分,就不仅超过迄今所知商代数字的例证数,而且也多于迄今所知的西周数字卦的例证数。随着数字卦研究的纵深展开,人们观察数字卦的视野必然从局限于商周的井蛙之天中解放出来,这是不以人们意志为转移的科学发展趋势。同时,龙山时代至夏代期间各地行用的这些数字卦,以时间上的连续性和空间上的普遍性证实:这一期间的数字卦已不同于原始和早期数字卦,而是经过高度发展后已进入半成熟文字并向成熟文字转化的阶段,其继往开来的特征如此明显,以至大都是非三个和六个数字组成的数字卦,很少真正像原始和早期数字卦或商周数字卦那样以一、五、六、七、八、九和一、五、六、七、八这两种记卦系统所书写的三个和六个数字组成的数字卦。因此,龙山时代各地居民行用的数字卦原文字,也不同于商周数字卦,而处于由其前期文化中流行之地方性数字卦原文字汇集起来向成熟象形文字的进化之中。

以上两百多个在五帝时代由数字卦原文字进化成甲骨文字或文章的实例,特别是几个围绕五帝和其他几个部族名号文字演变的实例,生动具体地反映了五帝时代数字卦原文字向成熟象形文字进化的新局面:各地氏族部落各自用数字卦创作的地方性文字群,开始突破了以往老死不相往来的局限,而展开跨地区的交流,正在为各地方性文字群汇集于中原而在规范化中组成早期成熟象形文字体系——甲骨文创造条件。

从这两百多个实例中,可归纳出数字卦原文字进化为甲骨文字的6种方式:(1)数字卦+图画文字(形符)作字根派生甲骨文字;(2)卦象文字(形符)作字根派生甲骨文字;(3)数字卦作字根派生甲骨文字;(4)数字卦简体作字根派生甲骨文字;(5)两个数字卦(或其简体)组合成字根派生甲骨文字;(6)多个数字卦(或其简体)组成字根派生甲骨文字。继本册以上各章论证数字卦原文字向成熟象形文字进化的过程之后,这些实例又展示了一些数字卦原文字向甲骨文字进化的具体过程,它们也是证明甲骨文由数字卦进化而来的化石。就像古生物化石是将古生物考古材料联系成进化谱系的脉络一样,这些数字卦是将人类社会考古材料联系成文字进化谱系、将考古材料同传统历史联系成信史、将考古材料同全人类进化史联系成信史的脉络。

这两百多个实例,特别是记录五帝和其他部族名号之数字卦原文字由早期形态向甲骨文字进化的具体过程,像示踪元素一样再现了这些部族各自的渊源及其历代活动地域和年代,这些数字卦原文字材料就像神经系统把骨骼系统与肌肉系统联系成活的有机体一样,把考古材料和古籍材料精密地联系起来而使重建的历史令人信服地活起来。这些实例表明:常规考古学对一种考古学文化器物进化谱系的科学分析,可以相当精确地推论出其创造者部族的渊源及其历代活动地域和年代;如能进一步从中找到其伴随的文字和其他标记材料并予以系统化成内在证据链,就能将有关古籍材料中时空混乱的史实素地理顺,而同以器物进化谱系为骨骼的部族进化构架有机地结合起来,从而迈向重建这个部族进化史的道路。

正如史家 Giambattista Vico(1668—1744)所强调的"语文的起源和发展研究,是提供史实的记录和凭证的最有力手段"(朱光潜 1983),本章对五帝时代各地流行的数字卦原文字来龙去脉的初步研究,一方面为三皇五帝和其他著名部族之渊源及其历代的时空定位提供了直接的文字记录和证据,从而为考古学和史学实现"三个联系起来"的目标构建先商文明史开辟了切实可行的道路;另一方面为跟踪相关甲骨文字的起源和形成过程找到了最可靠的示踪元素,从而为重新认识甲骨文字、重新建立中国文字学开辟了新前景。

第六章参考文献

Wenming.2004.我们的文明[EB/OL].http://www.china5000.cn/wenming/duandai/photo.jsp,2004-08-24.

Yang Xiaoneng. 2000. *Reflections of Early China*. the Nelson-Atkins Museum of Art the University of Washington Press,Seattle,48—82.

邓淑苹.1990.故宫博物院所藏新石器时代玉研究之三——工具、武器及相关礼器[J].故宫学术季刊,8(1):30—47.

丁山.1988.中国古代神话与宗教考[M].上海:上海文艺出版社,3—371.

董作宾.1977.董作宾先生全集[M].乙编,第三册.台北:艺文印书馆,9—136.

杜金鹏.1994.说皇[J].文物(7):55—63.

冯时.2001.中国天文考古学[M].北京:社会科学文献出版社,12—410.

郭沫若.1972.古代文字之辩证的发展[J].考古(3):2—13.

何驽.2003.陶寺遗址扁壶朱书"文字"新探[N].中国文物报,11月28日7版.

李济.1957.中国文明的开始[M].台北:台湾商务印书馆,18.

李家和,杨巨源.1990.角山刻符初步探讨[J].华夏考古(1):65—91.

李零.2000.中国方术考[M].北京:东方出版社,258—261.

李学勤.1990.重新估价中国古代文明[A]//新出青铜器研究[C].北京:文物出版社.

李学勤.1992.良渚文化的多字陶文[J].苏州大学学报.吴学研究专辑,1992.

李学勤.1992.试论余杭南湖良渚文化黑陶罐的刻划符号[J].浙江学刊(4).

李学勤.2007.谈淮阳平粮台纺轮"易卦"符号[N].光明日报,4月12日.

李学勤.1995.周易经传溯源[M].台北:丽文文化事业股份有限公司,169—229.

陆思贤.1993.在"长江文化"中见到的"渔猎文明"的曙光[J].东南文化(3):22—31.

陆文华.2008.良渚文化首次发掘出土刻符大玉璧[N].中国新闻网,12月14日18:27.

栾丰实.2000.太昊和少昊传说的考古学研究[J].中国史研究(2):3—18.

绵阳市文学艺术界联合会.2010.盐亭出土的刻划符号是中华始源文字[J].嫘祖研究(11):05—14.

饶宗颐.1993.道教与楚俗关系新证[A]//饶宗颐史学论著选[C].上海:上海古籍出版社,125—142.

饶宗颐.1994.哈佛大学所藏良渚黑陶上的符号试释[J].浙江学刊(6).

饶宗颐.1993.说卍(Svastika)[A]//饶宗颐史学论著选[C].上海:上海古籍出版社,1—16.

饶宗颐.1983.殷代易卦及有关占卜诸问题[A]//饶宗颐史学论著选[C].上海:上海古籍出版社,31—55.

苏秉琦.1997.中国文明起源新探[M].香港:商务印书馆(香港)有限公司,7—150.

唐兰.1977.从大汶口文化的陶器文字看我国最早文化的年代[N].光明日报,7月14日.

田昌五.1982.古代社会断代新论[M].北京:人民出版社,53—54.

王朝闻.1987.中国美术史·原始卷[M].济南:齐鲁出版社,145—150.

王国维.1923.观林堂文集[M].12卷,说商.上海:蒋汝藻排印.

王晖.2007.出土文字资料与五帝新证[J].考古学报(1):1—28.

王青.2004.镶嵌铜牌饰的初步研究[J].文物(5):65—72.

王树明.1986.谈谈陵阳河与大朱村出土的陶尊"文字"[A]//山东史前文化论文集[C].济南:齐鲁书社.

王震中.1986.大河村类型文化与祝融部落[J].中原文物(2):83—90.

徐大立.1989.蚌埠双墩新石器遗址陶器刻划初论[J].文物研究(5):246—258.

徐旭生.1985.中国古史的传说时代[M].北京:文物出版社,197—215.

徐永玲.2009.青海之青海彩陶[J/OL].http://news.jschina.com.cn 2009-07-24 16:06:00.

许宏.2004.二里头遗址考古新发现的学术意义[N].中国文物报,9月17日.

许顺湛.2005.五帝时代研究[M].郑州:中州古籍出版社,1—546.

于省吾.1973.关于古文字研究的若干问题[J].文物(2):32—35.

俞美霞.1970.从甲骨文字谈殷商墓中石人玉人的启示[J].故宫学术季刊,5(2):39—56.

张光裕.1981.从新出土材料重新探索中国文字的起源及相关的问题[J].香港中文大学:中国文化研究所学报(12),91—151.

张国硕.1996.从下七垣文化看商族的渊源[A]//河南文物考古论集[C].郑州:河南人民出版社,209—214.

张明华,王惠菊.1990.太湖地区新石器时代的陶文[J].考古(10):903—907.

张朋川.1990.中国彩陶图谱[M].北京:文物出版社.

张政烺.1980.试释周初青铜器铭文中的易卦[J].考古学报(4):403—415.

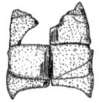

第七章　青铜时代的数字卦

处于青铜时代的夏商二代共计历时 1000 多年,其头 700 年间有没有文字?其后 300 多年间甲骨文字是如何出现的?这些是决定中国文明起源研究能否取得突破性进展的关键问题。

当然,期待二里头遗址中发掘出殷墟甲骨卜辞那样的文字材料是不切实际的。作为甲骨文之前的一个文字进化阶段的夏代,其文字的载体、表达形式和书写方式的进化程度肯定低于甲骨文;从商周时期主要文字史料是竹、木简的情况来看,夏代文字的主要载体也会是竹、木简,因其年代更为远久而腐朽无存。但是,绝不能因此而放松发掘夏代文字史料的努力。从殷墟甲骨文中仍残留不少数字卦的情况来看,夏人用数字卦作文字之习惯的保留程度更大,其用数字卦作文字的频率更高。赵芝荃(1987)也注意到:"二里头遗址大口陶尊的口沿部位发现一批刻划符号,都是单独存在,主要有丨、丨丨、丨丨丨、丨丨丨丨、∧、十、×、ㄨ、↑、↓、⋊丨、Π、囗,有的形象类似安阳殷墟的甲骨文字,不能否认二者存在的联系。"实际上,这些刻划符号都是如上所述的数字和数字卦。因此,对二里头文化及其前、后期文化中出现的数字卦材料的系统研究,是不可忽视的一条发掘夏代文字材料的途径,也是认识甲骨文字体系在商代中后期形成之历史必然性所不可或缺的一个环节。这一章,就是朝这方面努力的初步尝试。

第一节 夏商周三代数字卦进化中的新事物

既然上节这些实例已经表明,距今 4600—4000 年的龙山时代各地氏族部落用数字卦创作的地方性文字群开始跨地区交流而在中原地区汇集起来,形成了向成熟象形文字体系全面转变的大趋势,那么在距今 4000 年前就已开始汇集起来的半成熟的数字卦文字在规范化中逐渐逼近成熟象形文字重要载体的甲骨文字的趋势,就会是愈演愈烈的了。特别是在王朝都城所在的中原地区,出现数字卦转变成象形文字和会意文字,并同正在使用的会意文字、卦象文字和象形文字结合起来派生、衍生、分化和孳乳出成熟文字的趋势,就会日益广泛深入地展开起来。随着铜石并用时代向青铜时代转变,这一趋势加速涌入夏商周三代,涌现出大量既传统又时新的事物,图 7.1.1 列举的几例仅是其中的凤毛麟角。

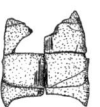

图 7.1.1 所列器物的纹饰表明:继五帝时代之后,夏商周三代仍在以不同的程度继承和发扬黄帝时代"数以九为纪"的传统,仍在以各自的形式突出日出入方位数字卦;作为其主要表现形式的旋纹依然流行(图 7.1.1.1、5、9),旋目纹发展成的饕餮纹上升成为主要形式而其神秘色彩达到高峰(图 7.1.1.2、6、10);对日出入方位数字卦的神化转变为对传统阴阳观的神化(图 7.1.1.3、7、11);器物上的数字卦刻划转变为成熟文字刻录,但数字卦刻划仍凭借传统的惯性而顽强地占据陶器这类传统媒体(图 7.1.1.4、8、12)。正是在这种文化大转变的形势下,数字卦作为原文字向成熟文字体系的转化和发展得以加速进行。夏商周三代各自留下的这些刻有文字的器物,为认识这一过程的错综繁复的动态,提供了生动具体的例证。

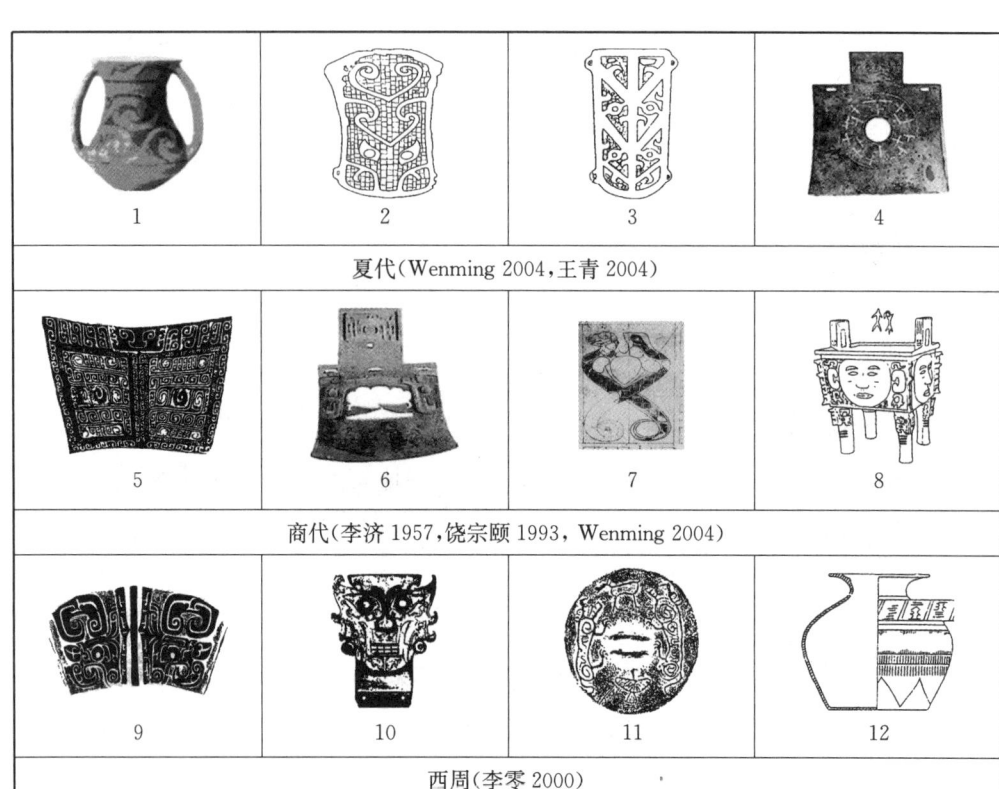

图 7.1.1 夏商周三代各地流行的日出入方位数字卦的图案形式及其发展举例

一、夏代刻有数字卦"十十十"的"铜钺"

这件铜钺(图 7.1.1.4),"于两同心圆之间镶嵌有内外两周由绿松石组成的'十'字,其中外周 12 枚,内周 6 枚,均等距分布"(冯时 2001)。从此类器具的进化谱系来看,这件被鉴定为夏代晚期的镶嵌十字纹方钺,呈"凸"字形,其两肩上各有一长方形镂孔,可分别用来直立木标,测日出之景与日入之景;其下部梯形中央有一大圆形镂孔,可用来直立木标,测日中之景;环绕此中央大圆形镂孔的圆环上等距离镶嵌 12 个"十"字纹,其中每两个"十"字纹之间的上部又镶嵌一个"十"字纹,而呈"品"字形分布,并使中央大圆孔上下的两个"十"字纹之竖划线正好处于同一中垂线上,从而显露其测定四面、八方和二十四方位及测定一天十二时辰的功能。只要其用双肩上的二方孔或中央大圆孔立木标测日影定东西和南北方向后,就可通过观测中央大圆孔上所立木标之影同这 12 个"十"字纹中任一"十"字纹之竖划线的重合,来确定其相应的 12 个方位和 12 个时辰中的一个,并以此木标之影落入这 12 个"十"字纹中每两个"十"字纹之间的空隙的弧位,来确定其相应的另外 12 个方位。显然,该器继承并大大地发展了大汶口文化式(F163)和红山文化式的三孔便携式方向测定仪(F170)的优点,以中央大圆孔与二方孔的倒"品"字形分布代替老式三孔平行分布,用环绕中央大圆孔等距分布的"十"字纹方位和时间标识代替老式三向标识,在阴阳四分历的时空统一观的基础上,把先民对时间方向的认识推进并落实到一天十二时辰和二十四方位。据说,此方钺大而重,使用不便而明显不是兵器;而以"有绿松石镶嵌"定为"仪仗用具",但无法找到其上承下传谱系,无法解释其饰纹内容,也没有当时仪仗礼制的依据。唯一能解除所以这些疑难的是,还这件镶嵌"十"字纹方钺实为钺形三孔座式方向测定仪之本来面目,并同《禹贡》和《夏小正》相互印证:至迟于夏代晚期已实行十二时辰和二十四方位制。这表明,数字卦"十十十"及其简化"十"是用来标定方位和时辰的,因此转译成甲骨文的"甲"字,就是顺理成章的事。

二、殷商镌数字卦演变而来之"大禾"二字的人面方鼎

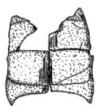

湖南宁乡黄材遗址出土的"殷器人面方鼎,四周作四个人面像,状貌慈和。""此器镌'大禾'二文于器内近口处"(图 7.1.1.8)。饶宗颐(1993)考证"此器即象征黄宗四面。殷卜辞有黄尹,又有黄宗……黄尹或指黄宗之佐。故为祭祀对象——黄帝";此"大禾"二字"表示大受禾,大有年之吉祥语,当为后来'大和'一语所自出。《易》乾卦云:'保合太和,乃利贞'。"这表明,此器是用来祭祀黄神保佑丰年的礼器。不仅此二字,一个来自下面将谈到的呈"大"字形的数字卦"∧∣∧",一个来自上面所说的数字卦"∧∨∧"(图 6.1.10.13—14);而且其刻录的部位和格局,同史前陶器口沿下刻划的标定秋分节气的数字卦完全一致。这表明,即使是甲骨文高度成熟后,仍在一定时期内沿用数字卦的行文传统,还像唐尧时期的半数字卦、半成熟文字的行文"文尧"一样。

三、西周纯粹以多个数字卦组成的历书

在甲骨文、金文和简文高度发达的商周时期,不仅其字里行间残存数字卦,而且有

纯粹以数字卦行的文章。陕西淳化县石桥镇北出土的一西周陶罐(图7.1.1.12),"肩上有两条凹弦纹,其下以斜竖的双弦纹界成十格,……格内刻有数字卦,九格各刻一个,只一格刻两个。十格成为一圈,循环相接;每个数字卦皆由6个数字组成"(李学勤1995)(图7.1.2)。

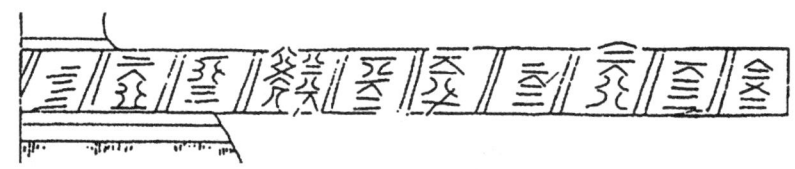

图7.1.2　石桥镇出土西周陶罐上用数字卦刻录的文章(李学勤1995)

这显然是纯粹用数字卦刻录的一篇文章。庙底沟文化以降各地陶器上流行的五行十月历授时图的格局(见本卷第二册),正好同这个陶罐的环周十格吻合,因而可断定这是一幅以数字卦标定月份的五行十月历授时图;其中的一格刻有的两个数字卦,是用来标定这个月为闰年月的,其日数除了每月的36日外,还加上当年需置闰的5天或6天。它们也正好同这种历法的置闰程序相吻合,就进一步确证了我们的判断。对此,即使不予认同,但关于这个陶罐的报道,也称之为"易卦符号文字"。随后,李学勤(1995)考证此罐属"西周晚期",并以六个数目相同的一个数字卦为起点,依顺时针方向将这些古数字卦变换成汉字数字写成的数字卦和《周易》的卦。他依据商周器物上出现数字卦的惯例指出:"实用器物上记载数字卦,可以有不同的理解。一种是象中方鼎铭文,所载数字卦可能与铭中叙述的史事联系;一种是作器或使用该器时占筮记录;再一种是利用现成器物记录占筮结果,如阴墟发现的砺石。这几种理解,似乎只有最后一种比较适用于淳化陶罐。"不论如何理解,这是一篇纯粹以数字卦为文字所记录的西周文献,已为学界所公认。

无独有偶的是,河南洛阳唐城花园西周墓葬M434出土陶簋内壁上刻划的"田猎图",其中列出五个数字卦,安亚伟(2007)译为《周易》六十四卦中的五个卦按阴阳倍乘图顺序是:"蹇""巽""无妄""既济""睽"(图7.1.3)。这也是按五行历法把一阳历年分成五节三段,即以"蹇"卦为中点的秋分和冬至期间的田猎阶段;以"巽"卦为中点的立春前后、以"无妄"卦为中点的春分前后和以"既济"卦为中点的立夏前后的农田耕作阶段,"无妄"卦下这个"雨"字指明雨水节气开始备耕;以"睽"卦为中点前后的收获贮藏阶段。其内底刻划的数字"×"是数字卦"｜×｜"的简体,用来指示内壁上刻划田猎活动的时令定位。这样划分为五节三段的五行历。正好同上面那个十月五行历相印证。

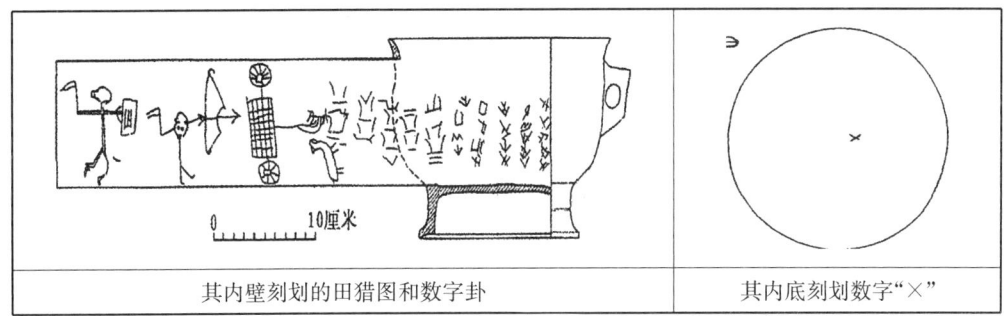

| 其内壁刻划的田猎图和数字卦 | 其内底刻划数字"×" |

图7.1.3 唐城花园西周墓葬出土陶罐上用数字卦刻录的文章(安亚伟2007)

既然高度成熟的甲骨文、金文和简文已全面取代卦数文字而处于普遍行用的西周,尚残存纯粹由卦数文字所记录的西周文献,那么在这些成熟文字还未形成的史前时代,纯粹由卦数文字来记事的文章就必然是通行于世的文字载体,就像人类的尾椎退化之后有个别长出尾巴的案例本身就意味着人类的远祖类人猿普遍长尾巴一样。

上述这些实例都若隐若现地显示出当时正在兴起的甲骨文字、金文字刚从数字卦中脱胎出来,而还带有数字卦母体遗传下来的胎记。

第二节 夏代数字卦加速向甲骨文字进化

二里头文化居民使用的陶文中有些在构形上与甲骨文很相似,特别是用于数字卦的十进制数字,除数字九以外,其余完全相同(图 7.2.1.1—2),这证明史前十进制数字系统通过夏代十进制数字系统,才进化成了商代甲骨文的十进制数字系统。数字系统是整个文字体系起源和进化的先导,在转变中的数字系统的带领之下,史前各地地方性数字卦原文字群继续在夏王朝主导下的中原汇集起来,在逐渐的规范化中向甲骨文字体系演进,以至在二里头随机发现的陶文中大多数刻符,都能在其后的甲骨文字中找到其构形相似的字符(图 7.2.1.3—4)。

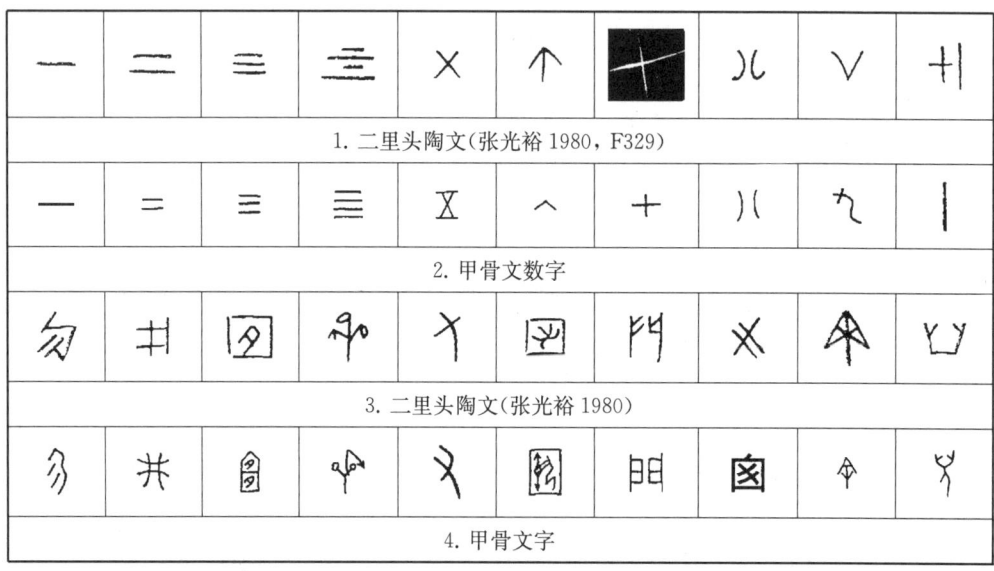

图 7.2.1 二里头陶文与构形相似之甲骨文的比较(张光裕 1981)

二里头文化居民仍习惯于使用数字卦文字。除用龙和云的图像和图画文字外,大都用数字卦文字作标志,如处于夏代早期的偃师二里头遗址一期遗存出土的陶罐标本"VIIIH53:12"腹部有一"'Y'形符号",同各地仰韶文化遗存出土的"Y"形符号一样,是数字卦"Ⅴ丨"(图 7.2.2.21);其二期遗存出土的陶甑标本 VT101(4):14"耳饰简单兽面纹"呈"W"形,当为古数字"ⅤⅤ"组成的相当于甲骨文"山"或"火"字的数字卦(图 7.2.2.20);其同期墓葬所出陶盉标本 IVM14:6"鋬面有三条线划纹,上端划两个斜十字,斜十字下面饰两个圆泥饼,泥饼下三角形划纹",其图示可见呈古数字"××∨"组合,相当于八卦之乾卦;另一陶盉标本IVM18:7"耳饰划纹",其图示可见呈古数字"×∧∧"组合,相当于八卦之艮卦(图7.2.2.16—17)(F329),还有两个墓葬M22和M8随葬陶盉耳鋬也分别刻划有数字卦"三三二"和"∨∨"(图7.2.2.14—15)。其他的很多器物上都刻划有数字卦及其图案画(图7.2.2.1—23)。可见当时夏代都城居民是把这些数字卦作标记器物某种属性的文字在使用,其中就有直接标记其夏人的黄帝部族或有夏部落属性的。

(一)这两件绿松石铜牌上的数字卦"∧χ∨"图案及直接刻出的数字卦(图3.2.4.1—2,5—8),与本套书第二卷第三册所述黄帝部族有熊国所属部族的共同标记一样,突出黄帝"数以九纪",强调冬、夏二至方位数字卦,即《易·系辞》所载的"乾、坤"二卦,将其与龙纹相配,显然是用来表明其作为黄帝后裔专掌观云测雨、防洪治水之重任的尊贵地位;也是宣示其以观云测雨、防洪治水为重点之天文历法体制的崇高地位。考古学家们看出的"铜牌饰是二里头文化的特有器物,牌饰上的图案表示龙,……铜牌饰上部的曲头状'∨'字形纹是象征龙的神威的徽章等",实际上就是大禹部族的"九龙"族徽。

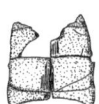

(二)只要看过二里头遗址出土材料的人都会为其中多种多样的云纹而留下深刻印象,其中随便拿出几个例子(图7.2.2.3—4,9—13),就可看出夏人标榜其先祖曾主管过云象观测以防治洪水的荣耀,如三期墓葬M3随葬的铜戈"锋和刃部较锋利……内后部铸有凸起云纹,纹间槽内可能镶嵌有绿松石,此戈制作精细"(F329),细看此云纹:既同上述有熊国流行的"云彩"和"云"纹相同,也同甲骨文、金文"夏"字相似。可见,这个云纹实际上就是"夏"字的图案画,即组成"云彩"和"云"纹的这两个数字卦的图案画。因此,这件代表当时最先进武器的铜戈,其执掌者必在夏王朝处于特殊地位;其墓葬于1号宫殿基址附近,墓室显贵且"随葬品相当丰富"而贵重都显示其位高权重(F329[241]),如此一位夏王朝重臣携带如此精美而显示其高贵身份的铜戈,铸上这个正在由数字卦向甲骨文转变中的"夏"字是理所当然的。当时呈"云彩"和"云"纹的数字卦正在向甲骨文"夏"字转变,其他同类纹样(图7.2.2.9—10,12)就体现了这种转变趋势。与上述揭示夏部族属性的王湾文化和二里头文化数字卦一起，它们也是证实二里头文化是夏文化的文字史料。

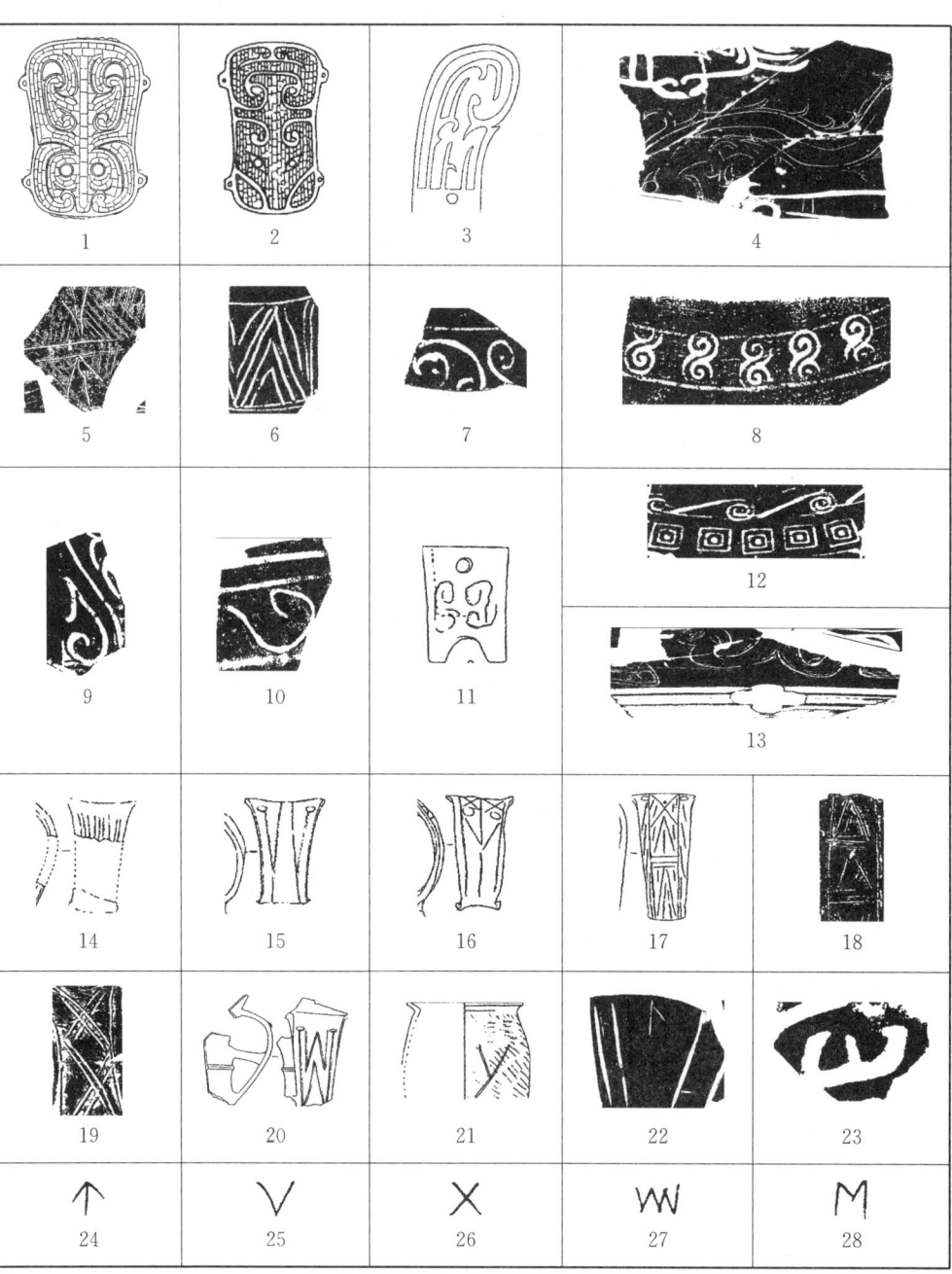

图 7.2.2　二里头出土的数字卦及其图案举例（F329）

（三）《易·系辞》的"云从龙"，记载的是夏人将对其先祖云气观察的崇拜神化成龙形象以来的习俗。二里头遗存中的龙图案，与陶寺遗址中的龙的蛇形象不同，是云的形象，即数字卦"云彩"和"云"纹的夸张（图 7.2.2.4、11、13）。如果说甲骨文、金文"夏"字是数字卦"云彩"和"云"纹的成熟文字化，那么龙的云形象就是数字卦"云彩"和"云"纹的进一步图案化，是夏人神化其部族属性的艺术形象。因此，二里头遗存中的龙的云气形象图案，作为最早的这类龙的形象图，也是二里头文化居民之夏族属性的写照。

第三节　商代后期上层文化中数字卦基本被甲骨文字取代

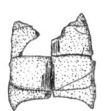

如上节所述，夏代各地行用的这些数字卦，以时间上的连续性和空间上的普遍性证实：这一期间的数字卦更不同于史前地方性数字卦原文字，而是作为汇集起来的地方性数字卦原文字在进入规范化而逐步向成熟文字转化之中；但转化过程尚未完成，以致仍旧同时存在以一、五、六、七、八、九和一、五、六、七、八这两种记卦系统所书写的数字卦，还存在着大量的非三个和六个数字组成的数字卦。

既然如此，那么如何解释张政烺(1980)的发现：周原一卜甲的数字"变成卦爻是乾坤，下有曰魁二字"；另一卜甲的数字"变成卦爻是离坎，下有曰隗二字。……《魁隗》是什么？当是夏代易经《连山》的异名，犹《归藏》亦称《坤乾》。周原卜甲、张家坡卜骨以及一些金文中所见的易卦，同是周代早期之物，卦爻相似（最大特点是都不用二、三、四这三个数字），皆与四盘磨卜骨相合，也都是《魁隗》，都是《连山》"。此四卦所用数字为五、六、七、八，当属于以一、五、六、七、八表达的数字卦系统，怎么同上面列举的那些数字卦所用数字有如此之大的差异？原来，这一数字卦书写系统只用于占筮方面，而占筮只是数字卦的一种应用，尽管占筮随商代中期以后神权统治的极端神化而上升到主导地位,但在此之前,数字卦还在其他方面有诸多应用,如给各时节、方位和各种器物做各种标记,在各种场合做记事等。因此,在如此多方面的应用中就不限于用一种书写系统。

张先生所举的这四个数字卦之卦系属性的实证,正好同古籍的有关记载相印证。据《左传·襄公九年》载"遇艮之八"。杜预注和孔颖达疏:《连山》《归藏》都是用七、八,以不变为占,不同于《周易》用九、六,以变为占。周原卜甲契刻的这些附有"魁""隗"二字的数字卦表明,《魁隗》或《连山》易卦系统至少从夏代到商代以至周代初期仍在流传。商周数字卦多以甲骨为载体得以保存下来,而龙山时代至夏代期间尚不兴这种载体,仍旧"书卦于木",以致迄今报道的夏代数字卦不多,但是数字卦还是在夏代器物上留有烙印,如偃师二里头遗址1—4期陶器上的那些数字卦就有以古数字九记卦的。可见当时夏代都城居民仍在依先祖传统把数字卦作为标记器物某种属性的文字在使用,它们表明了数字卦在夏代有多种不同的用途。

这一时期,除数字卦的辨向、定时、标记器物等多种用途的文字功用向单一的占筮用途转变外,还有各地族团的争斗向"协和万邦"的转变。夏商周三代都是五帝时代之龙山文化的继承和发展。在龙山文化由中原兴起而继之向四周扩展的过程中,祖籍西方的黄帝部族后裔同祖籍东方而同古夷族后裔融合起来形成的炎黄部族后裔,在数字卦原文字的行用中表现出不同的习俗。在此过程中,一直居住于西方的周族自然会沿用其祖传的"数以九为纪"的记数系统;长期活动于中原的夏族也用"数以九为纪"的记数系统;而长期活动于中原和东部地区的商族深受夷族影响则采用夷族祖传的"以八为纪"的记数系统,以至在此期间会出现以一、五、六、七、八、九和一、五、六、七、八这两种记数系统所表达的数字卦。在各部落联盟争夺入主中原的统治地位的五帝时代,因处于统治地位的首领部落的族属不同,而导致其所行记数系统在此二者间的反复。加之龙山时代至中商期间数字卦的应用范围比商周二代卜辞中所载数字卦要广泛得多,因此数字卦在五帝时代及夏代文化中的结构和使用情况同商周二代有明显区别。

随着商王朝神权统治的日益强化和数字卦日益转变为成熟文字,数字卦的应用日趋集中于占筮,在此形势下数字卦的结构和使用会发生怎样的变化? 在张先生看来,商人在占筮中用所习惯的"数以八为纪"的记数系统来做记录,因此卜辞中出现的数字卦都是以一、五、六、七、八表达;到商代晚期,商王朝统治呈江河日下之势,代之而起的周人遵循其先祖"数以九为纪"的传统,会以一、五、六、七、八、九书写的数字卦来取代一、五、六、七、八表达的数字卦。当时确实发生过这样的转变吗? 这节就来考察这个问题。

自 20 世纪 90 年代以来,学者们探讨数字卦的许多论著,几乎都集中于殷商时期以后的材料;特别是在张政烺、李学勤、饶宗颐等著名学者的带动下,一大批学者对这一时期的数字卦做了全面而深入的研究。但他们都以"数字卦只用于占筮"这个想当然的假设为前提,来解读所发现的这些商周数字卦,以致他们对其发展趋势的推测与实际动向很不一致。数字卦在转变成成熟文字之后的进化动态如何? 究竟是不是像这些学者所推测的那样,商代殷墟时期数字卦的进化动态,是由一、五、六、七、八表达的数字卦演变到一、五、六、八、九书写的数字卦呢? 下面就来讨论这个问题。

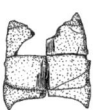

学者们大都从"数字卦只用于占筮"的假设出发,以其掌握的数字卦材料,对证古籍所载"《连山》《归藏》都是用七、八,以不变为占,不同于《周易》用九、六,以变为占",来推断商周之际数字卦所用数字中九代替七的趋势。张政烺先生(1980)最先以对 32 例商周数字卦的考证指出:"陕西周原近两年陆续发现许多甲骨文,其扶风县境,出有卜骨块极大,年代较晚,上有许多易卦,所用数字与前出卜甲相同,而有了'九'字,在有九字的卦中不见'七'字。"随后,他从湖北江陵天星观战国时期楚墓竹简的易卦中又发现:"从字形来看可以'七变而九'"(张政烺 2004)。

李学勤先生(1995)以自己收集到的材料进一步指出:"商代、西周的揲蓍法一定有所不同。淳化陶罐、扶风和沣西卜骨筮数……最容易出现一,其次六、八,少见五、九,没有七……殷墟甲骨、陶器、岐山卜甲和西周金文筮数……最容易出现六,其次七、八,少见一、五、九";"在殷墟二期晚段至三期,……已经有并存的两种揲蓍法了"。

饶宗颐先生(1983)将"陶器、卜甲、彝器上可确定为商代之契数资料11例,分为三爻卦2例、六爻卦9例,发现其中无'九'的数字,以一、五、六、七、八最为常见,而'六'数则几乎每一卦皆用之"。以此说明这一时期数字卦由一、五、六、七、八书写的情况之后,他以安阳出土卜甲上刻有含九数字卦的事实为据,指出:"由上述二事,略可推想殷人已能分别生数与成数,六、七、八、九均用之以写卦。以前罕见之九数,非始于周人,殷已有之。"

李零先生(2000)将考证的商代数字卦扩充到24例,商周卦总数扩充到94例,据以指出:"现已发现的商代数字卦,其用数除包括一、五、六、七、八,据新发表的小屯南地数字卦卜甲,还有九,可见张文所说'商不用九'之说应予修正。"

蔡运章先生(2004)将考证的商周卦总数扩充到89例,据以证明:"目前所见的筮数易卦按其载体和文辞的不同,分为纪卦爻、纪卦象、纪卦辞、纪卦序、纪变卦、纪互体和纪方位等七大类",且"这些筮数译成易卦后,按其在《周易》中的卦名、卦象及卦爻辞来理解,都与其卦辞的含义和载体的含义与用途相合。这不但说明《周易》的卦画是从筮数演变而来,也说明《周易》的卦名、卦象、变卦、互体卦、八卦方位、《杂卦传》卦序和有的卦、爻辞,早在商周之际就已产生。从中还可看出我国古代'画地记爻'和'制器尚象'的应用,产生的年代也很久远。"这就证实了数字卦即使在商周时期也不只有占筮决疑这一种用途,还仍旧保持有观天察地、测量计算、尚象制器等多种文字功用。

赖祖龙先生(2008)将学者考证过的数字卦汇集和整理出162例,加上闯入我视线的6例,共168例。这是我目前能看到的收集最完备的经历过考证的数字卦集合。现就按这些数字卦使用的年代顺序,对其分期分组作所用数字出现频率分析。其中的45例商代数字卦,按其使用年代顺序排列于表7.3.1。

表7.3.1所示对45例数字卦所用数字次数的合计数表明,使用次数最多的是"∧",其次是"十",再次是"一",再再次是"八"和"×",最少的是"∨"和"二"。这个实测结果,正与学者们推测的趋势相反,数字九不仅没取代七,而实际上七的使用比九频

表 7.3.1 学者们已考证过的商代数字卦 45 例

数字卦	一	二	×	∧	十	八	九	出　　　处
八七六五			1	1	1	1		《小屯南地甲骨》4352
六六五			1	2				中科院考古所(1989)
六二六		1		2				饶宗颐(1983)
六七七六				2	2			《甲骨文合集》29074
八八六八				1		3		《续殷文存》上卷,7
六六六				3				《殷墟文字外编》448
六六五			1	2				《三代吉金文存》14.39.11
六六五			1	2				《三代吉金文存》14.25.5
五五五			3					《三代吉金文存》14.1.3
五五五			3					《三代吉金文存》13.50.3
五五五			3					《三代吉金文存》13.35
五五五			3					《三代吉金文存》16.46.3
八五一	1		1			1		《三代吉金文存》6.39.5
七六七六七六				3	3			巴纳、张光裕(1978)
六六六				3				《商周金文录遗》253
六六七六六八				4	1	1		
七六六六六七				4	2			
七六八七六七				2	3	1		郑若葵(1986)
六六五七六八			1	3	1			
八一一一六六	3			2		1		
八一一一一六	4			1		1		
七八七六七六				2	3	1		
八六六五八七			1	2	1	2		曹定云(1989)
七五七六六六			1	3	2			
七八六六七一	1			2	2	1		
六六七六六八				4	1	1		中科院考古所(1961)
六六七六七五			1	3	2			
一八八六一一	3			1		2		中科院考古所山东队(1961)
五七六八七一	1		1	2	2	1		《邺中片羽二集》上卷,47
一七六七八六	1			2	2	1		

第七章　青铜时代的数字卦

续表

数字卦	一	二	×	∧	十	八	九	出　　处
五八七			1		1	1		中国社科院考古所安阳队(2006)
八六一六六六	1			4		1		
□□七六七六				2	2			
□□六六六七				3	1			
一一六六一六	3			3				
六一一六□□	2			2				
一五一一六六	3		1	2				
五一八一六六	2		1	2		1		中国社科院考古所(2000)
九一七	1				1		1	
一一六六一五	3		1	2				安阳市文物工作队(1997)
六八八八六六				3		3		
六七一六七九	1			2	2		1	
六七八九六八				2	1	2	1	肖楠(1989年)
六九				1			1	
七七六七六六				3	3			
合计	30	1	26	88	39	27	4	

繁得多。这个结果表明,数字卦在基本上转化为成熟文字体系之后于商周之际,其所用数字出现了向一、五、六、七、八集中的趋势。为何学者们推测的趋势与数字卦演变的实际动态有这样大的不同?其原因就在于学者们认定数字卦只用于占筮的前提假设不符合当时的历史实际。从这些数字卦结构的多样性来看,尽管当时数字卦基本上已被成熟文字取代,但在某些习惯势力顽固的地方或部门仍然顽强地保留着其原来的文字功用。

第四节　商代民间继续行用数字卦文字

由于数字卦原为先民行用的文字,其每个数字卦的数字组合结构与其相应的字音、字义是确定的,就像汉字的字形有其确定的字音、字义一样,以至用惯了数字卦的先民即使在成熟文字成为主流的情况下,也往往用他们熟悉的数字卦来记事。这样一来,他们记事所用的数字卦还保留着史前的数字组合结构,而同专门用于占筮的数字卦的结构大不相同。因此,数字卦的使用向占筮的集中程度,即其所用数字的演变趋近学者们推测趋势的程度,正好反映成熟文字取代数字卦的完全彻底程度;或者反过来说,数字卦保留在其传统应用领域的程度,即其所用数字的演变背离学者们推测趋势的程度,正好反映数字卦还保留作文字行用的程度。上面仅就学者考证的45例尚有如此大的背离度,如考虑到考古出土的全部商代数字卦,那实际情况对学者们推测趋势的背离就更大了。

一、角山遗址出土的数字卦

现已出土的商代数字卦还有很多没加以系统的研究,仅赖祖龙先生从江西鹰潭角山商代窑址出土陶器上发现的2488个刻划符号中,就整理出数字卦332例,其中"三画一组的"单卦就有311例,"六画一组"的重卦21例。他认为这些刻划可能是用牙刃、竹签或细木棍刻划的,其中有"阴阳标志"频繁出现。这些所谓的"阴阳标志",其实就是各地仰韶文化、大溪文化及江淮同期文化及其后续文化居民广泛用来记数划卦的指甲纹,本卷第一册已介绍了很多陶球上刻划指甲纹以计日数的例子,本册本章前几节也列举了许多"纺轮"上刻划指甲纹以刻划数字卦的例子,特别是与角山地区前商文化邻近的屈家岭文化(图3.3.2)就有用指甲纹刻划数字卦的习俗。该窑址的发掘者也指明:角山的"这批符号和文字的刻划纹道,多呈指甲形横、竖道及其组合"(李家和1990)。因此,角山的横、竖道组合都是数字卦,完全可按各地前期文化的指甲纹组成数字卦的统一规则,即完全与直线纹等同的原则加以解读。

这样一来,角山的这些刻划符号,特别是指甲纹刻划符号,就可纳入各地各时期共同行用的数字卦体系,而以作为原文字的统一规则加以解读。下面就对赖先生统计出现次数最多和较多的几个刻划符号做出解读:

赖命名的"AIu2"号刻符,如图 7.4.1.1 所示,是数字卦"一三一",属伏羲时代的早期数字卦,用五进制记数,相当于八卦之"离",此卦有 2 例。

赖命名的"AIf1"号刻符,如图 7.4.1.2 所示,就是数字卦"一一一",属伏羲时代的原始数字卦,用五进制记数,相当于八卦之"乾",单此卦就有 140 例。

赖命名的"AIf2"号刻符,如图 7.4.1.3 所示,就是数字卦"∣∣∣",属神农时代数字卦,用十进制记数,相当于八卦之"坤",此卦有 5 例。

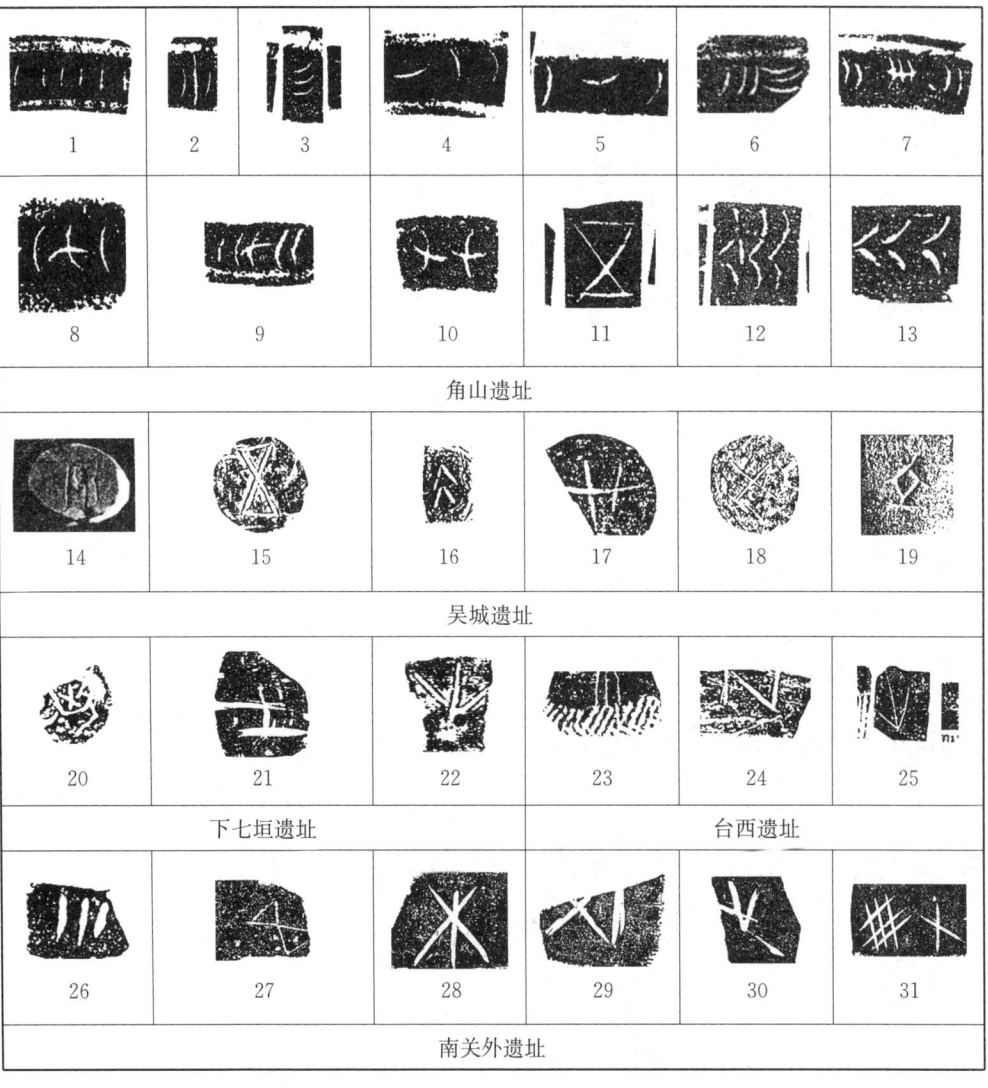

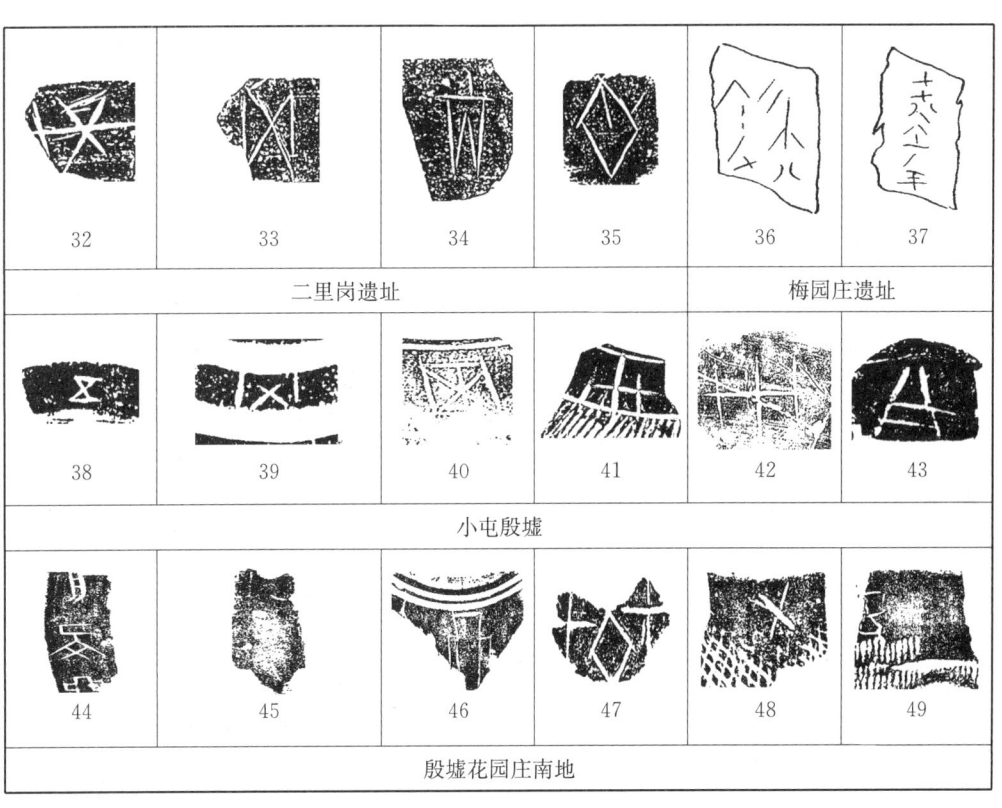

图 7.4.1　不在上述考证之列的商代数字卦举例

赖命名的"AIg1"号刻符,如图 7.4.1.4 所示,就是数字卦"｜一一",属神农时代数字卦,用十进制记数,相当于八卦之"兑",此卦有 32 例。

赖命名的"AIh1"号刻符,如图 7.4.1.5 所示,就是数字卦"一｜一",属神农时代数字卦,用十进制记数,相当于八卦之"离",此卦有 79 例。

赖命名的"AIr1"号刻符,如图 7.4.1.6 所示,就是数字卦"一一一｜｜｜",属神农时代数字卦,用十进制记数,相当于六十四卦之"否",此卦有 10 例。

图 7.4.1.7 所示的刻符,是数字卦"二三二",属伏羲时代数字卦,用五进制记数,相当于八卦之"坎";其中数字"三"的三道竖线间贯穿一根横线,或几道横线间傍一根竖线,是北首岭仰韶文化居民首创连体数字卦书写法以降,各地先民用来在多道划线之间区分不同数字的一种办法,并不像人们所想象的那样神秘。

赖命名的"AIi4"号刻符,如图 7.4.1.8 所示,就是数字卦"一十一",属神农时代数字卦,用十进制记数,相当于八卦之"乾",此卦有 8 例。

图 7.4.1.9 所示刻符,是数字卦"二十二",属神农时代数字卦,用十进制记数,相当于八卦之"离"。

图 7.4.1.10 所示刻符,就是数字卦"十十",属神农时代数字卦,用十进制记数,是二爻卦。

赖命名的"Bu2"号刻符,如图 7.4.1.11 所示,就是数字卦"｜×｜",属神农时代数字卦,用十进制记数,相当于八卦之"坎",此卦有 2 例。

图 7.4.1.12 所示刻符,是数字卦"八｜∧∧",属神农时代数字卦,用十进制记数,是四爻卦。

赖命名的"AIj1"号刻符,如图 7.4.1.13 所示,就是数字卦"八八八",属神农时代数字卦,用十进制记数,相当于八卦之"坤",此卦有 13 例。

赖命名的"AIj2"号刻符,是数字卦"八八八八八",属神农时代数字卦,用十进制记数,是五爻卦,此卦有 2 例。

可见,角山这 2000 多个刻划符号中包含有一个历代数字卦的大汇总,其中近一半属于伏羲时代的原始数字卦和五进制数字组成的早期数字卦,另一半属于神农时代的十进制数字组成的数字卦,也有少量标记日出入方位的数字卦而具有黄帝时代特征,其中还有非三爻、非六爻数字卦。这些就是作为商代社会基层民众日常行用之文字的数字卦,与商王朝卜辞中使用的数字卦偏重于占筮的趋向是何等的不同!

二、各地出土的另一些与卜辞和金文数字卦有别的数字卦

其他地方同期文化遗存中出土的数字卦也显现出与卜辞和金文数字卦的区别。如江西清江(今樟树市)吴城出土的商代陶器上发现刻符 141 个,其中大多为数字和数字卦,其中的数字卦"一一一""｜×｜""∧∧""十十""××"以及成为甲骨文"土"字的数字卦"∧∨一"(图 7.4.1.14—19),与上述其他地方行用的数字卦一样,其中既有属于伏羲时

代的,又有属于神农时代的数字卦,也有标记日出入方位的数字卦而具有黄帝时代特征的。

又如河北磁县下七垣遗址商代中期文化陶文中也有这些历代流传下来的数字卦,如"一×一""×丨""十丨""丨∨"等(图7.4.1.20—22)。

再如河北藁城台西殷墟早期陶文中也有这类数字卦,如"一一一""∧∨""丨∨"等(图7.4.1.23—25)。

三、三星堆遗址出土的数字卦

还值得注意的是,与统治中国之大部的夏商二代同期而在四川地区广泛分布的三星堆文化,也曾行用和发展历代流传下来的数字卦。尽管迄今三星堆文化遗存中出土的刻划符号材料不如上述地区文化那样多,但现已出土的三星堆文化器物上刻画的图案及符号中,就有历代流传的数字卦、数字卦的简化体或美术体,以及由数字卦与象形符号组成的文字。如现已公认的"三星堆现在已发现的7个刻划符号",就是数字卦的简化体"×""∧",美术体组合"S∨",以及数字卦简化体"∧"的美术体"∩"同不同象形符号组成的四个文字(阿余铁日2007)。

又如在三星堆祭祀坑中发现的一件金杖上所刻的箭头图案,就是神农时代以降各地用来标定日出入方位的数字卦"↑""↓"。

再如三星堆二号坑青铜C型人首额头上,有"H"形符号,分明也是神农时代以来各地居民在天文观察中用来做记录的数字卦"丨一丨"。

还有三星堆二号坑出土的铜铸塑像和两件牙璋上的S纹和山形的符号,不仅显示了早期蜀文化居民对黄帝时代流行的数字卦"∧∨"和"↑""↓"之美术体的忠实继承和运用,而且将这些数字卦作为当时行用文字的内涵昭告于世(图7.4.2)。

以王永波(1993)为代表的考古学家们曾指出:"广汉三星堆二号坑出土的铜铸塑像对我们了解此类玉器的用途具有决定性作用。"他们依据这铜像的"执笏跪拜状"和这两件牙璋上所刻画的"朝日拜天的祭礼场面"证明了这类牙璋作为"拜日的祥瑞"的用途。但他们没有解释"山顶部各有一日字纹"何以配之以"日字纹下方"的"八字形云

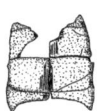

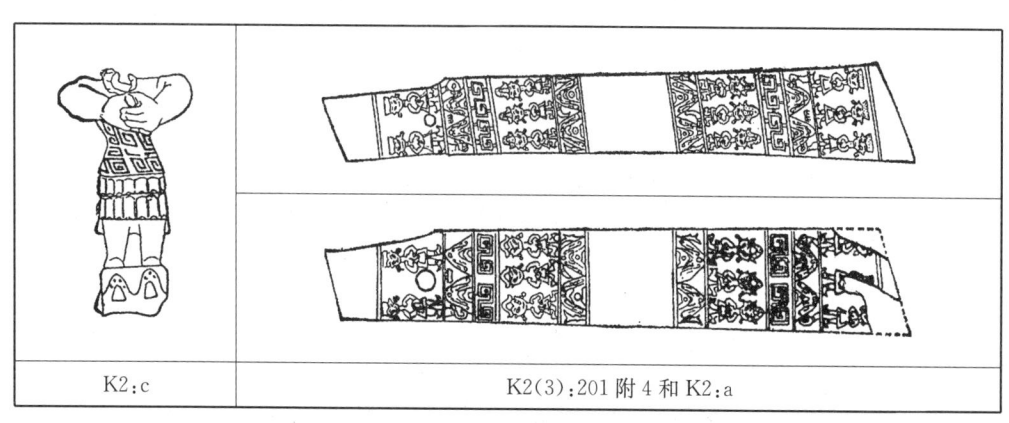

图 7.4.2 三星堆二号坑青铜人像和牙璋

雷纹"即S纹,何以"山脚有方形祭坛,……中间亦有日字纹"。如果他们知道这些S纹是先民用来标定日出入方位的当时通用文字——数字卦"∧∨",那么他们就会坚信自己的考证不仅是对这些图形的想象,而且有文字依据。由此也可以看出,三代时期的拜日祭礼原来是对先民观测日出入方位之习俗的礼制化和神化。彝族古文字学者们已在探索用古彝族文字来破译三星堆文化刻符,并发现三星堆文化与彝族文化在器物、文字等方面的相似性和同源性。其实,三星堆刻符与古彝文的相似性和同源性,就在于它们同源于数字卦。在下一章我将专门对此进行论述。

四、商王都遗址群出土的与卜辞和金文数字卦有别的数字卦

即使是在商王朝统治中心地区,民间行用的数字卦也与卜辞和金文数字卦大有区别。

河南郑州南关外遗址二里岗上层文化陶器上刻划有数字卦"———""—×—""×｜×""×｜""｜∨",以数字"×"与象形符号相组配所造的半成熟文字等(图7.4.1.26—31),也是自伏羲时代以降各地通用数字卦仍在行用的记录。

郑州二里岗遗址出土的商代陶文中也有这类数字卦,除上面已引用的那些外,还有"—×—｜—｜""｜×｜""｜——∨—""∧—∨"等(图7.4.1.32—35)。

河南安阳梅园庄遗址殷墟晚期陶文中还出现了很奇特的数字卦,如"∧——｜×

｜｜一∧八""十十八｜∧一｜｜"(图7.4.1.36—37),其中用到数字"｜",显然属于神农时代数字卦结构。

在小屯殷墟出土的陶文中,除上面已引用的历代通用数字卦"一×一""｜×｜"等外(图7.4.1.38—39),还有一些用这些卦构造成熟文字的遗迹,如"一×一"与"｜×｜"竖向和横向排列所构成的字、"｜一｜"与"十"正交构成的字、"｜一｜"与"十"或"×"正交构成的字及"∧一一"特殊造型构成的字等(图7.4.1.40—43)。

殷墟花园庄南地出土陶片上的刻字则更明确地透露了数字卦是如何构造出成熟文字的,其发掘者所认出的那些字,都可看出依次由数字卦"一∨∧×""一×""∧∧""十∧∨十""×∧∨""∧∨∧一"构成(图7.4.1.44—49)。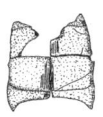

尽管以上介绍的远不是迄今发现的商代晚期数字卦材料的全部,但也足以证明当时民间日常行用的文字与卜辞和金文所用文字是有很大区别的。从甲骨卜辞和金文来看,成熟文字已基本上取代了数字卦,其行文中残留一些数字卦只是按传统方式用来表示特殊意义,就像高级生物体内还保留已退化的其远祖的器官一样;而且其数字卦所用数字正在脱离其历代通用的传统结构而出现向一、五、六、七、八这几个数字集中的趋势。与此不同的是,当时民间日常行用的文字中,还保留有相当数量的伏羲时代、神农时代和黄帝时代的数字卦;当然,在它们按其历代通用的传统结构的行用中,也有一些常用数字卦被用来相互组合或同象形符号组合以构造成熟文字的迹象。因此,从商代晚期数字卦行用的实际状况来看,数字卦在商代晚期演变到其进化的第六阶段,即由一、五、六、七、八、九、十表达的数字卦演变到一、五、六、七、八书写的数字卦。商代晚期数字卦行用的这种实际状况,本身也证明了甲骨文和金文的成熟文字确实由数字卦进化而来。

第七章参考文献

Wenming. 2004.我们的文明[EB/OL]. http://www.china5000.cn/wenming/duandai/

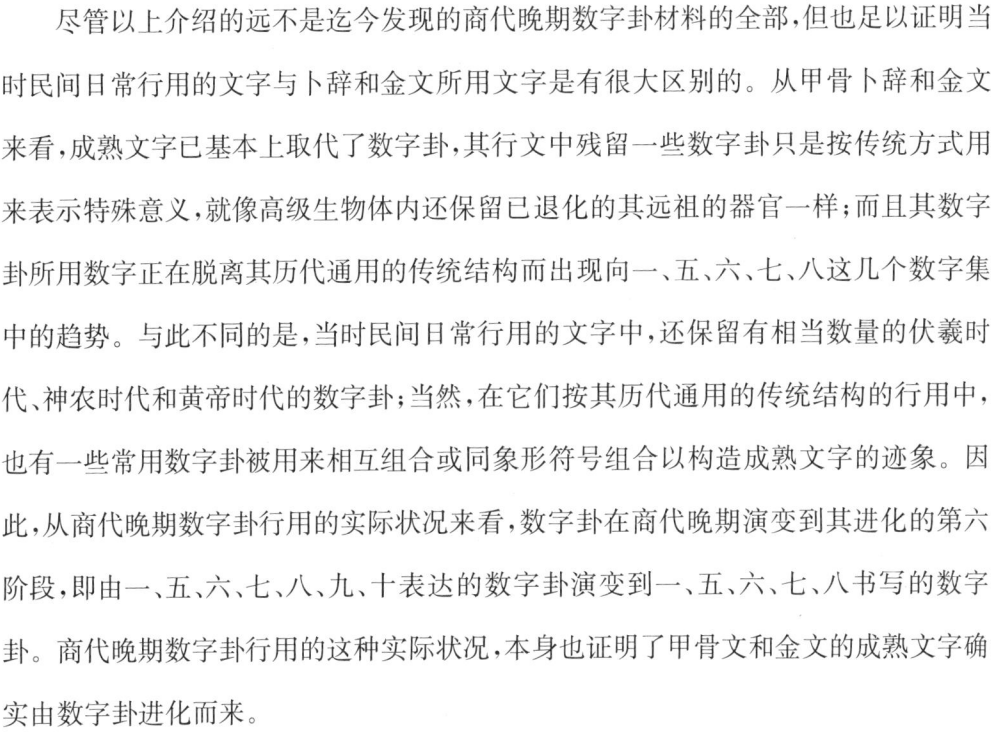

photo.jsp, 2004-08-24.

Yang Xiaoneng. 2000. *Reflections of Early China*. the Nelson-Atkins Museum of Art the University of Washington Press, Seattle, 48—82.

阿余铁日.2011.用古彝文破解三星堆[J/OL].http://www.docin.com/p-283255396.html.

安亚伟.2007.河南洛阳市唐城花园西周墓葬的清理[J].考古(2):94—96.

安阳市文物工作队(AYSW).1997.1995—1996年安阳刘家庄殷代遗址发掘报告[J].华夏考古(2):28—45.

巴纳,张光裕.1978.中日欧美澳纽所见所拓所摹金文汇编[M].第8册.台北:艺文印书馆,730.

蔡运章.2004.商周筮数易卦释例[J].考古学报(2):131—155.

曹定云.1989.殷墟四盘磨"易卦"卜骨研究[J].考古(7):636—641.

邓淑苹.1990.故宫博物院所藏新石器时代玉器研究之三——工具、武器及相关礼器[J].故宫学术季刊,8(1):30—47.

丁山.1988.中国古代神话与宗教考[M].上海:上海文艺出版社,3—371.

董琦.2006.论早期都邑[J].文物(6):56—60.

董作宾.1977.董作宾先生全集[M].乙编.第三册.台北:艺文印书馆,9—136.

杜金鹏.2005.偃师二里头遗址4号宫殿基址研究[J].文物(6):62—71.

冯时.2001.中国天文考古学[M].北京:社会科学文献出版社,12—410.

赖祖龙.2008.筮数易卦源流研究[J/OL].山东大学硕士学位论文20080406.http://www.doc88.com/p-983701324006.html.

李济.1957.中国文明的开始[M].台北:台湾商务印书馆,18.

李家和,杨巨源.1990.角山刻符初步探讨[J].华夏考古(1):65—91.

李零.2000.中国方术考[M].北京:东方出版社,258—261.

李学勤.1995.周易经传溯源[M].台北:丽文文化事业股份有限公司,169—229.

饶宗颐.1993.道教与楚俗关系新证[A]//饶宗颐史学论著选[C].上海:上海古籍出版社,

125—142.

饶宗颐.1983.殷代易卦及有关占卜诸问题[A]//饶宗颐史学论著选[C].上海：上海古籍出版社,31—55.

王青.2004.镶嵌铜牌饰的初步研究[J].文物(5):65—72.

王学荣,许宏.2006."中国·二里头遗址与二里头文化国际学术研讨会"纪要[J].考古(9):83—90.

王永波.1993.中国上古瑞圭研究[J].故宫学术季刊,10(3):55—92.

肖楠.1989.安阳殷墟发现"易卦"卜甲[J].考古(1):66—70.

许宏.2004.二里头遗址考古新发现的学术意义[N].中国文物报,9月17日.

许顺湛.2005.五帝时代研究[M].郑州：中州古籍出版社,1—546.

俞美霞.1970.从甲骨文字谈殷商墓中石人玉人的启示[J].故宫学术季刊,5(2):39—56.

张光裕.1981.从新出土材料重新探索中国文字的起源及相关的问题[J].香港中文大学：中国文化研究所学报(12),91—151.

张居中,杨晓勇,赵志军,等.2003.要重视中原新石器时代人类与环境关系的研究[A]//华夏文明的形成与发展[C].郑州：大象出版社,51—56.

张朋川.1990.中国彩陶图谱[M].北京：文物出版社.

张政烺.1980.试释周初青铜器铭文中的易卦[J].考古学报(4):403—415.

张政烺.2004.易辨,帛书《六十四卦》跋[A]//张政烺文史论集[C].北京：中华书局,70—691.

赵诚.1988.甲骨文简明词典[M].北京：中华书局,62—251.

郑若葵.1986.安阳苗圃北地新发现的殷代刻数石器及相关问题[J].文物(2):46—51.

中国科学院考古研究所(ZGKK).1961.1958—1959年殷墟发掘简报[J].考古(2):63—76.

中国科学院考古研究所(ZGKK).1979.1969—1977年殷墟西区墓葬发掘报告[J].考古学报(1):27—157.

中国科学院考古研究所山东发掘队(ZGKK).1961.山东平阴县朱家桥殷代遗址[J].考古(2):86—93.

中国社会科学院考古研究所(ZGSK).2000.1997年沣西发掘报告[J].考古学报(2):199—256.

中国社会科学院考古研究所(ZGSK).1980.小屯南地甲骨[M].北京:中华书局.

中国社会科学院考古研究所安阳工作队(ZGSK).2006.2000—2001年安阳孝民屯东南地殷代铸铜遗址发掘报告[J].考古学报(3):351—384.

第八章　青铜时代到铁器时代的数字卦

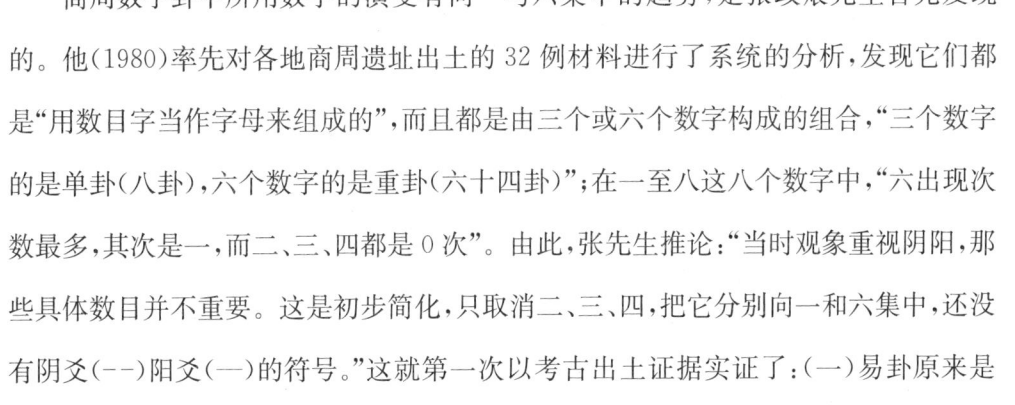

商周数字卦中所用数字的演变有向一与六集中的趋势,是张政烺先生首先发现的。他(1980)率先对各地商周遗址出土的 32 例材料进行了系统的分析,发现它们都是"用数目字当作字母来组成的",而且都是由三个或六个数字构成的组合,"三个数字的是单卦(八卦),六个数字的是重卦(六十四卦)";在一至八这八个数字中,"六出现次数最多,其次是一,而二、三、四都是 0 次"。由此,张先生推论:"当时观象重视阴阳,那些具体数目并不重要。这是初步简化,只取消二、三、四,把它分别向一和六集中,还没有阴爻(--)阳爻(—)的符号。"这就第一次以考古出土证据实证了:(一)易卦原来是组合数字,而今本《周易》中的符号卦由数字卦简化而来;(二)数字卦中所用数字,在不同历史时期是不相同的,有一个由繁到简的分阶段进化、向一和六集中的过程。曹玮先生(2002)以陕西长安西仁村西周遗址出土陶拍上的数字卦为证,指出其上的"数字卦上出现的数字只有三个,即一、六、八,一出现 18 次,六出现 12 次,八出现 6 次,如果按奇数为阳、偶数为阴的话,奇偶数出现的次数正好相等,这不能说是偶然的"。这就把这一由繁到简的转变界定到了西周时期。作为数字卦进化的一个阶段,商周之际到西周晚期,出现了由一、五、六、七或八表达的数字卦向一与六集中表达的数字卦过渡。数字卦中所用数字究竟为何和如何向一与六集中?本章就来讨论这个问题。

第一节 数字卦的功用向占筮集中

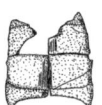

如上章所述,数字卦所用数字向一与六集中的过程,在数字卦作为原文字的功用基本上被成熟文字取代之后,在商代中期便开始了;随着数字卦丧失文字功用而被日益用于占筮,这一过程在商代晚期已跨出由一、五、六、七、八、九、十表达的数字卦向一、五、六、七、八书写的数字卦转变的第一步。那么,商代晚期数字卦所用的一、五、六、七、八又是从何时、为何和如何向一与六集中的?至于"当时观象重视阴阳,那些具体数目并不重要"的推测是否合乎实际,也是没有得到验证的问题。本节就从分析赖祖龙收集的63例和安亚伟先生报道的5例西周数字卦入手,来以考古出土材料考察这些问题。

表 8.1.1 学者们考证过的西周数字卦 68 例

数字卦	一	二	×	∧	十	八	九	出　处
八七八七八五			1		2	3		
七六六七六六				4	2			
六六七				2	1			
六六七				2	1			陈全方(1988)
七六六				2	1			
七六六七一八	1			2	2	1		
七六六六七七				3	3			
六八一一五一	3		1	1		1		
五一一六八一	3		1	1		1		
六六八一一六	2			3		1		中国科学院考古所(1963)
一六六六六一	2			4				
一一六一一一	5			1				

续表

数字卦	一	二	×	∧	十	八	九	出　　处
五一一	2		1					中国科学院考古所(1963)
一六一	2			1				
一一一一一一	6							
一一六八八一	3			1		2		
一八八一一一	4					2		
六八五六一八	1		1	2		2		
八一一八一六	3			1		2		
一八一六一一	4			1		1		姚生民(1990)
一一六一八五	3		1	1		1		
一一六一一一	5			1				
一一一六八八	3			1		2		
一六一一一一	5			1				
六一一五一一	4		1	1				
六六一六一六	3			3				
一六一六一六	3			3				
八一六六六六	1			4		1		曹玮(2002)
八八六八一八	1			1		4		
一一六一一一	5			1				
一一一六一一	5			1				
一一一一八一	5					1		
一一一一八一	5					1		
六六六				3				李零(2006)
一一八	2					1		
一六六	1			2				
六一七六一六	2			3	1			岐山县博物馆(1992)
一六六	1			2				陈全方(1988)
六五五			2	1				陕西省考古所(1980)
六六一六六一	2			4				
八五一	1		1			1		Rawson(1990)
七五八			1		1	1		《三代吉金文存》3.18.4
一六一	2			1				蔡运章(1996)

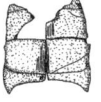

续表

数字卦	一	二	×	∧	十	八	九	出　　处
五八六		1		1		1		《怀米山房吉金图》上 22
八一六	1			1		1		《续殷文存》下卷 74
一六一六六八	2			3		1		罗西章、王均显(1987)
六八八一八六	1			2		3		罗西章、王均显(1987)
九一一一六五	3		1	1			1	罗西章、王均显(1987)
六八一一一八	3			1		2		罗西章、王均显(1987)
八八六六六六				4		2		罗西章、王均显(1987)
一八六八五五	1		2	1		2		罗西章、王均显(1987)
六八一一一一	4			1		1		罗西章、王均显(1987)
七八六六六六				4	1	1		《博古图》2.17,《啸堂集古录》10
八七六六六六				4	1	1		《博古图》2.17,《啸堂集古录》10
一一六八一六	3			2		1		《三代吉金文存》12.45.1
七五六六六一	1		1	3	1			《西清古鉴》15.32
八七五六八七			1	1	2	2		曹玮(2003)
八六七六八八				2	1	3		曹玮(2003)
八七六八六七				2	2	2		曹玮(2003)
五六六			1	2				洛阳博物馆(1983)
六六一一六一	3			3				《三代吉金文存》17.1.2
六六六六七七				4	2			北京市文物研究所(2000)
七六八六五八			1	2	1	2		北京市文物研究所(2000)
一一八九一八	3					2	1	安亚伟(2007)
八一八一八六	2			1		3		安亚伟(2007)
六一八一八九	2			1		2	1	安亚伟(2007)
一八一八一一	4					2		安亚伟(2007)
一一一八八一	4					2		安亚伟(2007)
合计	137	0	19	111	25	65	3	

表8.1.1对这些西周数字卦所用数字次数的合计数表明,使用次数最多的是一,其次是∧,再次是八,再再次是十和×,最少的是∨和二。这个实测结果,正好与张先生推测的趋势相一致,西周数字卦所用数字确实有向一与六或八集中的趋势。之所以

出现这种趋势,就是上章所说的,在西周时期的主流文化中,数字卦的文字功用趋近完全彻底地被成熟文字所取代,数字卦日趋完全丧失文字功用而被集中用于占筮,而占筮只"重视阴阳,那些具体数目并不重要",于是,人们记卦日趋只用代表阳的数字"一"与代表阴的数字"六"或"八"。随着数字卦的功用一反以往之用作文字而集中到占筮上来,其所用数字便分别向一与六或八集中。

第二节　数字卦文字仍未被成熟文字完全取代

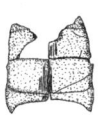

当然,这只是数字卦进化在主流文化中的演变趋势,其进化过程在各地区的进程是不平衡的。在一些地区,特别是远离中原的边远地区,数字卦原来作为文字使用的习惯仍在顽强地持续着,一遇到按祖传旧法办理的事,如观象、辨向、定时等,就用原来记这事的数字卦做记录和交流。因此,到西周时期,这样依旧把数字卦作为文字使用的地区,尽管不如商代晚期那样多,但仍然不少。图8.2.1列举的,仅是其中几个偶尔闯入我视线的。

山东泗水尹家城遗址出土的周代陶文中,就有当时使用过的数字卦,如"××""∧∧""十十""∧一｜""｜∨"及其简写"∨"等(图8.2.1.1—6)(F167)。显然,这些都是上述各地历代反复出现的数字卦。

湖北襄樊真武山周代遗址出土的陶器上,饰有许多刻划符号,其发掘报告载:"刻划符号是在陶器烧成后刻上的,主要也是刻在豆上,个别罐颈和盆口也有这种符号。真武山遗址共发掘刻划符号11种,以W(或作M)形最多,共23例,其他较常见的有N、十、米、一、三几种。"(F394)显然,这些符号就是上述各地历代反复出现的数字卦及其组成的数字"∧∨∧""∨∧∨""∧∨""十""×十""一""三"等。同这些刻划符号相配合的,是以陶器主题纹样出现的美术体数字卦"××""∧∧""∧∧∧∧""∧∨∧∨"

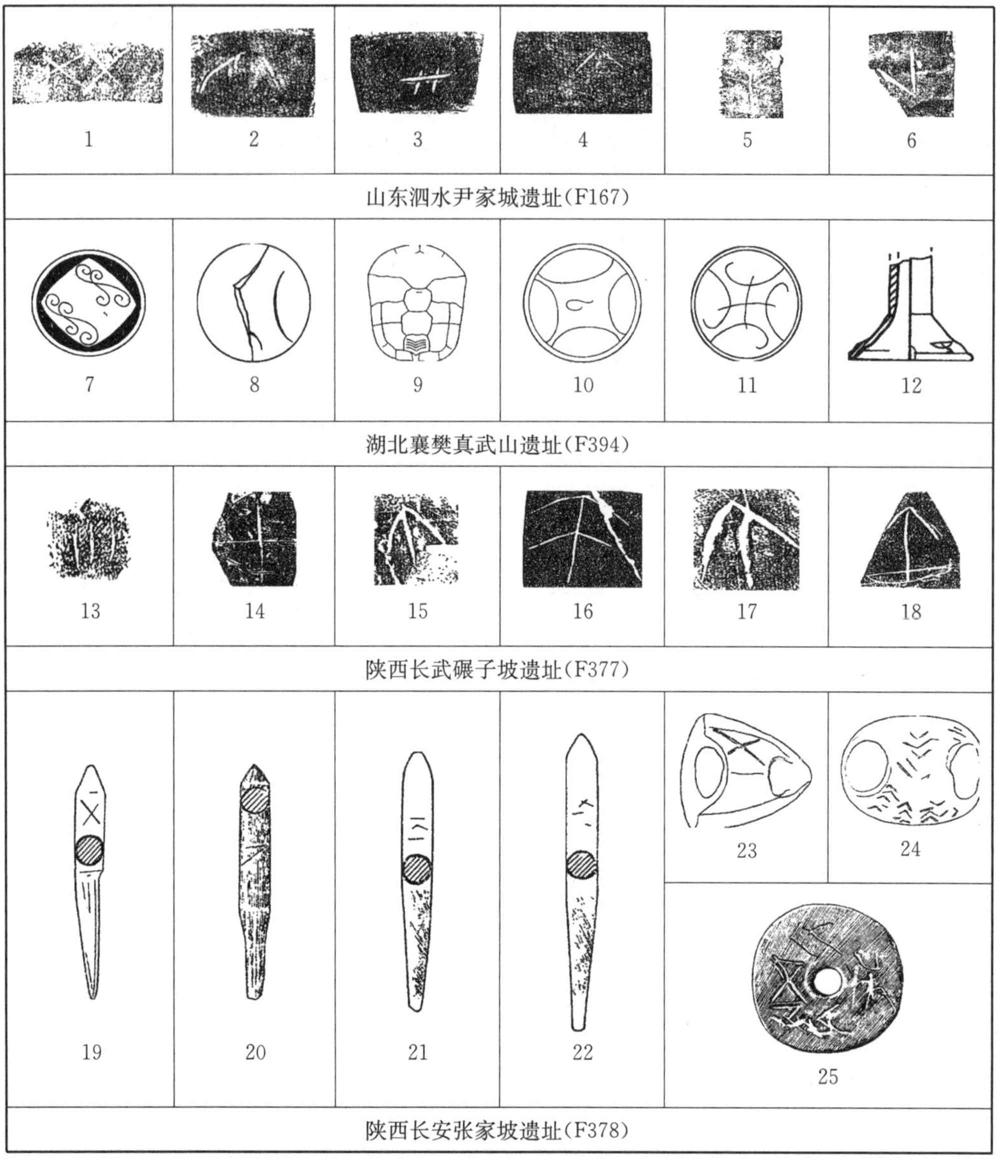

1	2	3	4	5	6
山东泗水尹家城遗址(F167)					
7	8	9	10	11	12
湖北襄樊真武山遗址(F394)					
13	14	15	16	17	18
陕西长武碾子坡遗址(F377)					
19	20	21	22	23	24
				25	
陕西长安张家坡遗址(F378)					

图 8.2.1 在上述已考证者之外的西周数字卦举例

图 8.2.2 张家坡西周卜骨(F378)

"∧十∨"和由数字卦"↑"与弓的象形符号组成的成熟文字"射"(图 8.2.1.7—12),以至其发掘报告载:"刻划符号常见前已述及的几种,较独特的有 H34:8 豆足有刻纹,如金文射字"。(F394)

陕西长武碾子坡先周文化遗址出土的"陶文或符号",经其发掘者鉴定,表明了"周人迁岐以前及以后乃至西周时期同类陶文或符号一脉相承"。它们均属阴刻。多刻划于陶器外壁,刻于内壁者少见。陶文和符号往往单个存在。其中"三"字形和"十"字形与甲文、金文中之"三"字和"七"字的刻笔相同(图 8.2.1.13—14);"↑"形屡见于殷周铜器,也见于先周文化晚期和寺洼文化铜器上(图 8.2.1.15),"↑↑"形曾见于长安张家坡西周陶片上(图 8.2.1.16);也有由数字卦"↑"和弓的象形符号组成的形如金文"射"字的陶文(图 8.2.1.18);还有神农时代流传下来的数字卦"∧∧"的再现(图 8.2.1.17)(F377)。如其发掘者进而追溯到远古,他们就会得知这些符号在七八千年前就开始出现在器物上了。

陕西长安张家坡遗址的西周房址和墓葬中发掘出的不少器具刻划有数字卦,如骨角镞中的"一式(圆棒式)镞的镞身上常刻有记号,计有'×''∧''∨''︱×''一×''×一一''一∧一'7 种(图 8.2.1.19—22)。标本 H172:14(图 8.2.1.22),镞锋呈尖锥形,刻有'×一一'记号,长 6.9 厘米。标本 H172:71(图 8.2.1.21),镞锋呈圆顶形,刻有'一∧一'记号,长 5.6 厘米。标本 T108:4:87(图 8.2.1.19),镞锋呈尖锥形,……刻有'一×'记号,长 5.9 厘米。另有一镞刻有'一∧'记号(图 8.2.1.20)"。又如制陶工具——陶压锤,"标本 H103:15(图 8.2.1.23),……在銎的一侧刻划着一个'×'形记号。……标本 T107:4:7(图 8.2.1.24),……銎的表面有断续的'人'字形纹饰"(F378)。看来,这些"断续的人字纹"分成四组而成数字卦"∧一∧∧∧""∧∧∧一∧""∧∧一一"和"一∧∧∨一∨"。再如陶纺轮"标本 T105:4:12(图 8.2.1.25),……底部刻划着四个字",看来是数字卦"︱×︱""∧八×"和数字卦的简体"∧"与"∨"分别同象形符号组成的半成熟文字。还有刻有数字卦"一一∧一一一"的卜骨(图 8.2.2)(F378)。刻划在卜骨上的这个数字卦同以上器物所刻数字卦的明显区别表明,当时用于占筮的数

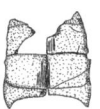

字卦所用数字已集中到"一"与"六";而用于日常生产和生活实践的数字卦,还是按其传统组合结构保持历代沿用的数字。

以上这几个地区相距遥远,但这些地区的周代居民所行用的数字卦,特别是用于标定方位和时间的数字卦(图 8.2.1.1、7、19),只要不是用于占筮的,都是沿用历代流传下来的数字卦,以至不仅各地所用数字卦的字形、结构、刻划和含义相同,就像后世各地使用的汉字一样,而且继续在使用非三爻、非六爻数字卦,从而暴露出当时数字卦在一些地区仍旧残留其传统的文字功用,也表明数字卦所用数字向一与六集中,是数字卦的文字功用丧失而集中用于占筮的结果。张政烺先生曾把"甲骨卜辞有一些四个爻的卦"作为"一个疑难未决的问题"提出来,还是用占筮作为其唯一用途来解释,如更全面地看到二爻卦、五爻卦,还能这样解释吗?即使它们用于卜辞中,也是其原有的文字功用使它们被用来记录占筮结果的。正因为如此,他举出的三个四爻数字卦"∧十十∧""八十∧×"和"八八∧八"所用数字都没有集中到"一"与"六"。这就从正反两个方面证明:随着数字卦在西周趋向完全彻底丧失其文字功用而完全集中到占筮上来,它们的演变进入其进化过程的第七阶段——由一、五、六、七或八表达的数字卦向一与六或八集中表达的数字卦过渡。

第三节 数字卦表达继续向一与六或八集中

在西周晚期到战国中晚期,数字卦所用数字向一与六或八集中的趋势还在继续,并由一与六或八表达的数字卦向一与八表达的数字卦演变。张政烺先生(2004)发现:"湖北江陵天星观战国时期楚墓发现竹简,上有易卦,……二、三、四、五、七已被取消,集中到一、六两项下。这里八、九似是再生的,九从一分化出,笔迹可辨,八或许是从六分化出来的。这便成为《周易》的前身,稍加修正即是《周易》了。"经再考证后又肯定:

"在这些卦例中,一、六出现次数最多,已经不是筮数的偶然现象,而是作为奇偶的符号。"对此,王家台秦简《归藏》的出土又予以坚证,其中易卦的阳爻由一、阴爻由六或八表示(蔡运章 2004)。这就是说,数字卦所用数字向一与六或八集中的趋势在东周时期进一步展开。从学者们考证过的数字卦的总体上看是不是这样?这里就继续用赖先生收集的东周数字卦来对此加以检验。

表 8.3.1 学者考证过的东周数字卦 53 例

数字卦	一	二	×	八	十	八	九	出　　处
六七七					1	2		《历代钟鼎彝器款识法帖》192
六六六				3				洛阳市文物工作队(2003)
一八七一八九	2			1		2	1	张政烺(1980)
一一一一一六	5			1				李零:《中国方术正考》,中华书局,2006 年
六六一六一六	2			4				
一一一六七六	3			2	1			
八一一一六六	3			2		1		
一六一六六一	3			3				
九一一一一一	5						1	
一六六六六六	1			5				
六六六六六六				6				
六六一六六六	1			5				湖北荆沙铁路考古队:《包山楚简》,文物出版社,1991 年
六一一六一一	4			2				
一六六八一一	3			2	1			
六六六八一一	2			3	1			
一六六一一六	3			3				
一五五八六六	1		2	2	1			
六一一六六一	3			3				
一六一一六一	4			2				
一六六八六一	2			3	1			
一一一六六一	4			2				
六六一一一八	3			2		1		
八一六一一一	4			1		1		

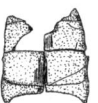

续表

数字卦	一	二	×	八	十	八	九	出处
八一六六六六	1			4		1		
一一一一六一	5			1				
六六六六一一	2			4				
六六六六一六	1			5				
一六一一六六	3			3				
六一一一一五	4		1	1				
一一六六六六	2			4				
六六六一一一	3			3				
□□一六六六	1			3				
□六一一六一	3			2				
五六五六六六			2	4				
六六六六一六	1			5				
一六六六六六	1			5				
六一一一六六	3			3				
六八六一六六	1			4		1		
一六六六六一	2			4				
六六六一六六	1			5				
一一六六一六	4			2				
六六六六六一	1			5				
一一六六六六	2			4				
一一八一五六	3		1	1		1		
一八一一六一	4			1		1		
一一一一一六	5			1				
六六六六六五			1	5				
六六六六六五			1	5				
六六六六□□				4				
六六六□□□				3				
八一六六六六	1			4		1		
一一一一六一	5			1				
□□□□六六				2				濮茅左:《楚竹书周易研究·考古易的发现》,上海古籍出版社,501—507
合计	117	0	8	155	4	14	2	

与以往数字卦大都以骨文、陶文、甲文和金文的形式出现不同,东周时期的数字卦多以简帛文的形式出现。这证明,数字卦自从发明以降历来就是以木牍、竹简、帛书为主要载体,只是已腐朽而没有保存下来;东周至秦汉的这些简帛书尚未完全腐朽,而得以重见天日,才还原出数字卦以简帛为主要载体之一的本来真相。表8.3.1对这些东周数字卦所用数字次数的合计数表明,使用次数最多的是∧,其次是一,再次是八,再再次是×和十,最少的是∨和二。这个实测结果,正好与张先生推测的趋势相一致,东周数字卦所用数字确实有向一与六或八继续集中的趋势。

第四节 数字卦继续在边远地区作文字行用

这种趋势在中国大地上持续展开五百多年之后,作为发达成熟文字的汉字体系已经完全彻底地取代了数字卦的文字功用,而数字卦残存的功用就完全集中到占筮上来了。但是,即使是到了这个地步,数字卦的文字功用仍然没有完全退出历史舞台。随着"礼失诸四野",传播这些"礼"的文字——数字卦,便流传到边远地区,被那里的居民用来按这些古礼开展活动,特别是用来标定方位和时节。下面就来引证当时几个地区的居民使用数字卦作文字的实况。

数字卦随"礼失诸四野"传播到边远地区之后,其向成熟文字的演变较内地缓慢。这里以华南、东南和西北边远地区的一些例证,来考察当时这些地区居民继续使用数字卦作文字的情况。

一、华南边远地区

(一)广东深圳大鹏咸头岭沙丘遗址距今6000年的文化遗存,据其发掘者报道,以其"陶器上的贝划纹、贝印纹最具特色",其陶器所"饰几何形图案"中,就有图案化的数字卦"× |""∧∧∧∧""∨∨∨∨∨""∧∨"等(图8.4.1.A.1—4);其中也有刻

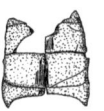

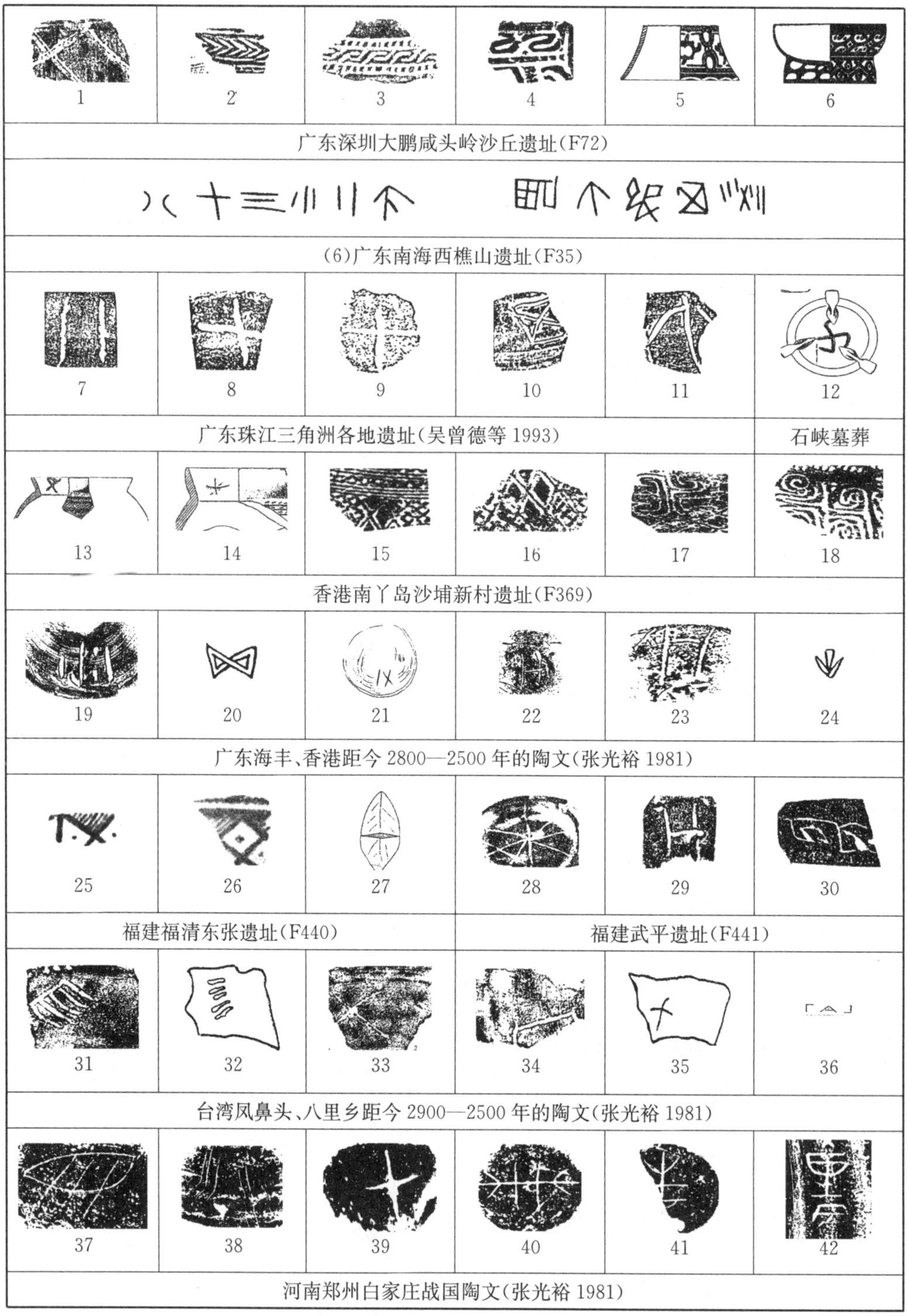

1	2	3	4	5	6
广东深圳大鹏咸头岭沙丘遗址（F72）					
(6)广东南海西樵山遗址（F35）					
7	8	9	10	11	12
广东珠江三角洲各地遗址（吴曾德等 1993）					石峡墓葬
13	14	15	16	17	18
香港南丫岛沙埔新村遗址（F369）					
19	20	21	22	23	24
广东海丰、香港距今 2800—2500 年的陶文（张光裕 1981）					
25	26	27	28	29	30
福建福清东张遗址（F440）			福建武平遗址（F441）		
31	32	33	34	35	36
台湾凤鼻头、八里乡距今 2900—2500 年的陶文（张光裕 1981）					
37	38	39	40	41	42
河南郑州白家庄战国陶文（张光裕 1981）					

图 8.4.1.A　不在上述考证之列的东周数字卦举例

划的数字卦,如陶盘标本 T101(2):29 的圈足上"镂孔呈圆形和横 8 字形"实为数字卦"∧∨"和"∧×∨"的美术体(图 8.4.1.A.5—6)中的◇形纹,也是数字卦"∧∨"的美术体。广东南海西樵山遗址包含新石器时代晚期至西周的文化遗存,出土的陶文更是历代通用数字卦及其构成的半成熟文字的大杂烩,其中既有伏羲时代数字卦"一一一×一二"和"一×一",神农时代数字卦"八十三丨丨丨",黄帝时代数字卦"↑",还有数字卦"∧∨"和"∧十∨"分别同象形符号组成的准成熟文字[图 8.4.1.A.(6)]。珠江三角洲各地新石器时代晚期陶器的一大特点,正如吴曾德等(1993)指出的,"是刻划符号的出现,如'十''×''∧'等(图 8.4.1.A.7—11)。……尤其是同一种符号(如'十')在不同遗址中同时存在"。其实,其中不仅有这些古数字,而且有它们组成的历代通用数字卦,如"一×一、丨×""↑"(图 8.4.1.A.10—11);位于广东北部的曲江石峡墓葬出土陶器上也出现了这样的数字和数字卦,如"丨十丨""一十一"等(图 8.4.1.A.12)。

(二)数字卦在广东地区新石器时代使用的这种情况,直到商周时期仍在延续,如香港南丫岛沙埔新村遗址青铜时代文化层中的刻划纹,大都出现在陶器圈足或口沿,仍在保持新石器时代仰韶文化、大溪文化的陶文刻划这种传统,其中就有数字"×"和"十"及图案化的数字卦"××""一×一""丨×""三∧∨""∨∧"等(图 8.4.1.A.13—18)。到距今 2800—2500 年的春秋战国时期,这种情况还在延续,如广东海丰和香港这期间的陶文中就有新石器时代各地通用的原始数字卦"一一一"、神农时代数字卦"丨×丨"和"丨×"、被考古学家们称为 H 形纹的数字卦"丨一丨"及黄帝时代突出"数以九纪"而最流行的数字卦"丨∨"等(图 8.4.1.A.19—24)。由此看来,数字卦作为通用文字即使是在广东这样边远地区的使用史也至少长达 4000 年。

二、东南沿海地区

与广东、香港的这些情况类似的,是福建、台湾地区先民使用数字卦的历史情况。

(一)福建福清东张新石器晚期彩陶的"纹饰系由直线组成的几何图案,多数口沿内外均有彩绘",显示出内地前期文化的传统饰纹风格,其中就有图案化的数字卦

"｜×""∧×"等(图 8.4.1.A.25—26),石矛标本 T2:119 上雕刻有数字卦"↑一↑、↑一"(图 8.4.1.A.27)(F440)。

(二)福建武平新石器时代遗址出土陶器上多饰印纹,"常见的有方格纹、线纹、回纹、雷纹、席纹、横直交错纹和划纹等……有少量陶器口部或底部刻有符号"(F441),这些回纹、雷纹和横直交错纹实为图案化的数字或数字卦;这些刻划符号中就有数字卦"×十×""｜一｜"和数字卦"∨∨∧"与象形符号组合的半成熟文字(图 8.4.1.A.28—30)(F441)。

(三)这种沿用内地历代通用数字卦作文字的情况,延展到台湾距今 2900—2500 年的文化中,如这期间的凤鼻头陶文中,就有伏羲时代数字卦"二二一""一二二""一×"及神农时代数字卦"｜一｜"和数字"十"(图 8.4.1.A.31—35),台北八里乡十三行遗址这期间遗存也出土刻有数字卦"｜∨"的陶片(图 8.4.1.A.36)(张光裕 1981)。

三、西北地区

在河西走廊这一重要的东西交通要道上的历代文化,都是中国古代文化通过作为其交流工具的数字卦向西部边境,乃至向西方传播的主要通道。这一带的新石器时代晚期文化,如上述青海乐都柳湾等遗址的半山—马厂文化,已显示了其掌握和使用的高度发达的数字卦文字体系,并通过传播数字卦所承载的高度发达的科技和文化,把中国的彩陶文化推向了最后的鼎盛阶段。正是在马厂文化的基础上,这里于距今 2900—2400 年兴起过四坝文化,继承和更新了马厂文化传来的数字卦文字体系,并进一步把数字卦所承载的中华科技和文化向西推进。

(一)如其代表性遗址——甘肃玉门火烧沟和民乐东灰山出土的陶器所示,该文化的制陶业发达,彩陶文化仍旧兴旺,彩陶纹饰多种多样,其中"刻划纹有三角或人字形、波折形、网格形和'×''S''二''Z''N'等字形的符号花纹。"(F444)显然,这些刻划符号都是数字卦及其组合。与马厂文化明显不同的是,四坝文化不再限于沿用历代通用的数字卦,而且还以数字卦组合的"字形符号花纹"为特征。如火烧沟出土的彩陶

刻符中,就有数字卦组合"三×三 二×二""∧∧ ∨∨ ∧∧""∧∨ ∧∨""∧∨ ∧∨""∧∨∧"和"↓八↑ ↓八↑"等(图8.4.1.B.1—6)。在东灰山遗址出土的陶文中,数字卦、数字卦组成的字形符号及其排列而成的"文章"更多、更复杂,如其中就有"三二三""三三三""××""一××""一二××""一一××八""|××|""××一×""∨×××""三×∧×三""∧八×八∨""∧八×八∨ ∧八×八""∨↑∨↑∨""∨↑∨ ∨↑∨ ∨↑∨ ∨↑∨""∧∧∧×↑↑""∧×八八""∧八×∨ 八∧×∨ 八∧×∨ 八∧×∨""∧八×八∨ ∧×八""∧∨×八 ∧∧∧""∨∨ ∨↑∨ ∨↑∨""∨∧∨ ∨↑∨ ∨↑∨ ∨↑∨""∨ ∧八×∨ 三 ∧八×∨ 三 ∧八×∨∧八×∨ ∧×∨八"等(图8.4.1.B.7—30)(F411)。这些由数字卦组成的字形符号的出现,正好反映了当时各地兴起的由数字卦构造成熟文字的热潮。

(二)以新疆哈密焉不拉克墓地为代表的距今3300—2600年的焉不拉克文化,已由其发掘者认定为甘青地区与新疆地区古代文化的中介,也是中国境内欧洲人种分布地域的东界。正是通过它这两大地区乃至中国与欧洲之间的文化交流得以展开,作为文化交流工具的当时行用的文字——数字卦必然介入其中。其发掘者已鉴定出"焉不拉克文化与甘青地区古代文化具有较多的相同或相似的因素",其中最明显的就是"焉不拉克文化中典型和常见的……彩陶花纹如S形纹、变形S纹、双钩纹、竖线纹等与其东边甘青地区辛店文化和四坝文化的同类器形及花纹有着很大程度的相同性或相似性"。(F443)为何如此相似呢?就是因为传播当时中国历法、农技等文化因素的文字是历代通用的数字卦,一旦焉不拉克文化居民把承载这些技术的数字卦刻划在陶器上以世代相传,就会使其陶器的纹饰与四坝文化陶器上刻划的数字卦相同,就像今天的汉字与两千年前的古汉字相同一样。因此,焉不拉克墓葬出土陶器纹饰中,就有许多与四坝文化相似甚至完全相同的数字卦或数字卦组合的"字",如"——————""三

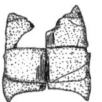

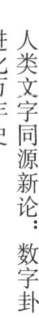

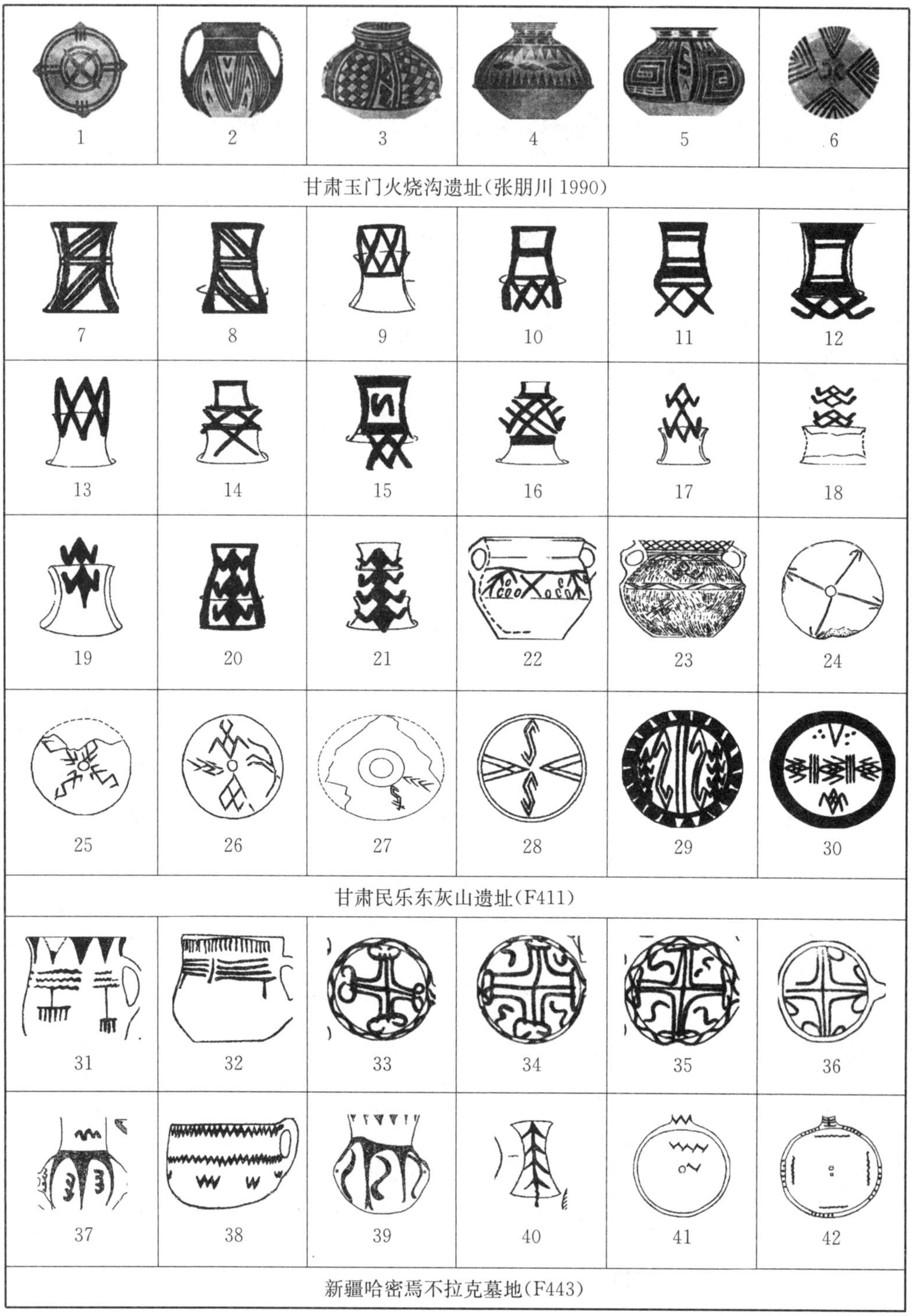

甘肃玉门火烧沟遗址（张朋川 1990）

甘肃民乐东灰山遗址（F411）

新疆哈密焉不拉克墓地（F443）

图 8.4.1.B　新疆地区的东周数字卦及其直接来源举例

二一一二一""∧×∨ ∨×∧""∧十∨ ∧∨十∨∧ ∨十∧ ∨∧十∧∨""∧×∨ ∧∨×∨∧ ∨×∧ ∨∧×∧∨""∧十∨ ∨十∧""∧∧∧ 二一一 二一一""∨∨∨ ∨∨""∨∨∨∨""↑↑↑↑""∨∨ ∨∨∨∨ ∨""十十一"等(图8.4.1.B.31—42)(F443)。这表明,在相当长时期的连续文化交流中语言文字的沟通是不可缺少的前提条件。

即使是在中原地区的战国遗存中也看不到当时居民使用史前数字卦的遗迹,但有当时人士仍然利用史前数字卦造成熟文字的遗迹。如郑州白家庄遗址出土的战国陶文中,就有利用数字卦"一一一"分别与象形符号组合的两个"字"、用数字"十"与"一"组合的"字"、用横排数字卦"↑十十↓"组成的"字"、用竖排数字卦"↓十十---"组成的"字"、用象形符号同数字卦"十一"组成的"字"及适当变形数字卦"∧一∧∧"所形成的"字"等(图8.4.1.A.37—42)(张光裕1981)。

除各边远地区居民行用的文字中和当时仍在进行的成熟文字的形成过程中可看到当时人们利用史前数字卦外,还有一类先秦文物可显示古人当时使用史前数字卦的情况。这类文物就是古人为纪念其远祖刻划数字卦的事迹而制作的刻有数字卦的仿古鹿角器。下面是偶然闯入我视线中的这样的两件鹿角器。一件出自湖北郧县乔家院春秋殉人墓M5。这件鹿角器(M5:13)"角根部有砍削痕,原似为插入座的卯眼中。角自上而下用红彩绘三角纹。"(图8.4.2.1)(F405)从其图示看,这"三角纹"实为相对或相错排列的神农时代数字卦"∨∨"与"∧∧"。另一件出自山西长子县东周墓的7号墓。其"上端锯平,下端削平成方形榫。彩绘,黑褐色底。上面有银白色的S形纹和圆点纹"(图8.4.2.2)(F396)。从其图示看,这"S"形纹就是黄帝时代曾广泛流行的美术体数字卦"↓"。这类刻划有史前数字卦的东周鹿角器,正好同新石器时代各地流行的作为当时数字卦重要载体的鹿角器相呼应、相印证。

在东周的500多年间,在中国大陆高度成熟的汉字已完全彻底地取代了作为文字的数字卦;数字卦除用于造字外其功用几乎完全集中到占筮上来,从而使数字卦的进

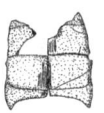

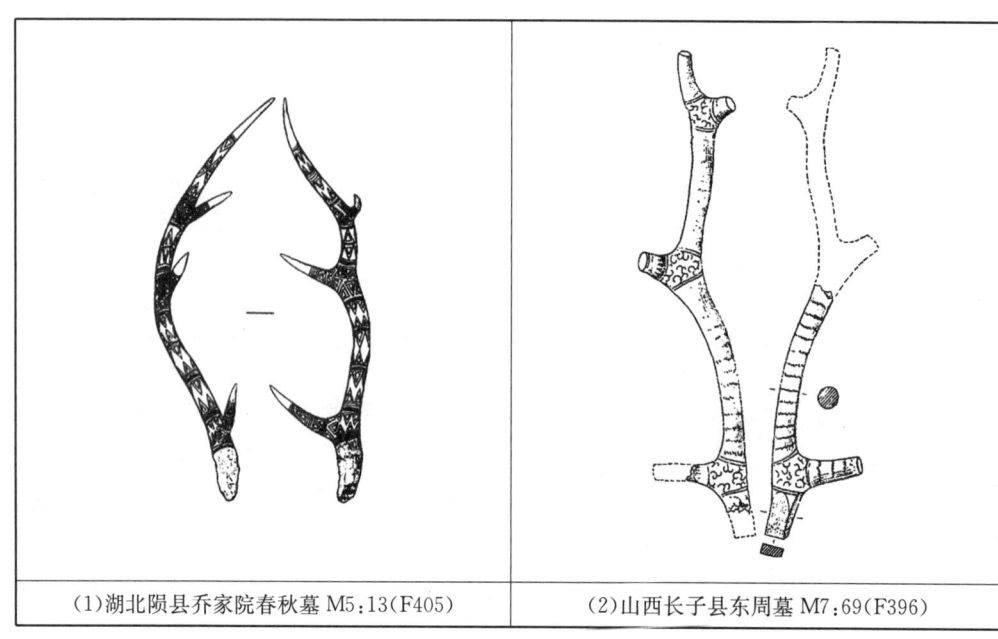

| (1) 湖北陨县乔家院春秋墓 M5:13(F405) | (2) 山西长子县东周墓 M7:69(F396) |

图 8.4.2 仿远祖在鹿角上刻划数字卦之传统的东周鹿角器

化进入第八阶段——由一与六或八表达的数字卦到一与八表达的数字卦。但是,在广东、福建、台湾等边远地区,史前通用的数字卦仍在作文字行用,数字卦仍继续被用来构造汉字,一些地方仍在纪念其远祖以数字卦行文的业绩。因此,这个时期的中国人还没有全部忘记其使用的汉字由数字卦进化而来的历史。

第八章参考文献

安亚伟.2007.河南洛阳市唐城花园西周墓葬的清理[J].考古(2):94—96.

蔡运章.2004.商周筮数易卦释例[J].考古学报(2):131—155.

曹玮.2002.陶拍上的数字卦研究[J].文物(11):65—71.

赖祖龙.2008.筮数易卦源流研究[J/OL].山东大学硕士学位论文 20080406. http://www.doc88.com/p-983701324006.html.

李零.2000.中国方术考[M].北京:东方出版社,258—261.

吴曾德,叶杨.1993.论新石器时代珠江三洲区域文化[J].考古学报(2):153—169.

张光裕.1981.从新出土材料重新探索中国文字的起源及相关的问题[J].香港中文大学:中国文化研究所学报(12),91—151.

张政烺.1980.试释周初青铜器铭文中的易卦[J].考古学报(4):403—415.

张政烺.2004.易辨,帛书《六十四卦》跋[A]//张政烺文史论集[C].北京:中华书局,70—691.

第九章 铁器时代数字卦向符号卦转变

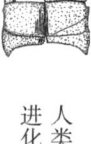

战国末期到汉初,数字卦的功用不仅完全彻底地集中到了占筮上,而且超越了神化阶段,而上升到人类抽象思维的顶峰——哲学化的高度。作为易学第三次大总结的《周易》,自西周初期成书以来,经周公旦、管子、老子、孔子、墨子、庄子及春秋战国时期其他诸子百家从不同角度阐释其中的哲学思想,《周髀》《管子》《道德经》《易传》《墨子》《庄子》《黄帝内经》等一系列科学和哲学经典著作相继问世,构建起博大精深的以阴阳五行哲学为核心的有机整体哲学体系,使中国人思维中根深蒂固的阴阳五行的传统观念上升到阴阳五行哲学的抽象思维境界。从此,随着阴阳五行哲学在主流文化中占据统治地位,人们不再像以往那样用筮杆的排列组合演卦数,也不再考虑具体数字,甚至连数字的偶与奇也不看,就可用阴与阳的抽象概念进行推理。这样一来,代表阴阳概念的符号就呼之欲出了。

第一节 数字卦本身被符号卦取代

继张政烺先生(1980,2004)发现"阳爻由一字、阴爻由八字变化来的"之后,李零先生(2000)的进一步考证核实:今本《周易》的卦画——以阳爻(—)与阴爻(--)表达的符号卦之"阳爻是源于'一',阴爻是源于'八'"。对此,蔡运章先生(2004)以新出土简文材料继续予以坚证:"到战国中晚期,上海博物馆藏楚简《周易》阳爻由一、阴爻由八表示,王家台秦简《归藏》阳爻由一、阴爻由六或八表示,而阜阳汉简《周易》和马王堆帛书《周易》都是阳爻由一、阴爻由八表示的。因此,张政烺先生指出《周易》的卦画'阳爻是由一字、阴爻是由八字变化而来的',大体上是正确的。"

其实,用"—"与"--"表达的符号卦,在商周甲骨文和金文中,甚至四坝文化、马厂文化陶文中都曾出现过(图9.1.1)。这说明,数字卦所用数字丧失数值意义而符号化成阳爻、阴爻符号的过程,早在新石器时代晚期就开始了;直到战国中晚期之后,数字卦的文字功用被汉字完全彻底地取代,不仅其应用完全集中到占筮上来,而且其代表偶数爻与奇数爻的数字"八"与"一"被"阴"与"阳"的哲学概念所取代,以致其所用数字完全丧失其数值意义之后,符号卦取代数字卦才成为普遍趋势。

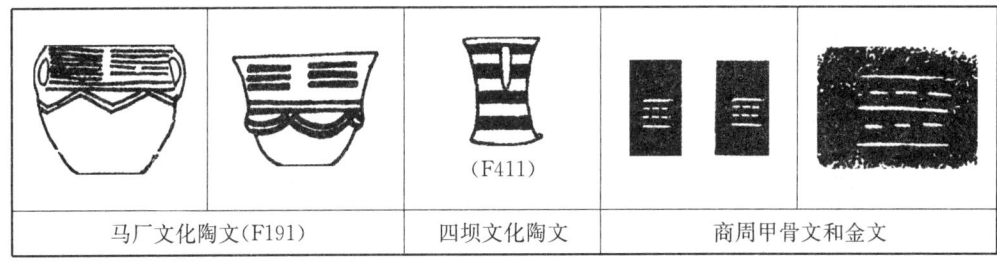

| 马厂文化陶文(F191) | 四坝文化陶文 (F411) | 商周甲骨文和金文 |

图9.1.1 符号卦普及前出现的类似阴阳爻符号

易卦的表达形式由筮杆组合这类原始形式演变成数字组合以至符号组合以后,其数的本来面目就被遮掩而日趋隐晦。从此,易经的符号卦来自数字卦的历史,数字卦作为文字记录、储存和传递了六七千年来积累的易学知识直到三易的过程,数字卦最初来自算策之排列组合的起源,就被符号卦的流行所遮掩了。这就是李零(2000)所说:"演易之法本于筮占,筮占之法本于筹算,这点本来很清楚。但《周易》传出儒门,从一开始就有哲学化的倾向。特别是汉代'数术易'衰落之后,这种倾向更上升为统治地位，其原始背景反被遮掩而隐晦。"

第二节　数字卦文字仍继续在少数边远地区行用

即使符号卦取代数字卦在全国范围内成为普遍趋势之后，一些边远地区的居民仍在追随其先祖的习俗继续沿用数字卦作文字。这些地区，要么早就有新石器时代流传下来的这种习俗，要么是受邻近地区文化的影响，或是二者兼而有之。如云南、西藏和新疆等地的汉代文化遗存中都留有当时居民使用数字卦的遗迹，而追究其来源就可发现，它们来自新石器时代文化的根源。

一、贵州威宁中水汉墓随葬陶器上刻划的数字卦

贵州威宁中水汉墓中保存了一批"富有地方民族色彩的陶器"，"尤以刻划符号为突出……除树叶脉状纹，以及箭头纹，可能不是符号外，其余可能都是人们有意识刻划的符号，共16种，多施于罐的内口沿、腹部、把手等显眼部位"，其中除数字"×"和数字卦组合的文字"↓↓↓""↑∧×""××××"及横排的"↓十十↑"等外（图 9.2.1.7，15—18），其余都是数字卦"一二×""××""×一×""｜×""××一""八八""↑"等（图 9.2.1.7—18）。而这些数字卦，都同邻近地区——四川西昌礼州遗址新石器时代晚期至战国期间的陶文中的数字卦一脉相承。该遗址墓葬出土的大量陶器，饰有刺点纹组成的数字卦"二三一""｜×""∨∨""∧∧""∧一∨""×十""∨∧∨"等（图 9.2.1.1—6）。显然，这些都是新石器时代内地历代通用的数字卦。

二、西藏石器时代到铁器时代文化传承中的数字卦

西藏昌都卡若遗址出土的大量文物证明：早在四五千年以前，卡若遗址文化就与黄河上游甘青地区的古文化以及云南境内的元谋文化有着千丝万缕的联系，其中就包含作为文化交流工具的文字——数字卦的传播。尽管该遗址迄今出土的刻划符号材

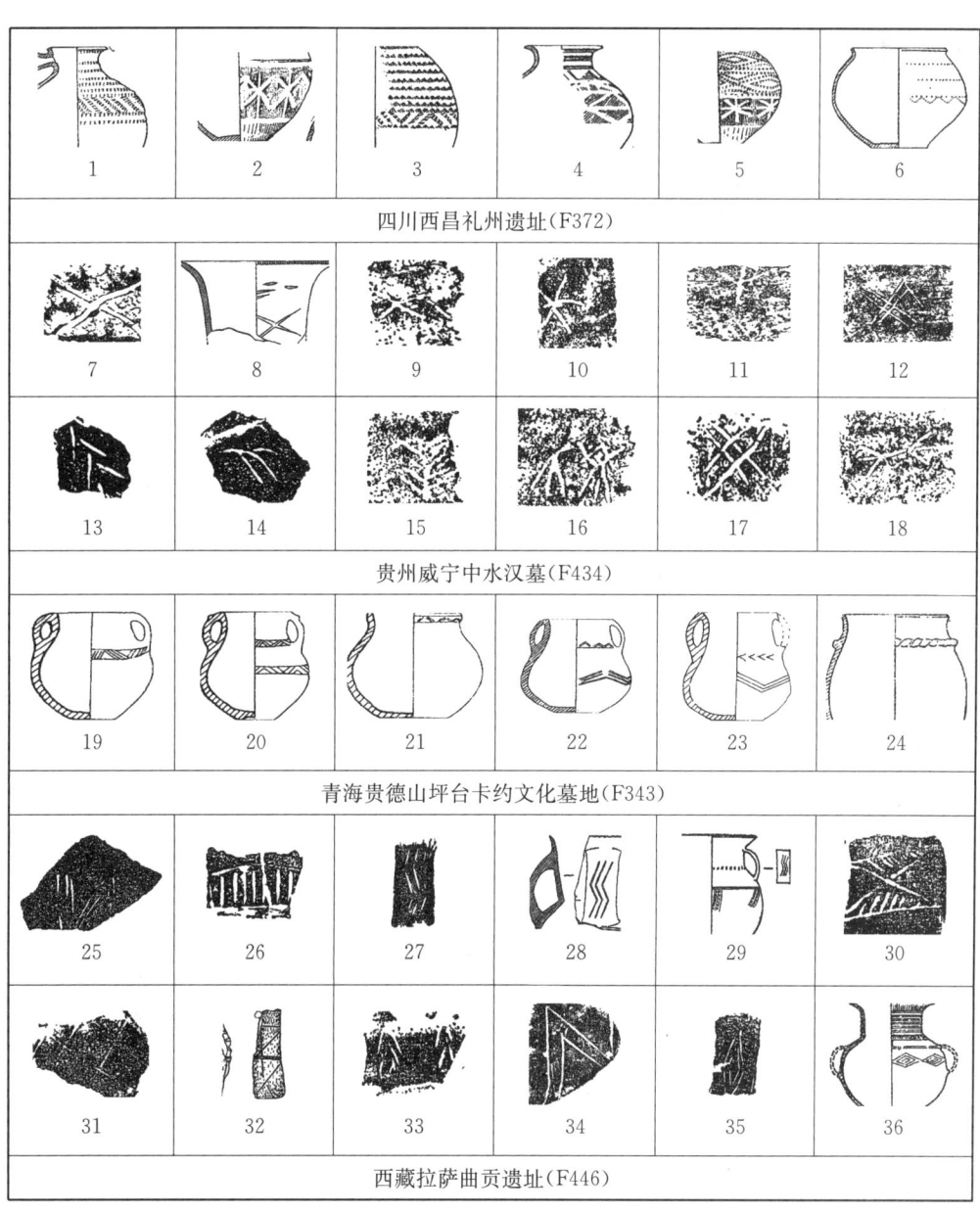

图 9.2.1 延续到汉代的史前数字卦举例

料不多,但作为该遗址代表性器物的一件双体兽形陶壶上,就绘饰有模仿数字卦"××
×""∧∧∧"的图案(图 9.2.2)。如作为距今 3600—2600 年的卡约文化一个分支的遗
存,青海贵德山坪台卡约文化墓葬中随葬的陶器上,就饰有刻划纹构成的数字卦"三三

三三三三""三三三三""∧∧∧∧∧∧""∧∧∧三三三""∧∧∧三三""×××××
×"等(图9.2.1.19—24),其中有的就与卡若陶壶上的纹饰完全一致(F445)。

图9.2.2　距今5000年的卡若遗址出土的双体兽形陶壶(F445)

既然早在四五千年以前数字卦就在西藏文化中生根开花了,那么在其后续文化中出现当地居民使用数字卦的遗迹,就不是偶然的了。如存在年代较卡若遗址为晚以至铁器时代的拉萨曲贡遗址,出土的"陶器以刻划纹为主……一些纹饰所装饰的部位是比较固定的,如重菱纹饰于器物肩部……压印纹和竖向刻划纹饰于口沿,人字纹饰于领部,之字纹饰于器耳",这些正是在遵循内地历代陶文数字卦的传统格式来展示图案化的数字卦,如所谓"重菱纹"就是双重数字卦"∧∨"(图9.2.1.29—30),所谓"人字纹"就是数字"∧"和"八"重叠而成的数字卦"∧∧"和"八八"(图9.2.1.27—28),所谓之字纹就是连体斜排数字卦"三三三"(图9.2.1.21—23),其余就是伏羲时代的数字卦"一一一""三一二""一×一　一三一　一三一""×××""×一×"等(图9.2.1.19—20,24—26)(F446)。数字卦作为文字在西藏这样边远而人烟稀少的地区还能有至少3000年的使用历史,且出现了同万里之遥的东北小河沿文化相同的数字卦表达形式(图9.2.1.30与图3.3.1),这不能不说是人类文字史上绝无仅有的奇迹!

在战国中晚期到汉代初期的300多年中,数字卦的进化通过第九阶段——由"一"

与"八"表达的数字卦进化到"―"与"– –"表达的符号卦,走完了它们的整个进化过程的最后一步,实现了符号化。从此高度成熟的汉字体系完全彻底地将数字卦驱逐出文字的历史舞台,普遍以阴阳符号出现的易卦,从此便"兵分两路":一路是完全沦落为主流文化的占筮阴阳爻的符号,围绕符号卦的易经从此被"独尊儒术"的主流文化宣布为"卜筮之书";另一路是作为阴阳五行哲学的核心概念关系——阴与阳的对立统一,概括成宇宙万物变化的根本规律,并用来认识和掌握宇宙物质运动各形式、各层次内在的具体规律,从而推动了中国传统科技的持续发展。从此,诸子百家以至独尊儒术的主流文化日趋完全忘记数字卦,中华先民世世代代曾作为文字行用六七千年的数字卦湮没于地下。但是,随"礼失诸四野"而留在边远地区的数字卦,仍在发挥其文字功用,并作为其始祖文字而派生出各自的少数民族文字。

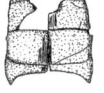

第九章参考文献

蔡运章.2004.商周筮数易卦释例[J].考古学报(2):131—155.

李零.2000.中国方术考[M].北京:东方出版社,258—261.

张政烺.1980.试释周初青铜器铭文中的易卦[J].考古学报(4):403—415.

张政烺.2004.易辨,帛书《六十四卦》跋[A]//张政烺文史论集[C].北京:中华书局,70—691.

第十章 数字卦是中国史前各地农业氏族共用的原文字

本部分以上述八章对中国各地先秦遗址出土的刻划符号及其图案化的图画材料，按其出土的时空结构进行了梳理，所形成的数字卦进化谱系，以其组成符号演变的九个阶段系统而连贯地复原了数字卦作为原文字向成熟文字乃至符号卦演变的全过程，即由万年前后的伏羲时代到2000多年前的西汉这七八千年间，数字卦所经历的由初级简单到复杂再到高级简单的进化过程，如表10.1.1所示。本章将从以下三方面对这一过程进行总结和讨论。

表10.1.1 数字卦进化过程分期

时期	分期证据出土遗址举例	所用数字或符号								
		一	二	三	亖	×	∧	十	八	V	l
1.伏羲时代早期 （前8000—前6200年）	贾湖、城背溪、跨湖桥、仙人洞、磁山、北福地、查海等骨、陶文	√	√								
2.伏羲时代中晚期 （前6500—前5200年）	贾湖、城背溪、老官台、北辛、龙虬庄、河姆渡、左家山等骨、陶文	√	√	√	√						
3.神农时代 （前5500—前4000年）	跨湖桥、彭头山、皂市和高庙下层、仙人洞、河姆渡、龙虬庄、大汶口、大溪、半坡等骨、石、陶文	√				√	√	√	√	√	

续表

时期	分期证据出土遗址举例	所用数字或符号									
		一	二	三	☰	×	∧	+	八	V	|
4. 黄帝时代 （前4000—前2600年）	东庄村、庙底沟、大河村、洪山庙、仰韶中晚期、崧泽、大汶口早中期、红山、大溪中晚期等陶文	√				√	√		√	√	
5. 五帝至夏商 （前2600—前1500年）	龙山、大汶口晚期、良渚、小河沿、半山、马厂、齐家、寺洼、辛店、二里头等陶文	√				√	√	√	√		
6. 商晚期 （前1500—前1100年）	商代甲骨、金、陶文数字卦45例	√					√		√		
7. 西周至东周 （前1100—前800年）	西周甲骨、金、陶、玉文数字卦68例	√					√	√	√		
8. 东周至战国末 （前800—前400年）	东周甲骨、金、陶、简文数字卦53例	√						√			
9. 战国末到汉初 （前400—前100年）	天星观楚简、王家台秦简、阜阳汉简和马王堆帛书数字卦	√							√		
汉初至今 （前100年之后）	今本《周易》	—							— —		

一、数字卦的九阶段进化过程

数字卦这个由简到繁，再由繁到简的九阶段进化过程，综合各阶段划分所依据的数字卦出土材料可概述如下。

第一阶段——伏羲时代早期：由万年前后开始到距今9000年的伏羲时代早期，先民在摸索辨向、定时技术的实践中，逐渐找到了以数字"一""二"的组合来标定四面八方、四时八节的办法，由此原始数字卦得以发明出来，并开始养成了用数字组合来表达八卦的习俗。随着按八卦范式作辨向定时之技术的传播，特别是农业革命展开所带动的原始四分历的推广，用数字"一""二"表达卦数语言的数字卦，作为其最简单的原始形态流传各地。

第二阶段——伏羲时代中晚期：距今9000—8500年，围绕定居聚落的原始农业、网罟渔猎和陶器制作发展到相当程度，五进制数字应运而生，从而数字"三""三""×"加入组合，用这五个数字表达的数字卦便随日趋多样化的木、石、骨、陶器的日常制作和使用而行用于各地。

第三阶段——神农时代:在原始稻作农业的发展对结合阴、阳历的需要日趋迫切的情况下,后来发起组成神农炎帝部落联盟的氏族,早在距今8000年前后,便发展出十进制数字,到距今7500—6000年,为避免一、二、三数字连排易于混淆,而开始在数字组合中省去二、三、三,保留原有数字"一""×",增加数字"∧""十""八""∨""丨",使数字卦的表达复杂化,适应了各地先民将原始农业发展成主要生活来源的需要,以至这些十进制系统高端数字组成的神农卦由南方流行到北方,而为各地先民作为共同文字普遍行用;它们所承载的以传统阴阳观为核心、八卦为范式的民生实用科技则发展成各地先民共同的民生实用技术体系和宇宙认知体系。

第四阶段——黄帝时代:距今6000—4600年,农业成为主要生活来源后,靠天吃饭的局面对改进天文历法的要求更加严格,以黄帝轩辕氏族为首的部落联盟,将其先祖摸索出来的按日出入方位定四时的方法,同以五大行星和四时恒星为重点的星象观测及北斗建时法结合起来,推行以五行循环之寰道观为基础的五行历,适应了各地农业发展对改进天文历法的需要。日出入方位定四时技术的推广,导致夏、冬至日出入方位数字卦"丨∨(↓)或∨"和"∧丨(↑)或∧"及含"∨"数字卦流行全国各地,养成了"数以九为纪"的习俗。

第五阶段——五帝时代至夏商二代:距今4600—3400年,自伏羲时代以来就逐渐展开的数字卦派生卦象文字和会意文字的趋势,在伴随数字卦的进化来弥补数字卦作文字行用之不足的过程中,经黄帝时代的强化到五帝时代,随各地社会的急剧变革走向"协和万邦"、地方文化多元发展而趋于一统文明,逐渐上升成为文化的主流,涌现出数字卦全面向成熟文字演变的新局面,直至出现了甲骨文取代数字卦而成为主流文字的新纪元。与此同时,数字卦继续在各地民间作文字使用。

第六阶段——商代中晚期:距今3400—3100年,殷商主流文化中,数字卦的文字功用基本上被早期成熟文字——甲骨文体系所取代,其所余功用开始集中到占筮上来;筮法作为历算方法——大衍术的神化,衍出的每一爻总为六、七、八、九这四个数之一,于是甲骨卜辞中数字卦所用数字,出现了向这四个数字集中的趋势。但在民间,数字卦继续作文字使用,即使在卜辞中也依然有数字卦用作文字的残余,以致数字卦演变总体动态与这种趋势有相当区别,当时全社会所用数字卦并没有像一些学者推测的那样完全集中到六、七、八、九这几个数字上来。

第七阶段——西周到春秋:距今 3100—2500 年,随着数字卦功用日趋向占筮集中,其所用数字出现向一与六或八集中的趋势;但数字卦仍没有完全被甲骨文、金文、简文等成熟文字取代,其向成熟文字的演变还在继续。

第八阶段——春秋到战国中晚期:距今 2500—2300 年,随着数字卦功用向占筮集中的趋势从主流文化扩展到全国,其所用数字向一与六或八集中的趋势已成大局;但在边远地区,数字卦仍在继续作文字使用。

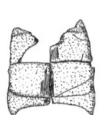

第九阶段——战国末期到西汉初:距今 2300—2000 年,在数字卦的功用不仅完全彻底地集中到了占筮上,而且超越了神化阶段,上升到哲学化的局面下,其组合中最终剩下的一和八,不仅回归于伏羲八卦中代表纯阳的乾卦和代表纯阴的坤卦的序号一和八,而且分别被彻底简化成哲学符号"—"和"--",从此数字卦本身被符号卦取代而彻底退出历史舞台。但在少数边远地区,数字卦仍在继续作文字使用,甚至在继续演变成所在民族的成熟文字。

作为中国所独有的人工记忆系统或体外符号系统的易卦,在上述距今万年来的九阶段演替过程中,从结构和功能上发生了几次根本性大转变。

(一)从其组合符号来看发生了五次大转变:

1. 在距今 1 万年前后二进制数字符号发生;

2. 在距今 8500 年前后二进制数字符号向五进制数字符号转变;

3. 在距今 8000 年前后五进制数字符号向十进制数字符号转变;

4. 在距今 4000 年前后数字符号全面向成熟象形文字符号转变;

5. 在距今 2100 年前后数字符号向哲学符号转变。

(二) 从其社会功用来看发生了四次大转变：

1. 在距今 1 万年前后开始作数字组合文字行用；

2. 在距今 8000 年前后作数字组合文字行用并派生卦象文字；

3. 在距今 4000 年前后全面向成熟象形文字转变，并继续作数字组合文字使用；

4. 在距今 3500 年前后继续派生成熟文字，其文字功用向占筮转变；

5. 在距今 2100 年前后发生由占筮决疑向哲学推理转变。

由此看来，在易卦经历的这万年历史中，有 8000 年是以数字组合的形式存在的；而在数字卦存在的这 8000 年中，有 6500 年是在作各地先民的共同文字行用，并在其行用中陆续异化出卦象文字、成熟象形文字乃至符号卦，而充分地发挥了其作为原文字的历史作用。

二、中国数字卦体系在全人类进化史上超越任何其他符号系统的独特性

数字卦的这个上万年的演替过程所囊括的考古出土材料，组成了考古学上前所未有的刻符实物证据链。其在时间上的跨度长达旧、新石器时代交替之际以来的上万年，在史上没有先例；其在空间上遍布中国各地，包括新疆、西藏、台湾等边远地区，分布之辽阔破历史纪录，而且它们在如此悠久的时间分布中是连续的，在如此辽阔的空间分布中是统一的。其最突出的标志是：上述距今 9000 多年来依次展开的九个历史阶段中所通行的数字卦，只是所用的数字在各阶段之间有所不同，但所有数字的字符及其组合规范都完全一致，且同甲骨文中出现的数字基本相同，而同世界其他地区出现的古数字根本不同，从而表明数字卦出土材料所组成的实物证据链，具有无比强大的证明力，能对其刻录的内容提供最充分的验证。这里对以上八章所论证的一些论点加以归纳如下。

(一) 数字卦体系是在中国的土地上原生的，是中华先祖们的独创。中华远祖们独创的原始筹策记数实践及其派生的奇偶数量观，对此起了决定性作用。导致卦数语言

与数字卦产生的作为一种原始物件记数、记事手段的筹算器,与其他人工记忆手段——契刻和图画符号的协同进化,在远古中国经历了一个漫长的过程。从现已收集到的证据来看,这一过程至迟从距今5万年的旧石器时代中期就开始了,到距今2.8万年的旧石器时代晚期早段出现了临摹筹策记数的刻划纹,到距今1.8万年的旧石器时代晚期中段发生了也许是分别临摹奇、偶筹策的直线和曲线纹,到距今1.2万年前后出现的明确分别做奇、偶数记数的纹样,直到距今1万年前后开始发明临摹筹策最简排列的数字一与二的组合——原始数字卦;从此走上筹策算术和卦数语言与数字和数字卦协同进化的道路,也为后来人类语言与文字的协同进化揭开了序幕。

(二)数字卦作为各地居民共同文字的行用,与各地居民理性思维对统一的卦数语言的使用,一直是相辅相成、协同进化的。考古出土材料与古籍记载互相印证:自距今万年前中华先民开始行用筹策记数、记事并将其排列式样用契刻或图画予以记录以降,策算器和筹算器就不仅是一种主要的计算工具,而且是他们记录和交流理性思维语言和文字——卦数语言和数字卦的主要工具。正是主要依赖于这种工具的日趋广泛的普及和提高,中华先民赖以生存和繁衍的农业文化所需的民生实用科技——易学才能逐渐由长江和淮河流域推广到全国乃至东方和世界,作为其传播和交流之原语言和原文字的卦数语言和数字卦,也随之于距今10000—7000年在长江和淮河流域实现统一之后,于距今6500年前后扩展到东方三河流域的所有农业地区,为其随后发展到成熟的语言和文字体系奠定了深厚的基础。

(三)数字卦适应了原始定居农业兴起对辨向、定时和制器的需要,从一开始便是伏羲氏族为首的氏族群体,在对方向和时节做对偶对称观察和分组记数中,作为标定四面八方、四时八节及器具制法和用法的文字,而予以发明和使用的。随原始定居农业的扩散所推动的观象授时和尚象制器技术的传播,记载这些技术的数字卦便成为其传播工具而流传到新的农业地区,逐渐成为所有原始农业发展地区各地居民共同的文字。农业革命席卷到长江、黄河和辽河流域之后,特别是在距今6500年前后农业成为

这些地区居民生活的主要来源之后,数字卦便稳固地成为生活在这三大流域的人类所共用的理性思维语言文字和逻辑,其所承载的以阴阳八卦为科技范式和思维方式的易学,适应了各地氏族的生存繁衍对民生实用科技的需要,而随之成为各地先民共同的宇宙认知体系。各地新石器时代遗存所出数字卦的一致性,证明自新石器时代早期以降各地行用的数字卦,一直是统一的数字组合文字体系。

(四)从原始数字卦在9000年前后开始行用以降,数字卦就不仅是字,而且成文。纯粹由数字卦组成的骨文行用于各地的年代比陶文更早,距今8000年左右的文化遗存留下的刻划有成组数字卦的骨器,广泛出土于长江流域各地遗址中,从湖北三峡地区的桅杆坪遗址,到长江流域中游的江西万年大源仙人洞洞穴遗址,再到下游的跨湖桥遗址,都在这一期间的文化遗存中保留有以同一个系统的数字所组成的不同数字卦所排列而成的文章(图3.1.2—3.1.3、图3.1.5—3.1.7、图3.1.15—3.1.17、图3.2.1、图3.2.5、图4.1.1等)。在过去4000多年后,西北地区马厂文化居民还在用纯粹的数字卦行文,证明中华先民运用数字卦作文字的时代至少长达6000年之久,不仅比作为成熟文字的甲骨文早4000多年,而且比苏美尔人和巴比伦人的楔形文字、埃及的圣书字要早3000年。

(五)以伏羲卦数为源头的数字卦系统的排位数字系统,至迟从新石器时代早期以降,不仅一直以其完全符合数学原理的排列组合,作为理性思维语言文字而领先于世界,而且其承载的数学、天文历法、器具制作、农业和医疗技术等民生实用科技也是为中华先民所独创而领先于世界的原科学体系,因此,数字卦本身也是为中华先民所独创而领先于世界的原文字体系。这就证实了莱布尼茨(1686,1716)所揭示的易卦同数学、科学和文字起源之间的内在逻辑联系,证实了他所说的"伏羲找到了一种独特的表达文字、算术、抽象和记数的方式","易六十四卦给予普通文字的发明以重大启示,使思想与数发生关系"。

(六)自新石器时代早期以降的七八千年间,中国各地普遍出现的相同或相似的数字符号及其组合——数字卦,其所以能证明它们是这期间中国各地居民共同行用的文字的最主要缘由是:这期间各地遗址出土器物上不仅刻划有这些相同或相似的数字符号及其组合,而且它们显露出用于记录和交流的共同规则和习俗,还有其派生的或与之配合的那些形态万端、千变万化的图案;无论是它们的共同规则,还是这些千变万化的图案,都不离其传授辨向、观象授时、尚象制器、数术等易学知识之宗,其中显现的数量关系,都同伏羲卦数系统中的数理逻辑丝丝相扣、环环吻合,表明以伏羲卦数为理性思维语言、文字、逻辑和范式,以天文历法为首要应用领域的易学,在各地农业氏族的继承、传播和发展中,已成为当时各地先民共同的实用科技体系和宇宙认知体系。正因为这些数字及其组合不仅仅是数字符号,而是表达易学科技,特别是天文历算知识的文字,所以8200年前贾湖人的五进制数字系统才有必要发明出来并在南北各地扩散开来,来适应原始农业兴起对阳历的需要,以至这些考古出土的五进制数字符号的时空分布同原始农业兴起遗迹的分布是完全一致的;7000多年前跨湖桥人才会把五进制数字发展成十进制数字系统,这些十进制数字才能流行于长江流域,并沿着淮河和汉水流域传遍黄河上下,来适应先民把原始农业发展成主要生活来源而要将阳历与阴历结合成阴阳合历的需要,以至这些考古出土的十进制数字符号的时空分布,与原始农业发展成主要生活来源的遗迹相一致,同考古发现的阴阳合历授时图的时空分布也完全一致,还同古史传说的神农炎帝集团由南到北扩张的历史轨迹相一致。由此可见,表达易卦的这些数字符号及其组合成的数字卦,比遍及世界各大陆的同期刻契和陶文符号都发达得多,其信息记录、贮存和交流功能强得多;它们不仅对制作者起作用,也不仅为其跨时空流行的氏族、部落和部落联盟传授知识,而且同后世文字记载的易学有关内容息息相通,从而充分显示了它们作为原文字的功用。因此,将它们同其他民族用来帮助记忆的刻契符号和图画等量齐观,是不符合史实的。也正因为如此,它们能作为原文字为先民行用6000多年,直到他们把成熟文字酝酿出来。

(七)数字卦与象形符号的结合及其图案化,特别是其后的写意图案化,导致数字

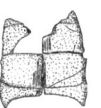

卦向成熟象形文字和会意文字的演变,加上其卦象文字向成熟象形文字的转变,使得甲骨文所代表的早期成熟文字主要由象形文字和会意文字所构成。本部分所举上百个甲骨文字由数字卦演变为成熟文字的经历也表明:一个数字卦作为字根派生出一系列同源成熟文字的过程,就像生物体细胞中的一种基因,即一组 DNA 密码,通过选择性剪接而编译出一群同源异构蛋白体一样。在多群同源成熟文字组成的成熟文字体系中,就像各种同源异构蛋白体构成之组织相互作用而形成整个机体那样,各系列同源异构文字之形、义、音相互作用而推动整个成熟象形文字体系向前发展,导致整个体系随人类文明的发展而趋于形声化。由数字卦及其卦象文字演变而来的成熟象形文字和会意文字,构成包括甲骨文在内的早期成熟文字体系的主要成分和基础,就正好接轨于唐兰先生(1935)发现、李孝定(1986)先生验证的象形、象意文字向形声文字演化的轨迹。

(八)数字卦演替过程在人类认识发展的历史顺序与逻辑顺序的一致中证明:后世流传的以符号"—"和"--"代表阳爻和阴爻所排列组合而成的符号卦,即今本《周易》中的六十四卦系统,之所以成为总结宇宙规律而为任何时代树立典范的符号系统,是因为它由伏羲氏发明八卦的奇偶数字组合经七八千年的进化而来,其初始来源是新石器时代早期原始数字卦的一与二的组合,即被初民在观象授时、尚象制器和其他理性思维过程中用来记录和传播四面八方、四时八节和各种器具制作和使用技术之卦数语言的文字。

三、中国数字卦体系在全人类进化史上超越其他任何古文字的独特意义

上述八章只是对现已考古出土的数字卦材料进行系统化整理的一次尝试。数字卦材料系统化之学术成果尚只初露锋芒,就以其作为人类原文字而进化和行用的时间之早、之长,显示出巨大的文化遗产价值和学术意义,不仅超过甲骨文,而且也超过世界上任何古文字。这里仅就上述九个进化阶段之数字卦材料所综合体现的下列几个方面,对其中的学术意义作一初步估计。

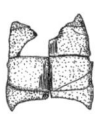

(一)在已知数字卦材料的这一初步系统化中,距今9000多年至中国成熟文字体系将其彻底替代之前的7000多年间,生活在黄河、长江和辽河流域的人类所共用的理性思维语言文字——卦数文字体系,正在透过重重遗忘的烟云而呈现出端倪。这种文字开始由二进制数字,后来由五进制数字,再后来由十进制数字所组成,以数字卦的形式体现于算策之类的计算工具之语言演示,表达于契刻之数字刻划或图案化之数字纹样,用来记录理性思维语言,传递和积累民生实用科技知识,而成为东方史前主流社会所独有的文字体系。在此三大流域的辽阔地域内,各地分布的距今9000—2000年的文化遗存中都连续广泛存在数字卦的事实,各地彩陶自距今6500年以降都体现出拥有一个共同认知体系的事实,各地文明多元一体地起源和发展的事实,都充分证明:数字卦是这一期间中国主流社会按伏羲八卦奠定的基本逻辑和范式,用来做记录和交流人们理性思维语言的符号体系。正是有赖于它作为理性思维语言记录和交流之工具的使用,各地所有的这一切才联系在一起了。在数字卦的历史存在刚刚引起学界注意时,不愧为古文字专家的唐兰先生(1957),就在其《在甲骨金文中所见的一种已遗失的中国古代文字》一文中,敏锐地觉察到它们是"用数目字当作字母来组成的"文字,尽管很快遭到权威的否定,但文字发展的历史辩证法终究不是任人打扮的小姑娘,它总归还是要靠充分而系统的证据来还其本来面目。就像"走出疑古时代"是学术研究的必然趋势一样,对卦数文字的否定之否定,也是不可避免的趋势。

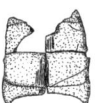

(二)同卦数文字认识上的否定之否定趋势相联系的,是随数字卦和先秦文献的大量出土而重新复兴的象数易学研究。这些出土材料所证实的早在商周时期及其以前就已存在之卦数与卦象、卦名、变卦、互卦及卦象文字、图画文字乃至卦、爻辞的对应关系,自距今8600年的贾湖文化二期以降"易卦是联结这些器物和文字的切合点"的事实,使当今学者们重新认识到:《周易》《老子》《易传》等古籍所体现和强调的"八卦成列,象在其中""观象系辞",乃至宋代象数易学家所提倡的"数立则象生,象生则言彰,言彰则意显"(邵雍:《皇极经世·观物外篇》),确实为中国古人自原始社会以来就养成

的独特的学术思维和阐述方式（刘大钧 2000，刘彬 2003）；包括《易传·说卦》所列 114 个八卦之象在内的卦象，源于中国上古把自然客观对象分为八个基本类别，以八卦之相应排列组合的数字来标记，所形成的原始卦象形态（蔡运章 2001，李树菁 2003）。既然原始八卦是组合排列的数字，那么原始的卦象便是由数来确立的，即卦数所标记的客观事物。这便是"数立则象生""因数而有象"的真实由来。随着古代学者们所追忆的易学思维进化的这一逻辑顺序——数—象—辞，在古史新证中日趋还原为其历史顺序，卦数文字通过卦象发挥其文字功能并向卦象文字、图画文字乃至成熟象形文字发展的真相必大白于天下。

（三）文字对社会发展的革命性作用，已被迄今一直在使用的象形文字和拼音文字之加速社会发展的丰功伟绩所证明，更为当今信息化时代数字化文字加速社会发展的空前功效所强调。同这些次生发展起来的文字体系相比较，尽管卦数文字尚处于原始状态，是所有这些次生文字的原文字，但是它本质上同样具有加速原始社会发展的革命性作用。它打破了东方三大流域之间的空间相隔局限，克服了数千年时间抹掉人们记忆的缺陷，相对无限地扩展了作为原始东方认知理性思维语言的卦数语言，相对无限地扩展了原始东方人对民生实用科技知识的记忆，使各地、各代人们在实践中获得的经验知识以共同的逻辑和规范相互交流、连续积累而得以世代相传和逐步发展，从而使生活在这三大流域的原始人类能够率先在共同认知体系的基础上，在世界上结成一个进入初级文明社会的最大文化整体。这就是中国各地自彩陶出现以降其文化遗存都体现出一个共同认知体系的秘诀之所在，也是中华文明起源和发展多元一体的关键之所在。正是在卦数文字体系的基础上，甲骨文乃至汉文较快地成为世界上使用人数最多、使用年数最多的文字。就像甲骨文的发现和研究，为中国学术研究回溯到周商时期奠定了基础，为科学地重构商周以降的中国史学开辟了道路一样，卦数文字的发现和研究，将为中国学术研究回溯到伏羲时代奠定基础，为科学地开展中国文明起源和早期发展研究，为科学地将"三皇五帝"的神话传说还原成信史开拓出崭新的前景。

（四）既然中华先民自距今 9000 多年以降，已开始创建和行用一整套以数字为字母加以组合来记录和交流理性思维语言的文字——以数字卦形式出现的卦数文字，那么他们发明的卦数文字便是世界上最早的文字体系，较之西方学界所公认的世界最早文字——古埃及圣书字和两河流域楔形文字至少领先 3000 年，而成为全人类各种古文字之始祖。它既以其数字组合，同字母组合的拼音文字有相似之处，又以其数字卦的选择性剪接所构成的笔画为成熟象形文字奠定了基础。这就还原了它作为人类一切文字之源头的历史地位，从而使人类文字进化之全过程回归到其辩证展开的三大阶段：由数字组合，经象形和拼音分道发展，到殊途而同归于信息时代由计算机语言的二进制数字组合文字所带头的数字化组合文字。由数字卦发展起来的易经六十四卦符号系统，不经翻译而可连通全球一切语言和理性思维的事实，使世界学术界公认："易经是一切语言的原型（prototype）。"（Bonvecchio 1998）易卦是一切语言之原型的历史真相，正是卦数文字作为一切文字之原型的对立面，而同本册所追记的数字卦进化史相印证。由数字卦材料的系统化所恢复的人类文字进化史真相，必将改写世界文字史，为在全球范围内科学地认识文字起源和发展过程开辟道路。

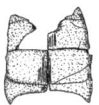

（五）迄今世界古史研究面临的一个不得其解的大死结是，新石器时代中国农业和陶器的发展都跑在古埃及和两河流域文化之前，刻划符号在各种器物上的出现也更早、更丰富且最呈连续进化系列，为何文字的发明却反而落后？两河流域的楔形文字和古埃及的圣书字在距今 5000 年左右就已经很成熟了，而比甲骨文要早的古中文字在多数语言文字学者看来只在距今 4000 年前后才出现，不仅比中东那两个古文明起源中心落后上千年，而且比考古学家们证明的中国三河流域古文化已开始有共同认知体系的 6000 多年前要晚 2000 多年。如果中国文字的发明果真这么落后，那么先民构建和维持这共同认知体系的思想交流，何以能克服这数千年的时间间隔和数千里的空间距离？即使从夏王国文明史来看，也如拱先生们（2009）所说："一个没有成熟文字的国家在黑暗中度过700余年,然后突然茅塞顿开,创制了成熟文字,这实在不合乎逻辑,令人难以想象。"解决这些死结的唯一出路,是面对中国新石器时代流行的数字卦就是原文字的事实。通过数字卦材料的系统化,对数字卦进化过程进行系统研究,就能在考古学证据同古籍有关"造书契,以代结绳之政"之记载相对证的基础上,恢复中国卦数文字史的原貌,从而破解这一系列困扰中国学术界2000年和世界学术界数百年的难题。

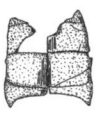

(六)就像生产工具是人类社会物质文化史之分期和断代的科学标志一样,数字卦和数字作为东方人类精神生产,特别是易学思维的工具,是东方社会精神文化史之分期和断代的科学标志。在公元前7000多年间,中文古数字及其组成的数字卦,在其结构和功能上,经历了一个呈九阶段演变的进化过程。经大量而系统之考古学证据所验证的这九个阶段,以其数字卦特有的结构和功能及其存在的考古学年代,将公元前这7000多年的易学史由远及近地划分成这样几个时期:距今9000—7500年的伏羲易,距今7500—6000年的神农易,距今6000—4600年的黄帝易,距今4600—4000年的前三易向文明易的过渡,距今4000—3600年的连山易,距今3600—3100年的归藏易,距今3100—2700年的周易,距今2700—2000年周易哲学化并展开成传统科学。

(七)通过将迄今业已发现的数字卦材料加以系统化,我们把易学起源和史前发展到夏商周三易乃至西汉易的历史及其分期的年代学框架构建起来了。在如此大量而系统的考古学证据的基础上,这个框架以连续不断的数字卦进化树,提纲挈领地恢复了东方人类易学思维发展经历的7000多年的历史长河,并以数字卦结构和功能的阶段性演变,在逻辑与历史顺序的一致中,证实这7000多年的历史过程中确实存在伏羲易、神农易、黄帝易、前三易向后三易的过渡、连山易、归藏易、周易及其哲学化和传统科学化这样几个阶段,使数千年来的有关神话传说在同考古学证据的对证中回归原处。从此,随着依此框架展开的易源、易史研究进入科学的轨道向前奔驰,历来所有的易学神话史、传说史便不可避免地为之落实而为信史所取代。大量积累的数字卦材料的系统化,正在并将继续证明:支配自然过程和人类历史的辩证法规律也同样地贯穿于人类思维的进化史。既然生物系统进化(古生物学)之历史顺序与个体发育(胚胎学)之阶段顺序的吻合,为建立解释物种起源的进化论奠定了基础,那么,数字卦和中文数字与易学思维进化的逻辑顺序同历史顺序的吻合,便为我们追溯易学起源和发展之进化过程而重构科学的易学史奠定了基础,从而为中国科技与文明起源和进化史的科学建立奠定基础。

对数字卦万年演替过程追踪的上述结果一经公布,定会石破天惊于国内外学界。那些不承认石器时代有数字卦的学者会惊呼:数字和数字卦何以在中国出现得如此之早?但正如本部分出示的这些证据所证实的,事实确实是伏羲卦数在距今9000年前后的长江流域和江淮地区就已经有数字卦之刻符表达,标志着对称对偶分组计数之数量概念的进化很早就进入了数字卦系统发育的新纪元。尽管对后来的神农时代和黄帝时代的数字卦系统来说,伏羲数字卦系统尚处于初级阶段,但从原始人类之数量概念的早期进化史来看,它又处于由原始进入初级的转折点,是对称对偶分组计数之数量概念发展到相当高度的表达形式,还不是其表达的原始形态。要探讨这种数量概念的原始形态,就得继续往前追溯。越来越多的出土材料证明,在旧、新石器时代交替之际至数字卦在各地普及之前,黄河、长江和辽河流域各地先民,就在其生产和生活实践中,以各自富有地方特色的方式运用物件记数或刻划记数方式做对称对偶分组记数,而这些记数实践的发生都有其旧石器时代的历史渊源。本套书第二、三卷各章将具体考察各种原始形态中的伏羲卦数。

面对上述结果,凡是不相信或不理解孔安国《尚书·序》所述的"伏羲氏……画八卦,造书契,以代结绳之政"的人都会问:中国成熟文字是怎样由数字卦演变而来的?这些人士的一位代表,正是最早发现数字卦是"数字组合文字"的唐兰先生。他(1988)以为"八卦的卦画"从来就是2000多年来看到的符号卦,以此论证"八卦的卦画,绝不是文字所取材的"。但他认同《易·系辞》所载"上古结绳而治,后世圣人易之以书契"

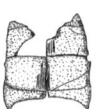

第十章 数字卦是中国史前各地农业氏族共用的原文字

并予以解读:"最初的文字,是书契,书是由图画而来的,契是由记号来的。"可他不知道:作为最初文字的书,就是卦象文字、图案化和美术体的数字卦;作为最初文字的契,就是刻划的数字卦。因此,即使按他的文字起源逻辑推理,其结论也只能是最初的文字就是数字卦,以数字组合出现的数字卦,包括八卦,才是包括甲骨文在内的所有成熟文字所取材的来源。这就是上面所说的,十进制数字卦在距今7000—6000年在东方普及,开始了筹策算科技与其表达的原语言和原文字——数字卦及其卦象文字向成熟语言与象形文字协同进化的新阶段,导致距今6000—3500年高度发达的筹策算术体系与各种成熟古语言和古文字体系的建立;随后,便开始了古语与象形文字发展的近古阶段,直至汉语与汉文同拼音语言与拼音文字体系的分道扬镳。由此看来,数字卦体系之所以为人类所有古文字之始祖,不仅是因为它比所有这些古文字更古老,而且是由于它为所有这些古文字的取材提供了取之不尽、用之不竭的材料库。迄今发现的古文字,包括古埃及的圣书字、两河流域的楔形文字、中国的甲骨文和古彝文,在其形成中是怎样取材于数字卦的? 考究这个问题,这就是我们下一部分的任务。

第十章参考文献

Bonvecchio, C. 1998. *Attending and Articulating. The Magic of the Tortoise*. Eranos Munich, 61.

Leibniz, G.W. 1716. *Discours sur la theologie naturelle des Chinois*. Loosen and Vonessen (ed.), 1968. D. J. Cook and H. Rosemont (English translation): *Gotfried Wilhelm Leibniz Writings on China*. Open Court Publishing Company, Chicago, 1994, 75—138.

Widmaier, R.(ed.). 1990. *Leibniz Korrespondiert mit China: Der Briefwechsel mit den Jesuitenmissionaren*(1689—1714). Frankfurt am Main: Vittorio Klostermann, 134—143.

蔡运章.2001.中国古代卦象文字略论[J].中国书法(5):50—56.

郭沫若.1972.古代文字之辩证的发展[J].考古(3):2—13.

李树菁.2007.周易象数通论[M].北京:光明日报出版社,3—33.

李孝定.1986.汉字的起源与演变论丛[M].台北:联经出版事业公司,1—296.

刘彬.2003.《大戴礼记·易本命》象数发微[J].周易研究(1).

刘大钧.2000."卦气"溯源[J].中国社会科学(5):122—129.

唐兰.1935.古文字学导论[M],上册,1935年墨迹影印本.上海:上海古籍出版社,2001,30—50.

唐兰.1957.在甲骨金文中所见的一种已遗失的中国古代文字[J].考古学报(2):34—36.

唐兰.1988.中国文字学[M].香港:太平书局,1—63.

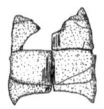

第十章 数字卦是中国史前各地农业氏族共用的原文字

第三部分

数字卦向东西方成熟文字演变

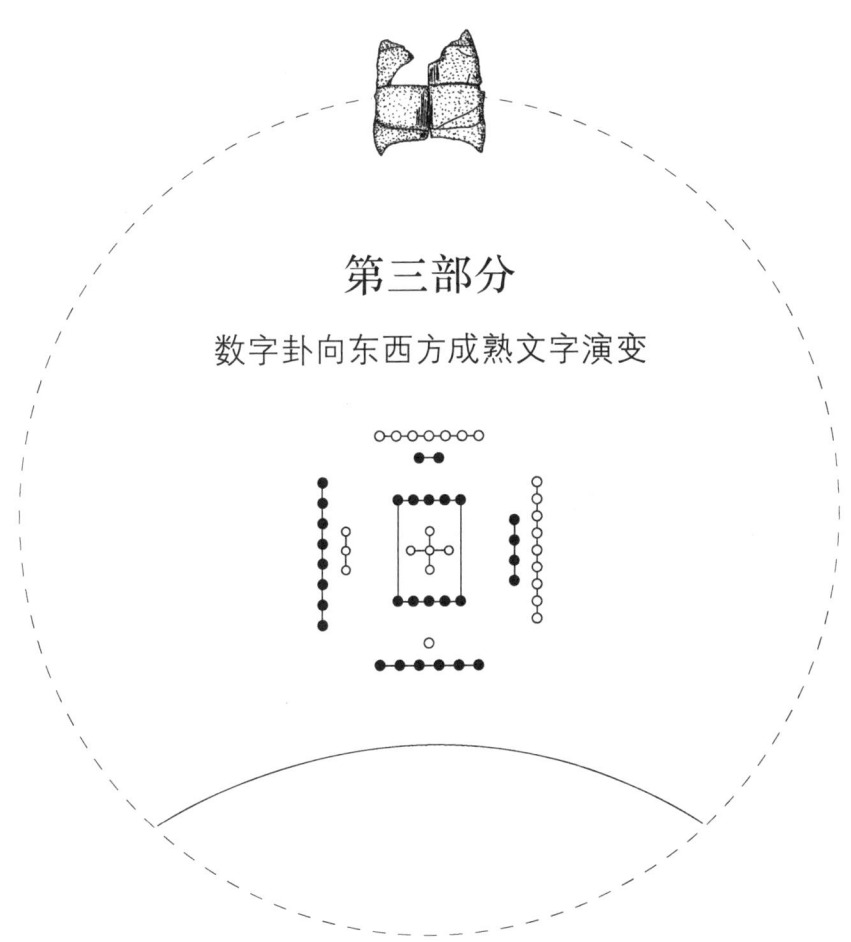

第十一章　数字卦向成熟象形文字和字母文字的转化

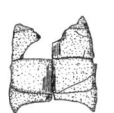

为追溯古文字形成和发展的历史途径,迄今各国学者大都通过对已成熟的古文字结构类型的研究,探索其各类文字的结构形式和构造原则,来"以后证前"。古今中外学者们对汉字起源的研究是这样,对苏美尔楔形文字和古埃及象形字起源的研究也是这样。

汉字起源的几种古史传说,自春秋战国学者传布以来,经西汉学者在重新发现的古文经典的基础上,综合成围绕"伏羲画八卦造书契"之起源论的"六书"系统,由东汉许慎在其《说文解字》中总结成六书理论,建立起中国文字学的理论体系。从此它一直支配中国文字研究 1800 年,历代学者对其含混牵缠的六书条例各执一词,持续争论,但一直未能动摇它的支配地位。直到 20 世纪 40 年代这种局面才得以改变。唐兰先生(1935,1988)按文字的"形、意、音"三要素,将汉字结构的六书分类归纳为"象形、象意、形声"的"三书"说,将古汉字的发生相应地分为这样的三个阶段,由此提出"文字起于图画"说,斥古史遗留下来的这些汉字起源传说"荒谬""可笑",而很快为"大家所公认"(李孝定 1986)。但是,从 20 世纪 90 年代以来,越来越多的学者从考古材料中探索汉字的起源,发现了"数字是最先出现的文字"的事实,使人们开始相信古代学者的"象数"理论确有所本,而重新考量这些汉字起源传说,重新认识数字在文字起源中的重要作用(张光裕 1981,拱玉书等 2009)。史前刻符材料的不断出土,也使人们开始认识到,"汉字起于图画"说不仅同历代学者考证的结果大相径庭,也同唐先生后来承认"最初的文字是书契"的说法相矛盾;而且更主要的是李孝定先生(1986)所说的"缺乏具体的证据"。可惜,这方面的进展并未百尺竿头,更进一步,在"文字起源二元论"的影响下,"数字与文字,虽然二者诞生的时间有先后,但不构成演进或孳乳关系"(拱玉书等 2009)之成见依然不胫而走。

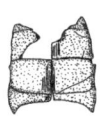

西方学者对各种古文字起源的研究,自"文字由图画而来"假说于 18 世纪中叶在考古学和文献学研究的基础上提出以来,就一直处在其统治之下。19 世纪中叶展开的楔形文字起源研究也不例外。随着原始楔文泥版和史前刻划材料的陆续出土,一系列探讨楔形文字起源的新假说提了出来,但未能动摇其统治地位。直到美国考古学家 Schmandt-Besserat 花了二十多年的功夫,实地考察和分析了近东各地 116 个古代遗址出土的 8000 多个各种泥制标记物——泥筹,也就是中国学者所称的"陶筹",提出并论证了"原始楔文由泥筹演化而来"的假说,西方学界的这一领域才出现了新局面。但她这个假设只能解释原始楔文中的圆形数字的起源,至于其中发展成后来楔形文字的用横、竖线体现的数字和文字来自何处,至今仍是不解之谜。古埃及象形文字与苏美尔原始楔文创制过程中相互借鉴的迹象,随考古出土材料的积累而日趋明显,以致二者的起源研究都面临着其线形文字取材于何处的课题。

近些年来古彝文学者对古彝文并列于世界古文字之地位的论证,特别是对古彝文与古楔文、古汉文亲缘关系的揭示,给迄今统治文字起源研究的一切传统理论带来了颠覆性冲击。这使今后的文字起源研究,不得不把各种古文字当作人类共同的文化遗产在全球视野中加以考察,不得不重新审视各民族史前流传下来的文字起源传说。他们以甲骨文与古彝文之间存在大量的同形字,证实了古汉文与古彝文确实有共同的起源,但没有解答它们的这个共同起源是什么。

国际学界面临的这些文字起源的新问题,启示我们去重新认识史前流传下来的以"伏羲画八卦造书契"为红线的文字起源传说。中西史学前辈对如何对待这些神话传说都留下了宝贵经验。王国维(1994)说:"上古之事,传说与史实混而不分。史实中固不免有所缘饰,与传说无异,而传说之中亦往往有史实为之素地。二者不易区别,此世界各国之所同也。""吾辈生于今日,幸于纸上之材料外,更得地下之新材料。由此种材料,我辈固得据以补正纸上之材料,亦得证明古书之某部分全为实录,即百家不雅训之言,亦不无表示一面之事实。"拉法格(1963)说:"神话既不是骗子的谎话,也不是无谓的思想的产物,它们不如说是人类思想的朴素的和自发的形式之一。只有当我们猜中了这些神话对于原始人的然而在许多世纪以来丧失掉的那种意义的时候,我们才能理解人类的童年。"他们科学分析神话传说的理论和方法,很值得我们效法来重新认识这些传说。

与"伏羲画八卦造书契"传说相对证,上部分以大量系统的数字卦材料证实:以伏羲氏族用二进制和五进制数字刻画八卦为源头的数字卦,是人类进化史上最早且最先进的数字系统,也是最早且最完备的线形符号系统;其在人类符号体系和人工记忆系统进化史上的这种独特地位,决定了它在历史上和逻辑上都是世界上一切线形符号的总根源。世界各地日趋富积的史前符号材料,正在越来越明显地显露出各自的线形符号同数字卦的千丝万缕的联系,越来越深刻地揭示出其成熟线形文字的形成从数字卦中仿效了符号组合原理,取材了造形构件。在上部分用大量而系统的出土材料证实数字卦作为中华先民的原文字是怎样产生和行用之后,本章就以各种古文字的线形符号同数字卦的比较研究,来探讨数字卦为各种古文字具体提供了什么,从而以作为原文字的数字卦来全面回答各种古文字起源的几个重要问题。这就是拱先生们(2009)所说的:"追溯处在源头的原初文字是怎样产生的,是文字起源研究的关键。而原初的文字有哪些,其萌发和形成的途径是什么,原初文字的产生为其后真正的文字创制提供

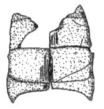

了哪些可以仿效的方法,则是关于文字起源研究的几个重要问题。"

第一节 策筹算器、数字和数字卦与成熟文字形成

在中国史前刻划符号中,数字符号是重要的组成部分,不仅其使用频率最高,而且其结构和形体古今基本一致。不断富积的史前刻划材料,在证实古代学者所说的"造字之初,先有数,后有文"的同时,对"汉字源于图画"理论发起了挑战,使数字起源及其在文字起源中的作用,成为文字起源研究的一个焦点。

一、数字是文字起源的先驱

数字是任何一个成熟文字体系的特殊组成部分,专门用于记录语言中的数词和量词,在字间关系上和构形上自成一个亚系统,而同记录其他语言的非数字文字明显区别开来,而且它们作为自源文字体系的一部分的起源,无论在逻辑顺序上,还在历史顺序上,都早于其他文字而与其有着天然的联系。在一个自源文字体系的原生过程中,数字必为文字之先驱,是历史的必然。拱玉书先生等(2009)以三大古文明的历史事实对此作考证的结论是:"纵观三大古代文明,在文字产生之前,都曾有过用实物记数和记事的阶段,西亚地区广泛地使用陶筹,埃及亦有类似陶筹的助记实物,中国古代的记数记事方式更为丰富,结绳、筹策、筹码、刻木等,不一而足。助记实物直接催生了数字,并成为数字构形来源。三大文明,均莫能外。"即使是从成熟文字体系中的数字与非数字文字之间的区别和联系来看,数字在文字起源中的作用也是一个不可回避的问题。

其实,正如本册上部分所证明的,在成熟文字形成之前,人类最早的文字,就是由数字作字母组合而成的数字卦。在认定八卦从来就是现在这样的符号卦的人看来,这是难以置信的。《易·系辞》载:"古者包牺氏之王天下也,仰则观象于天,俯则观法于

地,观鸟兽之文与地之宜,近取诸身,远取诸物,于是始作八卦,以通神明之德,以类万物之情。"在把原始八卦也看成是现在这样的符号卦的成见下,这段话简直看不出是在论述八卦同文字生成的关系。但是,在原始和早期八卦被证实是由二进制和五进制数字分别组成而用来标定方向、时节之后,就可理解这段话原来就是八卦为文字之源头的实录。正是由于作为原始和早期八卦的这些数字卦用来做仰观俯察的记录,所以八卦才成为"通神明之德"(天道)的文字。下面我们将看到,八卦也正是先民用于"近取诸身,远取诸物""观鸟兽之文"过程中派生出卦象文字、图案画和美术字,来构成的"类万物之情"的文字的。于是,《易·系辞》所概括的"上古结绳而治,后世圣人易之以书契",就是指卦象文字和图画文字(书)和卦数文字(契),取代了结绳这种非文字人工记忆系统,而构成了奠定成熟文字生成之基础的原文字系统。鉴于战国时期离用数字卦构造成熟文字的时代不远,甚至如第八章所述当时还残留有用数字卦造字的遗俗,于是,成书于战国时期的《易·系辞》这段话,是中国古籍中最早也是最经典的文字起源传说,其他传说都是以此为底本而或多或少加上各自心得予以发挥的说法。

正是延续到周代的用数字卦创制成熟文字的实践,使中国人自西周开始研究文字以来,就把数字与非数字文字的关系纳入象数范畴加以考究,将二者的关系归属于文字生成的两个方面——"书契",如《周礼·小宰》载"听取予以书契",《周礼·质人》载"掌稽市之书契"。在古籍中既有将"契"作狭义解释的,如《说文·大部》释"契,大约也",即郑玄所说的"书两札,刻其侧""各持其一,后以相考合"的契约;也有将"契"作广义解释的,如《左传·定公九年》杜注释"契,刻也",即通指在木、骨、陶器上刻出的划线符号。作为文字生成之两方面的"书契",就是唐兰先生(1988)所说的:"最初的文字,是书契,书是由图画而来的,契是由记号来的。"

二、数字是怎样发生的:算策筹是数字起源的先驱

作为契刻符号之一类的数字是怎么发生的?《尔雅·释诂》载:"算,数也。"《左传·僖公十五年》载:"龟,象也;筮,数也。物生而后有象,象而后有滋,滋而后有数。"

《老子》第二十七章载:"善数,不用筹策。"这表明西周至春秋时期,人们还记得:当时作筮占用的筮原本是用来记数的算策,数字是社会发展到一定程度后才出现的,其本来就是蓍(筮)杆、树枝、竹签、骨锥、陶锥等所制作的算策之象。这就是说,数字本身就是象算策之形的文字,为其他象形文字的生成带了头。《易传·说卦》也载:"蓍,数也。"至于与数字起源有先后之别的原文字——书契的起源,直至西汉后的古籍仍在重述《易·系辞》实录的史前流传下来的书契起源传说:如孔安国《尚书·序》载:"古者伏羲氏之王天下也,始画八卦,造书契,以代结绳之政。"《史记·三皇本纪》载:"太昊伏羲氏造书契,以代结绳之政。"《拾遗记·序》载:"文起羲、炎。"《隋书·列传》卷七十六载:"文字之来尚矣。初则羲皇出震,观象纬以法天,次则史颉佐轩,察蹄迹而取地。于是八卦爰始,爻文斯作,绳用既息,文籍生焉。"

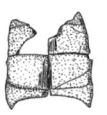

当然,战国时期的诸子也传播过"仓颉作书"的传说。如《荀子·解蔽》载:"好书者众矣,而仓颉独传者,一也。"《吕氏春秋·君守》载:"仓颉作书。"《韩非子·五蠹》载:"仓颉之作书也,自环者谓之私,背私谓之公。"这显然说的是构造成熟文字的故事,正好同上部分出土材料所证实的新石器时代中期以降数字卦的原文字"书契"开始演变为成熟文字"书"的历史相吻合,是"伏羲画八卦、造书契"的数字卦所开启的中国文字演替过程,进入黄帝时代以后向成熟象形文字演变的后期阶段,二者不能混为一谈。

到东汉,用数字卦造字的遗俗已荡然无存,人们对原文字起源和成熟文字创作之传说的理解开始模糊甚至混淆起来。班固在《汉书·律历志》只强调"伏羲氏画八卦,由数起",指明了伏羲八卦以数字卦形式兴起的事实,但给后人造成了八卦发明数字的印象。尽管如此,与其同朝的许慎在《说文解字·序》中就讲明了他的文字分类法是:"立一为耑,方以类聚,物以群分……以究万原,毕终于亥。"其中就隐含了他对数字在造字中起关键作用的信念,默认了数字在将万物加以归类排序而概括成概念中所起的作用。但他把"始作八卦,以垂宪象"的原文字起源,同"黄帝之史仓颉造书契"的成熟文字形成割裂开来而间隔以"结绳为治"。这显然既不合逻辑,也违背史实。唐代的颜师古在其《〈汉书·律历志〉注》中,既重述班固的"万物之数由八卦而起",又跟着《左传》说"物生则有象,有象则益滋,益滋则数起","策,数也",将数字起源同八卦作为数字组合文字的起源混为一谈,给《左传》和《易·系辞》等较早文献对二者起源传说的实录添加了迷雾。

尽管如此,东汉之后历代仍有不少学者,坚持实事求是地理解这些较早文献的记录,直陈数字起源真相。如晋人司马彪对《左传》那段记载作了明确解释:"物生而后有象,象而后有滋,滋而后有数""人、物既著,则筹数之事生""象因物生,数本杪曶"(《后汉书·律历志》篇末赞语)。这就讲明了,随着人、物的增加,策筹等计算技术发明出来;在策筹算术的发展中,象算策之形的数字便应运而生。既然早期数字是以象算策之形的划线契刻出来的,所以,宋末元初学者戴侗指出"数始于契,契以纪数,故数首"(《六书通释》);清代学者徐灏强调"造字之初,先有数后有文"(《说文解字注》);现代学者于省吾(1944)则以考证甲骨文推断"初有文字,当以纪数为发轫,纪数字可谓为初文中之原始文字"。

三、数字卦是怎样发生的:数字是数字卦起源的先驱

通过这样梳理中国古籍中有关数字和文字起源的文献材料,人们可以看出:《左传》和《易·系辞》等较早文献对二者起源传说的实录及其所引申出来的文献材料,同本册第二章中列举的考古出土材料是完全一致的。这两方面的材料相互印证地对证:数字是在先民将策筹算技术发展到相当阶段后作为象算策之形的刻划纹而产生出来的;八卦是先民在辨向定时实践中,特别是在对四面八方、四时八节做对称对偶分组记数中,将现存数字加以选配成四个或八个数字组合,即当代学者所称的数字卦,用来分别标定四面八方或四时八节,从而创造出了八卦。这些组成八卦的数字都是刻划的数字符号,所以古人称之为"契",作为中华先民共用的原文字,自八卦发明以降,随社会的发展经历了数千年的进化而导致了成熟文字体系的创立乃至符号卦的形成,已为本册上部分所核实。尽管迄今发现最早数字的距今9000—7800年的贾湖遗址,也出土有迄今发现的最

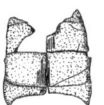

早数字卦,但正是这个遗址也出土了数字的进化早于数字卦进化的证据(图 11.1.1):该遗址出土的刻划符号中有古数字"∧"和"八",但该遗址中没有出现包含"∧"或"八"的数字卦,其所出的数字卦所用数字,如本册第三章所示,都不超出五进制数字;而含"∧"或"八"的数字卦直到距今 8000 年才在长江流域中下游各地出现。

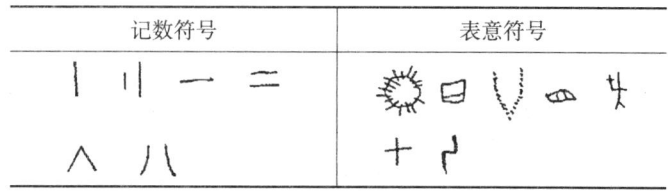

图 11.1.1　距今 9000—7800 年的贾湖遗址出土刻符的一部分(拱玉书等 2009)

四、数字起源之初,为何中国是线形而西方是圆形?

为何在中国文字起源之初,先造线形数字,后造线形文字?这是由远古东亚的自然生态和人文生态所决定的。在东亚自然灾害频发的大陆性气候限制动植物生长繁殖而使其季节性强、大型动物资源较为稀缺的条件下,中华远祖在生存竞争中选择了以群体为基础的平等社会组织形式,以集体力量和智慧来适时、适地进行植物性食物为主的生活资源生产的方式,来适应这样严酷的环境,赢得了氏族的生存和繁衍。这种生存竞争方式决定了天文历法是氏族生存繁衍生死攸关的头等要务。为学会辨向、定时,他们很早就摸索出记月相、做阴历记数的各种记数工具,其中就有就地利用树枝、竹签、蓍杆、骨锥等做记数的策筹算器。在中国各地竹木资源较丰富而便于利用的情况下,加之算策不仅最适合天文历法进步所需要的大数目计算,而且最适合原始人用来做比划而成为他们强化手势语的最佳手段,因而各地初民很早就用它们来开展理性思维语言的交流,用它们的排列图式来比划记数的结果,直至普遍用它们的排列图形来比划所有其他算器的记数结果时,抽象的数字就发明出来了。从此,象算策之形的数字就一直用到甲骨文乃至现代的汉文中。正因为天文历法是氏族生存繁衍生死攸关的头等要务,每个氏族都会选出本氏族最聪明的成员来年复一年地开展仰观俯察,用算策对四面八方、四时八节做分组记数。在这样长期反复进行的实践中伏羲氏族脱颖而出,发明了将临摹算策排列的数字刻划加以组合用来分别标定四面八方或四时八节的八卦,从而为线形数字组合而成的线形文字的发展开辟了道路。也正因天文历法是氏族社会的头等要务,当时出现在器具上的刻划符号和图案,大都以"观象授时"为主题或配之以"尚象制器"的内容,而在各地流行、世代相传。

与贾湖遗址出土迄今所知最早数字卦相对证,是《易·说卦》所记载的伏羲氏画八卦的最早的传说:"昔者圣人之作易也,幽赞于神明而生蓍,参天两地而倚数,观变于阴阳而立卦,发挥于刚柔而生爻,和顺于道德而理于义,穷理尽性以至于命。"尽管其中神化了画卦的程序并添加了儒家的哲学理论,但概括了画八卦的全部要素和步骤:为掌握四时八节循环规律(神明),就要用算策(蓍)进行"仰观俯察"的测量(赞,即占),按偶奇数(参天两地而倚数)代表的阴阳对偶关系,将四时八节之天象(季风方向或日影长度)的观测结果以算策排列的图像分组记录下来,再将算策排列的图像以刻划线临摹在器物上,就成了数字组合的八卦。其中表述的算策—对偶分组记数—数字—数字组合成八卦的逻辑顺序,同其有关考古出土材料所反映的历史顺序是完全一致的。

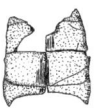

那么,为何西亚楔形文字和埃及象形文字起源之初,不是先造线形数字,而是先造圆形数字? 这是由远古中东的自然生态和人文生态所决定的。据 Schmandt-Besserat (1996)的研究,远古中东湿润的海洋性气候条件下,动植物资源,特别是大型动物资源比较丰富,那时的居民靠临时结伙就可轻而易举地获得足够的以动物性食物为主的生活资源,因此,那里很早就出现了以家庭为基础的等级社会;在日趋盛行的产品交换中维护家庭财产的会计核算就随之成为发家致富乃至社会复杂化的首要需求。为对财产实行会计核算,在西亚两河和尼罗河流域泥土资源丰富的条件下,居民从定居农业的实践中学会了用泥巴制作各种形状的标记物(tokens)和泥塑来标记各种财物的方法,从此这类焙干的各种形状的泥标记物,也就是中国学者所译称的"陶筹",便作为其相应财物的品种和数量的标记,用于会计核算的记录中,也用于市场交换的语言交流中。随着农业和手工作坊生产的发展,产品种类增多、数量增大,原来计数粮食、牲畜等基本必需品的"朴素泥筹"已不能满足会计核算的需要,于是,一些刻划有各种记号的"复杂泥筹"被制作出来,而出现了泥筹的制作和使用随社会复杂化而复杂化的趋势。在这种趋势的进展中,标记这些基本必需品的各种圆形、椭圆形的朴素泥筹,代表的产品数量大,使用的人口最多,因而最先普及而成为各地居民共同使用的三维符号。在球形泥筹演变成携带这些三维泥筹的"信封"并在其上将这些三维圆形泥筹刻划成二维圆形符号时,抽象的圆形数字便产生出来,从而原始楔文以至随之而起的埃及象形文字中的圆形数字,大都是象各种圆形泥筹之形的文字。正因会计核算是等级社会的首要需求,该社会中使用的各种器具和产出的各种产品,就必然是属于各家各户的财物,其上所装饰的各种刻划符号和图案,就必然是各家各户用来突出其所有权的标记或吸引顾客的纹样。

既然中国的原始线形数字与西方的原始圆形数字如此不同,导致其起源的社会经济背景和导致其起源过程展开的内在机制也如此不同,那么,分别由原始线形数字和原始圆形数字出发而逐渐发展起来的史前刻划符号和装饰图案,即使在形式上有某些相同之处,但其包含的文化内容是绝不相同的。因此,把西方史前刻划符号的内容,用来解读中国史前刻划符号,肯定是不合适的;把西方史前刻划符号演变显得与其线形文字进化无紧要关系的格局,生搬硬套在中国史前刻划符号与文字进化的关系上,也是不合适的。无论在逻辑上还是在历史上,都是如此。

五、数字对成熟文字形成的作用

正是在东亚旧石器时代中期生态环境下,东方智人与其创制的各种计数工具的协同进化中,出现了作为一种原始物件记数、记事手段的策筹算器,与其他人工记忆手段——契刻和图画符号协同进化的漫长过程,也就是原始语言与原始文字(书契)协同进化的过程。就是这一过程导了算策是中国数字的先驱,数字是数字卦的先驱,数字卦是成熟文字的先驱。就是这一过程决定了数字对成熟字文字形成起下列主要作用:

(一)数字是语言统一的先驱,语言统一是文字产生的前提。先有数字,后有文字,就是因为先有数字语言的统一,才会导致事物语言的统一。无论是东方先民在天文历法传播中用算策来比划历数,还是西方先民在产品交换中用泥筹来比喻某种产品数量,都是由数字来启动持各种方言的各地居民实现语言统一的过程。

(二)数字是事物具体形象抽象化的样板:将事物的三维形象抽象为平面上的二维刻划或图画,在人类认识史上经历了一个由具体向抽象转变的历史过程,而在此过程中,数字由三维的算策或泥筹率先转变为二维的线形或圆形数字,为这样的转变树立了样板。正如拱先生们(2009)所说:"构造数字所采用的象形方法以及抽象概念具象表达的方法,在此后中国文字的发展中,成为最基本的造字手段。"

(三)数字是非数字文字构成的材料库。数字本身及其笔画,为非数字文字的构成源源不断地提供了构件模样。

数字在成熟文字形成中的这三方面的作用是明显的,其例证举不胜举。除上部分所列举的那些以某个数字为字根的甲骨文字外,这里仅举距今5200年的原始楔文与距今3200年的甲骨文和金文的一个"牛"字为例。图11.1.2表明,无论是原始楔文还是甲骨文,其抽象化而成的线形字"牛"的结构中都有数字:原始楔文"牛"字中的数字是数字"十",甲骨文"牛"字中的是数字卦"↓(∣∨)",在金文"牛"字中的数字也是数字"十"。

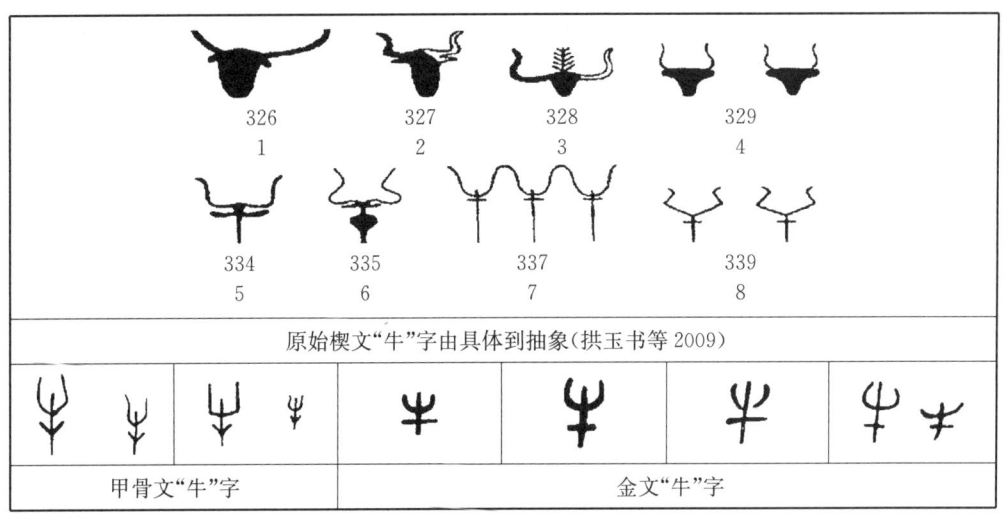

图 11.1.2　原始楔文与甲骨文和金文的"牛"字的构成

这就表明,原始楔文"牛"字是由实物象形符号抽象化成线形符号后加相应线形数字而构成的;甲骨文"牛"字是由实物的象形线形符号加相应数字卦所构成的;金文"牛"字经历了一个简化过程,开始有事物的象形线形符号加其原有数字卦简化成的数字,其象形线形符号逐渐简化而同此线形数字组配成通用汉字"牛"。这就再明确不过地体现了,原始楔文与古汉字的形成,既有根本性的区别:汉字直接脱胎于包含其义的数字卦,而原始楔文字是借用数字;又有实质性的共性:二者都以实物象形为基础,都以数字为样板来实现线形化,也都以数字作为字义、字音的代号。

六、数字卦对成熟文字形成的作用

也正是东方人类与其创制的各种人工记忆系统的协同进化,特别是其中的策筹算技术与其他人工记忆手段——契刻和图画符号的协同进化,也就是原始语言与原始文字(书契)的协同进化,决定了数字卦对成熟文字的创制有下列不可缺少的示范和指导作用。

(一)排列组合原理:数字卦包含和示范的符号排列组合原理。正如莱布尼茨所言,对数学和一切科学领域,包括人类语言和文字学,都有普遍的、不可逾越而放之四海皆准的指导意义;对人类的任何一种文字,无论是数字组合文字、笔画组合文字,还是字母组合文字,都有决定性的指导和示范作用。无论是象形文字笔画—元件—部件—整字的形成过程,还是拼音文字的字母组合过程,都是对数字卦之数字排列组合的模仿。

(二)以类聚物,依类象形。中华先民在行用卦数语言和文字进行"观象授时""尚象制器"实践和认识的数千年过程中,养成了有机整体思维方式,习惯于按数字组合的八卦模式将宇宙万物加以分类认识和把握,这就为有序地、分门别类地创建记录宇宙万物的数字卦体系乃至成熟文字体系奠定了认识论和方法论的基础。这就是《说文》所载:"八卦既画,万象既分,则文字为之大辂,载籍为之六辔。"

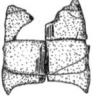

(三)以群分同:数字卦不仅以其数字及其组合为成熟文字的构造提供构件,而且以其数字及其组合来为成熟文字的义和音提供依据,即作为字根,供用来创作同源字群。先民在把数字卦作共同文字行用的数千年中,对每个数字卦的义和音已约定俗成,因此,分别用它们来构造的成熟文字群,能很快为大众所公认,这正是成熟文字在中国仿佛是突然出现的缘故。因此,数字卦对整个成熟文字体系的作用,就像生物体中的基因一样,基因选择性剪接,作为模板将各种氨基酸合成同源蛋白质群以构造机体的组织;数字卦选择性剪接,作字根、部件或元件同各种象形符号相结合创制同根字群,进而构成整个成熟文字体系。《说文》对此也有所觉察:"同牵条属,共理相贯。杂而不越,据形系联,引而申之"。

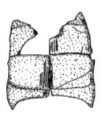

数字卦的这些作用在各种文字体系中是如何体现出来的?有何证据?这是下面各节要回答的问题。

第二节 数字卦的图案化和美术体

如上部分各章所述,在各地居民把数字卦作为共同文字行用的数千年中,数字卦呈现出两类形式:刻划的数字符号与数字卦图案化而成的图案和美术体,其中就包括有以线纹构成的各式几何图案和几何符号。本来这两类有机结合,文图并茂、相辅相成、相互促进,构成数字卦原文字体系的两个不可分割的组成部分,但在对几何图案和符号的认识存在误区的中国学界,被人为地割裂开来。如何开展史前刻符研究?这是汉字起源研究摆脱近1800年来停滞不前局面的关键问题。

一、探索汉字起源的科学道路

据拱玉书等(2009)对中国学界研究史前刻符状况的回顾,中国学者对史前刻符的认识分为两派:一派如裘锡圭先生等认为陶符是"与语言毫无关系"的记号,而不是文字;另一派如李孝定先生以史前陶器刻划符号本身和符号载体及刻划部位的时空一致性为证,认定史前至有史初期的陶器刻划符号,是一种具有特定意义与久远传统的原始文字,而不是随意为之的记号或符号。在承认陶符是文字的一派中,又分为两亚派:一元论者如唐兰先生主张由"起源于图画"的象形文字起步;二元论者如郭沫若先生提出"指事先于象形,也就是随意刻划先于图画",或认为"象形符号与早期汉字有承袭关系",但把几何符号不是看成"一种随意的刻划,其功用是记数、记干支或用作'画押或族徽'之类",就是当作同象形不同的另一种"造字方法"。由此,拱先生们(2009)指出:"有关几何形刻划结构类型与本质的认识,已成为解决史前陶符是不是文字与文字起源一元、二元的关键"。

如许慎所指的"上""下"二字,二元论者将其归入"指事",一元论者却纳入"象形",说"其弧形笔画极可能是某种器皿形象的简化形式"(拱玉书等2009),那"器皿形象"怎么表示"上、下"之义?怎么只是"器皿形象"而不是其他器物形象来表示"上、下"之义?显然,只要不知此二字源自数字卦,这两派的这个文字官司会没完没了了。原来,正如本册第六章就大汶口文化晚期陶尊和良渚文化玉器上的刻划符号所述,这种弧形笔画实为表示冬至、夏至日出入方位之数字卦"↑(或∧│)""↓(或│∨)"的简化之数字"∧""∨"的美术体,早在仰韶文化早期就开始用"弯月纹"来描绘(图6.1.2.1),到半坡期继而更新为当地民众熟悉的简化鱼纹(6.1.2.2—3),到庙底沟期为强调其循环观进而更新为旋纹(图6.1.2.4),到仰韶文化晚期和大汶口文化中期其纹样就趋近于弧边三角形变形纹(图6.1.2.5—8)。庙底沟文化居民早就按这两个数字卦图案化成的图画(图11.2.1),来向自己氏族的成员传授其中包含的天文历法知识了。可见,各地文化居民在沿用其祖先的这套传统做法中,早就明白这对弧边三角形变形纹分别表示日在∨上、日在∧下的含义,因此,当弧边三角形变形纹进一步线形化成弧形笔画后,人们一眼就能对其表示的"上、下"之义"视而可识,察而见意"。

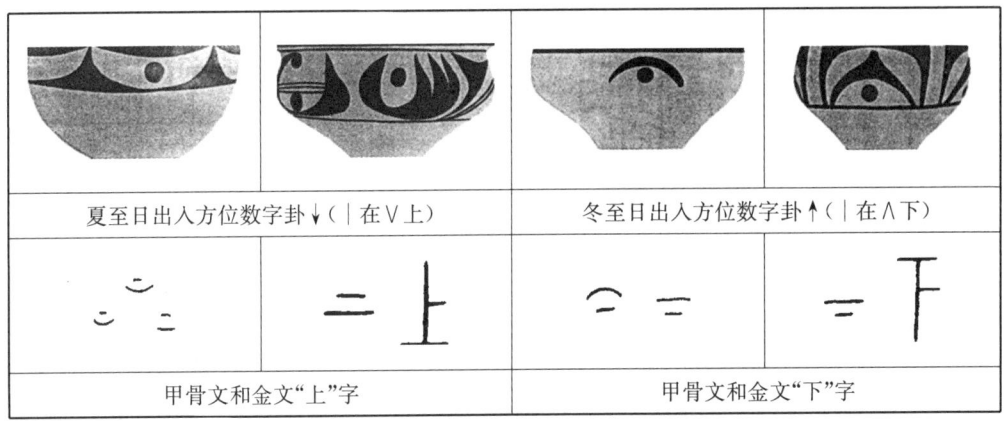

图 11.2.1　距今 6000 年的庙底沟文化数字卦图案与甲骨文"上""下"字

春秋战国时期至东汉期间形成的"六书"论,是以对当时所见到的古文字分类而归纳出来的汉字构造的六种条例,不说用来"以后证前"行不通,就是用来分析个别文字也往往是属类不清,以致出现上述"上""下"二字是属指事还是象形那样纠缠不清的问题;即使用来分类甲骨文字,也会发现其中的巫、同、冬、率、甲、乙、丙、癸、寅、午等数十个已确认的字,不可归入六书中的任何一类(李定孝 1986),而这些甲骨文字与其同义数字卦在字形上的相似显示,它们正是由数字卦作字根构成的(见本册第三至六章)。由此看来,只有跟踪作为原文字的数字卦进化到成熟文字的全过程,将"以前证后"与"以后证前"结合起来,才能使汉字起源研究摆脱近 1800 年"剪不断、理还乱"的笔墨官司而走上科学的轨道。

二、重新认识数字和数字卦主导的中国史前刻符

探讨甲骨文字的来源,就要追溯其源自史前刻符的渊源。正如上部分所论证,中国史前各地的刻符以数字和数字卦为主导。以史前刻符形式出现的数字卦之所以是原文字,不仅因为它们本身具有策筹算器和算法所直接证明的表达理性思维语言的功能,也不仅因为它们有可印证的其他不同地区、不同时期的数字卦文字材料,包括甲骨文、金文和简文中的数字卦材料,而且有中国各地距今 9000—2000 年文化遗存出土的数字卦材料所组成的实物证据链,以其无与伦比的连续性、系统性和可靠性,足以充分

验证数字卦主导的史前刻划符号确实为先民共同行用的原文字。对此,除本册上部所列证据外,这里仅综述数字卦图案和美术体之原文字功能的有关证据。

(一)数字卦及其图案化的图画和美术体不是随意刻划

正如上部分所列举数字卦材料所示,中国各地距今 9000—2000 年的文化遗存所出土的数字卦,不论是二进制、五进制的,还是十进制的,其所用数字都与商周甲骨文和金文数字基本相同;其数字排列组合的原理完全一致,而且其刻划方式和部位也大体一致。李孝定先生(1986)对史前陶器刻划符号本身和符号载体进行考察,也发现史前陶器符号有两大特征:1.在长达数千年间不同地区的不同考古学文化中,载有刻划符号的陶器集中,且刻划部位较为固定;2.不少符号在不同时期、不同地区互有联系的考古学文化中重复、沿袭,显示了世代承传与流行的事实。由此,他认定史前至有史初期的陶器刻划符号,是一种具有特定意义与久远传统的原始文字,而不是随意为之的记号或符。

(二)中国史前刻符和图画的主题是"观象授时"和"尚象制器"

中国史前刻划符号,包括陶器符号,尽管有些看来是"孤立的",但同西亚和埃及的陶符不同,它们不只是由其制作者"在单一职业范围内充当储存和传递信息的媒介"(拱玉书等 2009),而是各地氏族向其成员及其后代"敬授人时"和传授民生实用技术的媒介。如上所述,新石器时代器物上的刻符和图画,作为原始人之社会存在的反映,其内容和功能,是离不开其创作者所处的环境生态资源基础和人文生态背景的。史前中国的环境生态资源基础和人文生态同西亚和西欧的根本区别,决定了西方原始人首要关心的是猎获物的个人占有,而中国原始人首要关心的是适合集体采集的天时地利。因此,西方正统考古学和人类学关于史前刻符和图画的概念框架和理论模式,不能视作"普遍适用公理"而生搬硬套于中国史前刻符和图画的头上;西学所认定的史前刻符和图画的主题——所有权,不能照搬来充当中国史前刻符和图画的主题;西学将史前刻符和图画按所有权的图腾和族徽作为分类的原则,不能用于中国史前刻符和图画的分类。中国史前刻符和图画的主题是与氏族生存繁衍生死攸关的"观象授时"和

"尚象制器",记录和传递这两方面信息的刻符和图画都离不开数字和几何图形。因此,同世界其他古文明起源中心相比,中国史前刻符和图画出现得最早、最丰富,且最呈连续进化系列而直通成熟文字的形成。

(三)数字和数字卦在中国史前刻符和甲骨文体系中的主导地位

无论是从逻辑来看,还是从历史来看,数字符号都是中国史前刻划符号的主导成分。正如拱先生们(2009)所说:"先民最初创造的文字,一定是人们在社会生活中最需要记忆而又最易遗忘或发生混淆的语言成分,人们最早创制的数字或名物字,就应当是这样的成分。"他们从大量出土材料中观察到:"数字是本于原始计数工具的象形字","目前已知的史前陶器刻划符号,除开……少量可以明确指认为象形符号外,其余大多数是被称为'记号'的几何形符号",而"记数符号是史前几何形符号中的主要部分","史前陶器的几何形符号中,重复、沿袭使用概率最高的是记数符号"。"可以肯定,当先民采用原始记数工具记数目的时候,基本的数的概念就已经在人们的认识和语言中得到了固定。因而,即使是最初的记数符号,也是为了记录语言中的数词而创制的。"他们的这些观察与本册上部分陈述的事实是一致的。既然数字早已是记录语言的文字,那么由数字组合而成的数字卦也便成了记录语言的文字。记录和传播"观象授时""尚象制器"等民生实用科技的数字卦,是史前刻划符号的主导成分,这些科技的传播而导致数字卦及其图案化的图画和美术体在史前"不同时期、不同地区互有联系的考古学文化中重复、沿袭"和发展,而成为各地居民共同用来记录和交流这些科技的文字。各地先民在行用数字卦的过程中,为适应本地记录和传世的具体需要,把某个数字卦或其图案加以选择性剪接,作为字根、部件或元件,与适当象形符号相组配,从而将这个数字卦原来所记录的字义和语音同此象形符号所象之形(义或音)结合起来,就合成了一个新文字的义、音和形,由此而创制出各自的地方性文字群。如距今7000年前后的安徽蚌埠双墩遗址出土的组合符号,即所谓"象事符号"(图11.2.2),从其结构来看,全都是这样构造出来的。

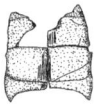

图 11.2.2　距今7000年的组合符号和甲骨文字结构中的数字卦

图11.2.2.1(第一行)中，靠左边三个组合符号，每个都有图案化的数字"×"，如本册第一章所述，可能是含义为"网"之数字卦"××"的简体；其中第一个组合中，"×"与"十"组合成数字卦"××十"；第二个中"×"与两个"十"分别组合成两个数字卦"××""十十"。靠左边第四个组合符号中有数字"二"，也可能是以"二"为主体之数字卦的简体；靠右边的两个组合符号中，每个都有数字卦"∧×∨"，如本册第六章所述，是史前各地广泛使用的一个数字卦。与这些数字卦中的每一个相组配的，是相应的象形符号(图11.2.2.1)。令人惊奇的是，甲骨文字也有类似结构。拱先生们用一些中国数字起源的证据，对一些甲骨文字的原意予以坚证，纠正了几位学界前辈的误解，让"以前证后"初露锋芒。这里就以这几个甲骨文字为例，将这些数字起源证据原为数字卦之选择性剪接的原本恢复，再用这些复原的数字卦在每个字构成中的作用解读其原意，看能否使我们对这些字之原意的理解更为准确。

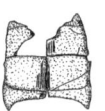

1. 图11.2.2.2(第三行)所载的殷墟甲骨文中与渔猎有关的这六个字，前五个字的结构中，每个都有数字"×"组成的数字卦：头四个字中，每个都有图案化的数字卦"××"；第五个字中有图案化的数字卦"×××"和"十十"的简体"十"；第六个字中只有图案化数字卦"十十"的简体"十"。与这些数字卦中每个(组)相配的分别是豕、鸟、鹿、鱼和鱼的象形符号，使逐个字"网豕""网鸟""网鹿""网鱼"和"钓鱼"之义也是"视而可识，察而见意"(图11.2.2.2)。

2. 图11.2.2.3(第五行)所载的甲骨文"直""值"和"德"，每个中与目的象形符号相配的都是古数字"｜"，这也证明同象形符号结合的数字卦剪接部分确实是原始字根，起决定字义、字音的作用。只是在其后来演变成金文后，它们原有的数字卦剪接部的古数字"｜"才各自变成汉字"十"的结绳符号。这是文字演变中的返祖现象。

3. 同样，图11.2.2.4(第七行)所载的甲骨文"送"字的原始字根，也是数字卦剪接部分——古数字"｜"与数字卦"十十"的双手形象符号组配而成，起决定字义、字音和基本字形的作用。它也是在演变成各种形式的金文中，古数字"｜"才变成汉字"十"的结绳符号。这也证明,是数字卦直接演变成甲骨文字的。

4. 图 11.2.2.5(第九行)所载的是有关甲骨文"乍",即古文"作"字的 9 个字。正如拱先生们所说,其主体部分是 y,即竖排的数字卦"∨∨",区别就在"位于主体部分所呈夹角中"的符号。其中第一个和第八个,夹的是古数字"∨",从而实际上是竖排数字卦"∨∨∨"的美术体;第九个夹的是竖排数字卦"→←"组成的"木"字;其余分别是"十""‡""丰"等契刻记数符号。其在卜辞中有很多用例,如乍大田、乍邑、乍墉、乍寝、乍豊、乍宗、乍宾等,但文字学家们都说它们"构形不明"。其实,只要查明它们的同源字根就是竖排的数字卦"∨∨",就可理解它们的构形、字义和字音了。正如本册第五章所述,自距今 7000 多年以降,先民就摸索出了按日出入方位定二至的方法,形成了"哀田皆于'夏至月''冬至月'举行的习俗",对此卜辞中多有记载(宋震豪 1985)。此卦就是先民用来标定日出入方位的,在测定日出入方位中经常做各种长度的契刻记数,从而这个数字卦与这些契刻的组合成为先民经常行用的文字。在这种习俗的世代相传中,这个数字卦便同"哀田"的"开垦耕作"相关联而成为其表达文字,而测冬至定岁首是每个氏族的头等大事,于是这个卦同社宗的存在、建设和发展息息相关。到新石器时代晚期以后,对日出、日入方位的观测逐渐神化成"出日""入日"祭礼,由此,这个卦同礼制密不可分。这样一来,这个卦的功用和含义历来就如此广泛而频繁习用,以至不需同任何别的象形符号相结合,便直接以其美术体和配有契刻记数符号的复合体成为广泛使用的甲骨文字。

5. 与甲骨文"乍"字的上述情况相似,图 11.2.2.6(第十一行)所载的甲骨文"干"字,是日出入方位数字卦与契刻记数符号相连,就是将数字卦"↓"连接契刻记数符号成字,以代表在日出入方位观测中用来做契刻记数的标杆;到日入方位观测神化成"入日"祭礼时,这样的标杆便成为祭礼中的礼器或法器。于是,殷商卜辞中的"凑干",就是在仪式中用这种法器来表演,以神化其先祖用契刻记数标杆做日入方位观测的程序。这就是这个字不能译成"玉"字的理由。也正因如此,这个应是"开"字的甲骨文字,甲骨学者们也判为"构形不明"的,原来是这个甲骨文"干"字的对构。

6—8. 随着原来用于日出入方位观测的标杆被神化成礼器而成为"入日"祭礼礼仪的标志,于是,甲骨文"干"字的对构同夏至日出入方位数字卦"↓"结合便成为甲骨文"豊"字的字根,与同为礼器的豆的象形符号组配成字。由此而与甲骨文"丰"字不同。此"丰"字,是以甲骨文"工"字的对构同日出入方位数字卦"↓"结合为字根,表示以加倍的巧干获得好年成,但这两个字的字根结构都以数字卦"↓"为主干,而属于同源异构字群。以此卦为主干的甲骨文字有很多,如"嘉""喜""鼓""彭""言""音"等。因而,它们都属于这个同源字群,其生成都同"入日"祭礼有关联。与此相对应的,甲骨文"缶""陶"等字的结构,以冬至日出入方位数字卦"↑"为主干,因此,它们属于另一同源异构字群,其形成都与"出日"祭礼有关。与这两群字既有共性又有区别的是,甲骨文"龢""乐"等字,以夏、冬至日出入数字卦"↓""↑"的对接为主干,而成为第三类同源异构字群,其形成同"入日""出日"祭礼都有关联。这三类甲骨文同源字群,恰到好处地演示了它们是如何以数字卦为字根、部件或元件来构成成熟文字,以达到记录、贮存和传递有关信息之目的的。

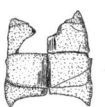

9. 图11.2.2的第9部分中,列举了4组共16个商周甲骨文字,都明示了其由数字卦与象形符号组合而成的结构:倒数第3行靠左边一组的四个字,基本由数字卦"↑∧"与鹿形符号组成,各个字间或有这个数字卦的添加或有鹿形符号的微调;这行靠右边一组的四个字,每个都以数字卦"↑∧"为主干,各个字之间的区别只有这个数字卦的添加。倒数第2行靠左边一组的四个字,基本由数字卦"↑∧×"与旗形符号组成,各个字间的差异以这个旗形符号的微调为主,只其中的第四个字才有这个数字卦的倍加;这行靠右边一组的四个字,每个都以两个数字卦"↑""↓"的纵横组合构成,各个字之间的区别只有数字卦"↑"的方向及点缀。所有这些甲骨文字都体现出数字卦对整个成熟文字体系的作用,真像DNA对于生物体整个机体的作用一样,每个DNA通过选择性剪接、复制,在同各种氨基酸的结合中,翻译出自己的同源蛋白质群,继而由各种蛋白质群来形成机体的各种组织;同样,每个数字卦通过选择性剪接、复制,在同各种象形符号的结合中翻译出自己的同根字群,继而由各种同根字群来形成成熟文字体系。

据徐大立先生(1989)统计,双墩遗址出土的刻划符号中有关渔猎的比例最大。这些组合符号很可能与渔猎有关,尽管其各组合中的象形符号与相应甲骨文字中的象形符号大不相同,但所用的基本数字卦"××"和"十十"相同。这就表明,数字卦"××"和"十十"在各地居民行用的这 4000 年中,其"网罟"和"手握"的含义和语音基本上是稳定的。更重要的是,双墩组合符号与甲骨文字结构如此吻合的相似性表明,这样将数字卦或其图案加以选择性剪接而配之以适当象形符号的方法,是史前各地流行的传统造字法,直到在商周甲骨文字的构造中这套方法还在沿用而大显身手。通过采用这套方法来造字,经选择性剪接的数字卦原来所记录的字义和语音,便同相关象形符号所象之形结合起来,而合成为一个成熟文字的义、音和形。这样一来,汉字体系之一个字只代表一个音节和同音字多的特征,也见证了汉字的数字卦起源。

(四)商周族名金文也由相关数字卦和卦象文字演变而来

拱先生们(2009)发现:"周青铜器族名金文绝大多数是包括人体在内的诸般品物名称,如人体(耳、目)、动物(牛、马、羊、豕、犬、鸟、鱼、龟、蝉)、植物(木、竹、禾)、器物(戈、钺、舟、车、鬲)、自然物(山、阜、日、星)等,都是'近取诸身,远取诸物'的名物字。其中也有少量数字(如丨、×丨、十)与几何形符号(如↑、≠、H)。可见,商周时期的族名金文,不仅在性质上、功用上与史前陶器符号相同,同时在形式和内容上也与史前陶器符号一脉相承。"其根源何在? 他们回答:史前各地氏族信"万物有灵"而以这些名物字作氏族名号。可是,这只是推断,没有具体证据。从各地氏族遗留下来的授时图(见本卷第二册和本册上部分数字卦图案画)来看,这些作名号之物大都是史前各地氏族授时图中标志时令节气的信使动物和器物,当时就有命名这些物的数字卦或卦象文字;商周的这些金文正是由这些数字卦和卦象文字演变而来的,有些还直接保留了原来以数字卦或其几何形符号命名的原文字,而成为当时的确曾以数字卦命名的直接证据。这才是这些族名金文与陶符如此一致的内在原因。

(五)数字卦图案和美术体的普及为成熟文字体系奠定重要基础

数字卦的图案化图画和美术体在中国史前各地的普遍存在,为当时各地居民把数字卦作共同文字行用提供了直接证据。考古学家们普遍发现"在同一时期、同一考古学文化中象形与几何形符号、写实图形与几何形图案共存的现象",却"从艺术发生学的宏观立场分析",推测其间"都经历了'由具体到抽象'的变化过程"。因不知这两类符号和图案同时、同地出现之前就已有相关数字卦流行,他们做这样的推测似乎是合乎"艺术发生学的宏观"逻辑的;但事实上,这些符号和图案的制作者是在把本氏族所重视的数字卦加以图案化。这些数字卦所传播的科技对本氏族的生存繁衍如此重要,以至他们将其图案化成象形和几何形符号、写实图形和几何形图案,以便本氏族成员世世代代,不论其智力和爱好如何不同,都能从中学到这些重要科技。这就是"在同一时期、同一考古学文化中象形与几何形符号、写实图形与几何形图案共存"的根本原因。因此,只要把考古学家们推测的"由具体到抽象"图案系列颠倒过来,就可以看出,原来处于"抽象"端的图案竟是早已流行的数字卦。为检验此话是否属实,下面就把考古学家们推测的"由具体到抽象"图案系列一些案例罗列出来,看看它们图案化的是些什么数字卦。

陕西西安半坡遗址发掘者制作的"花纹复合演化推测图(二)"(图 11.2.3)中,推测的终端图案 B290 和 B14d,都是该遗址居民使用的由彭头山文化传来的数字卦"｜×｜"的图案画(见本册第四章),由于此数字卦是用来标定测日影所确定的东西方向和春秋二分的文字,被先民视为"经纬天地"的大事,因而将其同作为重要食物来源的鱼类联系起来,以鱼群的春秋出没的季节性动态,来教导氏族成员们掌握这个数字卦传递的测日影定二分技术。

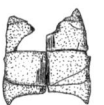

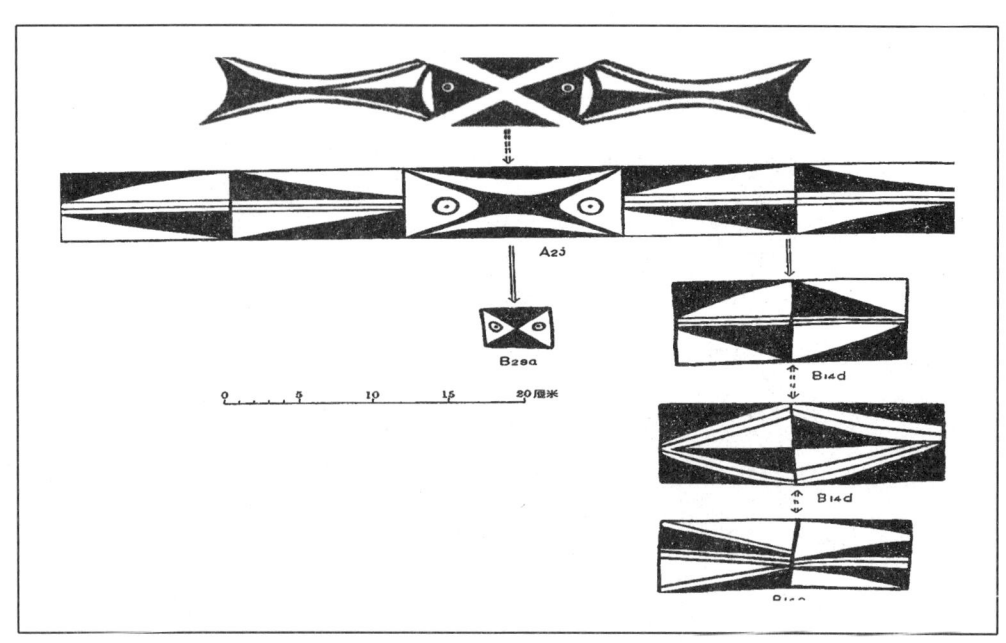

图 11.2.3　距今 6500 年的半坡文化彩陶鱼纹复合演化推测图(F92)

半坡遗址发掘者制作的"花纹复合演化推测图(一)"(图 11.2.4)中,数字"×"图案化成单个鱼身纹,用来演示数 2 的连续倍增级数 2、4、8,以传授用数字卦"｜×｜"标定方向和时节的测影法将阳历年等分为 2 至(B9h)、4 时(B9g)、8 节(B9i)的知识,也用来表达用数字"×"和"｜"组合而成的数字卦(B14h)。

在苏秉琦作出的鱼纹简化图(图 11.2.5.1)中,数字"×"图案化成单个鱼身纹,用来形象比喻半坡文化居民业已使用的数字卦"××""×××"。对彩陶图案很有研究的张朋川先生在其作出的"复合鱼纹演变推测图"(图 11.2.5.2)中,其演变终端图案简直就是数字卦"｜×｜"本身。

"花纹的抽象化"推测图(11.2.6),如本册第六章所述,是庙底沟文化居民继承仰韶文化早期以来以弧边三角形来表示冬夏至日出入方位数字卦"↑""↓"的传统,将弧边三角形发展成突出五行循环的旋纹所创制出来的作品,其形式繁复万端,有繁有简,但突出的主题都是这对数字卦所代表的冬至与夏至以至阳与阴的对偶和循环。

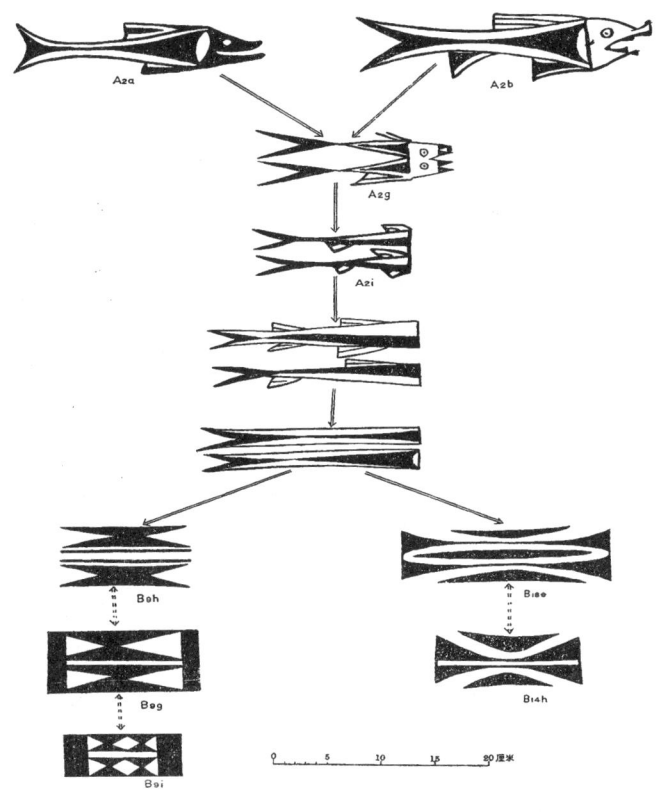

图 11.2.4 距今 6500 年的半坡文化彩陶鱼纹复合演化推测图（F92）

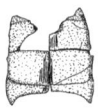

第十一章 数字卦向成熟象形文字和字母文字的转化

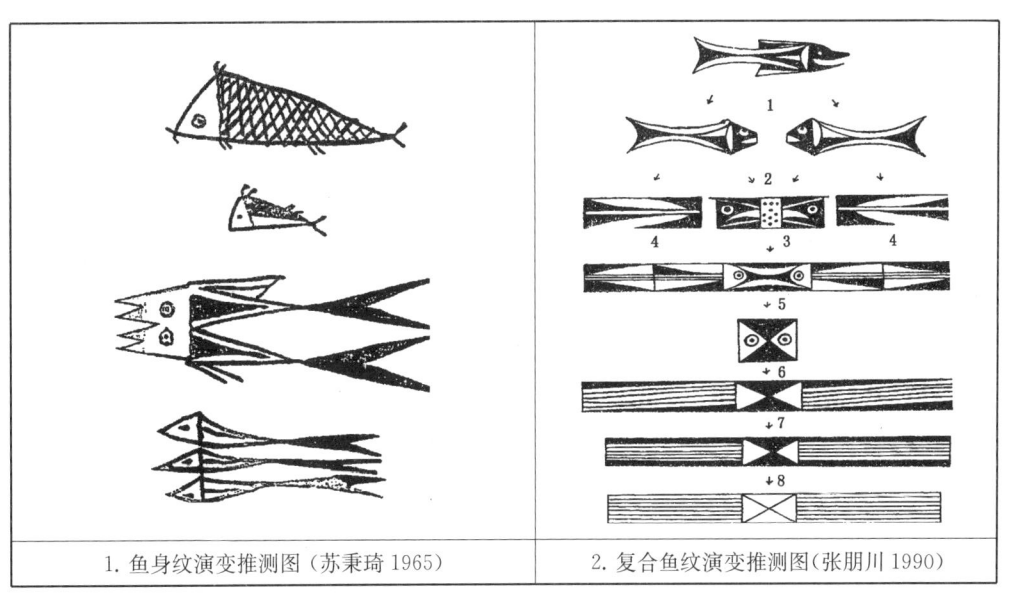

1. 鱼身纹演变推测图（苏秉琦 1965）   2. 复合鱼纹演变推测图（张朋川 1990）

图 11.2.5 距今 6500 年的半坡文化彩陶鱼纹演变推测图

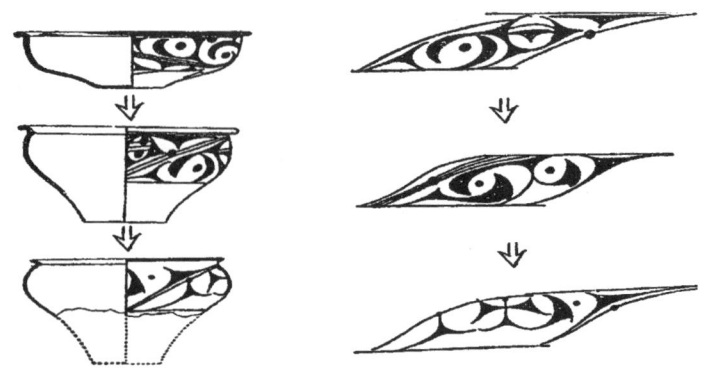

图 11.2.6　距今 6000 年的庙底沟文化彩陶"花纹的抽象化"推测图（苏秉琦 1965）

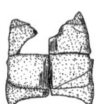

张朋川也看出庙底沟彩陶图案的主题是旋纹，并从中分类出单旋纹、对偶旋纹（图 11.2.7.1）和围绕中心纹样的对偶旋纹（图 11.2.7.2）。尽管他想象这些纹样都由"飞鸟文"简化而来，而脱离了它们的文化内容，但这样分类可以看出当时居民对数字卦使用频率的区别，从而反映他们对这些数字卦所表达事物之重视程度的不同。其中的单旋纹和中心纹样，都是夏至日出入方位数字卦"↓"的图案化表达；而表达冬至日出入方位数字卦"↑"的图案只在对偶旋纹中出现。当时居民如此重视数字卦"↓"，正是黄帝时代"数以九为纪"之传统的体现，是当时氏族对以日出入方位定四时之习俗的强调。

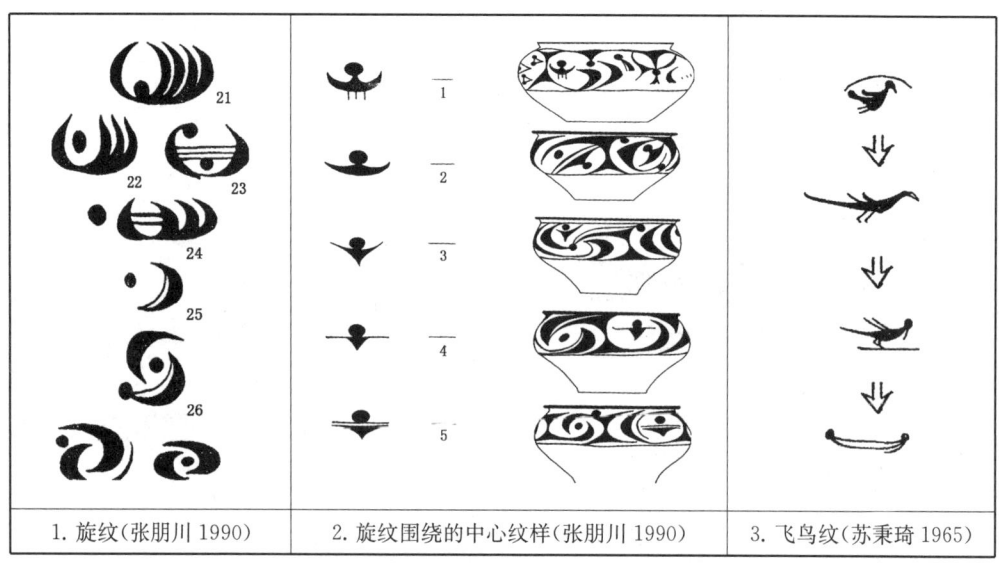

| 1. 旋纹（张朋川 1990） | 2. 旋纹围绕的中心纹样（张朋川 1990） | 3. 飞鸟纹（苏秉琦 1965） |

图 11.2.7　距今 6000 年的庙底沟文化彩陶纹样的抽象化推测图

当时确有飞鸟纹的抽象化图案,如苏秉琦所观察到的(图 11.2.7.3),这类写实纹样也得服从强调日出入方位数字卦"↓"所表达的以日出入方位定四时的技术,于是飞鸟纹,无论是写实的还是抽象的,都成横向排列的日出入方位数字卦"→",显然,这是在表明春、秋分的日出入方位与候鸟的春来秋往是一致的。

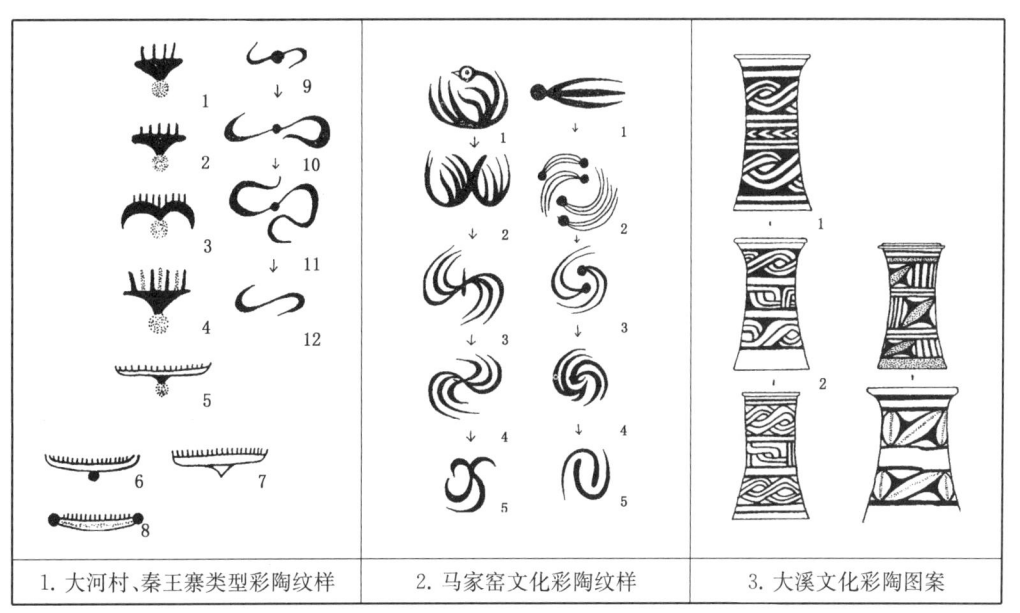

图 11.2.8 距今 6000—5000 年中原、西北、中南流行的彩陶纹样(张朋川 1990)

在"庙底沟文化一统天下"的形势下,以轩辕氏黄帝为首的部落联盟推行以日出入方位定四时与北斗建时相结合的五行历,力图取代以土法测影定四时、日月观察为基础的四分历,使传播这套新技术的日出入方位数字卦"↑""↓"流行各地。各地居民从自己本地的文化条件出发,将这对数字卦图案化成自己氏族成员喜闻乐见的图画,于是各地出现了富有地方色彩的以这对数字卦图案或美术体为主题的图画(图 11.2.8)。尽管张先生继续用"飞鸟纹"的想象来推测这些图样的抽象化,但不论是它们中的写实图画,还是抽象符号,都是冬、夏至日出入方位数字卦"↑""↓"的复合或单个图案化表现形式。如大河村、秦王寨类型彩陶图样抽象化的终端图案,就是这两个卦的简体"∨∧"的连接表达的美术体(图 11.2.8.1);马家窑文化彩陶纹样也是繁复万端,但其中不是这两个卦的单体图画,就是双体对偶相连,其抽象化的终端也是这两个卦的简体"∨∧"的对偶图画(图 11.2.8.2);大溪文化彩陶图案化这对数字卦的图画中,既有仰韶文化传统的弧边三角形对偶,也有其简体"∨∧"的连接表达(图 11.2.8.3)。

自仰韶文化早期以来,西北地区居民就一直有用对偶"弯月纹"及其变形,来表示冬、夏至日出入方位数字卦"↑""↓"之对偶的传统(见本册第五章)。李水城按其抽象化思路汇集的这些贝纹图样(图 11.2.9),无论在形式还是内容上,都是这种传统图样的多样化。在马家窑文化流行的这类新开发农业地区,用多种形式的图画来反复强调这对卦表达的测定四时的技术,对当地各氏族的生存繁衍具有高于一切的重要性。

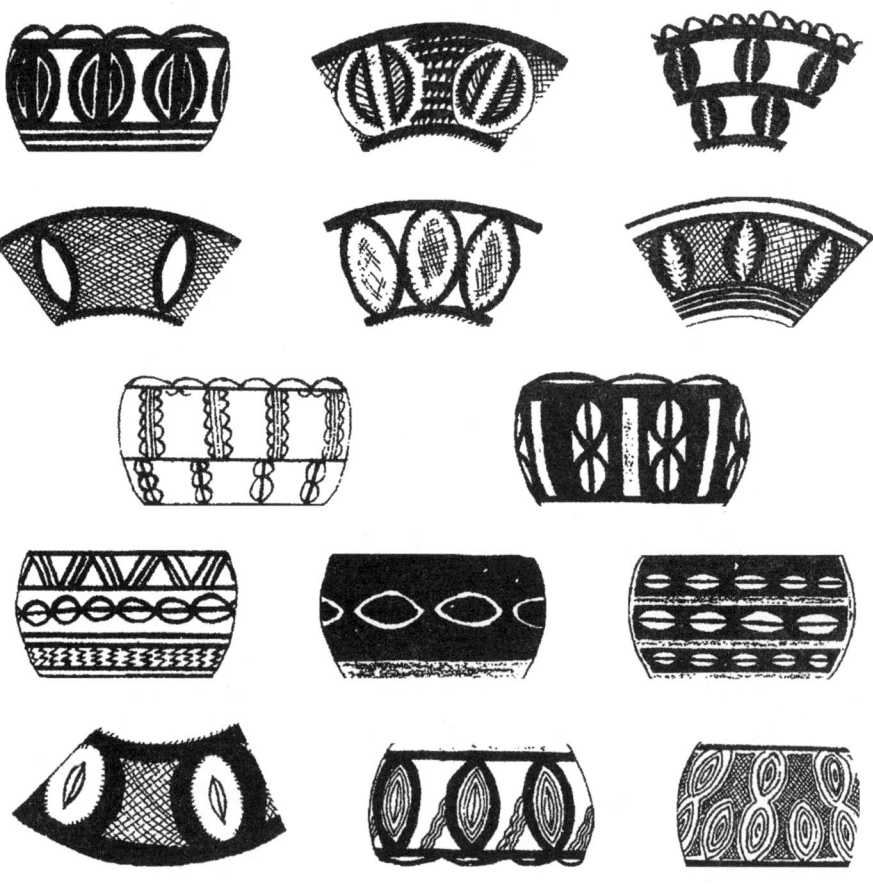

图 11.2.9 距今 6000—5000 年马家窑文化贝纹的抽象化推测图(李水城 1998)

马家窑文化居民追随庙底沟文化传来的"数以九为纪"的风尚,模仿并发展庙底沟文化居民用鸟纹、蛙纹、蜥蜴纹表示含九数字卦的技法,为含九数字卦在西北各地的传播、应用和发展开辟了道路(见本册第六章)。李水城和张朋川二位按其抽象化思路汇集的蛙纹图样,都是图案化数字卦"∨∧∨"(或w)的图画(图11.2.10),于是他们抽象的最终结果也是这个数字卦。

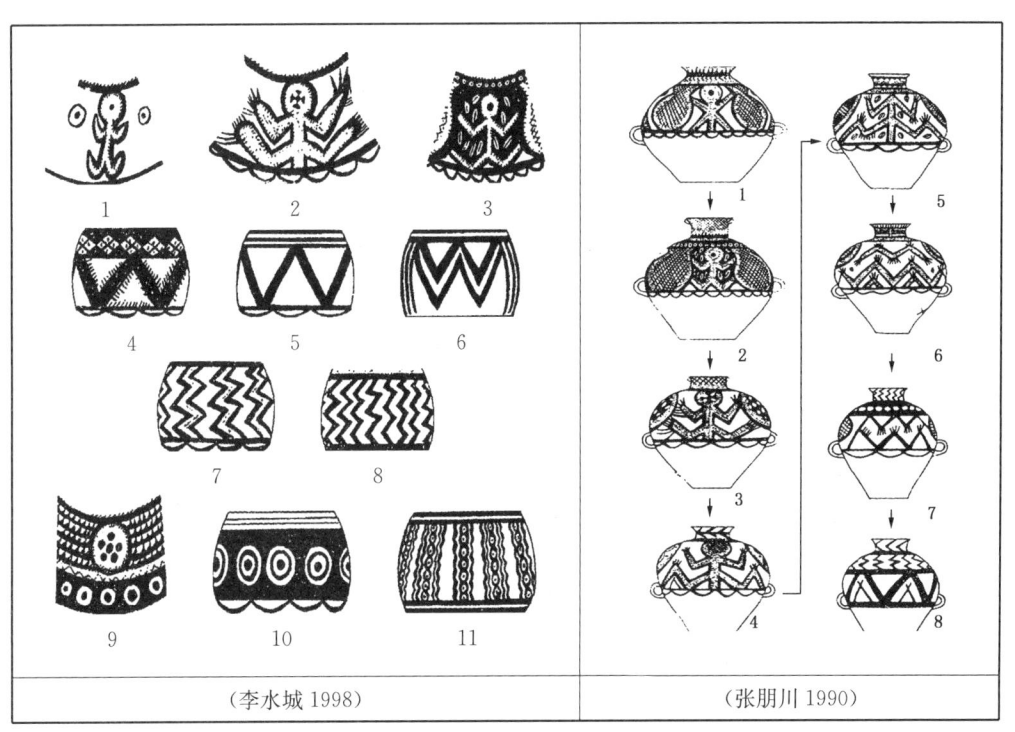

图 11.2.10 距今 6000—5000 年马家窑文化彩陶蛙纹演变推测图

继马家窑文化之后,西北地区各地历代地方文化以至先周文化,继承和发扬"数以九为纪"的传统,突出日出入方位数字卦和含九数字卦的世代传承和运用,用多种多样的具有地方色彩的图案化形式来传播它们,因此,张先生对流行于这些文化的几类图样作抽象化推测(图11.2.11)的结果还是数字卦,其中辛店文化蜥蜴图样的抽象化终端是数字卦"∧八∨"(图11.2.11.1);辛店文化鹿纹图样按从上至下次序分别是数字卦"∧×""八∧×""八∧××""八×∨八""八×∨"和"八∨∨∨"(图11.2.11.2);四坝文化蜥蜴纹图样抽象化的终端是连体数字卦"∧｜∨"(图 11.2.11.3)。当时中原和其他内陆地区正处在数字卦全面向成熟文字的演变中,受这种大趋势的影响,处于边缘地区的这些地方文化中,也出现了通过数字卦的图案化来剪接数字卦以创作新图样的热潮。因此,这些多样化图案的出现,正好从侧面反映了当时成熟文字兴起的强劲势头。

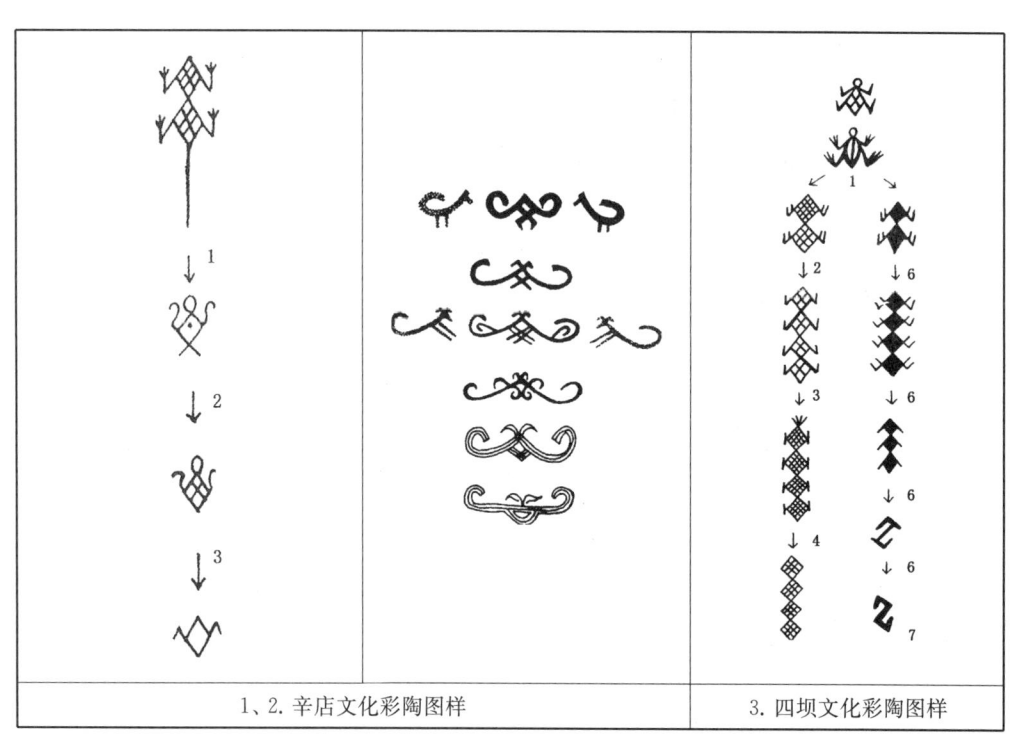

| 1、2. 辛店文化彩陶图样 | 3. 四坝文化彩陶图样 |

图 11.2.11　距今 4000—3000 年西北各地文化彩陶图样演变推测图(张朋川 1990)

三、数字卦与其图案化图画和美术体协同进化为成熟文字体系

同上述双墩组合符号与甲骨文字结构的相似性相印证,数字卦图案化图画和美术体在距今 7000—3000 年的演变过程表明,数字卦选择性剪接的传统方法,在各地图案画和几何符号的创作中连续不断地运用和发展了 4000 多年,由此而导致各地出现了数字卦与其图案化的图画分流,到数字卦及其美术体或简体与图画共茂,再到图文分流的趋势,导致各地数字卦图案化的图样由少增多、形态线形化而近似文字的趋势越

来越明显。数字卦进化主导中国史前各地刻划符号和图案画演变过程的普遍事实证明：自 9000 年前数字卦发明以降,中国各地先民就一直把数字卦作为共同的文字予以行用和发展,并于距今 7000 年前后发展出对数字卦作选择性剪接而配之以相应象形符号的方法,用来创作适应各地需要的刻划符号和图案,而开发出各地的地方性刻划符号和图案群,为成熟文字体系多元一统的形成奠定了深厚而坚实的基础。这就是荀子所说的："好书者众矣,而仓颉独传者,一也。"正是在各地创建的地方性刻划符号和图案群的基础上,黄帝部落联盟中的仓颉氏族率先对各地涌现出的这些准文字加以筛选和规范,而促进了一个为各地居民逐渐接受的成熟文字体系的形成。可见,中华文明多元一统地成熟,是以数字卦多元一统地派生出汉字体系为先导的。

第三节　数字卦与卦象文字

既然数字卦演化成最早汉字的过程是以数字卦与其导致的卦象文字或象形符号相互作用所主导的,那么,这个主要矛盾的两方面都需要展开分析。以上各章节已对这个矛盾的主导方面——数字卦进行了系统的分析和综合,本节就在此基础上对这个矛盾的另一方面——卦象文字作专门探讨。

迄今所发现的最早卦象文字出土于距今 9000—7800 年的贾湖遗址。8000 多年前贾湖人使用的刻划符号中,有迄今为止人类所知最早的数字符号群和线形象形符号群,它们不仅是线形的、以方块的形制出现,而且有些构形相同或相似于相应的甲骨文字,甚至有数字组合完全相同于甲骨文中的数字卦。它们是否属于文字？与汉字的起源有何关系？自这些符号出土以来,国内外学者一直在争论这些问题。一些学者以这些符号无法证明其读音和大多是单独刻划而没有上下文为由,否定它们的文字属性。而肯定论者,迄今也没拿出驳倒这两点的依据,以致关于这些问题的争论一直处于僵

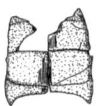

持局面。贾湖遗址发掘的主持者张居中,继与李学勤等(2003)在英国 Antiquity 杂志发表有关论文,将这些问题的讨论推到新阶段之后,又与蔡运章(2009)一起提出了研究其中一些刻符的"卦象文字"思路。从认识进化考古学的角度来看,该思路可趋近古代中国人以易学思维方式进行认识和实践的实际。下面就沿着该思路来探讨这些问题。

一、中国古代流行的象数思维习惯

"类万物之情"的八卦导致卦象文字出现的传说,在西周以降日趋强化的易学哲学化趋势中,被历代诸子百家纳入象数易学中,而归结为卦数与卦象、卦象文字、卦图乃至卦名、爻辞的对应关系。《周易》《老子》《易传》等古籍所体现和强调的"八卦成列,象在其中""观象系辞",乃至宋代象数易学家所提倡的"数立则象生,象生则言彰,言彰则意显"(邵雍:《皇极经世·观物外篇》)等,说的都是中国古人自与新石器时代早期相当的伏羲时代以来就养成的象数思维习惯(刘大钧 2000,刘彬 2003)。

这种以阴阳八卦为核心的象数思维习惯,贯穿于先民"观象授时""尚象制器"到"观象系辞"这一连串的理性认识与实践中。由此,"观象系辞"便通过八卦而同"观象授时""尚象制器"处于协同进化中。先民在"观象授时""尚象制器"的实践中,把八卦所象征的器物看成卦象;为记录和传递有关某种器物的信息,往往就在此类器物上的特殊部位刻画出单个象形符号或图画,即其所属卦的卦象文字,有的还用相应的数字卦来与之并署。《易·说卦》就以"乾为天,坤为地,震为雷,巽为风,坎为水,离为火,艮为山,兑为泽"为八卦的基本卦象,汇集了当时所知的八卦之象,共列有 114 个卦象。这显然是历来先民按八卦范式将其在"观象授时""尚象制器"的实践中认识的自然现象和器物进行分类排序之习俗的记录(蔡运章 2001,李树菁 2007)。对此,清末学者杭辛斋(1988)指出:"八卦之象,始于羲、农、黄帝,而后代有所孳乳。"

既然现已知八卦是排列组合的数字,那么史前的卦象便是由数来确立的,即卦数所标记的客观事物。这便是"数立则象生""因数而有象"的真实由来。这表明,数字卦作为一种通过卦象到卦象文字、图画文字而发展成为成熟象形文字的原文字,之所以能由史前中国各地居民所共同使用,其中的一个重要原因是他们通过聚类卦象的原始"字典"——"类万物之情"的八卦来得知其含义,而能共同理解数字卦所记录的客观事物,并将其理解加以传递和交流。如坤卦之象在《易·说卦》"天地定位"之伏羲卦系中定为冬至,他们在某类器物特定部位绘饰的授时图中一看到数字卦坤或其卦象文字,就知它是冬至的内容。史前卦数文字,在其表达的易学思想通过卦象经数千年的世代流传而被诸子用象形文字加以哲学化之后,还能在《易·说卦》中保留按八卦分类的114个卦象,还在发挥易卦的"观象系辞""尚象制器"等功能,就已显示出它们的生命力是何等强大。可见,春秋战国时期诸子百家所追忆的"观象系辞"这一逻辑顺序——数—象—辞,就是数字卦通过卦象发挥其文字功能并向卦象文字、图画文字乃至成熟象形文字发展的历史顺序。在上部分考察其历史顺序之后,再来看看古人在其认识和实践中是怎样运用这个已成习惯的逻辑顺序的。

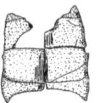

关于汉字的起源,古籍都是围绕八卦来记述:首先是"仰观于天,俯察于地""近取诸身,远取诸物",然后发明"以通神明之德,以类万物之情"的八卦,才有"后世易之以书契"的原文字,再后才有"作书"之成熟文字,即最早的汉字。这就意味着,汉字系统的创建有两个前提:首先要有八卦,即所谓"契"或"文(纹)";其次是要有"依类象形"的象形符号,即所谓"书"或"字"。后者只能是在八卦的指引下完成"方以类聚,物以群分"的认识过程之后才得以创制而成,因为作为象形文字的汉字中的每一个,都不是相关品物个体的具体描绘,而是代表这类物体的总体特征。这样代表一类物体总体特征的史前象形符号,就是这里所说的卦象文字。它们既是史前原文字体系的组成部分,又是后世构造成熟象形字的样板,有些甚至直接进入汉字体系。八卦作为数字卦在史前各地居民中主要靠口耳相传,伏羲卦数语言作为中国史前各地先民理性思维语言之核心,一直对先民理性语言的统一乃至汉字的形成和发展起决定性作用。主要通过象形、象意、象声符号的相互作用而得以发展的汉字体系,之所以单音节词占优势、缺乏字态变化并侧重语序,就是因为作为其基本理性语言的伏羲卦数语言主要是单音节、无语态变化和重排列顺序的。数对早期汉字立言表意的这种决定性作用,在先秦文献中还留有不少记载。这里仅略举数例。

《管子》从安邦治国的各个方面反复强调数的决定性作用。为阐明计数对于治军胜敌的重要作用,指出:"计数得,则有明也。治众有数,胜敌有理,察数而知理"(《兵法》)。为论述计数决定国事成败,则比喻:"不明于计数,而欲举大事,犹无舟楫而欲经于水险也。……举事必成,不知计数不可。……若夫曲制时举,不失天时,毋旷地利。其数多少,其要必出于计数"(《七法》)。讲到计数与为君之道,便申明:"圣君任法而不任智,任数而不任说,任公而不任私,任大道而不任小物,然后身佚而天下治"。这就讲明了察数对明道、知理、立言、举事的决定性作用,特别对察数知理要出于数、说本于数之道理的阐明,突出了察数在语言和文字的造词遣句中的决定性作用。

《道德经》中的"道生一,一生二,二生三,三生万物",就是直接用数字传达了上古先民以卦数语言讲解的易学宇宙观的本义。《庄子·秋水》曰:"夫粗精者,期于有形者也;无形者,数之所不能分也;不可围著,数之所不能穷也。可以言论者,物之粗也;可以意致者,物之精也;言之所不能论,意之所不能察致者,不期精粗焉。"其中就暗示了察数知理而可意可言的道理。《韩非子·解老》直言:"凡理者,方圆、短长、粗靡、坚脆之分也。"在他们看来,易卦的象数关系反映了事物的数量关系。从这个意义来看,中国先哲们对数的重视,相通于近、现代科学的"一门科学只有当它用数学来表达时,才达到了精密阶段"的思想。

《墨子·天志上》载:"我有天志,譬若轮人之有规,匠人之有矩,轮匠执其规矩,以度天下之方圆,曰:'中者是也,不中者非也。'"《墨子》一书中多处都谈到他力主将规矩方圆术由工程推广到天下一切领域的理想。在他看来,一切领域只有依据度量的数,才能准确地判定是非。显然,他这是以工程中的规矩来比喻察数知理的道理。

儒家《易·系辞》尽管篡改了易经"义理根于象数"的古义,甚至也不提帛书《易传》中

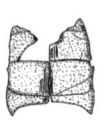

记载的孔子所说的"明数而达乎德",而只提"观象系辞",以致把卦数→卦象→卦图→卦辞的历史和逻辑给掩盖了。但是,《大戴礼记·易本命》和《孔子家语》中都有表明象本于数的一段话:"夫易之生人、鸟兽、万物、昆虫,各有以生。或奇或偶,或飞或行,而莫知其情,唯达道德者,能原本之矣。天一,地二,人三;三三而九,九九八十一;一主日,日数十,故人十月而生。八九七十二,偶以承奇,奇主辰,辰主月,月主马,故马十二月而生。七九六十三,三主斗,斗主狗,故狗三月而生。六九五十四,四主时,时主豕,故豕四月而生。五九四十五,五主音,音主猿,故猿五月而生。四九三十六,六主律,律主麋鹿,故麋鹿六月而生。三九二十七,七主星,星主虎,故虎七月而生。二九一十八,八主风,风主虫,故虫八月而化。"刘大钧(2000)和刘彬先生(2003)对这段话作的考证结果如下:

卦数:	1	2	3	4	5	6	7	8
卦象:	日	月	斗	时	音	律	星	风
卦象:	人	马	狗	豕	猿	鹿	虎	虫
卦名:	乾	坤	艮	兑	坎	离	震	巽
天干:	甲	乙	丙	丁	戊	己	庚	辛

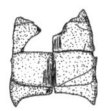

以上所列八卦的卦序,是《京氏易传》中的纳甲卦序,与帛书《易传》六十四卦之下八卦的卦序相同,当是介于先天卦序与后天卦序之间的一种过渡形态。既然如刘大钧所考证,后天卦序从尧舜时期已开始出现,那么京氏所载卦序在尧舜之前就已经存在了。由此可见,这段话原来传说的是,尧舜以前时代的先民按八卦顺序数来确定卦象及其所象器物之习俗。当然,这个中古习俗又是对上古以伏羲卦序中的卦数来定卦象及其所象器物之传统的继承和发展。这种自上古流传发展下来的习俗,证实并例示了以伏羲卦数为核心的统一语言,通过卦筮(算策)、卦契(数字卦)和卦图等的表达而由数字卦派生出卦象文字,进而发展出汉字的过程。

更重要的是,考古学家们在整理商周及其以前的数字卦时,"不但发现其中许多易卦是用来反映八卦之象的,而且还发现有的单字或图形文字与它们相连署",证实了"中国古代自裴李岗文化到汉魏时期器物上常见的单字、刻画符号和图形文字,大都属于反映八卦之象的卦象文字"(蔡运章2001)。这就以刻录有卦象文字的器物所组成的实物证据链证实了中国自新石器时代早期发明八卦以降,各地居民就在其共同文字——数字卦的行用中,不断把"观象授时"和"尚象制器"中认识到的器物,按其具体的或设想的形象,或以相应的数字卦派生,或照葫芦画瓢画出其卦象文字或图画文字,通过将其所象之卦纳入人所共知的八卦系统中予以分门别类,此器物的信息便可传递给世人。由此所养成的从"观象授时""尚象制器"而"观象系辞"的象数思维习惯是如此根深蒂固,以至春秋战国时期的学者对此仍念念不忘,以至在数字卦完全被符号卦取代之后的汉魏时期还有这个习惯的惯性在起作用。既然新石器时代早期器物上就出现了反映八卦之象的卦象文字,那么当时就在流行以数字卦形式表达的八卦。这些卦象文字究竟同数字卦有何关系?它们对后世以甲骨文为代表的成熟象形文字——汉字的形成有何影响?下面以贾湖遗址出土的迄今所知最早的几个卦象文字为例,来具体探讨这些问题。

二、贾湖刻符中有序组合的四个卦象文字

尽管汉魏时期仍然存在的象数思维习惯表明了史前先民不仅行用数字卦,而且开辟了由数字卦向卦象文字乃至成熟象形文字发展的道路,但汉魏之后这种习俗逐渐被主流学界所淡忘,以至一旦某个学者提到八卦同汉字之间的这种天然血缘关系便受到嘲笑。随数字卦和先秦文献的大量出土而复兴的象数易学研究,呈现于人们面前的,不仅有早在商周时期及其以前就已存在之数字卦与卦象、卦名、变卦、互卦及卦象文字、图画文字乃至卦、爻辞的对应关系,而且有8000多年前的贾湖文化"易卦是联结这些器物和文字的切合点"的事实(蔡运章2001)。在这类出土材料日趋富积的形势下,重新审视先秦诸子表述义理的文字皆本于象数的事实,已成为包括文字学在内的汉学研究发展的不可避免的趋势。

迄今积累的考古出土材料证明,伏羲卦数语言通过卦球、卦筮、卦珠、卦契和卦图等表达成卦象再进而形成文字的过程,不只是在尧舜以前的中古才开始发生的,也不

只是在半坡时期才开始发生的,而是在8000多年前与贾湖文化相当的伏羲时代就已经开始发生了。贾湖遗址既出土有迄今所知的最早数字卦,也出土有迄今所知的最早卦象文字。该遗址出土器物上的刻划符号很多,仅从其同各地新石器早期文化直到商周时期各地流行之符号的类比来看,其报道的刻划符号中,除"一"至"八"八个数字符号外,还有龟甲上的"大""日""目"形刻符,叉形器上的飞鸟形刻符,骨笛上的"匚"形刻符,陶器上的"十"字、光芒四射的"太阳纹图案"等,石器上的"丁""工"形符号等。下面先考察其中的头四个象形符号(图11.3.1)。

图 11.3.1 贾湖遗址出土的卦象文字"大""日""目"和"风"

(一)刻划于龟甲上的"大"形刻符,出自距今 8600—8200 年的该遗址Ⅱ5 期的 M387 墓随葬的八个龟甲,与其同出的有一只骨笛和一件叉形器及一件"骨矛"。该墓主的这些随葬品,经考证是当时贾湖氏族进行天文观测的主要重器(见本套书第二卷第一册);这八个龟甲之一 M387:4 为下腹甲,其一侧刻有古数字"八",另一侧刻有古数字"一",正好同伏羲八卦系统中代表冬至的第八卦与代表夏至的第一卦的对偶相吻合,表明其生前是负责校正四时八节观测并主管测定冬至的统掌天文者。此"大"形人手执圭表,上顶一"×"字纹的刻画,正是这位统掌天文者观风测影、定冬至之意景的概括。由于冬至定岁首而在四时测定中为最重要,所以该墓主生前执掌了当时最主要的天文重器。

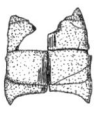

1. 如图 11.3.1.1 所示,这个最早的"大"字,本是由古数字"∧|∧"组合成的一个数字卦,相当于先天八卦的"坤"。在先天八卦标定的时空系统中,坤卦位居正北方,与冬至相对应;正好同该墓主以"大"字所标志的统掌天文者的职责和地位相印证,也正好同其龟甲上所刻的代表冬至之卦的序数"八"相吻合。这表明,这个"大"当初是坤卦的卦象文字,象征的是为整个氏族测冬至、定岁首之统掌天文的职责。但是,蔡运章(2001)说:"《吕氏春秋·勿躬》:'神合乎大一。'高诱注:'大,通也。'大,通作泰。《广雅·释诂一》:'泰,通也。'《易·说卦》:'坎为通。'故这里的'大'字当是'坎'卦之象。"这显然是以后天八卦说"大"。在后天八卦标定的时空系统中,坎卦位居正北方,与冬至相对应,还是正好同该墓主以"大"字所标志的统掌天文者的职责和地位相印证。这表明,尽管八卦的实际应用系统在 4000 年前变更了(刘大钧 2000),但"大"字的形、音、义仍一直贯穿一致。

2. 此龟甲另一侧刻有古数字"一"代表乾卦,与夏至相对应,正好同该墓主统掌天文历法,既测定冬至,也校对夏至的职责和地位相印证。

3. 此"大"形人手执圭表,上顶一数字"×"代表巽卦。《易·说卦》:"巽为风",在先天八卦标定的周天历度中,"巽"卦与立秋对应,正是秋风大起的季节,正好同该墓主所执掌的一只骨笛和一件叉形器相印证。此骨笛是候气律管,用来将周年八节之风——八风与律吕匹配,以律吕测气定候。对此,Needham(1959)、冯时(2001)已依据有关古籍记载作了考证,李零(2000)列举了这方面的古籍和出土文献。这种叉形器,该遗址出土多件,我考证是用作线轴来放鸟羽相风鸟以测风定候的(见本套书第二卷第一册)。可见,这两件用具,都是用来测风的,正是数字"×"代表之巽卦的内在含义。

4. 除已证明这样的一组八件龟甲是用来分别记录八节之风向或日影长度的(见本卷第二册)之外,还有以下佐证:《左传·昭公十七年》载"陈,太皞之虚";《山海经·海内经》载"巴国,大皞生咸鸟始为巴人"。这些记载可对证贾湖遗址出土材料:该遗址末期逐渐被洪水淹没,迫使贾湖氏族分支出来的四五个家族,各自沿淮河和汉水流域东逃西散,沿汉水流域西散的这一家族将其文化带到了沿途以至泾渭流域各地(F38);这些以"大"为始祖的后人同巴地土著文化相适应而成为巴人,就是情理之中的了。这些新老材料的对证,为认定这个刻符为"大"字提供了确凿依据。贾湖遗址的这个刻符"大"字,当是伏羲氏族在古史传说中称之为"大""大皞"的由来。

自贾湖"大"形刻符出世以来,世上经历了一系列重大变化。随着氏族联合成部落联盟以至形成国家,这类统掌天文职责的担当者由氏族首领转变到部落盟主以至国王,其职责和地位从氏族范围放大到整个部落联盟以至天下,甚至神化到天上;此"大"字也派生出"王""太""天"等字,直到其后6000多年的春秋战国时期,学者们依然在这样解释"大"。如《墨子·节用上》载:"圣人为政一国,一国可倍也。大之为政天下,天下可倍也。"《易·文言》载:"夫'大人'者,与天地合其德,与日月合其明,与四时合其序,与鬼神合其吉凶。先天而天弗违,后天而奉天时。"可见,那时人们仍以"大"代表执掌合四时之序的至高无上的职位,与6000多年前贾湖人的这个"大"形刻符的含意完全一致。

为何"大"字的形、音、义能在6000多年中一以贯之而直通甲骨文字体系?图11.3.1.1所列举的各地史前遗址出土的有关证据已回答了这个问题。原来,贾湖人的这个"大"字所概括的观日影、测冬至、定岁首的知识,生死攸关于每个靠天吃饭的氏族;各地氏族在生存竞争中力求以其成员所能接受的形式来学用这个"大"字,于是,其传播的形式多种多样,在随时随地适应各地氏族求知需要的过程中,成为各地居民世世代代喜闻乐见、广为转抄的文字。有一些地区直接沿用这个卦象文字,如与贾湖文化同期的磁山文化居民,就曾仿照贾湖人的这个"大"字之形,刻划在其面具型定向器上,以至在河北省易县北福地遗址的早期文化层中遗留了这样的器具;陕西西乡何家湾仰韶文化乃至甘肃东灰山四坝文化居民简直是照搬了贾湖人的这个刻划;青海乐都柳湾半山—马厂文化、河北藁城台西和河南安阳小屯商代早期文化中都打下了这个卦象文字的烙印。而在另一些地区,如湖北宜昌杨家湾大溪文化、陕西临潼姜寨和河南安阳老磨岗仰韶文化居民,就直接刻录其数字卦。还有更多的地区,用担当"大"字所概括之职责的掌天文者的艺术形象——羽冠人面纹来体现"大"字的含义,如 7400 年前的湖南黔阳(今洪江市)高庙遗址下层出土陶器上刻画了这样的形象,距今 7000 年的淮河流域各地的龙虬庄文化和泾渭流域各地半坡文化中普遍出现了羽冠人面纹。在距今 6000 年前后庙底沟文化一统天下之后,这个"大"形刻符,除用羽冠人面纹表示外,还以人面纹下四肢大张的蜥蜴纹或蛙纹来模仿,如在河南陕县庙底沟和陕西华县泉护村庙底沟文化层中,在甘肃天水西山坪和青海乐都柳湾等地的马家窑文化至半山—马厂文化中,都流行这样的纹样;在太湖流域各地的良渚文化遗址中,在中原各地的龙山文化遗址中,在长江中游地区各地的石家河文化遗址中,大都以神面像来模仿这个"大"形刻符。所有这些形式的"大"字,随文化多元一统的发展趋势在中原汇集起来,到商代早期,这个"大"形刻符的卦象文字被规范化而最终成为甲骨文中的成熟象形文字"大"。

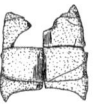

(二)这龟甲上的"日"形刻符(图 11.3.1.2),出自距今 8600—8200 年的Ⅱ5 期的 M335 墓;与此刻符相辉映的是陶罐标本 H190:2 上"刻划形成的太阳图案"(图 11.3.1.2)。经考证(见本套书第二卷第一册),M335 墓的随葬品中,有三个含石子的龟甲用于龟算,有骨簇、骨针各 4 件用作策算器,又有骨锥、骨匕、鹿角、石珠各 2 件用于八方定点,还有一个牙削式定向器用来辨向。所有这些,显示此墓主生前是重点负责测定夏至的掌天文者,此"日"形刻符正是夏至日的日昼最长的标志。

这光芒四射的"太阳图案"与这个"日"形刻符,都是象太阳之象。前者是太阳的图画文字,后者是太阳的卦象文字。二者按《易·说卦》:"离为日",都是后天八卦的离卦之象(蔡运章2001)。后天八卦标定的时空系统中的离卦,也就是先天八卦定位的时空系统中的乾卦,位居正南方,与夏至相对应,正好同该墓主以"日"字所标志的主测夏至之掌天文者的职责和地位相印证。

与上述的"大"字刻符为无物可象的抽象字不同,这个"日"字刻符及其图画有物可象,因而很容易被原始人接受而遍布各地史前遗址,从东南沿海距今8000年的跨湖桥文化,到西北边陲距今2000多年的辛店文化,一直都有这个卦象文字、图画文字或二者的结合世代传承的遗迹(图11.3.1.2)。这就证实这个"日"字也是由贾湖文化一直流传下来的文字。

(三)和(四)这个"目"形刻划和飞鸟形刻符(图11.3.1.3—4),都出自距今8600—8200年的Ⅱ5期的M344墓。经考证(见本套书第二卷第一册),M344墓随葬品中,有8个内盛石子的龟甲用于标记四面八方之季风,有2只七孔骨笛用来以音律测气定候,有1件叉形器用来放送鸟羽制作的相风鸟,还有骨簇、骨镖各6件分别用于计阴历的6个大月和6个小月。这件叉形器上刻划的飞鸟纹也表明了其用途;这八个龟甲之一的M344:28为腹甲,其上刻有古数字"二",作为伏羲卦八卦系统中序数为第二的卦,相当于先天八卦中的"兑";在以先天八卦定位的时空系统中,位居东南极,与春分至夏至之间的立夏相对应。所有这些都显示,此墓主生前是主要负责测定春分和秋分的掌天文者,此"目"形和飞鸟形刻符正是其注目于候鸟春来秋去之情景的写照。

按《易·说卦》对动物的分类:"离为雉";按其对人体器官的分类:"离为目"。由此,眼目和候鸟都属离卦之象,从而分别象此二物的这两个刻符,都是离卦的卦象文字而相互联系在一起。而离卦在先天八卦定位的时空系统中,位居正东方,与春分相对应。因此,这两个刻符,作为卦象文字,表明了参照候鸟春来秋去之物候、测风向定春秋二分的职责。贾湖人通过将这两个刻符刻录在相互配合的天文观测用具上,不仅明确了其执掌者的职责,更重要的是向人们传递了如何确定二分的天文历法知识,这种知识对每个农业氏族的生存繁衍是如此重要,以至各地农业氏族的成员们将其世代相传,直到过去4000多年后,良渚文化居民还在用"目"和"鸟"组成同一图案来予以强调(图11.3.1.3—4)。

这两个刻符所象的分别是眼目和风鸟之形,不仅与甲骨文的"目"和"凤"字的构形相同,而且其含义的上述解读还可得到双重验证。此叉形器上所刻划的飞鸟形刻符,除标记其用于放相风鸟的功用外,还象征其主人如候鸟般跟踪春来秋去的职责,而吻合于古史传说的伏羲氏族以"风"为姓、"风"与"凤"联为一体以及"以鸟名官"的鸟俗(饶宗颐1996)。《左传·僖公二十一年》载:"任、宿、须句、颛臾,风姓也,实司太昊于有济之祭。"与此记载相对证的是,贾湖遗址的出土材料表明:该遗址逐渐被洪水淹没的末期,这个掌管相风观鸟的家族成员,沿淮河流域逃荒到沿途各地以至山东和东南沿海一带,自会将其祖传的这种习俗世代相传下来。新旧材料在这方面的对证,使我们也有可靠依据来肯定对这两个刻符的解读。

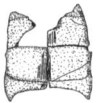

既然"目"和"风"卦象文字及其图画,是传播二分测定知识的文字,那么它们普及的地域就会远远超过"风"姓部族后代的分布。事实也是如此。这就是饶宗颐先生(1996)对中国古代鸟俗的追踪所证实的:"最近新出文物,东西皆有鸟形图文……具见鸟神话东西并存的现象。"图11.3.1.4所列举的一些典型例证表明,贾湖人摸索出来的参照候鸟春来秋去之物候、测风向定春秋二分的经验,在南方稻作农业区最先受到欢迎,8000年前的湖南石门县皂市下层文化居民就在陶器上刻画出形体规整对称的鸟纹来传授这种经验知识;随着稻作农业的扩展,鸟形图案出现在湖南沅江流域7400年前的高庙下层文化流行地区,继而又出现在距今7000年前后浙江沿海地区的河姆渡文化中。在南方稻作农业氏族联合而成的神农炎帝部落联盟扩展到泾渭流域之后,携带这种知识的鸟纹图案随之在北方流传开来。在庙底沟文化一统天下的黄帝时代,轩辕氏族倡导参照候鸟春来秋去之物候、测日出方位定春秋二分的新经验,庙底沟文化影响所到之处,如河南陕县庙底沟、郑州大河村、陕西华县泉护村等地的鸟纹图为传播这种经验知识而面目一新;但东部和东南部受风姓鸟夷部族传统影响的地区,如大汶口文化、古淮夷文化和良渚文化流行地区,仍坚持其传统的鸟体对称图案,并开启了日趋神鸟化的趋势。在所有这些形式的鸟形符号交流其包含的经验知识的过程中,都伴随着将其线形化、文字化的潜流,如大汶口文化中就出现过用数字组合来模拟鸟形的卦象文字,在甘肃民乐东灰山的四坝文化和江西清江(今樟树市)吴城的商文化中也出现了象鸟形的线形符号。各地的这些潜流随文化多元一统而在中原汇集起来,这些象鸟的线形符号便规范化成了甲骨文中的多种"鸟"字。

由于同"鸟"形符号的内在联系,"目"形符号的流传和演变与"鸟"形符号同步,如图11.3.1.3所示;但其线形化、文字化的趋势更加明显,且同其写实乃至神化图案形式,在各时期、各地区间交错出现,直至最终在甲骨文中回归到其贾湖文化的原形,真有万变不离其宗之势!

上述四个卦象文字(图11.3.1.1—4),表面上看来,都是刻划在个别器具上的单字,但在有象数文化传统的人们看来,它们中的每个字所概括的都是一整篇文章:这个"大"和"日"形刻符分别概括的是如何测冬至定岁首和如何测日影定夏至的文章;此"目"和鸟形刻符分别概括的是如何观候测风定春分和秋分的文章。表面上看来,这四个卦象文字在贾湖的出现,是孤立的、偶然的;但只要结合其出土情况进行具体分析就可以看出:原来这四个字是按太阳视运动规律,分别作为每个太阳年的四个标准时点的标志,相互联系在一起,有序地组成了阳历历法的基本知识系统。鉴于掌握这套知识对发展农业的首要重要性,各地氏族纷纷以适合本地的方式学用和传授这四个字,于是,各地学用这四个字的遗迹便同各地农业物质文化遗存的时空分布相伴随。这就是这四个字,以这样或那样的形式,在各地史前历代文化遗存中连续不断地传递而直达甲骨文的缘故。

分别出土这四个卦象文字的墓M387、M335和M344,都处于距今8500—8000

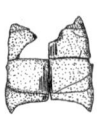

年的Ⅱ5期（F38，Yang，et al. 2005），且都位于同一A墓群，当时属于同一家族；M387是二次葬，M335葬了三个个体，M344无头骨，且各自都有数个龟甲，表明这三座墓分别专属于三种师徒承传的特殊职位者，就像裴李岗遗址的墓M38和一些仰韶文化的老少合葬墓所体现的师徒承传关系那样。这样的三种职位者，在执行各自的职责中，实行分工协作，来确保全氏族的天文历法体系的有效运行，以适应农业发展的需要。贾湖遗址有关墓葬分布和埋葬情况的材料，同当时贾湖地区流行的各类授时图和初具规模的稻作农业相呼应（见本套书第二卷第一册），证实了这四个卦象文字的有序组合所代表的基本阳历体系的真实存在。

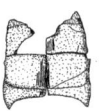

既然这个"大"和"日"形刻符分别代表冬夏二至，此"目"和鸟形刻符分别代表春秋二分，那么它们在伏羲八卦序列中的序数就分别为8和1、3和6，即后世所称的坤和乾、离和坎，而这些伏羲八卦的逻辑顺序及其序数正好同这几个刻符的实际历法含义及其所附带的古数字相吻合。这就表明：贾湖先民的确曾按伏羲八卦测定四时，并用数字组合成的卦对测量结果做记录；不仅按其在伏羲八卦系统中的序数号做记录，而且用四个象形刻符来分别命名，即把卦数所确定的冬至和夏至、春分和秋分之象系为卦文："大"和"日"、"目"和鸟形符，从而开启了卦数→卦象→卦图→卦文之文字化过程的先河。随着这一过程的世代延续、展开和演变，这四个刻符不仅随数字卦一起流传于各地各期文化，直到直接以其基本保持的原形、音、义进入甲骨文体系，作为字根而繁殖孳乳出各自的同根字群，而且作为象形造字的样板通过所象之卦及其包含的卦义和对应关系，为各地各期居民运用数字卦来构造新的文字开辟了道路。后世各地居民正是沿着这条道路，将一系列直通甲骨文的卦象文字和图画文字，如"丅""工""文""戉""巫""亚"等陆续开发出来。

从贾湖人开创出这四个卦象文字起，不仅"大"和"日"相配、"目"和鸟纹相配及其综合的契刻和图文不绝于世，而且这四个字组合所包含的思想内容也世代相传，即使是先天卦序被后天卦序取代之后的春秋战国时代，仍在流传其原有的卦义和对应关系，且成为人们提出新说的依据。如《易·说卦》在说"离为目""离为雉"的同时,将顶替先天卦序中乾卦之位的离卦又说成是"离为日、为乾卦";在先天卦序中的坤卦(名"大")被后天卦序中的坎卦(象"水")取代之后,"大一生水"成为古代哲学的一个重要原理而为郭店楚墓出土竹简通篇论述。作为后天卦之源的先天卦同贾湖人的这四个卦象文字的吻合也证明:为这四个字所体现的先天卦,即伏羲卦系统的确立、应用和发展,及以其为科学范式的科技和文字的发展过程,从8000多年前的贾湖文化时代就已经开始了。

三、贾湖刻符中独立的四个卦象文字

以上四个卦象文字,以其成有序组合代表整个阳历基础知识系统为特征。贾湖遗址出土的众多刻符中,还有一些单独概括某一方面或单项实用技术知识的卦象文字,且也是直接流传到甲骨文而同其相应甲骨文字之构形相同。下面就举其中的四例(图11.3.2)。

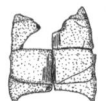

1. 贾湖 T108(3B):2 (F38)	2. 贾湖 M253:4 (F38)	3. 贾湖 M402:8 / 贾湖 M402:4 (F38)	4. 贾湖 T12(3B):15 (F38)
磁山(F53)	跨湖桥(F43)	跨湖桥(F43) / 皂市(F70)	彭头山(F44)
高庙(F67) / 柳林溪(F49)	双墩(F75)	城背溪(F46) / 北辛(F85)	跨湖桥(F43)
双墩(F75) / 侯家寨(F74)	三星村(F127)	高庙(F67) / 中堡岛(F71)	双墩(F75) / 龙虬庄(F126)

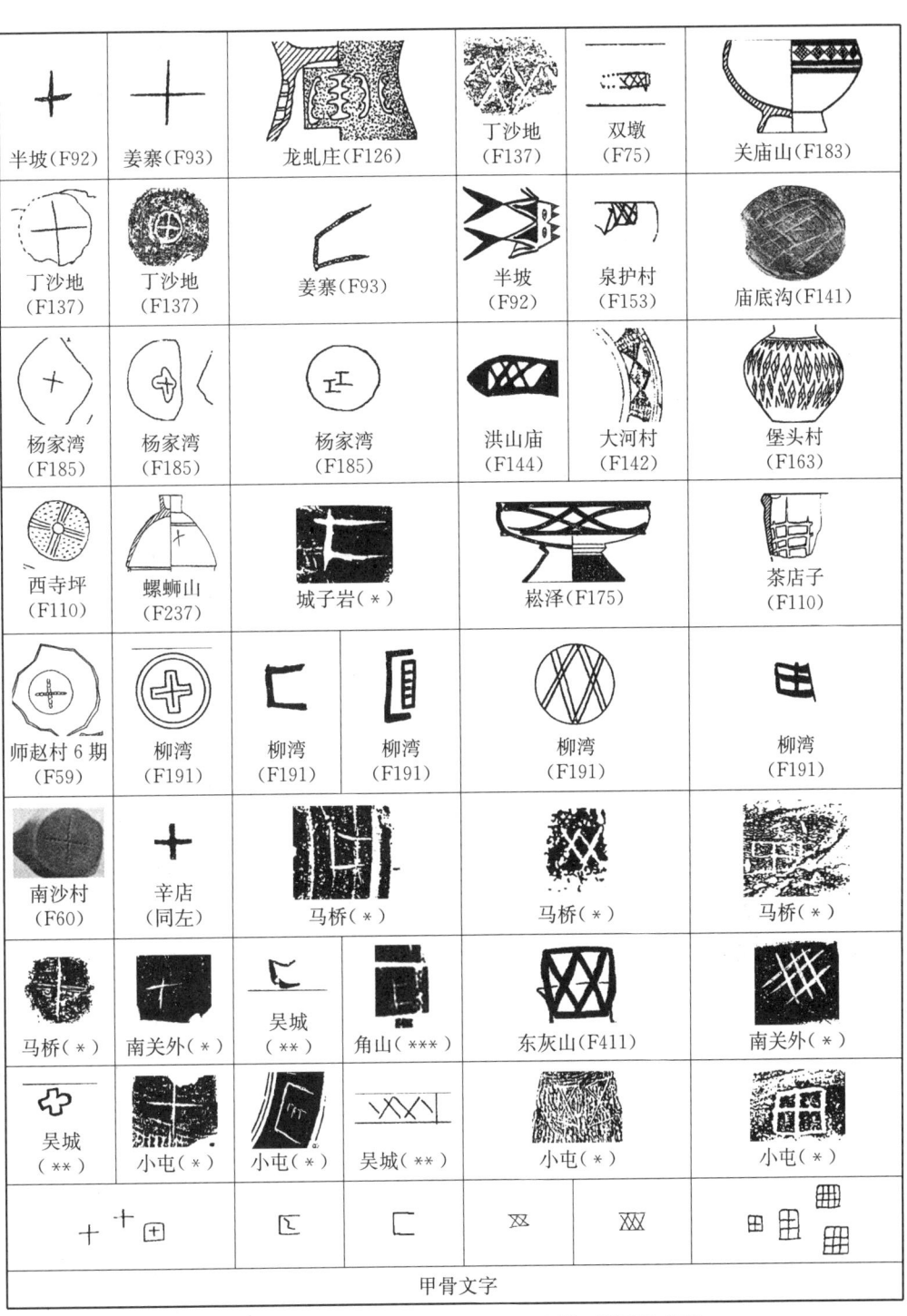

图 11.3.2 贾湖遗址出土的卦象文字"十""匚""网"和"田"
（* 张光裕 1981，** 李孝定 1986，*** 李家和 1990）

(一)"十"字刻符(图 11.3.2.1),刻划于"一夹云母红陶残鼎足被磨成圆锥体[T108(3B):2]之一端磨成的圆面上",其发掘者推断此器"可做测量用的垂球""此端面中间的'十'字刻痕可作找中心点之用"(F38),是有充足依据的。除发掘者陈述的那些外,还有一个重要依据:原始人在测影辨向或测影定时的操作中,都要用垂球来确保其土圭测影所用的表杆垂直立于地面(Needham 1959,郑文光 1999)。正是由于这个原因,这个符号被古人称为"甲"字来表明其在辨向定时中的首要作用;也正是由于这个原因,这个古"甲"字同太阳联系起来,被古人解释为"甲,日也"(王逸:《〈楚辞〉注》)。《易传·说卦》"离为日、为乾卦"就表明:按先天八卦,甲字当初是乾卦的卦象文字。自古流传下来的干支纪时周期表都以甲为首,也许出自这个缘故。

既然这个刻符所概括的知识及其本身的应用对辨向、定时有如此重要的作用,那么它流行于史前各地而成为普及最广泛,使用最频繁、最连续而直通甲骨文的卦象文字,就是可想而知的了。贾湖人的这个刻符,适应了各地氏族追求定居农业的需求,很快由其周围的同期文化传递到各地各期文化直至甲骨文,经过无数次复制而其原形一直不走样地刻录于相关器物而组成长达 6000 年的实物证据链,图 11.3.2.1 所列举的仅是其中的凤毛麟角。当然,各地居民在使用这个卦象文字的实践中也有发展,如后来成为甲骨文字的"亚",就由其发展而来。

(二)这个含"匚"字的刻符(图 11.3.2.2),正如其发掘者所说:"由'匚'和'三'两部分合成"(F38),出自距今 8200—7800 年的第Ⅲ7—8 期墓 M253(Yang, et al. 2005),刻划在其随葬的 1 件八孔骨笛(M253:4)之"一侧吹口端与第一孔间"。此墓二人合葬,二次葬,随葬品中有 2 个龟甲、1 件叉形器、1 件骨笛等(F38),表明墓主们生前居掌天文者的特殊职位。

他们用的这件骨笛上为何刻划这样一个符号?在浙江萧山跨湖桥遗址出土的骨笛 T0409(6)A:16 上也刻有类似符号(图 11.3.2.2),其发掘者道:"两端刻两道、三道槽痕"(F43)。看来这个古数字"三"同这类骨笛有关,而在伏羲八卦系统中序数为三的卦为

"离"卦,在其标定的时空系统中,居正东方,与春分相对应,表明此骨笛是用来以音律测气定候,特别是用于测定春秋二分的。可见,这个刻符原来是离卦的卦象文字。

与跨湖桥那件骨笛不同的是,贾湖这件还在"三"字边加了"匚"形偏旁,这又是什么意思呢?而且从图11.3.2.2可见,这个"匚"形符可单独成字,如双墩、姜寨、杨家湾、城子岩、马桥、吴城、角山等一系列遗址,都出土有这个"匚"形符单独成字的刻符,也有一系列遗址,如三星村、龙虬庄、杨家湾、柳湾、小屯等,出土了以这个"匚"形符为偏旁的合成字。史前各地居民这样使用"匚"形符号的情况,正好同这个符号在甲骨文中的使用情况相类似。甲骨卜辞中既有"匚"字、竖排和横排的"匚匚"字,又有以"匚"字为偏旁的合成字,如在"匚"偏旁中加商王先祖"乙""丙""丁"的名字,而合成其先王的称号,被《史记·殷本纪》记为"报乙""报丙""报丁"等;卜辞中也将这三位先王分别称为"匚"或合称为"三匚"或"匚三",即同贾湖人的这个刻符一样。此外,卜辞中还有"匚"偏旁中加"禾"字所构成的合成字,古文字专家认为此字含"将禾珍藏"之意(赵诚1988)。卜辞中"匚"字的使用情况表明,"匚"形符含"尊敬""珍视"之意,于是,贾湖这整个刻符表达的意思是遵循祖训,珍惜此器在测气定候中的应用。有趣的是,这个字还出现在墨西哥距今3100年的奥尔梅克文明最大的祭祀遗址。其出土的5号玉圭上竖刻着7个字,范毓周先生加以仔细研读后指出,"5号玉圭上的'一匚',翻译成现代汉语,应意为最尊贵的先祖"。(姚伟2011)看来,这个字的传播距离,无论在时间上还是空间上,都是人类古文字史上的最高纪录!

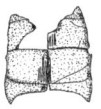

在贾湖这个卦象文字的使用和发挥上,史前各地居民与商代卜辞作者之间,形、音、义相通,情、理、法一致,生动地显示出贾湖人发明的这些卦象文字,传递给甲骨文字系统的,不仅是这些文字本身,而且是这些字所体现的造字原理、方法、样板和构件;也现身说法地表明,自贾湖人在早期数字卦的基础上发明这些卦象文字以降,各地居民在将其作为原文字而加以行用和发展的漫长过程中,就效法其先例不断地创造和繁殖新的卦象文字和图画文字,而甲骨文字体系只是各地汇集起来的卦象文字和图画文

字经规范化的集大成。

（三）"网"字形刻符（图11.3.2.3），刻划在墓葬M402随葬的骨镖M402：8上。在贾湖遗址中，除直接以刻划在骨器上的古数字组合"×XI×"呈数字卦形式出现外，还有在陶器上"刺成'×'形图案"，如该遗址发掘报告载："陶器标本T31(3C)：4、T20(3)：6刺成'×'形图案。标本H198：6刺于D型敛口罐鋬部，呈上下两排排列。"（F38）当然，这既是古数字"×"组合成的数字卦，也是"网"形卦象文字。

数字卦"×XI×"相当于先天八卦的"离"。为何这个数字卦成为卦象文字"网"？《易·系辞》对此作了回答："古者包牺氏之王天下也，……作结绳而为网罟，以佃以渔，盖取诸离。"原来，离卦在上古以数字卦"×XI×或×∧×"形式流行，用蓍杆、树枝或竹签横向或纵向排列，正好是网格的形象（图11.3.2.3）。通过这个数字卦的传播，按作为算策用的蓍杆、树枝或竹签所排列出的离卦，即离卦的数字卦的形象，先掌握网罟的氏族就可照样画葫芦地把网罟的构造、制作和使用技术传授给别的氏族，使越来越多的氏族懂得制作和使用网罟于渔猎。在这些氏族之间交流网罟技术的过程中，离卦的算策排列所表达之卦数就是他们交流的语言，离卦的数字组合就成了交流的卦象文字。

网罟提高渔猎劳动的功效显著，各地氏族纷纷采用，这个卦象文字作为这项技术的说明书便随之流传各地（图11.3.2.3）。在距今8000年前后，这个卦象文字就出现在长江下游的跨湖桥地区和长江中游的城背溪地区。在距今7400年的湖南沅水流域高庙文化和山东地区北辛文化中分别刻划出了规整的"网"字，从此，这样规整的"网"字便传世不绝：它在东部地区从距今7000年前后的双墩、丁沙地等地的新石器时代早期文化，一直流传到中期的崧泽文化、晚期的良渚文化直至商代文化；它也遍布长江中游各地的大溪文化；在西部地区从仰韶文化的半坡期，到庙底沟期，到晚期乃至青铜时代的各地文化中，它除了以这样的规整形式不断出现外，还以图案化的鱼纹来表达；直到它再现于殷墟出土器物之上，并同卜辞中刻录的"网"字一模一样地展示在早期汉字体系中。

(四)"田"字形刻符的出现(图 11.3.2.4),既是贾湖文化稻作农业发展的需要,也是网状绳纹代替结绳记事而向网格记数发展的结果。野生稻分布在滞水的沼泽地、洼地或水沟中,先民在驯化野生稻的过程中,自然会为其栽培稻构筑相似于其祖先野生稻所在的湿地。为此,他们就得像其发掘者说的那样:"在修筑前,都曾根据自己的实际需要进行测量和计算,先行设计好其形状和容积。测量手段……可能有迈步、拉绳子、立树干等。"(F38)这样拉绳做纵横测量,恰似拉绳测量构成的网格状及按其开挖的田沟状,是迄今所见最早的"田"字雏形。中国古人开挖田沟用耜(陈文华1981),贾湖出土的骨耜(F38),也证明贾湖人的确曾开挖田沟。

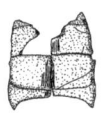

网绳纹是贾湖出土陶器上的一种重要纹饰,特别是在夹蚌陶器"器表以网状绳纹占大多数",如"标本 H174:4,网格较大",标本 T119(3C):16 有成块"网绳纹"。陶钵 T12(3B):15"地面有篦划纹,看来此器应为倒置成型"(图 11.3.2.4)。如此特意刻划出的网格纹,恰似拉绳测量构成的网格状及按其构筑的田沟状,是迄今所见最早的"田"字雏形。

正因为拉绳测量和开挖田沟对发展稻作农业如此重要,体现这种耕作技术的这类网格刻符,很快传到南方的原始稻作农业地区,随后便随这种技术的扩散而流行各地(图 11.3.2.4)。早在距今 9000—8000 年(张居中 2012),彭头山文化居民就不辞辛劳,竟用原始工具把这样的网格纹雕刻在石器上,可见他们对这种技术之重视(F44)。距今 8000 年前后的跨湖桥居民,以自己发展出的十进制数字,组合成横排的数字卦"∣一∣"与竖排的数字卦"工",将二者正交成"田"字形刻划,用来描绘这种耕作技术,并把它作为春分和秋分的时令标志,配置在其阳历年的授时图中,从而发明出规范的汉文"田"字(F43)。从此,这个规范的"田"字与贾湖式的网格纹作为概括这种耕作技术之卦象文字的两类形式,在各地历代文化中交替出现,直到汇集在甲骨文中。

跨湖桥的这个"田"字,彩绘在陶罐标本 T0410(5)A:24 上,其发掘者称:这是"肩部彩纹保存最好的一件，上下缘各施环带，并排又见两周点彩，双耳之间的中部位置有对称分布的条带、点彩带纹，双耳正面各有一个'田'字形彩纹"（F43）。显然，这肩部彩纹构成一幅阳历年授时图（见本卷第二册），等分彩带圆周的四点：上下缘环带和双耳间中部对称分布的条带，代表等分阳历年周期的四个标准时点，即冬、夏二至和春、秋二分，而双耳正面各有的"田"字就分别处在春秋二分的时点上。既然跨湖桥文化居民把"田"字作为春分和秋分的时令标志，而在先天卦标定的时空系统中，同春分和秋分相对应的是离卦和坎卦，那么，这个字在当时就应当是离卦的卦象文字。只是在后天八卦标定的时空系统中，同春分和秋分相对应的是震卦和兑卦，这个字才被看成是震卦的卦象文字。

跨湖桥文化居民把"田"字作为春分和秋分的时令标志配置在全年的授时图做法，通过其后期各地历代文化（图11.3.2.4），一直流传到先周文化中，以至陕西岐山周原地区的先周文化遗存陶盆口沿残片上也刻有"田"字（图11.3.3）。

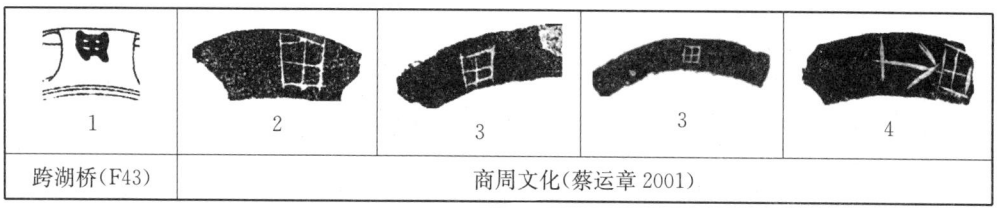

图 11.3.3 "田"字由 8000 年前流传到商周

距今 8000 年前后跨湖桥文化的"田"字（图11.3.3.1），经过 5000 年间各地居民的世代相传，一直流传到周文王时期的成熟文字体系中，不仅其字形毫不走样，就连刻划的器具及其部位也保持一致，既体现了周族先民"观象授时"传统一脉相传的高度严肃性，也表现他们遵循"观象系辞"传统毫不动摇的坚韧意志。他们在坚持继承优秀传统的同时，也不断予以发展以适应新的形势，如将数字卦"一｜Ⅴ"同"田"字相结合来创作新字（图11.3.3.4），以适应当时邦国已取代氏族掌管天文历法的新形势。这个田字的 5000 年经历，对数字卦进化为成熟象形文字的过程做出了最经典的陈述。

四、论卦象文字

上面分别概述了贾湖遗址出土的八个卦象文字进化成相应甲骨文字的过程。它们像示踪元素那样,跟踪了新石器时代早期至商代晚期这 5300 多年间,中国先民循环往复地运用数字卦和卦象文字进行"观象授时""尚象制器"到"观象系辞"的过程,跟踪了他们在此漫长年月中养成和遵循象数思维—语言—文字之习惯来推进社会发展的过程。从它们的进化过程中,可以看出其中频频出现的卦象文字有这样几大特性:

(一)它们是由数字卦派生出来的,或照某类实物的一般形象画出来的象形符号或图形文字。如这八个字中的"网"是直接由其数字卦派生的;"大""田""十""匚",尽管贾湖人没直接点明,但其在后世各地的流传中不时露出其数字卦的真面目;而"日""目""风或凤",是照这几类实物的一般形象刻划的。

(二)它们同数字卦一样,作为史前先民共用的原文字,用来记录和传递其有关民生实用技术的知识。如上所述,它们中的每个字,就像其原来的数字卦一样,都用来记录和传递其所概括的一门或一项技术知识,而且几个字可组合起来记录和传递一整套技术知识系统。

(三)它们中的每个字都反映八卦中的一卦之象,而此卦作为数字组合是有读音的,因而记录有一定的语言。这八个字,每个都有其所象之卦,而这卦就有其数字组合,这些被用来组合的数字,在贾湖文化时期行用的,就至少有"一"至"八"这八个数字,每个都有其确定的形、音、义,且一直被先民世代相传,直接成为甲骨文数字。既然每个甲骨文数字有读音,那么贾湖文化中这八个同样的数字也必有其读音,由其中的几个数字组合而成的卦,就应有这些数字组合起来的发音。此外,先民还用树枝、竹签、蓍杆这类算策,将这卦的数字组合用算策表达出来,即通过手势语来表达。如这个"网"字所象之"离"卦的数字卦,贾湖人已刻划为"×XI×",其中所用的古数字"×"和"∧"的形、音、义一直流传到甲骨文,尽管其具体发音可能有变,但这两个数字在当时是有音可发的,就像在商代这两个数字是有音可发的一样。同数字卦的口语表达相比，用算策比划的手势语表达，对原始人的语言交流，在某种程度上更重要。对此，不仅新老材料都做了验证，而且有人类学调查佐证。再者，与古汉文同源于数字卦的古彝文，更可系统地验证数字卦记录语言的功能。这些材料表明，卦象文字记录语言的事实，无论在逻辑上还是在历史上，都是可以得到证明的。

（四）它们中的单字，以其线形方块形制、基本组合结构、笔画组合方式和书写方法，不仅为汉字的形成和发展提供了原理、方法、样板和构件，而且历练成规范的成熟文字、字根、部件或元件直接进入汉字体系，而繁殖孳乳出自己的同源字群。这八个字在其进化过程中已生动地显示了这些作用，继而在历代以至当代汉字体系中的广泛运用，对此又作了明证。

卦象文字的这些特性决定了它们与成熟象形文字的表现形式有很大的不同：

1. 它们都直接刻划在有关类别器物的特殊部位上，而不是像成熟文字书写在公共媒体上。如这八个字，都分别刻划在不同器物的特殊部位："大""日""目"分别刻划在三个不同龟甲的不同部位，"风或凤"刻划在一叉形器的一定部位，"匚"刻划在一骨笛的特定部位，"十"刻划在垂球的特定部位，"网"刻划在一骨镖的一定部位，"田"刻划在特制陶罐的底部。

2. 同成熟文字所记录和传递的信息与所在的媒体无关相反，它们记录和传递的信息同其所在的一类器物及其部位有关。正因如此，李孝定先生（1986）发现中国史前陶器刻划符号本身和符号载体及刻划部位在时空上具有一致性。

3. 与后世成熟文字每个字都需要上下文才能达意不同，它们中的单个字就可记录关于所在器物类别的理性思维语言，通过将其所象之卦归入"近取诸身，远取诸物""类万物之情"的八卦，其所包含的理性思维内容，既可即时地，也可跨越时空间距地传递给他人，因而其单个字同所在的一类器物及其特殊部位一起便可成文达义，使其读者触景生情、联想翩翩。这就是《易·系辞》所说的"圣人立象以尽意，设卦以尽情伪"，由此养成了中国古人崇尚"书不尽言、言不尽意"的行文作风。如叉形器出土后，连其发掘者也不知其有何用；但这件叉形器上的这个"风或凤"字，对照八卦标定的动物分类系统，可知其所象之卦为"离"，由"离"在八卦定位的时空系统中居正东方，与春分相对应，便可知它是用来测季风、定春分的。又如这件骨笛上的"匸三"，无人可识，但将其"三"字对照伏羲八卦顺序数，得知它属"离"卦，进而在其标定的时空系统中查知离居正东方，与春分相对应，由此可判断此字是指示如何用它来以音律测气定候，特别是用于测定春秋二分的。本册所述史前各地流行的一系列数字卦和卦象文字乃至甲骨文中一些构形不明的字，都是这样靠八卦系统解读出来的，就像中医的诊断和辩证体系就是八卦信息处理系统的延续和发展一样。

卦象文字的上述特点，也是它们的弱点。所以，它们是处于文字进化低级阶段的原文字。在人们认识事物有限的史前社会，靠八卦这样的信息处理系统，有时空间距的信息还可以传递；但是，当社会发展和复杂化到一定程度，八卦系统越来越不够用的时候，这些数字卦和卦象文字发展到成熟文字就不可避免了。龙山时代兴起的成熟文字全面取代数字卦的大趋势，就是在这样的背景下展开的。

西方学者把贾湖刻符与西亚和埃及史前刻符相等同，按他们所熟悉的那些刻符的性状来推测贾湖刻符，以致他们一口否定贾湖刻符的文字属性。其实，只需将这八个贾湖刻符同西亚和埃及史前文化中流行的刻划符号一对照，就可看出它们之间存在根本的区别。其主要区别如下：

（1）贾湖人的这些刻符，所概括的是农业发展所需的天文历法、渔猎农耕、器具制作和使用的技术知识，而不像西方史前器物上的刻符那样，表达的是所有权和吸引买主的信息。贾湖文化的这些刻符，正是以其所概括的这些民生实用技术知识，适应了各地氏族在人口增长压力下发展农业的需要，而具有无比广泛的应用范围，为整个农业社会的人口所使用。这些刻符正是以其所概括的这些民生实用技术知识，随这些技术的扩散、交流和发展，不仅流传到其四周的同期文化，而且沿淮河、汉水流域向大江南北、大河上下、辽河两岸传播，一脉相传于距今8600年以降各地各期文化，直到距今

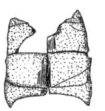

3100年前后而汇集于商周甲骨文、金文和简文之中。尽管其表现形式不一,笔画时而繁复时而简单,形象时而具体时而抽象,但所代表的卦象及其可归结于八卦之数字组合的基本的形、音、义都是贯通一致的。而西亚刻符的使用仅限于其制作者,如拱先生们(2009)所说"陶符的使用者仅限于陶工"。

(2)贾湖人的这些刻符,不仅以其所承载的技术知识同每个农业氏族的生存繁衍息息相关,而且以其所象之卦,通过对照人所共知的八卦,就可跨越时空传递,因而其应用的时空范围覆盖全社会,而不像西方史前器物上的刻符那样受到其器物本身的限制,如拱先生们(2009)所说,西亚"陶符仅应用于与陶器有关的事"。

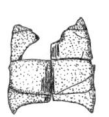

(3)贾湖人的这些刻符,既有其跨时空传播的必要性,也有其可能性,加之还有表达语言的功能,因而无论在空间还是时间上,都有无比广阔的流通范围,以至它们随其所载技术的普及和提高而在中国辽阔的大地上流行和进化了5000多年,直至直接进入成熟文字体系而发展出其同源字群。而西亚陶符的发展与原始楔文的形成是脱节的,其直接原因就是拱先生们(2009)说的"陶符具有明显的职业局限性"。

(4)贾湖人的象形刻符,与其使用的数字符号,不仅形制相同,都为方块线形,而且相互补充、相辅相成,为史前中国各地先民共用的原文字体系的形成和发展奠定了基础。他们刻录和使用的这些数字刻符,不仅是新石器时代早期以来各地共用的二进制、五进制和十进制数字系统之来源,而且以其组成的原始数字卦和早期数字卦开启了用数字组合记录和传递理性思维语言,即以数字卦为共同文字而在各地行用和发展的过程。在此基础上,贾湖文化居民开创这些象形刻符,用来记录和交流非卦数语言,以辅助和补充数字卦的原文字功用,从而开辟了二者相互作用发展象形文字的道路。与此不同,西亚和埃及的原生数字同原始文字,要么是形体各不相同,要么是互不相干的两个符号系统(拱玉书1999)。

贾湖人的这八个刻符所示踪的贾湖文化的数字刻符和象形刻符进化成相应甲骨文字的过程,使距今8600—3100年各地居民世世代代将其作为共同文字使用和发展的遗迹所组成的实物证据链露出尘埃,以大量而系统的证据显示:贾湖文化的数字刻符和象形刻符是人类非人工记忆系统进化成文字记忆系统的关键环节,是史前刻划符号进化为成熟文字体系的基础环节;贾湖文化的这些线形刻符,不仅是包括甲骨文、金文和简文在内的一切汉字的始祖文字,而且还是一切线形象形文字的始祖。这不仅是因为它们在世界所知线形象形刻划符号中最古老,也不仅是因为它们传播的地域最广,而是因为它们的进化最连续不断而成为最经久耐变的线形象形符号进化谱系,从而为一切线形象形符号的创作和使用源源不断地提供了原理、方法、样板和构件,以至不仅在包括古汉文、古彝文在内的一切东方古文字中,而且在包括苏美尔原始线形楔形文字和古埃及线形象形文字在内的西方古文字中,都可见到最早源自它们的遗孓。

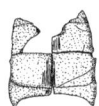

贾湖人的这些刻符,可对证于伏羲氏"始画八卦,造书契,以代结绳之政"的古史传说。通过它们示踪史前5000多年各地先民使用八卦之遗迹所还原的真相来看,原来先民最初使用的八卦是数字组成的数字卦,所造的"契"就是契刻的数字卦,所造的"书",除上节所述的数字卦图案画和美术体外,就是用数字卦或类似的线形笔画所模拟的各类器物之形象的图画文字或卦象文字。它们同其他任何形式的文字一样,具有记录、储存和交流理性思维语言信息的功能,为各地先民作为共同文字行用和发展,直到八卦越来越不够用时,才逐渐转变和繁殖成包括甲骨文在内的成熟象形文字体系。正是在这种意义上,莱布尼茨(1716)说伏羲卦是"中国最古老的文字"。尽管在商周时期,甲骨文和金文已取代卦数文字而占据了统治地位,但数字卦仍在作为上古流传下来的原文字而与之混用于其行文中。蔡运章(2004)就发现这期间的甲骨文、金文记载中和各种器物上刻划的"筮数易卦按其载体和文辞的不同,分为纪卦爻、纪卦象、纪卦辞、纪卦序、纪变卦、纪互体和纪方位七大类",且"这些筮数……都与《周易》卦辞的含义和载体的含义与用途相合。这不但说明《周易》的卦画是从筮数演变而来……从中还可看出我国古代'画地记爻'和'制器尚象'的习俗,产生的年代也很久远"。既然语文学家们认定,甲骨文和金文中的图画文字残余表明它是汉字的前身(唐兰1988),那么,甲骨文和金文中残余的卦数文字也表明它是汉字的始祖,就像人的尾椎骨残留着人从类人猿演变而来的痕迹一样。因此,按成熟文字的标准来否认贾湖刻符是文字,就像用高等生物的标准来否定低等生物是生物那样,是何等的荒唐无稽!低等生物乃至原生物都具有生命物质的基本特性、功能和细胞,并通过其进化过程传递给高等生物,同样,作为原文字的数字卦和卦象文字具有象形文字的基本特性、功能和文字符号,并通过其进化过程传递给了成熟象形文字体系。

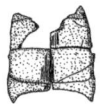

第四节　数字卦与古汉文

通过以上几节已将本册上部分系统化的考古出土实物证据链对证古籍所载的文字起源传说,不仅核实了其传说的中国最早文字是"书契"的真相,而且以数字卦—卦象文字和卦图—成熟文字的历史顺序验证了《周易》成书所体现的"数—象—辞"的逻辑顺序。这样一来,我们不仅证实了古籍传说的"契",原来就是数字和数字卦,"书"就是数字卦的图案画、美术体及其派生的卦象文字,也不仅在逻辑与历史顺序的一致中证明了数字卦在作为先民共同的原文字行用6000多年后进化为甲骨文代表的早期汉字的全过程,而且论证了数字卦转化成甲骨文的必然性和规律性。

一、中国史前数字卦演变成甲骨文字的必然性

在中国所处的自然生态、人类生态和文化生态环境下,数字卦向甲骨文转化的必然性是由主导数字卦进化过程的矛盾,即数与象的矛盾,也就是数字卦与其派生的卦象文字、图案画和美术体之间的相互作用所决定了的。这对矛盾的特殊性体现在两方面:一方面,数在一般情况下居矛盾的主要方面,当先民用一定卦数语言来说明或用一定数字卦来标记一件客观事物时,这件事物的卦象便由数确立起来,这

就是古籍所说的"八卦成列,象在其中""数立则象生""因数而有象";另一方面,这一定的卦数语言或数字卦,只有通过其卦象才能同其所象事物之类别联系起来,从而使说明它的卦数语言或数字卦能同别人交流,这便是古籍所说的"观象系辞""象生则言彰,言彰则意显"。正是通过这二者的相辅相成,数字卦才成为一种通过卦象到卦象文字或卦图而流通的原文字,而为史前中国各地居民所共同使用;其相应的卦象文字或图画之所以能为史前中国各地居民所共同理解和共同使用,就在于它们通过聚类卦象的原始"字典"——"类万物之情"的八卦来得知其含义。八卦这种用作象数变换之信息处理系统的功能,就是古籍所载"圣人立象以尽意,设卦以尽情伪"的内在含义之所在。正是有赖于八卦这样的信息处理系统,中华史前先民才能在数千年的时间间隔、数千里的空间距离中共同理解数字卦所记录的客观事物,并将其理解加以传递和交流。

随"观象授时""尚象制器"科技进步推动农业发展,这对矛盾运动中的量变与质变导致数字卦进化过程出现了上部分所述的阶段性变化。其总趋势是:新创器物和新生事物越来越多,导致新立的卦象加速增长,而八卦信息系统处理卦象的能力是有限的。在人们认识事物有限的史前社会,靠八卦这样的信息处理系统,有时空间距的信息还可以传递;但是,当社会发展和复杂化到一定程度,八卦系统越来越不够用的时候,这些数字卦和卦象文字发展到成熟文字就不可避免了。龙山时代兴起的成熟文字全面取代数字卦的大趋势,就是在卦数与卦象的矛盾加剧尖锐化的情况下展开的。

数字卦向成熟文字演变的发生,之所以姗姗来迟直到在距今 3500 年前后才正式落实在甲骨文的版面上,除了因当时其主要载体——简文没能保存下来之外,主要原因还是八卦信息处理系统的优越性所养成的人们依赖它的惯性。在"老死不相往来"的氏族社会中,数字卦作为各地居民共同的文字,用来记录和传递其理性思维和语言,特别是记录、积累和交流"观象授时""尚象制器"的经验和知识,原本是足以够用的;但是,到距今 4600—4000 年的龙山文化时代,洪水频发、战祸连年,各地氏族在大分化、

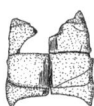

大解组、大兼并中,由多元自生走上了一体发展的道路,原来只适用于记录传递理性思维和语言的数字组合文字就越来越不能适应"协和万邦"的新形势。在此从多元走向一体的大趋势中,各地先进文化因素汇集到中原,经过整合而形成夏、商文明;各地以数字卦为原文字所创造、使用和发展的地方性文字群,也随之汇集起来,而逐渐整合成以华夏族成熟语言文字为核心的汉字体系。经整合而成的成熟文字在不断规范化的过程中由简文记录和传播,只是到商代中晚期才因商王神权的特殊需要而以甲骨文的版本部分保存下来。

即使从甲骨文本身来看,只要将其放在与其他古文字相比较的视野中,就可像拱先生们(2009)那样看出:在苏美尔楔形文字、埃及象形文字和甲骨文字这世界三大古文字体系中,甲骨文作为迄今所知最早的汉字体系,以其拥有最多的与史前刻划符号同形或同理的文字,是唯一能显示其由史前刻划符号孕育出来的文字体系。与此相应的,在这三大文字体系中,甲骨文是唯一保留史前数字系统最全且其字形与史前数字的线形保持得最为一致的文字体系。更重要的是,史前刻划符号的总体是由构成其主导成分的数字卦主导的,这已是本册明摆着的事实。因此,史前刻划符号与甲骨文之间的这种一脉相承的天然血缘联系正好证实:甲骨文以其线条形文字在卜辞里所占的优势及其残留的数字卦,显示出其由线形数字组成的数字卦直接演变而来的渊源。

二、数字卦演变成甲骨文的逻辑与历史顺序的一致性

达尔文研究物种起源,是依据化石材料从现有物种追溯到原生物细胞,再以原生物进化到高等生物的历史顺序与个体胚胎发育的逻辑顺序的吻合,来为其进化论的成立奠定基础的。同样,研究文字起源也必须依据考古出土材料从现有文字追溯到原文字,再以原文字进化到成熟文字的历史顺序与成熟文字构成逻辑顺序的吻合,来为文字起源论的成立奠定基础。本册所述的研究正是这样做的。在笔者看来,就像高等生物个体的胚胎发育过程显示其系统进化的历史顺序一样,作为易学发展高级形式的

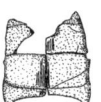

《周易》构成的"数—象—辞"显现出了易学思想发展的历史顺序,只要依据出土材料从《周易》的六十四卦系统追溯到原始数字卦,再以原始数字卦到卦象文字和卦图,直到成熟文字的卦、爻辞乃至符号卦的历史顺序,与《周易》体现之逻辑顺序的吻合,就为本汉字起源论的成立奠定了基础。

达尔文物种起源研究所示范的探源之路,看来适用于文字起源研究。可惜的是,近3000年来的国内外文字学界一直没有找到这条科学的探源之路。战国时期以降已开始形成并由东汉许慎总结的"六书",作为把当时通行汉字的结构形式加以分类的六种条例,为研究业已高度成熟汉字的结构类型奠定了理论基础,促进了汉字在后世的规范使用、研究和发展;但历来学界将其视为"造字之本"而用来考证汉字起源,花了1800年的工夫,什么法子都用尽了,但一直考不出真原来,反而"给汉字结构理论研究造成了剪不断、理还乱的困惑或纷争"。为从这个死胡同里走出来,唐兰和陈梦家先生各自提出"三书"论来取代传统的"六书"理论,可是,不仅没带来探源研究的新局面,还落得拱先生们所评的"不是真正解决矛盾的方法,与传统的六书比,应当是个退步"的结局。针对旧"六书"和新"三书"论的缺欠,拱先生们重建了"新六书条例",模拟出了一个能避免这些缺欠的"各类型文字在汉字发展中的逻辑顺序":象物的形符字—形符转义为义符字—和其声为声符字—形与形合体成指事字、义与形或义与义合体成会意字及形与声合体成形声字,并且用包括甲骨文和金文字在内的大量古体汉字来演示这套条例。显然,他们重建的这套条例,既克服了旧"六书"名称、义理的含混牵缠,又扭转了新"三书"向笼统模糊倒退的趋势,是汉字结构类型理论研究的重大进展。但是,这套条例所依据的依然不完全是最早的汉字,更没有追溯到最早汉字所由以脱胎而出的原文字,因而还不能算是汉字起源假说。这个模拟的逻辑顺序,在未被证实符合早期汉字发展的历史顺序之前,也只能作为早期汉字发展假说来看待。

其实,周代仍在延续数字卦造字风俗的年代,先民们用现成数字卦构造成熟汉字,

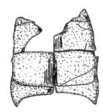

本来是司空见惯的事;但春秋战国之后,残留下来的这种风俗及其所造之字都日趋湮灭以至荡然无存,人们从当时行用的文字——小篆、籀文和六国古文字中再也看不到其祖体的遗迹。尽管如此,每个汉字的线条形与史前流传下来的数字的线形是如此条通理贯,以至在"六书"造字理论流传而处统治地位的近2000年中,仍有不少学者力图探索汉字构成的逻辑顺序:事物的立体图形是如何变为线条形的笔画的?没有实物图形可画的文字是怎么构造出来的?

数字卦所体现的阴阳八卦原理,在西周以来的哲学化过程中,为春秋战国时期的诸子解释为"道生一,一生二,二生三,三生万物""道立于一,造分天地,化成万物"等学说,而用于各种事物的研究中,也启发一些学者用来研究汉字的构成。《左传》释"止戈为武","反正为乏","皿虫为蛊";《韩非子·五蠹》载"自环者谓之私,背私谓之公";西汉今文经学家解"马头人为长""人持十为斗""土力于乙者为地""八推十为木"等;许慎也说"一贯三为王""推十合一为士""甲象人头""乙象人颈"等;其《说文》的编次始一终亥。所有这些,是当时尚存的数字卦造字之遗俗或其滞后影响还在起作用的一种表现。直到宋代,郑樵提出了由数字一出发来构成一切文字的逻辑顺序,即其《起一成文图》所说:"横为一,纵为丨,斜丨为╱,反╱为╲,至╲而穷。折一为┐,反┐为└,至┘而穷。折一为侧也,有侧有正,正折为∧,转∧为∨,侧∨为＜,反＜为＞,至＞而穷。一再折为⊓,转⊓为⊔,侧⊔为⊏,反⊏为⊐,至⊐而穷。引而绕合之,方则为□,圆则为○,至○则环转无异势,一之道尽矣。"尽管唐兰先生嘲笑"有些学者总想从一点一画上去寻讨文字的根源",但这套汉字构成的逻辑程序,不仅为现代计算机汉字处理中的汉字字形码编码程序所验证,而且同史前组成数字卦的古数字符号及其有关变形相吻合。这本来是探讨汉字形成逻辑顺序的可贵尝试,但由于脱离了其历史顺序的追溯,而无果而终。

3000多年来汉字起源研究的历程反复证明,单走"以后证前"的路子是行不通的。只有跟踪作为原文字的数字卦进化到成熟文字的全过程,将"以前证后"与"以后证前"

结合起来,才能使汉字起源研究摆脱1800年来"剪不断、理还乱"的局面而走上科学的轨道。本册通过实现"以前证后"与"以后证前"相结合,以无比充分而可靠的证据链证实:作为中国成熟文字的最早汉字确由数字卦演变而来,汉字构造的逻辑顺序与汉字由数字卦演化而来的历史顺序是完全一致的,而这二者的吻合就为汉字的数字卦起源论奠定了坚实的基础。

三、甲骨文字的数字卦渊源

既然春秋战国时期诸子百家所追忆的"观象系辞"的逻辑顺序——数—象—辞,就是数字卦通过卦象发挥其原文字功能并向卦象文字、图画文字乃至成熟象形文字发展的历史顺序,那么我们就能由甲骨文字的象追溯到其数字卦根源。

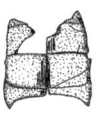

古人所说的"数立则象生",所指的"象"不仅是视觉的形象,也包括听觉的声象,而且还包括头脑中的印象、想象和抽象。《易·系辞》载:"见乃谓之象",又载:"象也者,像此者也"。《韩非子·子解老篇》载:"诸人之所以意想者,皆谓之象也。"既然所有这些象都有数,那么它们就都可用数表示。这就是象形、象事、象意、象声所有这四类基本文字,都源自数字或数字卦的根本原因。在很多甲骨文字构形不明的情况下,特别是那些没有实物形象可揣的文字仍在令人大惑不解之时,将所有的象义字看成由形符转义而来、所有形声字看成是谐符转声而来的假设,如缺乏数字卦作为其原文字的基础,是难以成立的。在数字卦造字遗俗尚存的周代就已命名,于西汉末期刘歆转述而再由东汉初期班固采录的"六书"概念,就包含有"象形、象事、象意、象声、转注、假借"六项内容,看来是有其依据的。事实上,在甲骨文字中,直接由数字卦转化、由数字卦经选择性剪接或由剪接的数字卦与象形符号相结合而来这六类字都有,尽管其中前三类,特别是象形、象事、象意字占大多数,但这六种类型都有例可举。正是由于先民在用数字卦构造成熟文字的过程中业已摸索出这六种造字法,在周代才有"六书"的传说。下面就来按此最早公布的六书分类,在拱先生们所设置的框架下,将各类甲骨文字的数字卦来源举例加以说明。

表 11.4.1　象形字：象算策之形

甲骨文字	其所发源的数字或数字卦	今字
 一	一，史前二进制数字卦组成符号之一	一
 二	二，史前二进制数字卦组成符号之一	二
三	三，史前五进制数字卦组成符号之一	三
 亖	三，史前五进制数字卦组成符号之一	四
X	×，史前五进制数字卦组成符号之一或 |×| 的简体	五
∧	∧，史前十进制数字卦组成符号之一或↑的简体	六
 十	十，史前十进制数字卦组成符号之一	七
八	八，史前十进制数字卦组成符号之一	八
 彡	V，史前十进制数字卦组成符号之一或↓的简体	九
|	|，史前十进制数字卦组成符号之一	十
U	||，史前数字或竖排数字二连体	二十
W	|||，史前数字或竖排数字三连体	三十
 W	||||，史前数字或竖排数字三连体	四十

表 11.4.2　象形字：象人体及其部位

甲骨文字	其所发源的数字或数字卦	今字
 𔓽	∧象人侧立	人
大	∧|∧象人正面直立	大
交	∧|∧V∧象人两腿相交	交
立	∧|∧一象人立于大地	立
口	∧V象人头顶	丁
匕	V一象女性人体	匕或妣、牝
 老	一×三||象老人拄杖	老

续表

甲骨文字	其所发源的数字或数字卦	今字
	∨∧↓象幼儿	子
	∧∨十象胎儿	巳
	∨一∨象人口中舌	舌
	↓∨象人足	止
	｜一｜与一｜一正交配形符象人胃	胃
	横排∨∧象人耳朵	耳
	一∨象人嘴巴	口
	↓一配形符象人鼻	鼻
	∧∨八∨配形符象人心脏	心

表 11.4.3　象形字：象动物

甲骨文字	其所发源的数字或数字卦	今字
	↓↓十象取草食做饲料	刍
	↓↓象草食牛头	牛
	∧∧↓象草食羊头	羊
	十配形符象狗	狗
	两连体三对构象贝	贝
	↓↓配形符象鹿	鹿
	×配形符象蛙	蛙
	×↑↑象多足虫	求
	×配形符象龟	龟
	一×或一∨配形符象地虫	龙
	↑配形符象虫	虫

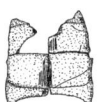

表 11.4.4　象形字:象植物

甲骨文字	其所发源的数字或数字卦	今字
	一↓↑象谷子	禾
	↑↑↑∨配形符象黍子	黍
	两|||以一为对称轴上下对构象农田产出的米粒	米
	∧↑↑象绿叶不过冬至的竹枝	竹
	↓↓象绿叶夏至繁茂的草丛	草
	↓↑象经过二至、二分的树木	木

表 11.4.5　象形字:象自然物

甲骨文字	其所发源的数字或数字卦	今字
	↓|一配形符象星星	星
	连体|||配形符象室外下雪	雪
	∧∨一象地平线上的土地	土
	∧∧一象地平线上的丘陵	丘
	∧∧∧一象地平线上的山峰	山
	图案化一|与一一正交象四方	地
	∨∧配形符象水流	水
	二∨配形符象云团	云
	∨∧象闪电	申
	三象气流	气

表 11.4.6　象形字:象人造器物

类别	甲骨文字	其所发源的数字或数字卦	今字
工具		|∧象削刀	刀
		十∧一象农具耒	耒
		↓|象斧子	斤

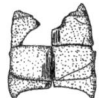

续表

类别	甲骨文字	其所发源的数字或数字卦	今字
器具		∧∧二∨∨象鼎	鼎
		二∨八一象豆	豆
		↑二↑∧∧象壶	壶
		↑一∨象缶	缶
礼器和武器		一丨一象戈形礼器	戈
		↑丨∧象矛兵器	矛
		丨∧丨一象斧形礼器	戉
		丨∧∧象弓	弓
		连体三一丨一象我兵器	我
建筑		∧象起脊房屋	宀
		∧一↓一∨象地窖上建的庐舍	舍
		∧∧∨∧∨象祭祀先祖的建筑	宫
		×与一丨一正交象祭祀四方的重地	庑
		∧∨∧∨象十字路	行
		∧丨二丨∧∨丨二∨象城郭	郭
舆服		∧×∨↑两个并列象两缕丝	丝
		∧∧∧象上衣	衣
		丨∧象垂巾	巾
		丨∧丨十十丨配形符象辕车	车
		∧↓十∧一十配形符象传车	传

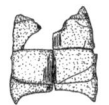

表 11.4.7　象事字：象同类事物关系

甲骨文字	其所发源的数字或数字卦	今字
	∧∧象二人相随	从
	∧∨一象二人相昵	尼
	∧∧象二人颠倒	化
	┼┼并列象两手相携	友
	↓∨两个叠加象二趾相前后	步
	↓↑两个并列象树木并立	林
	一∨三个罗列象众人品尝	品
	×两个叠加象策算	爻
	三个∧∨│罗列象禾麦齐出穗	齐

表 11.4.8　象事字：象人体不同部位关系

甲骨文字	其所发源的数字或数字卦	今字
	八一∨∧象人开口笑悦	兑
	│∧十象手执人耳	取
	∧十象手触人背	及
	∧∨↓∨象头顶与脚趾端直	正
	十∧∨十象手捉小孩	孚
	↓一∨象口中舌动	告
	∧∨∨∧十象背负小孩	保
	∧∧十十配形符象分张两手搜寻	寻

表 11.4.9 象事字：象局部行为与整体关系

甲骨文字	其所发源的数字或数字卦	今字
	∧接↓∨象人踮脚	企
	┼｜┼叠加象两手以杆相援	爰
	┼┼平列配形符象双手有所扎持	乱
	∧｜配形符象人张耳聆听	闻
	一∨配形符象鸟张口鸣叫	鸣
	↓一配形符象犬伸鼻嗅	臭
	∨一一∨象妣张口吩咐	旨
	∧｜一∨∨一象妣耳聪口灵	圣

表 11.4.10 象事字：象人体与其他物体关系

甲骨文字	其所发源的数字或数字卦	今字
	连体三↓↑象手采植物	采
	形符配┼象手捉鸟	只
	倒置一∨配一一∨八一象口食豆中餐	食
	两个↓∨对构配一一∨八一象人双趾登豆上	登
	一∨配对构┼┼象双手供养人口	共(供)
	形符配↓∨象追赶猪	逐
	｜∧∧∧↓∨↓∨象上地窖阜	陟
	｜∧∧∧↑∧↑∧象下地窖阜	降
	↓∨∨∧↓∨配形符象过河	涉

续表

甲骨文字	其所发源的数字或数字卦	今字
	四个↓∨环绕∧∧对称排列象巡逻护城	卫
	两个连体三对构配十象取得货贝	得
	↓↑配形符象目测树	相
	↓配形符象审查日出入方位	省
	↓配形符,再配∣∧,象刀割人鼻	劓
	∧∨配形符象顶火照明	光
	一 ∨↓↓∣十象用斤伐薪	新
	↑∣∧∣象人扶物	扶

表 11.4.11　象事字:象两种不同物体的关系

甲骨文字	其所发源的数字或数字卦	今字
	∨配∣一∣与一∣一正交象日入田里	曾
	∧∣∧∧象室内置弓	官
	∧八↑一∨象洞中出陶	窑
	∧配形符象室内养猪	家
	两个连体三对构配两个连体三反构象柜中积贝	贮
	×∧×配两个连体三,再配八,象网中取贝	买
	形符配↓↑象鸟聚树上	集
	∧×十象安装手柄的网	箪
	四组↓↑分布于∣一∣与一∣一正交形成的田字格中象林木界围	囿

表 11.4.12　象事字:象多种不同物体的关系

甲骨文字	其所发源的数字或数字卦	今字
	∧配两个连体三,再配形符,象室内贝玉	宝
	∧配形符、配↓十,再配丨∧,象刀宰牛	解
	形符配×∧十象有柄网捕鸟	离
	×∧×配∧×V↑,再配形符,象罗网捕鸟	罗
	∧——V↓↓丨象同室尝新	亲

表 11.4.13　象意字:选择性剪接数字卦象多种抽象概念

甲骨文字	其所发源的数字或数字卦	今字
	↓一象冬至阳气开始在大地上生长	生
	↓一象阳气在地平线上	在(才)
	一V↑象太阳还没出地平线	不
	一丨∧一象一物与天地同在	恒
	∧V象万物都离不开阴阳	凡
	∧↑∧象日出东升起来	来
	×V↓一象日出入方位定夏至	至
	VVV象冬至、夏至月开展垦作	乍(作)
	↑↑↑与一丨正交象定向刺入	刺
	十十对构象拱手	共
	一丨∧V象筑城巧工如神	巧(工)
	↓配刻划记数符象入日方位测量标杆	干
	∧×象测影辨向定时	文

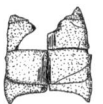

续表

甲骨文字	其所发源的数字或数字卦	今字
	｜一｜与一｜一正交象观测四方乃至祭四方	巫
	∧象日出进入地平线上	入
	∧∧象冬至冰封	冰
	↑∧一∨象物从口中吐去	去
	一∧一象人立地通天为民立极	极
	一∧象人高耸入天	兀
	↑∧×配∧∨美术体象测影与测日出入方位相结合	夷
	两组↓配刻划记数符对构，象一对入日方位测量标杆对列以开始测量乃至开始祭礼仪式	开
	｜一｜与一｜一正交象按测定四方开垦出的土地	田
	∧∨一∨象口里吃的东西由土里来	由
	↓↓配｜一｜与一｜一正交象掌天管地	邦
	↓∨∨象走出地穴	出
	∧配∧∨，再配↓∨，象建房步量测定	定

表 11.4.14 象意字(含转义字和会意字):选择性剪接数字卦象性质、方位和历时

类别	甲骨文字	其所发源的数字或数字卦	今字
1. 材质		∧一↑∨象盖顶的洞穴里用火陶冶器具	陶
		∧一象大地西北角——按后天八卦属乾代表金石	石
2. 颜色		∧∨↑象柴草经灶内燃烧变成炭黑	黑
		∧一∨象从日出地平线到日落为白昼	白
		↑接｜一｜与一｜一正交，再接∧，象太阳由春到秋之后给田地披上黄裳	黄
		∧｜∧配∧∨象大火赤红	赤

续表

类别	甲骨文字	其所发源的数字或数字卦	今字
3. 性状		∣配形符象目视直线	直
		∣一∣∣∧象按测定方位裁制	方
		∧∨美术体配∧∧二∨∨象地方天圆	圆
		∣一∣象需要测量的距离	远
		∣∧∣∧象同一物件的累叠	多
		∧∨配∧一∧象里外相适宜	宜
		∧十象左壁与右手相反	反
		×∧×配∧象以刀断网	刚
		倒置∧∣∧象倒人之形	屰
4. 方位		∧×∨接倒置↓∨象随日出入方位测定量绳之后步测	后
		↓∨接一∧象步行在人之先	先
		十左点缀象左手	左
		十右点缀象右手	右
		↓或一∨象一置∨之上	上
		↑或∧一象一置∧之下	下
		∧配∧∨象建房定向	向
		↓接一∣与一一正交,再接↑,象夏、冬至日出入方位之间中点所定二分日出入方位	东
		↓接∧一,再接∣一,象同夏至日出入方位之指向或定正日中之指向	南
		××加形符象鸟归巢日落西方	西
		∧∧一象男女如山南山北阴阳相背	北

续表

类 别	甲骨文字	其所发源的数字或数字卦	今字
5.历时		|↓↑配∧象人扛庄稼	年
		×配形符象×加倍为十日	旬
		四个↓绕形符布列象日落之时	暮
		形符配∧∨象太阳刚出地面之时	旦
		四组↓↑绕∧∨十布列象"斗柄县下"、林木华发之时	春
		八配形符象"寒蝉鸣"的秋分前后之时	秋
		形符配斜置↑|∧象太阳西斜人影倾斜之时	昃
		倒置↓∧接一∨象自外而归	落
		∧二象舍内刻记当日	今
		↑∧∨↑配形符象日出地面又可见月亮之时	朝
6.干支		|一|一一正交象测影辨向定时以表垂直为首要	甲
		∨∧象阴阳转换	乙
		∧∧象冰融化	丙
		∧∨象阴阳消长	己
		∨∧十象以日出入方位定冬、夏至之间的节气"艹"(七)	庚
		一∨↓象以日出入方位定夏至之后的秋分"兑"	辛
		一|一象日影观测中保持日表挺直	壬
		|×与一×一正交象测影定四时,隐含"二×一十"	癸
		|||∧×∨八象参宿(猎户星座)*	子
		连体三接|象井宿*	丑
		↑∧×象日出方位定春分之前的时令,也象轩辕星座*	寅
		∧||∨象轸宿星座*	卯
		∧|二|象角宿星座*	辰

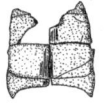

续表

类别	甲骨文字	其所发源的数字或数字卦	今字
6. 干支		∧∨十象房、心、尾三宿星座*	巳
		∧×∨象日出入或二至之间时间的一半	午
		↓一↑象牛宿星座*	未
		倒置一∧接一∨象室、壁二宿星座*	酉
		一∣一∧象毕、昂二宿星座*	亥
7. 身份		∣十象扶杖理事者	尹
		∣一与一∣正交,再与×正交,象授四时八节统掌天文者	帝
		∧↑∧×象分掌二分观测之责任者	侯
		∣一与一∣正交配十象种地人	男
8. 鬼神		∣一与一∣正交下接∧象埋在地下之人	鬼
		一∣象通天者	神
9. 学术		一↓接一与一∣正交,下接↑,再下接一一,象巧做日出入方位测量对种地之重要	重
		↓接一与一∣正交,下接↑,再下接∧∨,象在地里做日出入方位测量	量
		××∧象在算版上做策算	学
		∨∣接一∨配十象报告手持标杆实测数量	史
		∣↑配十,再配一∨,象记述手持木表实测日出方位	书
		∣↑配十,再配形符,象手持木表实测日影长度 (F467)	昼
		×∣八象算策、表杆分别使用的技术	术
10. 时段		∧∧∧配∣∧象裁减衣服	初
		∧配形符象冬至为一年时节之终	终

*郑文光(1995)。

表 11.4.15　象意字(含会意字)：两个或多个剪接数字卦义符的合成

甲骨文字	合成部件	其所发源的数字或数字卦	今字
	人与言	∧配一∨↓一∨象人听信其言	信
	中与口	︱∧∨配一∨象传说地中立表测影以观象授时之事	古
	众手与凡	四个↓∨绕∨∧罗列象众人协力万事兴	兴
	示与其	倒置一︱配×∨象精心测算打好社稷之地基	基
	人与箭	↑︱∧配↑∧×象人中箭负伤	伤
	箭与趾	倒置↑∧×配↓∨象飞箭般直行	迓
	木与丝	两个∧×∨并列配↓↑象祭祀出日、入日礼仪中奏丝竹	乐

表 11.4.16　象意字(含会意字)：剪接数字卦义符与形符的合成

甲骨文字	合成部件	其所发源的数字或数字卦	今字
	尊与手	一∧∧∨配两个十对构象双手拱送	尊
	大与羊	∧∧↓接∧︱∧象大羊	美
	午与田	∧×∨配︱一与一︱正交点缀形符象成批计量蓄积	畜
	林与辰	两个↓↑并列配∧︱二︱象按日月星象所授之时劳作	农
	出与月	↓∨配形符象新月出	胐
	八与刀	八接︱∧象以刀裂物	分
	八与斗	八接∧十象半斗	半
	八与口	八配一∨象平分食物给每个人口	公
	八与皿	八配∨八一象器具分裂	毁
	两个八与巾	八配︱∧再配八象一分再分	敝
	六与示	∧配一︱象室内供神	宗

续表

甲骨文字	合成部件	其所发源的数字或数字卦	今字
	子与午	∧∨↓配∧×∨象子辈后代	孙
	爻与马	××配形符象按算计掌管马的行驶	驳
	牛与刀	∨↓配｜∧点缀形符象牛带动刀犁地	犁
	音与戈	一一｜一配一∨象按节奏舞戈	戩
	人与木	↓↑配∧象在出日、入日祭祀节人们休息	休
	林与正	两个↓↑并列配∨∧接↓∨象育正林木	楚
	箕与手	×∨配形符再配十十对构象手捧粪箕	粪
	木与悬	↓↑配∧×∨再配形符象注视木上挂的东西	悬
	曲与豆	两个∨二｜分列于↓中接一∧∨八一象入日祭礼	豊
	辛与口	一∨↓接一∨象入日祭礼上对天发话	言
	爻、子与文	××接∧∨十配｜十象手执戒尺教子习算	教
	凡与口	∧∨配一∨象所有人赞同	同
	幺与十	∧×∨接｜配形符象绞汁	率
	吉、廿与口	↓配形符接八∧∨象入日喜笑颜开	喜
	十、豆与支	↓十配形符接八一，再配↑十，象入日、出日祭礼上以手击鼓	鼓
	午与山	↑一∨象口吹出	缶
	夕与永	↓接｜与一｜正交接∧，再接倒置∧一配形符，象将测定的日出入方位刻录于舍下	录
	南与犬	一∨八一接双十对构象双手拱祭食献祖	献
	吉、廿与力	↓↑配形符接八一，再配形符，象入日、出日祭礼中击鼓嘉奖	嘉

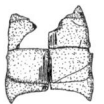

第十一章 数字卦向成熟象形文字和字母文字的转化

437

表 11.4.17　象声字(含借义字):剪接数字卦义符被借定读音

甲骨文字	其所发源的数字或数字卦	本义	借义	今字
	连体二接丨——象我兵器	我兵器	我	我
	∨∧象闪电	申	神	神
	八一∨∧象张口大笑	悦	锐	兑
	十象右手	右手	有	有
	↓接丨一与一丨正交接∧,再接倒置∧一配形符,象将测定的日出入方位刻录于舍下	刻录	麓	录
	两个∧×∨并列象以五为系的丝缕	丝	此	兹
	↓∨一象趾步行于地上	往	这	之
	两个∨一并列象两匕偕同	偕	比	比
	倒置↓∨接一∨象趾下落于地穴	落	各	各
	一∨↓↑配↓丨象用斤砍薪柴	薪	新	新
	一丨∧∨象筑城之巧如神功	巧	贡	工
	∧十象追及到人	追及	到达	及
	十象右手	右手	又	又
	↓∧一配形符象人鼻子	鼻子	自	自
	一↓象落日才到达地平线	才	在	在
	三象气流	气	至	迄
	×∨象编织的簸箕	箕	其	其
	三一丨象气神	吗	呼	呼
	二一丨象伏羲神	羲	兮	兮
	一∨↑象太阳埋没于地下	没	不	不

续表

甲骨文字	其所发源的数字或数字卦	本义	借义	今字
	四个↓绕形符罗列象太阳落土之时	暮	莫	莫
	两连体三对构象鸟飞	飞	非	非
	∧∧接∧∨八再接∧象免冠	冕	免	免
	∧一↓象房舍下寓入地	下寓	余	余
	八八一∨象山谷	山谷	谷	谷
	∧×∨接倒置↓∨象随日出入方位测定量绳之后步测	后	后	后
	↓接一｜与一｜正交接∧一配十象使器物象日入到日出轮回转	转	专	专

表11.4.18 象声字：象形、象事字加剪接数字卦声符

甲骨文象形、象事字	后加音符及其所发源的数字或数字卦	所成甲骨文象声字	今字
	 ∧∨象阴阳概括万物		风
	  ×↑↑象多足虫		裘
	 ↑一∨象口吹出		宝
	↓∨象下行脚趾		齿
	  叠加两个∧∧象流失的日		耤
	一八象高耸入天		其
	↓象借太阳落入大地		星
	  ∧｜∧一象人立于大地		翌

表 11.4.19　象声字：象形、象事字作音符加剪接数字卦义符

甲骨文象形、象事字	后加义符及其所发源的数字或数字卦	所成甲骨文象声字	今字
	┼┼对构象双手拱送		尊
	∨∧点缀形符象水		溢
	∨∧点缀形符象水		渊
	｜一｜象需要测量的距离		旁
	一｜象通天者		易
	一｜象通天者		神
	一｜象通天者		社

表 11.4.20　象声字：剪接数字卦字根作音符

甲骨文象形、象事字	其所发源的数字或数字卦	后加形符	所成甲骨文象声字	今字
	∧一↓象房舍下寓入地			涂
	∧∧↓象羊头			馐
	┼┼对构象拱手			粪

表 11.4.21　象声字：剪接数字卦谐声借义字作字根定读音

甲骨文谐声借义字	其所发源的数字或数字卦	后加义符或形符	所成甲骨文象声字	今字
	∧一↓象房舍下寓入地			渝
	连体三一｜象我兵器			碾
	×∨象编织的簸箕			基
	倒置↓∨接一∨趾下落于地穴			窨
	十象右手			佑
	一一∨↓↓｜象用斤伐薪			亲
	两个∧×∨并列象以五为系的丝缕			湿
	↓接｜一与｜一正交接∧配十象使器物象日落到日出轮回转			传

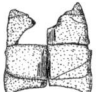

四、甲骨文字的数字卦根源研究复原汉字起源和早期发展过程

以上二十一个表中所列甲骨文数百个字例的字源考古学分析结果,正好同本册上述各章节以有关出土材料系统化成的实物证据链所证实的数字卦进化过程相对接。这就通过实现"以前证后"与"以后证前"相结合,以无比充分而可靠的证据链证实:作为中国成熟文字的最早汉字确实由数字卦演变而来;数字卦与其派生之卦象文字和图画文字的相互作用,是主导作为原文字的数字卦向成熟文字——汉字演变的主要矛盾,而数字卦又处于这个矛盾的主导方面;数字卦在主导卦象文字向成熟象形文字发展的同时,其本身通过选择性剪接来直接演变为成熟象形字、象义字和象声字,并通过形符、义符和音符三者互补增益的方法,来形成象事字、会意字、转义字和假借字。这就是汉字起源和进化的辩证逻辑和历史辩证法。上述字源考古分析结果对此都有丰富多彩的印证,这里仅简要指出其中的以下几点。

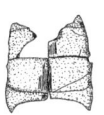

(一)与卦象文字及以其为样板所开发出的成熟象形文字不同,选择性数字卦演变成的成熟象形文字含有明确的分类含义,如甲骨文"木""林"等多年生植物和"黍""禾"等越冬作物的名字,都以表示二分、二至数字卦"↓""↑"的连接为主干,而"草""竹"等无绿叶过冬的植物,只有表示二分的数字卦"↑"的并列;与此相应的,动物中的草食者名字都带有这两种数字卦中的一种,如家养"牛""羊"带数字卦"↓",而野生的"鹿""蛙""龟"等,都带一对数字卦"↑",其中用作物候信使的"蛙""龟"等还以"|×|"的简体"×"为中心标志。这就证明,这些象形字不仅是由其相应数字卦演变而来的,而且也确实是用八卦"类万物之情"的结果。

(二)甲骨文字中有许多字打下了明显的时代烙印,而成为各时代文字的化石。如"旨""圣"等,都以"匕"即母系氏族首领的上古名字为字根,反映那时她们的话为"旨"、她们中的明智者为"圣"的事实。再如"阜"字不仅同距今 7000 年的双墩遗址所出的刻符相同,而且以其为偏旁的"陟""降"等字,也记录了早期先民上、下地穴的日常生活情景;"丁"字也同距今 8000 多年的贾湖遗址、距今 6000 多年的半坡文化遗址所出的刻

划符号相同等。这些相当多的同史前刻符相同的甲骨文字证明,甲骨文字体系不是突然由少数圣人发明出来的,而是在数字卦作为原文字为各地居民行用和借用来开发地方性文字群的过程中逐渐汇集起来经规范化筛选出来的,奠定其基础的进程在距今8000多年前就在各地展开了。甲骨文字中由含六、九之数的数字卦演变而来的字数占相当大的比重,这表明数字卦向成熟文字演变的进程在黄帝时代开始加速,到五帝时代随各地先进文化因素汇集中原,各地地方性文字群也汇集起来而使数字卦向成熟文字的演变全面展开。甲骨文中一系列以数字"八"为字根的字都含有"分开"的意思,就表明了正是通过这样的统一规范化步骤,数字卦才最终演变成甲骨文这样的早期汉字体系。

（三）甲骨文中有许多字至今为文字学家们定为"构形不明",特别是那些无物可象的抽象字,如上面各表中的那些表示抽象概念的象义字,都有其发源的数字卦来做出恰到好处的解释,表明这些字确实来源于其相应的数字卦,而不可能是由什么象物字转义而来的。上面已列举了很多这样的字例,这里只提一下甲骨文"帝"字,一些学者认为其由花蒂之"蒂"转义而来,但无法说明古人怎么会借用花蒂来比喻天帝。其实,构其字形的数字卦剪接表明,此字所象之义为"授四时八节统掌天文者",既合乎甲骨卜辞中这个字的用意和世传古籍对这个字的释义,又与考古学家们对"皇"字字源的考古学解读如出一辙。同样,其他任何"构形不明"的甲骨文字,都可由其数字卦来源得到其真义的理解。因此,开展甲骨文字之数字卦渊源研究,不仅对全面解读甲骨文,而且对破解史前数字卦原文字和原文章,从而为重新认识中华上下五千年的文明史,都将开辟广阔和深远的新前景。

（四）以上各表中,无论是数字卦剪接直接构成的象形字、象义字和象声字,还是以数字卦或其剪接体为字根、部件或元件构成的象事字、会意字、转义字和假借字,都是由其数字组合成的音节来定读音的,由此就决定了汉字的一个字只代表一个音节且同音字特多的特征,就像史前数字的方块形和线形笔画决定了汉字的方块基本形制和线形基本笔画一样。这就证明了数字卦原本是有读音的,数字卦作为史前各地居民共同的文字原本是记录语言的。由此也证明,那些与这些字的构形相同或相似的史前刻符也是记录语言的。这正好同以上章节对各数字卦读音的证明相印证。这样弄清甲骨文字的读音来源,就使我们对中国史前语言是什么样子、史前刻划符号是否记录语言之类问题的探索,告别以往的推测时代而走上实证研究的道路。

第五节 数字卦与古彝文

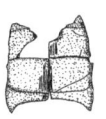

自从上世纪末一些学者用古彝文破译一些甲骨文字和一些地区古代遗址出土的陶器刻划符号,提出中国古彝文可能是世界最古老文字之一的命题以来,彝族学者和诸多专家对古彝族文字史与社会史开展广泛而深入的调查研究,特别是在香港世界文化地理研究院组织的"古彝文与世界古文字比较研究"课题组,按其独创的指标体系,对这一命题进行了迄今最全面、最系统的论证,得出了"中国古彝文与中国甲骨文、苏美尔文、埃及文、玛雅文、哈拉般文相并列,是世界六大古文字之一,而且可以代表世界文字一个重要起源"的结论,并提出了"彝族文字与中国甲骨文具有同源性,与排列前五位的世界古文字具有同源性,再通过国内文献、典籍和论著佐证,毕节彝族文字呈现出世界文字起源的诸多表征"的评价(赵德静 2010),从而以至今仍在活态传承的古彝文的万年历史,给长期统治现代学界的"文字西来说"和"文字多元起源论"带来了颠覆性的冲击。这同本册对人类文字同源于数字卦的论证不谋而合地相互支持和补充。

尽管迄今古彝文的研究尚未追溯到其源头——原始古彝文,但本册在对数字卦进化过程的追溯中已透露:彝族文字与中国甲骨文之所以同源,就在于它们同源于数字卦;彝族文字与排列前五位的世界古文字之所以同源,也在于它们同源于数字卦。本节就来按年代顺序,由远及近地点明古彝文与甲骨文同源于数字卦的历史事实。

一、依据大量考据资料,包括彝族典籍所记载的"万年彝族谱牒",该课题组认定"原始古彝文的创制和出现大致可推算为7000—10000年以上"(赵德静2010)。那么,原始的古彝文是什么?

保留有古东夷族传统文化的四川凉山彝族的数占法"雷夫孜",为追溯表达伏羲卦数的原始数字卦提供了活化石,也为追溯原始古彝文提供了线索。与此相印证的是,贾湖文化骨器上契刻的数字卦中,也有这类原始数字卦的残留。既然距今9000—7800年的贾湖遗址中的原始数字卦已属后期残余遗迹,那么这些遗迹就意味着原始数字卦至迟在距今1万年前后就已经起源。原始数字卦与原始古彝文出现时间的吻合表明,原始古彝文就是原始数字卦。

为何时间上相距八九千年、空间上相距数千里的这两处都有原始数字卦?原来,长江、黄河和辽河三大流域新石器时代早期文化遗存中的巨量刻划符号材料,尤其是以刻纹鹿角器为代表的骨文和陶文材料,以无比充分的直接证据证实:随着农业革命席卷中国大地,以数字一与二的组合为最早起源的伏羲数字卦适应了原始定居农业兴起对辨向、阳历和农业技术的需要,作为承载这些技术的语言、文字和范式,以贾湖文化为中心从距今9000年起开始向这些地区传播,到距今7000年前后基本上实现了普及。农业革命扩展到西北、西南各地后,迁移到这些地区的先民就一直坚持行用原始和早期数字卦,并创造出灵活多样的形式来传授数字卦,从而使原始和早期数字卦作为原语言文字能历久弥新,不断流传到边远地区的民间。作为"礼失诸四野"的一种历史现象,淮夷和东夷部族的后裔们把原始和早期数字卦带到了四野,以至他们中的一支——彝族直到现代仍在以对其先人使用原始数字卦做天文测算的神化的形式——占筮,来以神设祖先崇拜之教,从而使"雷夫孜"流传下来。

二、众多学者将贾湖遗址出土的刻符与彝族传统文字进行比较研究,在彝文中不但能见到与贾湖刻符形同或形似的文字,而且用彝文可释读出其中一些刻符的含义,同时贾湖遗址出土的一些文物,在其他民族特别在汉族中已不见踪迹,而在现今彝族地区尚

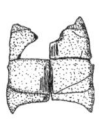

能寻见到与其相同或相似的日常用物。这种绝非巧合的相似性,可证明彝族传统风俗和文字与约 9000 年前的贾湖人的习惯和刻符之间有着明显的渊源关系(赵德静 2010)。

彝族已被公认为以伏羲氏为始祖的古东夷部族的后裔,而贾湖遗址也由其所出文物同古籍有关伏羲氏之记载的对证而被认定曾是伏羲氏的聚落所在,因而二者出现这么多的相似性是顺理成章的。尽管在彝族地区还能见到的这些文物早已被神化而带有神权巫术的色彩,但与作为其祖型的贾湖出土文物还如此相似,特别是作为其典型器物的骨笛的制作和使用、獐牙器和猪牙骨器的随身佩带和使用方式的完全相同,体现出古东夷人所一脉相传的伏羲氏传统文化。尽管彝族学者用来解读贾湖刻符的彝文已经高度成熟,而不是贾湖文化所处时代的早期彝文,但其解读的几个贾湖刻符中的象形文字的含义,与上述以数字卦所作的相应解读相印证。如贾湖龟甲上的甲骨文"目""日"字形刻符,在现行彝文中被读作"禽""福禄"(赵德静 2010);而在上述作为卦象文字的解读中,二者都对应八卦中的"离"。按《易·说卦》:"离为目""离为雉","离为日、为乾卦","乾为玉、为金",因而通过八卦的信息转换,先祖们用的"目""日"演变成了后裔们的"禽""福禄",但万变不离其同"离"卦相对应之宗。可见,彝族现行的文字中仍隐含着其来自数字卦的血缘。

三、根据国内相关考古研究成果,该课题组肯定"中国 29 个省市自治区都发现了古彝文刻划符号",即"刻划在陶、石、骨器、岩画、服饰上的古夷(彝)文字"。如何解释"古彝文在远古时期与中古时代曾覆盖中国 90% 以上地区"的事实?为此,有的学者提出假说:"在夏朝以前,彝族可能曾经成为过中国大地上的统治民族之一,否则古夷(彝)文字不可能在全国如此广泛的区域留下传播足迹。"(赵德静 2010)但这个假说既无古史传说印证,也无考古出土材料支持。唯一可予以解释的,是伏羲数字卦随古东夷文化的扩展和迁移而向各地传播的过程。这一过程大体可分为以下几阶段。

(一)在数字卦进化到距今 7000 年前后的神农时代之后,长江流域各地迅速出现新一代数字卦取代原始和早期数字卦的趋势,但是,淮河流域和黄淮海地区各地氏族

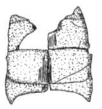

世世代代坚持以贾湖文化式的原始和早期数字卦为主,只配合采用从长江流域传来的十进位制数字及其组成的数字卦。这种现象在看到贾湖遗址的出土材料后才得以理解。原来,贾湖文化后期的洪水泛滥,迫使伏羲氏族的另一部族沿淮河流域东迁,他们沿途留下的子孙,在其文化遗产的基础上,利用各地条件,开发出各具地方特色的文化;而伏羲易及其表达的祖传文字——伏羲时代的数字卦是其文化遗产的核心,他们世世代代自然会作为其生存繁衍的根本而传递下去。如距今7300—6300年分布于黄淮海平原以至扩展到山东地区的北辛文化,作为考古学上的裴李岗文化与当地后李文化相结合的产物,实际上就是在伏羲氏族文化遗产的基础上利用当地条件开发出的一种地方文化,其中就有原始数字卦的顽强表现。

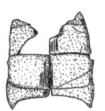

(二)即使在6500年前原始农业发展成为生活的主要来源之后,定居在黄淮海平原和山东地区的伏羲氏族后裔,已经壮大发展成古史传说中的淮夷和东夷部落联盟,对其先祖伏羲氏的文化传统仍遵循有加,以至青莲岗文化、龙虬庄文化和大汶口文化分布的地区一系列距今7000—5000年的遗址,都有当时居民使用原始和早期数字卦的遗迹。

(三)距今5000年前后,青莲岗文化、龙虬庄文化和大汶口文化的一些共同的传统文化因素,再现于后来长江流域中游安徽、湖北地区的新石器时代中晚期文化到西北地区的青铜时代文化乃至西南地区的秦汉以来的西南夷文化中,使考古学家们看出这些传统文化居民曾经出现过南下西迁的移民潮,正好同古史传说的黄帝打败蚩尤后淮夷和东夷迁移的"三级跳"路线相印证(陈平1998)。在其南下西迁途中,他们走到哪里,就将其世世代代使用的祖传语言和文字——原始和早期数字卦带到哪里,以至从距今5000年前后的凌家滩文化、屈家岭文化、石家河文化,到半山—马厂文化及齐家文化,乃至自古以来的彝族文化中,都有原始和早期数字卦以或多或少新的形式重现(图3.3.2)。

(四)距今4000年前后,在尧舜和夏禹为首的华夏部族战胜蛮、夷组成的三苗集团,淮夷和东夷部族被迫向西北、西南进一步迁移之后,数字卦和卦象文字作为原文字向成熟文字进化的过程开始出现彻底分道扬镳的局面,即有关专家所说的甲骨文与彝文是"同母所生的两兄弟",最早出现于古夷人伏羲部族中的书契,即刻划文字,一个走向是在中原地区演化为甲骨文,继续发展为钟鼎文、篆书、楷书,最终成为现代汉语言文字系统,而另一个走向是随着古夷人分支传入西南的刻划文字,发展为彝文(赵德静2010)。

二者是何时分开的？吴骁桐以文献证据举证："彝文所载的有关内容亦与先天八卦以及河图洛书理论相似,彝族先民在哎哺时代最早出现的哎哺(乾坤)、且舍(离坎)、鲁朵(震巽)、哼哈(兑艮)四个部族名称,正是以八卦合称命名的。"(赵德静2010)这就证明在距今4000年之后的彝族文化中没有出现后天八卦,而后天八卦在华夏文化中的盛行正是在此之后(刘大钧2000)。二者八卦应用史上的分歧点,正好是二者文字同源分流的出发点。历史在这里又突出了八卦作为数字卦在文字进化中的主导作用。

四、既然在距今1万—4000年,古东夷部族同其他地区的居民一起,以伏羲卦为基础的数字卦和卦象文字为共同文字,来开展各地之间的文化交流,为后来分道扬镳的古彝文和古汉文的形成和发展奠定了深厚的基础,那么古彝文积累的文字中就必然沉积有这5000年间其先辈们曾使用过的数字卦和卦象文字,就像甲骨文中所保留的那些一样。因此,彝族学者用彝文能认读甘肃大地湾、陕西半坡等地史前遗址出土的一些陶器刻划符号;他们用彝文也能破译三星堆文化刻符;当代学者能在彝文和甲骨文对比研究中,发现四千多个甲骨文中,有六百多字与彝文的形义相同。

如本册上部分所述,甘肃大地湾、陕西半坡等地史前遗址出土的陶器刻划符号中,除了数字卦,就是卦象文字。彝族学者能够用彝文破译解读的半坡彩陶"刻划符号"莫不如此,无一例外,从而揭开的,不是半坡文化的陶纹就是彝文,而是当时半坡居民与东夷居民曾共同使用过这些数字卦原文字。如由贾湖文化到半坡文化分布地区广泛流行的"丁"形刻划符号,就是由古数字"一丨"组成的数字卦,一直在各地流传,随彝、汉文的分道扬镳而直接进入古彝文和甲骨文作成熟文字以相同的形、音、义保留下来。彝文对这些仰韶文化使用过的数字卦和卦象文字刻符的解读证明,数字卦和卦象文字确实是史前居民共用的文字。与此相印证的是，同彝族插树枝的三角叠砌排列式样相似的纹样，竟出现在6500年前的仰韶文化半坡期遗存的陶器上（见本册第一章）！在相距如此遥远的两地之间，开展这样高深的理性思维交流，显然，不通过记录这些理性思维的文字，是无法进行的。这表明这些数字卦和卦象文字，在当时全国范围内的科技和文化交流中发挥了有效作用。

彝族古文字学者们已发现三星堆文化与彝族文化在器物、文字等方面的相似性和同源性。其实，三星堆刻符与古彝文的相似性和同源性，也在于它们同源于数字卦。如上所述，与统治中国之大部的夏商二代同期而在四川地区广泛分布的三星堆文化，也曾行用和发展历代流传下来的数字卦（见本册第二章）。尽管迄今三星堆文化遗存中出土的刻划符号材料不如中国其他地区文化那样多，但现已出土的三星堆文化器物上刻画的图案及符号中，就有历代流传的数字卦及其简化体或美术体，和由数字卦与象形符号组成的文字。如现已公认的"三星堆现在已发现的七个刻划符号"，就是数字卦的简化体"×""∧"，美术体组合"S∨"，以及数字卦简化体"∧"的美术体"∩"与不同象形符号组成的四个文字（阿余铁日2007）。又如在三星堆祭祀坑中发现的一件金杖上所刻的箭头图案，就是神农时代以降各地用来标定日出入方位的数字卦"↑""↓"。再如三星堆二号坑青铜C型人首额头上，有"H"形符号，分明也是神农时代以来各地居民在天文观察中用来做记录的数字卦"｜一｜"。还有三星堆二号坑出土的铜铸塑像和两件牙璋上的S纹和山形符号，不仅显示了早期蜀文化居民对黄帝时代流行的数字卦"∧∨"和"↑""↓"之美术体的忠实继承和运用，而且将这些数字卦作为当时行用文字的内涵昭告于世（图7.4.2）。彝文能解读这些数字卦，那就表明能解读这些数字卦的彝文字本身就由这些数字卦进化而来。

彝文与汉文的同源，也在于它们同源于数字卦。正如该课题组所比较鉴定的：彝文与汉文一样都有刻划符号文字。甲骨文史籍称为书契，即刻划文字。就文字结构特点来看，彝、汉文共同属于中华古方块字造字类型，同属音节文字，并可分笔画部首，同样具有象形、指事、会意的造字功能和转注、假借的用字规律,在文字发展史上都有一些象形文字、图画文字传承。只不过彝族文字的象形文字、图画文字的比重远比汉文大得多,汉文后来由甲骨文、金文演变到了今天的现代汉语言文字,而彝文形制变化不大,反映了彝族文字发展的步伐比汉文要慢得多,原始文化特征保存得更加浓重(赵德静 2010)。彝文与汉文的这些共同性,就来自它们共源于伏羲卦数语言和文字。正如上节所示的那些源自数字卦的甲骨文字一样,这六百多个与彝文的形义相同的甲骨文字,也是由其相应的数字卦及卦象文字演变而来的。

五、古彝文与古汉文即使是在距今 4000 年前后分道扬镳而进化为成熟文字后,直到现今行用的彝文字,也同现今行用的汉字一样,还保留有其从数字卦脱胎而来的胎印。据彝文字学家们鉴定:从彝文字结构上来看,一般由点(、)、横(—)、竖(丨)、折(┗┓)、撇捺(X)、弧(∩∪)、曲(ω)、圆(○)等笔画来构成。大致有象形(㊆、㕻、㕻)字、指事(㕷)字、形声(㕙)字、会意(㕯、㕰)字等。显然,这些笔画及其构造的元件、部件或部首、字根,同甲骨文字一样,都来自数字卦的选择性剪接(表 11.5.1,表 11.5.2)。在周有光(1998)按彝文笔画所举的彝字中,不仅其笔画来自数字卦,而且有些直接照搬数字卦(表 11.5.3)。

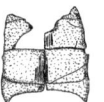

表 11.5.1　彝文字笔画(周有光 1998)的数字卦来源

笔画名	点	横	竖	折	撇捺	弧	曲	圆
笔画	、	—	丨	┗┓	X	∩∪	ω	○
数字卦剪接	—	—	丨	∧∨	X	∧∨	∨∨	∨∧

表 11.5.2　彝文部首(周有光 1998)的数字卦来源

变部	去部	二部	一部	用部	空部	加部	八部	动部	母部	滑部	摇部	出部
丨	﹂	﹁	﹅	⌐	⌐	⌐	﹀	∽	⊃	⊃	⊂	∨
丨	∨	∧	∨∧	∧丨	丨∨	—∧	∨∧	∧∨	∧∨	∨∧	∨∧	∨
业部	读部	个部	腰部	匹部	蛇部	转部	熊部	他部	齐部	捆部	椒部	犬部
⌒	○	○	○	♪	Ɛ	ω	ϑ	X	X	⋈	T	丨丨
∧∧	∨∨	∧∨	∧∨	∧∧	∨∨	∨∨	X	—X	X丨	—丨	丨丨丨

表 11.5.3　彝文字按其笔画举例（周有光 1998）

笔画名	点	横	竖	撇捺	横折	竖折	撇折	弧	圆	曲
笔画	、	一	丨	X	ㄱ	ㄴ	＜	∩∪	○	ω
字例	⋮⋮	壬正	小几	仌仐	刂㠯	世乇	巛只	爫丷	⊙⊞	⌒⇃

与甲骨文不同，彝文笔画大都出自数字卦的剪接和扭曲，以致其中的曲线笔画较多；其文字也大都出自以数字卦作象形的选择性剪接，而同象形符号相结合的并不多，且直接作成熟文字使用的数字卦较多。由此学者们看出："彝文形制变化不大，反映了彝族文字发展的步伐比汉文要慢得多，原始文化特征保存得更加浓重。"这些"原始文化特征"正好表明，它们仍处于由数字卦向成熟象形文字进化的过程之中，从而比现行汉字更明显地体现出其由数字卦脱胎而来的本性。

众多学者通过研究彝族流传下来的彝文典籍所论证的彝文万年史，同数字卦进化过程万年史的相互印证，使人们在看到数字卦以史前刻划符号向包括甲骨文在内的出土文献进化的过程之外，还看到了数字卦在彝（夷）民世代口耳相传中由原始形态向成熟文字进化的过程。二者系统而深入的对证，将不仅为证实数字卦记录先民语言的真相，而且为还原数字卦为人类文字共同始祖的真相，开辟广阔而深远的新前景。

第六节　数字卦与苏美尔楔形文字

在彝文专家能用贵州毕节地区的彝族文字解读苏美尔文字，将其间的同源性揭示于世，而使文字学家们惊讶不已之余，拱先生们（2009）在对甲骨文与苏美尔原始楔文的比较研究中，又发现了其间不仅有些字造形相同、字义相近或结构相通，而且有些字甚至连造字之法和用字之法都相同，进而提出了这两个相隔如此遥远的文化体系之间

如何有"如此约定"的问题。本节就从以下三方面来探讨这个问题。

一、东西史前两大文化体系符号交流上的"如此约定"究竟是什么？

由于原始楔文的产生比甲骨文早近 2000 年，因此，这两个文化体系在造字法和用字法上的"如此约定"，早在甲骨文行用之前，即在数字卦作原文字行用的距今 6000 年前后，就已经发生了。只要把甲骨文与原始楔文之间的这些相约而同，追溯到数字卦的进化过程（表 11.6.1），人们就不会像拱先生们（2009）那样为二者间的"如此约定"而感到"着实令人瞠目。相互影响？难以想象。偶然巧合，也难以服人"了。

表 11.6.1　原始楔文与甲骨文同源于数字卦之例证（部分引自拱玉书等 2009）

类别	原始楔文/义		甲骨文/义		其所发源的数字卦或卦象文字
象形	※	路	朴	行	×××× 与 ∧∨∧∨
	〰	水	〳〵	河	∨∧
	◠	黑	⁝⁝	雨	∧加形符与一加形符
	◉	地	⊙	土	∧∨加形符
	↟	矢	↑	矢	↑一∧与↑∧×
	β	师	β	师	∣∧∧
	↓	长	↓	虫	×加形符与↑加形符
	※	鱼	鱼	鱼	卦象文字
象意	T	神威	T	示	一∣
	⌒	下	⌒	下	∧∣
	∨	日	⌒	上	∣∨
	※	天神	※	帝	∣一∣与一一一正交再与×正交
	＋	半	＋	七	＋
	⌘	做	⌘	作	∨∨∨加形符
	×	麦芽	×	爻	××
	⌂	说	⌂	曰	∧∨加形符
象事	⊞	羊	田	田	＋
	※	分开	※	木	↓↑

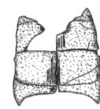

如表11.6.1所示,所列原始楔文字的始祖都是其相应的数字卦或卦象文字;其中有些比相应的甲骨文字更接近于其祖型,以致显得与更规范化的甲骨文字的构形不同。如拱先生们所指出的"原始楔文中的'说'(DI)和'下'(SIG)与汉文中的'曰'和'下'如出一辙",但"原始楔文的'下'的倒字为'太阳'"。这是为什么呢?为什么不同于甲骨文"下"字的倒字为"上"?正如本章第一节所述,甲骨文的"下""上"源自表示冬、夏至日出入方位之数字卦"↑(或∧丨)""↓(或丨∨)"。其弧形笔画实为这对卦的简化之数"∧""∨"的美术体,即早在仰韶文化早期就开始用的"弯月纹"(图6.1.2.1),到距今6500年的半坡期继而更新为当地民众熟悉的简化鱼纹(图6.1.2.2—3),到距今6000年前后的庙底沟期为强调其循环进而更新为旋纹(图6.1.2.4),庙底沟文化居民以这两个数字卦图案化成的图画(图11.2.1),来传授其中包含的天文历法知识。随着庙底沟文化一统大下,这套做法在各地文化居民的沿用中成为传统习俗,从而就约定俗成于这对弧边三角形变形纹所分别表示的日在∨上(阳上)、日在∧下(阴下)的含义,因此,当弧边三角形变形纹进一步线形化成弧形笔画后,人们一眼就能对其表示的"上""下"之义"视而可识,察而见意"。苏美尔人接受的正是这个时期由中国传来的这对符号及其含义,并加以自己的选择性引用。对这个符号的选择性引用也体现为:原始楔文以"∧"的美术体"⌒"为天,以其下的乌云密布为黑;而不是像中国人以古数字"一"按其在先天八卦系统中的序数代表天。同样,原始楔文以日升而为"出",而"甲骨文以足离穴为'出'";苏美尔人没有照搬当地人看不懂的象足的数字卦,却使"原始楔文的'带走(DU:DU)',二足重叠,与甲骨文'步'字结构完全相同"(拱玉书等2009)。

同样,在一些有物可象的原始楔文字的构造中,苏美尔人采用了5000年前由中国传来的数字卦或其图案和卦象文字,以致同后来的相应甲骨文字或多或少有区别。如中国先民为定居而注重辨向,在距今8200年的彭头山文化居民用数字卦"丨×丨"记录和传授测影辨向技术以降,其简体"×"就成为这种技术的标志性符号而流行各地,苏美尔人正是采用了这个符号来表示通往四方的道路,也用这个符号来表示距离之"长"。但是,随着庙底沟文化一统天下,以日出入方位辨向技术开始流行各地之后,日出入方位数字卦的简体"∨""∧"便逐渐取代了以"×"代表辨向的旧习俗,以致甲骨文"行"用两对"∨""∧"的对偶来表示通往四方。自7000多年前大地湾一期文化居民用日出入方位数字卦的简体"∧"代表冬至以降,中华先民将冬至置于正北,与水相对应。这一习俗流行各地,一直延续到商代,于是,苏美尔人和商人用来表示水的字几乎都是这个数字的变形。同样,随着日出入方位数字卦之简体"∨""∧"在各地的流行,由这二卦所构造的字日趋增多,其中不是大同小异,如"土""矢"字,就是完全相同。如拱先生们惊叹的"甲骨文以弓代'师',原始楔文也以弓代'师',二者不但造字之法相同,用字之法也相同";又如"原始楔文中的'说'(DI)……与汉文中的'曰'……如出一辙";还有原始楔文的"做"与甲骨文的"作"都来自同一个数字卦。所有这些例证无不体现了原始楔文的构造者们,对距今8000年以降流传到西亚的数字卦及其剪接、卦象造字原理和方法,经长期观摩学习和模仿,到距今6000年前后已达到精通领会、灵活运用的地步。

在无物可象的抽象文字的构造中,苏美尔人更是直接采用了5000年前由中国传来的数字卦或其图案。如数字卦"一丨一"与"丨一丨"正交,再与"×"正交所成的米字纹,本来是用来象征授四时八节之统掌天文者的,自距今7000年前出现于长江流域三峡地区以降,这个符号作为代表阳历年四时八节的符号成为阳历授时图的中心主题纹样,而广泛流行各地,到距今5000年前后随氏族解体、统掌天文历法的职责由氏族首领上升到部落盟主以至国王,米字纹逐渐被神化为"天神"的标志,以至在原始楔文和甲骨文中都成为代表主宰一切的"天帝或天神"。同样,数字卦"丅"原本是氏族长老的标志性符号,由贾湖文化流传到仰韶文化后,便于距今6500年前后流行各地,后来随祖先崇拜被神化成宗教信仰,这个符号便被用来做偏旁,同代表一些事物的符号组成有神圣含义的复合字,以至拱先生们(2009)又惊叹道:"无独有偶,甲骨文中的示(丅)

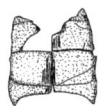

与原始楔文中的'ME'(丁)不但形同,义也极相近……甲骨文示有异体'〒',原始楔文'ME'也有异体'〒'。何其相似!"那么,古数字"十"为何在原始楔文中为"半",而在甲骨文中为"七"?数字卦"××"为何在原始楔文中为"麦芽",而在甲骨文中为"爻"?这些都是由于苏美尔人在创字之初接受的是5000年前来自中国的这些符号,按那时中国各地流行的记数习惯,测影记数的十二分法是以"七"为半,如薛家岗三期文化的13件一套1至13孔石刀以7孔为一半;各地都用算策记数,以这个数字卦代表计算,因此苏美尔人采用了那时中国人的习惯做法,以"十"为"半",以象计算的数字卦"爻"代表每年要做青苗估算的"麦芽"。

在其象事字的构造中,苏美尔人从自己的文化传统出发,巧妙地利用了数字卦的含义,而使其字形与相应甲骨文字相同,而字义却完全不同。如甲骨文的"田"字,如上所说,来自早在8000年前已出现的数字卦组合,而"原始楔文则取'田'表达'羊'。这个'羊'早在文字产生之前出现在陶筹上,文字中的'羊'由陶筹'羊'演变而来"(拱玉书等2009)。实际上,原始楔文的这个"羊"取用的是贾湖文化那个重球上的"⊕"形符号,即上面考证的卦象文字"甲",这是一个在5000多年前就流传极广的字,用来表示具有首要重要性的测影辨向定时事务,苏美尔人借用这个符号来表示对他们有首要重要意义的财富——羊。他们也正是用刻划这个符号的泥筹,来计算羊的数量。他们借用夏、冬至日出入方位数字卦"↓""↑"来构造表示"分开"的原始楔文字,也是借用其二者"总相分开"之意,而不像中国人以其代表阴阳消长而全年存活的多年生植物——木。由此可见,苏美尔人借用中国传来的这些数字卦符号来构造原始楔文时,总是从他们的文化传统出发,为他们所用。这也是拱先生们(2009)所说的:"在这种情况下,起决定作用的,不是物象,而是传统;不再是主观性和随意性,而是符号的传承性。"

他们为什么没有全盘照抄?对此,拱先生们回答得好:"是因为他们在借用时已经有了自己的文字;他们借用的只是那些自己没有的符号。"上述那些借用的中国史前刻符,就无一不是他们缺乏的符号。再如,苏美尔人本来已经在数千年使用泥筹记数的基础上创建了自己的圆形数字系统,用来按加法原则做记数;但他们在此之外引进了中国 6500 年前已通用而流传到甲骨文的线形数字(表 11.6.2)。

表 11.6.2 原始楔文与甲骨文中的线形数字(原始楔文数字引自拱玉书等 2009)

原始楔文	▬ AŠ	▬▬ TAB	▬▬▬ EŠ₁₆	▬▬▬▬ ?
甲骨文	一	二	三	亖
原始楔文	?	I(?)	?	
甲骨文	×	∧	+	
原始楔文	I DIŠ	II (MIN)	III (EŠ₅)	
甲骨文	∣	∣∣	∣∣∣	

上表表明,在线形数字的借用上,苏美尔人也表现出他们以自己传统文化为主的原则。他们按其圆形数字做加法记数的传统,将中国传来的线形数字引进到"三"之后,就没进一步引进下去,而是仍旧按加法原则,继续予以逐一加一,从而依旧按加法原则使用线形数字,就像他们原来使用圆形数字一样。这样确保其文字体系的独立自主特性,对他们当时已兴起的王国来说,当然是很重要的。

二、西亚史前文化为何需要借用从中国传来的数字卦为基础的线形符号?

苏美尔人之所以要借用从中国传来的数字卦为基础的线形符号,是由他们自己的符号体系不能满足其社会经济的发展对文字之需要的情况所决定的。如上所述,西亚史前的符号体系,不像中国那样囊括木刻、骨刻、陶符、石刻、玉刻等繁多种类,就只有陶符和泥刻,且陶符受其制作者陶工的职业局限,而不能用于广泛的信息交流。因此,西亚固有的符号体系与原始楔文体系有很大差距。

(一)原始楔文体系的构成,从其文字类型来看,拱先生们(2009)考核的结论是:

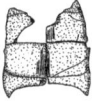

"原始楔文可分为三类:(1)数字类;(2)物象明显的象形字;(3)物象不明显的象形字。"
"Schmandt-Besserat 的陶筹论基本能解释原始楔文中的计算体系及数字符号的起源,因原始楔文中的许多数字符号与某些陶筹显然在形状和功能上都吻合,但陶筹论不能解释大多数表意符号的来源。……绝大多数原始楔文与陶筹没有直接联系,如何解释这些字的来源?"

(二)原始楔文体系的构成,从其文字的形制来看,拱先生们(2009)考核的结论是:"原始楔文由两部分组成,一部分是用线(后来演变成楔)来体现的文字;另一部分是用圆、半圆或半椭圆来体现的数字。……圆形数字取陶筹之形,而文字取形于何处则是没解答的问题。"

(三)对于原始楔文中的数字,拱先生们(2009)指出:"在原始楔文文献中有十多种计算体系,只有两种数字符号体系,一种以圆、半圆、椭圆为基本数字符号,由它们的各种组合产生更多的数字符号;另一种以横竖线为基本数字符号,由它们组合成更多的数字符号……前者数量多,用途广,用于已知的各种物品、长度、重量、面积等的计算,而后者数量有限。"

拱先生们(2009)进而指出:Schmandt-Besserat"把陶筹分为'朴素陶筹'和'复杂陶筹',认为'朴素陶筹'演化为数字,'复杂陶筹'演化为文字"。通过"列举了17个数字符号由陶筹直接发展而来",从而证实"圆形数字取陶筹之形",但没有证实"线形数字的来源"。同时,"陶筹论不能回答:(1)几个印在泥版上的陶文如何能突然发展成数以千计的文字?(2)除少数取陶筹之形的文字外,绝大多数与陶筹之形无关的文字从何而来?(3)许多最早的文字已相当抽象,其简化过程是在何处发生的?(4)如何由陶筹而演变出两个不同的文字体系——原始楔文和原始埃兰文?总之,陶符和陶筹不能圆满解释这两种原始文字的起源。"

(四)西亚符号体系不能独自进化成原始楔文的另一重大原因,也是拱先生们(2009)所说的:同甲骨文中数字与文字在视觉上、书写上没有差异的情况形成鲜明对照的是,"原始楔文中,数字与文字泾渭分明。不但来源不同,书写方式也不同"。"原始楔文中的数字,不是其中非数字文字的前驱,'数字泥版'也不是陶筹与'文字泥版'之间的过渡阶段。"其理由是(拱玉书等 2009):

(1) 楔文数字泥版是否早于楔文文字泥版,尚未得到充分证明。原始楔文是迄今所知的西亚地区最早的文字。最早的原始楔文泥版出土于伊拉克南部遗址乌鲁克(IVa),时间大致在公元前 3200 年。

(2) 原始楔文中的数字(包括圆形数字和线形数字)与象形文字在形式上有较大区别,前者不可能是后者的先驱,至少在形体上,前者不可能是后者的原型。

(3) 为什么公元前 4000 年间出现在陶筹上的大量刻划纹没导致文字出现?为什么偏偏是数字导致了象形文字的出现?

(4) 至于线形数字的来源,目前尚无可靠证据。从形体来看,它同圆形数字不属于同一个范畴,与陶筹可能没有关系。后来的楔文文献中没有关于本地居民曾用树枝或芦苇枝帮助计算的记载,亦无用手指帮助计算的记载。

对于上述围绕原始楔文起源的问题,本节的上段已作了回答。陶筹论所不能解释的大多数表意文字的来源,从 20 多个原始楔文字,特别是其中的象意文字直接由数字卦及其关联的卦象文字发展而来之例证的展示中露出了端倪。这些例证表明:原始楔文的构造者们,对距今 8000 年以降流传到西亚的数字卦及其剪接、象形造字原理和方法,经长期观摩学习,到距今 6000 年前后已达到精通领会、灵活运用的地步;他们完全可以应用这些实例作为样板所体现的原理、方法和构件,把大多数表意文字创造出来,就像他们按其圆形数字做加法记数的传统,将中国传来的线形数字借用来创造出自己的线形数字系统一样。在此基础上,他们应用这套原理和方法将实物和泥筹的压印纹作取形参照,把非数字的线形象形文字构造出来,进而采用中国传来的"六书"造字法,把象形、象意、象事字繁殖孳乳成整个原始楔文体系。正因如此,原始楔文体系在数字产生后就能突然出现,公元前 3200 年前后突然出现了大批书写在泥版上的原始楔文

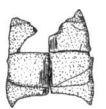

文献,它们表明这个时期苏美尔人创造了很多符号,而且在创造过程中还遵循"六书"等原则(拱玉书等2009)。

三、西亚史前文化何以从中国得到了数字卦为基础的线形符号？

从西亚史前符号体系中缺乏的而作为原始楔文体系主体的那些线形符号来看,中国作为世界上线形符号的最早、最大和最连续进化的起源中心,是唯一可以连续予以供应数千年的来源地。既然原始楔文中有比陶筹论更充足的例证,来证明其中的线形文字归根结底来自中国传来的数字卦及其主导的卦象文字,那么它们究竟是通过怎样的渠道跨越如此遥远的时空距从中国流传到西亚的？从现有的证据来看,至少有如下三方面的渠道对此起了作用。

(一)模仿中国饰纹陶球刻符的西亚泥筹上的线形符号

本套书第　卷第一册已指出,西亚新石器时代泥球的一些纹饰类型类似于中国新石器时代陶球的纹饰,而这些类型的饰纹泥球是陶筹的主要组成部分,而且是饰纹陶筹的先驱,是它们带动了"朴素陶筹"通过添加纹饰而向"复杂陶筹"的进化。因此,饰纹泥球对陶筹向文字的过渡起了主导作用。与此相接轨的是,拱先生们(2009)发现:在古代西亚"陶符没有直接演变为文字,但在陶筹一路走来,向文字过渡时,它们却成为文字取形的重要来源之一……这应是原始楔文突然出现一大批成熟符号的原因"。比较这两大地区史前用作算筹的球形器的纹饰,可看出其间纹样的渊源关系。

据 Schmandt-Besserat(1992)调查,在伊拉克北部的耶莫(Jarmo,距今8800—7400年)遗址出土的陶筹中,有40件整球和14件半球刻印有纹样,包括短线纹和螺旋纹,是迄今所知最早的饰纹陶筹。尽管其螺旋纹不像中国江苏张家港徐家湾遗址上层(距今5100—4400年)出土的陶球所饰的螺旋纹那样规整、对称和自相似,但也同贾湖文化(距今9000—7800年)陶器上所饰的早期螺旋纹相类似。从那时开始的陶筹复杂化过程,到距今6400—5300年达到鼎盛,其间流行的复杂陶筹所

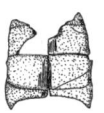

饰纹样丰富多样。

尽管 Schmandt-Besserat(1992)说西亚新石器时代泥球所饰纹样不够规范,她还是把陶筹特别是泥球所饰的纹样归纳成三种主要类型:(1)线纹(划线纹、短线纹、十字纹、米字纹、锯齿纹等);(2)孔纹(镂空纹、圆窝纹、刺孔纹等);(3)刻划纹(刻痕、指甲纹、彩绘图、压印纹、贴花纹、螺旋纹等)(图 11.6.1)。除压印纹和贴花纹流行于青铜时代外,所有其他纹样都在中国新石器时代石球和陶球上出现过(图 11.6.2),且出现的年代早,形制也规整得多,大多是标准的球面几何图形。

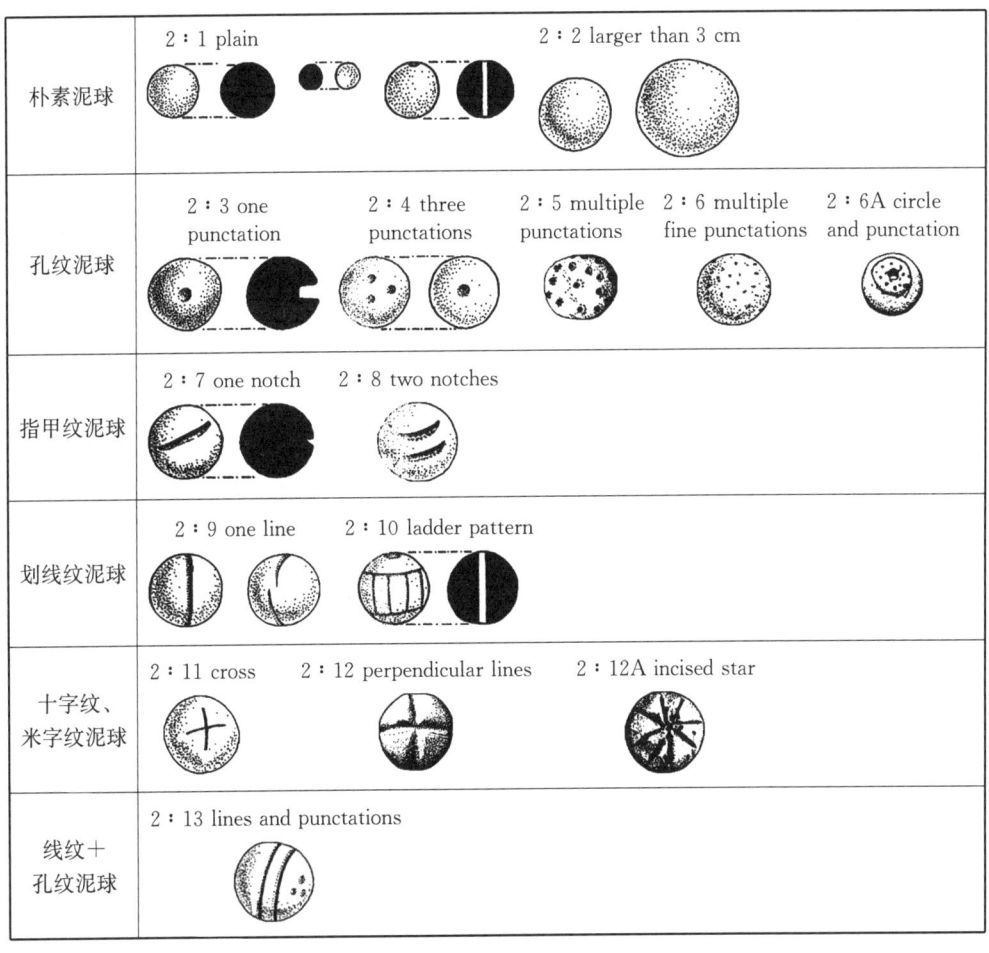

图 11.6.1　西亚新石器时代泥球所饰纹样的类型
(Schmandt-Besserat 1992, 1996)

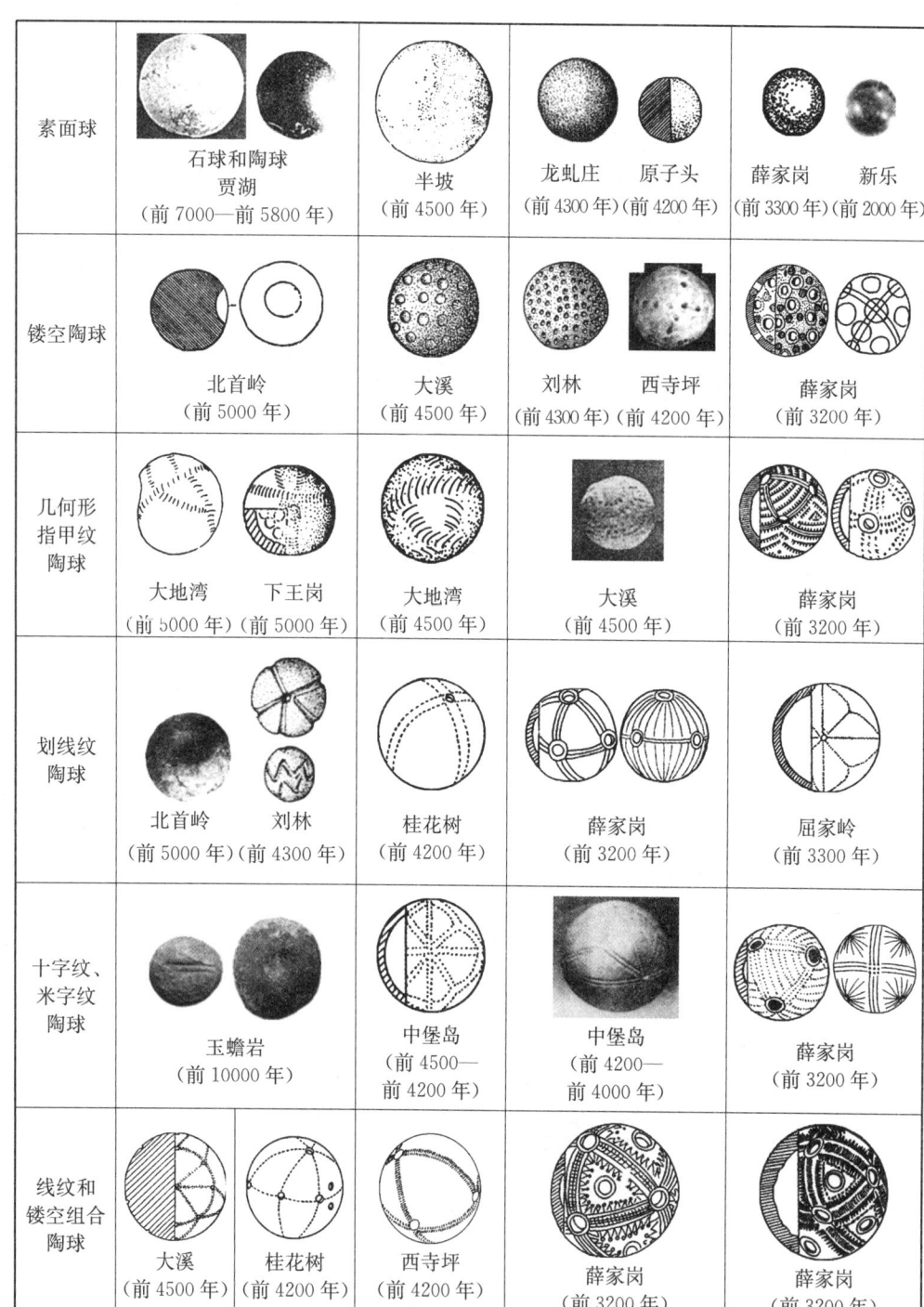

图 11.6.2 与西亚新石器时代泥球纹饰类型相对应的中国新石器时代球形器的纹饰类型
(F31, F38, F58, F61, F90, F92, F107—F110, F125, F184, F230)

正如本卷第一册所述,中国球形器所饰纹样的每一类型都代表一种特定的天文历算方法和程序,因而为发展农业所要求的天文历法科技所必需;而自贾湖文化以降方圆术进化到距今7000—6000年后,已由各地氏族历代受过专门训练的人才发展出高度发达的球面几何作图技术,因而有足够技能在圆面和球面上作出规整甚至标准的等分圆面和球面的十字纹、米字纹等,使这些纹样从起源到鼎盛呈连续的进化系列。由此,中国在成为世界上最早、最丰富、最能源源不断地为世界各地提供各种农业资源之供应地的同时,也成为世界上最早、最丰富、最能源源不断地提供各种线形符号资源的供应地。与此形成鲜明反差的是,西亚陶筹上的各种纹样,是各家各户自行制作,用作各种产品的记数用于会计核算,因而既无必要也无可能把这些纹样制作得正规,这就使得这些纹样随行就市、时起时落,不能成为直接发展到文字的进化系列。这样一来,这些复杂陶筹以至最终被原始楔文所借鉴的十字纹、米字纹等陶筹纹样的来源地,非中国莫属。当然,西亚陶筹不仅携带了这些从中国传来的线形符号,而且还传递了中华先民将三维陶筹转变成二维线形符号的原理和方法。

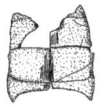

(二)由中国经伊朗流传到萨玛拉文化的陶器刻符

据拱先生们(2009)的考察,在已发掘的西亚古代遗址中,"绝大多数出土陶符的遗址没有出土文字,而出土早期文字的遗址少见甚至不见陶符。""原始楔文从未作陶符或陶文见于陶器。""原始楔文发生在伊拉克南部古代城市乌鲁克……在这里陶符与文字分别属于不同的符号体系,且各有专用。""在那些陶符与文字并见的遗址中,文字并非是陶符演变的结果,文字都是外借的,无一例外。""在西亚众多考古实例中,并未发现陶符发展演变为文字的有力证据。"因此,他们认为:"陶符没有直接演变为文字","它们却成为文字取形的重要来源之一,为文字提供了一批现存的符号"。

西亚两河流域北部距今7500年的萨玛拉文化的陶器刻符,已被学者们认定是原始楔文的一个重要来源。对西方学者在这方面的研究,拱先生们(2009)综述道:"原始楔文中除极少数符号比较接近于它们代表的原型外,几乎所有的象形字已经相当抽象化了",

"依据迄今出土的材料判断,这种简单化和抽象化的过程不是在泥版上实现的"。那是在哪里实现的?一些学者认为"其中之一可能是陶器",猜测早于原始楔文的萨马拉(公元前5000年之后)和哈拉夫陶器上的符号,欧贝德和埃利都陶器上的符号等,对原始楔文的起源产生过影响。其理由是:(1)原始楔文起源中心乌鲁克在受这些文化影响的地区之内。(2)"这些出土的陶器符号中有些与原始楔文中的文字形体相近或相似。"(3)陶器刻符的"刻写方式、刻写工具和符号载体与文字的刻写方式、刻写工具及文字载体本质上都相同";"萨马拉是欧贝德文化的主要来源,对两河流域的文化有许多贡献,是该流域史前文化的主线,而萨马拉文化彩陶中大量图案与伊朗相似,一些学者认为它起源于伊朗,至少受到伊朗文化的影响"。既然如此,那我们就来看看萨马拉文化彩陶中进化成文字的图案的最早来源是否在中国,影响萨马拉文化彩陶的伊朗图案又来源于哪里。

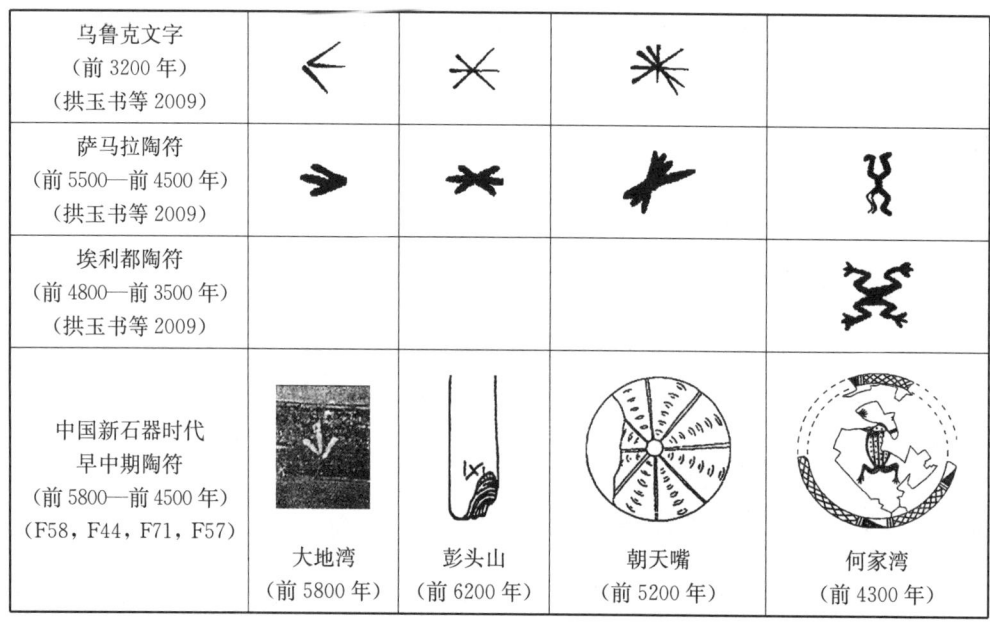

图11.6.3 西亚原始文字与萨马拉陶符源于数字卦的例证

拱先生们以西亚这几个地方史前遗址出土上述陶符和文字来说明苏美尔人在南北贸易和文化交往中得到了这些陶符,从而创制出相应的文字,但他们没有进一步探究萨马拉文化居民从何处得到这些陶符纹样的原本。下面我们就来探究吧。

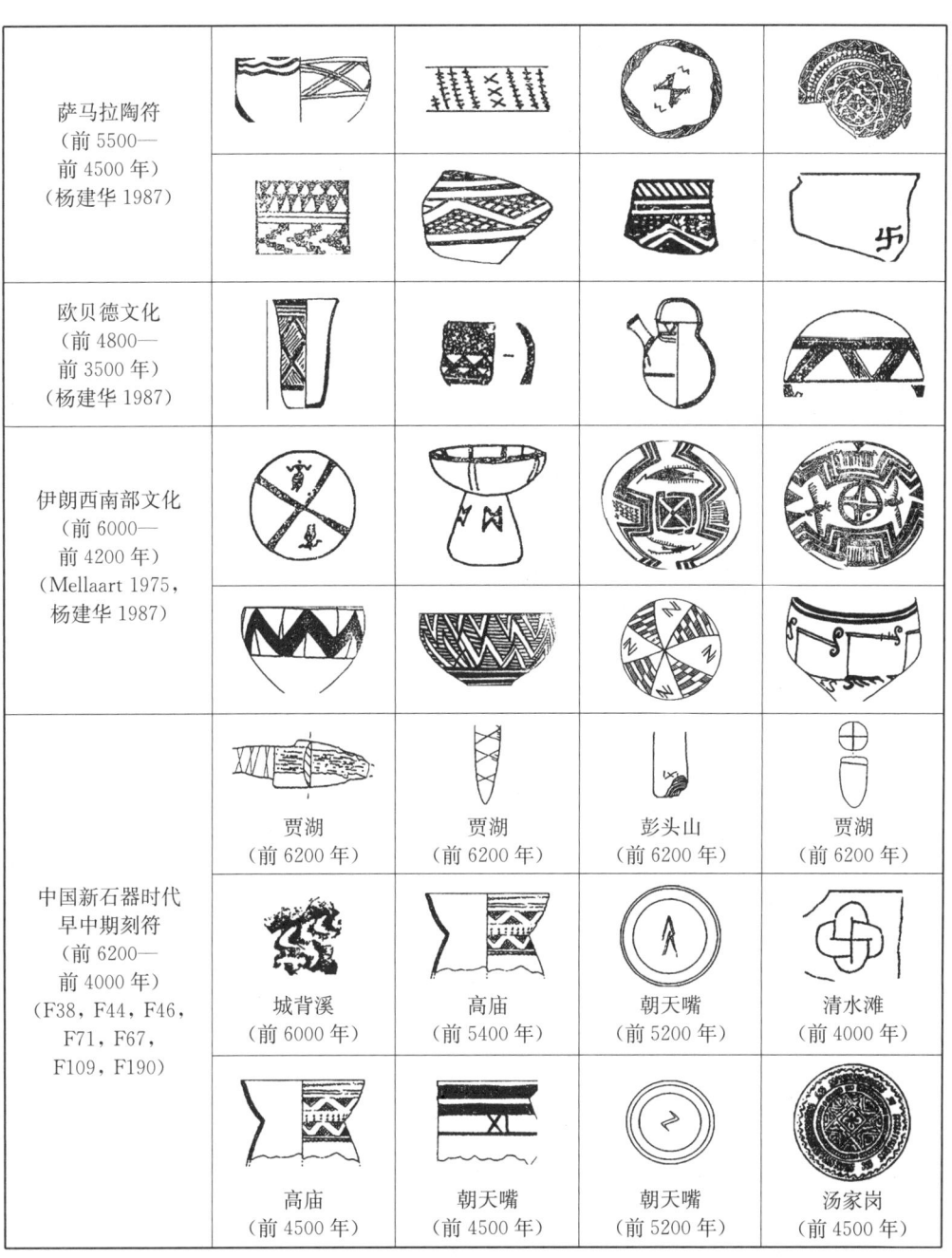

图 11.6.4　西亚与中国新石器时代早中期相似刻划符号例证

如图 11.6.4 所示，中国与西亚三个地区新石器时代早中期的刻划符号相似就相似于这些数字卦的运用。中国新石器时代早期淮河和长江流域流行的这些数字卦，被西亚这三个地区同期文化的陶工们复制在他们制作的陶器上,不可能是巧合。在这些地区一千多年中反复出现的相似性例证表明,从新石器时代早期以降,中国长江中游地区居民就同西亚各地居民有文化交流。同中国这些地区流行鸟俗相呼应,崇拜鸟的民族或氏族在西亚地区普遍存在(拱玉书等 2009)。考古学家们已发现了 7000 年前中国黍传入英国的证据(Jones and Liu 2009)。既然这样的农业资源都可西传,那么这些散布在西亚的数字卦何尝不可从中国传来?既然"卐符号以西亚为最古"(饶宗颐 1993),湖北宜昌清水滩遗址于 6000 年前后出现的这个符号可能由西亚传来,那么数字符号组合的数字卦以中国为最古,在西亚各地反复出现的它们,也当是由中国传去。

此外,跨湖桥文化陶轮普及于泾渭流域的半坡文化和长江中游的大溪文化后,经西北陆路和南洋水路,于距今 6500 年前后到达位于西亚伊朗高原与印度河平原之主要通道上的梅尔伽赫(Mehrgarh)文化,进而在距今 5500 年左右传到苏美尔文化乃至其后的西方各地的历史轨迹(柳志青、柳翔 2009),也示踪了史前中国彩陶文化主导下东西方文化交流的实况。

当然,各地西亚人复制这些数字卦,只是为装饰他们的产品,即使是将它们配置于其仿制的中国式的授时图,也是为吸引买主,而同它们在中国的应用有天壤之别。但是,它们作为线形符号,对原始楔文的起源具有重要意义:(1)陶器上刻划这些符号的组合,体现了符号排列组合原理和方法;(2)刻划这些线形符号的做法启发了造线形字的思想;(3)这些符号直接或间接地提供了现存符号;(4)示范了其书写技术——刻划。

西亚很多地方出现了陶器符号组合,如在沙赫达德就出现了数字卦的组合(图 11.6.5)。尽管这些符号组合出现得较晚,在绝对年代上晚于原始楔文(拱玉书等 2009),但它们表明,西亚史前居民的确曾从师过中国的数字卦,从中学习符号排列组合方法。他们这样学用的效果是如此明显,以至拱先生们(2009)认为:"原始楔文中有些字形与字义之间没有必然联系的字可能是苏美尔人从其他文字体系借用来的。"当然,原始楔文中这些字,只是在不知其数字卦来源的情况下,其形与字义之间才看不出有必然联系,就像甲骨文中那些至今构形不明的字一样。只要弄清其数字卦来源,就像表 11.6.1 中所列举的那些字一样,其形与字义之间的必然联系就一目了然了。

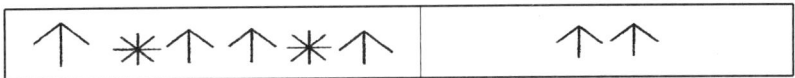

图 11.6.5　西亚史前出现的陶符组合举例(拱玉书等 2009)

(三)西亚与埃及史前陶符的交流与中国数字卦为基础的线形符号

拱先生们(2009)在对苏美尔、埃及与中国古文字的比较研究中还发现:"古埃及涅迦达陶符不仅是埃及象形符号的来源之一,而且可能是苏美尔人创制文字时借鉴的符号体系之一。"他们列出的苏美尔人创制文字时借鉴的一些古埃及陶符,只要同中国 5500 年前各地流行的刻划符号相对比,就可发现它们同上述西亚三地新石器时代早、中期流行的陶符一样,大都是数字卦、数字卦剪接而成的符号或数字卦剪接与某种形符结合而成的复合符号。既然它们也是古埃及象形文字的来源之一,对它们的具体讨论放在下一节。

总之,无论从原始楔文的文字结构本身来看,还是从作为其前提条件的本地符号体系来看,苏美尔人在同其他西亚人的交流和竞争中,从自己的文化传统出发,对距今 8000 年以降流传到西亚的数字卦,进行了长期观摩学习和模仿,直至在原始楔文的构造创制中,借鉴了中国数字卦的符号组合原理和方法、数字卦剪接及其与形符复合原理和方法及线形笔画组合原理和造字"六法",并借用了数字卦作其造字的样本和构件。正因如此,苏美尔人在本地原生符号体系不够用的情况下,才得以突然把原始楔文体系创建起来。

第七节　数字卦与古埃及象形文字

古埃及象形文字与汉字的形似,使国内外一些学者,自 17 世纪以来一直在"汉字西来说"上做文章。在古埃及文字和甲骨文被分别予以解读之前,都是靠揣测来引以为说,其盲目性不言而喻。在此之后,学者才发现其间确实有一些义和形都相似的字

(表11.7.1),但大都以这"是全人类对客观事物认知的共性"(张晓霞2010)而一言以蔽之。如史实果真如此,那么与古埃及邻近且文化交流密切的苏美尔人怎么没有这样的"共性"(表11.7.2),反倒是相距遥远、文化交流稀疏的中国殷商人却有了这样的"共性"?显然,如此不能自圆其说的"共性"说,也只不过是一种盲目的揣测而已。那要怎样才能避免这样的盲目性?从现已积累的有关材料来看,至少可通过以下三条途径来将这方面的研究推进到实证研究的科学道路。

表11.7.1 古埃及圣书字与甲骨文字同源于数字卦的例证(圣书字引自周有光1998)

圣书字	⊙	☾	⌒	ᗰ	⊗	▫	◯	👁	▦	⚹
甲骨文字	⊖	☽		ᗰ	✢	⌂	▢	◉	▦	
数字卦或卦象文字	日		一							
	贾湖(前6600年)(F38)	高庙(前5400年)(F67)	贾湖(前9000年)(F38)	高庙(前5400年)(F67)	朝天嘴(前5200年)(F71)	双墩(前5000年)(F75)	双墩(前5000年)(F75)	贾湖(前6600年)(F38)	彭头山(前6200年)(F44)	大地湾(前5900年)(F58)
今汉字	日	月	天	山	城	房	口	目	田	新年

表11.7.2 古埃及圣书字与苏美尔楔形文字和甲骨文字的比较(王鼎吉1996)

	埃及圣书字	苏美尔楔形字	克里特表形字	早期汉字
日	◯	◡ ◗		⊙
月	◡	◡	☾	☽
山	ᗯᗯ		ᗰ	ᗰ
目	◠	◗	⋈	◠
足	▯	▱		🦶
牛	♉	♉ ♉	♉	🐂
鱼	🐟			🐟
户	▯		▯	▯
弓	◡	◡		⊃

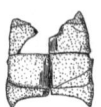

一、古埃及象形文字与甲骨文字同源于数字卦的例证

为对古埃及象形文字与甲骨文字的相似性做科学的探讨,需要把这些相似的字作为示踪元素,对这些字开展系统的字源考古学研究,追溯其构成之基本符号的来历,追踪这些符号在世界各地流传的历史轨迹及其进化过程,以便从中找到它们的最早源头——破解其起源之谜的实物证据链的起点。下面就来对这些字做这样的探讨。

如表11.7.1所示,古埃及圣书字的形和义介于甲骨文与数字卦及卦象文字之间。这种状况,正好反映了它们行用于世的历史顺序:圣书字于距今5200年开始行用于世,比甲骨文早1000多年,但比其相应的数字卦或卦象文字晚1000—2000年。这种状况是如何形成的?下面就按表11.7.1中所列古埃及圣书字的顺序,来概述其与相似甲骨文字同源于数字卦的具体情况:

(一)圣书字"日"的义和形,都相似于甲骨文"日"字。如本章第五节所述,其迄今所知最早来源,是距今8600年的贾湖遗址Ⅱ期文化龟甲上刻划的卦象文字"日"。

(二)圣书字"月"的义,相同于甲骨文"月"字,但其形只相近于甲骨文"月"字,而完全相同于迄今所知最早来源——距今7400年的高庙遗址下层文化石器上刻划的卦象文字"月"。这表明,古埃及人借用的是5200年前从中国流传去的"月"形符号。

(三)圣书字"天"的义,相同于甲骨文"天"字,二者都取贾湖文化早期就已开始流传的先天卦序数"一"所代表的"天"之义,但其形都只取"一"为顶,而在其下各自加形符,从而其所加形符各不相同。

(四)圣书字"山"的义和形,都相似于甲骨文"山"字。如本册第三章所述,其迄今所知最早来源,是距今7400年的高庙遗址下层文化陶器上刻划的数字卦"∧∧∧"或其图案化成的卦象文字"山"。

(五)圣书字"城"的义,相近于甲骨文"城"或"亚"字,但其形只相近于甲骨文"城"或"亚"字,而完全相同于迄今所知最早来源——距今7200年的朝天嘴遗址下层文化陶器上刻划的数字卦"一│一"与"│一│"正交组成的"✚"形图案。这表明,古埃及人

借用的是5200年前从中国流传去的这种图案。

(六)圣书字"房"的义,相同于甲骨文"房"字,二者都取距今7000年前后的双墩遗址出土陶器上刻划的数字卦简体"∧"的象形图案"⌒",但前者对象形图案"⌒"稍加形符,而后者却趋近其数字原形"∧",从而其字形各不相同。

(七)圣书字"口"的义,相同于甲骨文"口"字,二者都取距今7000年前后的双墩遗址出土陶器上刻划的数字卦"∧∨"的象形图案"◇",但前者将象形图案"◇"趋近闭合的嘴形,而后者却趋近微张的口形,从而其字形各不相同。

(八)圣书字"目"的义和形,都相似于甲骨文"目"字。如本章第五节所述,其迄今所知最早来源,是距今8600年的贾湖遗址Ⅱ期文化龟甲上刻划的卦象文字"目"。

(九)圣书字"田"的义和形,都相似于甲骨文"田"字。如本章第五节所述,其迄今所知最早来源,是距今8200年的彭头山文化石器上刻划的数字卦"一│一"与"│一│"正交组成的网格形图案;与其同时,跨湖桥文化陶器上也刻划出规范化的卦象文字"田"。从此这两种形式的"田"字流传各地,看来只有前一种形式的"田"字于5200年前流传到了埃及,而甲骨文却兼收并蓄了各地传来的这两种形式的"田"字。

(十)圣书字"新年"的义和形,在甲骨文中都找不到与其相似的单个字,却相同于距今7800年前后的大地湾遗址一期文化陶器上刻划的数字卦"↓"。如上所述,此卦是日出入方位数字卦,曾用来标志观测日出入方位定阳历周年四时的历法,而为西北地区居民世代所沿用和推广,以至按此卦所表之法测日出入方位定四时,曾经是每个氏族的头等要务而流行各地。因此,这个数字卦本身就包含有"周年"之义,古埃及象形文字制作者们照本宣科地借用了这个数字卦,表明他们深得此卦之精髓。

从这些数字卦和卦象文字的借用中可以看出,古埃及象形文字的制作者们同原始楔文的制作者们一样,对距今8000年以降流传到西亚的数字卦及其剪接、卦象造字原理和方法,经长期观摩学习和模仿,到距今6000年前后已达到精通领会、灵活运用的地步。

二、埃及史前文化为何需要借用从中国传来的数字卦为基础的线形符号？

埃及史前文化体系尽管有自己的特点，但毕竟同西亚文化体系相邻近而处于密切的文化交流之中，其原生的符号体系，由于同西亚一样没有用树枝或芦苇枝之类的算策做计算的传统，而缺乏线形符号。这就是拱先生们（2009）所描述的：同史前西亚不同，埃及"早在文字产生之前，陶符已被广泛运用"，"其数量极其可观，形式极其丰富"，其中"某些陶符与埃及象形文字中的某些符号如出一辙……足以说明，陶器符号是埃及象形符号的来源之一"。"埃及陶符为埃及象形文字，也可能为两河流域南部原始楔文，提供了一批可借鉴的现存符号"。"但同古代西亚地区的陶符一样，埃及各地不同时期的陶符也没发展成为超越固定职业范围、长期为社会服务、不断朝着更准确地记录语言的方向逐步发展的文字体系。整体说来，埃及象形文字符号体系与任何早于该文字体系的陶符体系都不相同。可以肯定，埃及象形文字不是陶符直接发展演变的结果。"

埃及最早的数字符号，也不是线形的。正如拱先生们（2009）所说："在埃及最早的文字例证中，约有四分之一是数字；数字是文字的重要组成部分。埃及早期的数字，主要呈圆形或椭圆形，就其构型来看，与原始楔文数字类似；就其'1'至'9'的组合法则而言，二者如出一辙：二者都以加法原则，以 1 为基数，依次加 1 至 9。""在尼罗河流域，发现陶筹的遗址有阿拜多斯、Khartoum 等。"其部分"显然取形于陶筹……而且上面的某些划道或符号与美索不达米亚的陶筹极其相似"。而"表物或表事的文字的来源比较复杂……文字与数字是两套符号体系，各有自己的起源途径，各自有独立见用的阶段……各自为用，互不配合"。显然，这同甲骨文中数字与文字在视觉上、书写上没有差异的情况大不相同。

埃及原生符号这种局面，给符号的制作和交流带来的不便，驱使埃及陶符在文字产生前就出现了线形化、标准化的趋势；而这种趋势显露出古埃及人对中国传来之线

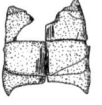

形符号的组合——数字卦的借鉴和模仿。可作为其见证的,是拱先生们(2009)概括的一些西方学者的发现:"前王朝晚期(公元前3500年)陶符才独立或成组出现,最长的符号组合由4个符号组成。"布林克特通过对阿拜多斯遗址出土陶器符号的多年研究发现,"这些符号的基本成分是点和线,最基本的模式是三个符号之间三种不同的组合,有时也会出现两个符号的组合"。"至少在埃及国家形成之初(公元前3100年),陶器刻划符号的体系已经标准化了。""很多学者认为:'陶器刻划符号可能是埃及象形文字的源头','可能有相当数量文字的前身是史前陶器刻划符号','确有一些符号与后来的象形文字形式完全一致'。""陶器刻划符号是早期文字取材的源泉之一。"

尽管如此,但拱先生们(2009)在对古埃及象形文字起源研究进展的综述中仍旧发出了疑问:"埃及象形文字是表音性很强的文字,它们从何而来?这么成熟的文字体系何以能骤然形成?"其实,只要从上述10个埃及象形文字的起源中就可看出,埃及象形文字的创制者们已如此精通数字卦的符号组合原理和方法、数字卦剪接及其与形符复合原理和方法及线形笔画组合原理和造字"六法",并能如此熟练地运用数字卦作为其造字的样本和构件来构造自己的象形、象声和象意文字,以至他们在同苏美尔同行的交流和竞争中,完全能把业已展开的陶符标准化、线形化推进到底,直至建成如此成熟的象形文字体系。

三、埃及象形文字和原始楔文借用的陶符与中国数字卦

在埃及与西亚两河流域在史前的文化交流中,埃及象形文字和原始楔文的创制都借用了埃及陶符,这已为学者们所公认。既然拱先生们(2009)已证明古埃及人曾接受过西亚萨马拉文化传来的陶符,而后者流行的陶符中,如上所述,有许多源自中国的数字卦及其剪接和卦象符号,那么古埃及人也从中受到数字卦符号技术的熏陶就是情理之中的了。拱先生们(2009)以对迄今发现的前王朝时期的陶器刻划符号的梳理来表明:相当数量文字的前身是史前陶器刻划符号,最早的王名由陶器刻划符号演变而来。他们按与其相似的原始楔文的字形,列出了一些古埃及陶符。其中有没有源自中国的数字卦?将它们同中国5500年前各地流行的刻划符号相对比就可知道(表11.7.3)。

表 11.7.3　埃及陶符和原始楔文源自中国数字卦和卦象文字的例证(埃及陶符和楔文引自拱玉书等 2009)

埃及陶符	原始楔文	与其相似的中国数字卦、卦象文字或卦图			
			贾湖 (前 6600 年) (F38)		城背溪 (前 6000 年) (F46)
			朝天嘴 (前 5200 年) (F71)		李家村 (前 5200 年) (F57)
			彭头山 (前 6200 年) (F44)		高庙 (前 5400 年) (F67)
			彭头山 (前 6200 年)		双墩 (前 5000 年) (F75)
			贾湖 (前 6200 年)		朝天嘴 (前 5200 年)
			贾湖 (前 6000 年)		双墩 (前 5000 年)
			贾湖 (前 6600 年)		侯家寨 (前 5400 年)
			朝天嘴 (前 5200 年)		双墩 (前 5000 年)
			朝天嘴 (前 5200 年)		双墩 (前 5000 年)
			侯家寨 (前 5400 年) (F74)		双墩 (前 5000 年)
			高庙 (前 5400 年)		北辛 (前 5300 年) (F85)
			彭头山 (前 6200 年)		高庙 (前 5400 年)
			城背溪 (前 6200 年)		北辛 (前 5300 年)

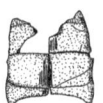

续表

埃及陶符	原始楔文	与其相似的中国数字卦、卦象文字或卦图			
			贾湖 (前6600年)		大地湾 (前5000年) (F58)
			贾湖 (前6600年)		下集 (前4000年) (F212)
			朝天嘴 (前5200年)		双墩 (前5000年)
			丁沙地 (前5000年) (F137)		双墩 (前5000年)
			高庙 (前5400年)		西寺坪 (前4500年) (F110)
			贾湖 (前6600年)		半坡 (前4500年) (F92)
			贾湖 (前6600年)		双墩 (前5000年)
			高庙 (前5400年)		双墩 (前5000年)
			贾湖 (前6600年)		双墩 (前5000年)
			彭头山 (前6200年)		双墩 (前5000年)
			朝天嘴 (前5200年)		双墩 (前5000年)
			高庙 (前5400年)		双墩 (前5000年)
			朝天嘴 (前5200年)		柳林溪 (前5200年) (F49)

拱先生们列出的与原始楔文相似的 26 个埃及陶符,都可在中国新石器时代早期遗址中一一找到其最早的来源。如表 11.7.3 所示,这些距今 6000—5000 年出现在埃及并转化成原始楔文的陶符,都有至少在其 1000 年以前就已流行于中国的祖型。它们按与其祖型的年代差距来分,其中有 7 个晚 2600 年,6 个晚 2200 年,1 个晚 2000 年,5 个晚 1400 年,6 个晚 1200 年,1 个晚 1000 年。它们按其祖型发源的地区来看,都来自中国淮河和长江流域。

它们按其祖型符号的属性来划分:属数字卦剪接的有 16 例,约占 61.5%;属象形的有 9 例,约占 34.6%;属数字卦剪接+象形的有 1 例,约占 3.9%。即使从原始楔文字符和埃及陶符与其中国祖型符号的相似程度来看,同属数字卦剪接而成的符号具有较高的相似度,而同属象物之形的符号具有较低的相似度。因此,这些借用埃及陶符的原始楔文字符实例已足以表明:由中国传来的数字卦及其剪接和象形技术,对古埃及陶符和原始楔文的创制发挥了不可替代的奠基性作用。

拱先生们(2009)在论证古埃及陶符是原始楔文和埃及象形文字的共同来源之一的同时,详细考察了涅迦达、塔尔罕等埃及古代遗址出土的陶符。对他们列出的这两个遗址出土的陶符进行溯源研究,也可发现它们的中国来源(表 11.7.4)。此图中所列的这 24 个距今 6000—5000 年出现在埃及的陶符,都有至少在其 500 年以前就已流行于中国的祖型。它们按与其祖型的年代差距来分,其中有 1 个晚 2600 年,3 个晚 2000 年,2 个晚 1400 年,3 个晚 1300 年,2 个晚 1200 年,7 个晚 1000 年,6 个晚 500 年。同原始楔文通过埃及陶符借用的中国刻符相比,古埃及人借用的中国刻符更年轻、更趋近中国刻符在数字卦进化主导下的发展形势。从这些埃及陶符之中国祖型的地域分布来看,也比上述原始楔文通过埃及陶符借用的中国刻符的分布广泛得多,从淮河和长江流域扩展到西北的渭水流域,同距今 6500 年前后神农炎帝部落联盟由南方扩展到西北的形势相呼应。

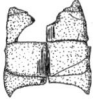

表 11.7.4 埃及陶符源自中国数字卦和卦象文字的例证（埃及陶符引自拱玉书等 2009）

埃及塔尔罕陶符（前 3100—前 3000 年）	与其相似的中国数字卦、卦象文字或卦图		埃及涅迦达陶符（前 4000—前 3000 年）	与其相似的中国数字卦、卦象文字或卦图	
		侯家寨（前 5300 年）(F74)			枝城北（前 600 年）(F46)
		贾湖（前 6600 年）(F38)			朝天嘴（前 4500 年）(F71)
		高庙（前 5400 年）(F67)			汤家岗（前 4500 年）(F190)
		龙虬庄（前 4500 年）(F126)			北辛（前 5300 年）(F85)
		双墩（前 5000 年）(F75)			高庙（前 5400 年）
		双墩（前 5000 年）			孙家河（前 6000 年）(F46)
		双墩（前 5000 年）			姜寨（前 4500 年）(F93)
		枝城北（前 6000 年）			半坡（前 4500 年）(F92)
		双墩（前 5000 年）			北辛（前 5300 年）
		半坡（前 4500 年）			双墩（前 5000 年）
		双墩（前 5000 年）			双墩（前 5000 年）
		柳林溪（前 5200 年）(F49)			朝天嘴（前 5200 年）(F71)

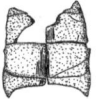

这 24 个埃及陶符按其祖型符号的属性来划分:属数字卦剪接的有 19 例,约占 79.1%;属象形的有 1 例,约占 4.2%;属数字卦剪接+象形的有 4 例,约占 16.7%。从埃及陶符与其中国祖型符号的相似程度来看,同属数字卦剪接而成的符号具有较高的相似度,而同属象物之形的符号具有较低的相似度。同原始楔文通过埃及陶符借用的中国刻符相比,更多的埃及陶符来自数字卦及其剪接,更多的埃及陶符由数字卦剪接与相应形符结合而成。即使从拱先生们列举的这两处遗址出土的陶符的合计数 75 例来看,其中属数字卦剪接的有 41 例,约占 54.7%;属象形的有 9 例,占 12%;属数字卦剪接+象形的有 25 例,约占 33.3%。这也表明数字卦及其剪接和数字卦剪接与相应形符结合的造字技术,在古埃及陶符标准化和象形文字创制过程中起主导作用。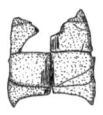

上述这两类埃及陶符的构形和字源的比较表明,古埃及人在同苏美尔人的交流和竞争中,更善于从自己的文化传统出发,对距今 8000 年以降流传到西亚以至埃及的数字卦,进行观摩学习和模仿,在其陶符标准化和象形文字的创制中,更早也更有效地借鉴了中国数字卦的符号排列组合原理和方法、数字卦剪接及其与形符复合原理和方法及线形笔画组合原理和造字"六法",并更多地借用了数字卦作为其造字的样本和构件。这就是人们所看到埃及象形文字之所以更像汉字的缘故,也是埃及象形文字体系之所以能骤然创立并具有较高发展水平的缘故,这更是汉字的"六书"造字法之所以对苏美尔楔形文字和埃及象形文字都适用的根本原因。

第八节 数字卦与腓尼基拼音字母文字

与上述从视觉象形符号发展起来的各种文字体系至今还不明确其共同的始祖文字——数字卦的情况不同,由听觉象声符号发展出来的各种拼音字母文字体系,如现在的希伯来字母、阿拉伯字母、希腊字母、拉丁字母等,都认祖归宗于腓尼基字母。西方学者公认，腓尼基字母从公元前1050年左右开始行用，是世界上第一个以严格而连贯一致的形式出现的字母系统。19世纪它刚被发现时，学者们认为它的前身是埃及圣书字，在埃及圣书字被解读之后，这种观点更为流行；但学者们一直找不出这两种文字体系之间有任何联系（Daniels 1996）。在此情况下，一些学者提出新假说，说它的母本是公元前1850年以降地中海东南沿岸地区的原迦南语居民（Canaanite speakers）所用的闪族线形象形文字（Sinai）或乌加里特文字演变而来，并在乌加里特字母的研究中，发现其中的西奈字母原型及其同3个圆形希腊字母相似的例证（Coulmas 1989，1996）；但是在西奈字母与腓尼基字母的对比中，还是看不出其间有任何联系（表11.8.1）。这种局面要求探寻腓尼基字母之母本的排查范围还得进一步向东扩大，不仅扩向西方字母最早的发祥地，而且扩向全球线形符号最早的起源中心。本节从以下三方面来开展这个课题的探寻。

表11.8.1　几个字母系统的字母符号的比较（董琨1993）

西奈字母	腓尼基字母	早期希腊字母	后期希腊字母	拉丁字母
		A	A	A
		B	B	B
		〈	〈	C G
		△	△	D
		∃	E	E
		θ	θ	H
		₹	S	I
		王	王	X
		T	T	T

一、腓尼基字母体系的母本和始祖

腓尼基字母体系总共有的 22 个字母之数,是寻找其母本的关键。在其出生前的那段时期,即公元前 1900 年至公元前 1000 年期间,全世界所有符号系统中,有哪个同样是由 22 个符号组成的线形符号系统,就最有可能是它的母本。在此期间,全世界只有中国的天干地支系统有 22 个符号,不仅其符号数目同腓尼基字母体系相同,而且二者都呈线形,显现出其间的血缘关系是如此亲密,以至清末学者梁启超(1907)早就揭示了天干地支这 22 个字符与罗马、腓尼基和希腊文的字母之间在字形和读音上的联系,近来学者进而列表将二者的字形做了比较(新伊林人 2011)。为了更全面和深刻地揭示腓尼基字母体系与甲骨文体系之间的内在联系并追溯它们共同的始祖,表 11.8.2 中,既列出了腓尼基 22 个字母同其字形相似的干支字符的比较,又列出了腓尼基 22 个字母同其字形或字义、字音相似的甲骨文字的比较,还出示了腓尼基 22 个字母符号及其衍生的希腊字母和英文字母符号的最早起源。

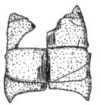

表 11.8.2 表明,腓尼基人的确曾学习了商朝的天干地支系统,用以发明其自己的字母体系。从此图中列出的腓尼基 22 个字母同与其字形相似的干支字符的比较来看,其中有 4 个字符,即干支系统的"壬""乙""丁""甲"的字符,与对应的腓尼基字母完全相同;而其余 18 个腓尼基字母,都相似于其对应的干支字符的某一局部,即由对其对应的干支字符作选择性剪接而来。如腓尼基字母的第一个,便是由对甲骨文"寅"字的头部作剪接而来;其第二个,便是由对甲骨文"丑"字的上半部作剪接而来……

从腓尼基字母的字形来看,腓尼基人在这样对干支字符作选择性剪接时,也参考了一些与他们常用字之字形、字义或字音相似的甲骨文字。此图列出的腓尼基 22 个字母同其字形、字义或字音相似的甲骨文字的比较中,有 3 个字符,即甲骨文的"丫""日"和"丰"字符,与对应的腓尼基字母完全相同,而其余 15 个字母的定形中,参照了其对应的甲骨文字的某个部分。如第一个腓尼基字母意味着他们最重要的财富——牛,其字形同殷商最重要之财富——"黄金"的金字的头部相同,可能不是出于偶然;同

表 11.8.2　腓尼基字母的母本和始祖文字

腓尼基字母	字义	干支系统		对应中文		其源于史前流行的数字卦或卦象文字举例（F38，F46，F71，F67，F49，F75、F61，F92，F93，F58，F95，F99、F190，F110，F137，F185，F289）			
		甲骨文	今文	甲骨文	今文				
∀	公牛	⇞	寅	全	金	A	半坡（前4500—前4200年）	△	沙冢（前2600年前后）
⊲	房子	♇	丑	日	户	⊟	双墩（前5000年前后）	⌼	双墩（前5000年前后）
┐	骆驼	㇏	申	⋎	羊	▨	贾湖（前6600—前6200年）	⊕	朝天嘴（前5200年前后）
◁	门	甘	酉	高	高	△	双墩（前5000年前后）	⊳	丁沙地（前5000年前后）
⊒	窗	十	戊	雪	雪	▰	贾湖（前7000—前6600年）	E	半坡（前4500—前4200年）
Y	钩	⋎	辛	Y	Y	◔	西寺坪（前4500年前后）	Y	半坡（前4500—前4200年）
⊥	武器	⊥	壬	工	工	⊥	贾湖（前6600—前6200年）	⊘	朝天嘴（前5200年前后）
☐	栏杆	厈	辰	▱	日	⊟	贾湖（前6600—前6200年）	⊕	杨家湾（前4000年前后）
⊗	轮	⋈	癸	⊕	轮	⊕	贾湖（前6600—前6200年）	⊕	高庙（前5400年前后）
⌐	手臂	己	己	⋎	手	▨	高庙（前5400年前后）	ϲ	姜寨（前4500—前4200年）
⋇	手掌	⋒	丙	⋎	执	⌶	半坡（前4500—前4200年）	✹	大墩子（前4000年前后）

续表

腓尼基字母	字义	干支系统		对应中文		其源于史前流行的数字卦或卦象文字举例 (F38、F46、F71、F67、F49、F75、 F61、F92、F93、F58、F95、F99、 F190、F110、F137、F185、F289)			
		甲骨文	今文	甲骨文	今文				
㇏7	赶牛刺棒	｜	午	逐	逐		贾湖 (前6600— 前6200年)	L	半坡 (前4500— 前4200年)
ツ	水		巳		水		大地湾 (前5800— 前5500年)		北首岭 (前5000— 前4500年)
㇏	鱼	㇉	乙	㇉	乙		贾湖 (前6600— 前6200年)		东庄村 (前4000年前后)
丰	柱子		庚	丰	玉	丰	李家沟 (前4500— 前4200年)	丰	半坡 (前4500— 前4200年)
○	眼	□	丁		目		柳林溪 (前5200年前后)	◉	双墩 (前5000年前后)
○つ	口		亥		口		双墩 (前5000年前后)		半坡 (前4500— 前4200年)
⏀	纸莎草		子		旗		李家沟 (前4500— 前4200年)		邓家坪 (前4200年前后)
⊕	猴		未		中		双墩 (前5000年前后)		丁沙地 (前5000年前后)
♀	头		卯		首		双墩 (前5000年前后)		半坡 (前4500— 前4200年)
W	齿		戌		齿		高庙 (前5400年前后)		汤家岗 (前4500年前后)
X	标记	十	甲		文		贾湖 (前6600— 前6200年)	X	半坡 (前4500— 前4200年)

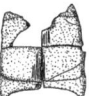

样,第三个腓尼基字母意味着他们的吉祥动物——骆驼,其字形同殷商吉利动物——羊之一角的象形符号相同,可能也不是巧合……

当然,更重要的是,腓尼基人不仅将这些干支字符剪接成自己的字母符号,而且利用这些字母排列组合成了记录其语言的拼音文字。这个事实表明,他们学用的不仅是这个干支系统,也不仅是这 22 个干支字符的数字卦原型(见本章第四节),而且学习和掌握了一般数字卦的排列组合原理和方法。他们不仅谙熟每个干支字符的数字组合,而且精通其体现的符号排列组合成字的原理。如果他们仅限于学习干支系统的组合原理,那他们就只可将这些字母组成 60 个字。但是,他们不是那样照搬,而是像苏美尔人和古埃及人一样,在借用这些数字卦字符并对其作选择性剪接的同时,学习和应用一般数字卦的排列组合原理和方法,将这 22 个字母排列组合出记录其语言所需的全部文字,从而不仅创建了人类的第一个拼音字母文字体系,而且为其他民族创建各自的拼音字母文字体系准备了一整套理论、方法、样板和构件。显然,这是对数字卦原文字的否定之否定,是人工记忆系统和人类文字的进化重新回归到由一组基本符号作字母来排列组合文字的道路,只不过原来是以 10 个数字为基本符号,而这次是以 22 个字母为基本符号。从此,数字卦以其拼音字母组合的第三代大翻版,开启了同其第二代大翻版——象形文字分道扬镳的全新局面。由此可见,中国的数字卦体系对腓尼基人发明人类的第一个字母文字体系及其后代字母文字体系的衍生起了根本性的奠基作用。

中国的数字卦对腓尼基字母文字体系及其后代拼音字母文字体系之创建的根基作用是如此根深蒂固,以至它们中任何一代的字母符号都可在中国数字卦及其对应的卦象文字的进化谱系中找到自己最早的起源。表 11.8.2 中列出的 22 个腓尼基字母及其派生的希腊字母和英文字母同其字形相似的数字卦或卦象文字例证的比较表明,它们的始祖原型早已存在于中国数字卦进化的谱系中。如腓尼基字母中,有 7 个的最早原型在 8000 年前已出现在中国数字卦系列中,有 10 个字母的最早原型已作为数字卦刻划在 7000 年前中国各地居民使用的器具上,有 5 个字母的最早原型已在 6500 年前开始作为数字卦流行于中国各地。又如英文字母"X""Y""V""U""T""N""M""L"的最早原型,早在8000多年前就在中国由各地居民作为数字或数字卦使用;其中的"Z""W""B""C""G""D""O""Q""J"的最早原型,在7000年前已开始出现在中国数字卦系列中;其中的"S""R""P""K""F""E"和"A"的最早原型,在6500年前已开始作为数字卦使用于各地;"H""I"的最早原型在距今6000年前后于中国开始出现。可见,中国数字卦的进化谱系为腓尼基字母文字及其后代的辈出源源不断地提供了符号样本和构件来源。

综上所述,中国的天干地支系统之所以是腓尼基字母体系及其组成的拼音字母文字体系的唯一可行来源,是因为它是当时世界上唯一的一个具有下列必要兼充分条件的母本符号系统:(1)它是只由22个字符组成的线形符号系统;(2)构成这22个字符的基础符号——数字卦能引领源源不断的符号样本和构件来源;(3)作为其基础的符号——数字卦能示范将旧符号剪接成新符号的方法;(4)作为其基础的基本符号的组合——数字卦的数字组合能示范字母排列组合原理和方法。试看当时的全球,能兼具这四大条件的符号系统,非中国的天干地支系统莫属。

二、中国干支系统是腓尼基字母体系唯一可行来源的逻辑必然性

为理解中国干支系统是腓尼基字母体系唯一可行来源的逻辑必然性,就必须先明确:(1)天干地支系统在腓尼基人发明其字母体系之前已经行用于世;(2)腓尼基人只能模仿天干地支系统来发明其字母体系,而不能从其他任何当时流行的文字体系中得到可以仿效的原理、方法和元件。下面就来讨论这种逻辑必然性的这两个方面。

(一)天干地支系统的起源和早期行用

在明确公元前1900年至公元前1000年期间全世界所有符号系统中只有天干地支系统可被腓尼基人借用来发明他们的字母体系之后,人们自然会问:这个天干地支系统在此期间真的存在于世?难道它就只会来自中国?这就要完全解开中国古代干支纪时法之谜。

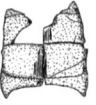

本章第四节已证明,天干地支系统是中华先民按阳历节气和星座之象剪接数字卦而构造出来的两组象形字和象意字:天干有10个字,按1到10的顺序分别命名;地支有12个字,按1到12的顺序分别命名。这十天干与十二地支以奇数配奇数、偶数配偶数的原则配对,从而配出60对分别用来对每个轮回周期的60日(或月、年)命名。迄今发现它的文字记载的最早版本,是殷墟出土的甲骨文天干地支表(前1600—前1300年)。从那时以来,这个系统先是用来纪日,后来用于纪每日时辰、每月的日期、每年的月份和每个六十甲子周期的年份,迄今已连续应用了3000多年。中华先民是这个纪时系统的发明者,这是确定无疑的。

那么,它最早出现于何时?天干地支体系的最早起源可以追溯到新石器时代中期。这正好对证于成书于战国末期的史书《世本》所载:"容成作历,大桡作甲子。"《尚书正义》注:"二人皆黄帝之臣,盖自黄帝以来,始用甲子纪日,每六十日而甲子一周。"迄今所积累的考古出土材料中,至少对此溯源可提供以下几方面的证据。

1. 正如本册第六章第一节所述,距今4400年江苏澄湖遗址良渚文化遗存出土一件黑陶罐的腹部上,共有四个图画文字并列刻在一起(图6.1.1.8)。据陆思贤先生(1993)考证,这四个原始图画文字,是代表阴阳历的八角星图同甲骨文"戊""午""寅"三字之祖型的组合,展现出"符合古史记载的古历"——"建寅"的"上元太初历"。这不仅表明当时确实实行过初始颛顼历,而且也意味着,此八角星纹自距今7000多年以降一直作阴阳历的图式乃至图画文字,以至距今4450年前后的颛顼在位期间,它还被用来代表阴阳合历,从而表明中国的初级阴阳历已发展到高级阴阳历的阶段——古四分历已开始建立和发展,还表明天干地支纪时法在那时,即公元前2400年间已开始使用于民间。

实际上,这三个图画文字与甲骨文"戊""癸""寅"三字近似,将其解释为这三个字的祖型是有一定根据的。但就这样直观地比喻,无法说明这四个图画文字并列的确切含义。为进一步予以确切解读,本册第六章第一节进而追溯其渊源。其结果证明:除已知八角星纹来自传统的阴阳历的图式外,这三个分别近似甲骨文"戊""癸"和"寅"三字的图画文字,确实是先民在漫长的土圭测影实践中按阳历节气之象剪接数字卦而构造出来的一个象形字——"戊"和两个象意字——"癸"和"寅"。

2. 河南郑州大河村遗址三期,即公元前 3500 年间的文化遗存,出土 12 个太阳环周排列的彩陶图案,同《山海经·海内经》所载"噎鸣生岁十有二",《左传·襄公九年》所载"十二年矣,是谓一终,一星终也"等相对证,使考古学家们据以考证此图是"岁星纪年"的标记;而兴此岁星的"噎鸣属于祝融系统"(王震中 1986,王明钦 2004)。这就意味着,祝融部落的后裔,在大河村地区把天文观测发展到新局面,以至掌握了木星运行的 12 年周期,于距今 5000 年前后的黄帝时代,便按此星的视运动途径自西向东划分为 12 段,以此星运行 12 年间每年所在天区的哪一段来记年,由此而实行岁星纪年。这证明,中国古代的十二辰和十二地支的起源,比古巴比伦的十二宫至少要早 2500 年。

即使从文献材料来看,如据《尚书·尧典》的记载,早在夏商时期(前 2000—前 1000 年),十二辰标志的二十八星宿已经全部产生了;而西方学者发现,古巴比伦人把星体和 12 个月关联的天文学文件《星盘乙本》(Astrolabe B)写于巴比伦王 Ninurta-apil-Ekur 统治期(前 1190—前 1178 年)。因此,中国夏商期间实行的十二辰星历体制比古巴比伦的十二宫至少也要早几百上千年。当今天文史学者吴宇虹(2009)已以充分的证据驳倒了郭沫若的"十二地支西来说"。

3. 本套书第二卷第三册更以中原地区各地距今 5300—4800 年文化遗存出土的数字卦原文字材料,证实了当时居住在这里的各部族应用数字卦创作和使用的甲子系统的天干、地支文字,如申、乙、午、壬、甲、卯等,证实黄帝时代的先民的确曾开始创作甲子系统,本套书第一卷第二、四册所证明的夏代正式使用的甲子系统,确实渊源于黄帝时代。

4. 本卷第二册曾以彝族十月历体系中之中古历法的活化石来证明:在十二支纪

日之前,还经历了一个十二兽纪日的历史阶段(刘尧汉、卢央1986,卢央1989)。这就使我们能以考古学证据同古籍记载和民族学材料的对证,来肯定干支纪历系统至迟起源于黄帝时代。

作为各地古代文化遗存中的黄帝时代遗留的五行十月历授时图一种,彝族十月历是伏羲氏族的羌戎分支在黄帝时代的后裔曾经执行黄帝五行历的铁证。它既生动地反映了由初级阴阳四分历向黄帝五行历变革的历程,又全面地体现了黄帝五行历成型后的结构和功能。刘尧汉、卢央(1986),丁润生(2003)据彝族传世文献证实:彝族十月历,在以日影观测定冬至和夏至,北斗柄指向定大寒、大暑的基础上,按土、铜、水、木、火这五行将一年360日分为五季;每季72天按公母分为两月,每月36天,全年五季共十月,分别称为一月土公、二月土母、三月铜公、四月铜母、五月水公、六月水母、七月木公、八月木母、九月火公、十月火母,在土、铜、水、木、火五行与公母相结合的具体体制中实行了五行与阴阳的初步结合。它同五行历的基本结构和功能完全吻合,证明它确实是伏羲氏族的羌戎分支在黄帝时代的后裔曾经实行过的黄帝五行历。尽管它几乎原封不动地沿用了初级阴阳四分历的量年尺和置闰方法,但它以北斗星为中心的星象观测和对二十八宿的发现,远远超越了初级阴阳四分历的发展阶段,大大地充实了其作为星历的内容,而确立了其为典型五行历的地位。

彝族十月历既然是由古羌戎实行的五行历之遗存,那么其究竟起源于哪个时代?该历的发掘者认为,其源出于伏羲(刘尧汉、卢央1986)。但是,该种历法从内容到形式遍布铜石并用时代的烙印,最明显不过地标志着:它绝不是源出于新石器时代早期的伏羲时代,而必是铜石并用的黄帝时代的产物而无疑。当然,彝族十月历作为流传至上世纪的古羌戎五行历,尚处于由原始五行历——五行物候历向高级五行历发展之中途。它的虎至牛十二兽纪日,既是原始五行历用作物候信使之兽类的系统化,又是高级五行历之十二支纪历之前奏,其承前启后之作用突出。殷墟卜辞大都用干支纪日,有时用十干纪日,但在甲骨文中也有十二地支纪日,只是不太多见(黄天树2011)。

这表明：干支纪日由十干纪日与十二地支纪日相结合而来，而十二地支纪日又由十二兽纪日进化而来。因此，彝族保留的十二兽纪日尚处于向殷商通用的干支纪日进化的低级阶段，与其说其十二兽纪日起源于原始图腾，倒不如说它出自物候历。这更符合历法发展的历史和逻辑。同作为其理论基础的彝族八卦尚处于先天卦向后天卦之过渡中一样，其据以将一年分为五季的五行也是原始五行观向成熟五行寰道观过渡的中间环节。

5. 据本书系第二卷第四册将古籍对其活动的记载同有关考古出土的数字卦原文字记录相对证，五帝之一的帝喾入主中原之时，即公元前2412年至公元前2341年，天干地支系统的实行开始走上规范化、制度化的轨道。《五帝本纪·集解》引孔安国曰："重黎之后，羲氏、和氏，世掌天地四时之官。"与此相印证的是：(1)《山海经·大荒南经》载"羲和者，帝俊之妻，生十日"，《左传·昭公五年》载"明夷，日也。日之数十，故有十时，亦当十位"，是指同帝喾部族联盟结盟羲氏、和氏族，负责观测一旬的十日以纪日纪时，并由此而派生出十天干之命名、十日旬制和十日名制的规范化、经常化制度(张富祥2005)。(2)《山海经·大荒西经》载"帝俊妻常羲，生月十有二"，是指同帝喾部族联盟结盟常羲氏族，负责观测一年的十二个朔望月以定阴历，并由此而派生出十二地支之命名、十二辰名制和十二进位法的规范化、经常化制度。这意味着，由此开始了羲氏、和氏世掌天地四时之官的时代，也由此开始了干支纪日制度的建立及其世代相传地实行。

6.《左传·襄公三十年》载："亥有二首六身。"郑文光(1999)考证这是以"第十二朏日"之时新月所见的"昴、毕"两宿的星群之象来说商族先祖王亥，指出："毕宿，像一个树丫，'毕'原义是带柄的小网，两分叉间张以网，用以捕兔。昴宿俗名七姐妹，是一个亮星团，但实际上肉眼可见之有六颗星"，"毕宿两丫，二首也；昴星团六星，六身也。毕、昴两宿不正是一个王亥么？"他认为："把商族先祖贬为十二支之末，并夸大宣传他的二首六身怪相，除了经常受到日益强大的商族威胁的夏族，又有谁会这样做？十二

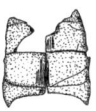

支宜乎是夏人的创作了。"鉴于自夏代孔甲开始以天干庙号帝王的礼俗开始盛行直到商代末代国王帝辛,从逻辑和历史上看来,此说是说得通的。

综合以上考古材料、文献材料、民族学调查材料和字源考证材料,可对天干地支系统的起源和进化过程概述如下:本来新石器时代早期,特别是距今7200年间先民致力于发展阴阳合历以来,各地氏族一直是用十进制数字纪日,按月相纪月;到距今5500年间先民在木星周年视运动的观察中,开始掌握了木星运行的十二年周期而实行"斗建十二辰"的岁星纪年以后,为避免同阴历年的12个朔望月的纪月相混淆,各地部族开始各自用数字卦创作天干地支文字或用本地人熟悉的物候动物来依次命名旬日和十二辰次;再到距今4500—4000年颛顼、帝喾、唐尧、虞舜入主中原而主持全国历法的制定,为统一各地对旬日和十二辰的命名,便继续按阳历节气和星座之象来剪接数字卦而构造出象形字和象意字来取代兽名,并将二者相配合以组建天干地支系统,直到距今4000—3600年的夏代才最终完成整个系统的命名,并将其应用于规范化和制度化的实行。

(二)干支系统与腓尼基字母体系之间独有的逻辑等同性

1923年考古学家发掘出公元前13世纪比布鲁斯国王阿希拉姆的一个巨大的石棺。石棺上面有精美的浮雕,还有一些线形符号。经过解读,确认这是用字母拼写的简易文字。这些字母是腓尼基人创制的一种符号,共有22个字母符号,都是辅音,没有固定的元音,自右向左书写。他们用这些字母排列组合成单词来记录其所进出口货物、交给神庙的礼品和谷物的数量。由此,作为他们对人类文化最伟大的贡献,腓尼基人(Phoenician)创造了人类历史上第一批字母文字——腓尼基字母(Phoenicia Alphabet),其22个字母符号中,每一个代表一个辅音;这些字符所组成的单词用来记录他们的语言(Holst 2011)。

与之相似的是,中国的天干地支系统,正如董作宾(1977)在对中国史前以来的阴阳天干地支三合历的考证中所说:围绕它们的"这些迷信,是战国秦汉以后,以至近世,逐渐附会加上去的。六十甲子在商、周,以至上推到远古,它们本身并没有任何迷信的因素,开始自远古初造文字的时候,借用了22个字,配合为60个名字,作为记日的符号而已。"因此,干支系统实质上是一种以甲、乙、丙、丁……这22个字为字符的符号系统,每个字符也代表一个音节,这些字符组成的甲子、乙丑等名字用来记录时、日、月、年等时间单位或空间方位。

从符号学来看,中国干支系统是腓尼基字母体系的唯一可行来源,腓尼基字母体系是中国干支系统的必然发展。其内在的逻辑必然性就在于,在公元前1500年前后,腓尼基人能用来作参照的一切文字体系中,只有中国干支系统同腓尼基字母体系在基本结构上最相似,而当时世界各地居民行用的一切文字体系,包括苏美尔楔形文字、古埃及圣书字、中国甲骨文字、闪族线形象形文字或乌加里特文字等,都是象形文字,因而与之很不相似、根本相异(表11.8.3)。

表11.8.3 腓尼基字母与干支字符和各种象形文字基本结构的比较

	腓尼基字母体系	干支系统	各种象形文字
组合元素的单元	字母	字符	笔画
组合单元个数	22	22	不一定
合成单位	单词	单位名字	单字
组合单元形制	线形	线形	线形
组成单位形制	方形	方形	方形
组合原理	排列组合	排列组合	堆积
排列规则	成行	成行或成列	不一定
排列顺序	从左到右	从左到右或从上到下	不一定
发音	单音节	单音节	不一定
创制方法	记录语言	记录单位时空	"六书"

如表11.8.3所示,在当时世界各地流行的各种文字体系中,以中国干支系统与腓尼基字母体系的相似性最高,即近乎全等的逻辑等同性。这表明,中国干支系统是腓尼基人唯一可用来模仿创造其字母体系的样板。它们之间有如母子之间的相似性足

以证明，中国干支系统在逻辑上就是腓尼基字母体系的母型。

既然如此，中国干支系统是腓尼基字母体系的唯一逻辑前提，那么中国的先商文化是否为腓尼基文明的兴起提供了历史前提呢？这是需要相关的古籍记载同坚实的考古学证据的对证来证明的。

三、中国干支系统是腓尼基字母体系唯一可行来源的历史必然性

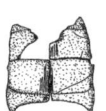

西方历代文献公认，曾居住在地中海东岸迦南地区的腓尼基人，不仅擅长制陶和染色——当时欧洲各国元首及贵族曾以穿着腓尼基人染成紫红色的丝绸为荣耀，更擅长造船和航海，是西方木板船制造业和航海业的开拓者。腓尼基人通过海上贸易，很快就在地中海沿海地带建立了一批手工业中心和港口。这些中心和港口逐渐发展成为一个个相对独立的城邦，位于当今黎巴嫩首都贝鲁特以北30千米的比布鲁斯（Byblos）就是其中最早建立并且最繁荣的一个。这个地方由公元前4000年的一个小渔村，到公元前3000年前后在日趋兴隆的海上贸易中发展成有围墙和排水系统的城镇，再到公元前1300年发展成比布鲁斯国王阿希拉姆的都城的遗址，演示着腓尼基人当年打造当时西方最先进的造船和航海产业基础，并在此基础上以海上贸易为中心兴起腓尼基文明，直至公元前1300年前后发明其字母体系而发展到鼎盛的历程（高秋福2010，Holst 2011），正好与同期中国商王始祖高辛部族由迁入中原四处游牧，沿途贸易，历经艰险，到发展壮大，频战沙场，夺取王位，累次迁都，直至最终定都安阳而达鼎盛的轨迹并肩而行、平行展开。因此，作为当时欧亚大陆东西方文化交汇中心，也作为地中海东西、南北交通中心，腓尼基城邦群落的形成及其文明的兴起，是当时中西方文化实力和影响力汇聚的必然结果，其中的决定性因素是先商中国在当时世界上独有的产业及其科技的绝对优势。

（一）先商中国在当时世界上独有的优势产业及其科技

随着世界各地考古出土材料的日益丰富，商代之前中国科技和产业在当时世界上处于遥遥领先的地位越来越明显，特别以下几个产业及其科技更是独具绝对优势，在

当时世界上处于绝对支配地位。

1. 造船和航海

在这两个领域内现已积累的国内外考古材料与中西古籍中的有关记载相对证,越来越充分地证明,中国是世界上造船和航海业最早发达的国家,其造船和航海业及其科技在17世纪之前一直领先于世界(Needham 1985,Ward 2001,林涛 2011,铁血 2014,辛元欧 2015,席龙飞 2015)。国内外学者发掘出来的证据很多,限于篇幅,这里只按这两大产业科技进化的主要阶段,列举其关键证据。这两大产业科技在商代以前的进化过程,按其科技发生质变的顺序,可划分为以下主要阶段:

(1) 公元前6000年之前的独木舟和竹筏发展阶段。

早在新石器时代早期,中华先祖就开始广泛地制作、使用独木舟和竹筏,并以非凡的勇气和智慧走向海洋,为中国的造船和航海业奠定了基础。世界上没有任何一个国家像中国那样盛产竹子,在制作和使用竹筏的悠久过程中,中国船匠早就对竹子的结构和浮性有了深刻的理解,从而独一无二地创造出与竹子半体相似的船体结构和外形(Needham 1985)。木舟和竹筏在古代中国各地的协同进化,是中国古代造船技术领先世界的一个诀窍。这一阶段的最高成就是,浙江萧山跨湖桥遗址公元前6000年文化遗层出土的独木舟及与其同出的双"边架艇"堆料、一对木桨和有"丁"字形相交的木质条骨支撑的席状风帆,显示它具备"可在不同环境中使用,在小河……湖泊……近海"中航行的功用(F43),远超出荷兰、英国等地史前遗址出土的独木舟的性能,代表了当时世界独木舟技术的最高水平。

(2) 公元前5000年至公元前2000年间的木板船发展阶段。

浙江河姆渡遗址公元前5000年至公元前4500年遗存出土的8件木桨、木筒形器的"隔挡"结构和黏合结构、木板的榫卯结构和企口结构、作为造船工具的有段石锛等,表明该遗址第一期居民已完全具备制造木板船的必备条件。从此,该遗址第三、第四文化层出土的木桨和夹碳陶舟模型,以及良渚文化在江浙各地文化遗存出土的木桨和

有段石锛等器具,都表明河姆渡文化的后续文化居民在继续发展木板船的制作和使用,特别是古人类学研究发现的河姆渡人与澳大利亚-尼格罗人种的近似性(F103),揭示了自新石器时代早期以降,东南沿海一带居民利用其无比先进的舟船航海东渡沿途海岛直至大洋洲的活动仍在持续开展。同时,起源于河姆渡文化的有段石锛在东南亚各地乃至印度一些地区的广泛分布,表明这一带居民造船航海的传统实践也在向西延展(详见本套书第一卷第一册、第三册)。

与此形成鲜明对比的是,西方各地的独木舟进化到公元前3000年之后,才开始在埃及率先出现芦苇筏向木板船的转变,但当时埃及的木板船的木板是用编织带"缝"在一起的,其间的缝隙是用芦苇纤维来堵塞的,直到公元前2000年之后,古埃及木板船才开始用木钉连接,独帆木板船也才开始海上航行(Ward 2001)。

(3) 公元前2000年至公元前900年木板船向战船和民用船方向发展。

古籍关于夏商周三代舟船活动的记录,如"浇伐斟寻,大战于潍""命九夷东狩于海,获大鱼",甲骨文的几个"舟"字及"凡""般"等字,乃至西周早期文献中的"造舟为梁""于越献舟"等,都是这一发展趋势的点滴流露(铁血2014,席龙飞2015)。

与此形成鲜明对照的是,公元前400年起北欧的维京人(Viking)建造了被称为"长船"(longship)的船,据说早期"长船"是用皮带将木板连接成船的(Ward 2001)。

以上对比表明,商代以前中国舟船文化和航海文化的硬、软实力,在世界上一直遥遥领先。在中国造船和航海业如此独占世界支配地位的前提下,腓尼基人在公元前3500年至公元前3000年开始创建其木板船制造业和航海业的科技基础和知识背景只能来自中国。

2. 上釉陶器——原始瓷器

在郑州商代早期遗址中出土了一批"青釉器",其特征本质上达到瓷器标准,其烧制成功标志着中国原始瓷器的出现。原始瓷器具有陶器无可比拟的优越性,其产业发展迅速,到商周之际已达陶瓷总产量的12.6%。商代原始瓷器上的石灰釉是后世青瓷器的鼻祖(董琦 2001)。因此,腓尼基人海上贸易的上釉陶器只能来自中国。

3. 锡金属的冶炼

如本书系第二卷第三册所述,中华先民从公元前 3300 年于世界上最早发明冶铸青铜器技术以降,经历了 1400 年的认识和实践过程,才开始将铜矿石、锡矿石或铅矿石等一起冶炼,到公元前 1500 年前后发展到先炼出纯铜,再与锡、铅矿石合炼,到公元前 1300 年前后发展到分炼铜、锡,再按一定配比合炼得到成分稳定的青铜。因此,商周二代专门冶炼锡的作坊日益发达,到周朝时锡器已普遍使用(《考工记》)。

在公元前 2300 年至公元前 1000 年间,欧亚大陆各地普遍经历了新石器时代、铜石并用时代和红铜时代而进入青铜时代(Kohl 2007)。当时西亚缺乏锡矿资源,其青铜器中的锡金属从何而来至今仍是个谜。在铜、锡矿资源都较为丰富的条件下,青铜器制造业日益发达的夏商周王国作为当时世界最大的青铜器和锡金属生产中心而为"万国所仰慕",成为当时世界大宗锡锭的唯一来源(Kaniuth 2007)。

4. 丝绸纺织和印染

河南、山西、山东一些地区公元前 3000 年至公元前 2000 年的文化遗存中发现的家蚕和陶塑蚕蛹等,在浙江良渚文化遗址中发现的丝带和丝绢等,证实当时丝绸纺织业已开始发展,到夏代已扩展到《禹贡》所载的"五州";到商代,蚕桑业已相当普及,被商王视为与五谷并重的产业,在此基础上丝绸纺织和印染业成为专业工种而兴旺发达,生产出多品种的精美丝绸产品,使中国成为古代世界丝绸产品的唯一供应国(名博馆 2016)。因此,腓尼基人染成紫红色的丝绸也只能来自中国。

(二)腓尼基文明的兴起

腓尼基人的来历和腓尼基文明的起源,在西方学界历来是众说纷纭、神秘莫测。Sanford Holst(2011)将其归纳为四种传说:

其一,最古老的传说为古希腊历史学家希罗德(Herodotus)所记载:腓尼基人来自红海、波斯湾乃至印度洋,他们进入地中海后就在其东岸的迦南地区定居下来,随后

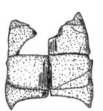

便重操旧业——航海。

其二，Maurice Dunand 以其在比布鲁斯（Byblos）考古发掘的材料提出：腓尼基人是由安纳托利亚（今土耳其）与埃及之间各地人口融合成的迦南人。

其三，比布鲁斯（Byblos）、西顿（Sidon）和提尔（Tyre）及其周围城镇在公元前1200年曾被"海上人"占领过，这些"海上人"与当地居民融合形成了腓尼基人。

其四，在一些学术圈较为流行的说法是，腓尼基人在公元前1200年以前就存在，直到"海上人"出现以前他们同其周围居民没有区别，只是"海上人"占领了这些周围地区后才使得周围居民同腓尼基人有别。

Sanford Holst（2011）依据近年来出土的考古材料，评判了以上四种说法，并提出了自己的"本土起源"说。他的贡献在于用考古材料廓清了腓尼基人的来历和腓尼基文明起源过程的大体轮廓：

1. 公元前4000年至公元前3500年的前腓尼基人时期：以比布鲁斯（Byblos）小渔村为代表。

2. 公元前3500年至公元前1200年腓尼基城邦形成及其文明兴起到鼎盛时期：比布鲁斯供给古埃及王国雪松巨木的多起考古发现证明：公元前3500年以降，比布鲁斯的腓尼基居民曾通过海运向埃及出口法老建造船舶、神庙、陵墓和棺椁需要的雪松等优质木材，换来黄金、莎草纸、黑檀木、象牙。由此开启的日趋频繁的海上贸易，使腓尼基人在地中海沿岸各地，继比布鲁斯之后，把一个个手工艺中心和港口接连建立起来，进而又逐渐发展成一个个相对独立的城邦，直到在公元前1300年达到鼎盛。

在此过程中，腓尼基人利用本地的雪松等优质木材，采用木板榫卯结构、黏合结构，制造出当时西方最先进的木板船（图11.8.1），并以其最先进的航海技术来驾驶，从而使他们的造船业和航海业成为当时西方最具优势的产业，为腓尼基文明的迅速兴起而直达鼎盛奠定了坚实的基础。

图 11.8.1　腓尼基航船载有 2700 年前的器物（Ross 2014）

3. 公元前 1200 年至公元前 330 年，由于战争频发和天旱饥荒，先后发生喜克索人、亚述人、巴比伦人、波斯人入侵和占领。公元前 333 年，马其顿的亚历山大大帝打败波斯军队，占领比布鲁斯和其他腓尼基人聚居的城市，并使之迅速"希腊化"，从此腓尼基民族及其文明退出了历史舞台（高秋福 2010，Holst 2011）。

Sanford Holst（2011）"本土起源"说的最大致命伤在于：他不仅忽略了古希腊史家严谨的史实记录，而且无法解释腓尼基人何以能如此迅速地掌握如此先进的造船和航海技术，特别是木板榫卯技术。既然作为他立论的关键证据，他列举考古发现所证实的古埃及建筑中的雪松巨木不可能由其本地的芦苇筏和木板船运来，而只能由腓尼基人先进的海船运来，那么腓尼基人先进海船的来历，就成为决定上述所有论证是否成立的关键。

（三）祖居中国东南沿海，后来西迁的鸟夷人与迦南土著先民的融合

在公元前 4000 年至公元前 3500 年间西方各地完全没有木板船制造和使用技术的条件下，比布鲁斯土著居民的独木舟技术，根本不可能在 500 年间自发地进化出木

板船技术,特别是木板榫卯技术,这已由当时一直领先西方的古埃及造船史所证明(Ward 2001,Holst 2011)。即使在中国东南沿海居民积累数千年制造和使用海船与竹筏之实践经验和知识的基础上,河姆渡文化居民也花了上千年的时间才摸索出制造木板船所必备的技术。既然如此,那么比布鲁斯的土著人是如何得到这套技术的?

原来,古希腊历史学家希罗德记载的传说确有其事实依据:这些从印度洋到波斯湾,到红海,再到地中海以至在迦南定居的人,被希腊人称为"Phoenicians",英语为"Phoenicia",即"凤鸟人",只是被中文音译成"腓尼基人"就不明其原意了。其实,希腊人的这个称呼道出了他们原本属于凤鸟族的族属,由此族属就能在各地分布的史前古族中找到其渊源。遍查包括《圣经》在内的西方古籍和包括《易经》在内的中国古籍及其相关民族学材料,我们终于在这些材料同考古材料的对证中摸清了这个古族的来龙去脉。其材料浩繁,这里只能将其概括成四大阶段:

1. 公元前7000年至公元前4000年的上古凤姓祖先。正如饶宗颐(1996)所考证,"鸟的信仰在中国东方沿海一带十分盛行,故其民向来有'鸟夷'的统称"。其始祖为公元前7000年至公元前5800年的伏羲氏的凤(风)姓胞族,曾专职于鸟和风的观测(F38),由此,历来"风""凤"相通。同上述考古材料相印证,《易·系辞下》载"伏羲氏刳木为舟,剡木为楫,舟楫之利,以济不通"。可见,凤鸟族从其远古始祖开始,就注重舟楫制作和航行。公元前5800年前后,居住在淮河上游河南舞阳贾湖的伏羲氏族遭受洪水灾害,其凤姓胞族及其后裔被迫沿淮河和长江流域逐步迁移到东南沿海地区,与当地土著人相融合,而开发出跨湖桥文化以至河姆渡文化及其后续文化,在这一带培育出连续进化的以领先古代世界造船和航海科技为特征的传统文化和原生海洋文明(F38,F43,F103,F241—F244,F261—F262,F315—F319)。

2. 公元前4000年至公元前2200年的夷人。在此期间黄帝部落联盟由陕西东进中原,从神农氏炎帝部落联盟中独立出来,向东部各地扩张;东部各地氏族,在蚩尤氏族的统领下,分编为九夷,包括鸟夷,组成夷人部落联盟与之抗拒。经黄帝蚩尤大战,蚩尤大败,九夷各支部族纷纷向四处逃散(详见本书系第二卷第三册)。其中的鸟夷靠其掌握的海船,先是沿南海海岸向西迁移,每到一处便同当地土著居民相融合而繁衍出新的地方分支,开后世各地的瑶、畲、黎等少数民族之先河。继续西迁到东南亚、印度洋沿岸的鸟夷人,一部分同当地土著结合落籍而滥觞婆罗洲配甘族、印度比尔族和坎马尔族等的同时(闻一多1982),另一部分进而沿古希腊史家所记录的航线,抵达地中海东岸的迦南地区同当地土著居民相融合,在传授其擅长的制陶、染色、木工、造船、航海、建筑等技艺的过程中,逐渐培育和繁衍出世世代代自称为"凤鸟人"(Phoenicia)的群体。这样一来,这些人既擅长制陶和染色,又擅长造船、航海和海上贸易,还通过模仿祖传的数字卦和干支系统来创作其急需的字母体系,就是自然而然的事了。

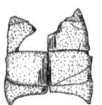

3. 公元前2200年至公元前1000年的越人。公元前1200年之际,迦南及其附近地区天旱发生大饥荒。这既有上述考古学证据,也有《圣经》创世纪记载:

"47:4 他们又对法老说,迦南地的饥荒甚大,仆人的羊群没有草吃,所以我们来到这地寄居。现在求你容仆人住在歌珊地。"

"47:13 饥荒甚大,全地都绝了粮,甚至埃及地和迦南地的人因那饥荒的缘故都饿昏了。"

大规模的饥荒驱使腓尼基人口中的一部分穷人逃离中东奔向他们祖先生活过的地方,终于到达广东沿海的潮州,先在那里停下来,回归到东南沿海一带的夷人族群之中,并把他们附近的一座山取名为凤凰山,随后转移到内地(南山寒江独钓2016)。夷人族群在尧、舜、夏、商历代的反复镇压之下,继经历由九夷(九黎)到三苗的大逃亡之后,这时流落在东南沿海一带的夷族后裔便被称为越人了。于是,瑶族祖传文书《评皇券牒》载:瑶族与古越族有亲缘关系,信奉盘瓠的瑶族是古越族的一支,而其早期的故乡在中国东南沿海一带。他们以继续坚持祖传而高超的造船和航海技艺为特征,以至到西周初期还能"于越献舟"。他们的这种称号和传统一直到春秋战国时期仍久负盛名(奉恒高2007,容观复2014)。

4. 公元前1000年后的摇民。作为越人一支的瑶民，在战祸中又纷纷向内地各地区迁移，随所迁居的地方居民所注重其技艺的不同，瑶民被各地居民称为"摇人""窑人""瑶人"等（奉恒高2007，南山寒江独钓2016）。其中摇人仍以善于摇船而著称，连《山海经·大荒东经》都有记载："有困（因）民国，勾姓而（黍）食。有人曰王亥，两手操鸟，方食其头。王亥托于有易、河伯仆牛。有易潜出，为国于兽，方食之，名曰摇民。帝舜生戏，戏生摇民。"这就记录了摇民曾与商王始祖高辛氏帝喾部族有联姻关系的历史。

由此看来，在其文化传统的数千年的世代相传中，鸟夷人的血液中充满了为人类征服海洋的天性（基因），他们同迦南地区土著的融合，使他们在正确的时间、正确的地点正确地发挥了其固有的这种天性，给西方带来了海洋文明，从而拉开了西方文明之轴心时代——古希腊文明的序幕。

（四）腓尼基文明中的中国文化因素

既然腓尼基文明是由来自中国的鸟夷人与迦南地区的土著人相结合开创起来的，那么其中的中国文化因素便比比皆是。除了上述的那些以外，限于篇幅，这里仅就西方学者已关注的几个重点来点出其中国渊源。

1. 腓尼基人为何把他们发明的字母体系的第一个字母安排为A？在不明数字卦进化史的人看来，这是一个永远无法破解的腓尼基人的秘密。如上所述，作为鸟夷人，他们与商王始祖高辛氏族有联姻关系，而高辛氏族的族号为中国古数字Ⅴ和一组成的倒"A"形数字卦。他们把这个数字卦斜置起来作其字母表的第一个字母，表示对商王始祖及其姻亲的崇拜，就像干支系统以"甲"为其第一个字符表示对伏羲始祖的崇拜一样。

2. 腓尼基人海船上的"米"字纹（图11.8.1），在其后世的西方宗教中成为重要的神圣符号，一些人以为来自苏美尔文明，其实它来自公元前6000年至公元前5500年中国东南沿海地区的跨湖桥文化（F43）。如上所述，该文化是鸟夷人祖先在开创当时世界上最先进的独木舟等多项发明中开发出来的;他们在其发明的阳历授时彩陶图中,用数字卦"十"和"X"正交组成4个对偶对称的"米"字纹,用来表示阳历年的二至、二分,而开这个数字卦符号使用之先河(详见本书系第一卷第二册)。腓尼基人在自己的海船上对称排布这个符号,是在祈求其祖先来保佑天时吉利、航行平安。

3. 像尊伏羲为始祖的九夷及其后裔各族一样,腓尼基人有崇蛇风俗,其海船前端的蛇头标志(图11.8.1),表现了他们信仰死而复活的蛇神及其防御海怪的神力。这些夷部族的后裔,都视自己为洪水中乘盘瓠而幸存的伏羲女娲之后,且传颂伏羲为"人首蛇身""以龙纪官",由此蛇、龙、盘瓠都成为代表伏羲的神而受到他们的供奉和祭拜。其实,这是对祖先——上古夷人的一种习俗的神化。正如本书系第八卷第二册所述,这种习俗在公元前5000年前后便体现在河姆渡文化先民以冬眠后惊蛰的地虫作物候指标来授播种期的习惯中。闻一多(1982)考察过中国、东南亚和印度27个民族中共同存在的这种习俗的神话传说,指出:这方面的"人类学的材料几乎是无限的"。可见,腓尼基人的这种风俗不是西方学者所说的"来自古埃及"。

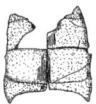

4. 比布鲁斯国王阿希拉姆的巨大的石棺,代表了一种崇尚巨石的习俗。这一习俗从何而来?本卷第一册第十章第五节以大量而系统的证据揭示了英国苏格兰距今4000年前后文化遗址出土的雕刻石球与中国距今6500—4500年文化遗址出土的几何纹陶球的组合和纹饰结构相似,它们纹饰的纹样和图样都同距今5200—4500年的马家窑文化授时图的纹样和图样很相似,更为重要的是,它们的每一种纹样或图样都可追溯到其深深扎入中国新石器时代早期授时图中的老根。这样的跨文化相似的历史现象是怎样发生的?

尽管迄今尚未在欧洲发现同它们有关的新石器时代早期石球,也没有发现它们同近东新石器时代的泥球和石球有进化上的联系,但它们必定有其自己的新石器时代中期至早期的进化树,且该进化树也必定扎根于某种新石器时代早期乃至旧石器时代的文化中。对世界上许多地区发现的巨石文化的考古学研究已经揭示:在散布到世界各地的巨石文化居民集团中,有起源于中亚的凯尔特人移居到西亚的一些部族,如美索不达米亚的古埃兰人原本是中亚的"斯基泰人"人(Rao 1985,Coppens 1995)。鉴于中亚与中国西北边陲地区山水相连,这些原来居住在中亚的部族会从马家窑文化中接受其天文历算知识和技术、球算器技术和授时图,并通过他们带入欧洲。新石器时代欧洲流行的螺旋纹及其他纹样,特别是雕刻在石球上的那些纹样,像示踪元素那样显示其所在文化之演变和认识能力进化的轨迹。它们迁移的历史顺序表明:继马家窑文化在距今5200年前后西扩之后(张朋川1990),高度发展的巨石文化在距今5100年前后突然出现在欧洲(Coppens 1995),在逻辑上和历史上都不是巧合。因此,位于西亚和地中海的海陆交通枢纽的腓尼基文化,在其孕育、产生和成长的过程中就不可避免地接受了巨石文化传来的中国文化因素。

5. 腓尼基人的船是当时西方最好的海船,船头往往雕刻着一个高高昂起的鸟头,船尾竖着一条鱼尾巴。他们就是驾驶着这种半鱼半鸟的航船,使腓尼基商业于公元前12世纪初达到极盛时期,他们贩卖的商品荟萃了各个地方的特产,其中就有来自远东和印度的谷物、酒类、纺织品、地毯和宝石(Markoe 2000)。腓尼基航船以鸟为头的形象,与中国广西石寨山等地少数民族铜鼓上所饰"羽人"船很相似(图11.8.2),而露出其源自中国东南沿海地区自远古以来一直盛行到商代而达顶峰的鸟俗之渊源。他们这样做,既是在模仿商王们的先例,从祖甲到武乙的历代商王都在其先祖王亥的"亥"字头上加鸟形符号,以此来纪念王亥开拓商人基业的功绩(石兴邦1989);也是沿用了中华先民在航海中用"飞鸟图"的习惯,据古籍载"古人有《飞鸟图》……谓如空中飞鸟直达"(王尔敏1996)。像商王以玄鸟代表其先祖而祭拜一样,腓尼基人的神鸟信仰,其海船前端的鸟头标志(图11.8.2),体现了他们作为鸟夷后裔的鸟俗。这种对神鸟的信仰也是对上古鸟夷祖先以候鸟的来去作春秋二分的物候标志来敬授人时之习俗的神化。公元前5000年前后河姆渡文化先民众多授时图便体现了这种习俗。

腓尼基人的鸟头船	石寨山铜鼓上雕刻的"羽人划船图"
（前800年）(Lipinski 1992)	（前1300—前500年）（石兴邦1989）

图11.8.2　腓尼基商船与中国古代羽人船

6. 腓尼基人与商王国通商的直接证据，除上述的那些外，这里也以西方学者关注的重点来列举。如Joshua Mark(2009)在其《世界史百科全书》中说："当今考古学家们从腓尼基人的沉船所载的一些货柜中采集到的第一手证据是，其中有铜锭、锡锭，内装药膏、酒、油、玻璃、金银首饰、彩釉陶器精品（上釉的陶器）、彩陶器具以及小块金属片的储藏罐。" Miles(2011)在其《古代文明的兴起与衰亡》中对腓尼基沉船中的上述考古发现也做了报道。既然腓尼基商船中装载锡锭、上釉陶器已是确凿无疑的事实，而这两种商品，如上所说当时世界上只有商王国出产，那么腓尼基人与商王国通商的事实也就毋庸置疑了。

7. 腓尼基文化对地中海沿岸各国铁器时代早期几个世纪的文化有巨大影响，特别是腓尼基人在公元前1千纪间的商业活动，把埃及、西亚两河流域和东亚的产品和先进科技及文化成果带到这里，对地中海沿岸各国经济和文化在青铜时代崩溃之后的恢复起了主要作用，以至古希腊发生的爱奥尼亚革命的领导者——哲学家泰勒斯（前640—前546）和毕达哥拉斯（？—前497）的父亲都是腓尼基人，腓尼基装饰纹样流行于古希腊艺术的东方化时期，腓尼基神话传说也流传到了古希腊神话中……（Markoe 2000）。正是在腓尼基人给古希腊科技和文化带来的这些影响中，透露出了他们所接受的中国文化因素。如腓尼基和希腊共同神话中的卡德摩斯（希腊神）与龙斗的故事，以及希腊东部的优比亚岛公元前560年至公元前550年文化遗存的黑彩双耳罐所饰"卡德摩斯斗龙图"(图11.8.3),都明显有商代高度神化的龙文化背景。

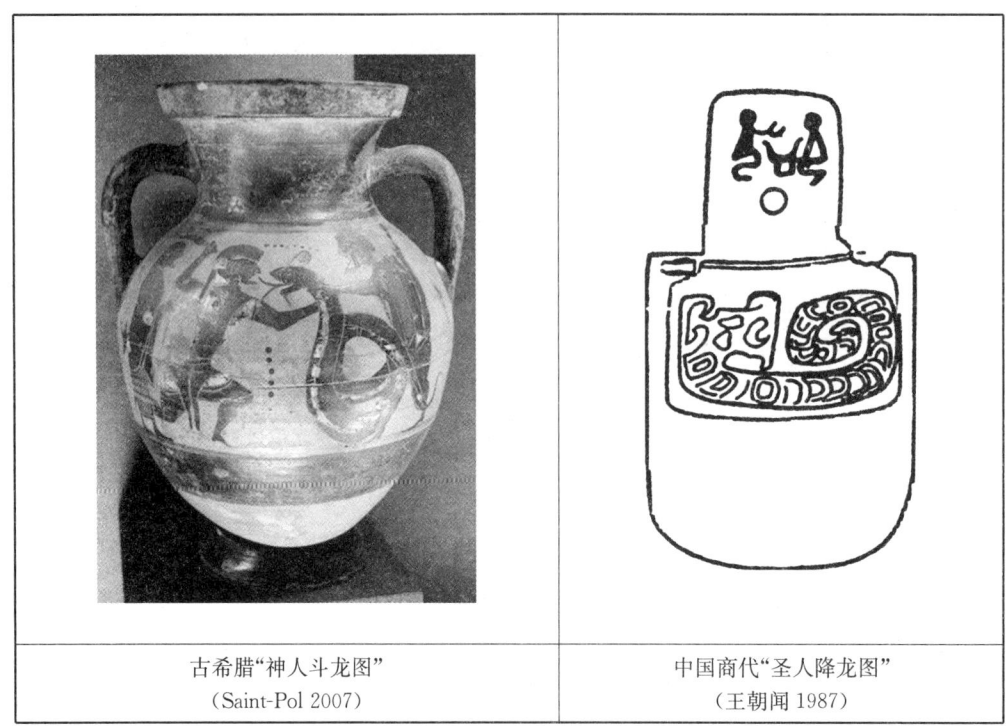

| 古希腊"神人斗龙图"
(Saint-Pol 2007) | 中国商代"圣人降龙图"
(王朝闻 1987) |

图11.8.3 古希腊与中国商代的龙图

又如腓尼基和希腊的共同神话中的 Yamm(阎王)与 Baal(霸王)争夺宇宙主宰权的故事,和将二者描绘成黑暗与光明、邪恶与正义或阴与阳之斗争的场面(Markoe 2000),也明显是中国传说中的蚩尤与黄帝战争的故事或传统阴阳观的异国翻版。

再如荷兰学者 G.Schelegel 在其《星辰起源》(1875)一书中,对星体认识的源流作了东西对比研究并从中发现:东西星座名称的含义有若干共同点,且直接或间接来自中国。如中国毕星好雨而希腊毕为雨神;《左传》载有"阏伯、实沉相争而被分别迁主辰、参"的故事,希腊神话中也有"猎夫、天蝎相杀而升天分别为参、心"的故事(竺可桢 1944)。

总之，在公元前 3500 年至公元前 300 年，生活在地中海东岸的腓尼基人，从事海上贸易，没有工夫学习繁难的苏美尔楔形文字和埃及圣书字，需要简单的记账文字。他们作为一个群体由此间来自中国的鸟夷人与当地土著人融合繁衍而逐渐形成，在其东西方科技和文化的交流中，特别是在继承、传授和发展鸟夷族擅长的造船和航海辨向技术的过程中，觉察到中国天干地支系统是最适应其需要的符号系统。他们仿照苏美尔人和古埃及人借鉴中国数字卦线形符号的先例，不仅直接借用干支系统的符号，而且借用其示范的数字卦剪接方法，参照与自己原有文字同形、同义或同音的甲骨文字，把自己原有文字中的表音符号加以简化和改构，从而在模仿干支系统的过程中逐渐创建出最适合书写腓尼基语言的 22 个字母符号体系；进而应用数字卦排列组合原理和方法，将这些字母加以排列组合构成拼音文字，用来记录商品名称和买卖账目。年深月久，越来越多的字母文字通过记录他们的语言而在边造、边改、边用中积累起来，渐渐形成了世界上第一个拼音字母文字体系。这是西方文字发展史上一次巨大的变革！这次变革以拼音字母文字取代了象形文字，使文字最大限度地成为记录语言的符号，从而开辟了文字通过充分实现语音化而简化其创制和使用的道路。由此，这种由拼音字母组合文字的方式很快就传播到埃及、印度、希伯来、阿拉伯，经由西亚传给克里特人而为全希腊所接受，又通过希腊人的再创造，形成完备的拼音文字，再传播给欧洲各民族，以至出现了今日流行于世界的英文、法文、德文、俄文、希伯来文、阿拉伯文、梵文……

第十一章参考文献

Atalay, Sonya. 2003. Domesticating Clay: Engaging with "They": The Social Life of Clay Balls From Çatalhöyük, Turkey and Public Archaeology for Indigenous Communities. Unpublished Doctoral Dissertation, University of California, Berkeley, Department of Anthropology. Cessford, Craig. 1—19.

Beck, Roger B., Linda Black, Larry S. Krieger, Phillip C. Naylor, Dahia Ibo Shabaka.

1999. *World History: Patterns of Interaction*. Evanston, IL: McDougal Littell. 24—56.

Coppens, Philip. 1995. Casting Stones. http://www.philipcoppens.com/megaliths.html.

Coulmas, Florian. *Writing Systems of the World*. Blackwell Publishers Ltd, Oxford, 1989.

Coulmas, Florian. 1996. *The Blackwell Encyclopedia of Writing Systems*. Blackwell Publishers Ltd, Oxford.

Daniels, Peter T., et al. eds. 1996. *The World's Writing Systems*. Oxford University Press, Oxford, 485—508.

Holst, Sanford. 2011. *Phoenician Secrets: Exploring the Ancient Mediterranean*. Santoniri Publishing, Los Angeles. 1—258.

Kaniuth, Kai. 2007. The Metallurgy of The Late Bronze Age Sapalli Culture(Southern Uzbekistan) and Its Implications For The 'Tin Question'. *Iranica Antiqua*. vol.XLII, 2007 doi: 10.2143/IA.42.0.2017869.

Kohl, Philip L. 2007. The Making of Bronze Age Eurasia, a Bronze Age civilisation of Central Asia. pp.189—190. ebooks.cambridge.org/ebook.jsf?bid=CBO9780511618468.

Leibniz, G.W. 1716. Discours sur la theologie naturelle des Chinois. Loosen and Vonessen (ed.), 1968. D.J. Cook and H. Rosemont(English translation): *Gotfried Wilhelm Leibniz Writings on China*. Open Court Publishing Company, Chicago, 1994, 75—138.

Lipinski, E. 1992. *Dictionare De La Civilisation Phénicienne et Punique*. Brepols, Turnhout, 66.

Li Xueqin, Postgate, Nicholas, Zhang Juzhong, et al. 2003. The earliest writing? Sign use in the seventh millennium BC at Jiahu, Henan Province, China. *Antiquity* 77(295):31—44.

Mark, Joshua. 2009. Phoenicia. *The world history Encyclopedia*. http://www.ancient.eu/phoenicia/.

Markoe, G.E. 2000. *Peoples of the Past: Phoenicians*. Los Angeles: University of California Press.

Martin K. Jones and Xinyi Liu. 2009. Origins of Agriculture in East Asia. *Science* 324 (5928):730—731.

Mellaart, James. 1975. *The Neolithic of the Near East*. Thames & Hudson, London, 7—90.

Miles, Richard. 2011. *Carthage Must Be Destroyed: The Rise and Fall of an Ancient Civilization*. First Edition, Viking Adult.

Needham. 1985. *Science and Civilisation in China*. Vol IV:3. Civil Engineering and Nautics. Cambridge University Press, 7, June 1985, 466—469.

Needham, J. 1959. *Science and Civilisation in China*. Vol.3. Cambridge Univ. Press, Cambridge, pp.19—28, 55—60, 194, 253—293, 537—543.

Postgate, Nicholas, Li Xueqin, Zhang Juzhong, et al. 1995. The evidence for early writing: utilitarian or ceremonial? *Antiquity* 69(264):459—480.

Rao, ramchandra. 1985. A note on Megaliths and Megalithic Culture of south India. Recent advances in Indo-Pacific prehistory: Proceedings of the International ... By Virendra N. Misra, Peter S. Bellwood, Architecture, 1—525.

Ringgren, H. 1917. *Religions of the Ancient Near East*. Philadelphia: The Westminster Press.

Ross, Philip. 2014. Phoenician Vessel Contains 2700 Year Old Artifacts. http://www.ibtimes.com.cn/articles/38789/20140826/phoenician-vessel-contains-2-700-year-old-artifacts.htm.

Saint-Pol, Bibi. 2008. Phoenician Art(PDF). *The New York Times*. 1879-01-05. Retrieved 2008-06-20.

Schmandt-Besserat, Denise. 1996. *How Writing Came About*. University of Texas Press, Austin, 1—220.

Ward, Cheryl. 2001. World's Oldest Planked Boats. *Archaeology* 54(3), Archaeological Institute of America.

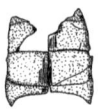

Wilford, J.N. 1999. Discovery of Egyptian Inscriptions Indicates an Earlier Date for Origin of the Alphabet. *The New York Times*. 1999-11-13. Retrieved 2010-05-22.

Yang, XY, Kadereit, A, Wagner, GA, Wagner, I, Zhang, JZ. 2005. TL and IRSL dating of Jiahu relics and sediments: clue of 7th millennium BC civilization in central China. Journal of Archaeological Science, 32(7), 2005-07-07(SCIE), 1045—1051.

Yang Xiaoneng. 2000. *Reflections of Early China*. the Nelson-Atkins Museum of Art the University of Washington Press, Seattle, 48—82.

阿余铁日.2011.用古彝文破解三星堆[J/OL].http://www.docin.com/p-283255396.html.

蔡运章,张居中.2009.中华文明的绚丽曙光——论舞阳贾湖发现的卦象文字[J].中原文物(3).

蔡运章.2004.商周筮数易卦释例[J].考古学报(2):131—155.

蔡运章.2001.中国古代卦象文字略论[J].中国书法(5):50—56.

陈平.1998.从"丁公陶文"谈古东夷族的西迁[J].中国史研究(1):3—12.

陈文华.1981.试论我国农具史上的几个问题[J].考古学报(4):407—425.

丁润生.2003.伏羲虎文化与彝族八卦初探——兼谈伏羲文化是全球最古老的文化[J].周易研究(6):36—40.

董琨.1993.汉字发展史话[M].台北:商务印书馆,13—16.

董琦.2001.中国瓷器的起源[J].南方文物(1):65—67.

董作宾.1977.董作宾先生全集[M].乙编,第三册.台北:艺文印书馆,9—136.

冯时.2001.中国天文考古学[M].北京:社会科学文献出版社,12—410.

奉恒高.2007.瑶族通史[M].北京:民族出版社,48—208.

高秋福.2010.悠悠比布鲁斯[J/OL].http://news.xinhuanet.com/world/2010-09-30/c_12622708.htm.

拱玉书,颜海英,葛英会.2009.苏美尔、埃及及中国古文字比较研究[M].北京:科学出版社,144—170.

杭辛斋.1988.学易笔谈[M].天津:天津市古籍书店,640.

黄天树.2011.甲骨文中所见地支纪日例[A]//黄天树古文字论集[C].北京:学苑出版社,17—19.

拉法格.1963.宗教和资本[M].北京:三联书店,2.

李树菁.2007.周易象数通论[M].北京:光明日报出版社,65—125.

李孝定.1986.汉字的起源与演变论丛[M].台北:联经出版事业公司,1—296.

梁启超.1907.国文语原解[A]//饮冰室合集[C].北京:中华书局,1989年.

林涛.2011.中国古代造船史[J/OL].https://wenku.baidu.com/view/f0d9640d581b6bd97f19ea3d.html?re=view.

刘彬.2003.《大戴礼记·易本命》象数发微[J].周易研究(1).

刘大钧.2001.帛书《易传》中的象数易学思想[J].哲学研究(11).

刘大钧.2000."卦气"溯源[J].中国社会科学(5).

刘尧汉,卢央.1986.文明中国的彝族十月历[M].昆明:云南人民出版社,1—75.

柳志青,柳翔.2009.起源于跨湖桥文明的陶轮[J].萧山日报,8月6日.

卢央.1989.彝族星占学[M].昆明:云南人民出版社,60—75.

名博馆.2016.中国最经典传统的纺织品——丝绸[J/OL].http://sanwen.net/a/stfonbo.html.

南山寒江独钓.2016.腓尼基人遇大旱 度(渡)海回国变瑶族[J/OL].http://club.china.com/data/thread/1011/2785/90/63/6_1.html.

饶宗颐.1993.说卍(Svastika)[A]//饶宗颐史学论著选[C].上海:上海古籍出版社,1—16.

饶宗颐.1996.中国古代东方鸟俗的传说[A]//中国神话与传说学术研讨会论文集[C].香港:香港中文大学中国文化研究所,61—75.

容观复.2014.瑶族与古越一族的关系[J/OL].https://tieba.baidu.com/p/3322391203.

石兴邦.1989.我国东方沿海和东南地区古代文化中鸟类图像与鸟祖崇拜的有关问题[A]//中国原始文化论集[C].北京:文物出版社,234—266.

宋镇豪,1985.甲骨文"出日""入日"考[A]//出土文献研究[C].北京:文物出版社,12—29.

孙钧锡.1990.汉字和汉字规范化[M].北京:教育科学出版社,15—30.

唐兰.1935.古文字学导论[M],上册,1935年墨迹影印本.上海:上海古籍出版社,2001,30—50.

唐兰.1988.中国文字学[M].香港:太平书局,1—66.

铁血.2014.中国古代的造船与航海[J/OL].http://bbs.tiexue.net/post_8331704_1.html.

王鼎吉.1996.字的基本知识60题[M].北京:中国和平出版社,18—49.

王尔敏.1996.中国二十四方位观念之传承及应用[J].中国文化研究所学报(27):1—23.

王国维.1994.古史新论·总论[A]//清华文丛[C].北京:清华大学出版社.

王明钦.2004.王家台秦墓竹简概述[A]//新出简帛研究[C].北京:文物出版社,26—49.

王朝闻.1987.中国美术史·二卷[M].济南:齐鲁出版社,18—29.

王震中.1986.大河村类型文化与祝融部落[J].中原文物(2):83—90.

吴宇虹.2009.巴比伦天文学的黄道十二宫和中华天文学的十二辰之各自起源[J],世界历史(3).

席龙飞.2015.中国古代造船史[M].武汉:武汉大学出版社,1—108.

新伊林人.2011.英文字母源于中国的天干地支[J/OL]. http://qing.weibo.com/26334352,12月29日19:39.

辛元欧.2015.中国古代造船技术中的四项发明[J/OL].https://wenku.baidu.com/view/5ed95f8fc8d376eeafaa315b.html?re=view.

杨建华.1987.试论萨玛拉文化[A]//苏秉琦主编:考古学文化论集[C].北京:文物出版社,233—275.

杨育彬.1998.郑州商城[A]//20世纪河南考古发现与研究[C].郑州:中州古籍出版社,317—348.

于省吾.1944.释一至十之纪数字[A]//殷契骈枝[C].三编.

张富祥.2005.商王名号与上古日名制研究[J].历史研究(2):3—27.

张光裕.1981.从新出土材料重新探索中国文字的起源及相关的问题[J].香港中文大学:中国文化研究所学报(12),91—151.

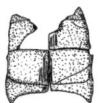

张朋川.1990.中国彩陶图谱[M].北京:文物出版社.

张晓雯.2009.甲骨文与古埃及圣书字象形字比较研究[D].中国海洋大学硕士学位论文 20090601.

赵诚.1988.甲骨文简明词典[M].北京:中华书局,1—310.

赵德静(世界文化地理研究院新闻组).2010.古彝文是世界六大古文字之一[J/OL]. http://222.210.17.136/mzwz/news/2/z_2_20853.html,02-13 09:16.

郑文光.1999.中国天文学源流[M].台北:万卷楼图书有限公司,1—15,79—114.

周有光.1998.比较文字学初探[M].北京:语文出版社,65—188.

竺可桢.1944.二十八宿起源之时代和地点[A]//竺可桢文集[C].北京:科学出版社,234—254.

* 张居中教授对本章第三节做了审阅,并提出了宝贵的修改意见,特此致谢。

第十二章　数字卦是人类共同的始祖文字

本部分对世界各种最古文字的起源和进化进行了比较研究,其中包括了最古的象形文字——苏美尔楔形文字、古埃及象形文字、古汉文和古彝文,以及最古的字母文字——腓尼基字母文字。就像达尔文以大量古生物材料的系统化来谱写原生物到高等生物的进化史一样,本册对世界这几种最古文字的起源与进化研究,以有关考古出土材料的系统化来追踪世界各地人工记忆符号由原始记数刻划到成熟文字体系的进化历程,以史前各地先民使用这些符号的遗迹所组成的实物证据链证实:东亚旧石器时代中晚期智人进化所伴随的各种人工记忆手段,特别是记数策筹与契刻和图画之协同进化的漫长过程导致了算策在 2.8 万年前已开始向中文数字进化,数字在距今 1 万年前后已开始向数字卦进化,数字卦随后在各地流传和发展中不仅成为各地居民共同的文字而用于交流其理性思维语言,而且于距今 8000 年前后通过衍生卦象文字而开始向成熟文字进化,直到距今 2000 年演变成符号卦。作为世界线形符号的最早起源中心,中国数字卦连续进化 9000 年的历史证明:(1)在世界所有线形符号中它们最古老,传播的地域最广;(2)它们通过八卦将其记录的民生实用技术跨时空传播;(3)它们的进化最连续而成为最经久耐变的线形符号进化谱系,既通过演替而直接进入甲骨文和古彝文的文字体系,并分别繁殖孳乳出其同源字群,也为一切线形象形文字和字母文字的创作和使用源源不断地提供了原理、方法、样板和构件。因此,数字卦不仅是汉字的始祖文字,而且也是一切线形象形文字和字母文字的始祖,以至不仅包括古汉文、古彝文在内的一切东方古文字,而且包括苏美尔楔形文字、古埃及象形文字及腓尼基字母文字在内的西方古文字,都是模仿它们的线形符号,都是它们体现之符号排列组合原理和剪接方法及"六书"造字法的应用结果,都可见到最早源自它们的遗孑。

其实,人类文字共源现象,早已为各国学者所察觉,只是由于各种成见的束缚,这些现象的实质被有意无意地掩盖或曲解了。数字卦本为世界各种古文字之共同始祖的真相重新大白于天下之时,就应当是这些现象之实质的澄清之日!为此,我们需要在对本册所恢复的人类文字起源和进化过程之真相的总结中,重新认识文字的本质属性及其进化过程的阶段性和规律性,为对人类文字共源于数字卦的必然性和规律性开展实证研究开辟科学道路。

第一节 人类文字的本质属性及其进化过程的规律性

文字是什么?它的本质属性何在?就像回答生命是什么的定义须概括从原生物进化到高等生物的全过程那样,对这个问题的回答应概括文字进化的全过程。但2000年来国内外学者的回答,即使是严谨的回答也是多种多样,大都是以概括文字进化某个阶段来下定义,因而具有这样或那样的局限性。

一、迄今通行的几种文字定义的局限性

(一)许慎《说文解字》的"依类象形,故谓之文;其后形声相益,即谓之字",是对古汉文进化到成熟象形文字的早期阶段的概括。

(二)中外语言学家的"文字是记录语言的符号体系"(高名凯1954,梁东汉1958),是文字进化到充分发展阶段的概括。

(三)中国文字学者的折中定义——"文字是作为社会记录和交际工具用的和语言日益适应的书写的符号体系"(王凤阳1989),也只是概括了文字进化的成熟文字阶段,可以视为成熟文字的定义。但这个定义把没"和语言适应"的以及非"书写"的视觉符号统统排除在文字之外,将成熟文字看成是无源之水、无根之木,显然不符合文字发展的历史实际。

(四)美国文字学家Gelb(1963)定义"文字是人们用来进行信息传递的约定俗成的视觉符号系统"。如他所说,这个定义既承认"语音化是成熟文字发展的重要阶段",也意味着"文字的历史与现实的功用是有区别的"。但是,他这个概括了文字史的定义太泛化,连作为原始人工记忆系统的视觉符号,如帮助个别氏族记忆的物件、刻划和图画等都包罗进来——这些东西在其所在氏族是约定俗成的符号,但不能跨时空传递给别人,这就抹杀了文字的本质属性。

二、文字的本质属性和科学定义

包括原始助忆手段在内的非文字人工记忆系统,只能用来在局部的时空范围内记录、储存和传递信息。作为其进一步发展的人工记忆系统的文字,与这些非文字人工记忆系统的本质区别就在于,文字能用来跨时空传递信息,而非文字人工记忆系统受时空局限。因此,文字的本质属性是它们跨时空传递信息的性能,而不是什么"有读音"。它们曾跨时空传播,本身就证明了其有读音。由此,文字的科学定义应当是,文字是人们能用来记录、储存和跨时空传递信息的二维视觉符号系统。

三、文字进化的全过程

这个文字定义从人类认识进化史的高度,科学地概括了文字进化的全过程。当原始人工记忆系统的视觉符号,特别是刻划符号和图画进化到超出其时空局限后,便进入了一个依次经历五大阶段一直演进到当今文字的进化过程。

第一阶段——原文字阶段：人类具体记数实践的发展，导致象记数工具之形的抽象数字发生和发展；对偶对称分组记数实践的发展，导致数字卦及其卦象文字、图案画和美术体发生和发展，随其所载民生实用技术的扩散而为各地居民靠"类万物之情"的八卦做数一象变换处理，用来作共同文字使用。

第二阶段——象形文字阶段：以数字卦为主导和样板、数字为先驱的象形文字，带动象事、象意、象声文字加速发生和发展，而形成以象形字为主体的形声相益、孳乳繁殖的文字使用和发展局面。

第三阶段——成熟象形文字阶段：随象形、象事、象意、象声文字相互增益、孳乳繁殖局面的发展，象声字增殖到一定程度而出现语音化趋势时，文字进化便达到成熟象形文字的使用和发展阶段。

第四阶段——语音化文字阶段：当成熟象形文字的语音化进程达到趋近充分的程度时，适应西方民族语言的字母文字出现并进而展开其拼音化趋势；适应东方民族语言的成熟象形文字则展开其注音化趋势。

第五阶段——信息化文字阶段：随着以计算机为核心的信息化时代的到来，各种文字通过转换成二进制数字而由新型信息系统予以记录、储存和传递，文字回归到新一轮统一由数字表达的新纪元。

这五大阶段的演替，贯穿着人类体内符号与体外符号矛盾运动与转化的辩证法，体现出各种文字体系的历史发展在人类视觉与听觉、所记与能记之矛盾主导下，由量变到质变、由肯定到否定，再到否定之否定的规律。

四、科学的文字定义使文字起源中的老大难问题迎刃而解

以这样概括其进化全过程的文字定义，来梳理人类认识进化过程中遗留下来的遗物和遗迹，同古籍记载和人类学调查材料相对证，就可使与文字起源有关的一些"死结"问题迎刃而解。

如史前陶符是不是文字的问题，就要对具体陶符进行具体分析，凡是跨时空传播的陶符,如中国各地流行、世代相传的数字、数字卦及其卦象文字、图案画和美术体,就是文字,而西亚那些"受陶工职业局限"的陶符就不是文字。

又如史前图画是不是文字的来源问题,也要具体分析,看它们是否曾跨时空传播,凡考古出土材料表明是跨时空传播的,就是文字来源,否则就不是。

再如这些曾经跨时空传播的刻符和图画是如何传播的问题,不论是"商标说"还是"族名说"或是其他假说,都要经跨时空的实物证据链来验证,以实物证据链表明的符号和图画传播及演变与相关物质文化和精神文化的协同进化,来解释其内在文化内容和历史信息。其实,本册所展示的数字卦的传播过程已回答了这个问题,它们及其有关的符号和图画,都是随民生实用技术的扩散和传播而传世于各地的。至于在象形文字之前是否有过图画文字阶段的问题,也要经跨时空的实物证据链来证明。正如拱先生们对苏美尔楔形文字、埃及象形文字和中国甲骨文的比较研究所表明,迄今所积累的有关这三大古文字体系的出土材料证明,只有数字,包括那些跨时空传播数字的图画,是文字的先驱,而不是传统文字起源论的"文字源自图画"。

五、科学的文字定义为解决人类文字是同源还是多源的长期争论开辟新前景

按这样概括其进化全过程的文字定义来系统化其相关新老材料,为解决世界各地古文字是同源还是多源这个长期困扰世界学界的老大难问题开辟了全新的前景。只要从这几种最古文字的起源和进化过程的实际出发,我们对二者的是非不难做出明确的判断。

主张"多源论"的一些中国学者,在以中国新石器时代"图形的年代远在楔形文字之前"来证明汉字独立起源的同时,却毫无根据地武断"它们不会发生借贷关系",还把文字的起源同简单工具的发明混为一谈,说是"社会或生产发展到一定阶段或程度的必然产物,只要具备条件,迟早总是要产生或发明出来"(王凤阳 1989)。殊不知独立的文字起源,是人类认识能力在其听觉感知与视觉感知相互作用中逐渐进化的漫长过

程,绝对不是简单工具的发明可比喻的。就像胎儿大脑发育的程序必须按部就班地完成才会写字一样,人类数量概念用刻划记数表达到抽象数字的产生,再到建立成熟的文字体系需要循序渐进的连续进化过程。这个过程,在中国从迄今发现最早记数骨刻的年代为 2.8 万年前来看(F17),经历了近 2.5 万年;在西亚从迄今发现最早记数骨刻的年代为 3 万年前来看,也差不多进行了 2.5 万年(Schmandt-Besserat 1996)。在没有外来文化影响的情况下,这样的认识进化过程只要某一步的进化方向出错,就不可能建立起成熟的文字体系,就像恐龙进化的方向一错而招致其整个物种的毁灭一样。显然,"多源论"者的这些想当然论调脱离了文字起源和进化过程的实际,而显得苍白无力。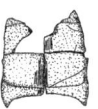

西方学者提出的文字"同源论",尽管其中不乏兜售"西来说"的谬论,但多少接触了些各种古文起源和进化过程的实际,因而包含有合理因素。如 Gelb(1963)指出:"当把文字最广义地定义为人类交换信息的视觉符号时,是不可能提出文字同源论的,如这样定义文字,那么图画就是被世界各地人类用过并仍在运用的一种,但说它们有共同起源,是毫无意义的,正像试图说所有艺术来自共同来源那样。因此,同源还是多源的问题,只有关于成熟文字。"他强调:"同比较单个文字的外形相比,比较文字的内在特征更重要。"他就对包括苏美尔楔形文字、埃及象形文字、中国甲骨文在内的 7 种古文字的共同特征作了论证。当然,不少中国学者也论述到世界各地古文字,特别是这三大最古文字体系的共同特征。下面就将国内外学者所觉察到的这些共同特征作一评述。

第二节 各种古文字的共同特征及其来由:同源于数字卦

正如 Gelb 所言,体现出共同特征的各种最古文字,包括世界最古的象形文字——苏美尔楔形文字、古埃及象形文字、古汉文和古彝文,以及最古的字母文字——腓尼基字母文字,都是成熟文字体系。所谓成熟文字,就是上面所定义的,在以数字为先驱的象形字带动下,象形、象事、象意、象声字相互增益形成孳乳繁殖的局面,并发展到象声字增殖至一定程度,而出现语音化趋势时所达到的文字进化阶段。简言之,出现语音化趋势的文字体系就是成熟文字。尽管这几种古文字体系的语音化趋势进展的方式和程度大不相同,但它们都难以掩饰地表现出其共同的特征,且表现得如此明显,以至国内外学者都有所察觉。这些明显的共同特征及其来由可归纳为如下四个主要方面。

一、它们全是线形符号

众所周知,从旧石器时代以来,人类就在其特定的生态环境资源条件下养成了各自的视觉审美传统,西方人的传统是仿真再现实物,而东方人的传统是以线条表现(传神)实物。在各自视觉审美传统的引导下,他们摸索和发展各自的记数工具,苏美尔人和古埃及人用的是圆形、半圆形或椭圆形泥筹,而中国人主要用长条形的算策;由各自记数工具象形出来的数字也不同,苏美尔人和古埃及人的数字是圆形的(Schmandt-Besserat 1996,拱玉书等 2009),而中国人的数字是线形的。这些已经习惯用圆形符号的民族,为何转而仿照中国的线形数字创制出自己的线形数字系统,并很快用线形符号建立起自己的线形文字体系?显然,是由于当时人们用来把三维泥筹象形成二维文字的刻刀,不便用来将圆形泥筹仿真成圆形文字,其视觉符号的进化按原有的圆形模式轨道继续不下去了,只好通过借鉴中国传来的线形数字组合——数字卦,转到线形模式的轨道上来。这就是这两种古文字体系得以一反过往而骤然呈线形出现的内在原因,也是所有这些古文字全是线形的直接原因。如果他们坚持以原有圆形模式作为其文字进化方向,那就可能要在黑暗中摸索更长的时间,直落到后世出生的那些圆形文字的同样结局。可见,仅这几种文字都呈线形的这个共同特征就可证实它们的共同起源。

二、它们都是全套造字技术——"六书"应用的结果

这就是中国文字学家们所说的"六书具有普遍适用性"(周有光 1989)。拱先生们(2009)对苏美尔楔形文字、埃及象形文字和中国甲骨文之文字结构类型的比较研究证

实:如同"六书"是汉字的六种基本类型一样,"六书"也是原始楔文和埃及象形文字的基本类型和主要的"造字之本"。Gelb(1963)也说:"苏美尔文字、伊拉姆原文字、印度原文字、中国文字、埃及文字、克里特文字和赫梯文字中,每一种都是语音文字。因此,它们必有一个共同的起源,因为它们有共同的语音化特征,而语音化是不可能由世界各地各自独立实行的。语音化是成熟文字发展的重要阶段。当然,这一阶段不一定是由某个地区一次实现的。语音化不是发明,而是这个原则的系统化,而这个原则对成熟文字的进化具有首要的重要性。"语音化确实是各种类型文字结构原则实施的系统化过程,既包括由象形字出发,以形声相益的方式构造会意字和形声字的过程,也包括将形符、义符、音符加以合理组配的过程,又有将象物、象事字转义或引申的过程,还有借字表音、借音表意的过程。通过这一连串系统化过程的整合,才能把一个文字体系逐步创建起来并走上语音化道路。在完全无先例可循的情况下,中华先民在数字卦的发展和使用中逐步摸索实现这一连串的系统化过程,自然需要在相当长的时期内连续不断地探索来积累点滴经验。这就是中国数字卦产生后经过较长时期的进化才形成成熟的汉字体系的原因,而苏美尔人和古埃及人则可直接从数字卦中借用他们前所未见的"六书"造字法,就能在数字出现后不久就用来创造出自己的六种类型文字。这表明,所有这些古文字所体现的"六书"普遍适用性,也是它们共同起源于数字卦的坚证。

三、它们都包含源自数字卦及其剪接的符号

如本册上述各章所示,这几种古文字的字符及其有关的陶符分别同相应的数字卦或其剪接的比较表明,同它们相同或相似的数字卦的流行甚至传播到当地的年代都早得多,从而意味着这些文字的基本符号,如"十""×""∧""↑""↓""米""⊤""S""M""W""Y""Z"等,都是由数字卦体系这个总根源直接或间接地流传的。与此相印证的是,Mackenzie(1926)对西方各地最流行的"卍"、"十"、旋纹、"S"和树纹在世界各地之传播的研究,证明这些符号都是由一个最早的起源地发源而随后逐渐传播到各地的。如本章各节所示,这几个符号中,除"卍"符号迄今所知最早出现在西亚外,其他符号的

最早发源地都在中国。在所有构成这些古文字的基本符号中,恰恰是几乎看不到"卍"符号,而所看到的大多是由中国数字卦传来的符号。这些符号在世界各地流传的这些情况说明,数字卦及其剪接成符方法早在史前就曾源源不断地从中国流传到世界各地;这些符号作为字符构件在所有这些古文字中的普遍存在,像胎记一样证实了它们共同脱胎于数字卦系统的历史真相。

四、它们都体现了符号的排列组合原理和方法

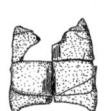

一个没有抽象数字概念的民族,就像尚未发蒙的儿童那样,是不会有组合概念的,更不会懂得如何将少数几个符号排列组合成大量文字。史前西亚和埃及各地居民,处于海洋性湿润气候和食物资源丰富的条件下,从旧石器时代以来一直生活在以个体家庭为基本单元的等级社会内,缺乏机会来认识群体组合的意义,从而直到公元前3300年还没形成抽象数字,更不用说形成数字组合概念。与此形成鲜明对照的是,史前中国各地居民,处在大陆性干旱气候和食物资源季节性短缺的条件下,从旧石器时代以来一直生活在以氏族公社为基本单元的平等社会中,深刻体会到群体组合的协作力决定其生存繁衍的重大意义,因而在距今万年前后发明抽象数字的同时,就开始用数字的排列组合记事,到公元前6200年就已经开始使用3个或6个数字组合成的八卦和六十四卦。这就是莱布尼茨所说的:"易六十四卦给予普通文字的发明以重大启示,使思想与数发生关系。""伏羲找到了一种独特的表达文字、算术、抽象和记数的方式"(Leibniz 1686、1716,Aiton 1985,Widmaier 1990)。以数字组合形式流行的易卦,对普通文字的重大启示是多方面的,除上述的三方面外,最重要的是启示人们如何用少数有限的符号或其笔画来排列组合出其所需的甚至无限多的文字。数字卦所示范的符号排列组合原理是如此简明易懂,以至苏美尔人、古埃及人在刚发明自己的抽象数字不到一百年后,就能直接借用来将其现存的几种笔画组合出自己所需的文字,从而省去了由数字进化到成熟象形文字所需的上千年甚至数千年的摸索过程。在东西方先民成功应用易卦组合原理而开发出这三大古文字体系之先例的影响下,随后所兴起的一切文字体系，不论是笔画组合而成的象形文字体系，还是字母组合而成的字母文字和拼音文字体系，无一不是数字卦排列组合原理之应用的产物。

上述这些最古文字体系的四大共同特征，实际上也是任何一个古文字系统成立之不可缺少的必要条件。既然在距今 9000 年前后，中华先民就已经开创出一整套以数字的组合来记录和交流理性思维语言的文字——以数字卦形式出现的卦数文字，那么卦数文字便是世界上最早的文字体系，不仅较之世界各种最古文字，包括西方学界所公认的世界最早文字——古埃及圣书字和两河流域楔形文字至少领先 3000 年，而且为所有这些古文字体系的创立和发展源源不断地提供了所需的全部启示和借鉴，而成为全人类各种文字之始祖。它既以其数字及笔画组合，为各种象形文字奠定了基础，又以其符号排列组合，为字母排列组合成各种拼音字母文字提供了所需的全部启示和借鉴。这就还原了它作为人类一切文字之源头的历史地位，从而使人类文字进化之全过程回归其辩证展开的三大阶段：由数字组合，经象形和拼音分道发展，到殊途而同归于信息时代由计算机语言的二进制数字组合文字所带头的数字组合文字。在距今 6000 年前后的世界上，除这个业已在中国进化 3000 余年的数字卦体系外，还会有别的同样发达的视觉符号体系这样源源不断地提供人们所需的全部启示和借鉴吗？从世界各地迄今积累的考古发掘材料来看，世界历史的回答是没有；从理论和逻辑上看也根本不会有。

第三节　数字卦是唯一能为史前人类创造文字提供全部启示和借鉴的符号系统

国内外学者在对苏美尔楔形文字、埃及象形文字和中国甲骨文之起源的追溯中，都未找到其直接的前身，都感到是其创造者借鉴某个现存的文字体系而突然创制出来的(拱玉书 2009)。本章各节分别以其相关出土材料的系统化证明,为这三大古文字体系的创立和发展提供所需全部启示和借鉴的,正是作为其始祖的数字卦原文字体系。即使是在以这三者为母本而为其周边各民族衍生出历代次生文字体系的过程中,特别是在所有这些民族的文字系统在各自适应本民族语言的过程中,还是数字卦体系为它们的创建和发展源源不断地提供所需的启示和借鉴,确保了各种文字体系以不同方式来充分适应各自民族语言的发展,直到适应现代用计算机语言来表达各民族文字体系的需要,以至当代世界通用的几大文字体系,无论是拼音字母文字如英文,还是象形文字如汉文,都保持着数字卦的线形形制,都体现其数字组合原理和方法,都保留着数字卦的遗了。一言以蔽之,从最早一代的成熟文字问世以来,人类曾使用过的一切线形文字体系,特别是流行世界的主要文字体系,无一不遗传着数字卦系统这个共同始祖的基因。

一、易卦是一切语文的原型

以数字卦为始祖的这些文字体系,之所以能适应其所记录的各民族语言之发展的需要,是因为易卦本身就是人类各族语言的原型,概括了主导各民族语言发生和发展的基本矛盾运动和转化的各种可能方式。由数字卦发展起来的易经六十四卦符号系统,不经翻译而可连通全球一切语言和理性思维的事实,使世界学术界公认:"易经是一切语文的原型(prototype)。这不仅是因为它最古老,而且也由于它是最准确的符号系统,还由于它连续不断地被应用到今天。"(Bonvecchio 1998)易卦是一切语文之原型的历史地位,必然导致卦数文字为一切文字之原型,而被引进和移植于各民族所在的社会中发育成适合其各民族语言的文字体系。

二、汉字的独特优势来自卦数语文

正是数字卦的数字组合本性,使一切由其发源的文字体系,不论是字母组合的拼音字母文字,还是笔画组合的象形文字,都能发挥各自的特有优势。当拼音字母文字展示其充分适应其所录语言的优势,而令一些学者抱怨汉字不进化的时候,汉文字作为由史前数字卦及其主导的卦象文字和图画文字直接进化而来的成熟象形文字体系，却显示出拼音文字所无法取代的多种优势。它在世界文字之林中所独具的优越性，既为其使用时期最长、使用人口最多的事实所证明，也为文字比较研究和信息科技的发展所验证；它的优越性是如此独特，以至它不仅避免了世界上其他象形文字消亡的命运，也不仅以其连续不断的进化和跨越拼音化的注音化来日益适应南北各地、古今历代记录和交流无数语言的需要，还不仅能以其一千多个单音节字作声音符号把中华民族的语言通通写出来，而且能以乘法结构建造世界上最先进的数字系统。汉字何以能如此优越？它所有的这些独特优势，归根结底主要是由中国原始语言所决定的。正如文字学家们所说："中国文字变为注音文字，而不变为拼音文字，显然和她的语言有关。""中国文字是配合她的语言的"，"一个民族采用何种文字，除了历史传统、文化交流的影响外，主要是由所记录的语言特点决定的。"（唐兰 1988）中华先民的语言特点，如"大体是单音节语和双音节语""音节单简，原音显得特别重要，辅音容易流动""古代就有四声"等（唐兰 1988），都暗示同旧石器时代以降各地流行的策杆记数之习惯中约定俗成的数的声符有关；而本章以系统的考古学证据证明：直接决定汉文进化的原始语言的最根本的本质，就在于其所有原始语言以用作理性思维语言的伏羲卦数为核心。这就是说，中国文字的所有独特优势之来源于伏羲卦数，是中国文化和文明的所有独特优势之来源于伏羲卦数奠基的易学思维和实践的一个重要方面。

三、数字卦的文字始祖地位不可或缺，也不可替代

数字卦体系作为世界所有这些古文字之始祖的历史地位，在人类进化史上，是不可或缺的，也是不可替代的。古彝文与世界古文字比较研究课题组，以"长、宽、厚、活、定、值"六维指标对彝族文字在世界古文字遗产中的地位与价值进行了评价，在此评价中，一些学者提出了"古彝文是世界文字的始祖"的看法（赵德静 2010）。下面就以这六维指标来对数字卦与包括古彝文在内的各种古文字作比较，看哪个才是当之无愧的世界文字的始祖。

(一)数字卦的长度

如本章第四节所述,距今 9000—4000 年,古东夷部族同其他地区的居民一起,将以伏羲卦为基础的数字卦和卦象文字用作共同文字,来开展各地之间的文化交流,到距今 4000 年前后才分道扬镳而进化成两种成熟的象形文字:古彝文和古汉文。那些在贾湖、彭头山、大地湾、半坡、大汶口、柳湾等史前遗址出土的,其形体均与彝文颇有相同或相似之处的刻符,本身就是数字卦或其主导的卦象文字和图画文字。因此,作为一种成熟文字体系的古彝文,就像汉文一样,充其量只有 4000 年左右的历史。而数字卦体系,以万年前的二进制数字卦为源头,按自己的内在逻辑连续进化成今天仍流行于世的符号卦,才是真正经历了一万多年的进化史。因此,在中国各地流传一万多年一直进化至今仍历久弥新的易卦体系,是世界上最古老的、连续进化过程最悠久从而最经久耐变而无限持续下去的文字性人工记忆符号系统。

(二)数字卦的宽度

同理,学者们所证实的彝族文字与甲骨文具有同源性,与排列前五位的世界古文字具有同源性的所有证据,如在中国 29 个省市自治区发现的古彝文刻划符号,马拉呷发现的 4672 个甲骨文中的 323 个完整的古彝文字,毕节地区彝族文字可解读苏美尔文字、腓尼基文字、阿拉姆文字、伊特鲁里亚字母、塞浦路斯字母一部分的事实,马先生提供的"古彝文—苏美尔文—拉丁文—英、法、德、俄文"和"古彝文—印度印章文字—太平洋复活节岛象形文字"相互交流的历史线,马先生发现的印度河谷印章文字中的 300 多个彝族毕摩经书文字等(赵德静 2010),都是古彝文前身——数字卦体系曾传播到这些地区的证据。迄今世界各地的考古出土材料表明,数字卦的确曾传遍全世界,它不仅为中国史前各地居民作共同文字使用 6000 多年后直接进化成古汉文、古彝文等成熟象形文字及其次生的各种文字,也不仅为古代西亚和埃及乃至欧洲各地居民借用来创建楔形文字、象形文字和字母文字及其次生文字,而且也为美洲和大洋洲土著民族借用来创制各自的文字。除本卷第一册所列举的那些数字卦图案外,一些学者发现的奥尔梅克和玛雅文明与商代文明之间在遗传基因、文字、礼仪、纹饰、工具、身体语言等方面的跨文化相似性（McNeill 1963，Meggers 1975，Xu 1996，姚伟 2011），对此作了系统的证明。由此看来，世界上绝没有任何一个来自 8000 年前的符号体系，在其使用范围、影响范围和传播地域范围上，可与数字卦体系同日而语。即使以彝文与其相比，充其量也只能算是月亮之于太阳。

（三）数字卦的厚度

近万年以来，数字卦及其卦象文字、图案画和美术体的传承分三大方式：

1. 它们以"书契"，即图画和契刻的方式进行记录和传播。刻划在骨器、石器、陶器、玉器、铜器和竹木上的数字卦及其卦象文字、图案画和美术体，遍布国内外古代文化遗存中，现已出土的就不计其数、浩如烟海，依旧埋没在地下的更多。

2. 它们以与古汉文、古彝文等各种古文字相配合的方式进行记录和传播。如携带数字卦的甲骨文、陶文、金石文、简文、帛文及其他古文献，在夏商周三代及受其影响的古代文化遗存中普遍存在、不可估量，至今出土的也是小部分。

3. 它们以数字卦进化而成的符号卦形式的书写方式来记录和传播。从西汉以来用各种文字阐释和应用这个符号卦系统的文献，更是连篇累牍、层出不穷。

通过此三种方式，数字卦承载的信息量之宏大，无任何一种文字可比。其内含的易学思维和实践经验，从民生实用技术、易科学、易艺术、易宗教到易哲学，真是到了"其大无外，其小无内"的境界，其中的一个易经版本《周易》就是学者们所称的"无所不包"，可见其内涵和外延。其使用期之长远和受益之广大，都是无限的，也是任何一种文字都无法与之相媲美的。

（四）数字卦的活力

万年历史的数字卦体系至今以国际公认的最准确总括宇宙规律的符号体系——八卦和六十四卦的符号卦系统，不经翻译而普及于世界各国，并由各民族的文字予以解释、应用和发挥，从而以新的形态在全球范围内永续不断地活态传承。易卦语言文

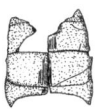

字的活态教育永续不断地全球普及,既是其无限传承力的体现,也是文字活度所能达到的最高境界,是其他任何一种文字都不可能达到的。数字卦作为易学的语言和文字而以易卦的独特方式流行于世的近万年来,世上屡经沧桑,都未能使它衰老过时,相反,随着时间的推移,它越来越显示其无比强大的生命活力。在它的主导下,中华民族经历了文明起步到发展成熟文明的万年历史过程。在这万年的历史长河中,它成功地经受了种种考验,一直所向披靡,为中国和世界的文明进化做贡献。由此,中国文化的每个分支,都可在易卦中追踪其根基;人类文明进化中的每个重要发明,都可在易卦中找到其"基因"。

中华先民在数字卦的使用和发展中以积累的8000年智慧将它结晶成符号卦体系之后,以易卦符号体系为核心的易经,便成为中国文化的总根,中国科学、艺术、宗教和哲学之集大成,诸子百家学说及其思想体系的鼻祖和主泉,而被历代列为"群经之首,诸籍之冠",其总括的易道,正如清代《四库全书总目提要》所说:"易道广大,无所不包,旁及天文、地理、乐律、兵法、韵学、算术,以逮方外之炉火,皆可援易以为说。"可见,易卦符号体系对中国和世界文明进化的影响之博大精深,不仅是任何文字体系,而且是任何符号体系都不能相匹比的。随着人类文明特别是现代科技的发展,易卦与各学科的内在联系变得越来越广泛而深刻,正趋向于把各门实验分析学科的细分化成果,按易卦总结的宇宙规律和易学有机整体思维方式统一起来,以至现代科学的一些重大发明,如电子计算机、遗传工程、新材料科技、信息技术等,都与易卦符号总括的易经哲理息息相关,直至影响人类未来的一系列重大高科技项目,如耗散结构理论、混沌理论、分形几何理论、一元数学理论、物元分析理论、天地生偶次序理论、全球地质构造吕德斯线、地球经络结构理论、地震自然节律、自然周期可分度理论、生物全息律、宇宙全息论等,都与之有密切关系(李树菁2007)。

与此同时,世界各地越来越多的各行各业人士,认识到易经不仅能像瑞士心理学大师荣格(2000)所说的那样"对物质和精神世界中碰到的问题给予指导",而且能为人类增加智慧,致力于从易经中吸取理论、方法和谋略,来发展各自从事的专业和学科,从而开发出越来越多的易学领域,如科学易、心理易、管理易、人文易、艺术易、武术易、医学易、未来易、生态易、环境易等。与易经智慧深入各专业、各学科的趋势相呼应的是,人类生活回归自然的趋势也驱使源于易经的一些中国传统文化分支,如老子道学、孔子儒术、墨子墨学、孙子兵法、中医等,越来越盛行于世界各地。总之,在当今世界面临的重重危机之下,从易经中吸取智慧来迎接这些危机的挑战,正成为当今人类的共同需要,全世界范围学用易经的热潮,必将易卦符号体系的科学价值、文化价值、美学价值、历史价值和传承价值激活到新的高度。这远非任何文字体系可比的。

(五)数字卦的独特性和普适性

数字卦是世界上唯一以数字为字母组成的原文字体系,其构型和使用都极具独特性。数字卦及其卦象文字、图案画和美术体,尽管要通过以八卦为媒介的跨时空传递才能发挥一般文字的功能,但它们兼具象形文字和字母文字的优越性;既有书,也有契;每字形、声、义三位一体;数字卦与卦象文字相互增益而具有象形、象事、象意、象声的造字功能和转注、假借的结构原则;既拥有进化为成熟象形文字的潜质,也有发展成字母文字的素质,而成为任何人工记忆符号进化为成熟文字之不可逾越的前提阶段和基础。从双墩等遗址出土的刻符中有数字卦、卦象文字和数字卦剪接与形符组合成合体符号的情况来看,公元前5000年前后长江流域的一些氏族已掌握了数字卦、卦象文字和数字卦剪接及其与形符相互增益的一系列造字原理和方法,那么,在此后2000年间,数字卦辗转流传到西亚各地的同时,其所示范的造字原理和方法,为苏美尔人楔形文字和古埃及象形文字的创作者们提供所需的全部启示和借鉴,就是必然的了。其中,最主要的有:

1. 造字前提原则:数字是语言统一的先驱;语言统一是文字产生的前提。所有原生文字体系都是先有数字、后有文字,就是因为先有数字语言的统一,才会导致事物语言的统一。公元前3200年前后,苏美尔人和埃及人经长期使用圆形泥筹开展具体记

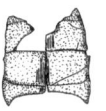

数实践,分别发明了圆形数字,表明他们当时已具备了造字的前提条件,也具备了接受数字卦所示范的这套原理和方法的前提条件。

2. 造字起步原则:数字是象记数工具之形的象形文字;数字是象物字的样板,构造数字所采用的象形方法和抽象方法是最基本的造字手段;线形数字本身及其笔画,为非数字文字的构成提供构件模样。苏美尔人和埃及人在发明和使用圆形数字之后,转而模仿数字卦的线形数字,制作出各自的线形数字系统。这标志着他们接受了这一原则,从建立线形数字系统起步,将其符号的进化从原有的圆形轨道转到线形轨道上来,开始用线形笔画构造各自的文字。由此而开始了其借用数字卦原理和方法的过程。

3. 数字卦包含和示范的"以类聚物,依类象形"原理和方法:将事物加以分类,按各类事物类别的一般形象或意象来象形造字。

4. 数字卦包含和示范的"以群分同"的原理和方法:将数字卦选择性地剪接成字根、部件或元件,同各种形符、音符、义符相结合创制各种同根字群,构建成熟文字体系的基石。

5. 数字卦包含和示范的符号排列组合原理和方法:将有限的基本符号(数字、笔画或字母)排列组合成无限多个文字,其中包括象形、象事、象意、象声字;将已有文字分解成形符、音符、义符,再排列组合出新字,其中包括指事、会意、转义、假借字,如此相互增益而孳乳繁殖出适应社会需要的整个文字体系。

就这样,苏美尔人在公元前3100年,古埃及人在公元前3000年,分别建成了自己的成熟文字体系。试想当时全世界,哪个业已行用的文字体系能如此恰到好处地给他们提供所需的这些启示和借鉴,使他们在短短的100年间茅塞顿开,如此顺利地创制了如此成熟的文字,而省去了在黑暗中摸索数千年的曲折历程?由公元前8000年发明泥筹到公元前3200年发明圆形数字就用了近5000年,怎么比圆形数字系统庞杂得多的线形文字体系的创制反倒只用了100年?本部分有关章节所示证据,特别是古代中东各地那些包含数字卦的陶符和文字已证实：只有当时已行用和进化了5000多年的数字卦体系才是这些问题的唯一可行解答；在全球范围内，只有数字卦体系才能原生出所有这些造字功能，才能将全套造字原理和方法第一手地示范出来，才能为包括苏美尔楔形文字、埃及象形文字在内的一切原生文字体系的创立提供所需的全部启示和借鉴。任何在人类历史上存在过的，特别是现今仍在行用的文字体系，其制作的原理和方法，都是直接或间接地来自数字卦体系。

（六）数字卦的价值

由二进制数字组合进化成二进制符号体系的万年历史过程，和由其起源地传播到世界各地的数千年过程都表明：数字卦体系是人类认识能力和智慧在其内在发育的逻辑顺序不受干扰的情况下，以自然和社会选择为导向，按适应人类文明发展需要的方向连续进化，逐代积累其适应性能，在距今3000年前后达到直观条件下的最高智慧境界的符号体系。它是人类进化成智人后再进化10多万年所取得的最伟大的文化成就。人类迄今所取得的一切文化成就，即使是划时代的伟大成就，从新石器、陶器、农业到现代机电工业产品、计算机等，都只适用一定的时代，而它却适应任何时代！这就是德国符号逻辑专家菲德烈博士在德国 Semiotic（符号学）杂志1991年1—2期上发表论文所指出的："《易经》提供了一个完整的符号功能模型，这种模型的演化逻辑反映了地球上自然环境的基础结构。《易经》这种符号创造在任何时代都可称之为范例。虽然《易经》符号起源于古代，但其原则仍适用于现代科学知识的概念范畴，特别是对于在互相渗透中的演化科学可以理解的符号学来说，易卦符号系统为它们开辟了一个广阔的远景。"（李树菁1992）因此，它在人类进化史上具有无可比拟的重要地位，对人类的过去、现在和将来都有无与伦比的重要意义。研究易卦的进化过程及其对世界文明起源和发展的影响，对研究中国史前科技文化、世界史前史、世界文字史、人类认识进化史具有不可替代的、无比宝贵的价值。

以上在全球范围内开展的文字起源研究，就像以全球野生稻和栽培稻基因组数据

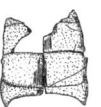

构建水稻全基因组遗传变异图谱来发现水稻驯化起源地那样,追踪到了构成各种文字之基本符号及其组合原理和方法的最早来源——中国的数字卦体系,它连续进化过程经历的时间最长,它的基本符号在世界各地流传最广,它通过连续不断的进化而具有无限的跨时空的信息记录、储存和传播性能,放置世界而皆准的普遍适应能力以及历久弥新、无穷无尽的生命力,以远远超越其他古代符号系统的独特优势,为各地居民创造自己的文字体系源源不断地提供所需的全部启示、借鉴、样板和构件图样。由此看来,数字卦为人类文字的共同始祖是人类认识进化史的必然。早期人类认识能力和智慧的进化,就像胎儿大脑发育一样,其过程内在的逻辑程序,是一步也不能中断的。其他民族的祖先之社会进化没能在空间上和时间上实现多元一体化到这样的程度,以致不能连续地实现早期人类智慧进化9000多年的逻辑程序,因而其智慧不能推导出与易卦相近的对应物。中华民族的祖先,自伏羲氏族以数字的组合——数字卦作记录理性思维语言的文字,用来贮存和交流"观象授时""尚象制器"的实践经验以来,代代相沿,一脉相承,因革损益,循序渐进,绵延滋生,逐步通过了早期人类认识能力和智慧进化内在的逻辑程序,从而使早期人类的符号表达能力和智慧发挥到最大限度而结晶为符号卦体系。这样举世无双的文字之源,绝不是个别天才人物就能独创的,更不是什么外星人所能恩赐的,只能来自中华史前先民在上万年间的生存竞争和社会实践中以共用的数字卦所积累之经验和知识的精华。正是由于有这样举世无双的文字之源,中国史前的造字科技一路领先于世界,使其他民族能够直接借用其造字原理和方法来创建自己的成熟文字体系,而不必再走中华先民所走过的老路。

第四节 数字卦成为人类文字共同始祖是自然和社会选择的必然结果

既然中国数字卦体现的造字科技在距今7000年的史前就相当发达而一直处于世

界领先水平,以至为苏美尔楔形文字和埃及象形文字的创制者们所借用,那么,这么早就如此发达的数字卦体系又是如何进化而来的?为何西亚和埃及的原始人工记忆系统没有进化出现类似的对应物?上面已谈到这些问题,这里再做深入讨论。

作为一种原始人工记忆系统,每种原始记数技术,像任何一门科技一样,其持续发展都需要两大条件,一个是文化条件,另一个是物质条件,缺一不可。英国近代科学史权威默顿(1987)说:"科学的稳步持续发展只发生在一定类型的社会中,这类社会为这种发展既提供文化条件,也提供物质条件。"如上所述,在旧新石器时代交替之际,中东与中国生态环境和自然资源的差异决定了其文化和物质条件的不同,决定了其原始记数的目的和所用工具的不同:前者为各家各户所占有的产品做会计核算,使用代表各种产品的不同形状的泥筹;后者为确保氏族不误农时,用多种记数工具做阴历和阳历记数。这样一来,二者记数工具的进化就展现出不同的态势:前者是随财产的增长,而出现泥筹品种的多样化和复杂化;后者是随农业发展所需求的天文历法改进,而出现记数工具种类的多样化及其结构和功能的复杂化。于是,在如此不同的自然和社会选择下,记数工具的进化呈现出不同的趋势:前者是泥筹品种的竞争导致复杂泥筹品种及其数量的增加;后者是记数工具种类的竞争导致适应性最强的记数工具得到更加广泛而经常的运用。其结果是:前者的泥筹品种和复杂泥筹越来越多,使象复杂泥筹之形的文字的创制日趋困难,直到象朴素泥筹之形的圆形数字出现后不久就同复杂泥筹向文字的进化脱节(Schmandt-Besserat 1996,拱玉书等 2009);后者是多种记数工具的竞争导致算策最适用,而成为能用于各种计算并记录其他工具记数结果的主要工具,进而导致象算策之形的线形数字的发明,并由此在对偶对称分组记数中发展出其组合而成的数字卦。可见,数字卦的发生和发展之所以在中国展开,而没有出现在西亚,完全是自然和社会选择的必然结果。

也正是在中国大陆自然和社会的选择下,东方人类与其创制的各种人工记忆系统的协同进化,特别是其中的策算技术与其他记数工具——物件记数、契刻记数、标记记

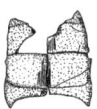

数和图画记数等的协同进化,也就是原始语言与原始书契的协同进化,导致卦数语言与数字卦的相互作用成为主导这些记数、记事工具相互竞争之协同进化过程的主要矛盾。在这个矛盾的主导下,所有这些记数、记事工具都进入了数字卦向成熟象形文字的转化过程。

(一)由卦数—物件记数、记事转化成文字

因伏羲卦数语言是中华先民的理性思维语言,先民通过组合应用成套记数算球、算珠、算子和算策来记录和交流思想的漫长实践,使这几类成套算器的记数和记事的排列组合,按伏羲卦数的逻辑逐渐实现规范化和标准化,从而日益广泛地成为被全社会所共同使用和理解的手势语言和立体文字,为中国史前社会所独有而用来作为记录和传达信息的工具数千年。在此基础上,这几种物件记数工具直接向文字进化,而出现分别象其实物之形的数字,成为成熟文字体系的基石之一。

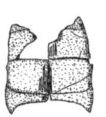

在甲骨文字体系中,除象算策之形的数字外,还有象记数之刻划纹的字、象记数串珠的字等,正如郑德坤先生(1973)所说:"甲骨文'玉'字……古代玉与贝都是一系贯五枚之形,朋指两串的贝,合计是十。表明这种观念的文字都是以图形为基础。……这可证明中国数名的起源……目前可推至十万年前的旧石器时代的末期。"既然中国数字和文字的来源,在算策记数之外,也直接同刻木记数和串珠记数有密切关系,既然易学数字卦系统和中文数字系统的单位数字都由策(筹)算中之横式单位数字演变而来,既然策(筹)算排位数字系统领先于世界的先进性从遗传上决定了易学数字卦系统和中文数字系统的先进性,那么这几类原始记数之物件的排列组合结构和形象,就是甲骨文字形成的一个重要来源,从而是汉字体系构建的基石之一。

在这几类原始物件记数方式中,尤以蓍杆之类的算策记数对中国成熟文字体系的形成起主导作用。以日益普及的蓍杆之类的算策表达伏羲卦数,不仅起提示和帮助记忆的作用,而且起准确记录和计算的作用;不仅可用作计算工具使全社会对伏羲卦数的知识及其应用有共同的理解,使全社会共同应用伏羲卦数的逻辑、理论和方法来掌握和交流千变万化的信息，而且可用作观象造器工具使全社会对其特定组合之造型所象征的事物和思想有共同的理解，其可由人灵活自如地加以组合造型的便利，使即使是语言不通的人们也能用来做比划而得以交换思想。用这类算策组合传递信息，还有其算策组合可以随身携带、随时随地使用之方便等优点，能克服其他物件记事之无法准备、无法携带、无从出示、保存困难等无法克服的缺点，从而比其他民族的物件记事和记数不知要优越多少倍；其记录、计算、模拟和交际的功能，不仅可同任何文字系统相匹敌，而且可同现代计算机系统相媲美。这意味着，蓍杆之类的算策组合，既可以是介于自然语言与文字系统之间的，也可以是介于文字系统与计算机系统的机器语言之间的机器化信息转换系统。

正因为蓍杆之类的算策排列组合有如此超时代的信息处理和传递功能，这类算策排列组合自伏羲时代以来的八九千年中，一直是中国古代社会中最通用的信息处理和传递工具。在各地居民世世代代使用策算器的过程中，这类算策排列组合作为伏羲卦数表达的立体文字，同相应数字卦一起，使伏羲卦数成为中国史前各地文化共同的理性思维语言，使这种语言表达的易学知识逐渐传遍各地而成为共同的认知体系，以至在中国成熟文字系统比对等的苏美尔楔形文字、埃及象形文字晚行用于世2000年的情况下，中国史前科技、经济和文化的发展仍领先于世界。可以想象，如果既没有发达的数字卦原文字系统，又没有可辅助这种文字系统的这类算策组合和其他表达方式来跨时空地传播理性思维语言和延续记忆，就不可能有史前中国文化如此持续的发展及其后续三代如此连贯发达的文明。也正是在长期使用而积累丰富经验、技巧和知识的基础上，中国传统的筹策算法才直接开辟了发展计算技术和数学机械化证明通往现代计算机技术的道路。

各地出土的史前陶文刻划中，相同数字刻划出现最早且出现频率最高；在数字符号之后，才出现较复杂的象形符号和图画。同易卦溯源到策筹算相呼应，汉字溯源也溯到策筹算，这不仅表明文字的数字起源和易卦的数字起源是同一过程的两个方面，

也不仅证实了当时数字卦的文字功用,而且也证实以算策排列组合所表达数字卦的立体数字,是中国数字和非数字文字产生的根基。先民在利用算策的排列组合做尚象制器的同时,也在利用算策的排列组合做尚象造字,由此就决定了数字卦的线形。

　　正是在数字卦与算策之矛盾运动的主导下,各种记数工具在相互竞争中协同进化导致以策筹数字为主体的各种数字及其组成的数字卦成为构造成熟文字的根本,从而也就决定了成熟文字的线形。这就是郑德坤先生(1973)系统考证甲骨文数字的起源和应用所得的结论:"中国基本数名的起源自成体系。6000多年的演化,虽参差不齐,但一气相承,绳索分明,其不可与西方数目字相提并论,自不待言。我们如果再就古代通行计算方式及数名用法,和其相济为用、互相呼应、形形色色的实况着想,中国文化的独立特质,便更加显然。……殷墟书契数名合文的应用,并不限于记数而已。……古代数名功用不一。用数名来构造新字繁文,颇为普遍。"在当时数字卦尚未引起学界注意的情况下,郑先生得出这样的结论,是难能可贵的。

　　上述物件记数工具进化史表明,以甲骨文为代表的成熟文字的根本结构及其线形构架,是它们在自然和社会选择下经过数万年协同进化的结果。中华先民在创制和使用多种记数工具的数万年实践中,通过这些记数工具在自然和社会选择下相互竞争、协同进化,在距今3万年前后才选出算策作为主要对象来象其形,逐渐创作所需数字并发展出数字卦,又经过3000多年的不断改进,才把十进制数字系统及其组成的数字卦稳定地建立和普及开来,从而使其原文字乃至其衍生出的成熟文字的结构和形制的进化走上了线形化道路。

　　(二)由卦数—卦契—记号记数、记事转化成文字

　　迄今考古发现的最早骨刻材料,确证距今3万年前后中华远祖就已开始用契刻记数了(F10,F17)。各地自那时以降的文化遗存,除出土刻划记数纹外,还出土有其他形式的记号,如穿孔记数、绳纹所表现的结绳记数等。各地新石器时代文化遗存出土器具上装饰有成组对偶、对称的穿孔、刻划、乳钉和镂孔纹,显示其记录和交流伏羲卦

数的含义,并呈现出按伏羲卦数的逻辑逐渐实现规范化和标准化的趋势,表明这几类记号的排列组合日益广泛地成为全社会所共同使用和理解的记号,而为中国史前社会所独有而用来作为记录和传达信息的原文字数千年。在此基础上,中国原始记数、记事刻划直接向成熟文字过渡,以其刻划结构进化成为甲骨文、金文和简文等古汉字的一种构造方式,以其包括契刻技术及其所用工具在内的契刻方式直接进化成"书写"成熟文字的方式。

人类学调查和考古出土材料及古代文献都证明,在器物上做记号,是世界上各民族的祖先普遍采用的记事方式,其中最简单的一种方式便是结绳记事,许多国家和地区的原始人群都做过结绳记数、记事。与其他民族不同的是,中华民族的祖先们早在发明和应用八卦的过程中,就实现了结绳记事向书契的转变。中国所独有的以伏羲八卦为主导的结绳向书契转变的过程,不仅决定了书契从一开始取代结绳便是八卦的记录和交流方式,也不仅决定了八卦从一开始出现便有必要和可能突破契刻的时间和空间限制而进行跨时空交流,而且还决定了中国史前契刻记数、记事手段领先于世的发展。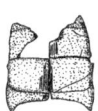

当然,契刻取代结绳也是在自然和社会选择下通过竞争来实现的。契刻的刻划纹,作为算策的记号,来刻划算策所排列的图形,比结绳方便、有效得多。因此,随着数字卦的普及,结绳在中国原始农业的新石器时代就普遍被淘汰。在取代结绳的同时,契刻也面临其他形式的记号的挑战。如石、骨、玉器上的钻孔和别的花纹,陶器上的镂孔、乳钉等,一经被先民用来表达伏羲卦数,它们就同契刻一起,比分布于世界各大陆的各种方式的记号都发达得多、有效得多。它们不仅对制作者起作用,也不仅为其流行的氏族、部落和部落联盟传授知识,而且各自以一脉相承的知识谱系呈现出标准化、规范化的进化系列,其同后世文字记载的易学有关内容息息相通,从而充分显示了它们表达数字卦原文字的功用,甚至其中有一些直接转化为成熟文字。

在这些记号方式的竞争性协同进化中,契刻作为表达算策排列图形和数字卦的最佳记录方式,具有明显超过它们的优势。它不仅同其他记号形式一样,以其记录的算策或数字结构符合伏羲卦数的逻辑并记录和传授易卦的有关知识,其记录的经验知识随易卦知识的积累和发展而成谱系跨时空流传,以至其功能已超越帮助记忆的范围,而具有原文字的记录和交际功能;而且能比它们更灵活多样地适应先民应用算策和数字卦开展思想和语言交流的需要,从而在构建、维持和发展各地氏族共同认知体系的思想记录和交流中发挥主要作用。随着龙山时代各地氏族联盟走向"协和万邦"的道路,先民间的思想和语言交流日趋频繁,契刻成为最普遍采用的数字卦记录和传播方式,导致中国新石器时代契刻的许多数字卦和卦象文字直接进入甲骨文体系。

从各地先民用包括契刻在内的各种记号形式来表达卦数的遗迹来看,中国新石器时代契刻中的数字卦和卦象文字,尽管需八卦作媒介才能跨时空传播,但已具备原文字的全部属性和功能。它们作为理性思维语言记录和交际的工具被使用,并和理性思维语言的发展相适应,而处于不断完善中。它们作为记录和交际理性思维语言的符号,使用范围之广、使用时间之长,都超过中东那两个古文化起源中心的陶符;其记录内容的科技含量之高、传授知识的准确度之精,更是它们无以媲美的。在先民日益普遍地习惯用契刻来"书写"和阅读数字卦原文字的趋势下,由数字卦脱胎出来的成熟文字以刻划纹出现,就是天经地义的了。既然每种生物下一代的体形都会像其母本一样,那么甲骨文字的刻划与史前数字卦刻划的类同,自然是它们之间存在亲缘关系的直接证据。这也表明,甲骨文和其他成熟文字最初以契刻纹的方式出现,是多种记号方式在自然和社会选择下经2万多年相互竞争、协同进化的结果。

(三)由卦数—卦图—图画记数、记事转化成文字

先民通过应用规整的几何图形及程式化和抽象化的形象图案来记录和交流思想的漫长实践,使这两大类图的各种典型形式,如三角形和四边形网格纹,十字纹和米字纹,等分圆图和圆内接多角形,圆内接八角形及其立体模型——璧和琮,四角星和八角星形,兽面或兽体纹和人面或人体纹及其立体模型或简化符号,龟纹及其立体模型,

8字纹,龙纹及其立体模型,鸟纹及其立体模型,鱼纹及其立体模型,阴阳太极图和S纹等,按伏羲卦数的逻辑逐渐实现规范化和标准化,从而日益广泛地成为被各地居民所共同使用和理解的特殊纹样、图案和图画文字,为中国史前社会所独有而用来作为记录和传达信息的工具达数千年。在此基础上,中国史前图画记事向成熟文字的过渡,走过了一条独特的道路。

以这些表达伏羲卦数的卦图为核心的图画和图画文字,既然是中国史前先民用来记录和普及民生实用科技知识的重要媒介,那么它们自然是图画文字、孕育记录语言的文字的母体。其实,它们的性能不仅如此,还有其他民族之图画和图画文字所没有的优越性:

1. 以卦图为核心的图画和图画文字,不仅是"书写"的,有自我说明作用、社会性等文字特征,也不仅都能限定所代表的语词,直接转换成后世记录相应语词的文字,而且以其设卦和立象来尽数理、情意。不说半坡文化的人面鱼纹图那样发达的授时图,就是单以日轮十字纹构成的简单授时图,其授时功效也不亚于后世长篇大论的月令、日书和皇历。上部分各章节所举的各类图纹,都能限定其所代表的语词,都转换有后世记录相应语词的文字,其代表的含意都比其转化的这些字的含意要丰富得多。

2. 以表达伏羲卦数的图案—卦图为核心的图画和图画文字,是把标记和算策表达同相应数字卦联系起来的中介环节;这类图案将标记和算策表达卦数的造形和结构综合起来,特别是将算策组合的"尚象制器"转化为"尚象作图",直接为"尚象造字"开辟了道路,并使这三者有机地结合起来,自然而然地形成了一条流水生产作业线来生产和翻新象形文字。因此,从文字学的角度看,中国文字之所以是象形文字,之所以能避免其他古象形文字消亡绝迹的命运,之所以能成为不断进化而适应社会实践需要的象形文字,就在于其象形文字的生产和翻新,通过"尚象作图"而同"尚象制器"的创新实践有机地联系于一体;不仅"尚象制器"的实践需要能直接推动其象形文字的生产和翻新,而且"尚象制器"的原理和方法也能直接应用于象形文字的生产和翻新,使其能

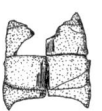

随着"尚象制器"的实践一道发展。"尚象制器"的元件排列组合原理和方法,在中国文字的构造中得到了如此充分的应用,以至用1000多个声音符号的排列组合,就可以把中华民族古今天南地北的无数语言书写出来。

3. 卦图经过上述几个阶段的发展,到新石器时代晚期已上升为内含易学原理的卦象图,包括美术史家们所说的"写意纹饰",不仅为卦图转化成理论化和哲学化卦象开辟了道路,而且通过卦图多种功能的相互作用和转化及卦象的多层次联想,使图画记事不仅成为象形字的直接来源,还成为形声字和会意字的源泉。

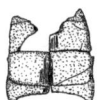

中国新石器时代流行的卦图具有多重实际功用,各地居民将其用于观察记载、数量计算、辨别方向、敬授民时、尚象制器、建筑设计、传授知识、交流思想、记录语言、装饰美化等,构成它们的基本纹样都是以伏羲卦数作共同的理性思维语言和逻辑来构思、设计的。它们随伏羲卦数的普及而流传开来,经各地居民的世代继承和发展,其中一些纹样和图案,如本册所述那些,分布广泛、延续长久并经历了成谱系的演变过程,本身就具有为全社会所接受之记录和交流的功能,以至都随后世记录语言的需要而直接转化成文字,且作为字根而派生出各自一族的形声字和会意字。其中的几何纹样和图案用作思维记录和交流工具,比象形纹饰抽象,涵盖更多重实用功能,于是,几何图形更具转化成多个文字群的潜力。如马厂类型的圆圈纹和折线纹的多样化发展和分化,暗示了卦图的多种功能相互作用和转化,由数字卦"∨∧"图案化而来,进一步图案化成马厂类型折线纹后,它既可以用来表示阴阳消长,也可以被人们想象成人或蛙的肢体,还可以联想到水流波浪、云气翻腾、雷电闪折、蛇虫蜿蜒、山脉起伏乃至阴晴明晦等,以至中国古文字中的申、雷、电、云、神、阴、亘、没、气、虹、水、川等字都取象于曲折的波纹线与回形线(王朝闻1987)。这些取象相同而含义不同的文字,作为其共同来源的图像之多重表达功能分化的结果,便成为字根而派生出一族族会意字和形声字。

这类从数字卦图案画中抽象出来而定型的符号,来自其几何和象形图案,而与其他几何纹饰和象形纹饰同时并存、比肩共进。远在后世成熟文字出现之前,它们就同其他各种形式的卦数、卦契和卦图一道,作为记录和传达以伏羲卦数语言传播和积累的民生实用科技和宇宙认知经验的符号,一脉相承地出现在各地各期文化中而成自己的演变系谱。无论按文字的何种标准来看,它们都应当属于文字;但只是由于其中一些出现得比西亚两河流域和古埃及的文字早,至今文字学界不承认它们为文字。幸好,《中国美术史·原始卷》注意到它们:"在我国原始文化中,出现得比文字更早的是图画性符号或卦象形符号,它们就是一种定型而简化了的构成纹样。……卦象虽然带有更多的理性色彩,但它的……基本思想中也反映出彩陶纹饰造型表述的基本观念。当我们看到彩陶那三等分圆周的构图,那被人称为'简化了的手指或蛙爪'的三条排线,那回形线中的一波三折,如果我们不联想到'卦象'中乾坤等并排的三条排线及最初导致'三生万物'这一哲学思想产生的观念力量,我们就很难体会到为什么中国的日月精华是三只足的乌鸦和三条腿的蛤蟆,为什么在后来的中国文字中山是三座山峰、水是三条水、草是三根茎叶、木是三条根叶、雨是三行水滴,等等。"(王朝闻 1987)这就说明,由卦图记录和传达的"三生万物"观,通过卦象予以体现,而直接传递到文字的形成中,成为文字构造的指导原则。

其实,在中国新石器时代中期,就已有传统来记录和传达这个"三生万物"原则,不仅有数字卦图案,而且有数字卦美术体来加以贯彻。如大河村仰韶文化晚期出土陶器上依次排列的三个文字性符号:S 〲 χ,分别代表测影定天时、行人、五星辨向,正好相合于《逸周书·武顺》所载"天道尚左,地道尚右,人道尚中。天有四时,地有五行,人道曰礼……知礼则行",也一致于《易·系辞下》所载"有天道焉,有人道焉,有地道焉。兼三才而两之,故六。六者,非它也,三才之道也"。可见,无论是后世哲学归纳的"三生万物"观、"三才之道",还是体现这些观念的图画、符号和文字及其构成结构,都来自上古以降先民应用易学科技开展生存竞争的实践,更具体地说,来自他们持续不断地以伏羲卦数为共同语文对其实践经验的世代传递和积累。如果没有共同语文来传递和积累实践经验,即使实践经验再多,这些易学观念也不会在如此漫长的时间和如此辽

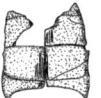

阔的空间内无孔不入地渗透到社会的每个角落。易学观念对中国文字的形成和进化的渗透,归根结底,还是由中国原语文以伏羲卦数为核心的根本特性所决定的。

4. 中国新石器时代初期,石器造型由圆到方的转变,是随易学方圆术的发育和成长而实现的;在民生实用器具制作和土木工程实践中不断发展的方圆术,必然随图画向文字的转化,而由作几何图形的方圆术转变成文字构造术。美术史家们这样解释石器由圆到方的进化史:"人类从最初与天然形态的砾石打交道算起,经历了二三百万年的艰辛历程。其间,砾石的卵形经过破坏、恢复、分化、发展,又出现了人造器具的球形、锥形、各种多面体和多边形等,直到出现了与自然形态对立性最强的形式——矩形。……直线和方形以空前明确的人为创造物的形式,较为突出地体现了人的本质力量。"(王朝1987)由此看来,数字卦及其进化而成的甲骨文字呈矩形,乃至后来方方正正的汉字,是先民自旧石器时代以来摸索、应用和发展方圆术之实践的必然结果。

本来,如《中国美术史·原始卷》所说:"古今中外,构成图案的法则多种多样,而表现图案底限不外乎一圆一方,一曲一直。马厂时代的艺术家们将直线与曲线融为一体,创造出直中有曲、曲中有直的线条与艺术风格。这正是中国彩陶艺术发展与成熟的标志,也是中国最初的审美的规矩之一。"(王朝闻1987)圆与方、曲与直,正是易学方圆术的规矩;这个规矩不仅指导了中国彩陶图案的起源和发展,也指导了中国青铜器装饰图案乃至中国绘画的起源和发展,但在甲骨文等早期成熟文字乃至汉字的构成和发展中,只突出与圆和曲之天然形态对立性最强的形式——矩形,显然是由中国人传统阴阳观中的天与地、圆与方的对偶原则所决定的,也是对象算策之形的契刻的适应。

作为中国成熟文字的一种来源,中国史前图画的核心——卦图,就以其体现的以上四方面独特性能,同其他各种形式的卦数、卦契和卦图一道,在作为各地居民用来记录和交流思维和语言的工具,作为储存和积累民生实用科技和宇宙认知体系的载体,以自己的演替系谱一脉相承地出现于各地各期文化中,发挥其原文字的作用,打破空

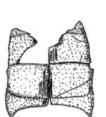

间和时间的局限,将各地应用和发展易学的各种经验和知识汇集起来,日趋广泛地传遍各地而成为各地先民的共同财富,以至其后世成熟文字所记载的各个领域的知识都相当系统而完备,其发达程度令人惊讶而难以置信。这正是中华原生文明多元一统而最具生命力的重要因素之一。正是这些原文字的连续不断的行用和发展,确保了适应各地先民在观象授时、尚象制器和生产实践中的经验知识和点滴创新得到不断的记录、储存、传播和发展,中华各地新石器文化才能在距今6000多年前就明显地形成共同的认知体系,这一共同的认知体系也才能为夏商周三代所继承和发展下来,使中国传统科技一直处于世界领先水平直到17世纪之前。

(四)由卦数—卦契—卦图转化为成熟文字

在卦数语言与数字卦之相互作用的主导下,上述三大类记数、记事工具都协同进化成记录卦数语言之数字卦的载体,正是通过它们的记载和传递,数字卦及其卦象文字、图案画和美术体,不仅是古汉字的前身和母体,而且本身就是原文字。这些史实不仅突破了现代主流文字学的"文字起源于图画"的框框,也不仅填补了迄今文字学在汉字与古埃及文字和楔形文字之间的空白,而且填补了迄今史学在中国国家起源与文字起源之间的空白,从而还原了中国文字与中国文明协同起源和进化史的本来面目。

在此之前,汪宁生先生(1981)就以大量考古出土材料、民族学调查材料和古籍记载为依据,推翻了"文字起源于图画"的说法,得出了"文字是由三类记事方法引导出来的"结论。但是,正如上述这三类记事方法的实际情况所表明,每类方法落实到每个地区的原始人群,都有很多种不同的记数、记事工具,究竟哪种工具的进化引导出文字来,就取决于自然和社会选择下这些工具在相互竞争中的协同进化。在中国远古的自然和社会选择下,各种物件记数工具的竞争导致算策成为最普遍采用的物件记事工具,以至算策成为象形造字的主要对象,最早的文字——数字及其组成的数字卦,都由象算策之形而来,由此就决定了其衍生出来的成熟文字的线形构架;各种记号记数工具的竞争导致契刻成为最普遍采用的记号、记数方式,以至契刻成为"书写"数字、数字卦乃至成熟文字的普遍方式;各种图画形式的竞争导致矩形图画对算策和契刻的使用最适应,由此数字、数字卦乃至成熟文字都呈矩形。因此,从认识进化考古的视野来看,汉字的起源,即使从汉字的最早一批数字的出现算起,也是中华先民多种认识能力协同进化上万年的结果。如考究这批最早数字的起源,则它们是中国智人多种认识能力,至少是其物件、记号和图画记事能力,经数万年协同进化、择优选择和系统调节的结果。

既然数字卦以矩形轮廓、线形构架的刻划纹和数字的排列组合出现在中国新石器时代早期文化的器具上,是中国智人的认识能力自旧石器时代晚期以降连续进化 3 万年的结果,那么随之而来的 8000 多年中,卦数—卦契—卦象—卦图—卦文之循环往复展开,就是在沿着既定的航向前进了。因此,记录先民理性思维语言的数字卦到成熟文字的进化,与数字卦到符号卦的进化,是易卦符号体系进化这同一过程的两个方面,都包括古籍所载的"画八卦"即以卦筮、卦珠、卦球之类的物件表达卦数语言,"造契"即以卦契之类的标记记录和交流语言,"造书"即以卦图之类的图画和卦文记录和交流语言这三大类认识手段的相互作用和协同进化。于是,其作为二维视觉符号,不论是数字卦、汉字或是符号卦,都呈线形构架、矩形轮廓和符合排列组合原理。

中国各地距今 9000—2000 年的文化遗存中普遍连续存在数字卦的事实,各地彩陶遗存都体现出拥有一个共同认知体系的事实,各地文明多元一体地起源和发展的事实,都充分证明:数字卦是这一期间中国各地居民共同按伏羲氏奠定的八卦范式,用来记录和交流其理性思维语言的符号体系;正是有赖于这个体系,各地所有的这一切才联系在一起了。自距今 9000 多年以降,通过多种记数、记事工具承载和传播这套数字卦原文字系统,中国各地居民就能在其他民族之前率先打破空间和时间间隔的局限,把自己在生产和生活实践中以理性思维语言认识到的经验知识加以记录和交流,使各地氏族在长期实践中摸索出来的民生实用科技逐渐成为越来越多氏族的共同财富,并在此基础上将各地氏族应用这些科技的实践及其从中取得的经验和点滴创新,按伏羲八卦的范式汇集和积累起来,随世代繁衍而日趋壮大直至形成共同的宇宙认知体系,据以主导其社会精神再生产、物质再生产和人口再生产,克服生态资源环境的多灾多难而取得持续发展,从而使中华文明由起步到成熟的进化过程一直走在世界的最前列,并为世界各地人类的文字创建和文明进化做出了重大贡献。就像先进生产工具决定社会生产的领先发展一样,作为精神文化生产工具的这套原文字体系对其他原始人工记忆系统的明显优势,对于中华文化和文明能有别于其他文化起源中心而得以成就多元统一的发展,对于中华民族能避免其他文明古国灭亡的命运而成为生命力最强之一统大族、大国,具有关键性的伟大作用。自从各种原始记数工具的进化朝数字卦的方向展开以来,特别是新石器时代中期以降,随着中国境内居民陆续向东方、美洲和大洋洲各地迁移,数字卦来到这些地区的地方文化中而进化出当地的文字体系来。因此,这些地区的所有文字体系,不论同汉文和彝文是否有直接或间接的亲缘关系,不论其进化史上还是现实中呈现为线形构架、矩形轮廓和笔画的排列组合,它们的总根都可追溯到数字卦。

从全球的视野来看,数字卦在全世界各地的传播,使各地区人类文字的起源,由各自不同的记数工具为起点,而走向共同的目标——以线形构架、矩形轮廓和排列组合方式构造二维视觉符号。如上所说,世界各个地区的原始人群,各有多种不同的记数工具,究竟其中有没有适合的工具进化出线形构架、矩形轮廓和排列组合而成的符号来?在没有先例的情况下,就取决于相关原始人群所处自然和社会的物质和文化条件了。如西亚和古埃及新石器时代早期居民,只有用圆形泥筹记数的传统,没有用算策的习俗,因此,它们只能发明象泥筹之形的圆形数字,而难以进化成文字。在此情况下,只有把圆形数字的进化方向转变到线形方面来,才能构建起他们的文字体系。正是在此关键点上,数字卦提供了他们所需要的一切,使他们把自己最早的文字体系建立起来。又如南美洲的印加人有自己的语言,一直沿用绳结记事,不接受外来造字原理和方法,以致没有建立起自己的一套书写文字系统(McEwan 2008)。世界各民族文字起源和进化的历史证明,不是任何原始记数工具都可"引导"出文字来的,如其进化偏离趋近线形构架、矩形轮廓和排列组合的方向,是根本不可能进化出文字来的。既然世界各地迄今通行的文字,不论是笔画组成的象形文字,还是字母组成的拼音文字,都是线形构架、矩形轮廓和按排列组合原理构造而成的,而数字卦是唯一直接由原始记数工具进化而成的最早体现线形结构、矩形轮廓和排列组合原理的符号体系,那么数字卦就理所当然地是世界各种文字的始祖。

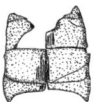

从原始记数工具进化成文字的逻辑顺序来看,原始人类在使用和改进其多种记数工具的漫长过程中,为把三维的物件转变成二维的视觉符号,必须逐一解决象那类工具的形、如何象形、如何构造这三大问题,并且只能朝着线形构架、矩形轮廓和排列组合的方向来解决这些问题,确保其中有算策被选择出来作为主要象形对象而同契刻、矩形图画相配,直至系统化成一整套造字流程,才能把最初级的文字创造出来。既然世界上任何其他地区的原始记数工具都不曾也不可能在无先例的条件下筛选出算策类的工具,更不用说其继续进化成数字卦,而只有在中国条件下中国智人在其数万年的认识进化中逐一解决了这三大问题,在距今万年前后创造出数字卦,随着数字卦在世界各地传播,其体现的线形构架、矩形轮廓和排列组合原理和方法,陆续引导各地人类按照其先例将适合其语言习惯的文字系统开发出来,那么数字卦成为人类唯一的文字之源,就既是人类认识进化逻辑与历史一致贯彻的必然,也是人类体外符号由非文字人工记忆系统向文字记忆系统进化的必然。

第十二章参考文献

Aiton, E.J. 1985. *Leibniz, A Biography*. Bristol & Boston: Adam Hilger, 245—248.

Bonvecchio, C. 1998. *Attending and Articulating*. The Magic of the Tortoise. Eranos Munich, 61.

Gelb, Ignace J. 1963. *A Study of Writing*. University of Chicago Press, Chicago, 1—269.

Leibniz, G.W. 1716. Discours sur la Theologie Naturelle des Chinois. Loosen and Vonessen (ed.), 1968. D.J. Cook and H. Rosemont (English translation): *Gottfried Wilhelm Leibniz Writings on China*. Open Court Publishing Company, Chicago, 1994, 75—138.

Leibniz, G.W. 1686. Letter to Arnauld, In Gerbardt, C.I. (ed): Leibniz, Gottfried Wilhelm, Philosophischen Schriften, 7 Vols. Berlin, 1875—90, 48—58; Reprinted Hildesheim 1965, 330—340.

Mackenzie, D.A. 1926. *The Migration of Symbols and their Relations to Beliefs and Customs*. Alfrend A. Knopf, New York, 1—183.

McEwan, Gordon Francis. 2008. *The Incas: New Perspectives*. W.W. Norton & Co, New York, 180—185.

McNeill, William H. 1963. *The Rise of the West: A History of the Human Community*.

Meggers, Betty J. 1975. "The Transpacific Origin of Mesoamerican Civilization: A Preliminary Review of the Evidence and Its Theoretical Implications" (JSTOR reproduction). *American Anthropologist*, *New Series* (Arlington, VA: American Anthropological Association and affiliated societies) 77(1): 1—27.

Schmandt-Besserat, Denise. 1996. *How Writing Came About*. University of Texas Press, Austin, 1—220.

Xu H. Mike. 1996. *Origin of the Olmec Civilization*. University of Central Oklahoma Press, Oklahoma.

高名凯.1954.普通语言学[M].台北:东方书店,150.

拱玉书,颜海英,葛英会.2009.苏美尔、埃及及中国古文字比较研究[M].北京:科学出版社,144—170.

李树菁.2007.周易象数通论[M].北京:光明日报出版社,65—125.

李树菁.1992.《周易》与现代自然科学研究的远景蔚然可观[J].周易研究(2).

梁东汉.1958.文字[M].上海:新知识出版社,8.

默顿.1986.十七世纪英国的科学、技术与社会[M].范岱年等,译.成都:四川人民出版社.

荣格.2000.东洋冥想的心理学——从易经到禅[M].杨儒宾译.北京:社会科学文献出版社,3—214.

唐兰.1988.中国文字学[M].香港:太平书局,1—66.

王凤阳.1989.汉字学[M].长春:吉林文史出版社,1—146.

王朝闻.1987.中国美术史·原始卷[M].济南:齐鲁出版社,145—150.

姚伟.2011.大洋彼岸殷商遗绪玉圭符号确证殷人到达美洲[N].大河报,12月5日.

赵德静(世界文化地理研究院新闻组).2010.古彝文是世界六大古文字之一[J/OL].http://222.210.17.136/mzwz/news/2/z_2_20853.html,2010-02-13 09:16.

郑德坤.1973.中国上古数名的演变及其应用[J].香港中文大学:中国文化研究所学报(1),7—58.

周有光.1998.比较文字学初探[M].北京:语文出版社,65—188.

附录 本册依据的考古发掘报告

F1. 黄万波,侯亚梅,徐自强.2006.龙骨坡:200万年前的山寨[M].北京:中华书局,10—158.

F1.1 戴尔俭,计宏祥.1964.陕西蓝田发现之旧石器[J].古脊椎动物与古人类(2):161.

戴尔俭,许春华.1973.蓝田旧石器的新材料和蓝田猿人文化[J].考古学报(2):1—12.

F2. 贾兰坡,等.1962.匼河[M].北京:科学出版社,1—30.

F3. 黄慰文.1964.豫西三门峡地区的旧石器[J].古脊椎动物与古人类(2):163—176.

F4. 张之恒,黄建秋,吴建民.2003.中国旧石器时代考古[M].南京:南京大学出版社,130—410.

F4.1 田继舫.2005.津市虎爪山考古发掘推断40万—50万年前澧水流域一带有人类活动[N].常德日报,2005-09-27.http://www.changde.gov.cn.

F4.2 洪猛.2007.安徽向阳陈山遗址[EB/OL]. 2007-10-23.http://sjjd.jlu.edu.cn/new_index/html/2007/show-4589.htm.

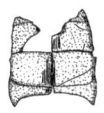

F4.3 鲍贤伦.2011.浙江旧石器考古成果新闻发布会[DB/OL].http://www.scio.gov.cn/xwfbh/gssxwfbh/xwfbh/zhejiang/Document/657786/657786.htm.

F5. 李超荣,等.1998.北京地区旧石器考古新进展[J].人类学学报(2):137—146.

F5.1 张森水.1962.对中国猿人石器性质的一些认识[J].古脊椎动物与古人类(3):163—176.

F6. 辽宁省博物馆,本溪市博物馆.1986.庙后山——辽宁省本溪市旧石器文化遗址[M].北京:文物出版社.

F7. 王幼平.2005.中国远古人类文化的源流[M].北京:科学出版社,4—327.

F8. 陕西省考古研究所,大荔县文物管理委员会.1996.大荔—蒲城旧石器[M].北京:文物出版社,87—189.

F9. 高星,彭菲,等.2012.水洞沟旧石器时代晚期遗址发现带有刻划痕迹的石制品[J].科学通报(26).

中国科学院古脊椎动物与古人类研究所.2012.宁夏水洞沟旧石器遗址发现带有刻划痕迹的石制品[EB/OL].http://www.ivpp.ac.cn/xwdt/kydt/201211/t20121109_3681008.html.

F10. 王春雪,高星,等.2011.中国旧石器时代晚期鸵鸟蛋皮串珠制作技术的模拟实验研究——以水洞沟遗址发现的鸵鸟蛋皮串珠为例[J].江汉考古(2):90—102.

F11. 汤英俊,宗冠福,徐钦琦.1982.山西万荣的旧石器[J].人类学学报(2):156—158.

王向前.1987.山西新绛、河津发现旧石器[J].史前研究(4):38—42.

F12. 裴文中.1987.裴文中史前考古学论文集[M].北京:文物出版社,1—278.

裴文中.1958.山西襄汾县丁村旧石器时代遗址发掘报告[M].北京:科学出版社,102—103.

F13. 临汾文化局,丁村文化工作站.1984.丁村旧石器时代文化遗址80:01地点发掘报告[J].史前研究(2):57—68.

F14. 贾兰坡,卫奇.1984.阳高许家窑旧石器时代文化遗址[A]//贾兰坡旧石器时代考古论文选[C].北京:文物出版社,133—147.

贾兰坡,卫奇,李超荣.1984.阳高许家窑旧石器时代文化遗址1976年发掘报告[A]//贾兰坡旧石器时代考古论文选[C].北京:文物出版社,148—159.

F15. 贾兰坡.1978.中国大陆上的远古居民[M].天津:天津人民出版社,100.

贾兰坡.1984.贾兰坡旧石器时代考古论文集[M].北京:文物出版社,1—239.

F16. 吕遵谔.2004.中国考古学研究的世纪回顾:旧石器时代考古卷[M].北京:科学

出版社,29—329.

F17. 贾兰坡,盖培,尤玉柱.1972.山西峙峪旧石器时代遗址发掘报告[J].考古学报(1):39—58.

F17.1 王择义.1965.山西霍县的一些旧石器[J].古脊椎动物与古人类(4):393—402.

F18. 王建,王向前,陈哲英.1978.下川文化——山西下川遗址调查报告[J].考古学报(3):259—288.

F18.1 山西省临汾行署文化局.1989.山西吉县柿子滩中石器文化遗址[J].考古学报(3):305—323.

F19. 小空山联合发掘队.2005.1987年河南南召小空山旧石器遗址发掘报告[A]//河南旧石器考古与第四纪研究论文集[C].北京:科学出版社,122—140.

F20. 王社江,沈辰.2006.洛南盆地旧石器早期遗址聚落形态解析[J].考古(4):49—60.

王社江、胡松梅.2000.丹江上游腰市盆地的旧石器[J].考古与文物(4):36—42.

F21. 房迎三,王结华,梁任又,等.2002.江苏句容放牛山发现的旧石器[J].人类学学报(1).

F22. 张森水.1960.内蒙中南部旧石器的新材料[J].古脊椎动物与古人类(2).

内蒙古博物馆.1977.呼和浩特市东郊旧石器时代石器制造场发掘报告[J].文物(5).

F23. 谢骏义.1977.甘肃庆阳地区的旧石器[J].古脊椎动物与古人类(3):211—222.

F24. 甘肃省博物馆.1982.甘肃环县刘家岔旧石器时代遗址[J].考古学报(1):35—47.

F25. 吴汝康,吴新智,张森水.1989.中国远古人类[M].北京:科学出版社,195—242.

吴汝康.1989.古人类学[M].北京:文物出版社,204.

F26. 中国社会科学院考古研究所.2007.陕西宜川县龙王辿旧石器时代遗址[J].考古(7):3—8.

F27. 谢飞.1991.泥河湾盆地旧石器文化研究新进展[J].人类学学报(4):324—332.

河北阳原侯家窑遗址,http://baike.baidu.com/view/1293498.htm.

梅惠杰,谢飞.2000.华北新旧石器时代的过渡——泥河湾盆地阳原于家沟遗址[A]//中国百年重大考古新发现[C].北京:文物出版社.

泥河湾联合考古队.1998.泥河湾盆地考古发掘获重大成果[N].中国文物报,1998-11-15(01).

F28. 谢燕萍,游学华.1984.中国旧石器时代文化遗址[M].香港:香港中文大学出版社,97—125.

F29. 陈铁梅.1988.我国旧石器考古年代学的进展与评述[J].考古学报(3):357—367.

F30. 苏秉琦.1994.中国通史第二卷:远古时代[M].上海:上海人民出版社,1—549.

F31. 袁家荣.1996.湖南道县玉蟾岩遗址[J].历史(6):50—51.

袁家荣.1996.道县玉蟾岩石器时代遗址[A]//中国考古学年鉴[Z].北京:文物出版社.

袁家荣.1996.玉蟾岩获水稻起源重要新物证[N].中国文物报,1996-03-03.

袁家荣.2000.湖南道县玉蟾岩1万年以前的稻谷和陶器[A]//稻作、陶器和都市的起源[C].北京:文物出版社.

F32. 南京地质陈列馆.1978.溧水神仙洞综合考察报告[R].

F33. 北京大学考古系,等.1996.万年县仙人洞、吊桶环旧石器时代晚期至新石器时代早期遗址[A]//中国考古学年鉴[Z].北京:文物出版社.

江西省文物管理委员会.1963.江西万年大源仙人洞洞穴遗址试掘[J].考古学报(1):1—13.

江西省博物馆.1976.江西万年大源仙人洞洞穴遗址第二次发掘报告[J].文物(12):23—35.

F34. 邱立诚,宋方义,王令红.1982.广东阳春独石仔新石器时代洞穴遗址发掘[J].考古(5):456—459.

F34.1 谌世龙.1999.桂林庙岩洞穴遗址的发掘与研究[A]//中石器文化及有关问题研讨会论文集[C].广州:广东人民出版社,150—165.

F35. 广东省博物馆.1959.广东南海西樵山出土的石器[J].考古学报(4):1—15.

广东省博物馆.1983.广东南海县西樵山遗址[J].考古(12):1085—1091.

F36. 保定地区文物管理所,徐水县文物管理所,等.1992.河北徐水县南庄头遗址试掘简报[J].考古(11):961—986.

F37. 北京大学考古文博学院,北京大学考古学研究中心,等.2006.北京市门头沟区东胡林史前遗址[J].考古(7):3—8.

F38. 河南省文物考古研究所.1999.舞阳贾湖[M].北京:科学出版社,200—464.

左健,王昌燧,高正耀,等.1997.河南舞阳贾湖遗址陶片的研究[J].文物(12):81—83.

罗运兵,张居中.2008.河南舞阳县贾湖遗址出土猪骨的再研究[J].考古(1):90—96.

F39. 中国社会科学院考古研究所河南一队.1984.1979年裴李岗遗址发掘报告[J].考古学报(1):23—51.

开封地区文物管理委员会,新郑县文物管理委员会,郑州大学历史系考古专业.1979.裴李岗遗址一九七八年发掘简报[J].考古(3):197—205.

F40. 中国社会科学院考古研究所河南一队.1983.河南新郑沙窝李新石器时代遗址[J].考古(12):1057—1065.

F41. 中国社会科学院考古研究所河南一队.1995.河南郏县水泉裴李岗文化遗址[J].考古学报(1):39—77.

F42. 浙江省文物考古研究所.2007.浙江浦江县上山遗址发掘简报[J].考古(9):7—25.

蒋乐平.2004.浙江浦江县上山新石器时代遗址——长江下游早期稻作文明的最新

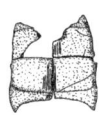

发现[J/OL].中国考古网,2004-11-15.

蒋乐平.2000.浙江龙游县发现9000年前新石器遗址[J/OL].中国新闻网,2010-09-08.

F43.浙江省文物考古研究所.2004.跨湖桥[M].北京:文物出版社,25—373.

F44.湖南省文物考古研究所.1990.湖南澧县彭头山新石器时代早期遗址发掘简报[J].文物(8):17—29.

F45.湖南省文物考古研究所.1993.湖南临澧县胡家屋场新石器时代遗址[J].考古学报(2):171—206.

F46.湖北省文物考古研究所.1996.1983年湖北宜都城背溪遗址发掘简报[J].江汉考古(4):1—17.

湖北省文物考古研究所.2001.宜都城背溪[M].北京:文物出版社,6—223.

F47.湖北省文物考古研究所.1994.宜昌窝棚墩遗址的调查与发掘[J].江汉考古(1):13—21.

F48.湖北省博物馆江陵考古工作站.1985.宜都县花庙堤等四处新石器时代早期遗址[A]//中国考古学年鉴[Z].北京:文物出版社,178—179.

F49.湖北省文物考古研究所.1994.1982年秭归县柳林溪发掘的新石器早期文化遗存[J].江汉考古(1):1—12.

F50.济青公路文物考古队.1992.山东临淄后李遗址第一、二次发掘简报[J].考古(11):987—1003.

济青公路文物考古队.1994.山东临淄后李遗址第三、四次发掘简报[J].考古(2):97—112.

F51.山东省文物考古研究所.2000.山东省高速公路考古报告集[M].北京:科学出版社,1—313.

F52.山东省文物考古研究所.2000.山东章丘市西河新石器时代遗址1997年的发掘

[J].考古(10):15—28.

F53. 河北省文物管理处,邯郸市文物管理所.1981.河北武安磁山遗址[J].考古学报(3):303—347.

F54. 河北省文物管理处,邯郸地区文物管理所,邯郸市文物管理所.1984.河北武安洺河流域几处遗址的试掘[J].考古(1):1—36.

F55. 河北省文物研究所.2007.北福地:易水流域史前遗址[M].北京:文物出版社,3—350.

河北省文物考古研究所,保定市文物管理处,易县文物保管所.2006.河北易县北福地新石器时代遗址发掘简报[J].文物(9):4—20.

朱延平.2008.读《北福地:易水流域史前遗址》[J].考古(2):87—90.

拒马河考古队.1988.河北易县涞水古遗址试掘报告[J].考古学报(4):421—454.

F56. 河北省文物研究所,保定市文物管理处,容城县文物保管所.1999.河北容城县上坡遗址发掘简报[J].考古(7):1—7.

河北省文物管理处.1983.河北三河县孟各庄遗址[J].考古(5):404—414.

F57. 陕西省考古研究所.1994.陕南考古报告集[M].西安:三秦出版社,11—387.

陕西省考古研究所汉水考古队.1981.陕西西乡何家湾新石器时代遗址首次发掘[J].考古与文物(4):13—26.

F58. 甘肃省文物考古研究所,甘肃省博物馆,等.1981.甘肃秦安大地湾新石器时代早期遗存[J].文物(4):1—8.

甘肃省博物馆,秦安县文化馆.1982.1980年秦安大地湾一期文化遗存发掘简报[J].考古与文物(2):1—28.

甘肃省博物馆文物工作队.1983.甘肃秦安大地湾遗址1978至1982年发掘的主要收获[J].考古(11):21—30.

甘肃省博物馆文物工作队.1983.甘肃秦安大地湾第九区发掘简报[J].文物(11):

1—14.

甘肃省博物馆文物工作队.1983.甘肃秦安大地湾405号新石器时代房屋遗址[J].文物(11):15—30.

甘肃省文物工作队.1986.甘肃秦安大地湾901号房址发掘简报[J].文物(2):1—62.

甘肃省文物考古研究所.2003.甘肃秦安大地湾遗址仰韶文化早期聚落发掘简报[J].考古(6):19—31.

甘肃省文物考古研究所.2006.秦安大地湾[M].北京:文物出版社,9—938.

F59. 中国社会科学院考古研究所.1999.师赵村与西山坪[M].北京:中国大百科全书出版社,16—346.

F60. 北京大学考古教研室华县报告编写组.1980.华县、渭南古代遗址调查与试掘[J].考古学报(3):297—328.

F61. 中国社会科学院考古研究所.1983.宝鸡北首岭[M].北京:文物出版社,11—197.

F62. 西安半坡博物馆.1982.渭南北刘新石器时代早期遗址调查与试掘简报[J].考古与文物(4):1—10.

F63. 中国社会科学院考古研究所内蒙古工作队.1985.内蒙古敖汉旗兴隆洼聚落遗址发掘简报[J].考古(10):865—874.

中国社会科学院考古研究所内蒙古工作队.1997.内蒙古敖汉旗兴隆洼聚落遗址1992年发掘简报[J].考古(1):1—52.

F64. 辽宁省文物考古研究所.1988.阜新查海新石器时代遗址试掘简报[J].辽海文物学刊(1).

辛岩,梁志龙.2003.查海遗址1992—1994年发掘报告[A]//辽宁考古文集[C].沈阳:辽宁民族出版社,12—43.

F65. 沈阳市文物管理办公室.1978.沈阳新乐遗址试掘报告[J].考古学报(4).

于崇源.1985.沈阳新乐遗址第二次发掘报告[J].考古学报(2).

F66. 内蒙古自治区文物考古研究所.1993.内蒙古林西县白音长汗新石器时代遗址发掘简报[J].考古(7):577—586.

内蒙古自治区文物考古研究所.2004.白音长汗[M].北京:科学出版社,7—600.

F67. 湖南省文物考古研究所.2000.湖南黔阳高庙遗址发掘简报[J].文物(4):4—34.

湖南省文物考古研究所.2006.湖南洪江市高庙新石器时代遗址[J].考古(7):9—15.

F68. 湖南省文物考古研究所.2001.湖南辰溪县松溪口贝丘遗址发掘简报[J].文物(6):4—16.

湖南省文物考古研究所.2001.湖南辰溪县征溪口贝丘遗址发掘简报[J].文物(6):17—27.

F69. 湖南省文物考古研究所.1996.湖南澧县梦溪八十垱新石器时代早期遗址发掘简报[J].文物(12):26—39.

F70. 湖南省博物馆.1986.湖南石门县皂市下层新石器遗存[J].考古(1):1—11.

湖南省文物考古研究所,湖南省澧县博物馆.1989.湖南省澧县新石器时代早期遗址调查报告[J].考古(10):865—875.

湖南省文物普查办公室,湖南省博物馆.1986.湖南临澧县早期新石器文化遗存调查报告[J].考古(5):385—393.

何介钧.1987.湖南新石器时代文化的分区研究[A]//苏秉琦,主编.考古学文化论集(一)[C].北京:文物出版社,181—198.

F71. 国家文物局三峡考古队.1989.湖北秭归朝天嘴遗址发掘简报[J].文物(2):41—51.

国家文物局三峡考古队.2001.朝天嘴与中堡岛[M].北京:文物出版社,7—312.

F72. 深圳市博物馆,中山大学人类学系.1990.深圳市大鹏咸头岭沙丘遗址发掘简报[J].文物(11):1—11.

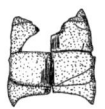

深圳市文物考古鉴定所,深圳市博物馆.2007.广东深圳市咸头岭新石器时代遗址[J].考古(7):9—16.

F73. 中国社会科学院考古研究所安徽队.1993.安徽宿县小山口和古台寺遗址试掘简报[J].考古(12):1062—1075.

F74. 阚绪杭.1989.定远县侯家寨新石器时代遗址发掘简报[J].文物研究(5):157—170.

F75. 安徽省文物考古研究所.2007.安徽蚌埠双墩新石器时代遗址发掘[J].考古学报(1):97—126.

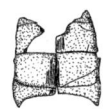

F76. 安徽省文物考古研究所.1992.安徽濉溪石山子新石器时代遗址[J].考古(3):193—203.

F77. 河南省文物研究所.1987.长葛石固遗址发掘报告[J].华夏考古(1):3—125.

F78. 南阳地区文物队,方城县文化馆.1983.河南方城县大张庄新石器时代遗址[J].考古(5):398—403.

F79. 河南省博物馆,密县文化馆.1981.河南密县莪沟北岗新石器时代遗址[J].考古学集刊(1):1—26.

F80. 开封地区文管会,密县文管会,郑州大学历史系考古专业.1981.河南密县马良沟遗址调查和试掘[J].考古(3):282—284.

F81. 开封地区文管会,巩县文管会,郑州大学历史系考古专业.1980.河南巩县铁生沟新石器早期遗址试掘简报[J].文物(5):16—19.

F82. 安阳地区文管会.1981.河南淇县花窝遗址试掘[J].考古(3):279—281.

F83. 河南省文物考古研究所.1999.河南辉县孟庄遗址的裴李岗文化遗存[J].华夏考古(1):1—6.

F84. 中国社会科学院考古研究所河南一队.1991.河南汝州中山寨遗址[J].考古学报(1):57—89.

F85. 中国社会科学院考古研究所山东队,山东省滕县博物馆.1984.山东滕县北辛遗址发掘报告[J].考古学报(2):159—191.

F86. 南京博物院.1991.江苏灌云大伊山遗址1986年的发掘[J].文物(7):10—27.

F87. 北京大学考古学系,烟台市博物馆.2000.胶东考古[M].北京:文物出版社,28—308.

烟台市博物馆,栖霞牟氏庄园文物管理处.2008.山东栖霞市古镇都新石器时代遗址发掘简报[J].考古(2):7—22.

F88. 山东省文物考古研究所.1997.大汶口续集[M].北京:科学出版社,19—206.

F89. 中国社会科学院考古研究所.2000.山东王因[M].北京:科学出版社,12—453.

F90. 河南省文物研究所,长江流域规划办公室考古队河南分队.1989.淅川下王岗[M].北京:文物出版社,12—439.

F91. 宝鸡市考古工作队.2005.陇县原子头[M].北京:文物出版社,10—300.

F92. 中国科学院考古研究所,西安半坡博物馆.1963.西安半坡[M].北京:文物出版社,147,59—211.

F93. 西安半坡博物馆.1988.姜寨[M].北京:文物出版社,15—400.

F94. 陕西省文物考古研究所.1990.龙岗寺[M].北京:文物出版社,6—223.

F95. 西安半坡博物馆.1984.铜川李家沟新石器时代遗址发掘报告[J].考古与文物(1):1—33.

F96. 北京大学历史系考古教研室.1983.元君庙仰韶墓地[M].北京:文物出版社,3—159.

F97. 中国社会科学院考古研究所陕西队.1991.陕西蓝田泄湖遗址[J].考古学报(4):415—448.

F98. 商县图书馆,西安半坡博物馆.1981.陕西商县紫荆遗址发掘简报[J].考古与文物(3):33—47.

F99. 临潼县博物馆.1982.临潼原头、邓家庄遗址勘查记[J].考古与文物(1):1—7.

F100. 中国科学院考古研究所山西工作队.1973.山西芮城东庄村和西王村遗址的发掘[J].考古学报(1):1—64.

F101. 中国历史博物馆考古部,山西省考古研究所,垣曲县博物馆.2001.垣曲古城东关[M].北京:科学出版社,8—598.

F102. 甘肃庆阳地区博物馆.1987.甘肃宁县董庄新石器时代遗址试掘简报[J].史前研究(4):67—77.

F103. 浙江省文物考古研究所.2003.河姆渡[M].北京:文物出版社,14—468.

F104. 韩起.1979.台湾省原始社会考古概述[J].考古(3):245—259.

台湾大学历史系.1963.八里乡大坌坑等史前遗址之发掘与发现[J].Asian Perspectives,Vol.7,217.

F105. 中国社会科学院考古研究所内蒙古工作队.1987.内蒙古敖汉旗小山遗址[J].考古(6):481—503.

中国社会科学院考古研究所内蒙古工作队.1988.内蒙古敖汉旗赵宝沟一号遗址发掘简报[J].考古(1):1—6.

F106. 承德地区文物保管所,滦平县博物馆.1994.河北滦平县后台子遗址发掘简报[J].文物(3):53—71.

F107. 四川长江流域文物保护委员会文物考古队.1961.四川巫山大溪新石器时代遗址发掘记略[J].文物(11):15—21.

四川省博物馆.1981.巫山大溪遗址第三次发掘[J].考古学报(4):461—490.

F108. 宜昌地区博物馆.1987.宜昌中堡岛新石器时代遗址[J].考古学报(1):45—97.

F109. 湖北省宜昌地区博物馆.1983.宜昌县清水滩新石器时代遗址的发掘[J].考古与文物(2):1—17.

F110. 湖北省清江隔河岩考古队,湖北省考古研究所.2004.清江考古[M].北京:科学出版社,6—525.

F111.湖南省博物馆.1982.澧县东田丁家岗新石器时代遗址[J].湖南考古辑刊(1):2—17.

F112.江西省文物考古研究所.1991.江西新余市拾年山遗址[J].考古学报(3):285—323.

F113.中国社会科学院考古研究所安阳发掘队.1972.1971年安阳后冈发掘简报[J].考古(3):14—25.

中国社会科学院考古研究所安阳工作队.1972.1972年春安阳后冈发掘简报[J].考古(5):8—19.

中国社会科学院考古研究所安阳工作队.1982.安阳后冈新石器时代遗址的发掘[J].考古(6):565—581.

F114.濮阳西水坡遗址考古队.1989.1988年河南濮阳西水坡遗址发掘简报[J].考古(12):1057—1066.

濮阳市文物管理委员会.1988.河南濮阳西水坡遗址发掘简报[J].文物(3):1—6.

F115.河北省文物研究所.2003.正定南杨庄[M].北京:科学出版社,6—116.

F116.河北省文物研究所,河北文化学院.1992.武安赵窑遗址发掘报告[J].考古学报(3):329—364.

F117.滹沱河考古队.1993.河北滹沱河流域考古调查与试掘[J].考古(4):300—310.

F118.河北省文物管理处.1984.河北迁安安新庄新石器遗址调查和试掘[J].考古学集刊(4):96—110.

F119.辽宁省文物考古研究所,大连市文物管理委员会,庄河市文物管理办公室.1994.大连市北吴屯新石器时代遗址[J].考古学报(3):343—379.

F120.辽宁省博物馆,旅顺博物馆,长海县文化馆.1981.长海县广鹿岛大长山岛贝丘遗址[J].考古学报(1):63—110.

中国社会科学院考古研究所,辽宁省文物考古研究所,大连市文物考古研究所.2009.辽宁长海县小珠山新石器时代遗址发掘简报[J].考古(5):16—25.

F121. 吉林大学考古教研室.1989.农安左家山新石器时代遗址[J].考古学报(2):187—212.

吉林大学边疆考古研究中心,内蒙古文物考古研究所.2006.内蒙古林西县井沟子西梁新石器时代遗址[J].考古(2):3—14.

吉林省文物考古研究所.1991.吉林东丰县西断梁山新石器时代遗址发掘[J].考古(4):300—312.

F122. 江苏省文物工作队.1955.淮安县青莲岗新石器时代遗址调查报告[J].考古学报(1):13—24.

南京博物院.1958.江苏淮安青莲岗古遗址古墓葬清理简报[J].考古通讯(10):45—50.

F123. 南京博物院.1992.江苏沭阳万北遗址新石器时代遗存发掘简报[J].东南文化(1):124—133.

F124. 江苏省文物工作队.1962.江苏连云港市二涧村遗址第二次发掘[J].考古(3):111—116.

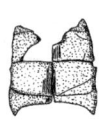

F125. 江苏省文物工作队.1962.江苏邳县刘林新石器时代遗址第一次发掘[J].考古学报(1):81—102.

南京博物院.1965.江苏邳县刘林新石器时代遗址第二次发掘[J].考古学报(2):9—47.

F126. 龙虬庄遗址考古队.1999.龙虬庄[M].北京:科学出版社,18—554.

F127. 江苏省三星村联合考古队.2004.江苏金坛三星村新石器时代遗址[J].文物(2):4—26.

F128. 浙江省文物管理委员会.1961.浙江嘉兴马家浜新石器时代遗址的发掘[J].考

古(7):345—351.

F129.罗家角考古队.1981.桐乡县罗家角遗址发掘报告[A]//浙江文物考古所学刊[C].北京:文物出版社,1—34.

F130.南京博物院.1980.江苏吴县草鞋山遗址[J].文物资料丛刊(3):1—24.

F131.常州市博物馆.1984.常州圩墩新石器时代遗址第三次发掘简报[J].史前研究(2):69—81.

吴苏.1978.圩墩新石器时代遗址发掘简报[J].考古(4):223—240.

江苏省圩墩遗址考古发掘队.1995.常州圩墩遗址第五次发掘报告[J].东南文化(4):69—94.

F132.南京博物院.2006.江苏无锡锡山彭祖墩遗址发掘报告[J].考古学报(4):473—508.

F133.南京博物院.2002.宜兴西溪遗址试掘简报[J].东南文化(8):6—10.

F134.祁头山联合考古队.2006.江苏江阴祁头山遗址2000年度发掘简报[J].文物(12):4—17.

F135.浙江省文物考古研究所.2005.浙江嘉兴吴家滨遗址发掘简报[J].文物(3):34—42.

F136.苏州博物馆.2000.张家港市东山村遗址发掘简报[J].文物(10):45—57.

F137.南京博物院.1958.南京市北阴阳营第一、二次的发掘[J].考古学报(1):7—24.

南京博物院.1990.江苏句容丁沙地遗址试掘钻探简报[J].东南文化(Z1):241—254.

F138.南京博物院.1983.江苏海安青墩遗址[J].考古学报(2):147—190.

F139.西安半坡博物馆.1978.陕西渭南史家新石器时代遗址[J].考古(1):41—53.

F140.甘肃省博物馆大地湾发掘小组.1984.甘肃秦安王家阴洼仰韶文化遗址的发掘[J].考古与文物(2):1—58.

F141.中国科学院考古研究所.1959.庙底沟与三里桥[M].北京:科学出版社,

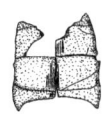

24—63.

F142. 郑州市博物馆.1979.郑州大河村遗址发掘报告[J].考古学报(3):301—375.

郑州市文物工作队.1996.郑州大河村遗址1983、1987年发掘报告[J].考古学报(1):111—141.

郑州市博物馆.1973.郑州大河村仰韶文化的房基遗址[J].考古(6):330—336.

F143. 河南省文物研究所.1988.郑州后庄王遗址的发掘[J].华夏考古(1):5—22.

F144. 河南省文物考古研究所.1995.河南汝州洪山庙遗址发掘[J].文物(4):4—15.

河南省文物考古研究所.1995.汝州洪山庙[M].郑州:中州古籍出版社,3—110.

临汝县文化馆.1981.临汝阎村新石器时代遗址调查[J].中原文物(1):5—8.

F145. 中国社会科学院考古研究所河南一队,等.2001.河南灵宝市西坡遗址试掘简报[J].考古(11):3—14.

河南省文物考古研究所,等.2008.河南灵宝市西坡遗址墓地2005年发掘简报[J].考古(1):3—13.

F146. 中国社会科学院考古研究所河南一队,等.2001.河南灵宝市北阳平遗址试掘简报[J].考古(7):3—20.

中国社会科学院考古研究所河南一队,等.1999.河南灵宝市北阳平遗址调查[J].考古(12):1—15.

F147. 郑州市博物馆.1982.荥阳点军台遗址1980年发掘报告[J].中原文物(4):3—24.

F148. 河南省文物研究所.1985.渑池仰韶遗址1980—1981年发掘报告[J].史前研究(3):38—80.

F149. 河南省文化局文物工作队.1959.河南南召二郎岗新石器时代遗址[J].文物(7):55—59.

F150. 河南省文化局文物工作队.1963.河南唐河寨茨岗新石器时代遗址[J].考古

(12):641—645.

F151. 新乡地区文管会.1985.河南新乡县洛丝潭遗址试掘简报[J].考古(2):97—107.

F151.1 孙新民,张新斌,杜彤华.1985.河南省新乡县丁固城古墓地发掘报告[J].中原文物(2):1—10。

F152. 河南省文物研究所.1990.河南临汝北刘庄遗址发掘报告[J].华夏考古(2):11—42.

F153. 北京大学考古学系.2003.华县泉护村[M].北京:科学出版社,14—128.

F154. 宝鸡市考古工作队.1993.宝鸡福临堡[M].北京:文物出版社,12—224.

F155. 中国社会科学院考古研究所陕西工作队.1989.陕西华阴西关堡新石器时代遗址发掘[J].考古学集刊(6):52—62.

F156. 中国社会科学院考古研究所陕西工作队.1984.陕西华阴南城子遗址的发掘[J].考古(6):481—487.

F157. 陕西考古所汉水队.1960.陕西安康专区考古调查简报[J].考古(3):20—23.

F158. 中国社会科学院考古研究所山西工作队.1989.晋南考古调查报告[J].考古学集刊(6):1—51.

F159. 梁思永.1959.山西西阴村史前遗址的新石器时代的陶器[A]//梁思永考古论文集[C].北京:科学出版社,1—49.

F160. 张家口考古队.1981.1979年蔚县新石器时代考古主要收获[J].考古(2):97—105.

F161. 长江流域规划办公室考古队甘肃分队.1978.白龙江流域考古调查[J].文物资料丛刊(2):26—37.

F162. 南京博物院.1964.江苏邳县四户镇大墩子遗址探掘报告[J].考古学报(2):9—56.

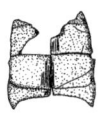

南京博物院.1981.江苏邳县大墩子遗址第二次发掘[J].考古学集刊(1):27—81.

F163. 山东省文物管理处,济南市博物馆.1974.大汶口[M].北京:文物出版社,3—160.

山东省文物管理处.1960.山东宁阳大汶口堡头村古代遗址出土的彩陶、黑陶、白陶及骨雕[J].文物(2):1—4。

F164. 南京博物院.2003.花厅[M].北京:文物出版社,9—257.

F165. 中国社会科学院考古研究所.1988.胶县三里河[M].北京:文物出版社,8—199.

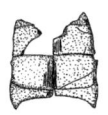

F166. 山东省文物考古研究所.1996.枣庄建新[M].北京:科学出版社,4—236.

F167. 山东大学历史系考古专业教研室.1990.泗水尹家城[M].北京:文物出版社,4—359.

F168. 昌潍地区文物管理组,诸城县博物馆.1980.山东诸城呈子遗址发掘报告[J].考古学报(3):329—385.

F169. 苑胜龙,程兆奎,徐基.2006.山东肥城市北坦遗址的大汶口文化遗存[J].考古(4):3—11.

F170. 辽宁省文物考古研究所.1986.辽宁牛河梁红山文化"女神庙"与积石冢群发掘简报[J].文物(8):1—17.

辽宁省文物考古研究所.1997.辽宁牛河梁第五地点一号冢中心大墓(M1)发掘简报[J].文物(8):4—8.

辽宁省文物考古研究所.1997.辽宁牛河梁第二地点四号冢筒形器墓的发掘[J].文物(8):15—19.

辽宁省文物考古研究所.2001.辽宁凌源市牛河梁遗址第五地点1998—1999年度的发掘[J].考古(8):15—30.

刘国祥 2000.牛河梁玉器初步研究[J].文物(6):74—84.

华玉冰.1994.牛河梁女神庙平台东坡筒形器群遗存发掘简报[J].文物(5):54—59.

辽宁省文物考古研究所.2004.牛河梁遗址[M].北京:学苑出版社,1—84.

F171. 郭大顺,张克举.1984.辽宁省喀左县东山嘴红山文化建筑群址发掘简报[J].文物(11):1—11.

F172. 中国社会科学院考古研究所内蒙古工作队.1982.赤峰西水泉红山文化遗址[J].考古学报(2):183—197.

F173. 中国社会科学院考古研究所内蒙古工作队.1979.赤峰蜘蛛山遗址的发掘[J].考古学报(2):215—242.

吉林大学边疆考古研究中心,内蒙古自治区文物考古研究所.2008.内蒙古赤峰市上机房营子遗址发掘简报[J].考古(1):46—55.

F174. 中国科学院考古研究所内蒙古工作队.1964.内蒙古巴林左旗富河沟门遗址发掘简报[J].考古(1):1—5.

F175. 上海市文物保管委员会.1987.崧泽[M].北京:文物出版社,5—138.

F176. 浙江省文物考古研究所.2005.浙江嘉兴南河浜遗址发掘简报[J].文物(6):4—15.

浙江文物考古研究所.2005.南河浜[M].北京:文物出版社,1—415.

F177. 苏州博物馆,张家港市文物管理委员会.1995.江苏张家港市徐家湾新石器时代遗址[J].考古学报(3):313—359.

F178. 南京大学历史系考古专业,常熟博物馆.1996.江苏常熟钱底巷遗址发掘报告[J].考古学报(4):473—511.

F179. 南京博物院.1982.江苏吴县张陵山遗址发掘简报[J].文物资料丛刊(6):25—36.

F180. 南京博物院.1986.江苏吴县张陵山东山遗址[J].文物(10):26—35.

F181. 苏州博物馆,吴江县文物管理委员会.1990.江苏吴江龙南新石器时代村落遗址第一、二次发掘简报[J].文物(7):1—27.

F182.江苏江阴南楼遗址联合考古队.2007.江苏江阴南楼新石器时代遗址发掘简报[J].文物(7):4—19.

F183.中国社会科学院考古研究所湖北工作队.1981.湖北枝江县关庙山新石器时代遗址发掘简报[J].考古(4):289—297.

中国社会科学院考古研究所湖北工作队.1983.湖北枝江关庙山遗址第二次发掘[J].考古(1):17—29.

F184.湖北省荆州地区博物馆.1976.湖北松滋县桂花树新石器时代遗址[J].考古(3):187—196.

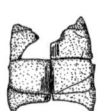

F185.宜昌地区博物馆.1984.宜昌县杨家湾新石器时代遗址[J].江汉考古(4):27—37.

宜昌地区博物馆,四川大学历史系考古专业.1983.湖北省宜昌县清水滩新石器时代遗址的发掘[J].考古与文物(2):1—17.

F186.湖北省博物馆考古部.1984.秭归龚家大沟遗址的调查试掘[J].江汉考古(1):3—20.

F187.湖北省荆州地区博物馆.1984.湖北王家岗新石器时代遗址[J].考古学报(2):193—220.

F188.湖南省博物馆.1983.安乡划城岗新石器时代遗址[J].考古学报(4):427—470.

湖南省文物考古研究所,常德市文物处,安乡县文物管理所.2005.湖南安乡划城岗遗址第二次发掘报告[J].考古学报(1):55—107.

F189.湖南省博物馆.1979.澧县梦溪三元宫遗址[J].考古学报(4):461—489.

F190.湖南省博物馆.1982.湖南安乡县汤家岗新石器时代遗址[J].考古(4):341—354.

F191.青海省文物管理处考古队.1984.青海柳湾[M].北京:文物出版社,1—403.

F192. 青海省文物考古队.1984.青海民和阳洼坡遗址试掘简报[J].考古(1):15—20.

中国社会科学院考古研究所,青海省文物考古研究所.2002.青海民和喇家史前遗址的发掘[J].考古(7):3—5.

中国社会科学院考古研究所甘青工作队,青海省文物考古研究所.2001.青海民和县胡李家遗址的发掘[J].考古(1):40—58.

F193. 青海省文物管理处,海南州民族博物馆.1998.青海同德县宗日遗址发掘简报[J].考古(5):1—14.

青海省文物考古队.1978.青海大通县上孙家寨出土的舞蹈纹彩陶盆[J].文物(3):48—49.

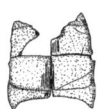

F194. Anderson, J.G. 1943. *Researches into the Prehistory of the Chinese*, Stockholm, Ostasiatiska, Museet. Bulletin,12—300.

F195. 夏鼐.2000.临洮寺洼山发掘记[A]//考古学论文集[C].石家庄:河北教育出版社,26—116.

F196. 甘肃省文物工作队,临夏回族自治州文化局,东乡族自治县文化馆.1984.甘肃东乡林家遗址发掘报告[J].考古学集刊(4):111—161.

F197. 甘肃省博物馆文物工作队.1975.兰州马家窑和马厂类型墓葬清理简报[J].文物(6):76—84.

F198. 宁夏文物考古研究所.2003.宁夏菜园[M].北京:科学出版社,5—365.

F199. 安徽省文物考古研究所.1989.安徽含山凌家滩新石器时代墓地发掘简报[J].文物(4):1—9.

安徽省文物考古研究所.2000.凌家滩玉器[M].北京:文物出版社,1—125.

安徽省文物考古研究所.2006.凌家滩——田野考古发掘报告之一[M].北京:文物出版社,1—342.

F200. 中国社会科学院考古研究所陕西工作队.1984.陕西华阴横阵遗址发掘报告

[J].考古学集刊(4):1—39.

F201.中国社会科学院考古研究所.1988.武功发掘报告[M].北京:文物出版社,16—194.

F202.唐金裕,王寿芝.1977.陕西城固县莲花池新石器时代遗址[J].考古(5):351—352.

F203.黄河水库考古队华县队.1959.陕西华县柳子镇考古发掘简报[J].考古(2):71—75.

黄河水库考古队华县队.1959.陕西华县柳子镇第二次发掘的主要收获[J].考古(11):585—587.

F204.洛阳市第二文物工作队.1987.伊川土门、水寨新石器时代遗址调查简报[J].中原文物(3):21—24.

F205.中国社会科学院考古研究所安阳队.1988.安阳鲍家堂仰韶文化遗址[J].考古学报(2):169—188.

F206.国家文物局考古领队培训班.1999.郑州西山仰韶时代城址的发掘[J].文物(7):4—15.

F207.河南省文化局文物工作队.1962.河南鲁山邱公城古遗址的发掘[J].考古(11):557—561.

F208.中国科学院考古研究所安阳发掘队.1965.安阳洹河流域几个遗址的试掘[J].考古(7):326—338.

F209.河南省博物馆.1979.河南禹县谷水河遗址发掘简报[J].考古(4):300—307.

F210.河南省文化局文物工作队.1962.河南偃师汤泉沟新石器时代遗址的试掘[J].考古(11):562—565.

F211.河南省文物研究所.1990.河南偃师灰嘴遗址发掘报告[J].华夏考古(1):1—33.

F212. 原长江流域规划办公室考古队河南分队.1989.淅川下集新石器时代遗址发掘报告[J].中原文物(1):1—19.

F213. 原长江流域规划办公室考古队河南分队.1990.河南淅川黄楝树遗址发掘报告[J].华夏考古(3):1—69.

F214. 北京大学考古学系,南阳地区文物研究所.1994.河南邓州八里岗遗址的调查与试掘[J].华夏考古(2):1—5.

北京大学考古学系,南阳地区文物研究所.1997.河南邓州八里岗遗址1992年的发掘与收获[J].考古(12):1—7.

北京大学考古实习队,南阳地区文物研究所.1998.河南邓州八里岗遗址发掘简报[J].文物(9):31—45.

F215. 洛阳博物馆.1978.洛阳矬李遗址试掘简报[J].考古(1):5—17.

F216. 北京大学考古实习队.1961.洛阳王湾遗址发掘简报[J].考古(4):175—178.

北京大学考古文博学院.2002.洛阳王湾[M].北京:北京大学出版社,7—199.

F216.1 李德方.2008.孟津妯娌遗址与黄帝遗迹[J].河南科技大学学报(社会科学版)(4).

F217. 河南省文化局文物工作队.1965.河南泌阳板桥新石器时代遗址的调查和试掘[J].考古(9):433—439.

F218. 河北省文物管理处.1975.磁县下潘汪遗址发掘报告[J].考古学报(1):73—116.

F219. 河北省文物管理处.1974.磁县界段营发掘简报[J].考古(6):356—363.

F220. 河北省文物研究所.1987.河北容城县午方新石器时代遗址试掘[J].考古学集刊(5):61—77.

F221. 河北省文化局文物工作队.1962.河北永年县台口村遗址发掘简报[J].考古(12):635—640.

F222. 中国社会科学院考古研究所泾渭工作队.1981.陇东镇原常山遗址发掘简报

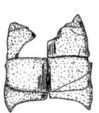

[J].考古(3):201—210.

F223.中国社会科学院考古研究所湖北队.1992.湖北枣阳市雕龙碑新石器时代遗址试掘简报[J].考古(7):589—606.

F224.中国社会科学院考古研究所.1991.青龙泉与大寺[M].北京:科学出版社,15—211.

F225.福建省博物馆.1998.福建闽侯庄边山遗址发掘报告[J].考古学报(2):171—227.

福建省博物馆.1984.闽侯溪头遗址第二次发掘报告[J].考古学报(4):459—501.

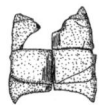

F226.福建省博物馆.1961.闽侯县石山新石器时代遗址第二至四次发掘简报[J].考古(12):669—672.

福建省博物馆.1976.闽侯昙石山遗址第六次发掘报告[J].考古学报(1):83—119.

福建博物院.2004.闽侯昙石山遗址第八次发掘报告[M].北京:科学出版社,7—125.

F227.福建省博物馆.1996.福建浦城县牛鼻山新石器时代遗址第一、二次发掘[J].考古学报(2):165—196.

F228.莫稚.1982.深圳市考古重要发现[J].文物(7):17—23.

F229.杨式挺,邓增魁.1989.广东封开县杏花河两岸古遗址调查与试掘[J].考古学集刊(6):63—82.

F230.安徽省文物工作队.1982.潜山薛家岗新石器时代遗址[J].考古学报(3):283—324.

安徽省文物考古研究所.2004.潜山薛家岗[M].北京:文物出版社,52—615.

F231.安徽省文物考古研究所.2002.安徽安庆市夫子城新石器时代遗址的发掘[J].考古(2):14—29.

F232.望江县文物管理所.1988.安徽望江县新石器时代遗址调查[J].考古(6):495—498.

F233. 安徽省文物考古研究所.1987.宿松黄鳝嘴新石器时代遗址[J].考古学报(4):451—469.

F234. 安徽省文物考古研究所.1987.安徽潜山县天宁寨新石器时代遗址[J].考古(11):974—983.

F235. 湖北省京九铁路考古队,湖北省文物考古研究所.2001.武穴鼓山[M].北京:科学出版社,6—277.

F236. 中国社会科学院考古研究所湖北工作队.1991.湖北黄梅陆墩新石器时代墓葬[J].考古(6):481—496.

F237. 湖北省黄冈地区博物馆.1987.湖北黄冈螺蛳山遗址墓葬[J].考古学报(3):339—358.

F238. 湖北省荆州地区博物馆.1994.湖北京山油子岭新石器时代遗址的试掘[J].考古(10):865—876.

F239. 荆州地区博物馆.1987.钟祥六合遗址[J].江汉考古(2):1—31.

F240. 吉林大学考古学系.1999.四川奉节老关庙遗址第一、二次发掘[J].江汉考古(3):7—13.

F241. 浙江省文物考古研究所.1997.浙江余杭汇观山良渚文化祭坛与墓地发掘简报[J].文物(7):4—19.

F242. 浙江省文物考古研究所,湖州市博物馆.2006.毗山[M].北京:文物出版社,27—495.

F243. 徐湖平.1996.东方文明之光[M].海口:海南国际新闻出版中心,1—157.

F244. 江苏省文物工作队.1963.江苏吴江梅堰新石器时代遗址[J].考古(6):308—318.

F245. 中国科学院考古研究所.1965.京山屈家岭[M].北京:科学出版社,8—76.

F246. 湖北省文物考古研究所.1996.湖北江陵朱家台遗址1991年的发掘[J].考古学

报(4):443—472.

F247.湖北省文物考古研究所.1994.湖北石家河罗家柏岭新石器时代遗址[J].考古学报(2):191—229.

F248.湖北省荆州博物馆,湖北省文物考古研究所,北京大学考古学系.1999.肖家屋脊[M].北京:文物出版社,9—443.

F249.湖北省文物考古研究所.2003.邓家湾[M].北京:文物出版社,1—309.

F250.纪南城文物考古发掘队.1977.江陵毛家山发掘记[J].考古(3):158—165.

F251.湖北省文物考古研究所.2003.武昌放鹰台[M].北京:文物出版社,10—150.

F252.香炉山考古队.1993.湖北武汉市阳逻香炉山遗址考古发掘纪要[J].南方文物(1):1—7.

F253.湖北省文物管理委员会.1960.湖北圻春易家山新石器时代遗址[J].考古(5):1—6.

F254.武汉大学历史系考古教研室.1990.湖北麻城栗山岗新石器时代遗址[J].考古学报(4):439—473.

F255.武汉大学历史系考古教研室.1988.湖北宜城曹家楼新石器时代遗址[J].考古学报(1):51—73.

F256.湖南省博物馆.1972.澧县梦溪新石器时代遗址试掘简报[J].文物(2):31—38.

湖南省文物考古研究所.1993.澧县城头山屈家岭文化城址调查与试掘[J].文物(12):19—30.

湖南省岳阳地区文物工作队.1986.华容车轱山新石器时代遗址第一次发掘简报[J].湖南考古辑刊(3):1—18.

F257.湖南省文物考古研究所,怀化地区文物工作队.1992.怀化高坎垅新石器时代遗址[J].考古学报(3):301—328.

F258.河南省文化局文物工作队.1965.河南唐河茅草寺新石器时代遗址[J].考古

(1):1—3.

F259. 河南省驻马店地区文管会.1983.河南上蔡十里铺新石器时代遗址[J].考古学集刊(3):69—80.

F260. 信阳地区文管会.1981.河南淮滨发现新石器时代墓葬[J].考古(1):1—4.

F261. 浙江省文物考古研究所.2003.瑶山[M].北京:文物出版社,26—208.

F262. 浙江省文物考古研究所.1988.浙江余杭反山良渚文化墓地发掘简报[J].文物(1):1—31.

浙江省文物考古研究所.2005.反山[M].北京:文物出版社,12—748.

F263. 青海省文物考古研究所.1990.民和阳山[M].北京:文物出版社,6—224.

F264. 青海省考古研究所.1994.青海循化苏呼撒墓地[J].考古学报(4):425—462.

F265. 甘肃省博物馆.1976.甘肃景泰张家台新石器时代的墓葬[J].考古(3):180—186.

F266. 甘肃省博物馆,兰州市文化馆.1983.兰州土谷台半山—马厂文化墓地[J].考古学报(2):191—222.

F267. 甘肃省博物馆,兰州市文化馆,兰州市七里河区文化馆.1980.兰州花寨子"半山类型"墓葬[J].考古学报(2):221—238.

F268. 甘肃省博物馆.1972.甘肃兰州青岗岔遗址试掘简报[J].考古(3):26—31.

F269. 四川省文物考古研究所,阿坝州文物管理所,汶川县文化体育局.2006.四川汶川县姜维城新石器时代遗址发掘简报[J].考古(11):3—14.

F270. 中国科学院考古研究所山东队.1964.山东曲阜西夏侯遗址第一次发掘报告[J].考古学报(2):57—106.

F271. 中国科学院考古研究所山东队.1965.山东曲阜考古调查试掘简报[J].考古(12):599—613.

F272. 泰安市博物馆.2004.山东泰安市龙门口遗址调查[J].文物(12):4—12.

F273. 山东省文物考古研究所,莒县博物馆.1991.莒县大朱家村大汶口文化墓葬[J].考古学报(2):167—206.

F274. 山东省文物考古研究所,莒县博物馆.1988.山东莒县杭头遗址[J].考古(12):1057—1071.

F275. 山东省博物馆.1972.山东野店新石器时代墓葬遗址试掘简报[J].文物(2):25—28.

F276. 山东省文物考古研究所鲁中南考古队,滕州市博物馆.1995.山东滕州市西康留遗址调查、发掘简报[J].考古(3):193—202.

F277. 临沂文物组.1975.山东临沂大范庄新石器时代墓葬的发掘[J].考古(1):13—22.

F278. 中国社会科学院考古研究所.2001.蒙城尉迟寺[M].北京:科学出版社,13—463.

F279. 辽宁省博物馆.1984.大连市郭家村新石器时代遗址[J].考古学报(3):287—329.

F280. 辽宁省文物考古研究所.1998.大南沟[M].北京:科学出版社,1—152.

F281. 辽宁省文物考古研究所,本溪市博物馆.1994.马城子——太子河上游洞穴遗存[M].北京:文物出版社,4—327.

F282. 辽宁省文物考古研究所,吉林大学考古学系.1992.辽宁彰武平安堡遗址[J].考古学报(4):437—470.

F283. 辽宁省博物馆,昭乌达盟文物工作站,敖汉旗文化馆.1977.辽宁敖汉旗小河沿三种原始文化的发现[J].文物(12):1—15.

李恭笃.1982.昭乌达盟石棚山考古新发现[J].文物(3):31—36.

F284. 内蒙古文物考古研究所.2010.内蒙古赤峰市哈啦海沟新石器时代墓地发掘简报[J].考古(2):19—35.

F285. 包头市文物管理所.1986.内蒙古大青山西段新石器时代遗址[J].考古(6)：485—496.

F286. 河南省文物研究所.1992.登封王城岗与阳城[M].北京：文物出版社,16—336.
河南省文物研究所.1984.登封告成北沟遗址发掘简报[J].中原文物(4)：9—12.

F287. 河南省文物考古研究所.2004.禹州瓦店[M].北京：北京世界图书出版公司,16—189.

F288. 中国社会科学院考古研究所.1982.河南临汝煤山遗址发掘报告[J].考古学报(4)：427—476.

F289. 李绍曾.1993.淮上文物史迹纵横谈[M].郑州：河南人民出版社,4—47.

F290. 商丘地区文物管理委员会,中国社会科学院考古研究所洛阳工作队.1978.1977年河南永城王油坊遗址发掘概况[J].考古(1)：35—40.

F291. 郑州大学文博学院,开封市文物工作队.2000.豫东杞县发掘报告[M].北京：科学出版社,2—259.

F292. 河南省文物研究所,周口地区文化局文物科.1983.河南淮阳平粮台龙山文化城址试掘简报[J].文物(3)：21—36.

F293. 河南省文物研究所.1989.河南鹿邑栾台遗址发掘简报[J].华夏考古(1)：1—14.

F294. 曹桂岑.1981.郸城段寨遗址试掘[J].中原文物(3)：4—8.

F295. 河南省文物研究所.1990.河南乳香台遗址的发掘[J].华夏考古(4)：1—13.

F296. 河南省文物考古研究所.2000.河南辉县市孟庄龙山文化遗址发掘简报[J].考古(3)：1—20.

F297. 中国社会科学院考古研究所河南二队.1981.河南密县新砦遗址的试掘[J].考古(5)：398—408.

F298. 河南省文物研究所,郾城县许慎纪念馆.1992.郾城郝家台遗址的发掘[J].华夏考古(3):62—91.

F299. 安阳地区文物管理委员会.1980.河南汤阴白营龙山文化遗址[J].考古(3):193—202.

F300. 中国社会科学院考古研究所河南一队.1994.河南汝州李楼遗址的发掘[J].考古学报(1):63—97.

F301. 中国社会科学院考古研究所安阳队.1990.安阳大寒村南岗遗址[J].考古学报(1):43—68.

F302. 河南省文物研究所.1987.渑池县郑窑遗址发掘报告[J].华夏考古(2):47—95.

F303. 山西省考古研究所晋东南工作站.1996.长治小常乡小神遗址[J].考古学报(1):63—109.

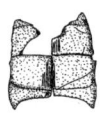

F304. 山西省考古研究所.2006.山西芮城清凉寺新石器时代墓地[J].文物(3):4—16.

F305. 戴应新.1988.神木石峁龙山文化玉器[J].考古与文物(6):239—250.

F306. 陕西省考古研究所陕北考古队.1983.陕西绥德小官道龙山文化遗址的发掘[J].考古与文物(5):10—20.

F307. 西北大学历史系考古专业82级实习队.1987.宝鸡石嘴头东区发掘报告[J].考古学报(2):209—226.

F308. 刘士莪.2002.老牛坡[M].西安:陕西人民出版社,5—436.

F309. 国家文物局考古领队培训班.1990.兖州西吴寺[M].北京:文物出版社,6—259.

F310. 中国社会科学院考古研究所山东工作队.1990.山东临朐朱封龙山文化墓葬[J].考古(7):587—594.

F311. 山东省博物馆.1963.山东滕县岗上村新石器时代墓葬试掘报告[J].考古(7):351—361.

F312. 山东大学历史系考古专业.1992.山东邹平丁公遗址第二、三次发掘简报[J].考古(6):496—504.

山东大学历史系考古专业,邹平县文化局.1989.山东邹平丁公遗址试掘简报[J].考古(5):391—398.

F313. 山西省临汾行署文化局,中国社会科学院考古研究所山西工作队.1999.山西临汾下靳村陶寺文化墓地发掘报告[J].考古学报(4):459—486.

中国社会科学院考古研究所山西工作队,临汾地区文化局.1983.1978—1980年山西襄汾陶寺墓地发掘简报[J].考古(1):30—42.

中国社会科学院考古研究所山西工作队,临汾地区文化局.1980.山西襄汾县陶寺遗址发掘简报[J].考古(1):18—31.

中国社会科学院考古研究所山西工作队,临汾地区文化局.1986.陶寺遗址1983—1984年Ⅲ区居住址发掘的主要收获[J].考古(9):773—781.

中国社会科学院考古研究所山西工作队,等.2003.山西襄汾县陶寺遗址Ⅱ区居住址1999—2000年发掘简报[J].考古(3):3—17.

中国社会科学院考古研究所山西工作队,山西省考古研究所,临汾市文物局.2003.陶寺城址发现陶寺文化中期墓葬[J].考古(9):3—6.

中国社会科学院考古研究所山西工作队,山西省考古研究所,临汾市文物局.2005.山西襄汾陶寺城址2002年发掘报告[J].考古学报(3):307—345.

中国社会科学院考古研究所山西工作队,山西省考古研究所,临汾市文物局.2007.山西襄汾县陶寺中期城址大型建筑ⅡFJT1基址2004—2005年发掘简报[J].考古(4):3—25.

F314. 中国社会科学院考古研究所,等.1988.夏县东下冯[M].北京:文物出版社,20—228.

中国社会科学院考古研究所,中国历史博物馆,山西省文物工作委员会.1983.山西

夏县东下冯龙山文化遗址[J].考古学报(1):55—92.

F315. 上海市文物保管委员会.1986.上海青浦福泉山良渚文化墓地[J].文物(10):1—25.

上海市文物保管委员会.2000.福泉山[M].北京:文物出版社,5—217.

F316. 南京博物院.1984.1982年江苏常州武进寺墩遗址的发掘[J].考古(2):109—129.

陈丽华.1984.江苏武进寺墩遗址的新石器时代遗物[J].文物(2):17—22.

F317. 浙江省文物考古研究所.2001.好川墓地[M].北京:文物出版社,1—341.

F318. 张玉兰.2006.浙江建德市久山湖新石器时代遗址的发掘[J].考古(5):87—90.

F319. 浙江省文物考古研究所.2002.沪杭甬高速公路考古报告[M].北京:文物出版社,1—308.

F320. 中国科学院考古研究所甘肃工作队.1975.甘肃永靖马家湾新石器时代遗址的发掘[J].考古(2):90—96.

F321. 甘肃省博物馆.1978.武威皇娘娘台遗址第四次发掘[J].考古学报(4):421—448.

甘肃省博物馆.1960.甘肃武威皇娘娘台遗址发掘报告[J].考古学报(2):53—71.

F322. 中国科学院考古研究所甘肃工作队.1974.甘肃永靖大何庄遗址发掘报告[J].考古学报(2):29—62.

F323. 中国科学院考古研究所甘肃工作队.1975.甘肃永靖秦魏家齐家文化墓地[J].考古学报(2):57—96.

F324. 中国社会科学院考古研究所甘肃工作队.1980.甘肃永靖张家咀与姬家川遗址的发掘[J].考古学报(2):187—220.

F325. 宁夏文物考古研究所.1987.宁夏固原店河齐家文化墓葬清理简报[J].考古(8):673—677.

F326.西藏自治区文物管理委员会.1985.昌都卡若[M].北京:文物出版社,4—175.

F327.成都市文物考古工作队.1997.四川新津县宝墩遗址调查与试掘[J].考古(1):40—52.

中日联合考古调查队.1998.四川新津县宝墩遗址1996年发掘简报[J].考古(1):29—50.

F328.成都市文物考古工作队.1997.巫山锁龙遗址发掘简报[A]//重庆库区考古报告集(1997卷)[C].北京:科学出版社,1—31.

成都市文物考古研究所.2006.重庆市巫山县锁龙遗址1997年发掘简报[J].考古(3):14—31.

F329.中国社会科学院考古研究所.1999.偃师二里头[M].北京:中国大百科全书出版社,19—406.

F330."我们的文明"主题系列活动组委会.夏商周年表.http://www.china5000.cn/.

F331.洛阳市文物工作队.2002.洛阳皂角树[M].北京:科学出版社,19—164.

F332.郑州大学考古专业,开封市博物馆,杞县文物保管所.1992.河南杞县朱岗遗址试掘报告[J].华夏考古(1):1—27.

F333.中国科学院考古研究所山东发掘队.1962.山东平度东岳石村新石器时代遗址与战国墓[J].考古(10):509—517.

F334.河北省文物管理处.1979.磁县下七垣遗址发掘报告[J].考古学报(2):185—214.

F335.上海市文物管理委员会.1997.上海市闵行区马桥遗址1993—1995年发掘报告[J].考古学报(2):197—224.

F336.上海市文物保管委员会.1962.上海市松江县广富林新石器时代遗址试探[J].考古(9):465—469.

F337.南京博物院考古研究所,扬州博物馆,高邮文管会.1997.江苏高邮周邶墩遗址发掘报告[J].考古学报(4):481—511.

F338. 浙江省文物管理委员会.1960.杭州水田畈遗址发掘报告[J].考古学报(2):93—106.

F339. 浙江省文物管理委员会.1960.吴兴钱山漾遗址第一、二次发掘报告[J].考古学报(2):73—91.

F340. 浙江省文物考古研究所,萧山区文物管理委员会.2003.杭州市萧山区茅草山遗址发掘报告[J].东南文化(9):6—14.

F341. 广东省博物馆,曲江县文化局石峡发掘小组.1978.广东曲江石峡墓葬发掘简报[J].文物(7):1—15.

F342. 中国社会科学院考古研究所,香港古物古迹办事处.1999.香港马湾岛东湾仔北史前遗址发掘简报[J].考古(6):1—16.

F343. 青海省文物考古队.1987.青海贵德山坪台卡约文化墓地[J].考古学报(2):255—274.

F344. 四川省文物管理委员会,四川省博物馆,广汉县文化馆.1987.广汉三星堆遗址[J].考古学报(2):227—254.

F345. 云南省博物馆.1981.云南宾川白羊村遗址[J].考古学报(3):349—368.

F346. 内蒙古文物考古研究所.1988.内蒙古朱开沟遗址[J].考古学报(3):301—332.

F347. 辽宁省文物干部培训班.1976.辽宁北票县丰下遗址1972年春发掘简报[J].考古(3):197—210.

F348. 辽宁省文物考古研究所.1996.辽宁凌源安杖子古城址发掘报告[J].考古学报(2):199—235.

F349. 中国社会科学院考古研究所.1996.大甸子[M].北京:科学出版社,17—409.

F350. 湖北省文物考古研究所.2001.盘龙城[M].北京:文物出版社,14—655.

F351. 河南省文化局文物工作队.1959.郑州二里岗[M].北京:科学出版社,16—79.

F352.1 河南省文物研究所.1989.郑州商代二里岗期铸铜基址[J].考古学集刊(6):100—122.

F352. 郑州市大河村遗址保管所.1990.郑州市木材公司商代遗址发掘简报[J].华夏考古(4):14—29.

F353. 中国科学院考古研究所安阳发掘队.1961.1958—1959年殷墟发掘简报[J].考古(2):63—76.

F354. 中国社会科学院考古研究所安阳工作队.1979.1969—1977年殷墟西区墓葬发掘报告[J].考古学报(1):27—120.

F355. 中国社会科学院考古研究所安阳工作队.1977.安阳殷墟五号墓的发掘[J].考古学报(2):57—96.

F356. 中国社会科学院考古研究所安阳工作队.1987.殷墟259、260号墓发掘报告[J].考古学报(1):99—117.

F357. 中国社会科学院考古研究所安阳工作队.1981.安阳小屯村北的两座殷代墓[J].考古学报(4):491—518.

F358. 中国社会科学院考古研究所安阳工作队.1986.安阳殷墟西区1713号墓的发掘[J].考古(8):703—725.

F359. 中国社会科学院考古研究所安阳工作队.1992.1986—1987年安阳花园庄南地发掘报告[J].考古学报(1):97—128.

F360. 中国社会科学院考古研究所安阳工作队.1986.安阳薛家庄东南殷墓发掘简报[J].考古(12):1067—1072.

F361. 中国社会科学院考古研究所安阳工作队.2006.2000—2001年安阳孝民屯东南地殷代铸铜遗址发掘报告[J].考古学报(3):351—384.

殷墟孝民屯考古队.2007.河南安阳市孝民屯商代铸铜遗址2003—2004年的发掘[J].考古(1):14—25.

殷墟孝民屯考古队.2007.河南安阳市孝民屯新石器时代窑址发掘简报[J].考古(10):3—13.

F362. 北京市文物管理处.1977.北京市平谷县发现商代墓葬[J].文物(11):1—8.

F363. 中国社会科学院考古研究所.2005.滕州前掌大墓地[M].北京:文物出版社,10—572.

中国社会科学院考古研究所山东工作队.1992.滕州前掌大商代墓葬[J].考古学报(3):365—392.

F364. 江苏省文物管理委员会.1958.徐州高皇庙遗址清理报告[J].考古学报(4):7—18.

F365. 大连市文物考古研究所,辽宁师范大学历史文化旅游学院.2006.辽宁大连大砣子青铜时代遗址发掘报告[J].考古学报(2):205—229.

F366. 湖南省文物考古研究所.1992.湖南石门皂市商代遗存[J].考古学报(2):185—219.

F367. 江西省文物考古研究所.2005.吴城[M].北京:科学出版社,11—537.

F368. 云南省文物工作队.1983.楚雄万家坝古墓群发掘报告[J].考古学报(3):347—382.

F369. 香港古物古迹办事处.2007.香港南丫岛沙埔新村遗址发掘简报[J].考古(6):10—28.

F370. 游学华.1986.介绍台湾新发现的芝山岩文化[J].文物(2):31—36.

F371. 成都市文物考古研究所.2004.成都金沙遗址Ⅰ区"梅苑"地点发掘一期简报[J].文物(4):4—65.

F372. 礼州遗址联合考古发掘队.1980.四川西昌礼州新石器时代遗址[J].考古学报(4):443—456.

F373. 云南省博物馆.1977.元谋大墩子新石器时代遗址[J].考古学报(1):43—72.

F374. 甘肃省文物工作队.1987.甘肃西和栏桥寺洼文化墓葬[J].考古(8):678—691.

F375. 中国社会科学院考古研究所泾渭工作队.1982.甘肃庄浪徐家碾寺洼文化墓葬发掘纪要[J].考古(6):584—590.

F376. 丁广学.1981.甘肃庄浪县出土的寺洼陶器[J].考古与文物(2):11—16.

F377. 中国社会科学院考古研究所泾渭工作队.1989.陕西长武碾子坡先周文化遗址发掘记略[J].考古学集刊(6):123—142.

F378. 中国科学院考古研究所.1963.沣西发掘报告[M].北京:文物出版社,10—194.

陕西省文物管理委员会.1964.陕西长安沣西张家坡西周遗址的发掘[J].考古(9):441—447.

中国社会科学院考古研究所沣西发掘队.1980.1967年长安张家坡西周墓葬的发掘[J].考古学报(4):457—502.

中国社会科学院考古研究所丰镐发掘队.1984.长安沣西早周墓葬发掘记略[J].考古(9):779—783.

F379. 宝鸡市考古工作队.1984.陕西武功郑家坡先周遗址发掘简报[J].文物(7):1—15.

F380. 咸阳市文物考古研究所,旬邑县博物馆.2006.陕西旬邑下魏洛西周早期墓发掘简报[J].文物(8):19—34.

F381. 陕西周原考古队.1984.扶风刘家姜戎墓葬发掘简报[J].文物(7):16—29.

F382. 雍城考古队.1982.凤翔南指挥西村周墓的发掘[J].考古与文物(4):15—38.

徐天进.2006.周公庙遗址的考古所获及所思[J].文物(8):55—62.

F383. 陕西省博物馆,陕西省文物管理委员会.1976.陕西岐山贺家村西周墓葬[J].考古(1):31—38.

F384. 徐锡台.1981.周原考古记[J].香港中文大学:中国文化研究所学报(12),153—183.

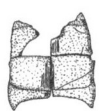

F385. 临潼县文化馆.1977.陕西临潼发现武王征商簋[J].文物(8):1—7.

F386. 宝鸡市考古研究所.2007.陕西宝鸡纸坊头西周早期墓葬清理简报[J].文物(8):28—47.

郑州市文物考古研究所.2001.郑州市洼刘村西周早期墓葬(ZGW99M1)发掘简报[J].文物(6):28—44.

F387. 山西省考古研究所.2006.山西绛县横水西周墓发掘简报[J].文物(8):4—18.

F388. 周原博物馆.2005.1995年扶风黄堆老堡子西周墓清理简报[J].文物(4):4—25.

周原博物馆.2005.1996年扶风黄堆老堡子西周墓清理简报[J].文物(4):26—42.

宝鸡市考古研究所,扶风县博物馆.2007.陕西扶风五郡西村西周青铜器窖藏发掘简报[J].文物(8):4—27.

F389. 山西省考古研究所,北京大学考古学系.1994.天马—曲村遗址北赵晋侯墓地第三次发掘[J].文物(8):22—33.

山西省考古研究所,北京大学考古学系.1994.天马—曲村遗址北赵晋侯墓地第四次发掘[J].文物(8):4—21.

山西省考古研究所,北京大学考古学系.1995.天马—曲村遗址北赵晋侯墓地第五次发掘[J].文物(7):4—39.

F390. 河南省文物考古研究所,三门峡市文物工作队.1995.上村岭虢国墓地M2006的清理[J].文物(1):4—31.

F391. 洛阳市文物工作队.2004.洛阳市唐城花园C3M417西周墓发掘简报[J].文物(7):4—11.

F392. 北京市文物研究所,北京大学考古学系.1996.1995年琉璃河遗址墓葬区发掘简报[J].文物(6):16—27.

琉璃河考古队.1997.琉璃河遗址1996年度发掘简报[J].文物(6):4—13.

F393. 南京博物院考古研究所.2008.江苏金坛县薛埠镇上水土墩墓群二号墩发掘简报[J].考古(2):23—36.

F394. 湖北省文物考古研究所,襄樊市博物馆.1995.湖北襄樊真武山周代遗址[J].考古学集刊(9):138—161.

后德俊.2007.枣阳郭家庙曾国墓地出土石英珠的初步研究[J].江汉考古(2):72—76.

F395. 黄陂县文化馆,孝感地区博物馆,湖北省博物馆.1982.湖北黄陂鲁台山两周遗址与墓葬[J].江汉考古(2):37—61.

F396. 山西省考古研究所.1984.山西长子县东周墓[J].考古学报(4):503—529.

F397. 山西省考古研究所侯马工作站.2003.山西侯马西高东周祭祀遗址[J].文物(8):18—36.

F398. 山东省博物馆.1977.临淄郎家庄一号东周殉人墓[J].考古学报(1):73—103.

F399. 陕西省考古研究所,渭南市文物保护考古研究所,韩城市文物旅游局.2008.陕西韩城梁带村遗址M26发掘简报[J].文物(1):4—21.

F400. 河北省文化局文物工作队.1965.1964—1965年燕下都墓葬发掘报告[J].考古(11):548—561.

F401. 苏州博物馆.1996.江苏苏州浒墅关真山大墓的发掘[J].文物(2):4—21.

F402. 中国科学院考古研究所山东工作队.1965.山东邹县滕县古城址调查[J].考古(12):622—635.

F403. 茂县羌族博物馆,阿坝藏族羌族自治州文物管理所.1994.四川茂县牟托一号石棺墓及陪葬坑清理简报[J].文物(3):4—40.

F404. 湖北省文物管理委员会.1966.湖北松滋县大岩嘴东周土坑墓的清理[J].考古(3):122—132.

F405. 中国社会科学院考古研究所长江工作队.1989.湖北郧县东周西汉墓[J].考古学集刊(6):143—170.

F406.洛阳市文物工作队.1995.洛阳市西工区东周墓[J].文物(8):4—6.

洛阳市文物工作队.1995.洛阳市中州中路东周墓[J].文物(8):7—18.

洛阳市文物工作队.2004.洛阳唐宫路小学C1M5560战国墓发掘简报[J].文物(7):17—35.

F407.湖南省博物馆.1982.湖南资兴旧市春秋墓[J].湖南考古辑刊(1):11—52.

湖南省博物馆.1983.湖南资兴旧市战国墓[J].考古学报(1):93—124.

F408.湖南省文物管理委员会.1954.长沙左家公山的战国木椁墓[J].文物参考资料(12):3—19.

F409.甘肃省博物馆.1960.甘肃古文化遗存[J].考古学报(2):11—52.

F410.甘肃省文物考古研究所.2001.永昌西岗柴湾岗[M].兰州:甘肃人民出版社,7—238.

甘肃省文物考古研究所.1990.永昌三角城与蛤蟆墩沙井文化遗存[J].考古学报(2):205—237.

F411.甘肃省文物考古研究所.1998.民乐东灰山考古[M].北京:科学出版社,7—90.

F412.甘肃省文物工作队.1987.甘肃甘谷毛家坪遗址发掘报告[J].考古学报(3):359—396.

F413.广东省文物考古研究所.1998.广东博罗银岗遗址发掘简报[J].文物(7):17—30.

广东省文物考古研究所.2000.广东博罗银岗遗址第二次发掘[J].文物(6):4—16.

F414.刘尧汉,卢央.1986.文明中国的彝族十月历[M].昆明:云南人民出版社,1—151.

李朝真,段志刚.2000.彝州考古[M].昆明:云南人民出版社,1—221.

F415.易学钟.1987.晋宁石寨山12号墓贮贝器上人物雕像考释[J].考古学报(4):413—437.

F416. 汪宁生.1992.云南考古[M].昆明:云南人民出版社,1—239.

F417. 云南省文物考古研究所.2003.曲靖八塔台与横大路[M].北京:科学出版社,15—241.

F418. 吉林省文物考古研究所,吉林市博物馆.1993.吉林市猴石山遗址第二次发掘[J].考古学报(3):311—344.

F419. 陕西省社会科学院考古研究所渭水队.1962.秦都咸阳故城遗址的调查和试掘[J].考古(6):281—289.

F420. 陕西省文物管理委员会.1965.陕西宝鸡阳平镇秦家沟村秦墓发掘记[J].考古(7):339—346.

F421. 河南省文物研究所,泌阳县文化馆.1990.河南泌阳县发现一座秦墓[J].华夏考古(4):43—50.

荆州博物馆,重庆市文化局,重庆市万州区文管所.2008.重庆市万州区包上秦汉墓地[J].考古(1):56—71.

F422. 湖南省博物馆,中国科学院考古研究所.1973.长沙马王堆一号汉墓[M].北京:文物出版社,1—700.

湖南省博物馆,湖南省文物考古研究所.2004.长沙马王堆二、三号汉墓[M].北京:文物出版社,1—394.

F423. 狮子山楚王陵考古发掘队.1998.徐州狮子山西汉楚王陵发掘简报[J].文物(8):4—33.

徐州博物馆.2007.江苏徐州市凤凰山西汉墓的发掘[J].考古(4):33—48.

F424. 洛阳博物馆.1977.洛阳西汉卜千秋壁画墓发掘简报[J].文物(6):1—12.

F425. 山东省菏泽地区汉墓发掘小组.1983.巨野红土山西汉墓[J].考古学报(4):471—499.

F426. 连云港市博物馆.1996.江苏东海县尹湾汉墓群发掘简报[J].文物(8):4—25.

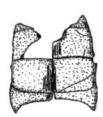

F427. 江苏泗阳三庄联合考古队.2007.江苏泗阳陈墩汉墓[J].文物(7):39—60.

F428. 南京博物院.1987.江苏仪征烟袋山汉墓[J].考古学报(4):471—501.

F429. 安徽省文物工作队,芜湖市文化局.1983.芜湖市贺家园西汉墓[J].考古学报(3):383—402.

F430. 天长市文物管理所,天长市博物馆.2006.安徽天长西汉墓发掘简报[J].文物(11):4—21.

F431. 湖南省博物馆,湖南省文物考古研究所.1995.湖南资兴西汉墓[J].考古学报(4):453—520.

湖南省博物馆.1984.湖南资兴东汉墓[J].考古学报(1):53—120.

F432. 纪南城凤凰山168号汉墓发掘整理组.1975.湖北江陵凤凰山168号汉墓发掘简报[J].文物(9):1—27.

F433. 宝鸡市博物馆,千阳县文化馆,中国科学院自然科学史研究所.1976.千阳县西汉墓中出土算筹[J].考古(2):85—88.

F434. 贵州省博物馆考古组,威宁县文化局.1981.威宁中水汉墓[J].考古学报(2):217—243.

吉林省文物考古研究所.2008.重庆云阳旧县坪台基建筑发掘简报[J].文物(1):22—31.

F435. 广西合浦县博物馆.2007.广西合浦县母猪岭汉墓的发掘[J].考古(2):19—38.

F436. 潘玲.2007.完工墓地的文化性质和年代[J].考古(9):78—86.

F437. 河南省文物管理局.1998.黄河小浪底水库文物考古报告集[M].郑州:黄河水利出版社,1—126.

F438. 中国社会科学院考古所唐城队.1991.西安北郊汉墓发掘报告[J].考古学报(2):251—261.

F439. 广西壮族自治区文物工作队,兴安县博物馆.1998.广西兴安县秦城遗址七里圩王城城址的勘探与发掘[J].考古(11):34—47.

F440.福建省文物管理委员会.1965.福建福清东张新石器时代遗址发掘报告[J].考古(2):49—61.

F441.福建省文物管理委员会.1961.福建武平新石器时代遗址调查报告[J].考古(4):179—184.

F442.福建省文物管理委员会.1961.闽北建瓯和建阳新石器时代遗址调查[J].考古(4):185—192.

F443.新疆维吾尔自治区文化厅文物处,新疆大学历史系文博干部专修班.1989.新疆哈密焉不拉克墓地[J].考古学报(3):325—362.

F444.谢端琚.2002.甘青地区史前考古[M].北京:文物出版社,3—228.

F445.西藏自治区文物管理委员会.1979.西藏昌都卡若遗址试掘简报[J].文物(9):22—28.

侯石柱.2007.卡若遗址发现30周年[J].中国西藏(5):46—49.

F446.西藏文管会文物普查队.1985.拉萨曲贡村遗址调查试掘简报[J].文物(9):20—29.

中国社会科学院考古研究所西藏工作队,西藏自治区文物管理委员会.1991.西藏拉萨市曲贡村新石器时代遗址第一次发掘简报[J].考古(10):873—881.

F447.王宏源.1997.字里乾坤——汉字形体源流[M].台北:文津出版社,1—348.本书所引用的甲骨文字和金文字,凡未注明出处者,均引自此书.

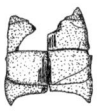

索　引

策筹算器　364，368，370，375

成熟文字　2，3，16，48，104，107，109—110，112，121，153，181，195，203，206—208，212—213，241—242，250—251，254—255，259，262，265，267—268，270—275，278—279，286—287，293，295，297，301，303，306—307，312—313，318，321，323，327，329—331，333，342，344—346，348—351，354—356，359，364—367，370—373，375，377，381—383，390—391，393，412，414—423，441—442，447，449—450，508，510，513—515，518，520，523—524，526，528—534，536—538

腓尼基字母文字　475，480—481，508—509

非文字人工记忆系统　17—18，365，510，540

符号卦　4，122，172，181，263，317，336—339，341—342，345—346，350，355，364—365，367，396，421，508，520—522，526，538

伏羲数字卦　108，135，139，141—142，147，151—153，170—171，180，183，355，444—445

古埃及象形文字　362，465，467—468，470，508—509，513，523

古汉文　362，414，417—418，447，449，508—509，513，520—521

古彝文　2，7，312，314，356，362，414，417，443—445，447—449，504，507—509，513，519—521，542

卦象文字　5，20，35，39—40，45，172，181—182，194，207，248，250，254—255，258，263，268，270，274，288．293，344，346，350—352，356，365，382，383，391—393，395—399，401—415，417—419，421，423，441，445—449，451—452，454，457—458，466—468，471—472，474，478—480，504，508，511—512，519—521，

523，532，537

黄帝数字卦　218，242

计数工具　19，49，53—55，64—65，68—69，75，77，82，370，377

甲骨文字　1，40，181，207—208，246—247，249—250，261，267，269，272—279，288—289，291—293，297—298，301，315，350，371，375，378—382，390—391，398，400，406—409，413，416，418，420，423—439，441—443，449，452，454，466—467，477，487，501，528，532，536，585

剪接方法　501，509

矩形轮廓　538—540

六书　361，367，375，421—423，457—458，475，487，509，514—515

美术体　103，138，142，147，167，169，207，218，220，223，242，244—245，258，280—281，283，311，321，329，333，356，373—374，376—377，380，383，387，390，417—418，432—433，448，452，511—512，521，523，535，537

排列组合原理　161，372，464，475，480—481，501，509，516—517，524，534，538，540

奇偶数　68—77，79—80，82，88，317，346，350

日出入方位　197，200，202，208，217—221，223—229，232—236，246，254—259，261—262，265—266，268，272，274—279，293—294，310—312，344，374—375，380—381，384，386—389，430—435，437—439，448，452—454，468

神农数字卦　165，195，197—198，200，203—204，206—207

十进位制　90，92—93，97，100，104，113，144，162，186，191—195，209，212，446

数量概念　15—16，19—20，48—50，54—56，58，61，64，69—70，75，82，125—126，182，355，513

数字　2—5，20—21，31，35—38，40，48—51，58，59，61，63—64，68—70，75—77，

81—115，119，121—131，133—146，148—149，151—164，167，169—171，173，175—183，185—194，197，202—206，209—212，215—218，220—224，226，228，232，236—237，239，241—242，244—249，251，259，267—268，270，275—276，281，283—285，287，292—293，296—299，301—304，306—307，309—310，312—313，317—318，320—321，324—325，327，329—330，333，336—338，340，342—356，362—377，379—380，382，384，391—392，394，397，399—400，402，404—405，408，410—411，413，416—418，420，422—440，442，444，446—447，452—457，464，468—469，480—481，486，496，508，511—519，523—530，537—539

数字卦　4—6，9，19—21，34—35，38—40，45，51，66，70，73，75—76，81—93，96—105，107—110，112，119，121—159，161—167，169—183，185—198，200，202—209，212—213，215—251，253—289，292—313，317—334，336—351，353—356，359，361，363—384，386—393，395—397，399，401，405，409—455，457—458，462—475，478—483，485—486，495—497，501，508—509，511—540

算策　37—39，41—44，56—58，60，64，68，70—72，74—77，79，82—85，91，104—105，107—109，115，123，191，197，209，211，216，337，351，365—371，395，410，413—414，424，435，454，469，508，514，527—533，536—540

体内符号　11—13，511

体外符号　12，17—20，29—30，34，345，511，540

五进位制　84，100，153，170，212

线形构架　530，537—540

象形文字　1，4—5，16，20，30，35，45，48，182，206，209，246，250，254，261，265，268，270—271，274，279，288，293，345—346，350，352—353，356，361—362，366，369—370，372，374，393，396，401，412，414，416—418，420，423，441，445，449—450，457，465，467—470，473，475—476，480，487，501，508—509，511—

520，523—525，527—529，533，540

协同进化 12—13，26，29—30，35，37，45，53，62，65，70，114—115，209，347，356，370，372，390，392，489，508，512，527—528，530—532，537—538

楔形文字 1—2，48，191，271，348，353，356，361—362，369，417，420，450，466，475，487，501，508—509，512—514，517，520，523，525，527，529，537

语言 5，12—17，27—31，34—41，45，46，48，77，82，85—87，89—90，97—98，101，103—105，107，109，112，123，126，129，132，139，142—143，153，161—162，164，173，180，206，209，210，217，333，343，346—353，356，364，368—373，375，377，393—396，410，413—414，416—420，443—444，446—447，449—450，469，480，486—487，501，508，510—511，517—519，521—523，526，528—529，532—541

原文字 34—35，37—38，45，48，82，104，107，112，121，136，153，169，181—182，206，209，213，224，254，262，274，287—289，293，298，301—302，307，318，342—343，345—350，352，354，356，363，365—367，373，375—376，383，393，413，415—423，441—442，446—447，451，480，483，485，511，515，518，523，529—532，536—539

原语言 34—35，37—38，45，48，180，206，347，356，444

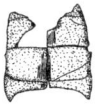